Servlets und JavaServer Pages

Elisabeth Jung

Sevlets und JavaServer Pages

Das Übungsbuch
Band III

mitp

Bibliografische Information Der Deutschen Nationalbibliothek
Die Deutsche Nationalbibliothek verzeichnet diese Publikation in der Deutschen Nationalbibliografie; detaillierte bibliografische Daten sind im Internet über <http://dnb.d-nb.de> abrufbar.

Bei der Herstellung des Werkes haben wir uns zukunftsbewusst für umweltverträgliche und wiederverwertbare Materialien entschieden. Der Inhalt ist auf elementar chlorfreiem Papier gedruckt.

ISBN 978-3-8266-5603-3
1. Auflage 2010

E-Mail: kundenbetreuung@hjr-verlag.de

Telefon: +49 89/2183-7928
Telefax: +49 89/2183-7620

www.mitp.de

Lektorat: Sabine Schulz
Sprachkorrektorat: Petra Heubach-Erdmann
Fachkorrektorat: Claudia Nölker
Satz: III-satz, Husby, www.drei-satz.de
Druck: Beltz Druckpartner GmbH und Co. KG, Hemsbach

Inhaltsverzeichnis

Einleitung

Das Übungsbuch zu Servlets und JavaServer Pages soll dem Leser zeigen, wie Java-basierte Webapplikationen mit Servlets, JavaServer Pages, JavaBeans und JDBC (Java Database Connectivity) entwickelt werden können. Die erstellten Webapplikationen dienen dem Lernen des Programmierens von Servlets und JSP-Seiten und sollen dem Leser helfen, seine eigenen Webapplikationen zu erstellen, die im Internet all denjenigen, die einen Webbrowser besitzen, zur Verfügung gestellt werden können.

Für das Übersetzen und Ausführen der Programme wird auf den Tomcat-Container der Apache Software Foundation zurückgegriffen.

Die theoretischen Ausführungen, die in jedem der Unterkapitel den Aufgaben vorangestellt sind, basieren auf den Versionen Servlets 2.5, JSP 2.1, MySQL 5.1 und Tomcat 6 der Java Enterprise Edition (Java EE). Wie auch in den beiden anderen Übungsbüchern, *Java 6 Das Übungsbuch* Band I und Band II, sollen diese, zusammen mit den dazugehörigen Aufgaben, ähnlich wie in Lehrbüchern dazu dienen, die wichtigsten Begriffe aus der Servlet- und JSP-Programmierung zu veranschaulichen und eine Vielzahl von Klassen mit ihren Feldern und Methoden näher kennen zu lernen. Im Unterschied zu Lehrbüchern bleibt es dabei nicht nur bei Vorschlägen oder angegangenen Übungsaufgaben, sondern alle Aufgaben behandeln ausführlich die vorgegebenen Themen und bekommen einen vollständigen Lösungsvorschlag am Ende jedes Kapitels hinzugefügt. Die Lösungen werden vom ersten Ansatz bis zum Ergebnis vollständig durchgeführt und sowohl über ihre Formulierung als auch den darin enthaltenen Kommentaren vollständig erklärt. So kann es hilfreich sein, gerade bei den etwas umfangreicheren Webapplikationen, ein Durcharbeiten von Aufgaben wie anhand eines Lehrbuchs vorzunehmen.

Das Buch *Servlets und JavaServer Pages* soll ebenfalls den Umgang mit der Online-Dokumentation der Java-Servlet- und JSP-API erklären und so dem Leser behilflich sein, die dazugehörigen Standard-Klassen anhand von vielen Beispielen näher kennen zu lernen.

Vorkenntnisse

Als Voraussetzung für die Arbeit mit diesem Buch gelten Grundlagen im Bereich der Programmierung und im Umgang mit dem Betriebssystem. Gleichzeitig sind grundlegende Kenntnisse aus der Programmiersprache Java im Umgang mit Klassen, Interfaces, Ein/Ausgaben, Threads, Exceptions und Errors erforderlich. Elemente aus der grafischen Programmierung mit AWT und Swing, die in einigen der Aufgaben eingesetzt werden, sprechen für sich und machen nicht unbedingt weitere Kenntnisse aus diesem Bereich erforderlich. Es ist ein Übungsbuch, das zusätzlich zu den Lehrbüchern von Java zu den im Vorhinein angesprochenen Themen benutzt werden soll und kann.

In Kapitel 1 wird eine Wiederholung zu http (HyperText Transfer Protocol) und Netzwerkprogrammierung der Einführung von Servlet-Klassen vorangestellt. Die in den Aufgaben benutzten [X]HTML-und XML-Anweisungen genauso wie die Befehle aus der SQL-(Structured-Query-Language-)Datenbankabfragesprache werden ebenfalls an den Stellen, wo diese zum Einsatz kommen, im Detail beschrieben.

Die Java-6-Übungsbücher Band I und Band II sind keine Voraussetzung, aber die darin enthaltenen Definitionen und Erläuterungen von Begriffen, wie auch die Aufgaben selbst, können in vielen Fällen eine wichtige Hilfe bieten.

Aufbau des Buches

In den Unterkapiteln jedes einzelnen Kapitels wird der Stoff, der in den Übungsaufgaben dieses Kapitels verwendet wird, kurz beschrieben. Danach folgen die Aufgabenstellungen der Übungen und am Ende der Kapitel Lösungsvorschläge.

Der Schwierigkeitsgrad von Aufgaben wird im Aufgabenkopf durch 1 bis 3 Sternchen gekennzeichnet:

- 1 Sternchen für besonders einfache Aufgaben, die auch von Anfängern leicht bewältigt werden können
- 2 Sternchen für etwas kompliziertere Aufgaben, die einen durchschnittlichen Aufwand benötigen
- 3 Sternchen für Aufgaben, die sich an geübte Programmierer richten und einen wesentlich höheren Aufwand oder die Kenntnis von speziellen Details erfordern

Kapitel 1

Am Anfang des ersten Kapitels wird das Erstellen von statischen Webseiten mit HTML (HyperText Markup Language) und XHTML (Extensible HyperText Markup Language) erläutert und auf die Trennung der Präsentation, mit Hilfe von Cascading-Style-Sheets-(CSS-)Formatvorlagen, und der Strukturierung von derartigen Dokumenten hingewiesen.

XHTML ist eine Neuformulierung von HTML mit Hilfe von XML (Extensible Markup Language), eine Auszeichnungssprache, die zur Darstellung hierarchisch strukturierter Daten benutzt wird und als reduzierte Variante von SGML (Standard Markup Language) gegründet wurde. SGML ist die erste Auszeichnungssprache, aus der auch HTML abgeleitet wurde.

Es wird auf die unterschiedlichen Versionen von Auszeichnungssprachen eingegangen und die darin benutzten Möglichkeiten von Dokumententypdefinitionen.

Zur Illustration des Nachrichtenaustausches zwischen Webserver und Webbrowser werden die Struktur des http-Protokolls, die http-Methoden GET und POST und die Kommunikation über das http-Protokoll zwischen Webserver und Webbrowser vorgestellt.

Der Schwerpunkt des ersten Kapitels liegt im Erstellen von dynamischen Webseiten mit Servlets. So folgt der Beschreibung von Installation und Konfiguration des Tomcat-Containers die Beschreibung von Klassen und Schnittstellen der Servlet-API, deren Methoden vom Container automatisch aufgerufen werden.

Um Servlets auszuführen, müssen sie in Webapplikationen integriert werden und ihre Namen in einem dieser Webapplikation zugeordneten Deployment Descriptor (DD) konfiguriert werden. Dabei spielen die Namen und Pfadnamen sowie das Abbilden (Mapping) von Servlets auf URLs eine wichtige Rolle.

Wir beschäftigen uns in diesem Kapitel ausführlich mit der Definition von Formulardateien und dem Zusammenhang zwischen Formulardaten und Anfrage-(Request-)Parametern, der Wiedergabe von Request- und Response-Header-Einträgen im Browser, der Konfiguration von Initialisierungsparametern für Servlets und Webapplikationen und dem Umleiten und Weiterleiten von Client-Anfragen.

Gleichzeitig wird die Definition von Attributen im Zusammenhang mit Servlets und deren Gültigkeitsbereichen (Scopes) mit vielen anschaulichen Beispielen dokumentiert, sowie die Thread-Sicherheit bei parallelen Servlet-Ausführungen, die Protokollierung von Nachrichten in den Servlet-Log-Files und das Abfangen von Fehlermeldungen beschrieben und geübt.

Kapitel 1 beinhaltet auch das Aufbauen und Verfolgen von Client-Sitzungen (Session-Tracking) mit Cookies und URL-Rewriting und das Cookie-Handling mit Java 5 und Java 6.

Über einen vereinfachten Bücherkauf im Web mit einem Warenkorb wird in diesem Kapitel auf das Erzeugen einer eigenen Session für jeden Benutzer, das Setzen von Session-Attributen und deren Bedeutung für den Session-Gültigkeitsbereich aufmerksam gemacht. Die dazugehörigen Aufgaben werden in jedem der nachfolgenden Kapitel um die dort eingeführten Merkmale erweitert, um den Leser so Schritt für Schritt zu vollständigen Webapplikationen wie die aus Kapitel 4 zu führen, die nach der vorgegebenen MVC-Architektur aufgebaut sind.

Kapitel 2

Dynamische Webseiten können nicht nur mit Servlets, sondern auch mit JavaServer Pages erstellt werden. Dafür werden in Kapitel 2 die Möglichkeiten der Einbettung von Java-Code in [X]HTML-Seiten beschrieben. Wir erläutern die spezifischen Elemente, die dazu in JSP-Seiten zum Einsatz kommen wie: JSP-Direktiven, -Deklarationen und -Ausdrücke und weisen auf die Unterschiede zwischen JSP-Seiten und JSP-Dokumenten (in denen eine XML-konforme Syntax benutzt wird) hin.

Die Gültigkeitsbereiche von Attributen spielen auch im Zusammenhang mit JavaServer Pages eine wichtige Rolle, genau wie die in JSP dem Programmierer zur Verfügung gestellten impliziten Objekte.

Des Weiteren befassen wir uns in diesem Kapitel mit der Definition von JavaBean-Klassen und JSP-Aktionen, die unter anderem die Einbindung von JavaBeans in JSP-Seiten gewährleisten.

Wir weisen ständig auf die Wichtigkeit des Erstellens von Scripting-freien JSP-Seiten hin und führen in diesem Zusammenhang die Expression Language (EL) und benutzerdefinierte Tags ein, die in einer Vielzahl von Aufgaben eingesetzt werden.

Eine große Aufmerksamkeit wird auch dem wichtigen Zusammenspiel zwischen dem Setzen von Attributen mit JavaBeans und benutzerdefinierten Tags und der Auswertung ihrer Werte mit der EL gewidmet.

Nachdem das Zusammenspiel von JSP-Aktionen, EL-Ausdrücken, JavaBeans und Tags eingeübt wurde, kann zum Erstellen von eigenen Tag-Libraries bzw. der Benutzung von Standard-Bibliotheken wie die JSTL (JSP Standard Tag Library) übergegangen werden. Diese Bibliothek beinhaltet eine Vielzahl von Tags, die anstelle von eigenen benutzerdefinierten Tags parallel zur EL bei der Entwicklung von JSP-Seiten eingesetzt werden können und vielen Anforderungen im Vorhinein genügen.

Die besten Erfahrungen beim Schreiben von JSP-Seiten können Sie machen, indem Sie versuchen, Ihre ersten JSP-Seiten, in denen für das Einbetten von Java-Code noch Scriptlets benutzt wurden, gezielt in Scripting-freie JSP-Seiten umzusetzen, um damit die gleichen Ergebnisse bzw. Anzeigen im Browser zu erreichen.

Kapitel 3

Mit JDBC (Java Database Connectivity) können in Java relationale Datenbanksysteme wie MySQL, Oracle, Informix, DB2, Access etc. eingebunden werden. Den Beispielen aus diesem Buch wird in Kapitel 3 die Datenbank MySQL zugrunde gelegt, die im Internet kostenlos zu erhalten ist und mit Tomcat einwandfrei benutzt werden kann, nachdem der zugehörige JDBC-Treiber dafür installiert wurde.

Zum Erstellen einer Datenbank und Erfassen, Abfragen und Manipulieren von Daten werden die wichtigsten SQL-Befehle, die das Datenbanksystem MySQL unterstützt, in den Servlets und JSP-Seiten aus diesem Kapitel jedes Mal im Detail beschrieben und eingesetzt.

Im Abschluss zu den Ausführungen zu JDBC werden die Aufgaben aus Kapitel 1 und 2 für eine Buchbestellung im Internet mit den in diesem Kapitel gewonnenen Erkenntnissen erweitert. Dabei wird beim Aufbau des Buchkatalogs anstelle der Benutzung von Maps auf eine im Vorhinein zu diesem Zweck erstellte Datenbank zugegriffen.

Um die Daten eines Modells von der Anwendungslogik (Geschäftslogik) noch genauer zu trennen, soll der direkte Zugriff auf die Daten eines Datenbanksystems nicht von den Methoden der Anwendungsobjekte (Geschäftsobjekte), die als JavaBean-Instanzen erzeugt werden, durchgeführt werden, sondern von eigenständigen Java-Klassen, die als Zugriffsmodule für das Datenbanksystem dienen und die aus Tabellen eingelesene Spaltenwerte als Eigenschaften für die JavaBean-Objekte setzen.

So werden im Hinblick auf die in Kapitel 4 zu erstellenden Webapplikationen, die eine Wiederholung aller vorausgegangenen Begriffe und Erläuterungen darstellen, JavaBean-Klassen definiert, die gleichartige Eigenschaften mit den Spaltennamen von Datenbanktabellen definieren und über weitere Java-Klassen mit Hilfe von Objekten vom Typ dieser Klassen Zugriffe auf die Datenbanktabellen ermöglichen.

Alle Servlet- und JSP-Beispiele aus den ersten drei Kapiteln werden anhand einer Webapplikation mit dem Namen `java6uebungsbuch3` dem Leser zum Lernen und Testen zur Verfügung gestellt.

Kapitel 4

In Kapitel 4 beschäftigen wir uns ausführlich mit der MVC-Architektur von Webapplikationen und deren Entwicklung von der so genannten MVC-1-Architektur, die beschreibt, dass Datenhaltung, Anwendungslogik und Präsentation in einer JSP-Seite anzusiedeln sind, zur MVC-2-Architektur, die sich schnell in der Programmierung von Webapplikationen durchgesetzt hat.

Die MVC-2-Architektur übergibt das Managen des gesamten Applikationsflusses an ein oder mehrere Servlets, die den Controller-Zweig einer Webapplikation bilden. Die Servlets lesen beim Starten Werte, die vom Benutzer als Anfrageparameter im Servlet-Aufruf übergeben wurden oder vom Viewer über das Einlesen von Formulardaten in Anfrageparameter hinterlegt wurden. Sie übergeben diese Werte im Konstruktoraufruf von Anwendungsobjekten vom Typ einer JavaBean und holen sich die angeforderten Ergebnisse aus dem Modell, indem sie Methoden von Datenbankzugriffsmodulen aufrufen, um Modelldaten abzuändern und/oder auszuwerten. Die vom Modell abgeholte Antwort wird vom Servlet als Attribut für einen der Scopes (Gültigkeitsbereiche) der Webapplikation gesetzt, um anderen Komponenten den Zugriff darauf zu vereinfachen, wie z.B. JSP-Seiten, die für die Präsentation aufgerufen werden.

Diese Vorgänge werden anhand von typischen Webapplikationen wie Chatrooms und Webshops demonstriert, in denen parallel Programmcode in der Standard-JSP-Syntax und der XML-Syntax benutzt wird.

Ebenfalls im vierten Kapitel kommen wir auf das Deployment (die Verteilung) von Webapplikationen zurück, klären den Unterschied zwischen der physischen und logischen Verzeichnisstruktur einer Webapplikation und beschreiben, welche Art von Musterdefinitionen beim Mapping von Servlets auf URLs eingesetzt werden kann.

Wir befassen uns des Weiteren mit Sicherheitsvorkehrungen für Webapplikationen, die vier wichtige Merkmale umfassen: Authentifizierung, Autorisierung, Vertraulichkeit und Datenintegrität.

Ein weiteres Thema aus diesem Kapitel sind so genannte Filter, die einer Webapplikation hinzugefügt werden können, um eine http-Anfrage abzufangen und den in der entsprechenden Filter-Klasse enthaltenen Programmcode durchzuführen, bevor das Servlet oder die JSP-Seite, an die die Anfrage gerichtet wurde, ausgeführt werden. Sie können aber auch eine http-Anwort abändern, nachdem das Servlet mit seiner Arbeit fertig ist, aber bevor diese an einen Client zurückgegeben wird.

Für das Deployment einer Webapplikation kann eine `.war`-Datei benutzt werden, die den Namen der zukünftigen Applikation trägt und alle Verzeichnisse und Dateien für diese Applikation enthält. Die `.war`-Datei muss vor dem Starten von Tomcat in dessen Verzeichnis `webapps`, in dem alle Webapplikationen hinterlegt werden müssen, abgelegt werden. Dann wird Tomcat das Web-Archiv entpacken und mit der dazugehörigen Verzeichnisstruktur und dem Dateinamen als Wurzelverzeichnis für die neue Webapplikation unter `webapps` ablegen. Die Webapplikation `DeploymentSecurityFilertApp`, die Servlets und JSP-Seiten zu den Themen Verteilung, Filterdefinitionen und Sicherheitsvorkehrungen beinhaltet, wird nach diesem Prinzip aufgebaut.

Im Abschluss des vierten Kapitels wird eine Webapplikation, die alle Regeln der MVC-2-Architektur respektiert, erstellt. Das heißt, dass die Datenbankzugriffe aus den Methoden der JavaBean-Klassen in eigene Java-Klassen ausgelagert werden und das Abändern und Auswerten von Modelldaten von Servlets durchgeführt wird. Die Servlets stellen den für die Präsentation zuständigen JSP-Seiten die Anwendungsobjekte als Attributwerte zur Verfügung, so dass diese, wenn überhaupt, nur lesend auf die JavaBean-Objekte zurückgreifen, um deren Eigenschaften im Browser anzuzeigen.

Gleichzeitig kommen mit diesem Beispiel Filter-Klassen zum Einsatz und für die neue Webapplikation werden im DD Sicherheitskontrollen eingebaut. Mit benutzerdefinierten Tags wird das Tagesdatum in JSP-Seiten eingeblendet.

Auch in die in Kapitel 4 erstellten Webapplikationen werden nicht alle denkbaren Funktionen integriert, damit deren gesamte Funktionalität im Sinne der MVC-Architektur einfacher erläutert werden kann. Es bleibt wie immer eine Herausforderung für den Leser, die von ihm gewünschten Erweiterungen einzubauen, sollten diese für einen Live-Einsatz bereitgestellt werden.

Benötigte Software

Für die Durchführung der Übungen können Sie, wie in Kapitel 1 spezifiziert wird, die Enterprise Edition von Java verwenden, die unter `http://java.sun.com/javaee/technologies` zu finden ist und die APIs von Java EE 5 und Java EE 6 beinhaltet.

Sie können aber auch wie in diesem Buch vorgehen und dazu das aktuelle Java Development Kit der Java Standard Edition (Java SE 6 JDK 1.6) von der Java Homepage von Sun unter der Adresse `http://java.sun.com/javase/downloads/index.jsp` herunterladen.

Tomcat 6.0 mit Servlet 2.5/JSP2.1 kann ebenfalls kostenlos von `http://jakarta.apache.org` heruntergeladen werden. Installieren und konfigurieren Sie diese Software wie in Kapitel 1 beschrieben.

Die dazugehörige Dokumentation zur Servlet- und JSP-API finden Sie unter:

```
http://tomcat.apache.org/tomcat-5.5-doc/servletapi/overview-tree.html
http://tomcat.apache.org/tomcat-5.5-doc/jspapi/overview-tree.html
```

MySQL 5.0 kann von `http://mysql.com` heruntergeladen werden und wie in Kapitel 3 beschrieben installiert und konfiguriert werden.

All diese Softwarekomponenten sind Betriebssystem-unabhängig. Den Beispielen aus diesem Buch liegt das Betriebssystem Windows XP zugrunde.

Für das Entwickeln von Java-Webapplikationen mit Servlets und JSP-Seiten können auch Entwicklungstools, wie z.B. NetBeans IDE (Integrated Development Environment), eingesetzt werden. Diese sind weder Voraussetzung noch Bestandteil dieses Buches. Die Java-Servlet-Klassen, HTML- und JSP-Seiten lassen sich grundsätzlich mit einem Texteditor wie z.B. TextEdit oder auch WordPad eingeben und können wie beschrieben mit dem Tomcat-Container in Webapplikationen eingebunden und ausgeführt werden.

Website

Die Website zum Buch an der Adresse `www.it-fachportal.de/5603` beinhaltet den plattformunabhängigen Quellcode der Lösungsvorschläge. Diese Archivdatei enthält alle [X]HTML-Seiten, Java-Klassen, JSP-Seiten und -Dokumente und Bilddateien in einer Verzeichnisstruktur, die mit der im Buch beschriebenen übereinstimmt. Sie können diese Verzeichnisse in das entsprechende Tomcat-Verzeichnis ziehen und mit einem Browser testen. Bei der Arbeit mit dem Datenbanksystem MySQL müssen die dazugehörigen Datenbanken und Tabellen erstellt werden, wie dies in den entsprechenden Aufgaben vermerkt ist.

Zusätzlich zu den Sourcecode-Dateien werden auf dieser Webseite die Screenshots aus den Programmausgaben und viele zusätzliche Bilddateien, die beim Durchführen von parallelen Tests mit Webbrowsern erstellt wurden, zum Download zur Verfügung gestellt.

Ich wünsche Ihnen viel Erfolg beim Programmieren von Webapplikationen mit Java Servlets und JavaServer Pages.

Elisabeth Jung

Über die Autorin

Elisabeth Jung ist freie Autorin und wohnhaft in Frankfurt am Main.

Nach dem Studium der Mathematik an der Universität Temeschburg (Timisoara) in Rumänien hat die Autorin Grundlagen der Informatik und Fortran unterrichtet. Im Jahr 1982 hat sie bereits eine Aufgabensammlung für Fortran an der gleichen Universität veröffentlicht.

Zwischen den Jahren 1984 und 2001 hat Elisabeth Jung bei der Firma Siemens in einer Vielzahl von Projektarbeiten umfangreiche Erfahrungen gesammelt in den Bereichen Programmiersprachen (Assembler, Fortran, Pascal, C, C++, Java), Datenbanken (Text-Retrieval, relationale Systeme, Client-Server-Architekturen) und der Entwicklung und dem Test von Hardware-naher Systemsoftware.

Seit 2001 beschäftigt sie sich mit ihren bevorzugten Themen, der Mathematik und den objektorientierten Programmiersprachen, insbesondere Java. Ihr Buch ist aus der Erfahrung im Unterricht und dem Erlernen von Programmiersprachen entstanden, bei dem insbesondere das eigene Programmieren und die praktische Anwendung des Gelernten eine große Rolle spielt. 2007 erschien von ihr bereits der Titel *Java 6 Das Übungsbuch Band I*, mitp-Verlag, ISBN 978-3-8266-1780-5 und 2008 Band II, mitp-Verlag, ISBN 978-3-8266-5956-0.

Servlets

1.1 Das Erstellen von statischen Webseiten mit HTML und XHTML

Mit der HyperText Markup Language (HTML) wird einem Webbrowser mitgeteilt, wie er Inhalte in Form von Webseiten für den Benutzer anzuzeigen hat. HyperText ist eine textbasierte Auszeichnungssprache (Markup Language), die in erster Linie der Strukturierung von Inhalten wie Texten, Bildern und Hyperlinks in Dokumenten dient und sich in ihrer Weiterentwicklung immer mehr von der Präsentationsrolle (das heißt von Angaben zur Präsentation, die dem Webbrowser mitteilen, wie er den Text zu formatieren hat) entfernt hat.

Damit soll unterschiedlichen Textbereichen eine Bedeutung zugeordnet werden, wie zum Beispiel eine Überschrift oder ein Textabsatz, oder ein bestimmter Textbereich betont angezeigt werden. Wie diese Bedeutung letztendlich dem Benutzer vermittelt wird, ist zunächst dem Webbrowser überlassen und hängt von dem Ausgabemedium ab. Denn obwohl HTML-Dokumente in der Regel auf einem Bildschirm dargestellt werden, können sie auch auf anderen Medien ausgegeben werden (wie z.B. auf mobile Geräte, Papier oder mittels Sprachausgaben).

Die Aufbereitung von HTML-Dokumenten für ein Ausgabemedium wird auch als »Rendern« bezeichnet.

Webserver senden HTML-Anweisungen an Clients und nutzen dazu das http-Protokoll (»HyperText Transfer Protocol«), das auf einer Anfrage- (»request«-)Antwort- (»response«-)Kommunikation basiert.

Die HTML-Sprache besteht aus einer Vielzahl von Tags, über die durch Auszeichnungen von Textteilen einem Dokument eine Struktur verliehen wird. Der Textinhalt wird meistens zwischen einem Start- und einem End-Tag eingeschlossen. Ein Start-Tag beginnt immer mit dem Zeichen »<« und endet mit einem »>«-Zeichen. Das End-Tag besteht aus den Zeichen »</«, der Bezeichnung des Tags und dem abschließenden »>«-Zeichen.

Die zusammengehörenden Start- und End-Tags bilden zusammen mit dem dazwischenliegenden Text ein Element nach allgemeiner SGML-(Standard-Markup-Language-)Spezifikation, die erste Auszeichnungssprache, aus der auch HTML abgeleitet wurde. Besitzt ein Tag einen Inhalt zwischen Start- und End-Tag, spricht man von einem so genannten »Body« des Tags. Dieser wird in der Java-Literatur auch als Rumpf bezeichnet.

Laut Spezifikation besteht ein SGML-Element aus den Element-Eigenschaften (dem Bezeichner des Elements und seinen Attributen) und dem Element-Inhalt selbst. Attribute sind zusätzliche Angaben, die den Elemententyp weiter spezifizieren.

Diese Elemente lassen sich nach Regeln, die in einer Dokumententypdefinition (DTD) angegeben sind, verschachteln. Eine Dokumententypdefinition (»Document Type Definition«, auch Schema-Definition oder DOCTYPE genannt) ist ein Satz an Regeln, der benutzt wird, um Dokumente eines bestimmten Typs darzustellen. In einer DTD wird die Reihenfolge, die Verschachtelung der Elemente und die Art des Inhalts von Attributen festgelegt, mit anderen Worten, die Struktur eines Dokuments.

Ein Start-Tag kann mehrere Attribute besitzen, die der Darstellung des betreffenden Textteils dienen. Ein End-Tag kann keine Attribute haben.

Um auf die Präsentation eines HTML-Dokuments Einfluss zu nehmen, eignen sich Cascading-Style-Sheets-(CSS-)Formatvorlagen. Die Grundidee bei deren Einführung war die Trennung von Information (Daten) und Darstellung. Das Stylesheet interpretiert die zugewiesenen Daten (Text, Tabellen, Grafiken etc.), formatiert diese (z.B. für die Bildschirmausgabe) entsprechend den vorgegebenen Regeln und legt fest, wie ein ausgezeichneter Inhalt oder Bereich dargestellt werden soll. Daher gelten Tags wie `<font>...</font>`, `<b>...</b>` etc., die zur Präsentation eingesetzt werden können, als veraltet und wurden in der HTML-4.01-Spezifikation als »deprecated« (zur Streichung vorgesehen) gekennzeichnet.

Wird von CSS (Cascading Style Sheets) gesprochen, sind damit Folgen von Anweisungen gemeint, wobei jede einzelne Definition eine übergeordnete übernimmt und verfeinert. Das W3C (World Wide Web Consortium) definiert drei Spezifikationen für Stylesheets:

- CSS1 erlaubt, Styles wie Farbe, Schrift etc. in einem HTML-Dokument zu definieren.
- CSS2 unterstützt Medien-spezifische Stylesheets, mit denen die Anzeige von Dokumenten mit Browsern und modernen Geräten erfolgen kann.
- CSS3 ist die neue Version von CSS, die sich noch in Entwicklung befindet. Durch die neuen CSS-Eigenschaften können viele Verbesserungen in der Anzeige von Dokumenten erreicht werden, wie z.B. Herunterladen von Schriften im Browser, neue Farbenangaben, Transparenz von Elementen und Farben, bessere Steuerung von Hintergrundbildern und Zeilenumbrüchen, Userinterfaces für das Ändern der Größe von Elementen, mehrspaltige Seitenlayouts etc.

Weil die HTML-Sprache keinen Schwerpunkt dieses Buches bildet und nur eingesetzt wird, um die ausgewählten Themen beispielhaft darzustellen, werden in den weiteren Ausführungen der Einfachheit halber auch die etwas veralteten Attribute benutzt und die Präsentation nicht immer rigoros von der Dokumentenstrukturierung getrennt.

Die Auszeichnungssprache HTML wird vom World Wide Web Consortium weiterentwickelt. Aktuell trägt HTML die Versionsnummer 4.01. HTML 5 befindet sich in der Entwicklung. Parallel dazu existiert die Extensible HyperText Markup Language (XHTML) mit der aktuellen Versionsnummer 1.1, die zeitweilig als Ersatz für HTML 4.01 gedacht war. XHTML ist eine Neuformulierung von HTML 4.01 mit Hilfe von XML (Extensible Markup Language). Auch XML ist eine Auszeichnungssprache, die zur Darstellung hierarchisch strukturierter Daten benutzt wird und als reduzierte Variante von SGML entwickelt wurde.

Die XHTML-2.0-Version, ebenfalls noch nicht freigegeben, basiert nicht mehr auf HTML 4.01 und führt einige neue Tags ein. Die Trennung von Auszeichnung und Präsentation soll in dieser Version vollendet werden.

Beim Entwurf von HTML 4 sollte der Tatsache, dass in vielen HTML-Dokumenten noch Elemente (Tags) und Attribute zur Präsentation eingesetzt wurden, Rechnung getragen werden und eine stilistisch saubere Dokumententypdefinition angeboten werden. Das Ergebnis waren die drei folgenden Varianten von DTDs:

- Strict – diese DTD umfasst den Kernbestand an Tags und Attributen, wobei die meisten Tags, die der Präsentation dienen, damit ausgeschlossen wurden (unter anderem die Tags `font` und `center` sowie die Attribute `bgcolor`, `align` und `target`). Deren Rolle soll in Strict-Dokumenten von Stylesheets übernommen werden. Text und nicht-blockbildende Elemente innerhalb der Tags `body`, `form`, `blockquote` und `noscript` müssen sich grundsätzlich innerhalb eines Container-Elements befinden, zum Beispiel in einem <p>-Tag (siehe die Liste der Tags und Aufgabe 1.1 auf Seite 39 und Aufgabe 2.26).
- Transitional – enthält auch ältere Elemente und Attribute, die auch physische Textauszeichnungen ermöglichen. Diese DTD soll sicherstellen, dass bestehende Webseiten weiterhin durch aktuelle Webbrowser angezeigt werden können.
- Frameset – enthält zusätzlich zu allen Elementen der Transitional-Variante noch die Elemente für die Erzeugung von Frames und Framesets.

Ziel dieses Buches ist, wie auch das der diesem Buch vorangegangenen Übungsbücher zu Java, die Gegebenheiten zu den angesprochenen Themen aus Sicht des Java-Programmierers zu beschreiben. Die für die Programmierung erforderlichen Details zur [X]HTML-Sprache werden am Anfang der Ausführungen erwähnt, um dem Leser zu helfen, möglichst vielseitige Beispiele erstellen zu können und die unterschiedlichen Markierungen zur Strukturierung und Präsentation im Aufbau von vorhandenen Dokumenten zu verstehen.

Ein [X]HTML-Dokument besteht aus drei Bereichen:

- der Dokumententypdeklaration (DOCTYPE) ganz am Anfang der Datei, die die verwendete Dokumententypdefinition (DTD) angibt, wie z.B. HTML 4.01 Transitional

- dem HTML-Kopf (Head), der hauptsächlich technische oder dokumentarische Informationen enthält, die nicht unbedingt direkt im Browser sichtbar sind
- dem HTML-Rumpf (Body), der die anzuzeigenden Informationen enthält.

In einem HTML-Dokument kann mit dem <!DOCTYPE>-Tag die verwendete Dokumententypdefinition spezifiziert werden.

So kann die Dokumententypdeklaration für HTML 4.01 z.B.

```
<!DOCTYPE html PUBLIC "-//W3C//DTD HTML 4.01 //EN"
"http://www.w3.org/TR/html4/DTD/strict.dtd">
```

sein, die für XHTML 1.0:

```
<!DOCTYPE html PUBLIC "-//W3C//DTD XHTML 1.0 Strict//EN"
"http://www.w3.org/TR/xhtml1/DTD/xhtml1-strict.dtd">
```

und die für XHTML 1.1:

```
<!DOCTYPE html PUBLIC "-//W3C//DTD XHTML 1.1//EN"
"http://www.w3.org/TR/xhtml11/DTD/xhtml11.dtd " />
```

XHTML 1.1 entspricht der Strict-Variante von XHTML 1.0.

Sollten Tag-Elemente wie `<center>`, <u> etc. in den Dokumenten benutzt werden, die ab der Version XHTML 1.0 als »deprecated« gekennzeichnet wurden, kann folgender DOCTYPE angegeben werden:

```
<!DOCTYPE html PUBLIC "-//W3C//DTD XHTML 1.0 Transitional//EN"
"http://www.w3.org/TR/xhtml1/DTD/xhtml1-transitional.dtd">
```

Beim Einsatz von Frames und Framesets muss für die Überprüfung von XHTML der Frameset-DOCTYPE wie folgt benutzt werden:

```
<!DOCTYPE html PUBLIC "-//W3C//DTD XHTML 1.0 Frameset//EN"
  "http//www.w3.org/TR/xhtml1/DTD/xhtml1-frameset.dtd">
```

All diese Doctypes referenzieren den vom W3C spezifizierten DTD-Standard. Die wesentlichen Unterschiede zwischen HTML und XHTML sind:

- Alle XHTML-Elemente müssen genau eingebettet und abgeschlossen werden, so z.B. ist die in HTML zugelassene Angabe <b><i>...</b></i> in XHTML nicht mehr möglich und muss durch <b><i>...</i></b> ersetzt werden, ein Start-Tag muss immer durch ein End-Tag abgeschlossen werden und Schreibweisen wie <hr> und <br> sind durch die korrekten Angaben <hr /> und <br /> zu ersetzen.
- Alle XHTML-Elemente müssen in Kleinbuchstaben geschrieben werden.
- Alle XHTML-Elemente müssen in ein <html>...</html>-Tag eingeschlossen werden. Das html-Tag muss ein Namensraum-Attribut haben.

Wie auch schon erwähnt wurde, begann das W3C mit HTML 4 damit, diejenigen Elemente und Attribute, die direkt für die Präsentation des Dokuments zuständig waren und keine Ausgabe-unabhängige Strukturierung ausdrückten, schrittweise aus HTML auszuschließen. XHTML 1.0 enthält wie auch HTML 4 eine Transitional-Variante mit veralteten Sprachbestandteilen. Im modernen Webdesign hat sich jedoch durchgesetzt, dass die Strict-Variante verwendet wird und die Dokumente konsequent mit CSS formatiert werden, womit der strukturierte Inhalt und das jeweilige Layout getrennt definiert werden können. Mit XHTML 1.1 und dem geplanten XHTML 2.0 schließt das W3C diese Entwicklung endgültig ab, indem nur noch eine Ausgabe-unabhängige Textauszeichnung erlaubt wird und das Layout zwangsläufig mit CSS oder ähnlichen Sprachen realisiert werden muss.

Es sei aber schon an dieser Stelle erwähnt, dass die meisten Browser den angegebenen Dokumententyp unterschiedlich interpretieren oder sogar ignorieren. Wir werden diesen sowohl für HTML- wie auch XHTML-Dokumente beispielhaft hinzufügen, weil den Regeln zufolge eine [X]HTML-Datei nur dann Gültigkeit hat, wenn sie eine bestimmte Dokumententypdefinition beinhaltet und sich strengstens an die in dieser Datei vorgegebenen Regeln hält.

Viele Webbrowser verbergen eigene HTML-Parser in sich, die dazu beitragen, Webseiten anzeigen zu können, aber nicht alle verfügen über XML-Fähigkeiten, so dass sich diese XHTML-Dokumente genauso wie HTML-Dokumente darstellen. Darüber hinaus haben viele der Browser eine Art Fehlertoleranz eingebaut, über die eine automatische Fehlerkorrektur vollzogen wird, die aber nach eigenen Regeln abgewickelt wird und nirgendwo festgeschrieben ist.

Einträge wie `http://www.w3.org/TR/xhtml1/DTD/xhtml1-transitional.dtd` beinhalten die Webadresse, unter der die entsprechende DTD hinterlegt ist und der Webbrowser diese finden kann. Aber auch Dokumententypdefinitionen sind heutzutage in vielen der Webbrowser direkt implementiert.

Anbei eine Liste der Tags, die am häufigsten in den nachfolgenden Beispielen benutzt werden:

`<!-- -->` wird für Kommentarzeilen in HTML-Dokumenten eingesetzt.

`<meta/>` definiert Informationen über die Webseite, die von Suchmaschinen oder anderen Applikationen benutzt werden können. Sein `content`-Attribut gibt die Meta-Information als Textzeile an und das `name`-Attribut zeigt, wie der Wert des `content`-Attributs zu interpretieren ist. Eine andere Möglichkeit besteht darin, das Attribut `http-equiv` anstelle von `name` zu benutzen. Dann gibt dieses an, wie der Wert von `content` zu interpretieren ist.

`<html> </html>` definiert den Rahmen eines HTML-Dokuments.

`<title> </title>` definiert den Titel eines HTML-Dokuments.

`<head> </head>` definiert den Bereich für den Header eines HTML-Dokuments.

`<body> </body>` definiert den Bereich für den Inhalt eines HTML-Dokuments.

`<br/>` fügt eine Leerzeile ein.

`<hr/>` definiert eine horizontale Linie.

`<p> </p>` definiert den Rahmen für einen Paragraphen (Absatz).

`<h1> </h1>, <h2></h2>... <h6></h6>` definieren Überschrifttiefen.

`<b></b>` definiert einen fett gedruckten Text.

`<form> </form>` definiert ein Formular, das benutzt wird, um die vom Benutzer im Browser eingegebenen Daten einzulesen und diese an eine in dessen Adresszeile eingegebene URL (»Uniform Resource Locator«) oder im `action`-Attribut angegebene Adresse zu delegieren. Mit seinen Attributen `method="POST"` und `action="http://localhost:8080/java6uebungsbuch3/ServletmitdoPost"` wird der Name der http-Methode (in diesem Beispiel POST) bzw. der Name des auszuführenden Programms (in diesem Beispiel ein Servlet) angegeben. Ist `action=""` gesetzt, wird die gleiche Webseite noch mal ausgeführt.

Die verschiedenen Varianten des `<input>`-Tags geben dem Benutzer die Möglichkeit, Textzeilen und Passwörter einzugeben und TextArea-, RadioButton-, CheckBox- und Button-Komponenten für Formulare zu definieren.

`<input type="text" name="..." value="..."/>` definiert ein Textfeld.

`<input type="hidden" name="..." value="..."/>`
definiert ein verborgenes Textfeld.

`<input type="textarea".../>` definiert eine TextArea-Komponente.

`<input type="checkbox" name="..." value="..."/>`
definiert eine CheckBox.

`<input type="radio".../>` definiert eine RadioButton-Komponente.

Verborgene (versteckte) Felder werden nicht in dem Formular, das sie definiert, angezeigt. Diese Felder dienen dazu, vordefinierte Eingaben, die unabhängig von Benutzereingaben bleiben, an die im `action`-Parameter angegebene Komponente weiterzureichen.

Andere Tags werden für das Erstellen von Tabellen und Listen eingesetzt:

`<dl> </dl>` wird im Zusammenhang mit dem `<dt> </dt>`-Tag benutzt und definiert eine Liste

`<ul> </ul>` wird im Zusammenhang mit dem `<li> </li>`-Tag benutzt und definiert eine nicht geordnete Liste

`<ol> </ol>` wird auch im Zusammenhang mit dem `<li> </li>`-Tag benutzt und definiert eine geordnete Liste.

Das `<table>`-Tag definiert eine Tabelle und wird meist im Zusammenhang mit den `<tr>`-und `<td>`-Tags für die Wiedergabe von Tabelleneinträgen eingesetzt.

Das `<select>`-Tag definiert eine Auswahlmöglichkeit, deren Alternativen über ein `<option>`-Tag festgelegt werden können:

```
<select name="..." >
   <option value="..." />
   ...
</select>
```

Für Buttons (ohne und mit Bildern) können folgende Tag-Definitionen eingesetzt werden:

```
<button><img src="Vroni.jpg"/><br/>submit!</button>
<input type="image" src = "Vroni.jpg"/>
<input type="submit"/> ist der Standard
<input type="reset"/> löscht alle Texteingaben
<input type="button" value="Senden" name="button"/>
```

`<frameset>`- und `<frame>`-Tags dienen zur Definition von Fenster-Komponenten, wobei `frame` ein Unterfenster definiert, wenn `frameset` benutzt wird.

`<a>`-Elemente definieren eine Verankerung und verfügen über mehrere Attribute, wobei `href`, das einen Hyperlink anzeigt, das wichtigste ist.

Das `<img>`-Tag dient für den Zugriff auf Image-Dateien. In seinem `src`-Attribut wird die URL angegeben, die den Namen und den Ort spezifiziert, wo die Datei zu finden ist.

Mit HTML können auch die verschiedenen Regionen von ImageMaps (siehe auch das Kapitel 3 aus dem Java-6-Übungsbuch Band II) mit einem `<map>`-Tag über URLs angesprochen werden. Es werden sowohl Server- wie auch Client-seitige ImageMaps unterstützt, die innerhalb von HTML-Formularen benutzt werden können.

Mit:

```
<img src="Enten.GIF" usemap="#map" width="280"
  height="70"/>
   <map name="map" id="map">
      <a href="t1.html" shape="rect" coords="0, 0, 56, 70"
        title="t1"/>
      <a href="t2.html" shape="rect" coords="56, 0, 56, 70"
        title="t2"/>
   </map>
```

kann ein Client-seitiges ImageMap definiert werden, weil das `usemap`-Attribut dem Browser mitteilt, welche Webseite geladen werden soll, wenn eine bestimmte Region des Bildes angeklickt wird.

Mit:

```
<a href="T1.gif">
<input type="image" name="Map" src="Enten.GIF" ismap /></a>
```

wird ein Server-seitiges ImageMap definiert. Der Browser sendet an die im href-Attribut angegebene Datei die Koordinaten des Mausklicks und anstelle von T1.gif kann eine Map-Definitionsdatei aufgerufen werden, die die Koordinatenwerte auswertet und die zugehörige Webseite an den Browser zurücksendet.

Das Element <style> </style> wird für die Definition von Stylesheets eingesetzt. Dazu wird die Syntax: html-tag {eigenschaft1:wert1; eigenschaft2: wert2;...} benutzt. So kann z.B. für die Überschriftentypen h1 und h2 eine Farbe und Schriftart wie folgt gesetzt werden:

```
h1, h2 {
  font-family: "arial";
  color:green;
}
```

Wird diese Definition innerhalb des <head> </head>-Tags platziert, gilt sie für das gesamte Dokument.

Um mehrere Style-Definitionen für das gleiche Tag zu setzen oder eine bestimmte Definition mehrfach zu benutzen, werden diesen class-Namen zugeordnet:

```
<style type="text/css">
  td.schrift {
    font-size:100%; font-weight:bold; color:red;
  }
</style>
```

Der Tag-Aufruf lautet dann:

```
<td class="schrift">Tag</td><td class="schrift">
       Attribute</td>
```

Um die gleichen Style-Definitionen in mehreren Dokumenten abrufen zu können, werden diese in separate Dateien platziert und über ein link-Element geladen (siehe die Aufgaben 2.1, 2.2 und die Beispiele aus Kapitel 4).

Die Einträge einer Stylesheet-Datei können wie folgt aussehen:

```
.buchkatalog {
  padding: 40px 0px 0px 0px;
  margin: 10px;
}
.buchkatalog input#submit {
  font-family: Lucida Writing, Times Roman, Arial;
  font-size: 15px;
  color: #EE0000;
```

```
   padding: 10px 2px 10px 2px;
   margin: 4px 10px 4px 10px;
   text-align: middle;
}
.ueberschrift h2 {
   text-align: right;
   font-family: Arial;
   font-size: 26px;
   color: #789152;
   text-decoration: none;
   font-weight: bolder;
   padding: 0px 0px 20px 0px;
   margin: 0px;
   border: 0px;
}
```

und werden dann in Dokumenten zur Präsentation wie folgt eingesetzt:

```
<div class="ueberschrift">
   <h2>Willkommen im Buchverkaufs-Shop</h2>
</div>
<div class="buchkatalog">
   <form>
      <input type="hidden" name="jspparam" value="ebookCatalog"/>
      <input id="submit" type="submit"
        value="Buchkatalog anzeigen"/>
   </form>
</div>
```

Das für das Laden von Stylesheet-Dateien zuständige `<link/>`-Tag definiert eine Referenz auf eine Ressource:

```
   <link rel="stylesheet"
     href="/java6uebungsbuch3/css/ebookshop.css" type="text/css"/>
```

Die Elemente `<div> </div>` und `<span> </span>` können benutzt werden, um Stylesheets für einen bestimmten Dokumentenabschnitt zu definieren. Über deren Attribut `style` kann auch die gewünschte Farbe, Schriftart, Schriftgröße etc. angegeben werden.

1.2 Nachrichtenaustausch zwischen Webserver und Webbrowser

Das Internet verbindet weltweite Informationsträger (Rechner, die an verschiedene Netze mit unterschiedlichen Netzwerktechnologien angeschlossen sind). Das World Wide Web (über das die Kommunikation von Anwendungen abgewickelt wird) gibt uns die Möglichkeit, die von diesen zur Verfügung gestellten Informationen lokal zu nutzen.

Die Programmiersprache Java liefert eine Vielzahl von eingebauten Netzwerkfähigkeiten, die das Entwickeln von Servern und Clients, die über unterschiedliche Protokolle kommunizieren können, möglich machen (siehe auch das Kapitel 7 von *Java 6 Das Übungsbuch* Band II).

Server und Clients sind Programme, die auf demselben oder auf unterschiedlichen Rechnern, die auch als Host bezeichnet werden, ablaufen. Ein Server stellt einem Client auf Anfrage verschiedene Dienste zur Verfügung.

Das http-Protokoll ist ein Netzwerkprotokoll, das auf TCP/IP aufsetzt. Das IP (Internet-Protokoll) ist dafür zuständig, Datenpakete von einem Rechner zu einem anderen zu übertragen. TCP (Transmission Control Protocol) ist ein verbindungsorientiertes Protokoll, das dafür sorgt, dass die von einem Netzwerkknoten verschickten Daten komplett auf der anderen Seite ankommen, auch wenn diese beim Verschicken in mehrere Teile zerlegt wurden und ein nicht angekommenes Paket noch mal nachgesendet werden muss. TCP ist ein streamorientiertes Protokoll, das auf die Socket-Schnittstelle aufsetzt. Um eine Socket-Verbindung herzustellen, müssen eine IP-Adresse und die TCP-Portnummer bekannt sein. IP-Adressen identifizieren einen Rechner eindeutig und Portnummern repräsentieren eine logische Verbindung zu einer ganz bestimmten Software auf einem Rechner. Ein Webserver (des Öfteren auch http-Server genannt) läuft standardmäßig auf Port 80.

Eines der großen Vorteile von Java ist, dass das Senden und Empfangen von Nachrichten über ein Netz gleich einer einfachen Ein-/Ausgabe, wie auch für Dateien, ist (siehe auch das Kapitel 1 von *Java 6 Das Übungsbuch* Band II).

Ein Webbrowser baut eine Verbindung zu einem Webserver auf, indem er eine `Socket`-Instanz mit Angabe der IP-Adresse (oder des Hostnamens) und der Portnummer erzeugt. Um Daten von diesem Socket zu lesen, kann über die Methode `getInputStream()` der `Socket`-Klasse ein byteorientierter Eingabe-Stream angefordert werden, der wiederum über einen Stream der Brückenklasse `InputStreamReader` mit einem zeichenorientierten Stream, wie z.B. vom Typ `BufferedReader`, gekettet werden kann. Zum Schreiben von Daten in einen Socket wird seine Methode `getOutputStream()` aufgerufen. Der von dieser Methode zurückgelieferte byteorientierte Stream kann wiederum mit einem `PrintWriter`- oder `BufferedWriter`-Stream gekettet werden, um auch textorientierte Daten schreiben zu können. Weitere Details dazu finden Sie im Kapitel 7 von *Java 6 Das Übungsbuch* Band II.

Zur Illustration dieser Vorgänge wird auch in diesem Buch eine Aufgabe formuliert, die in Form einer Chat-Client-Server-Kommunikation die wichtigsten Schritte beim Versenden und Empfangen von Nachrichten über TCP/IP und http beschreibt (Aufgabe 1.2 auf Seite 41), um die im Nachfolgenden auf Servlets, JavaServer Pages und Webapplikationen bezogenen Ausführungen besser verstehen zu können.

1.3 Die Struktur des http-Protokolls

Wie schon angemerkt wurde, besteht ein Nachrichtenaustausch über ein http-Protokoll aus einer Folge von Requests (Anfragen) und Responses (Antworten). Ein Webbrowser (Client) schickt eine Anfrage an einen Webserver und dieser antwortet darauf.

Die Anfrage (in den Beispielen aus den nächsten Unterkapiteln werden wir viele konkrete Ausführungen davon zu sehen bekommen) beinhaltet im Wesentlichen: den Namen einer http-Methode, in der Regel GET oder POST, einen URL-String, über den eine Ressource im Internet identifiziert werden kann, eine unterschiedliche Anzahl von Parametern und Header-Einträgen, die den Hostnamen, User-Agent (in diesem Fall der Name des Webbrowsers), die zugelassene Sprache, den Typ und die Konvertierungsmöglichkeiten von Texten etc. beschreiben.

Die Antwort beinhaltet einen Status-Code, der besagt, ob die Anfrage erfolgreich oder durch einen Fehler beantwortet wurde, sowie Parameter, deren Werte z.B. den Typ und die Länge der zurückgesendeten Daten beschreiben, und die Daten selbst.

Die http-Methoden GET und POST weisen Gemeinsamkeiten, aber auch wesentliche Unterschiede auf.

GET ist die Standard-Methode, das heißt, eine in der Adresszeile eines Browsers angegebene URL, wie z.B. `http://java.sun.com/index.html`, wird an den über den Namen oder die IP-Adresse spezifizierten Webserver über eine GET-Anfrage weitergereicht. Sie dient in erster Linie dazu, eine Ressource vom Server anzufordern (wie z.B. ein Dokument oder das Ergebnis einer Datenbankabfrage) und ist eher für das Versenden von nicht Sicherheits-relevanten Daten geeignet. Die Anzahl der mit ihr verschickten Zeichen ist eingeschränkt und vom jeweiligen Webserver abhängig. Die Parameter einer GET-Anfrage werden dem übergebenen URL-String angehängt und vom angegebenen Pfadnamen durch das »?«-Zeichen getrennt. Der Vorteil dieser Methode liegt darin, dass die Parameterwerte bei einer Vor- und Zurücknavigation im Browser mitgeschickt werden und die angegebene Adresse inklusive der Parameter als Bookmark weiterverarbeitet werden kann. Der Nachteil dieser Methode ist, dass die Länge der Daten begrenzt ist und sensible Daten im Browser angezeigt werden bzw. in Log-Files auf dem Server gespeichert werden.

Die POST-Methode ist sicherer und dafür designiert, größere Datenmengen an den Server zu übergeben (um diese z.B. in einer Datenbank zu speichern). Die verschickten Parameternamen und -werte werden dabei im Body (Datenteil) der Anfrage eingetragen und es gibt keine Einschränkungen bezüglich der Länge von Daten. Die gesendeten Daten werden nicht in die URL integriert und somit auch nicht in der Adresszeile des Browsers angezeigt. Sie können nicht, wie im Fall von GET, in die Favoritenliste eines Browsers aufgenommen oder per E-Mail verschickt werden, um eventuell neu geladen zu werden. Dem Vorteil, dass damit Binärdaten beliebigen Umfangs übertragbar sind, steht der Nachteil gegenüber, dass damit die Navigation im Browser und das Setzen von Bookmarks nicht funktioniert.

Der Body einer http-Anfrage mit POST ist vom Kopfteil durch eine Leerzeile getrennt. Bei GET ist der Body leer.

Anbei eine beispielhafte Auflistung der Inhalte von http-Request- und -Response-Einträgen für die Methoden GET und POST mit deren Gemeinsamkeiten und Unterschieden:

- http-GET-Request
  - Die Request-Line, die aus dem Namen GET der http-Methode, URL-String und Parameter besteht

    ```
    GET http://localhost/java.sun.com/index.html
    ?color=pink&protokoll=HTTP+1.1
    ```

  - Der Request-Header, mit dem der Hostname und die vom Client unterstützte Sprache, Textformatierungen und Dekodierungsmöglichkeiten, der Wunsch über die Dauer einer Verbindung etc. an den Server weitergegeben werden

    ```
    Host:localhost
    Accept-encoding:gzip, deflate
    Connection:Keep-Alive
    Accept-language:de
    Ua-cpu:x86
    User-agent:Mozilla/4.0 (compatible; MSIE 7.0; Windows NT 5.1; .NET
    CLR 1.1.4322; InfoPath.1)
    Accept=image/gif, image/x-xbitmap, image/jpeg, image/pjpeg,
    application/x-shockwave-flash, application/vnd.ms-excel,
    application/vnd.ms-powerpoint, application/msword
    Accept-charset:ISO-8859-1,utf-8;q=0.7*;q=0.7
    ```

- http-POST-Request
  - Die Request-Line, die aus dem Namen POST der http-Methode, URL-String und der Protokoll-Version, die der Browser erwartet, besteht

    ```
    POST http://localhost/java.sun.com/index.html HTTP/1.1
    ```

  - Der Request-Header, mit dem Hostname, User-Agent und die vom Client unterstützte Sprache, Textformatierungen und Dekodierungsmöglichkeiten, der Wunsch über die Dauer einer Verbindung etc. an den Server weitergegeben werden

    ```
    Host:localhost
    Accept-encoding:gzip, deflate
    Connection:Keep-Alive
    ...
    ```

- Der Request-Body, der in diesem Fall die Parametereinträge beinhaltet

  ```
  ?color=pink...
  ```

- http-Response
  - Der Response-Header, der sowohl die Version des http-Protokolls und den Status-Code enthält als auch Einträge wie Content-Type, Content-Length, Date, Set-Cookie, Path, Domain etc.

```
HTTP 1.1 200 OK
Content/Type: text/plain
Content-Length: 200
Date: Fri, 29Aug 2008 06:54:04 GMT
Path:/
Set-Cookie: session-id=…
```

  - Der Response-Body, der den Inhalt der zurückgesendeten Daten für die Wiedergabe im Browser beinhaltet

1.4 Datenübermittlung mit HTML-Formularen

Mit einem `<form>`-Tag können HTML-Formulare in Webseiten integriert werden und als Frontends für Servlets und andere serverseitige Programme eingesetzt werden. Sie bestehen aus Elementen, die einen Namen und einen Wert besitzen, wobei der Wert von einer HTML-Anweisung geliefert wird, aber auch vom Benutzer eingegeben bzw. ausgewählt werden kann. Ein Formular kann über das `action`-Attribut des `<form>`-Tags mit einem Programm verknüpft werden, das aufgerufen werden soll, um diese Daten zu lesen und ggf. zu verarbeiten (siehe auch Unterkapitel 1.1 auf Seite 25).

Damit der Inhalt eines Formulars an ein Programm weitergegeben werden kann, wird aus den Namen und Werten aller Eingabeelemente eine Zeichenkette gebildet, in dem die Namen/Wert-Paare durch das Zeichen »&« getrennt sind, die Werte selbst vom Parameternamen durch das Zeichen »=« getrennt sind und zwischen den Werten ggf. ein »+« eingefügt wird. Diese Zeichenkette wird an die im `action`-Attribut des `<form>`-Tags angegebene URL übermittelt. Sie wird, je nachdem, ob eine http-Anfrage mit der Methode GET oder POST gesendet wurde, entweder hinter einem »?«-Zeichen an diese URL angehängt oder nach dem Header der Anfrage und einer Leerzeile auf einer separaten Zeile gesendet. Der http-Methodennamen wird ebenfalls im `<form>`-Tag (über das Attribut `method`) spezifiziert.

Beim Schreiben von HTML-Anweisungen bleibt die Groß/Klein-Schreibweise unberücksichtigt im Gegensatz zur Schreibweise von Tag-Attributwerten.

- Für Texteingaben werden drei Arten von Elementen unterstützt: Textfelder, TextAreas und Passwortfelder. Sie werden mit den HTML-Tags

```
<input type="text" name="..." value="...">
<input type="password" name="..." value="...">
<textarea name="..." rows=... cols=...> </textarea>
```

definiert, wobei das Attribut name ein Feld identifiziert und immer angegeben werden muss, weil diese Daten ansonsten nicht verschickt werden. Das Attribut value ist nicht zwingend erforderlich. Falls es angegeben wurde, spezifiziert es einen Anfangswert für das Feld. Dieser Wert kann durch eine Eingabe vom Benutzer überschrieben werden und es wird immer der aktuelle Inhalt gesendet.

- Zum Abschicken von Formulardaten können die Elemente

```
<input type="submit" name="..." value="...">
```

und

```
<button type="submit" name="..."> </button>
```

benutzt werden.

Ist eine Beschriftung und ein Icon für den Button vorgesehen, können diese wie folgt angegeben werden:

```
<button type="submit">
<img src="Javalogo.gif">
<br>Button mit Icon
</button>
```

- Soll der Benutzer die Möglichkeit haben, aus einer vorgegebenen Menge von Möglichkeiten eine oder mehrere zu wählen, kommen CheckBox- und RadioButton-Elemente zum Einsatz. Die dafür benötigten HTML-Elemente sind:

```
<input type = "checkbox" name="..." checked> bzw.
<input type = "radio" name="..." value="..." checked>
<input type = "radio" name="..." value="...">
```

- Für das Erstellen von ComboBoxen ist ein <select>-Tag nötig, das über mehrere <option>-Tags dem Benutzer mehrere Auswahlmöglichkeiten zur Verfügung stellt:

```
<select name="..." size="...">
   <option value="..." multiple>
   <option value="...">
   <option value="...">
</select>
```

Das name-Attribut identifiziert in diesem Fall das Formular beim serverseitigen Programm und muss immer angegeben werden. Das Attribut size gibt die Anzahl der sichtbaren Auswahloptionen an und multiple sagt aus, dass mehrere Einträge gleichzeitig gewählt werden können.

Aufgabe 1.1 ☆☆

Statische Webseiten-Definitionen (HTML-Tags und ihre Attribute)

In drei HTML-Dateien `FrameSet.html`, `Frame1.html` und `Frame2.html` sollen die im Unterkapitel 1.1 auf Seite 25 aufgelisteten HTML-Tags verwendet werden, um die Wiedergabe der damit definierten Elemente im Browser zu beobachten.

Die HTML-Datei `FrameSet.html` erzeugt mit dem `<frameset>`-Tag ein Frameset, das in zwei Spalten, die beide je eine Hälfte des Fensters belegen, zwei Unterfenster vom Typ `Frame1.html` und `Frame2.html` aufnimmt. Dazu kann das Tag `<frame>` benutzt werden, in dessen `src`-Attribut der Name der HTML-Dateien angegeben wird.

Setzen Sie für die jeweiligen Fenster mit dem `<h3>`-Tag die Überschriften »Fenster 1« und »Fenster 2«.

Definieren Sie mit den Tags `<table>`, `<tr>` und `<td>` in den HTML-Seiten `Frame1.html` und `Frame2.html` je eine Tabelle, die in der ersten Seite als Einträge eine Server-seitige ImageMap und alle Formen von `input`-Tags beinhaltet und in der zweiten Seite eine Client-seitige ImageMap, mit dem `<fieldset>`-Tag mehrere Eingabefelder unter einer Überschrift darstellt und Definitionen von Button-, TextArea-, Tabellen-, ComboBox- und Listen-Komponenten vornimmt.

Hinweise für die Programmierung:

Nach dem Beispiel:

```
<table class="farbe" cellpadding="5" border="2" rules="all">
  <tr>
  <td class="schrift">Tag</td><td class="schrift">
    Attribute</td>
  <td class="schrift">Wiedergabe im Browser</td>
  </tr>
```

bzw.

```
<table class="farbe" cellpadding="5" border="2" rules="all">
  <tr>
  <td class="schrift">Tag</td><td class="schrift">
    Wiedergabe im Browser</td>
  </tr>
```

soll die Überschrift der Tabellen, deren Hintergrund und Rahmen mit vom Standard abweichenden Farben und Schrift dargestellt werden, indem im `<head>`-Tag der HTML-Seite für die Tags `<table>` und `<td>` ein internes Stylesheet definiert wird

```
<style type="text/css">
  h3 {
    font-family:"arial";
```

```
    font-size:130%;
    color:red;
  }
  td.schrift {
    font-size:130%; font-weight:bold; color:blue;
  }
  table.farbe {
    background-color:pink; border-color:red;
  }
</style>
```

das über das `class`-Attribut im Tag-Aufruf angegeben werden kann. Damit wird auch für den `h3`-Überschriftentyp die Farbe, Schriftart und Schriftgröße abgeändert.

Mit den nachfolgenden Tags:

```
  <tr>
  <td>input</td><td>type="text"</td>
  <td><input type="text" name="TextFeld" value="Dies ist ein
    Textfeld" size="22"/></td>
  </tr>
...
  <tr>
  <td>img / map</td>
  <td>
  <img src="Enten.GIF" usemap="#map" width="280"
    height="70"/>
  <map name="map" id="map">
    <a href="t1.html" shape="rect" coords="0, 0, 56, 70"
      title="t1"/>
    <a href="t2.html" shape="rect" coords="56, 0, 56, 70"
      title="t2"/>

  </map>
  </td>
  </tr>
  <tr>
  <td>button</td>
  <td><button><img src="T1.gif"/></button></td>
  </tr>
```

können dann für beide Tabellen die gewünschten Einträge nacheinander definiert werden.

Die HTML-Dateien können in einem beliebigen Verzeichnis auf Ihrem Rechner abgelegt werden und über das Anklicken von `FrameSet.html` im Windows-Explorer mit einem Browser dargestellt werden.

HTML-Dateien: `FrameSet.html`, `Frame1.html`, `Frame2.html`, `t1.html`, `t2.html`, `t3.html`, `t4.html`, `t5.html`

Aufgabe 1.2

Webserver und Webbrowser

Die Kommunikation über das http-Protokoll zwischen Webserver und Webbrowser wird standardmäßig von so genannten HttpHandlern durchgeführt, die die komplexe Aufgabe der Übertragung von Daten übernehmen und eine Schnittstelle für den Benutzer für den Zugriff auf diese Daten bereitstellen.

Definieren Sie eine Klasse `MultithreadWebServermitHTTPProtokoll`, die als Vorlage für einen Chat-Server dient, der als statischer Multithreading-Server implementiert werden soll. Der Server soll mit seinen Chat-Clients über ein eigenes, sehr vereinfachtes http-Protokoll kommunizieren, um den Nachrichtenaustausch, der bei einer Kommunikation von Standard-Webserver und -Clients verborgen bleibt, darzustellen.

Weil das http-Protokoll standardmäßig auf TCP aufsetzt, definiert die Klasse globale Referenzen vom Typ der Klassen `ServerSocket` und `Socket`, deren Instanzen in diesem Fall als Sockets für die Client-Server-Kommunikation dienen.

Zur Realisierung der statischen Parallelität soll ein Thread-Pool benutzt werden, der als Instanz der Klasse `ThreadPoolExecutor` aus der mit Java 5.0 neu definierten Concurrent-Klassenbibliothek (`java.util.concurrent`-Pakete) erzeugt wird.

Für das Eintragen der Nachrichten, die von allen Chat-Clients gesendet werden, soll eine Liste vom Typ der generischen Klasse `ArrayList<PrintWriter>` benutzt werden, die die an den Sockets gelesenen Output-Streams vom Typ der Klasse `PrintWriter` aufnehmen kann.

Im Konstruktor der Klasse wird eine `ServerSocket`-Instanz erzeugt, die auf Port 80 auf Client-Verbindungen wartet. Definieren Sie dazu eine Instanzmethode mit dem Namen `start()`, die die `accept()`-Methode an der `ServerSocket`-Instanz aufruft, die eine `Socket`-Instanz zurückgibt, falls von einem Client aus eine Verbindung aufgebaut wurde. Für jeden neu angemeldeten Client soll ein Thread aus dem Thread-Pool gestartet werden. Eine Bestätigung für den Verbindungsaufbau wird mit einem Zähler der Verbindungen angezeigt. Ermitteln Sie die Anzahl der im Thread-Pool gleichzeitig existierenden Threads mit der Methode `getLargestPoolSize()` der Klasse `ThreadPoolExecutor` und zeigen Sie auch diese am Bildschirm an.

Die Threads aus dem Thread-Pool werden über den Aufruf von dessen Methode `execute()` gestartet, die als Argument ein `Runnable`-Objekt vom Typ einer inneren Klasse `ServerTask` übergeben bekommt. Diese Klasse definiert einen Konstruktor mit einem Parameter vom Typ `Socket`. In ihrer überschriebenen `run()`-Methode werden die Methoden `getInputStream()` und `getOutputStream()` an der im Konstruktor übergebenen `Socket`-Instanz aufgerufen, um Ein/Ausgabe-Streams für den Server zu definieren.

Ketten Sie einen so ermittelten Output-Stream mit einem `PrintWriter`-Stream und fügen Sie diesen jedes Mal der zu diesem Zweck erstellten ArrayList hinzu. Der Input-Stream soll mit einem `BufferedReader`-Stream gekettet werden, um mit dessen `readLine()`-Methode die Anfragen von Clients zeilenweise entgegenzunehmen. Wurde eine Leerzeile eingelesen, soll die Lese-Schleife verlassen werden, ansonsten wird eine Client-Anfrage, die aus einem GET-Kommando mit Angabe des Nachrichtentextes und mehreren Header-Einträgen bestehen kann, nach ihrem Inhalt untersucht. Der Text der Nachricht soll im Aufruf einer Methode `nachrichtVerteilen()` übergeben werden und falls es sich nicht um die GET-Methode, sondern einen Eintrag aus dem Header der Anfrage handelt, soll dieser am Bildschirm angezeigt werden.

Die Methode `nachrichtVerteilen()`, die zum Verteilen einer http-Antwort an alle Clients dienen soll, ermittelt ein `Iterator`-Objekt über den Aufruf der Methode `iterator()` an der `ArrayList<PrintWriter>`-Instanz, um mit den Methoden `hasNext()` und `next()` ihre Elemente vom Typ `PrintWriter` zu durchlaufen und in einen Ausgabe-Stream vom selben Typ für das Senden an die Clients zu hinterlegen.

Schreiben Sie auch einen Header für die Antwort mit den Einträgen »HTTP/1.1 Status-Code: 200 OK« und »Content-Type: text/plain« und trennen Sie diesen durch eine Leerzeile von ihrem Body (Datenteil), der die eigentliche Nachricht enthält, damit der Client beim Einlesen die beiden Teile der Antwort voneinander unterscheiden kann.

In der `main()`-Methode soll ein Server vom Typ der eigenen Klasse erzeugt und über die `start()`-Methode ausgeführt werden.

Die Klasse `ChatClientmitHTTPProtokoll` wird von `JFrame` abgeleitet und definiert einen einfachen Webbrowser mit einer grafischen Benutzeroberfläche. Sie definiert Instanzfelder vom Typ `BufferedWriter` und `BufferedReader` zum Referenzieren von Input- und Output-Streams für den Client und eine globale Referenz vom Typ der Klasse `Socket`.

Für die Eingabe bzw. Anzeige von Nachrichten werden im Fenster `JTextField`- und `JTextArea`-Komponenten bereitgestellt.

In der `start()`-Methode der Klasse wird der von der `getInputStream()`-Methode der `Socket`-Klasse zurückgelieferte Stream zum Einlesen der vom Server gesendeten Nachrichten benutzt und Header und Body der Server-Antwort am Bildschirm angezeigt. Benutzen Sie dazu eine Instanz der Java-Standard-Klasse `Console`, um eine korrekte Darstellung für Umlaute zu erreichen.

Das Anzeigen der Nachrichten, die den Datenteil der Antwort bilden, in der `JTextArea`-Komponente wird mit der Methode `textAnzeige()` der Klasse realisiert. Diese Methode bekommt einen Nachrichtentext als `String`-Referenz übergeben und gibt diesen an den Ereignisbehandlungs-Thread weiter.

Beim Abschicken der von einem Client im Textfeld eingegebenen Nachricht wird der ActionListener benachrichtigt und dessen Methode `actionPerformed()` aufgerufen. In dieser wird der von der Methode `getOutputStream()` der `Socket`-Klasse zurückgelieferte Output-Stream ermittelt und in diesen die im Textfeld vom Benutzer eingegebene Nachricht geschrieben. Der Nachricht selbst wird der Name GET der benutzten http-Methode vorangestellt. Der Client-Anfrage soll zur Illustration der Vorgänge aus der Kommunikation von Standard-Webserver und Webbrowser auch ein Request-Header hinzugefügt werden, über den der Client den Hostnamen und seine Anforderungen bzgl. der Sprache, Kodierung und Dekodierung, Dauer der Verbindung etc. an den Server weitergibt.

In der `main()`-Methode soll ein Client vom Typ der eigenen Klasse erzeugt und über die `start()`-Methode ausgeführt werden.

Hinweise für die Programmierung:

Die Threads eines Thread-Pools teilen sich die zugeteilten Aufträge und es muss nicht für jeden neuen Auftrag ein neuer Thread gestartet werden. Die `ThreadPoolExecutor`-Klasse implementiert die `ExecutorService`-Schnittstelle und definiert mehrere überladene Konstruktoren. Beim Instanziieren von Objekten wird im Lösungsvorschlag zu dieser Aufgabe der erste Konstruktor der Klasse aufgerufen. Darin werden übergeben: die minimale Anzahl von Threads, die im Pool existieren sollen, auch wenn keine Aufträge anstehen, die maximale Anzahl, auf die diese im Laufe der Arbeiten erhöht werden kann, die Zeit, für die ein Thread bestehen bleiben kann, bevor er gelöscht wird, falls die angegebene Mindestanzahl von Threads überschritten wird, der Typ für die Zeitangabe als eine der Aufzählungskonstanten DAYS, HOURS, MILLISECONDS etc. der Enumeration `TimeUnit` und eine Warteschlange über eine `BlockingQueue`-Referenz, in der die zu bearbeitenden Aufträge eingereicht werden können.

Die Java-Klassen aus dieser Aufgabe wurden in dem Verzeichnis `java6uebungsbuch3sourcecode\kapitel1` abgelegt.

Für das Ausführen der Programme muss die Umgebungsvariable CLASSPATH mit `set classpath=C:\[Pfad]\java6uebungsbuch3sourcecode\kapitel1` entsprechend gesetzt werden.

Java-Dateien: `MultithreadWebServermitHTTPProtokoll.java`, `ChatClientmitHTTPProtokoll.java`

Programmaufrufe: `java MultithreadWebServermitHTTPProtokoll` und `java ChatClientmitHTTPProtokoll`

Aufgabe 1.3

Die http-Methoden GET und POST

Um die Struktur von »echten« http-Anfragen und -Antworten zu untersuchen, soll eine Klasse `TestServermitHTTPProtokoll` definiert werden, die den mit der Version 6.0 von Java für Testzwecke implementierten Webserver benutzt.

Die dazugehörigen Klassen befinden sich im Paket com.sun.net.httpserver. Die Klasse HttpServer ist eine abstrakte Oberklasse, die einen als protected definierten Konstruktor besitzt und deren Instanzen mit der zweimal überladenen create()-Methode erzeugt werden können. Die Methode createContext() der Klasse verbindet den Server mit einem http-Protokoll-Handler.

Rufen Sie die beiden Methoden in der main()-Methode der Klasse TestServermitHTTPProtokoll auf, um einen Server zu erzeugen und diesen mit einem Http-Handler vom Typ einer weiteren Klasse UserHttpHandler zu verbinden. Der Server kann mit der Methode start() der Klasse HttpServer gestartet werden.

Die Klasse UserHttpHandler implementiert die Schnittstelle HttpHandler aus demselben Paket und ermöglicht über ihre handle()-Methode und der übergebenen HttpExchange-Instanz den Zugriff auf den Header von Client-Anfragen und -Antworten. Die Instanzen der Klasse Headers, die das Interface Map<String, List<String>> implementiert, repräsentieren den Header von http-Anfragen und -Antworten. Auf diese kann mit den Methoden getRequestHeaders() und getResponseHeaders() zugegriffen werden.

Der mit der Klasse TestServermitHTTPProtokoll definierte Webserver soll den Header von Client-Anfragen in seiner Antwort spiegeln und diesen im Body der Antwort hinterlegen. Benutzen Sie dazu eine StringBuffer-Instanz, zu der über den Aufruf der Methode append() immer wieder neue Einträge hinzugefügt werden können.

Schreiben Sie in den Header der Antwort den Content-Type, das aktuelle Datum und die http-Version mit einer positiven Quittung in der Form »HTTP 1.1 200 OK«, indem Sie die Methode add() an der von getResponseHeaders() zurückgelieferten Headers-Instanz aufrufen.

Kontrollieren Sie die so durchgeführten Einträge, indem Sie die Schlüssel und Werte der von der Methode getResponseHeaders() zurückgelieferten Abbildung vom Typ Map<String, List<String>> am Bildschirm anzeigen.

Setzen Sie den Content-Type auf »text/plain«, damit das Zeilenende-Zeichen »\n« für Textanzeigen korrekt interpretiert wird, und rufen Sie die Methode sendResponseHeaders() auf, um die Header-Angaben mit der Länge der Antwort abzuschließen.

Nach dem Aufruf der Methode sendResponseHeaders() muss die Methode getResponseBody() aufgerufen werden. Diese gibt einen Output-Stream zurück, in den die eigentliche Nachricht eingetragen wird.

Um den http-Server zu testen, werden zwei HTML-Dateien mit dem im Nachfolgenden vorgegebenen Inhalt erstellt und im selben Verzeichnis mit der Datei TestServermitHTTPProtokoll.java abgelegt.

Die Datei HttpGETMethode.html:

```
<html><head>
<title>HTTP-GET-Methode</title>
```

```
</head>
<body>
<h3>Http-Request und -Response mit GET</h3>
<form method="GET"
  action="http://localhost/HttpGETMethode.html">
  <center>
  Vorname:
    <input Type="Text" Name="Vorname" Value="Daniel"><br>
  Nachname:
    <input Type="Text" Name="Nachname" Value="Jung"><br>
  <select name="Ort" size="1">
    <option value="Frankfurt"> Frankfurt</option>
    <option value="Berlin"> Berlin</option>
    <option value="Stuttgart"> Stuttgart</option>
  </select>
  <br></br>
  <input type="SUBMIT">
  </center>
</form>
</body></html>
```

Die Datei HttpPOSTMethode.html:

```
<html><head>
<title>HTTP POST-Methode</title>
</head>
<body>
<h3>Http-Request und -Response mit POST</h3>
<form method="POST"
  action="http://localhost/HttpPOSTMethode.html">
  <center>
  Vorname:
    <input Type="Text" Name="Vorname" Value="Lucian"><br>
  Nachname:
    <input Type="Text" Name="Nachname" Value="Jung"><br>
  Ort:
  <select name="Ort" size="1">
    <option value="Frankfurt"> Frankfurt</option>
    <option value="Berlin"> Berlin</option>
    <option value="Stuttgart"> Stuttgart</option>
  </select>
  <br></br>
  <input type="SUBMIT">
  </center>
</form>
</body></html>
```

Wählen Sie in den nach dem Ausführen der HTML-Dateien angezeigten Webseiten einen Eintrag für den Ort aus (die vordefinierten Werte für Textfelder können auch abgeändert werden) und betätigen Sie den Button »Anfrage senden«. In Ihrem Standard-Webbrowser wird nun die http-Antwort, die in ihrem Body die http-Anfrage spiegelt, angezeigt.

Ob die GET- oder die POST-Methode ausgeführt wurde, erkennen Sie an der Anzeige in der Adresszeile des Browsers. Für GET werden Parameternamen und -werte an die im `action`-Attribut des `<form>`-Tags angegebene URL durch »?« getrennt angehängt: `http://localhost/HttpGETMethode.html?Vorname=Daniel&Nachname=Jung&Ort=Frankfurt`. Im Fall von POST wird nur die URL angezeigt: `http://localhost/HttpPOSTMethode.html`.

HTML-Dateien: `HttpGETMethode.html`, `HttpPOSTMethode.html`

Java-Dateien: `TestServermitHTTPProtokoll.java`

Programmaufrufe: `java TestServermitHTTPProtokoll`

1.5 Servlets und der Servlet-Container

In den ersten Generationen von Webservern wurden Webseiten statisch erzeugt (siehe Aufgabe 1.1 auf Seite 39 und Aufgabe 1.3 auf Seite 43) und auf diesen mit einem eindeutigen Namen abgelegt. Diese Vorgehensweise hat sich sehr schnell als nicht ausreichend gezeigt, weil die Daten im Internet einem ständigen Wandel unterliegen und die Benutzer an aktuellen Daten interessiert sind.

Um dynamische Webseiten, die vor einer Anforderung durch einen Client noch nicht existierten und dynamisch zur Laufzeit generiert werden, zu liefern oder auch Daten auf dem Server abzufragen bzw. zu speichern (mit einer Datenbank zum Beispiel), haben sich weitere Programme als nötig erwiesen, mit denen ein Webserver kommunizieren und Daten austauschen kann.

Aus diesem Grund wurden Schnittstellen definiert, die einem Webserver erlauben, externe Programme aufzurufen, um mit deren Hilfe dynamische Webseiten, die an den Client zurückgeschickt werden, zu erzeugen. Die bekannteste und gleichzeitig Hersteller-unabhängige Schnittstelle ist das CGI (Common Gateway Interface), mit deren Hilfe ein Browser Daten an einen Server übergeben kann, um diese wiederum an externe Programme, die auf dem Server ablaufen, weiterzuleiten.

Servlets sind die Antwort von Java auf die CGI-Programmierung. Sie können als das Pendant von Applets, die von einem Webbrowser auf der Client-Seite ausgeführt werden, auf der Webserver-Seite gesehen werden. Wie auch JavaServer Pages (siehe Kapitel 2) erweitern diese die Architektur von Webservern, die standardmäßig nur statische Webseiten liefern können, und bilden zusammen mit diesen den wesentlichen Teil von so genannten Webapplikationen (Webanwendungen), mit denen wir uns in diesem und in den nachfolgenden Kapiteln weitgehend beschäftigen werden. Webapplikationen sind deswegen so bedeutungsvoll, weil sie allen, die einen Webbrowser besitzen, zur Verfügung gestellt werden können. Sowohl Servlets als auch JavaServer Pages werden in diesem Zusammenhang in der Java-Literatur auch als Web-Komponenten bezeichnet.

Eine Servlet-Klasse kann durch das Implementieren der Schnittstelle `javax.servlet.Servlet` definiert werden oder durch das Erweitern der Java-Standard-Klasse `GenericServlet` bzw. der von dieser abgeleiteten Klasse `HttpServlet`, die ihrerseits die Schnittstelle `javax.servlet.Servlet` implementieren.

Die Java-Servlet-API beinhaltet die Pakete:

- `javax.servlet`, das allgemeine Klassen und Interfaces zur Unterstützung von protokollunabhängigen Servlets zur Verfügung stellt und
- `javax.servlet.http`, das davon abgeleitete Klassen und Interfaces mit spezieller http-Funktionalität beinhaltet.

Wie Applets werden auch Servlets durch einen parameterlosen Konstruktor erzeugt, der nicht explizit aufgerufen werden muss. Dies erfolgt automatisch aus der Laufzeitumgebung.

Servlets benötigen zu ihrem Ablauf einen so genannten Servlet-Container, der von einem Webserver zur Verfügung gestellt wird und in dem diese von Anfang an über einen Deployment Descriptor (wird auf Deutsch auch als »Einsatz- bzw. Verteilungs-Deskriptor« bezeichnet) bekannt gegeben werden. In diesem Zusammenhang wird von einem Deployment (Verteilung) einer Webapplikation gesprochen. Sobald der Webserver Anfragen an ein Servlet richtet, werden diese nicht an das Servlet selbst, sondern an den Container, in dem dieses Servlet eingetragen ist, gesendet. Der Container ist derjenige, der die Methoden des Servlets aufruft, und wird in der Java-Literatur des Öfteren auch als »Servlet-Engine« bezeichnet.

Anstelle eines Webservers, wie z.B. der http-Server der Apache Software Foundation, kann zum Erstellen und Testen von Servlets direkt ein Container, wie z.B. Tomcat, benutzt werden. Dieser hat die Fähigkeit, als http-Server zu fungieren, ist aber, gerade was die http-Fähigkeit betrifft, bei Weitem nicht so leistungsfähig wie der Apache-Server selbst.

Es gibt eine große Anzahl von Herstellern, deren Webserver bzw. Container Servlets verwalten können. Wir haben uns in diesem Buch für Apache Tomcat entschieden.

Weil damit viele Missverständnisse verbunden werden, möchten wir gleich am Anfang auf den Unterschied zwischen einem »echten« Webserver, wie z.B. Apache, und einem Container, wie z.B. Tomcat, hinweisen: als JEE-Application-Server kann laut Spezifikation nur ein Webserver bezeichnet werden, der Servlet-, JSP- und EJB-(Enterprise-JavaBeans-)tauglich ist, und somit gilt diese Bezeichnung nicht für Tomcat, der keine EJB-Fähigkeit besitzt.

Gleich wichtig ist auch der Hinweis, dass Servlet-Klassen und Interfaces nicht Bestandteil der Java-Standard-Bibliotheken sind, sondern von Java EE (Enterprise Edition). Die Servlet-Klassen können von `http://java.sun.com/javaee/technologies`, wo die APIs von Java EE 5 und Java EE 6 zu finden sind, heruntergeladen werden. Sie gehören aber auch zum Lieferumfang eines Servlet-Containers wie z.B. Tomcat, wo sie in ein JAR-Archiv `servlet-api.jar` gepackt sind.

Die Java Enterprise Edition enthält mehrere APIs, von denen die Servlet-API ein Bestandteil ist. Diese APIs lassen sich in mehrere Gruppen unterteilen:

- Web-Services-Technologien, die die Java-APIs für Web Services beinhalten
- Web-Application-Technologien mit Java-Servlets, JavaServer Pages, JavaServer Faces und der JSTL (Standard Tag Library for JavaServer Pages)
- Enterprise-Application-Technologien, die u.a. Enterprise JavaBeans, Java Message Service API, Java Transaction API und JavaMail beinhalten
- Management- und Security-Technologien
- Java-EE-Technologien, die den XML-Support und die Datenbankanbindung mit JDBC (Java Database Connectivity) unterstützen

Die Java-Web-Entwicklung kann in drei unterschiedlichen Umgebungen erfolgen:

- Von einer Stand-alone-Umgebung wird gesprochen, wenn nur ein Computer benutzt wird und alle erforderlichen Softwarekomponenten auf diesem installiert werden. Dazu kann Tomcat als Webserver und so genannte Servlet/JSP-Engine eingesetzt werden und mit JDBC auf das Datenbanksystem MySQL zurückgegriffen werden, falls in den Applikationen eine Datenbankanbindung gewünscht ist.
- Die gleichen Softwarekomponenten können auch in einer LAN-(Local-Area-Network-)Umgebung zum Einsatz kommen, in der ein Client und ein Server im Intranet miteinander kommunizieren. Dann brauchen auf dem Client nur das JDK und die Java EE Jar-Files installiert zu werden und auf dem Server der Tomcat und das Datenbanksystem MySQL.
- Wird von einer Internet-Verbindung zwischen Client und Server Gebrauch gemacht, können wiederum dieselben Softwarekomponenten wie im LAN eingesetzt werden.

Um eine Verbesserung der Performance zu erreichen, ist sowohl im Intranet als auch im Internet zu empfehlen, anstelle von Tomcat einen leistungsfähigeren Webserver einzusetzen.

1.6 Installation und Konfiguration von Tomcat

Die aktuelle Version 6 von Tomcat implementiert die aktuellen Standard-Versionen JSP 2.1 und Servlet 2.5. Tomcat 5.5 ist die offizielle Referenzimplementierung der Servlet-2.4- und JSP-2.0-Spezifikation. Der Servlet-Container kann, wie auch der Apache-Server, kostenlos von `http://jakarta.apache.org` heruntergeladen werden.

Unter `http://java.sun.com/products/servlet/2.5/docs/servlet-2_5-mr2/index.html` bzw. `http://tomcat.apache.org/tomcat-5.5-doc/servletapi/overview-tree.html` ist die Dokumentation zu allen Klassen und Interfaces aus den Paketen `javax.servlet` und `javax.servlet.http`, die der Version 2.5 der Servlet-API entspricht, abrufbar.

Weil beim Erlernen einer Programmiersprache die Einfachheit von Testmöglichkeiten eine wichtige Rolle spielt, werden wir auch in diesem Buch in der Entwicklung und beim Test von Beispielen immer nur einen Rechner benutzen.

Wir installieren dazu die aktuelle Tomcat-Version von `http://jakarta.apache.org` als Stand-alone-Applikation, die zum Entwickeln und Testen relativ einfach zu konfigurieren ist.

Nach dem Entpacken der heruntergeladenen Datei ist eine neue Verzeichnisstruktur `Apache Software Foundation\Tomcat 6.0` auf dem Rechner zu sehen und in dem Unterverzeichnis mit dem Namen `lib` die Datei `servlet-api.jar`, die die Servlet-Klassendateien beinhaltet.

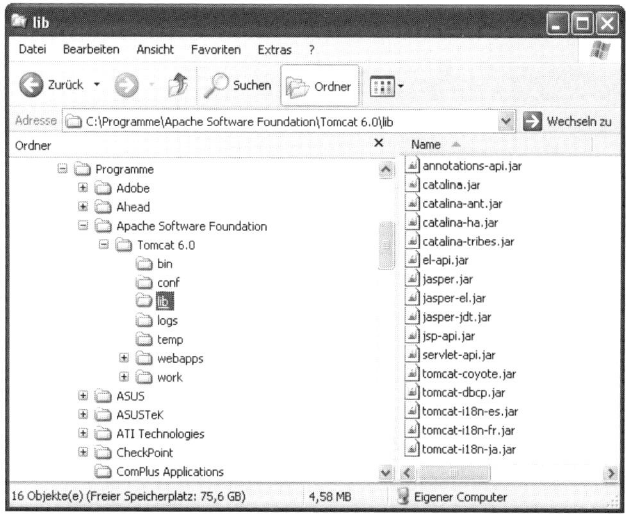

Der Tomcat-Container kann über den durch die Installation eingetragenen Link »Configure Tomcat« gestartet und beendet werden.

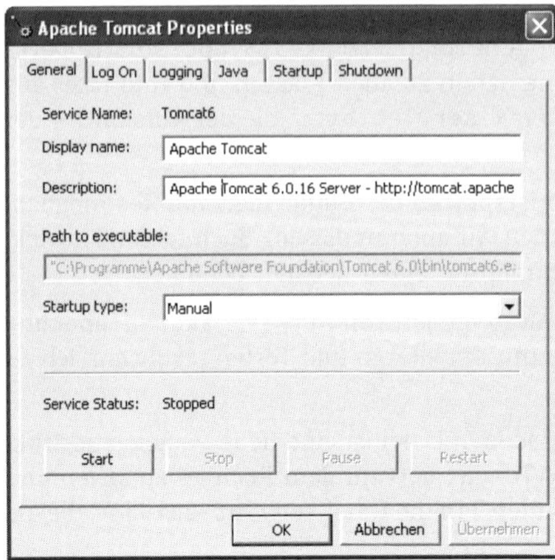

Im Unterverzeichnis `conf` befinden sich die Konfigurationsdateien.

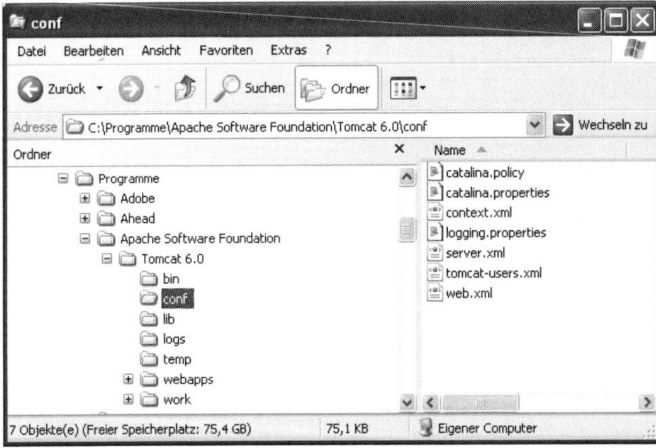

Die Datei `server.xml` definiert die Basiskonfiguration von Tomcat, die Datei `web.xml` die Konfiguration für Webapplikationen, zu deren Komponenten auch Servlets und JavaServer Pages gehören, und die Datei `context.xml` die Zuordnung zwischen URLs und Dateipfaden sowie deren Optionen.

Im Unterverzeichnis `webapps` befinden sich die eigentlichen Webapplikationen mit ihren Servlets, JSP-Seiten, HTML- und JAR-Dateien.

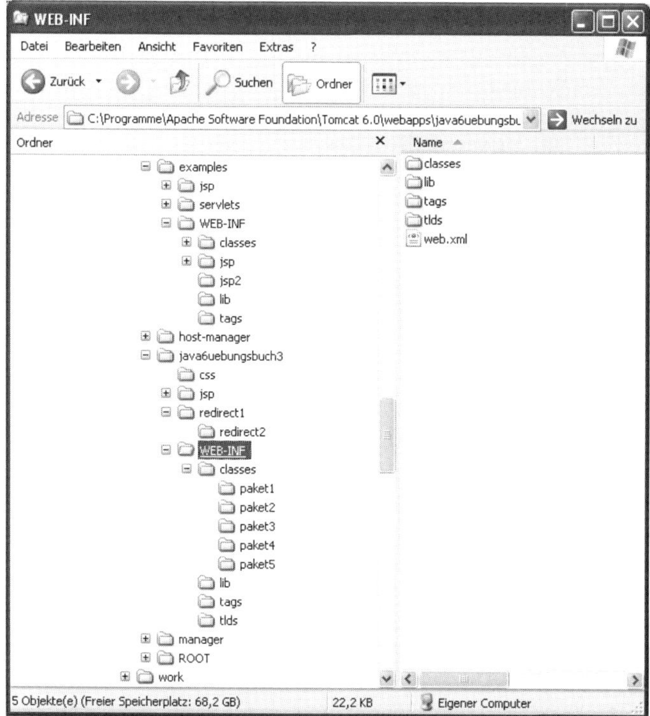

Für jede einzelne Webapplikation kann in ihrem Unterverzeichnis `WEB-INF` eine eigene Datei `web.xml` angelegt werden, in der die erforderlichen Einträge für diese Applikation gemacht werden. Diese Datei wird auch als Web Application Deployment Descriptor (DD) bezeichnet.

Im Unterverzeichnis `WEB-INF/classes` jeder Webapplikation können alle Java-Klassen und zugehörigen Objektdateien hinterlegt werden. Selbstverständlich kann eine andere Entwicklungsumgebung außerhalb dieser Struktur aufgebaut werden und die dafür eingerichteten Dateiverzeichnisse für das Übersetzen von Klassen benutzt werden. Um diese für eine Webapplikation bereitzustellen, müssen alle `.class`-Dateien in das Verzeichnis `WEB-INF/classes` der Webapplikation kopiert werden.

Die von uns erstellte Webapplikation trägt den Namen `java6uebungsbuch3`. Ein Dateiverzeichnis, das den Namen einer Webapplikation trägt, wird auch als Wurzelverzeichnis bzw. als Document-Root der Applikation bezeichnet.

1.7 Das Übersetzen und Laden von Servlets

Wir werden die `.java`- und `.class`-Dateien für die Webapplikation `java6-uebungsbuch3` im Verzeichnis `C:\Programme\Apache Software Foundation\Tomcat 6.0\webapps\java6uebungsbuch3\WEB-INF\classes` hinterlegen und dort auch übersetzen. Um zu vermeiden, dass der Name des JAR-Archivs bei jedem Übersetzen neu angegeben werden muss, setzen wir im Vorhinein den Klassenpfad mit `set classpath=C:\Programme\Apache Software Foundation\Tomcat 6.0\lib\servlet-api.jar`.

Am besten, man setzt gleich (klicken Sie dazu Ihre Computerverwaltung mit der rechten Maustaste an) über die Menüfolge: »Systemeigenschaften=>Erweitert=>Umgebungsvariablen=>Systemvariablen« die Systemvariable CLASSPATH auf den Wert `C:\Programme\Apache Software Foundation\Tomcat 6.0\lib\servlet-api.jar;C:\Programme\Apache Software Foundation\Tomcat 6.0\webapps\java6uebungsbuch3\WEB-INF\classes` und erspart sich damit die wiederholte Fehlermeldung »cannot find symbol« beim Übersetzen, wenn es um abgeleitete Klassen oder Java-Klassen geht, die sich nicht in derselben `.java`-Datei befinden.

Dazu ein kleiner Hinweis zum nachfolgenden Kapitel: Weil Tomcat anscheinend Probleme bekommt, wenn Dateiverzeichnisse in ihren Namen Leerzeichen enthalten, bleibt einem diese Fehlermeldung des Öfteren auch nicht erspart, wenn Java-Bean-Klassen in JSP-Seiten eingebunden werden sollen. Um dies zu umgehen, muss das Verzeichnis `C:\Programme\Apache Software Foundation\Tomcat 6.0\lib\servlet-api.jar` im CLASSPATH hinzugefügt werden.

Wird der Sourcecode eines Servlets abgeändert und neu übersetzt, muss es für die Ausführung neu geladen werden. Um das ständige Herunter- und Hochfahren des Containers zu vermeiden, kann

- das `<Context>`-Tag aus der Konfigurationsdatei `context.xml` in `<Context reloadable = "true">` abgeändert werden, so dass das Datum der `.class`-Dateien vom Server periodisch überprüft wird:

```
<?xml version='1.0' encoding='utf-8'?>
<!-- ...
-->
<!-- The contents of this file will be loaded for each
web application -->
<Context reloadable = "true">
    <!-- Default set of monitored resources -->
    <WatchedResource>WEB-INF/web.xml</WatchedResource>
    <!-- Uncomment this to disable session persistence across
    Tomcat restarts -->
    <!--
    <Manager pathname="" />
    -->
...
</Context>
```

- über den Tomcat Web Application Manager das Neuladen einer Applikation explizit veranlasst werden.

Um den Tomcat-Manager zu verwenden, muss zuerst der Tomcat-Container durch Anklicken des durch die Installation eingetragenen Links »Configure Tomcat« gestartet werden. Danach kann über den Link »Tomcat Manager« oder über die Eingabe des URL-Strings `http://localhost:8080/manager/html` in der Adresszeile eines Webbrowsers auf den Tomcat-Manager zugegriffen werden. Durch das Anklicken des Links »Reload« in einer Applikations-Zeile werden alle für diese Applikation dem Container bekannten Servlets neu geladen.

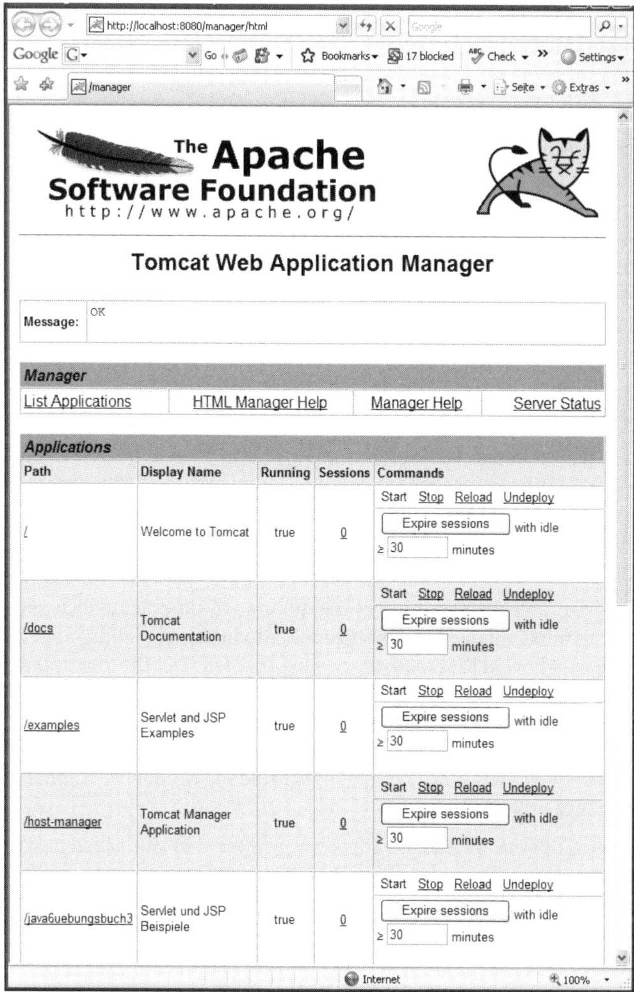

1.8 Die Servletnamen und das Abbilden (Mapping) von Servlets auf URLs

Die Servlets einer Webapplikation werden im DD (Datei `web.xml`) innerhalb des Tags `<web-app> </web-app>` für die Bekanntgabe im Container eingetragen. Ein Servlet wird durch drei Einträge charakterisiert:

- Einem internen Namen, der frei wählbar ist, über ein `<servlet-name>`-Tag definiert wird, auch als »deployment-Name« bezeichnet wird und dem Client verborgen bleibt
- Den Pfadnamen der `.class`-Datei, der den Klassennamen und eventuelle Paketnamen beinhaltet und den Ort auf dem Server definiert, wo diese Datei abgelegt ist. Dieser wird mit einem `<servlet-class>`-Tag definiert und im `<servlet>`-Tag dem internen Namen zugeordnet.
- Einem logischen Namen (wird in der Java-Literatur auch als öffentlicher (public) Servletname bzw. Component Alias bezeichnet), der dem Client bekannt ist und den URL-Pfad zum Servlet definiert. Dieser wird zur Ausführung eines Servlets als URL-String in der Adresszeile eines Browsers oder im `action`-Attribut eines Form-Tags angegeben (oder über einen Hyperlink-Eintrag bzw. eine ImageMap ausgewählt) und über eine http-Anfrage an den Server gesendet. Ein Muster für diesen Namen wird mit einem `<url-pattern>`-Tag in der Datei `web.xml` eingetragen. Dabei ist die Angabe von mehreren Arten von Suchmustern möglich, über die ein einfaches bzw. ein mehrfaches Abbilden von Servletnamen erreicht werden kann (siehe Unterkapitel 4.6).

Dies bedeutet, dass das Abbilden von Servlets auf URLs in zwei Schritten erfolgt: Der in einer Request-URL angegebene logische Name wird auf den internen Namen abgebildet und der interne Name auf den voll-qualifizierten Dateinamen der Objektdatei. Diese Aktionen werden vom Deployment Descriptor (DD) durchgeführt.

Alle drei Namen können gleich gewählt werden, aber auch unterschiedlich sein. Nur der Klassenname muss mit seinem gesamten Pfadnamen vollständig angegeben werden, um die zugehörige Klassendatei zu spezifizieren. Der interne und der logische Name sind frei wählbar. In der Vergabe von logischen Namen können, wie schon erwähnt, Suchmuster eingebaut werden. Die Regeln, die der Tomcat-Container anwendet, um die zu der vom Client in der Anfrage mitgelieferten URL passenden Java-Klassen, HTML- und JSP-Seiten zu finden, werden in Kapitel 4, *Webapplikationen*, näher erläutert.

In den Aufgaben aus diesem Kapitel werden wir immer den einfachsten Weg gehen und den logischen Servletnamen gleich dem internen Servletnamen wählen. Allerdings muss dieser das Zeichen »/« vorangestellt bekommen, als Hinweis dafür, dass dieser relativ zum Wurzelverzeichnis der Webapplikation, das in diesem Zusammenhang auch als Context-Root bezeichnet wird, vergeben wird. Die

Context-Root definiert den URL-Pfad zur Webapplikation und ist in unserem Fall das Verzeichnis `/java6uebungsbuch3` (siehe auch Unterkapitel 4.5). Zur Verdeutlichung führen wir hier die Einträge aus der Datei `web.xml` für die ersten Servlet-Beispiele auf:

```
<?xml version="1.0" encoding="ISO-8859-1" ?>
<web-app xmlns="http://java.sun.com/xml/ns/javaee" xmlns:xsi="http://
www.w3.org/2001/XMLSchema-instance" xsi:schemaLocation="http://
java.sun.com/xml/ns/javaee http://java.sun.com/xml/ns/javaee/web-
app_2_5.xsd" version="2.5">
  <description>Servlet-Beispiele</description>
  <display-name>Servlet-Beispiele</display-name>

<!-- Die Servletnamen definieren -->
   <servlet>
      <servlet-name>GenericServletUnterklasse</servlet-name>
      <servlet-class>GenericServletUnterklasse</servlet-class>
   </servlet>
   <servlet-mapping>
      <servlet-name>GenericServletUnterklasse</servlet-name>
      <url-pattern>/GenericServletUnterklasse</url-pattern>
   </servlet-mapping>
   <servlet>
      <servlet-name>HttpServletUnterklasse</servlet-name>
      <servlet-class>HttpServletUnterklasse</servlet-class>
   </servlet>
   <servlet-mapping>
      <servlet-name>HttpServletUnterklasse</servlet-name>
      <url-pattern>/HttpServletUnterklasse</url-pattern>
   </servlet-mapping>
   ...
</web-app>
```

Die in der Adresszeile eines Browsers eingegebene URL muss die Adresse des Servlets, das die Anfrage erhalten soll, enthalten und diese besteht aus dem Context-Root und dem logischen Servletnamen: `http://localhost:8080/java6uebungsbuch3/GenericServletUnterklasse` (siehe auch die »Hinweise für die Programmierung« aus Aufgabe 1.7 auf Seite 62).

1.9 Die Java-Servlet-Klassen und deren Methoden

Wie bereits erwähnt wurde, ist Tomcat ein Servlet- und JSP-Container, der zum Entwickeln und Testen von Servlets einen einfachen Webserver zur Verfügung stellt und die Referenzimplementierung der Servlet-API von Sun ist.

Ein Servlet-Container findet ein im URL-String einer Client-Anfrage angegebenes Servlet über das vorher beschriebene Mapping von Servlets auf URLs, übergibt die Anfragen von Clients an dieses und holt die zugehörigen Antworten ab, um diese an den Client weiterzuleiten. Die Anfragen und Antworten werden in Instanzen vom Typ der Java-Standard-Klassen `HttpServletRequest` und `HttpServletResponse` gekapselt und es wird ein Thread erzeugt oder aus einem vorher erzeugten Thread-Pool alloziert (siehe Aufgabe 1.2 auf Seite 41), an den Referenzen auf diese Objekte übergeben werden. Jede Anfrage läuft in einem separaten Thread ab. Dies kann der gleiche Thread wie ein vorher benutzter sein, wenn dieser wieder frei ist (siehe Aufgabe 1.26 auf Seite 92). Dann ruft der Container die `service()`-Methode des Servlets auf, die wiederum das Aufrufen einer der `doGet()`- bzw. `doPost()`-Methoden des Servlets vom Container aus veranlasst. Diese generieren in der Regel eine dynamische Webseite, die über das `HttpServletResponse`-Objekt in eine http-Antwort umgesetzt wird und vom Container an den Client wieder zurückgereicht wird.

Wie auch im Fall von Applets (siehe *Java 6 Das Übungsbuch* Band II) durchläuft ein Servlet in seinem »Lebenszyklus« mehrere Status: Init, Service und Destroy. Ein Servlet wird über einen impliziten, parameterlosen Konstruktor automatisch vom Compiler instanziiert. Danach wird als Erstes eine seiner `init()`-Methoden aufgerufen und nachdem das Servlet komplett initialisiert ist, seine `service()`-Methode, die http-Anfragen und -Antworten bearbeitet und das Aufrufen der Methoden `doGet()` bzw. `doPost()` koordiniert. Die `destroy()`-Methode eines Servlets wird aufgerufen, um dem Servlet die Möglichkeit der Durchführung von Aufräumaufgaben zu geben, bevor es vom GarbageCollector beseitigt wird.

Die abstrakte Java-Standard-Klasse `GenericServlet` implementiert das Java-Standard-Interface `Servlet`, das fünf Methoden, die von allen Servlets zu implementieren sind, vorgibt, darunter auch die Methoden `init()`, `service(ServletRequest req, ServletResponse res)` und `destroy()`. Die davon abgeleitete, ebenfalls abstrakte Klasse `HttpServlet` erbt die Methoden dieser Klasse und implementiert eine zusätzliche Methode `service( HttpServletRequest req, HttpServletResponse res)`, die als `protected` definiert ist und deshalb nur von `HttpServlet` abgeleiteten Klassen zur Bearbeitung von http-Anfragen und -Antworten aufgerufen werden kann. Die Klasse `HttpServlet` implementiert auch die Methoden `doGet()`, `doPost()`, `doOptions()`, `doPut()` etc., die ebenfalls von ihren Unterklassen überschrieben werden können. All diese Methoden werden vom Container über die `service()`-Methode aufgerufen. Die Methoden `doGet()` und `doPost()` werden aufgerufen, um die http-Methoden GET und POST durchzuführen. Die Methode `doOptions()` wird aufgerufen, um eine OPTIONS-Anfrage zu bearbeiten. Sie ermittelt, welche http-Anfragen vom Container unterstützt werden, und gibt diese in einem Header zurück. Die Methode `doPut()` bearbeitet eine PUT-Anfrage. Diese Methode ermöglicht es einem Client, eine Datei auf dem Server zu speichern, und ist dem Senden von Dateien über FTP (File Transfer Protocol) ähnlich.

Durch den Aufruf der `init()`-Methode wird ein Servlet erstmals initialisiert, nachdem es mit dem parameterlosen Konstruktor der Klasse erzeugt wurde. Jede einzelne Client-Anfrage führt zu einem Thread, der die `service()`-Methode dieser Instanz aufruft. Da durch jede Client-Anfrage ein neuer Thread erzeugt bzw. alloziert wird, kommt es dazu, dass die Threads die service()-Methode dieser Instanz gleichzeitig aufrufen, wenn eine neue Anfrage eintrifft und eine vorangegangene noch nicht zu Ende abgearbeitet wurde. Der Programmierer ist dann selbst für eine Synchronisation von Threadabläufen zuständig. Das in früheren Versionen implementierte Interface SingleThreadModel, das fordert, dass zu einem bestimmten Zeitpunkt immer nur ein Thread zum Einsatz kommen kann, ist seit der Version 2.4 der Servlet-API als »deprecated« gekennzeichnet (siehe Unterkapitel 1.13 auf Seite 74).

An dieser Stelle wollen wir auch auf die Methoden getServletConfig() und getServletContext() der Klasse GenericServlet aufmerksam machen. Die erste gibt eine Referenz auf ein ServletConfig-Objekt zurück, das dem Einlesen der Werte von Initialisierungsparametern eines Servlets dient, die im DD konfiguriert wurden und z.B. Namen von Dateien und Datenbanken, die nicht fest in das Programm eingebaut werden sollen, bereitstellen. So können Servlets, die wie auch Applets nicht über eine Kommandozeile verfügen, Initialisierungswerte übergeben werden. Die zweite Methode gibt eine Referenz auf eine ServletContext-Instanz zurück, die die Webapplikation, in der das Servlet abläuft, repräsentiert. Die ServletContext-Instanz kann über den Aufruf der Methode getServletContext() am ServletConfig-Objekt ermittelt werden.

Der ServletContext stellt benutzerunabhängigen Speicher zur Verfügung, der von allen Servlets der Webapplikation zum Austausch von Informationen benutzt werden kann und Methoden wie setAttribute(), getAttribute() und removeAttribute() zum Speichern von Daten in Form von Attributen bereitstellt, so dass auch andere Web-Komponenten darauf Zugriff haben. Diese Art von Attributen spielt eine wichtige Rolle in der Programmierung von Webapplikationen und darf nicht mit den Attributen von [X]HTML-Tags verwechselt werden.

1.10 Das Ausführen von Servlets

Nach dem Starten von Tomcat kann ein auf dem Container im Rahmen einer Webapplikation eingetragenes Servlet über seinen logischen Namen ausgeführt werden.

Dies kann direkt über die Eingabe eines URL-Strings, wie z.B. http://localhost:8080/java6uebungsbuch3/GenericServletUnterklasse, in der Adresszeile eines Webbrowsers geschehen. Dann wird vom Client standardmäßig die http-Anfrage über eine GET-Methode an den Server gesendet.

Eine andere Möglichkeit, die auch von Webapplikationen immer wieder benutzt wird, besteht darin, das Servlet aus einer HTML-Datei, die ein Formular definiert, aufzurufen. Dann kann im <form>-Tag der Name der http-Methode in seinem method-Attribut angegeben werden und dieser kann anstelle von GET gleich POST, HEAD, PUT etc. gewählt werden. Der Name des aufzurufenden Servlets wird dann im action-Attribut des <form>-Tags eingetragen.

Damit anstelle der GET-Methode die http-POST-Methode ausgeführt wird (z.B. um sich abzusichern, dass die von GET zugelassene Nachrichtenlänge nicht überschritten wird), kann aus der `doGet()`-Methode eines Servlets die `doPost()`-Methode aufgerufen werden, in der dann die tatsächliche Verarbeitung erfolgt. Auch der umgekehrte Weg, aus der `doPost()`-Methode die `doGet()`-Methode aufzurufen, ist denkbar und kann eingesetzt werden.

Das Erstellen einer Formulardatei kann auch im Programmcode des Servlets selbst erfolgen. Die HTML-Anweisungen für die Definition des Formulars werden dazu in einen am `HttpServletResponse`-Objekt ermittelten Output-Stream geschrieben und damit an den Client zurückgesendet. Der unter `action` eingetragene Name des aufzurufenden Servlets kann entfallen, falls das Servlet sich selbst aufruft (siehe Aufgabe 1.1 auf Seite 39, Aufgabe 1.13 auf Seite 69 und Aufgabe 1.14 auf Seite 70).

1.11 HTML-Formulare und Servlets

Ein Vorteil, den Servlets gegenüber der CGI-Programmierung mit sich brachten, ist, dass die Vorverarbeitung von Formulardaten darin automatisch abläuft. So macht es für den Programmierer keinen wesentlichen Unterschied mehr, ob diese Daten mit GET oder POST verschickt wurden und wie diese intern abgespeichert werden, und er muss sich nicht mehr selbst um das Aufsplitten von Namen und Werten kümmern.

Die Namen und Werte der Aktionsfelder eines Formulars werden als Namen und Werte von Parametern an ein Servlet weitergegeben. Die Methoden, die Parameternamen und -werte liefern, sind im Interface `ServletRequest` definiert und werden vom `HttpServletRequest`-Interface, das dieses erweitert, geerbt. Die Methode `getParameterNames()` liefert mit einer `java.util.Enumeration`-Instanz mehrere `String`-Referenzen, die auf die Namen von allen Parametern einer Anfrage verweisen. Die Methode `getParameterValues(String parametername)` liefert ein `String`-Array mit allen Werten, die dem im Methodenaufruf übergebenen Parameternamen entsprechen, bzw. `null`, falls der Parameter nicht existiert. Mit der Methode `getParameter(String parametername)` kann auf einzelne Werte zugegriffen werden.

Aufgabe 1.4 

Die Klasse GenericServlet

Definieren Sie eine Klasse `GenericServletUnterklasse`, die die Klasse `GenericServlet` erweitert und deren Methoden `init()` und `service()` überschreibt. In der `init()`-Methode wird die übergebene Referenz vom Typ des Interface `ServletConfig` an die Oberklasse über den Aufruf von `super.init()` weitergereicht und ein Instanzfeld vom Typ `int`, `anzahlAufrufe`, für das Zählen der Aufrufe der `service()`-Methode initialisiert.

Beim Aufruf der `service()`-Methode durch den Container werden die von diesem vorher erzeugten Objekte vom Typ `ServletRequest` und `ServletResponse` als Referenzen übergeben.

In der `service()`-Methode soll eine statische HTML-Seite erzeugt werden, die an den Browser gesendet wird. Setzen Sie dazu den Content-Type gleich »text/html«, indem Sie an der `ServletResponse`-Instanz deren Methode `setContentType()` aufrufen, und ermitteln Sie ein Objekt vom Typ der Klasse `ServletOutputStream` für das Senden der Antwort an den Client über den Aufruf der Methode `getOutputStream()` am selben Objekt.

Der Text »GenericServlet« soll als Titel in den `ServletOutputStream` geschrieben werden und die Anzahl der Aufrufe der `service()`-Methode, wie auch der aktuelle Thread-Name, sollen ebenfalls auf die gleiche Art und Weise an den Client gesendet werden.

Hinweise für die Programmierung:

Weil die `init()`-Methode mit der `ServletConfig`-Referenz als Parameter ihrerseits die parameterlose `init()`-Methode aufruft, reicht es, die parameterlose Methode aufzurufen. Wird wie in diesem Beispiel trotzdem die `init()`-Methode mit einem Argument vom Typ `ServletConfig` aufgerufen, muss unmittelbar nach der Definitionszeile die Methode der Oberklasse über `super.init()` aufgerufen werden.

Fügen Sie Ihrer `web.xml`-Datei (nach dem Beispiel aus Unterkapitel 1.5 auf Seite 46) die erforderlichen Einträge für die Bekanntgabe des Servlets hinzu und vergessen Sie nicht, Tomcat (bzw. den von Ihnen benutzten Container oder Webserver) zu starten, bevor Sie das Servlet in einem Webbrowser ausführen.

Java-Dateien: `GenericServletUnterklasse.java`

Programmaufrufe:
In einem Webbrowser durch Eingabe des logischen Servletnamens
`http://localhost:8080/java6uebungsbuch3/GenericServletUnterklasse`

Aufgabe 1.5 

Die Klasse HttpServlet

Definieren Sie eine Klasse `HttpServletUnterklasse`, die die Java-Standard-Klasse `HttpServlet` erweitert und deren Methode `doGet()` überschreibt, um infolge einer von einem Client gesendeten http-GET-Anfrage im Webbrowser ein ähnliches HTML-Dokument wie mit der vorigen Aufgabe wiederzugeben.

Die Klasse soll ein Instanzfeld `anzahlAufrufe` vom Typ `int` für das Zählen von Aufrufen der `doGet()`-Methode definieren. Beim Aufruf dieser Methode durch den Container bekommt das Servlet Referenzen auf vorher vom Container erzeugte `HttpServletRequest`- und `HttpServletResponse`-Instanzen übergeben. Ermitteln Sie diesmal über den Aufruf der Methode `getWriter()` am `HttpServletResponse`-Objekt einen `PrintWriter`-Stream für das Senden der Antwort an den Client.

Schreiben Sie mit der `println()`-Methode die gleichen HTML-Anweisungen wie in der Klasse `GenericServletUnterklasse` in diesen Stream, wobei der Text für den Titel in »HttpServlet« abgeändert wird.

Hinweise für die Programmierung:

Die `service()`-Methode der Klasse `GenericServlet` gibt die gleiche Antwort auf jede beliebige Client-Anfrage. Um auf unterschiedliche Client-Anfragen auch verschieden reagieren zu können, müsste das Programm erst einmal den Typ der Client-Anfrage herausbekommen. Diese Arbeit wird uns von der Klasse `HttpServlet` abgenommen, die die `service()`-Methode so implementiert, dass http-Anfragen wie GET, POST etc. direkt an die entsprechenden Servlet-Methoden `doGet()`, `doPost()` etc. weitergeleitet werden. Darum ist es auch unüblich, die Klasse `GenericServlet` zu erweitern bzw. deren `service()`-Methode zu überschreiben.

Eine Instanz der Klasse `ServletOutputStream` sollte nur für das Senden von binären Daten an den Client benutzt werden (siehe Aufgabe 1.6 auf Seite 60). Für Textdaten ist der zeichenorientierte Stream `PrintWriter` zu empfehlen.

Java-Dateien: `HttpServletUnterklasse.java`

Programmaufrufe:
In einem Webbrowser durch Eingabe des logischen Servletnamens
`http://localhost:8080/java6uebungsbuch3/HttpServletUnterklasse`

Aufgabe 1.6

Die Instanzen der Klassen ServletOutputStream und PrintWriter

Mit der von `HttpServlet` abgeleiteten Klasse `HttpServletmitOutputStream` soll eine Bilddatei in Form von Binärdaten an einen Client zur Anzeige in einem Webbrowser gesendet werden.

Erzeugen Sie einen Input-Stream, um Daten aus einer `.gif`- oder `.jpg`-Datei zu lesen. Übergeben Sie eine Referenz auf diesen im Aufruf der Methode `guessContentTypeFromStream()` der Klasse `URLConnection` (siehe Kapitel 7 *Java 6 Das Übungsbuch* Band II), um den Content-Type für die gewählte `File`-Komponente zu ermitteln. Rufen Sie die Methode `read(byte[] b)` am Input-Stream auf, um die Bytes aus der Bilddatei in einem `byte`-Array zu speichern. Sie können dafür eine feste Größe vereinbaren oder im Vorhinein mit der Methode `available()` der Klasse `InputSream` die Anzahl der aus diesem Stream zu lesenden Bytes berechnen. Damit kann sichergestellt werden, dass alle für die Wiedergabe einer Bilddatei benötigten Bytes korrekt übertragen werden.

Erzeugen Sie nach dem Beispiel der Klasse aus Aufgabe 1.4 auf Seite 58 einen `ServletOutputStream` für das Senden der Antwort an den Client (über den Aufruf der Methode `getOutputStream()` am `HttpServletResponse`-Objekt) und setzen Sie über den Aufruf der Methode `setContentType()` am selben Objekt den vorher ermittelten Content-Type.

Nach dem Einlesen der Bytes aus dem Input-Stream kann das `byte`-Array mit der `write(byte[] b)`-Methode in den Output-Stream geschrieben werden.

Definieren Sie eine weitere Servlet-Klasse `HttpServletmitZipDownload` für das Verschicken von komprimierten Inhalten. Mit einem Servlet vom Typ dieser Klasse soll eine `.html`-Datei in Form einer komprimierten Datei an einen Client gesendet werden. Erzeugen Sie nach dem Beispiel der Klasse `HttpServletmitOutputStream` einen Input-Stream, um Daten aus der Datei zu lesen, und einen `ServletOutputStream` für das Senden der Antwort an den Client. Dieser soll mit einem Stream vom Typ der Java-Standard-Klasse `GZIPOutputStream` zum Komprimieren von Daten gekettet werden.

Lesen Sie die Bytes aus dem Input-Stream auch diesmal in ein `byte`-Array und schreiben Sie dieses mit der `write()`-Methode in den Output-Stream. Damit die Daten korrekt an den Browser gesendet werden und von diesem entpackt werden können, muss der Output-Stream mit der `close()`-Methode geschlossen werden.

Für das Entpacken der komprimierten Datei im Browser muss ein entsprechender Header-Eintrag mit `response.setHeader("Content-Encoding", "gzip")` gesetzt werden.

Hinweise für die Programmierung:

Für das Erzeugen eines Input-Streams können Sie z.B. die nachfolgende Kettung von Streams benutzen: `InputStream in = new BufferedInputStream(new FileInputStream(dateiName))`.

In den nachfolgenden Aufgaben werden wir nicht mehr auf alle Details beim Lesen und Schreiben aus und in Streams eingehen. Sie können dazu die Beispiele aus Kapitel 1 *Java 6 das Übungsbuch* Band II einsehen.

Java-Dateien: `HttpServletmitOutputStream.java`,
`HttpServletmitZipDownload.java`

Programmaufrufe:
In einem Webbrowser durch Eingabe des logischen Servletnamens
`http://localhost:8080/java6uebungsbuch3/`
`HttpServletmitOutputStream`
`http://localhost:8080/java6uebungsbuch3/HttpServletmitZipDownload`

Aufgabe 1.7 

Die Methoden der Interfaces ServletRequest und HttpServletRequest

Die Klasse `HttpServletRequestInformationenmitdoGet` wird von `HttpServlet` abgeleitet und überschreibt die `doGet()`-Methode ihrer Oberklasse, um Informationen aus der vom Client gesendeten http-Anfrage zu ermitteln. An der im Methodenaufruf übergebenen `HttpServletRequest`-Instanz sollen Methoden wie `getMethod()`, `getServletPath()`, `getRequestURI()`, `getServerName()`, `getHeader("User-Agent")` etc. aufgerufen werden, um den Namen der http-Methode, den Pfad des Servlets, den logischen Servletnamen, das benutzte Protokoll, die Server- und Browser-Namen etc. zu bestimmen.

Schreiben Sie diese Daten mit HTML-Anweisungen in den über den Aufruf der Methode `getOutputStream()` am `HttpServletResponse`-Objekt ermittelten `PrintWriter`-Stream und setzen Sie über den Aufruf der Methode `setContentType()` am selben Objekt den Content-Type = »text/html«.

Hinweise für die Programmierung:

Eine http-Request-URL beinhaltet die Einträge: http://[host]:[port][Request-Path]?[Request-String] wie z.B.: `http://localhost:8080/java6uebungsbuch3/ServletPfadnamen/dateiverzeichnis1/dateiverzeichnis2?Autor=Elisabeth+Jung&Buch=Java+6+Das+%DCbungsbuch+Band+III` und bezeichnet den logischen Ort, an dem die Anfrage gestellt wurde (siehe auch Unterkapitel 4.5).

Der Request-Path besteht seinerseits aus:

- Context-Path, der eine Verknüpfung mit der Context-Root der Webapplikation, zu der das Servlet gehört, repräsentiert (`/java6uebungsbuch3`)
- Servlet-Path, der den Pfadnamen der Komponente spezifiziert, die von diesem Request aktiviert wird und auch mit einem »/« beginnt (`/ServletPfadnamen`)
- Path-Info, der den verbleibenden Teil des Request-Path beinhaltet, d.h. die Pfadinformationen, die in der URL hinter der Adresse des Servlets und vor den Parameternamen und -werten stehen (im angegebenen Beispiel `/dateiverzeichnis1/dateiverzeichnis2`).

Der Path-Info dient dazu, eine logische Verzeichnisstruktur im Context-Path-Verzeichnis zu definieren, in der die Servlets dann nach Namen oder Funktionalität geordnet abgelegt werden können. Diese Information spielt eine wichtige Rolle in der Benutzung von Mustern beim Abbilden eines Servletnamens, wie später in Kapitel 4 gezeigt wird.

Der Request-String, auch »Query-String« genannt, beinhaltet die Parameternamen und -werte aus einer Anfrage (im angegebenen Beispiel `Autor=Elisabeth+Jung&Buch=Java+6+Das+%DCbungsbuch+Band+III`).

Der Path-Translated für ein Servlet bildet alle logischen Pfadinformationen auf einen tatsächlichen Pfad auf dem Server ab. Für das angegebene Beispiel ist dies der Pfad `C:\Programme\Apache Software Foundation\Tomcat 6.0\webapps\java6uebungsbuch3\dateiverzeichnis1\dateiverzeichnis2`.

Auf diese Einträge kann mit den Methoden `getRequestURL()`, `getRequestURI()`, `getContextPath()`, `getServletPath()`, `getPathInfo()`, `getPathTranslated()` und `getQueryString()` zugegriffen werden (siehe auch Aufgabe 1.20 auf Seite 78).

Java-Dateien: `HttpServletRequestInformationenmitdoGet.java`

Programmaufrufe:
In einem Webbrowser durch Eingabe des logischen Servletnamens
`http://localhost:8080/java6uebungsbuch3/`
`HttpServletRequestInformationenmitdoGet`

Aufgabe 1.8 

Wiederholungsaufgabe

Im Unterschied zur Klasse `HttpServletRequestInformationenmitdoGet` soll die Klasse `HttpServletRequestInformationenmitdoPost` die `doPost()`-Methode ihrer Oberklasse überschreiben, um die gleichen Informationen im Fall einer http-Anfrage mit POST zu ermitteln.

Hinweise für die Programmierung:

Weil GET der Standard ist (auch hinter einem Hyperlink und einer ImageMap steckt immer ein GET), wird bei der Eingabe des logischen Servletnamens in der Adresszeile eines Browsers mit: `http://localhost:8080/java6uebungsbuch3/HttpServletRequestInformationenmitdoPost` die Fehlermeldung: »HTTP method GET is not supported by this URL« ausgegeben.

Damit POST gesendet wird, kann der Name dieser Methode in einer HTML-Datei im `<form>`-Tag mit dem Attribut `method=POST` eingetragen werden. Erstellen Sie dazu die Datei `AufrufPostMethode.html` mit dem Inhalt

```
<html><head>
<title>Servlet-Beispiel mit doPost()</title>
</head>
<body>
<h3>Servlet mit doPost()</h3>
<form method="POST" action="http://localhost:8080/java6uebungsbuch3/
HttpServletRequestInformationenmitdoPost">
   <br />
   <center>
     <input type="SUBMIT">
   </center>
</form></body></html>
```

und legen Sie diese im Verzeichnis `C:\Programme\Apache Software Foundation\Tomcat 6.0\webapps\java6uebungsbuch3\` ab. Der über `<input type="SUBMIT">` definierte Button dient dem Abschicken der Formulareinträge.

HTML-Dateien: `AufrufPostMethode.html`

Java-Dateien: `HttpServletRequestInformationenmitdoPost.java`

Programmaufrufe: In einem Webbrowser über das Ausführen der HTML-Datei `http://localhost:8080/java6uebungsbuch3/AufrufPostMethode.html` oder über einen Doppelklick auf die HTML-Datei im Windows-Explorer.

Aufgabe 1.9

Wiederholungsaufgabe

Definieren Sie zwei Servlet-Klassen `ServletmitDatum` und `ServletmitUhrzeit`, die die Klasse `HttpServlet` erweitern und deren `doGet()`-Methode überschreiben, um das aktuelle Tagesdatum und die aktuelle Uhrzeit in einem Webbrowser anzuzeigen.

Die Ausführung der Servlets soll mit Hyperlinks erfolgen, die in einer HTML-Datei `DynamischeWebseiten.html` definiert werden:

```
<html><head>
<title>Servlet mit doGet()</title>
</head>
<body>
  <h3>Dynamische Webseiten kreieren</h3>
  <ul>
  <li><a href="http://localhost:8080/java6uebungsbuch3/
ServletmitDatum">Hyperlink1</a></li>
  <li><a href="http://localhost:8080/java6uebungsbuch3/
ServletmitUhrzeit">Hyperlink2</a></li>
  </ul>
</body></html>
```

Die beiden Servlet-Klassen sind gleich aufgebaut. Sie ermitteln das aktuelle Tagesdatum und die aktuelle Uhrzeit über den Aufruf der `get()`- bzw. `getTime()`-Methoden der Klasse `GregorianCalendar` und schreiben den statischen und dynamischen Teil der Webseite, die im Client ausgeführt werden soll, in einen `PrintWriter`-Stream.

HTML-Dateien: `DynamischeWebseiten.html`

Java-Dateien: `ServletmitDatum.java`, `ServletmitUhrzeit.java`

Programmaufrufe: In einem Webbrowser über das Ausführen der HTML-Datei `http://localhost:8080/java6uebungsbuch3/DynamischeWebseiten.html` oder über einen Doppelklick auf die HTML-Datei im Windows-Explorer.

Aufgabe 1.10 ☆☆

Die Request-Parameter von GET- und POST-Methoden

Daten, die auf dem Server abgespeichert werden sollen (z.B. in einer Datenbank) oder einer Abfrage auf einer Datenbank dienen, können über die Eingabefelder eines Formulars an ein Servlet gesendet werden oder in der Adresszeile des Browsers beim Aufruf des Servlets angegeben werden. Wird dazu die http-POST-Methode benutzt, sind diese Daten in ihrer Länge nicht begrenzt und werden auch nicht beim Ausführen der Anfrage in der Adresszeile des Browsers angezeigt, wie dies für GET der Fall ist.

Erweitern Sie die HTML-Datei `AufrufPostMethode.html` aus Aufgabe 1.9 auf Seite 64 durch `<input>`-Tags für die Definition von zwei Textfeldern mit den Namen »Verlag« und »Autor« und einem `<select>`-Tag mit dem Namen »Buch« in der Form:

```
Verlag:
  <input Type="Text" name="Verlag" value="mitp"><br>
Autor:
  <input Type="Text" name="Autor" value="Elisabeth Jung"><br>
   <select name = "Buch">
   <option>Java 6 Das Übungsbuch Band I
   <option>Java 6 Das Übungsbuch Band II
   <option>Java 6 Das Übungsbuch Band III
</select>
```

und speichern Sie diese in der Datei `ParameterGetMethode.html` im selben Verzeichnis `C:\Programme\Apache Software Foundation\Tomcat 6.0\webapps \java6uebungsbuch3\` ab. Die Namen und Werte der Eingabefelder des Formulars werden intern in Parameternamen und -werte von GET- und POST-Methoden umgesetzt.

Definieren Sie mit der Klasse `HttpServletRequestParameterWerte` eine Vorlage für ein Servlet, das in der HTML-Datei mit: `action="http://localhost:8080/java6uebungsbuch3/HttpServletRequestParameterWerte">` ausgeführt wird.

Soll das Servlet gleichzeitig GET- und POST-Anfragen unterstützen, wobei die dabei aufgerufenen `doGet()`- bzw. `doPost()`-Methoden des Servlets die gleiche Programmlogik aufweisen, reicht es, aus `doPost()` die `doGet()`-Methode aufzurufen und im Methodenaufruf die `HttpServletRequest`- und `HttpServletResponse`-Referenzen zu übergeben.

Die Klasse `HttpServletRequestParameterWerte` soll beide Methoden überschreiben und in ihrer `doGet()`-Methode am übergebenen `HttpServletRequest`-Objekt die Methoden `getParameterNames()` und `getHeaderNames()` aufrufen. Beide Methoden geben Referenzen vom Raw-Typ des generischen Interface `java.`

util.Enumeration zurück (siehe Kapitel 8 *Java 6 Das Übungsbuch* Band I), in denen alle Parameternamen mit den vom Benutzer eingetragenen und ausgewählten Werten bzw. die Header-Einträge der Anfrage hinterlegt sind. Zum Ermitteln von Inhalten können beide Enumeration-Instanzen mit den Methoden hasMoreElements() und nextElement() durchlaufen werden. Rufen Sie die Methode getParameterValues(String name) auf, um alle Werte zu ermitteln, die dem Parameter mit dem im Methodenaufruf angegebenen Namen zugeordnet sind. Diese gibt ein String-Array zurück, dessen Elemente in einer erweiterten for-Schleife in einen PrintWriter-Stream als HTML-Anweisungen zum Verschicken an den Client geschrieben werden sollen.

Um auf die Header-Einträge zuzugreifen (siehe auch Aufgabe 1.7 auf Seite 62 und Aufgabe 1.8 auf Seite 63), soll diesmal die Methode getHeaders(String name) am HttpServletRequest-Objekt aufgerufen werden. Achten Sie darauf, dass diese ein weiteres java.util.Enumeration-Objekt zurückliefert, das für das Ermitteln seiner Elemente ebenfalls mit den Methoden hasMoreElements() und nextElement() durchlaufen werden muss. Tragen Sie auch diese Ergebnisse in den PrintWriter-Stream in Form von HTML-Anweisungen ein.

Erstellen Sie eine weitere HTML-Datei mit dem Namen ParameterPostMethode.html, in der der Methodenname GET durch POST ersetzt wird, und starten Sie das Servlet auch über den Aufruf dieser Datei.

Hinweise zur Programmausführung:

Achten Sie jedes Mal auf die Anzeigen in der Adresszeile des Browsers. Im Fall von GET werden die Parameter mit ihren Werten der URL angefügt: http://localhost:8080/java6uebungsbuch3/HttpServletRequestParameterWerte?Verlag=mitp&Autor=Elisabeth+Jung&Buch=Java+6+Das+%DCbungsbuch+Band+I, was für POST nicht der Fall ist.

HTML-Dateien: ParameterGetMethode.html, ParameterPostMethode.html

Java-Dateien: HttpServletRequestParameterWerte.java

Programmaufrufe: In einem Webbrowser über das Ausführen der HTML-Dateien http://localhost:8080/java6uebungsbuch3/ParameterGetMethode.html http://localhost:8080/java6uebungsbuch3/ParameterPostMethode.html oder über einen Doppelklick auf die HTML-Dateien im Windows-Explorer.

Aufgabe 1.11

Die Initialisierungsparameter von Servlets und Webapplikationen, ServletConfig- und ServletContext-Instanzen

Definieren Sie mit der Klasse InitialisierungsParameterfuerServletundWebApp eine weitere Vorlage für ein Servlet. Dieses soll bei seiner Initialisierung die ServletConfig- und ServletContext-Parameter lesen und eine HTML-Seite mit all diesen Einträgen für die Wiedergabe in einem Webbrowser erzeugen. Damit soll auch auf den Unterschied dieser Art von Parametern gegenüber der Request-Parameter von GET- und POST-Methoden hingewiesen werden.

Beide Arten von Initialisierungsparameter müssen im DD (Deployment Descriptor) eingetragen werden. Fügen Sie dazu der web.xml-Datei Ihrer Webapplikation folgende XML-Einträge hinzu:

```
<web-app>
  <context-param>
    <param-name>contextNachricht</param-name>
    <param-value>Nachricht von der Webapplikation</param-value>
  </context-param>
  <context-param>
    <param-name>contextAnzahl</param-name>
    <param-value>2</param-value>
  </context-param>
```

innerhalb des <web-app>-Tags und

```
  <servlet>
    <servlet-name>ServletConfigundServletContext</servlet-name>
   <servlet-class>ServletConfigundServletContext</servlet-class>
      <init-param>
        <param-name>configNachricht</param-name>
        <param-value>Nachricht vom Servlet</param-value>
      </init-param>
      <init-param>
        <param-name>configAnzahl</param-name>
        <param-value>3</param-value>
      </init-param>
  </servlet>
...
</web-app>
```

innerhalb des <servlet>-Tags der Servlet-Klasse InitialisierungsParameterfuerServletundWebApp.

Damit werden je zwei Initialisierungsparameter für die Webapplikation java6uebungsbuch3 und für das Servlet InitialisierungsParameterfuerServletundWebApp konfiguriert.

Überschreiben Sie die parameterlose init()-Methode der Oberklasse und erzeugen Sie über den Aufruf der Methode getServletConfig() am »aktuellen Objekt« dieser Klasse eine ServletConfig-Instanz. Rufen Sie an dieser die Methoden getInitParameterNames() auf, um die im DD konfigurierten Initialisierungsparameter für dieses Servlet zu ermitteln, und achten Sie darauf, dass auf die Initialisierungsparameter eines Servlets erst zugegriffen werden kann, wenn das Servlet schon initialisiert ist.

Erzeugen Sie eine ServletContext-Instanz, indem Sie die Methode getServletContext() am »aktuellen Objekt« der Klasse aufrufen, um alle Initialisierungsparameter für die Webapplikation, für die dieses Servlet eingetragen wurde, mit deren Methode getInitParameterNames() zu ermitteln.

Beide getInitParameterNames()-Methoden geben Referenzen auf Objekte vom Typ java.util.Enumeration zurück, worin alle Parameternamen eingetragen sind. Durchlaufen Sie diese nach dem Beispiel der Klasse HttpServletRequestParameterWerte aus Aufgabe 1.10 auf Seite 65, um die einem Namen zugeordneten Parameterwerte mit den Methoden getInitParameter(String name) zu ermitteln.

Die in der Datei web.xml konfigurierten Initialisierungsparameter wurden so gewählt, dass deren Werte sowohl eine Nachricht an den Client als auch die Anzahl, in der diese im Browser angezeigt werden soll, beinhalten. Schreiben Sie beide Nachrichten in der angegebenen Anzahl in den Output-Stream.

Hinweise für die Programmierung:

Laut Empfehlung der Java-Spezifikation soll das Erzeugen der ServletContext-Instanz über den Methodenaufruf getServletConfig().getServletContext() nur in Klassen erfolgen, die weder GenericServlet noch HttpServlet erweitern. Ein Beispiel dafür sind Hilfe- und Utility-Klassen, die ein ServletConfig-Objekt besitzen.

Java-Dateien: InitialisierungsParameterfuerServletundWebApp.java

Programmaufrufe:
In einem Webbrowser durch Eingabe des gemappten Servletnamens
http://localhost:8080/java6uebungsbuch3/
InitialisierungsParameterfuerServletundWebApp

Aufgabe 1.12

Die Definition von Servlets in Paketen

Die Servlet-Klasse ServletDefinitioninPaketen wird in einem Unterverzeichnis mit dem Namen paket1 von java6uebungsbuch3 abgelegt, um den Aufruf eines Servlets und die dazu benötigten Einträge in der web.xml-Datei, im Fall der Nutzung von Paketen, damit zu demonstrieren.

Sie wird von der Klasse HttpServlet abgeleitet und überschreibt deren doGet()-Methode, um eine einfache Webseite mit dem im DD (Datei web.xml) definierten internen Namen für das Servlet, seinem Klassennamen, der als vollständiger Pfadname der Klassendatei angegeben werden muss, und der im Browser für den Servlet-Aufruf angegebenen URL zu erzeugen.

Java-Dateien: ServletDefinitioninPaketen.java

Programmaufrufe:
In einem Webbrowser durch Eingabe des gemappten Servletnamens
`http://localhost:8080/java6uebungsbuch3/ServletDefinitioninPaketen`

Aufgabe 1.13

Das Umleiten von Client-Anfragen (Redirects in Servlets)

Wie mit der Klasse `HttpServletRequestParameterWerte` aus Aufgabe 1.10 auf Seite 65 demonstriert wurde, werden die Namen der Eingabefelder aus Formularen als Parameter in einer Client-Anfrage an den Server übergeben und ihre Werte können mit der Methode `getParameter(String parametername)` einzeln abgefragt werden.

Definieren Sie eine Klasse `ServletmitsendRedirect`, die ein HTML-Formular mit einem Textfeld, das den Namen »URL« trägt, und einem Button zum Abschicken des Formulars erzeugt.

Im `method`-Attribut des `<form>`-Tags wird der Methodennamen GET eingetragen. Weil dies der Standard ist, kann das Attribut auch weggelassen werden. Nach dem Abschicken des Formulars soll das gleiche Servlet nochmals aufgerufen werden, so kann das `action`-Attribut im `<form>`-Tag ebenfalls entfallen oder gleich einem leeren String gesetzt werden.

Beim zweiten Servlet-Aufruf nach dem Absenden des Formulars (dieser Zeitpunkt kann über die Rückgabewerte der Methode `getParameter()` ermittelt werden) soll die im Textfeld eingegebene URL im Aufruf der Methode `sendRedirect()`, die am `HttpServletResponse`-Objekt durchgeführt wird, übergeben werden.

Durch den Aufruf der Methode `sendRedirect()` wird eine neue URL spezifiziert und die Ressource im Internet, auf die diese URL verweist, wird vom Browser angezeigt. Diese Aktion wird in der Java-Literatur auch als »Servlet-Umleitung« bezeichnet, weil damit die Arbeit vom Servlet selbst abgelehnt wird und erneut an den Browser übertragen wird.

Hinweise zum Programmaufruf:

Als Argument in der Methode `sendRedirect()` kann die URL, an die die Client-Anfrage umgeleitet werden soll, absolut (`http://localhost:8080/java6uebungsbuch3/DynamischeWebseiten.html`) oder relativ (`DynamischeWebseiten.html`) zum Wurzelverzeichnis (Context-Root) der Webapplikation (`/java6uebungsbuch3`) angegeben werden.

Um dies weiter zu verdeutlichen, definieren wir die Unterverzeichnisse `redirect1/redirect2` für das Dateiverzeichnis `/java6uebungsbuch3` und kopieren die Datei `DynamischeWebseiten.html` nach `redirect2`. Um diese Webseite im Browser anzuzeigen, muss im Textfeld des Formulars der Eintrag `redirect1/`

`redirect2/DynamischeWebseiten.html` erfolgen, weil der Container die neue URL relativ zum URL-Eintrag für das Senden der Anfrage (der Anfrage-URL) bildet. Diese wird also als `http://localhost:8080/java6uebungsbuch3/redirect1/redirect2/DynamischeWebseiten.html` bereitgestellt, falls die Request-URL mit `http://localhost:8080/java6uebungsbuch3/ServletmitsendRedirect` angegeben wurde. Wäre diese mit `http://localhost:8080/java6uebungsbuch3/paket1/ServletmitsendRedirect` angegeben worden, wüsste der Container, dass die Request-URL ihren Uhrsprung im Pfad `java6-uebungsbuch3/paket1` hat, und würde dann diesen vor den Eintrag aus dem Textfeld `redirect1/redirect2/DynamischeWebseiten.html` einfügen.

Achten Sie darauf, dass bei der im Textfeld eingegebenen URL das führende »/«-Zeichen fehlt. Wird dieses mit angegeben, bildet der Container die vollständige URL relativ zum Wurzelverzeichnis des Containers anstatt zu dem der Anfrage-URL und macht daraus `http://localhost:8080/redirect1/redirect2/DynamischeWebseiten.html`, was zu einem Fehler im Aufruf führt.

Java-Dateien: `ServletmitsendRedirect.java`

Programmaufrufe:
In einem Webbrowser durch Eingabe des gemappten Servletnamens
`http://localhost:8080/java6uebungsbuch3/ServletmitsendRedirect`

Aufgabe 1.14

Wiederholungsaufgabe

Definieren Sie eine weitere Servlet-Klasse `FormularDatenimServletErzeugenundLesen`, die in einem ersten Schritt eine HTML-Seite mit zwei Formulardefinitionen generiert und diese an den Browser sendet.

Beide Formulare sollen dem Einschreiben an einer Hochschule dienen und den gleichen Aufbau haben: Sie definieren die Textfelder mit den Namen: »Name«, »Vorname«, »Adresse«, »Geburtsdatum« und »Abiturnote« und ein RadioButton-Element mit mehreren Optionen, die einen möglichen Schulabschluss der Kandidaten spezifizieren. Im `method`-Attribut des `<form>`-Tags werden die Methodennamen GET bzw. POST eingetragen. Nach dem Abschicken eines Formulars soll dasselbe Servlet nochmals aufgerufen werden.

Beim ersten Aufruf des Servlets (durch Eingabe des logischen Namens in der Adresszeile eines Webbrowsers) soll auf die standardmäßige Unterstützung durch die GET-Methode für das Senden der http-Anfrage zurückgegriffen werden.

Beim zweiten Servlet-Aufruf nach dem Absenden der Formulare (dieser Zeitpunkt kann, wie auch in der vorangegangenen Aufgabe, über die Rückgabewerte der Methode `getParameter()` ermittelt werden) sollen die aktuellen Werte von Formular-Elementen in den Output-Stream der http-Antwort geschrieben werden, um eine zweite HTML-Seite, die ebenfalls im Browser angezeigt werden soll, zu generieren.

Mit zwei Klassenfeldern soll die Anzahl der Aufrufe der http-Methoden GET und POST berechnet werden. Deren aktuelle Werte sollen ebenfalls nach jedem Absenden eines Formulars im Browser angezeigt werden.

Hinweise für die Programmierung:

Die Methode `getParameter()` gibt eine `String`-Referenz zurück. Wenn ein Parameter existiert, aber keinen Wert hat, wird ein leerer String zurückgeliefert, und wenn kein Parameter vorhanden ist, `null`.

Java-Dateien: `FormularDatenimServletErzeugenundLesen.java`

Programmaufrufe:
In einem Webbrowser durch Eingabe des logischen Servletnamens
`http://localhost:8080/java6uebungsbuch3/`
`FormularDatenimServletErzeugenundLesen`

1.12 Die Defintion von Attributen für ServletRequest- und ServletContext-Instanzen

Der Begriff »Attribute« wird in der Web-Programmierung nicht nur im Zusammenhang mit Tags benutzt. In der Java-Literatur wird sogar von einem »Überladen« des Begriffs gesprochen, da dieser mehrere unterschiedliche Bedeutungen haben kann.

Attribute, die für `ServletRequest`- und `ServletContext`-Instanzen gesetzt werden, dienen in beiden Fällen dazu, von anderen Komponenten einer Webapplikation gelesen und gemeinsam benutzt zu werden. Diese Attribute sind, wie auch Parameter, Namen-Wert-Paare, wobei der Wert ein beliebiges Objekt sein kann. In diesem Zusammenhang wird in der Java-Literatur auch von »Scopes« gesprochen. Damit sind die Definitionsbereiche von Attributen gemeint, in denen diese Gültigkeit haben, mit anderen Worten sichtbar sind. Daher werden diese Bereiche in vielen Lehrbüchern auch als »Gültigkeitsbereiche« bzw. »Sichtbarkeitsbereiche« bezeichnet. Für Servlets sind dies der Request-(Anfrage-)Scope, der Context-(Kontext-)Scope und der Session-(Sitzungs-)Scope. Auf Letzteren werden wir in Zusammenhang mit der Beschreibung von Sessions zurückkommen.

Request- und Context-Atrribute können mit den Methoden `setAttribute()` der Schnittstellen `ServletRequest` und `ServletContext` gesetzt werden und mit den Methoden `getAttributeNames()` und `getAttribute()` derselben Schnittstellen zurückgewonnen werden.

So können Daten, die von einem beliebigen Programm auf dem Server als Objekte von externen Klassen erzeugt wurden oder aus einer Datenbank gelesen wurden und für eine http-Antwort gebraucht werden, als Attribute für eine Servlet-Anfrage (d.h. im Request-Scope) gesetzt werden, um anderen Servlets oder auch JSP-Seiten (siehe Aufgabe 2.8) die Möglichkeit zu geben, auf Teile dieser Anfrage zuzugreifen. Die Weitergabe dieser Art von Attributen an andere Komponenten erfolgt in diesem Fall über einen so genannten RequestDispatcher.

Ein RequestDispatcher-Objekt wird von der Methode getRequestDispatcher(), die am ServletRequest-Objekt aufgerufen wird, zurückgegeben und repräsentiert eine Hülle für eine im Aufruf der Methode über einen Pfadnamen spezifizierte Ressource. Dieser kann benutzt werden, um die Anfrage zur Bearbeitung an eine andere Web-Ressource (Servlet, JSP-Seite oder statische Webseite) »weiterzuleiten« oder die Ressource in eine Antwort zu integrieren, im Gegensatz zu einer »Umleitung«, mit der die Bearbeitung der Anfrage zurück an den Browser delegiert wird.

Ein RequestDispatcher kann auch mit der Methode getRequestDispatcher() des ServletContext-Interface erzeugt werden.

ServletContext-Attribute werden eingesetzt, um gemeinsam nutzbare Ressourcen für alle Komponenten einer Webapplikation zu definieren, wie z.B. E-Mail-Adressen oder die erforderlichen Daten zum Aufbau einer Datenbankverbindung.

Wie schon erwähnt wurde, beinhaltet der Lebenszyklus eines Servlets eine Initialisierungsphase, eine Zerstörungsphase und eine dazwischenliegende dritte Phase, die in manchen Java-Lehrbüchern auch als »is initialized« bezeichnet wird, in der verschiedene Servlet-Methoden wie service(), doGet() und doPost() vom Container aufgerufen werden. Für das Empfangen der erzeugten Events, während sich das Servlet im Init- und Destroy-Status befindet, wobei es vom Container eine Referenz auf seinen Context zugeteilt bzw. abgenommen bekommt, kann ein Event-Listener vom Typ der Schnittstelle ServletContextListener eingesetzt werden. Dazu muss eine Klasse die beiden Methoden dieser Schnittstelle contextInitialized() und contextDestroyed() implementieren. Diese Methoden können benutzt werden, um Context-bezogene Ressourcen bereitzustellen. Darin können die Initialisierungsparameter des ServletContext-Objekts gelesen werden, Datenbankverbindungen aufgebaut bzw. abgebaut werden und Attribute, auf die dann alle Komponenten der Webapplikation Zugriff haben, gesetzt werden.

Aufgabe 1.15

Das Setzen und Lesen von ServletRequest- und ServletContext-Attributen

Mit der von HttpServlet abgeleiteten Klasse AttributefuerServletundWebApp sollen für eine http-Anfrage zwei Attribute »Titel« und »Autor« und für den Servlet-Context das Attribut »E-Mail-Adresse« mit der Methode setAttribute(String attributname) gesetzt werden.

Die Request-Attribute sollen Listen mit Titeln und Autoren repräsentieren und als Instanzen der parametrisierten Klasse ArrayList<String> in der von der Klasse AttributefuerServletundWebApp überschriebenen init()-Methode erzeugt werden.

Überschreiben Sie die doGet()-Methode der Oberklasse und lesen Sie in dieser die Werte dieser Attribute und der Attribute, die standardmäßig für den ServletContext von Tomcat gesetzt werden, mit der Methode getAttribute() aus den von dieser Methode zurückgelieferten java.util.Enumeration-Instanzen (siehe Aufgabe 1.11 auf Seite 66).

Alle Attributnamen und -werte sollen durch die Generierung einer Webseite und deren Verschicken über das HttpServletResponse-Objekt im Browser angezeigt werden.

Java-Dateien: AttributefuerServletundWebApp.java

Programmaufrufe:
In einem Webbrowser durch Eingabe des logischen Servletnamens
http://localhost:8080/java6uebungsbuch3/
AttributefuerServletundWebApp

Aufgabe 1.16

Attribute mit dem ServletContextListener setzen

Das Setzen von ServletContext-Attributen soll in diesem Beispiel mit dem ServletContextListener erfolgen.

Definieren Sie dazu eine Klasse ServletContextListenerKlasse, die beide Methoden der Schnittstelle ServletContextListener: contextInitialized() und contextDestroyed() implementiert.

Lesen Sie in der Methode contextInitialized() die für die Webapplikation java6uebungsbuch3 definierten Initialisierungsparameter nach dem Beispiel der Klasse InitialisierungsParameterfuerServletundWebApp aus Aufgabe 1.11 auf Seite 66. Speichern Sie Namen und Werte der Parameter in einer Liste vom parametrisierten Typ ArrayList<String> und setzen Sie diese als Attribut für den ServletContext.

Definieren Sie, wie auch in der vorigen Aufgabe, eine Object-Referenz auf eine E-Mail-Adresse für das Setzen eines zweiten ServletContext-Attributs.

Für das Testen des ServletContextListeners soll eine Servlet-Klasse Attributemit-ServletContextListenerSetzen erstellt werden. In dieser werden die vom ServletContextListener gesetzten Attributwerte gelesen und eine HTML-Seite für deren Anzeige in Tabellenformat im aufrufenden Browser generiert.

Hinweise für die Programmierung:

Der ServletContextListener muss für die Webapplikation java6uebungsbuch3 im DD eingetragen werden. Dies geschieht mit einem <listener>-Tag, in dem der Klassenname bekannt gegeben wird:

```
<listener>
   <listener-class>ServletContextListenerKlasse</listener-class>
</listener>
```

Java-Dateien: `ServletContextListenerKlasse.java`, `AttributemitServletContextListenerSetzen.java`

Programmaufrufe:
In einem Webbrowser durch Eingabe des gemappten Servletnamens
`http://localhost:8080/java6uebungsbuch3/AttributemitServletContextListenerSetzen`

Aufgabe 1.17

Das Weiterleiten von Client-Anfragen (der RequestDispatcher)

Analog zur Servlet-Klasse `AttributefuerServletundWebApp` soll eine Klasse `RequestAttributeundRequestDispatching` definiert werden, die für eine http-Anfrage die Attribute »Titel« und »Autor« setzt.

Erzeugen Sie eine Instanz der Klasse `RequestDispatcher` über den Aufruf der Methode `getRequestDispatcher("/RequestEmpfangServlet")` am `HttpServletRequest`- oder `ServletContext`-Objekt für das Weiterleiten der Anfrage an ein Servlet vom Typ der Klasse `RequestEmpfangServlet`. Rufen Sie an dieser Instanz die Methode `forward()` auf, in der die `HttpServletRequest`- und `HttpServletResponse`-Objekte per Referenz übergeben werden.

Die Klasse `RequestEmpfangServlet` liest nicht nur die vom Servlet `RequestAttributeundRequestDispatching` gesetzten Attributwerte, sondern ermittelt alle für die http-Anfrage gesetzten Attribute, Parameter und Header und zeigt diese nach dem Beispiel von vorangegangenen Aufgaben im Browser an. Sie liest ebenfalls den beim Servlet-Aufruf in der Adresszeile des Browsers angegebenen Wert für einen Parameter mit dem Namen »color« (durch ? vom URL-String getrennt) und setzt diesen als Farbe für den Hintergrund der generierten HTML-Seite.

Java-Dateien: `RequestAttributeundRequestDispatching.java`, `RequestEmpfangServlet.java`

Programmaufrufe:
In einem Webbrowser durch Eingabe des logischen Servletnamens
`http://localhost:8080/java6uebungsbuch3/RequestAttributeundRequestDispatching?color=pink`

1.13 Thread-Sicherheit bei parallelen Servlet-Ausführungen

Wie schon erwähnt wurde, ist bei einem parallelen Ausführen von gleichen oder auch verschiedenen Servlet-Instanzen mit unterschiedlichen Threads keine

Thread-Sicherheit gewährleistet. Um dies zu vermeiden, kann ein Servlet das Interface `SingleThreadModel` implementieren, das sicherstellt, dass immer nur ein Thread auf eine einzelne Instanz eines Servlets zugreifen kann.

Das `SingleThreadModel`-Interface ist ein Marker-Interface, das keine Methoden definiert (siehe *Java 6 Das Übungsbuch* Band I). Wie in der Java-Dokumentation spezifiziert, werden bei einer Implementierung der Schnittstelle entweder alle Client-Anfragen in eine Schlange gestellt und nacheinander an die einzige Servlet-Instanz übergeben oder es wird ein Pool von Servlet-Instanzen erzeugt, die jeweils immer nur eine Anfrage behandeln. So braucht ein Programm sich nicht um gleichzeitige Zugriffe auf Instanzfelder zu kümmern, aber der Zugriff auf Klassenfelder und andere gemeinsam benutzte Ressourcen, die außerhalb des Gültigkeitsbereiches eines Servlets liegen, muss weiter synchronisiert werden.

Weil das Implementieren des Interface äquivalent zu einer Definition mit `synchronized` der `service()`-Methode eines Servlets (bzw. von anderen Methoden wie `doGet()` und `doPost()`) zu sehen ist, wird der Container dadurch angehalten, um die Anfragen von anderen Clients, die wiederum von anderen Threads bearbeitet werden, durchzuführen, was auf keinen Fall wünschenswert ist. Dies ist auch der Grund, warum dieses Interface als »deprecated« gekennzeichnet wurde. So wird die Synchronisation von Threadabläufen dem Programmierer überlassen, der »kritische Anweisungsblöcke« als `synchronized` definieren kann bzw. diese in Methoden packen kann, die als `synchronized` definiert werden.

Thread-sicher sind nur ServletRequest-Parameter und lokale Variablen. Weder Instanz- und Klassenfelder noch ServletRequest- bzw. ServletContext-Attribute sind Thread-sicher und müssen geschützt werden.

Aufgabe 1.18

Parallelität bei Servlet-Ausführungen

Wie in der theoretischen Einführung beschrieben wurde, können sowohl die `doGet()`- als auch die `doPost()`-Methode derselben Servlet-Instanz parallel von mehreren Threads ausgeführt werden, ohne dass eine Synchronisierung der Abläufe automatisch erfolgt.

Um diese Verhaltensweise für Servlet-Abläufe zu demonstrieren, soll eine Klasse `ParallelitaetvonServlets` definiert werden, die nach dem Beispiel der Klasse `FormularDatenimServletErzeugenundLesen` aus Aufgabe 1.15 auf Seite 72 zwei Formulare erzeugt, die an dasselbe Servlet für die Auswertung der darin eingegebenen Daten gesendet werden sollen. Die Formulare sollen diesmal je zwei Textfelder mit den Namen »Nachricht« und »Anzahl« definieren, in die der Benutzer einen Text und eine Zahl (für die Anzahl der Nachrichtenwiederholungen) eingeben kann.

Um die Parallelität von Abläufen beim Aufruf des Servlets von mehreren Clients aus verfolgen zu können, lassen wir den gerade aktuellen Thread für eine Anzahl

Sekunden, die gleich der vom Benutzer eingegebenen Anzahl von Nachrichtenwiederholungen sein soll, pausieren. Definieren Sie in den Formularen ein Kontrollkästchen (`input`-Tag mit `type = checkbox`) mit der Anzeige: »Soll der Thread zum Pausieren veranlasst werden?«, über die diese Verhaltensweise ein- bzw. ausgeschaltet werden kann.

Die in einem für GET bzw. POST definierten Formular eingegebene Nachricht soll in der ebenfalls im Formular vom Benutzer eingetragenen Anzahl in den Output-Stream zusammen mit dem Namen des gerade aktuellen Threads und der Anzahl von `doGet()`- und `doPost()`-Methodenaufrufen geschrieben werden.

Starten Sie mehrere Webbrowser parallel und beobachten Sie die Anzeigen der Werte von Zählvariablen für den Fall, dass die Servlet-Methoden mit und ohne `synchronized` definiert wurden.

Java-Dateien: `ParallelitaetvonServlets.java`

Programmaufrufe:
In einem Webbrowser durch Eingabe des gemappten Servletnamens
`http://localhost:8080/java6uebungsbuch3/ParallelitaetvonServlets`

Aufgabe 1.19

Thread-Sicherheit von Attributen

Zum Prüfen der Thread-Sicherheit von ServletContext- und ServletRequest-Attributen werden die Klassen `AttributefuerServlet1` und `AttributefuerServlet2` erstellt. Beide Klassen überschreiben die `doGet()`-Methode ihrer Oberklasse `HttpServlet`.

Setzen Sie für das im Methodenaufruf übergebene Anfrage-Objekt in der Klasse `AttributefuerServlet1` die Attribute »zahl1« und »zahl2« mit den Werten »111« und »222« und in der Klasse `AttributefuerServlet2` die Attribute »zahl1« und »zahl2« mit den Werten »333« und »444«.

Ermitteln Sie die `ServletContext`-Instanz für jedes Servlet und setzen Sie Attribute mit den gleichen Namen und Werten auch für diese.

Um die Thread-Sicherheit von ServletContext- und ServletRequest-Attributen bei einem parallelen Ablauf der Servlets zu testen, lassen wir den aktuellen Thread im ersten Servlet für zehn Sekunden pausieren, bevor auf diese Attribute lesend zugegriffen wird, und im zweiten für zwei Sekunden. Rufen Sie dazu nach dem Beispiel der vorigen Aufgabe die Methode `sleep()` der `Thread`-Klasse auf und schreiben Sie die eingelesenen Werte in den Output-Stream der http-Antwort.

Testen Sie die so erstellten Klassendefinitionen und vergleichen Sie die Werte der Attribute. Sie werden feststellen, dass der Thread, der länger vor dem Lesen der Attributwerte warten muss, die falschen Werte zurückgeliefert bekommt.

Nun sollen, wie in der Java-Literatur auch empfohlen wird, die von einem Servlet überschriebenen Methoden der Oberklasse nicht gesperrt werden. Trotzdem erwarten wir selbstverständlich, dass unsere Programme korrekte Werte liefern. Ein Weg, der dahin führt, ist, den Context anstelle des Servlets zu sperren.

Ändern Sie die Klassendefinitionen von `AttributefuerServlet1` und `AttributefuerServlet2` diesbezüglich ab, indem Sie alle lesenden und schreibenden Zugriffe auf Attributwerte in einen `synchronized`-Block mit der Definitionszeile `synchronized(servletContext = getServletContext())` zusammenfassen (oder definieren Sie dafür eigenständige Methoden, die dann mit `synchronized` deklariert werden können).

Sie werden feststellen, dass nun beim Ausführen der Servlets die korrekten Attributwerte angezeigt werden.

Java-Dateien: `AttributefuerServlet1.java`, `AttributefuerServlet2.java`

Programmaufrufe: Im Webbrowser durch Eingabe der logischen Servletnamen
`http://localhost:8080/java6uebungsbuch3/AttributefuerServlet1`
`http://localhost:8080/java6uebungsbuch3/AttributefuerServlet2`

1.14 Servlet-Log-Files und die Protokollierung von Nachrichten

Mit zwei überladenen `log()`-Methoden der Schnittstelle `ServletContext` kann eine Nachricht in ein Servlet-Log-File geschrieben werden. Die Log-Files werden im Unterverzeichnis `logs` des Installationsverzeichnises von Tomcat (wie z.B. `C:\Programme\Apache Software Foundation\Tomcat 6.0\logs`) hinterlegt.

Ihr Name wird aus einem Präfix wie `admin_`, `manager_`, `localhost_` etc. und dem Tagesdatum generiert. Beide Methoden definieren einen Parameter vom Typ `String`, in dem die gewünschte Nachricht übergeben werden kann. In der zweiten Methode kann ein zusätzliches Argument vom Typ der abstrakten Java-Standard-Klasse `Throwable` (die Oberklasse aller `Error`- und `Exception`-Klassen) übergeben werden, das ein StackTrace für die erzeugte Ausnahme in dasselbe Log-File schreibt.

Auf die Standard-Ausgabe kann wie immer mit der Methode `println()` der `System.out`-Instanz geschrieben werden. Diese ist in Tomcat ebenfalls einem Log-File zugeordnet, das sich im Verzeichnis `C:\Programme\Apache Software Foundation\Tomcat 6.0\logs` befindet und den Präfix `stdout_` hat.

Um auf die Zusammenhänge zwischen der virtuellen Verzeichnisstruktur, die von Tomcat für eine Webapplikation eingerichtet und verwaltet wird, und der physischen Verzeichnisstruktur auf dem Rechner, in der Tomcat die den Webapplikationen zugehörigen HTML-Dateien, JSP-Seiten, Sourcecodedateien und Klassendateien für Servlets speichert, hinzuweisen (wir kommen in Kapitel 4 ausführlich darauf zurück), werden in Aufgabe 1.20 auf Seite 78 alle Pfadnamen für ein Servlet während seiner Ausführung in Log-Files protokolliert. Ein realer Pfadname für ein Servlet kann mit der Methode `getRealPath()` der `ServletContext`-Schnittstelle ermittelt werden. Im Methodenaufruf muss der zugeordnete virtuelle Pfadname als `String`-Referenz übergeben werden. Die gleichnamige Methode der Schnittstelle `HttpServletRequest` wurde mit der Version 2.1 der Servlet-API von Java als »deprecated« gekennzeichnet. Alle anderen Methoden zum Ermitteln von Pfadnamen für Servlets sind aus den vorangegangenen Beschreibungen und Aufgaben bekannt.

Aufgabe 1.20

Der Translated-Pfad und der Real-Pfad von Servlets

Definieren Sie eine Klasse `ServletPfadnamen`, die ein Formular mit einem Textfeld, einem RadioButton und einem Button erstellt. In das HTML-Dokument, mit dem das Formular generiert wird, sollen die Request-URL und -URI, der Request-Path mit seinen Teilkomponenten Context-Path, Servlet-Path und Path-Info wie auch der Path-Translated und der Request-String der http-Anfrage, die in der überschriebenen `doGet()`-Methode der Klasse übergeben wird, eingetragen werden. Gleichzeitig soll auch der Real-Path, auf den die Wurzel des virtuellen Context-Path des Servlets abgebildet wird (das heißt, welches Verzeichnis auf dem Server der URL, über die das Servlet ausgeführt wird, in Wirklichkeit entspricht) mit der Methode `getRealPath()` des `ServletContext`-Interface ermittelt und in der HTML-Seite angezeigt werden.

Definieren Sie dazu eine Instanzmethode mit dem Namen `getServletPath()`, die die Methoden der Interfaces `HttpServletRequest` und `ServletContext` zum Ermitteln von Pfadnamen aufruft.

Nach dem Abschicken des Formulars soll dasselbe Servlet nochmals aufgerufen werden, allerdings mit einem abgeänderten Pfadnamen, um einen Eintrag verschieden von `null` für den Translated-Path zu generieren. Darum wird das `action`-Attribut im `<form>`-Tag angefügt (z.B. mit "`<form method=\"get\" action=\" http://localhost:8080/java6uebungsbuch3/ServletPfadnamen/dateiverzeichnis1/dateiverzeichnis2\">`").

Benutzen Sie beim zweiten Servlet-Aufruf die gleiche Vorgehensweise wie in den Klassen aus Aufgabe 1.13 auf Seite 69 und Aufgabe 1.14 auf Seite 70, indem Sie z.B. den Rückgabewert der Methode `getParameter()` für das im Formular definierte Textfeld abfragen. Schreiben Sie auch diesmal alle Servlet-Pfadnamen in den Output-Stream, indem Sie die Methode `getServletPath()` ein zweites Mal aufrufen.

Java-Dateien: `ServletPfadnamen.java`

Programmaufrufe: Im Webbrowser durch Eingabe des gemappten Servletnamens `http://localhost:8080/java6uebungsbuch3/ServletPfadnamen`

1.15 Status-Codes und Header-Einträge von http-Antworten

Die Statuszeile einer http-Antwort besteht, wie bereits in Unterkapitel 1.3 auf Seite 35 erwähnt wurde, aus der http-Versionsbezeichnung, einem Status-Code und einer dazu mitgeteilten Nachricht. Weil die http-Version vom Server festgelegt wird und die Nachricht mit dem Status-Code direkt verbunden ist, braucht das Servlet nur den Status-Code einzustellen. Tut es dies nicht, setzt der Server den Status-Code automatisch auf den Standardwert »200 OK«. Dieser ist aber nur dann in Ordnung, wenn auch eine korrekte Antwort an den Client zurückgegeben wurde. Servlets können durch das Setzen von Status-Codes und auch von Antwort-Headern nicht nur Dokumente an den Client zurückgeben, sondern auch andere Aufgaben durchführen. Sie können, wie mit den vorangegangenen Aufgaben schon demonstriert wurde, dem Client mitteilen, dass das zurückgelieferte Dokument eine HTML-Datei, Bilddatei, `.zip`-Datei etc. ist, indem der Content-Type-Header gesetzt wird, oder den Client auf andere Webseiten umleiten, indem die Methode `sendRedirect()` am `HttpServletResponse`-Objekt aufgerufen wird. Damit können aber auch aufgetretene Probleme beim Versuch, Dokumente zu verschicken, an den Client gemeldet werden, es kann nachgebildet werden, was Clients tun, wenn Hyperlinks und ImageMaps auf Webseiten angeklickt werden, oder die Anfrage an eine zweite Webseite weitergeleitet werden. Allerdings wird im letzten Fall, im Unterschied zu einer Umleitung, die zweite Seite erst angezeigt, nachdem der Inhalt der ersten Webseite angezeigt wurde und eine vorgegebene Anzahl von Sekunden abgewartet wird.

Die Standard-Methoden zum Setzen eines Status-Codes und eines Header-Eintrags sind `setStatus()` und `setHeader()` (bzw. `setIntHeader()`), doch stehen für manche Fälle zusätzliche Methoden zur Verfügung, wie z.B. `sendError()` und `sendRedirect()` für das Setzen eines Status-Codes bzw. für das Umleiten einer Client-Anfrage oder `setContentType()` für das Setzen des MIME-Types (»Multipurpose Internet Mail Extension«) des zurückgelieferten Dokuments. Beim Aufruf der Methode `sendError()` wird normalerweise der Status-Code 404 (SC_NOT_FOUND) zusammen mit einer Meldung als HTML-Dokument generiert, das automatisch an den Client übermittelt wird.

Die Methode `sendRedirect()` generiert einen 302-Status-Code (SC_MOVED_TEMPORARILY) zusammen mit einem »Location«-Header, der die URL einer neuen Ressource, an die die Anfrage umgeleitet werden soll, im Internet angibt (siehe auch Aufgabe 1.13 auf Seite 69). Es sind sowohl relative wie auch absolute URLs zugelassen, wobei die relativen Angaben für URLs wie immer in absolute umgesetzt werden, bevor sie für den »Location«-Header gesetzt werden. So ist der Methodenaufruf `sendRedirect("http://java.sun.com/products/servlet")` gleichbedeutend mit den Methodenaufrufen `setStatus(HttpServletResponse.SC_MOVED_TEMPORARILY)` und `setHeader("Location", "http://java.sun.com/products/servlet")`.

In HTTP 1.1 sind fünf Kategorien von Status-Codes definiert:

- 100–199 verlangen, dass der Client mit einer anderen Anfrage antworten soll.
- 200–299 zeigen, dass die Anfrage des Clients mit Erfolg abgeschlossen wurde.
- 300–399 werden für das Verschieben von Webseiten benutzt und enthalten normalerweise einen »Location«-Header mit einer neuen Adresse.
- 400–499 weisen auf einen Fehler des Clients hin.
- 500–599 weisen auf einen Fehler des Servers hin.

Anstatt mit expliziten Zahlen zu arbeiten, ist es zuverlässiger, die im Interface `HttpServletResponse` definierten Konstanten zu benutzen. Die Namen der Konstanten, die die verschiedenen Status-Codes repräsentieren, sind von den Standard-Nachrichten, die mit diesen Codes in Zusammenhang stehen, abgeleitet. Eine Auflistung dazu finden Sie zusammen mit allen gültigen Antwort-Headern und zugelassenen MIME-Types für den Content-Type von Antwort-Dokumenten in Aufgabe 1.24 auf Seite 84.

1.16 Benutzerdefinierte statische und dynamische ErrorPages

Anstatt die Server-Standard-ErrorPages zu nutzen, können eigene für eine Webapplikation eingerichtet werden. Dafür müssen diese mit einem `<error-page>`-Tag im DD konfiguriert werden.

Soll z.B. die Datei `ErrorPage404.html` anstelle der 404-Standard-ErrorPage für die Servlets der Webapplikation `java6uebungsbuch3` aufgerufen werden, kann diese Datei im Unterverzeichnis `/java6uebungsbuch3` hinterlegt werden und der XML-Eintrag

```
<error-page>
  <error-code>404</error-code>
  <location>/ErrorPage404.html</location>
</error-page>
```

dem DD der Webapplikation hinzugefügt werden.

Der im `<location>`-Tag angegebene Wert muss mit einem »/« beginnen, und somit relativ zum Wurzelverzeichnis (Context-Root) der Webapplikation angegeben werden.

Der unter `<location>` angegebene Wert kann sowohl eine HTML-Seite als auch eine dynamische Ressource wie z.B. ein Servlet oder eine JSP-Seite identifizieren (siehe Aufgabe 1.23 auf Seite 83, Aufgabe 2.6 und 2.45).

Eine Webapplikation kann über ihren DD so konfiguriert werden, dass sie ihrem Container (ebenfalls über ErrorPages) den Wunsch mitteilt, einige Arten von Exceptions selbst zu behandeln. Dazu wird auch ein `<error-page>`-Tag benutzt, in dem das `<error-code>`-Tag durch `<exception-type>` ersetzt wird (siehe Aufgabe 2.45).

Ausnahmen, die von einem Servlet geworfen werden und nicht auch von diesem abgefangen werden, werden vom Container abgefangen. Ein Servlet kann nur Exceptions vom Typ der Unterklassen von `IOException`, `ServletException` und `RuntimeException` an seinen Container weitergeben. Dies geschieht über die `throws`-Klausel aus den Methodensignaturen. Wie schon festgestellt wurde, werfen die Methoden `service()`, `doGet()` und `doPost()` Ausnahmen vom Typ `IOException` und `ServletException`.

Eine Ausnahme vom Typ `ServletException` wird geworfen, um auf ein generelles Servlet-Problem hinzuweisen.

RuntimeExceptions brauchen nicht in einer `throws`-Klausel deklariert zu werden, diese können aber abgefangen werden oder mit einem eigenen Meldungstext ausgelöst werden (siehe das Kapitel 9 von *Java 6 Das Übungsbuch* Band I).

Aufgabe 1.21

Response-Header-Einträge mit Servlets setzen

Definieren Sie eine Klasse `HttpResponseHeaderRefresh`, die die `doGet()`-Methode ihrer Oberklasse `HttpServlet` überschreibt und darin einen »Refresh«-Header setzt, der angibt, nach Ablauf welcher Zeit (in Sekunden) der Browser nach einer aktualisierten Seite fragen soll. Ermitteln Sie einen `PrintWriter`-Stream für das Senden der Antwort in Form einer HTML-Seite an den Client. Benutzen Sie zum Setzen des »Content-Type«-Headers diesmal die Methode `setHeader()` und zum Setzen des »Refresh«-Headers die Methode `setIntHeader()`.

Eine weitere Klasse `HttpResponseHeaderRefreshmitURL` soll den »Refresh«-Header setzen, um den Browser anzuweisen, nach einer bestimmten Anzahl von Sekunden zu einer angegebenen URL zu verzweigen.

Java-Dateien: `HttpResponseHeaderRefresh.java`,
`HttpResponseHeaderRefreshmitURL.java`

Programmaufrufe: Im Webbrowser durch Eingabe der gemappten Servletnamen
`http://localhost:8080/java6uebungsbuch3/`
`HttpResponseHeaderRefresh`
`http://localhost:8080/java6uebungsbuch3/`
`HttpResponseHeaderRefreshmitURL`

Aufgabe 1.22

Status-Codes mit Servlets setzen

Servlets können durch das Setzen von Status-Codes und Antwort-Headern nicht nur Antworten an den Client zurückgeben, sondern damit auch aufgetretene Probleme beim Prüfen der vom Benutzer eingegebenen Daten oder beim Versuch, Dokumente zu verschicken, an den Client melden.

Eine Klasse `HttpResponseHeaderundStatusCode` soll als Vorlage für ein Servlet dienen, das eine Auswahl von vorgegebenen Webseiten für deren Anzeige im Browser über einen Index, der per Zufall generiert wird, treffen kann.

Die Klasse `WebSeiten` soll als externe Klasse in derselben `.java`-Datei wie auch die Klasse `HttpResponseHeaderundStatusCode` definiert werden. Die Instanzen dieser Klasse sollen eine Zuordung zwischen einer Indexnummer und der URL, die eine Webseite referenziert, erzeugen. Dazu definiert sie eine globale Referenz vom Typ `Map<Integer,String>` auf eine `HashMap<Integer,String>`-Instanz, in der der Index von Webseiten auf die zugehörige URL abgebildet wird.

Ermitteln Sie in der Klasse `HttpResponseHeaderundStatusCode` die in der Klasse `WebSeiten` erzeugte Abbildung mit deren Zugriffsmethode `getMap()`. Generieren Sie einen zulässigen Wert für die in dieser Abbildung vergebenen Werte für Indizes von Webseiten, indem Sie z.B. an einer Instanz der Java-Standard-Klasse `Random` deren Methode `nextInt()` aufrufen.

Bestimmen Sie mit der `get()`-Methode der Klasse `HashMap` die URL der dazugehörigen Webseite und setzen Sie diese mit der Methode `setHeader()` für den »Location«-Header der Antwort, indem Sie parallel dazu den Status-Code gleich dem Wert der Konstanten SC_MOVED_TEMPORARILY mit der Methode `setStatus()` setzen. Damit wird die Client-Anfrage auf diese URL umgeleitet. Den gleichen Effekt können Sie auch durch den Aufruf der Methode `sendRedirect()` am `HttpServletResponse`-Objekt erreichen, in der der URL-String übergeben werden kann.

Mit der `println()`-Methode der `System.out`-Instanz sollen Nachrichtentexte in das `stdout_...`-Log-File von Tomcat mit der benutzten http-Version, dem generierten Index und der URL der ausgewählten Webseite eingetragen werden.

Ermitteln Sie die Namen und Werte aller Header-Einträge der http-Anfrage und schreiben Sie auch diese auf die Standard-Ausgabe.

Java-Dateien: `HttpResponseHeaderundStatusCode.java`, `Webseiten.java`

Programmaufrufe: Im Webbrowser durch Eingabe des logischen Servletnamens
`http://localhost:8080/java6uebungsbuch3/`
`HttpResponseHeaderundStatusCode`

Aufgabe 1.23

Wiederholungsaufgabe

Definieren Sie analog zur Klasse `WebSeiten` aus der vorangegangenen Aufgabe eine Klasse `WebSuchMaschinen`, deren Instanzen eine Zuordung zwischen einer Seitennummer und URLs, die Webseiten mit Anfragen an bekannte Suchmaschinen aus dem Internet referenzieren, erzeugen.

Mit der HTML-Datei `SuchmaschinenFormular.html` soll ein Formular mit einem Textfeld mit dem Namen »Suchbegriff« und einem RadioButton-Element mit dem Namen »Suchmaschine« erstellt werden. Im `<form>`-Tag der HTML-Datei soll die POST-Methode über das `method`-Attribut und im `action`-Attribut der Name eines neuen Servlets `SuchenimWeb` angegeben werden.

In der Servlet-Klasse `SuchenimWeb` wird über den Rückgabewert der Methode `getParameter()` geprüft, ob in beiden Textfeldern des Formulars Werte vom Benuzter eingetragen wurden. Ist dies nicht der Fall, soll eine Fehlermeldung an den Client gesendet werden. Rufen Sie dazu die Methode `sendError()` mit der Konstanten `SC_NOT_FOUND` und dem Meldungstext: »Es wurde kein Suchbegriff eingegeben« bzw. »Es wurde keine Suchmaschine ausgewählt« auf und verlassen Sie gleich danach mit der Anweisung `return` die `doGet()`-Methode.

Ermitteln Sie analog zur Klasse `HttpResponseHeaderundStatusCode` aus der vorangegangenen Aufgabe die mit der externen Klasse `WebSuchMaschinen` definierte Abbildung und bestimmen Sie mit der `get()`-Methode der Klasse `HashMap` die URL der Webseite, die dem eingegebenen Suchbegriff in der Abbildung zugeordnet wurde. Formulieren Sie damit eine Suchfrage und leiten Sie diese an die vom Benutzer ausgewählte Suchmaschine weiter.

Mit der `log()`-Methode von ServletContext sollen Nachrichtentexte in das `localhost_...`-Log-File von Tomcat mit der benutzten http-Version, dem eingegebenen Suchbegriff und dem Namen der vom Benutzer ausgewählten Suchmaschine geschrieben werden. Ermitteln Sie die Namen und Werte aller Header-Einträge der http-Anfrage und schreiben Sie auch diese über den Aufruf der Methode `log()` in die `localhost_...`-Datei.

Hinweise für die Programmierung:

Als URLs für die Identifizierung von Suchmaschinen können Sie z.B. folgende Angaben benutzen: `http://www.google.com/search?q=`, `http://de.search.yahoo.com/search?p=` `http://www.ndparking.com/livesearch.com/serve. php?lp=`

Erweitern Sie die Datei `web.xml` Ihrer Webapplikation um einen XML-Eintrag für die Definition einer ErrorPage mit dem Status-Code 404 (`SC_NOT_FOUND`) und testen Sie Ihr Servlet ohne die Eingabe eines Suchbegriffs bzw. der Auswahl einer Suchmaschine mit und ohne diesen Eintrag im Deployment Descriptor.

Wie schon angemerkt wurde, können sowohl statische ErrorPages mit HTML-Dateien als auch dynamische mit einem Servlet für eine Webapplikation definiert werden.

Erstellen Sie dazu eine einfache HTML-Datei `ErrorPage404.html`, die die Anzeige der Meldung »Die angeforderte Ressource wurde nicht gefunden« im Browser vorbereitet, und geben Sie deren Namen nach dem Beispiel aus der theoretischen Einführung zu diesem Unterkapitel im `<location>`-Tag an.

Eine Servlet-Klasse `DynamischeErrorPage` liest die Werte von zwei für die Webapplikation konfigurierten Context-Parametern mit den Namen »statusCode« und »meldungsText« und schreibt diese mit HTML-Anweisungen in den Output-Stream. Gleichzeitig soll die Meldung »Der Fehler wurde von der Ressource: ... empfangen« im Browser angezeigt werden, wobei der Name der Ressource über den Methodenaufruf `getRequestURI()` am `HttpServletRequest`-Objekt ermittelt werden kann. Geben Sie den von Ihnen vergebenen logischen Namen für dieses Servlet im `<location>`-Tag von `<error-page>` an.

Hinweise für die Programmausführung:

Achten Sie darauf, dass der Internet Explorer trotz der Eintragungen im DD standardmäßig seine eigenen Fehlermeldungen anzeigt, und rufen Sie das Servlet vom Typ `SuchenimWeb` mit Mozilla Firefox auf, um die von Ihnen erfassten Fehlermeldungen sehen zu können.

HTML-Dateien: `ErrorPage404.html`, `SuchmaschinenFormular.html`

Java-Dateien: `DynamischeErrorPage.java`, `SuchenimWeb.java`, `WebSuchMaschinen.java`

Programmaufrufe: Im Webbrowser durch den Aufruf der HTML-Datei
`http://localhost:8080/java6uebungsbuch3/SuchmaschinenFormular.html`

Aufgabe 1.24

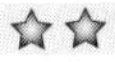

Wiederholungsaufgabe

Zum Durchsehen von Status-Codes, MIME-Types und Antwort-Header sollen drei Servlets dienen, die alle zugelassenen Werte für diese Einträge auf eine Client-Anforderung verschicken.

In der Klasse `ServletmitStatusCodeDefinitionen` sollen die `int`-Werte von Status-Codes und der dazugehörende beschreibende Text in einer Hashtable hinterlegt werden. Über das von Java seit der Version 5.0 unterstützte Auto(un)boxing werden `int`-Werte in `Integer`-Instanzen umgesetzt (und umgekehrt), so dass diese als `Integer`-Referenzen in den Methoden der Klasse `Hashtable` übergeben werden können.

Wir wollen auch in dieser Aufgabe einen Blick auf generische Klassen und Interfaces (die ausführlich im ersten Band von *Java 6 Das Übungsbuch* behandelt werden) werfen, indem für das Extrahieren von Werten aus der Hashtable die Methoden `entrySet()`, `elements()` und `keys()` aufgerufen werden und die Elemente der zurückgelieferten `Set<Map.Entry<Integer,String>>`-, `Enumeration<String>`- und `Enumeration<Integer>`-Instanzen in ein HTML-Dokument, das als Antwort an einen Browser verschickt werden soll, eingetragen werden.

Erzeugen Sie eine `Iterator<Map.Entry<Integer,String>>`-Instanz, um die Elemente der Menge `Set<Map.Entry<Integer,String>>` zu durchlaufen, und rufen Sie dazu deren Methoden `hasNext()` und `next()` auf.

Die Klasse `ServletmitMIMETypeDefinitionen` soll alle vorgegebenen Werte von MIME-Typen aus einer Datei mit dem Namen »MimeTypeDatei« lesen. Erzeugen Sie einen `BufferedReader`-Stream, um die Daten aus der Datei mit der `readLine()`-Methode zeilenweise einzulesen, und rufen Sie die `log()`-Methode mit der Meldung »Die Datei wurde nicht gefunden« in einem catch-Block für das Abfangen einer Ausnahme vom Typ `FileNotFoundException` auf.

Generieren Sie auch in diesem Beispiel mit HTML-Anweisungen eine Antwort mit allen Dateieinträgen für den aufrufenden Client.

Mit dem Schlüsselwort `enum` soll eine Enumeration mit dem Namen `AntwortHeader` im Anhang zur Klasse `ServletmitResponseHeaderDefinitionen` in der zugehörigen `.java`-Datei definiert werden. Als Aufzählungskonstanten für diese Enumeration sollen alle zugelassenen Werte für die Header einer http-Antwort eingetragen werden. Lesen Sie diese in der überschriebenen `doGet()`-Methode der Servlet-Klasse mit der Methode `values()` ein und schreiben Sie die Werte in einen ServletOutputStream mit dem Content-Type gleich »text/plain« für das Senden der Antwort an den Client.

Hinweise für die Programmierung:

Erstellen Sie nach dem Beispiel der Aufgabe 1.8 auf Seite 63 eine HTML-Datei `ServletKonstanten.html`, woraus die Ausführung der drei Servlets mit drei Hyperlinks angestoßen werden kann.

Die zulässigen Werte für MIME-Typen und Status-Codes können Sie aus dem Internet beziehen oder dem Lösungsvorschlag dieser Aufgabe entnehmen.

HTML-Dateien: `ServletKonstanten.html`

Java-Dateien: `ServletmitStatusCodeDefinitionen.java`,
`ServletmitMIMETypeDefinitionen.java`,
`ServletmitResponseHeaderDefinitionen.java`

Programmaufrufe: Im Webbrowser durch Eingabe des Namens der HTML-Datei
`http://localhost:8080/java6uebungsbuch3/ServletKonstanten.html`

1.17 Das Verfolgen von Client-Sitzungen (Session-Tracking)

Servlets merken sich nicht, was ihnen an Client-Anfragen zugeschickt wurde oder was sie selbst als Antwort zurückgesendet haben. Dies liegt an der »Zustandslosigkeit« des http-Protokolls. Nachdem der Client eine Verbindung zum Server aufgebaut hat, sendet er seine Anfrage, holt die darauf zurückgesendete Antwort vom Server ab und die Verbindung wird nach einiger Zeit abgebaut. Dabei werden keine Informationen zum Context der Webapplikation vom Server gespeichert, selbst wenn eine so genannte »persistente (gesicherte) Verbindung« zum Server aufgebaut wurde. Mit der Zuweisung `Connection=close` wird dem Browser mitgeteilt, keine persistente http-Verbindungen zu benutzen. Persistente Verbindungen sind der Standard, falls der Client das HTTP-1.1-Protokoll benutzt und der Antwort-Header »Connection« nicht gleich `close` gesetzt wurde oder für einen HTTP-1.0-Client im Response-Header »Connection« der Wert `keep-alive` angegeben wurde.

Beim Lesen von einfachen Textseiten ist die Arbeitsweise von Servlets kein Problem. Sollen diese jedoch abgeändert werden oder werden zusammenhängende Informationen über eine ganze Folge von Anfragen und Antworten gebraucht, wie z.B. beim Einkauf von Waren übers Internet (siehe Aufgabe 1.30 auf Seite 97 und Aufgabe 1.31 auf Seite 100) sind benutzerspezifische Informationen nötig, die vom Container verwaltet werden müssen. Zur Unterstützung einer Benutzerverfolgung stellt die Java-Servlet-API das Interface `HttpSession` zur Verfügung.

Ein Container ist bei gesicherten Verbindungen in der Lage, einen Client beim Anmelden zu identifizieren. Somit kann er eine eindeutige Session-ID generieren und diese über das `HttpServletResponse`-Objekt an den Client zurückgeben. Nun ist der Client verpflichtet, all seine weiteren Anfragen mit dieser ID an den Container zu senden, so dass dieser alle Anfragen dieser ID, die den Client eindeutig identifiziert, zuordnen kann.

Das Servlet muss dazu eine Instanz der Klasse `HttpSession` erzeugen, indem es die Methode `getSession()` am `HttpServletRequest`-Objekt aufruft. Das ist notwendig, weil eine Session immer benutzerspezifisch definiert und verwaltet wird und nicht für den gesamten Context der Webapplikation angelegt werden soll. In der `HttpSession`-Instanz werden die mit einem bestimmten Benutzer assoziierten Daten gespeichert und die Komponenten einer Webapplikation können darauf zugreifen, um darüber Daten auszutauschen.

Ein `HttpSession`-Objekt existiert so lange, bis es explizit über seine `invalidate()`-Methode zerstört wird oder der Benutzer, von dem es erzeugt wurde, eine gewisse Zeit keine Anfragen mehr sendet.

Die Gültigkeitsdauer einer Session-ID wird in Tomcat in der Datei `web.xml` aus dem Verzeichnis `conf` eingestellt

```
<session-config>
  <session-timeout>30</session-timeout>
</session-config>
```

und kann, falls gewünscht, abgeändert werden. Der Wert 30 bezieht sich auf Minuten und gilt für alle im Verzeichnis `webapps` abgelegten Webapplikationen. Sollte die Gültigkeitsdauer individuell für jede Webapplikation eingestellt werden, kann dies über denselben Eintrag in der zugehörigen `web.xml`-Datei aus dem `WEB-INF`-Verzeichnis der Webapplikation erfolgen. Über den Aufruf der Methode `setMaxInactiveInterval()` am `HttpSession`-Objekt kann darauf in Programmen Einfluss genommen werden und damit die Zeit in Sekunden zwischen Client-Anfragen angegeben werden, die verstreichen soll, bevor der Container eine Session-ID als ungültig kennzeichnet und somit einen Webbesucher eventuell zum erneuten Anmelden zwingt. In Live-Webapplikationen mit Session-Verwaltung ist das Setzen der Gültigkeitsdauer mit Sicherheit von Bedeutung, wir werden in unseren Beispielen darauf verzichten und auf den Standard-Eintrag aus Tomcat setzen.

Die Session-ID kann über den Aufruf der Methode `getId()` am `HttpSession`-Objekt ermittelt werden.

Für das Setzen und Lesen von Session-IDs können so genannte Cookies eingesetzt werden. Cookies werden vom Webserver erstellt und beinhalten Textinformationen, die vom Webserver an den Webbrowser gesendet werden. Diese werden auf dem Client abgelegt und automatisch jeder Anfrage hinzugefügt. Besucht ein Webbrowser dieselbe Webseite erneut, gibt er diese Informationen an den Webserver zurück, der sie benutzen kann, um gezielt auf einzelne Benutzer zu reagieren bzw. mit diesen zu kommunizieren. So kann ein Server einem registrierten Client, der sich zu einem späteren Zeitpunkt erneut anmeldet, den Zugriff auf eine Webseite ohne die Eingabe eines Benutzernamens oder Passwortes gewährleisten. Mit Cookies können Webserver gezielte Anzeigen auf Webseiten mit Werbungen an die Besucher von diesen Webseiten richten oder diesen ermöglichen, das Erscheinungsbild von Suchergebnissen nach eigenen Wünschen anzupassen.

Wählen Sie im Internet Explorer die Menüfolge »Extras => Internetoptionen => Browserverlauf: Einstellungen => Temporäre Internet Dateien und Verlauf: Dateien anzeigen, um die von Webservern gespeicherten Cookies auf Ihrem Rechner zu sehen.

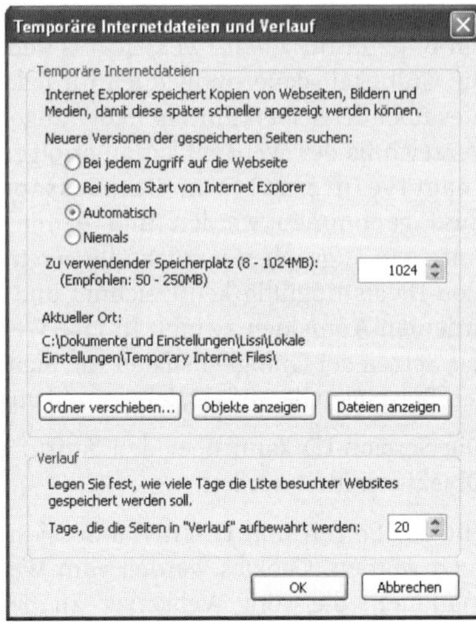

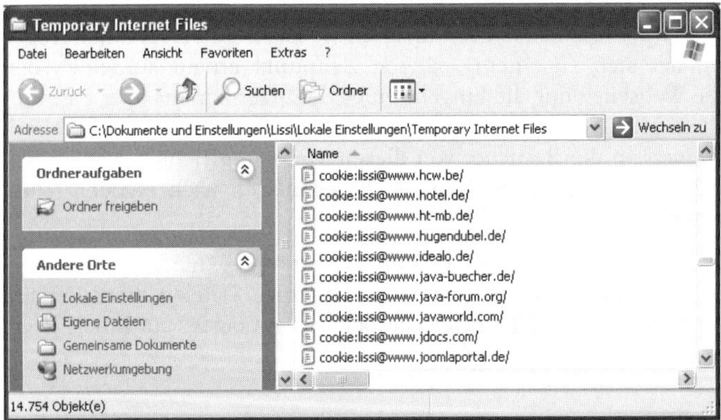

Cookies werden jedoch nicht von allen Benutzern eines Webbrowsers akzeptiert, weil viele diese als Einschränkung ihrer Privatsphäre sehen. So könnten sich z.B. Suchmaschinen oder Verkaufsshops an diejenigen Benutzer erinnern, die sich wiederholt bestimmte Themen oder Produkte angesehen haben. Darum bieten die meisten Webbrowser die Möglichkeit, eine Akzeptanz von Cookies ein- und auszuschalten. Anbei die Menüs aus dem Internet Explorer, über die das Einschalten von Cookies abgewickelt werden kann.

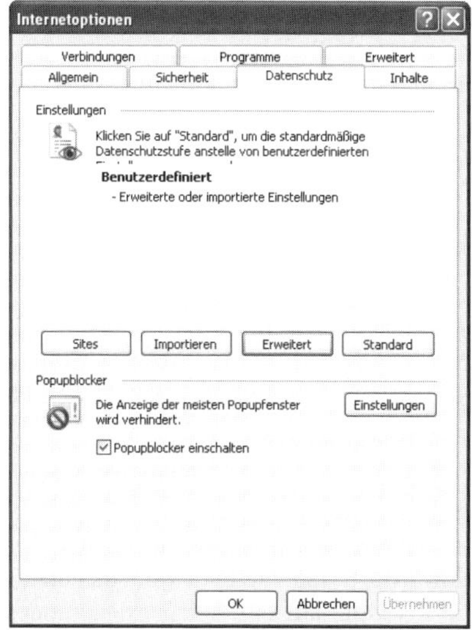

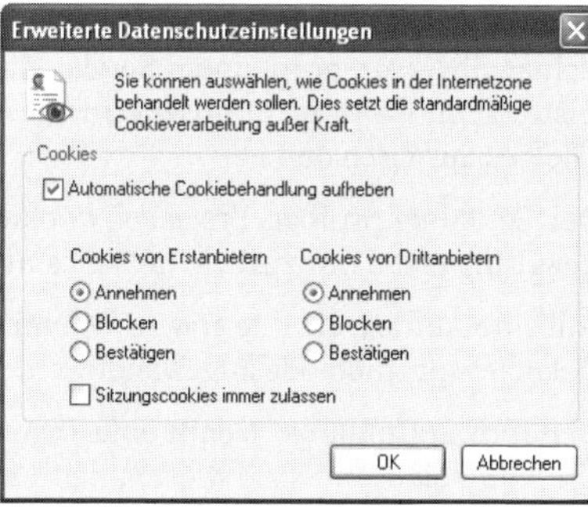

Cookies können als Instanzen der Java-Standard-Klasse `Cookie` aus dem Paket `javax.servlet.http` erzeugt werden. Im Konstruktoraufruf der Klasse `Cookie` können Namen und Wert als `String`-Referenzen übergeben werden. Die set- und get-Methoden der Klasse ermöglichen dem Benutzer, Eigenschaften, die auch in diesem Zusammenhang als Attribute bezeichnet werden, für Cookies zu definieren. Damit kann die Lebensdauer eines Cookies bestimmt werden, der Name des Rechners, an den ein Browser Cookies zurückgeben kann (standardmäßig werden sie nur an den Host, der sie auch gesendet hat, zurückgegeben), der Pfadname, für den das Cookie gilt (standardmäßig gibt der Browser das Cookie nur an URLs unter dem Verzeichnis der Webseite zurück, die das Cookie gesendet hat), etc.

Für das Senden von Cookies an Clients wird die Methode `addCookie()` des Interface `HttpServletResponse` aufgerufen, mit der das entsprechende Cookie in den Response-Header mit dem Namen »Set-Cookie« eingefügt wird. Um die vom Client zurückgelieferten Cookies zu lesen, muss die Methode `getCookies()` an der `HttpRequest`-Instanz aufgerufen werden.

Wie vorher erläutert wurde, bieten Servlets für die Lösung einer benutzerspezifischen Verwaltung von http-Anfragen und -Antworten das Interface `HttpSession` an. Dieses setzt auf Cookies, wenn der Browser sie unterstützt (das heißt, die Unterstützung im Browser eingeschaltet ist) und greift auf URL-Rewriting zurück, wenn dies nicht der Fall ist.

Im Fall von URL-Rewriting hängt der Browser die Session-ID jeder URL an, die sich auf eine Webseite bezieht und dem Benutzer zurückgeliefert wird. Dafür muss der Programmierer jedoch eine zusätzliche Arbeit leisten, und zwar alle URLs, die in einer Antwort gesendet werden, müssen mit der Methode `encodeURL()`, die am `HttpServletResponse`-Objekt aufgerufen wird, dekodiert werden. Dies sollte vorsichtshalber immer in einem Servlet, das ein Session-Tracking vornimmt, gewährleistet sein, da ja nicht auszuschließen ist, dass im Browser die Zulassung für Cookies ausgeschaltet ist.

Der Container prüft als Erstes, ob Cookies zugelassen sind, und greift auf das URL-Rewriting erst dann zurück, falls dies nicht der Fall sein sollte.

Soll eine Anfrage an eine andere Webseite weitergeleitet werden, kann eine spezielle Dekodierungsmethode angewandt werden, die Methode `encodeRedirectURL()`.

Der Tomcat-Container trennt eine angefügte Session-ID von der URL selbst durch ein Semikolon und setzt diesem den Eintrag: »jsessionid=« voran. Andere Container bzw. Webserver benutzen wiederum das Komma und hängen der URL ausschließlich die ID an.

Sowohl im Fall eines Einsatzes von Cookies wie auch bei einem URL-Rewriting kümmert sich der Container im Hintergrund um die Zuordnung der Session-IDs zu http-Anfragen und -Antworten. Das Servlet muss lediglich ein `HttpSession`-Objekt für eine Sitzungsverfolgung bereitstellen. Wird im Aufruf der Methode `getSession()` der Wert `false` übergeben, gibt diese eine Referenz auf ein schon existierendes `HttpSession`-Objekt zurück oder `null`, falls noch kein `HttpSession`-Objekt der Session assoziiert wurde. Wird der Wert `true` oder kein Wert übergeben, wird im Fall, dass noch kein `HttpSession`-Objekt angefordert wurde, ein neues erzeugt. Mit der Methode `isNew()` des `HttpSession`-Interface kann abgefragt werden, ob dem Client schon eine Antwort mit der entsprechenden Session-ID zugeschickt wurde.

Für eine Session, die im eigentlichen Sinne immer durch ihr `HttpSession`-Objekt repräsentiert wird, können, wie auch für Anfragen und den ServletContext (siehe Unterkapitel 1.12 auf Seite 71), Attribute gesetzt werden. Die Attribut-API ist dieselbe, was bedeutet, dass auf diese über dieselben Methoden wie im Fall von Request- und Context-Attributen zugegriffen werden kann. Das Interface `HttpSession` definiert dazu die gleichnamigen Methoden `getAttributeNames()`, `getAttribute()`, `setAttribute()` und `removeAttribute()`.

Wie auch im Fall von Request- und Context-Attributen stellen wir uns auch bei Session-Attributen die Frage, ob diese Thread-sicher sind. Es wurde mittlerweile schon mehrmals darauf hingewiesen, dass eine Session über mehrere Anfragen von ein und demselben Client andauert, und dieser kann zu einem bestimmten Zeitpunkt immer nur eine Anfrage schicken. Das heißt, auch wenn mehrere Servlets parallel ausgeführt werden, wird zu einem bestimmten Zeitpunkt immer nur eine Anfrage von einem bestimmten Client bearbeitet, so dass nur ein Thread zu diesem Zeitpunkt auf die Session zugreift. Damit wäre auch sichergestellt, dass alle Session-Attribute, wenn auf diese aus unterschiedlichen Threads zugegriffen wird, Thread-sicher wären, würde nicht die Möglichkeit bestehen, dass derselbe Client ein zweites oder sogar drittes Browserfenster über eine neue Registerkarte eröffnet, weil z.B. eine Antwort zu lange auf sich warten lässt, und somit weitere Threads für dieselbe Client-Anfrage gestartet werden. Dann ist es auch mit der Thread-Sicherheit von Session-Attributen dahin. Um diese zu schützen, kann die gleiche Technik wie im Fall von Context-Attributen angewandt werden, und zwar ein `synchronized`-Block mit einer Referenz auf das `HttpSession`-Objekt, der die set/get-Methoden umrahmt, eingerichtet werden.

Mit Java 5.0 wurde in der Java-Standard-Klassen-API die abstrakte Klasse `CookieHandler` eingeführt. Mit einer konkreten Klasse, die diese Klasse erweitert und ihre `get()`- und `put()`-Methoden implementiert, kann auf die zwischen einem Webbrowser und Webserver versendeten Anfragen und Antworten zugegriffen werden. Mit der Klassenmethode `CookieHandler.setDefault()` kann ein Cookie-Handler gesetzt werden. Mit der Version 6.0 von Java wurde die Klasse `CookieManager` von der abstrakten Klasse `CookieHandler` abgeleitet, die die `put()`- und `get()`-Methoden ihrer Oberklasse implementiert, und es wurden zwei weitere Klassen dem Programmierer zur Verfügung gestellt: `CookieStore`, die das Speichern von Cookies abwickelt, und `CookiePolicy`, die Sicherheitsmechanismen für das Zulassen und Ablehnen von Cookies bereitstellt (siehe Aufgabe 1.28 auf Seite 94).

Durch den Aufruf der Programme `CookieAnzeigemitJava5` und `CookieAnzeigemitJava6` aus dieser Aufgabe (mit der Angabe eines URL-Strings als Argument) wird die Handlungsweise nachgestellt, die bei der Eingabe desselben URL-Strings in der Adresszeile eines Webbrowsers durchlaufen wird. In den Programmdateien muss dazu eine TCP-Socket-Verbindung zwischen Client und Server aufgebaut werden und über das http-Protokoll kommuniziert werden. Dies kann z.B. über das Erzeugen einer `URLConnection`-Instanz und dem Aufruf ihrer Methode `getContent()` realisiert werden.

Aufgabe 1.25 ☆☆

Cookies setzen und lesen

In einer Servlet-Klasse `CookiesSetzen` sollen mehrere Cookies über den Konstruktor der Java-Standard-Klasse `Cookie` instanziiert werden, die als Wert eine per Zufall generierte hexadezimale Zahl als `String`-Referenz zugewiesen bekommen.

Setzen Sie über den Methodenaufruf von `setMaxAge()` an den so erzeugten Instanzen verschiedene Lebensdauern für die Cookies. Wird diese Methode nicht aufgerufen, wird der Standardwert -1 für den Parameter `maxAge` der Methode angenommen, was bedeutet, dass so erzeugte Cookies nach Sitzungsende automatisch beendet werden. Rufen Sie die Methode `addCookie()` am `HttpServletResponse`-Objekt auf, damit diese Cookies an den Browser gesendet werden. Rufen Sie auch andere Methoden der Klasse `Cookie` auf, um weitere Eigenschaften für ihre Cookies zu setzen.

Generieren Sie eine HTML-Seite, die eine Verbindung zu einem weiteren Servlet vom Typ einer Klasse `CookiesLesen` aufbaut, indem Sie einen Hyperlink-Eintrag mit einem <a>-Tag erzeugen, in dessen Attribut `href` eine URL, die auf dieses Servlet zeigt, angegeben wird.

In der Klasse `CookiesLesen`, die ebenfalls von `HttpServlet` abgeleitet wird und deren Methode `doGet()` überschreibt, sollen über den Methodenaufruf `getCookies()` am `HttpServletRequest`-Objekt alle verfügbaren Cookies gelesen und im Tabellenformat im Browser angezeigt werden.

Java-Dateien: `CookiesLesen.java`, `CookiesSetzen.java`

Programmaufrufe: Im Webbrowser durch Eingabe des gemappten Servletnamens `http://localhost:8080/java6uebungsbuch3/CookiesSetzen`

Aufgabe 1.26

Das Setzen von Attributen für eine HttpSession

Definieren Sie eine Klasse `HttpSessionundAttribute`, die von `HttpServlet` abgeleitet wurde und ihre `doGet()`-Methode überschreibt. Zur Unterstützung von Benutzeranmeldungen soll ein Session-Tracking durchgeführt werden. Wir nehmen an, dass verschiedene Benutzer aufgefordert wurden, bestimmte Merkmale für das Erstellen ihrer Login-Seite, wie Name, Farbe, Schrift, Beruf etc. anzugeben, um diese als Attribute im Session-Scope zu speichern.

Erzeugen Sie dazu eine `HttpSession`-Instanz als Rückgabewert der Methode `getSession()`, die an dem im Aufruf der Methode `doGet()` übergebenen `HttpServletRequest`-Objekt aufgerufen wird.

Als Attribut für die so erzeugte Session soll ein Objekt vom Typ einer externen Klasse mit dem Namen `BenutzerLogin` gesetzt werden.

Die Klasse `BenutzerLogin` definiert ein Instanzfeld `attribut`, das über den Konstruktor der Klasse (oder eine set-Methode) initialisiert wird und mit der Zugriffsmethode `getAttribut()` gelesen werden kann.

Um die Thread-Sicherheit von Session-Attributen zu gewährleisten, soll ein `synchronized`-Block mit einer Referenz auf das `HttpSession`-Objekt, der die set/get-Methoden umrahmt, eingerichtet werden.

Für die Eingabe von Namen und Werten für Attribute vom Typ der Klasse `BenutzerLogin` wird in der Servlet-Klasse über eine HTML-Seite ein Formular eingerichtet, das zwei Textfelder für die Eingabe von Attributnamen und Attributwert definiert und einen Button für das Absenden des Formulars. Nach dem Abschicken des Formulars soll dasselbe Servlet nochmals aufgerufen werden, so kann das `action`-Attribut im `<form>`-Tag entfallen.

Bei einem wiederholten Servlet-Aufruf nach dem Absenden des Formulars werden wie auch in den vorangegangenen Aufgaben mit der Methode `getParameter()` die vom Benutzer getätigten Eingaben ermittelt und der Attributwert im Konstruktor der Klasse `BenutzerLogin` als Argument übergeben. Setzen Sie für die vorher ermittelte Session jedes Mal ein Attribut mit dem im Formular eingegebenen Namen, dem als Wert das entsprechende Objekt der Klasse `BenutzerLogin` zugeordnet wird. Generieren Sie auch in diesem Fall eine Webseite, in der die Namen und Werte von Attributen angezeigt werden. Zeigen Sie gleichzeitig alle Einträge von Request-Headern im Browser an, um Cookies, die am selben Tag oder an einem Vortag gesetzt wurden, zu sehen.

Schreiben Sie für jeden Servlet-Aufruf die Session-ID in den Output-Stream.

Um die Parallelität von Abläufen beim Aufruf des Servlets von mehreren Clients bzw. vom selben Client, der mehrere Browserfenster gleichzeitig öffnet, verfolgen zu können, lassen wir den gerade aktuellen Thread für vier Sekunden pausieren, nachdem das Attribut für die Session gesetzt wurde. Schreiben Sie auch den Namen des aktuellen Threads in den Output-Stream.

Hinweise zum Programmaufruf:

Testen Sie das Programm mit einem Servlet-Aufruf in zwei Browserfenstern, die sowohl parallel als auch nacheinander über die Menüfolge »Datei => Neue Registerkarte« bzw. »Neues Fenster« geöffnet werden. Wird die entsprechende Menüleiste nicht in Ihrem Browser angezeigt, können Sie diese über das Drücken der Taste »Alt« hervorrufen.

Java-Dateien: `BenutzerProfil.java`, `HttpSessionundAttribute.java`

Programmaufrufe: Im Webbrowser durch Eingabe des gemappten Servletnamens `http://localhost:8080/java6uebungsbuch3/HttpSessionundAttribute`

Aufgabe 1.27

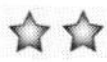

Die HttpSession-ID und Cookies

Wie bereits erwähnt wurde, wird das Zuordnen einer Session-ID zu Client-Anfragen und -Antworten intern vom Container abgewickelt, egal ob dies mit Cookies oder URL-Rewriting geschieht.

Die Klasse `HttpSessionundCookies` soll nach dem Beispiel der Klassen aus Aufgabe 1.14 auf Seite 70 und Aufgabe 1.17 auf Seite 74 zwei HTML-Formulare definieren, die für GET- und POST-http-Anfragen eingesetzt werden sollen. Wie auch die Klassen aus früheren Aufgaben wird sie von der Klasse `HttpServlet` abgeleitet und überschreibt deren `doGet()`- und `doPost()`-Methode.

Beide Formulare definieren je zwei Textfelder für Eingaben von Cookienamen und -werten und einen Button zum Abschicken des Formulars.

Nach dem Beispiel der Klasse `HttpSessionundAttribute` aus der vorigen Aufgabe wird eine `HttpSession`-Instanz als Rückgabewert der Methode `getSession()` erzeugt, die an dem im Aufruf der Methode `doGet()` übergebenen `HttpServletRequest`-Objekt aufgerufen wird. Ebenfalls ähnlich wie in dieser Klasse sollen bei einem weiteren Servlet-Aufruf nach dem Absenden eines Formulars mit der Methode `getParameter()` die vom Benutzer getätigten Eingaben für einen Cookienamen und -wert ermittelt werden und diesmal im Konstruktor der Klasse `Cookie` übergeben werden. Das damit erzeugte Cookie soll für die Anzeige im Browser der http-Antwort hinzugefügt werden. Schreiben Sie den Namen und Wert des Cookies mit HTML-Anweisungen in den Output-Stream und gleichzeitig alle Header-Einträge der Anfrage, um den Eintrag für den Response-Header »cookie« beobachten zu können.

Bei jedem Servlet-Aufruf sollen mit der Methode `getCookies`, die am `HttpServletRequest`-Objekt aufgerufen wird und eine Arrayreferenz vom Typ der Klasse `Cookie` zurückgibt, alle gesetzten Cookies ermittelt und deren Name und Wert in den Output-Stream geschrieben werden.

Java-Dateien: `HttpSessionundCookies.java`

Programmaufrufe: Im Webbrowser durch Eingabe des gemappten Servletnamens `http://localhost:8080/java6uebungsbuch3/HttpSessionundCookies`

Aufgabe 1.28 

Cookie-Handling mit Java 5 und Java 6

Definieren Sie eine Klasse `UserCookieHandler`, die von der Java-Standard-Klasse `CookieHandler` abgeleitet ist und ihre `put()`- und `get()`-Methoden implementiert.

In der Methode mit der Signatur: `public void put(URI uri, Map<String, List<String>> handlerAntwort) throws IOException` soll als Erstes die vollständige Antwort des Cookie-Handlers am Bildschirm angezeigt werden. Danach werden Listen vom Typ des generischen Interface `List<String>` mit Werten aus der übergebenen Abbildung, die die http-Version, Datumsangaben und Inhalte von Cookies beinhalten, über ausgewählte Schlüssel, wie z.B. null, »Date« und »Set-Cookie«, erzeugt.

Achten Sie darauf, dass der Schlüssel vom Typ `String` für die Ermittlung eines Cookie-Inhaltes in der Abbildung vom Typ des generischen Interface `Map<String, List<String>>`, die als Antwort zurückgeliefert wird, auf unterschiedliche Arten geschrieben sein kann (so z.B. »Set-Cookie« oder »Set-cookie«).

Die Parameterlisten, die zu einem Cookie-Inhalt in der Form von »Name = Wert« hinzugefügt sind, sollen mit einer Instanzmethode namens `cookieHeader()`, die einen Listeneintrag als `String`-Referenz übergeben bekommt, in Namen und Wert zerlegt werden. Benutzen Sie z.B. von der Klasse `String` die Methoden split(";") für die Abgrenzung der Parametereinträge und substring() für das Trennen von Namen und Wert.

Die Methode mit der Signatur: public Map<String, List<String>> get(URI uri, Map<String,List<String>> handlerAnfrage) throws IOException zeigt die vollständige Anfrage des Cookie-Handlers am Bildschirm an, erzeugt über den Konstruktoraufruf: Map<String, List<String>> cookieMap = new HashMap<String, List<String>>(handlerAnfrage) eine Abbildung vom Typ des Interface Map<String, List<String>> und gibt deren Einträge an der Konsole aus. Rufen Sie die generische Klassenmethode mit der Signatur static unmodifiableMap (Map<? extends K, ? extends V> m) aus der Klasse java.util.Collections auf, in der die erzeugte Map-Instanz übergeben werden kann, um diese als nicht überschreibbar zurückzuliefern.

Die Klasse CookieAnzeigemitJava5 soll zum Testen der Klasse UserCookieHandler eingesetzt werden. Sie soll eine Ausnahme vom Typ IllegalArgumentException mit einem eigenen Meldungstext erzeugen, falls der URL-String im Programmaufruf vergessen wird, und definiert die erforderlichen Schritte für das Speichern und Anzeigen von HTML-Cookies.

Ein Cookie-Handler vom Typ der Klasse UserCookieHandler wird über den Aufruf der Methode setDefault() der Oberklasse gesetzt, aus dem im Programmaufruf übergebenen URL-String wird eine URL-Instanz erzeugt und an dieser die Methode openConnection() aufgerufen. An der von dieser Methode zurückgegebenen URLConnection-Instanz soll die Methode getContent() aufgerufen werden.

Rufen Sie die printf()-Methode für Ausgaben am Bildschirm auf.

In Analogie zur Klasse CookieAnzeigemitJava5 soll die Klasse CookieAnzeigemitJava6 definiert werden, die eine Instanz der Klasse CookieManager erzeugt und diese als Default-Cookie-Handler setzt. Die Berechtigung für das Speichern von Cookies kann über den Methodenaufruf setCookiePolicy(CookiePolicy.ACCEPT_ALL) an der CookieManager-Instanz gesetzt werden.

Der Cookie-Speicher, der als Instanz vom Typ des generischen Interface List <HttpCookie> von der Methode getCookieStore() der Klasse CookieManager zurückgeliefert wird, soll mit einer forEach-Schleife ausgegeben werden. Erzeugen Sie dazu eine Instanz vom Typ der Java-Standard-Klasse Console über den Aufruf der Methode console() der Java-Standard-Klasse System und rufen Sie an dieser ihre printf()-Methode auf.

Hinweise für die Programmierung:

Die Klasse HttpCookie wurde ebenfalls mit Java 6 implementiert. Ein HttpCookie-Objekt repräsentiert ein http-Cookie, das Status-Informationen zwischen einem Webserver und einem User-Agent (in diesem Fall unser Java-Programm, das stellvertretend für einen Webbrowser steht) austauschen kann.

Diese Klassen wurden als .java-Dateien in einem Verzeichnis java6uebungsbuch3sourcecode\kapitel1, das auch zum Testen der Programme aus Aufgabe

1.2 auf Seite 41 und Aufgabe 1.3 auf Seite 43 benutzt wurde und in keinem Zusammenhang mit dem Verzeichnis `java6uebungsbuch3` unter der Verzeichnisstruktur von Tomcat steht, abgespeichert.

Java-Dateien: `UserCookieHandler.java`, `CookieAnzeigemitJava5.java`, `CookieAnzeigemitJava6.java`

Programmaufrufe: `java CookieAnzeigemitJava5` mit den URL-Angaben
`http://localhost:8080/java6uebungsbuch3/CookiesSetzen`,
`http://localhost:8080/java6uebungsbuch3/HttpSessionundAttribute`,
`http://localhost:8080/java6uebungsbuch3/HttpSessionundCookies`,
`http://www.amazon.de` und
`http://www.mitp.de` bzw.
`java CookieAnzeigemitJava6` mit den gleichen URL-Angaben

Aufgabe 1.29

Die HttpSession-ID und das URL-Rewriting

Sind Cookies im Webbrowser nicht zugelassen, wird der »Set-Cookie« Response-Header vom Browser ignoriert.

Definieren Sie eine Servlet-Klasse `HttpSessionundURLRewriting`, indem Sie die Klasse `HttpSessionundAttribute` aus Aufgabe 1.26 auf Seite 92 so umgestalten, dass anstelle eines Attributs vom Typ der Klasse `BenutzerLogin` ein Attribut vom Typ einer Klasse `SearchHistory` für die Session gesetzt wird.

Die Klasse `SearchHistory` soll ebenfalls als externe Klasse in der Datei `HttpSessionundURLRewriting.java` definiert werden. Ihre Objekte sollen das Aufzeichnen einer Suchfrage darstellen, indem sie beim Instanziieren im Konstruktoraufruf einen Suchbegriff übergeben bekommen.

Um ein Setzen der Session-ID vom Container über URL-Rewriting zu ermöglichen, muss für alle URLs, die von einer Webseite aus angesprochen werden, die Methode `encodeURL()` (am `HttpServletResponse`-Objekt) aufgerufen werden. Dadurch wird die vom Container vergebene Session-ID an die im Methodenaufruf übergebene URL angehängt.

Hinweise zum Programmablauf:

Wird dasselbe Servlet oder ein anderes beim Abschicken des Formulars aufgerufen, oder klickt der Benutzer auf einen dem Formular hinzugefügten Hyperlink, der ebenfalls einen URL-Aufruf in sich verbirgt und ein zusätzliches Attribut für die Session setzen soll, trennt der Container jedes Mal die Session-ID von der angegebenen URL und benutzt diese, um die entsprechende Session des Benutzers ausfindig zu machen.

Schalten Sie zum Testen des Servlets in einem ersten Schritt das Zulassen von Cookies in Ihrem Webbrowser aus und führen Sie, wie auch in Aufgabe 1.26 auf

Seite 92, den Test durch, indem ein Webbrowser mehrfach gestartet wird bzw. in diesem mehrere Registerkarten oder Fenster geöffnet werden.

Schalten Sie in einem zweiten Schritt die Cookie-Zulassung wieder ein und vergleichen Sie die Anzeigen im Browser mit denen aus Ihrem ersten Servlet-Test.

Zur Prüfung der Thread-Sicherheit von Session-Attributen soll dem Formular ein weiteres Textfeld mit dem Namen »WarteZeit« hinzugefügt werden, in dem der Benutzer die Anzahl Sekunden, die der aktuelle Thread pausieren soll, eingeben kann. Fügen Sie den Aufruf der Methode `Thread.sleep()` in einem try/catch-Block zwischen dem Setzen und Lesen von Attributen (nach dem Beispiel der Klasse `ParallelitaetvonServlets` aus Aufgabe 1.18 auf Seite 75) in Ihrem Programm ein und testen Sie den Programmablauf mit und ohne `synchronized`-Block (mit einer Referenz auf das `HttpSession`-Objekt).

Da jeder Benutzer seine eigenen Attribute vom Typ der Klasse `SearchHistory` setzt, wäre denkbar, dass man auf die `synchronized`-Blöcke in dieser Aufgabe verzichten kann. Diese Annahme ist jedoch falsch. Wird der Internet Explorer zweimal gestartet, wird jedes Mal eine eigene Session mit ihren eigenen Attributen für jeden der beiden Clients geöffnet. Wird jedoch im selben Internet Explorer nur eine weitere Registerkarte geöffnet, bleibt es bei derselben Session und es kann dazu kommen, dass mehrere Threads parallel auf dieselben Attribute zugreifen.

Java-Dateien: `HttpSessionundURLRewriting.java`

Programmaufrufe: Im Webbrowser durch Eingabe des logischen Servletnamens
`http://localhost:8080/java6uebungsbuch3/`
`HttpSessionundURLRewriting`

Aufgabe 1.30

Ein Buchverkaufs-Shop mit Servlets

Weil der Programmierer nicht weiß, ob ein Benutzer die Cookie-Zulassung ein- oder ausgeschaltet hat, sollten beim Session-Tracking alle URLs einer Webapplikation für ein eventuelles URL-Rewriting vorbereitet werden. Der »Set-Cookie«-Header wird sowieso vom Container für die http-Antwort gesetzt und der Browser hat immer die Möglichkeit, als Erstes Cookies zu akzeptieren, bevor auf das URL-Rewriting zurückgegriffen wird.

Über einen vereinfachten Bücherkauf im Web mit einem Warenkorb soll mit dieser Aufgabe noch mal auf das Erzeugen einer eigenen Session für jeden Benutzer, das Setzen von Session-Attributen und deren Bedeutung für den Session-Gültigkeitsbereich aufmerksam gemacht werden.

Dazu werden zwei Servlet-Klassen `BuchKatalog` und `BuchBestellung` und zwei weitere Java-Klassen `BuchMap` und `WarenKorb` definiert.

In der Klasse `BuchMap` werden Abbildungen vom Typ der generischen Klasse `HashMap<String,Double>` erzeugt, die Buchlisten von verschiedenen Autoren, in denen einem Titel der Preis zugeordnet wird, darstellen sollen. Eine weitere Abbildung vom Typ `HashMap<String,Map<String,Double>>` soll jedem Autor alle seine Bücher aus einer vorher erstellten Liste zuordnen.

Alle Abbildungen werden im Konstruktor der Klasse mit der von der Klasse `HashMap` implementierten `put()`-Methode des Interface `Map` mit Inhalt gefüllt. Für das Einlesen der Gesamtliste von allen Autoren und ihren Büchern stellt die Klasse die Zugriffsmethode `getMap()`, die den Rückgabetyp `HashMap<String,Map <String,Double>>` definiert, zur Verfügung.

Im Konstruktor der Klasse `WarenKorb` wird ein leerer Warenkorb als Instanz der parametrisierten Klasse `HashMap<String,Double>` erzeugt. Die Klasse definiert eine Methode `addBuch()` zum Ablegen von Büchern in den Warenkorb, die über eine `String`-Referenz den Buchnamen übergeben bekommt und in einem zweiten Parameter vom primitiven Typ `double` den zugehörigen Preis. Mit der Zugriffsmethode `getKorb()` wird der Warenkorb zurückgegeben.

Weil ein Servlet vom Typ der Klasse `BuchKatalog` der Anzeige aller gespeicherten Bücher dienen soll, wird erstmals in dieser Klasse ein Buchkatalog als Instanz der Klasse `BuchMap` erstellt. Lesen Sie die Gesamtliste der Bücher und greifen Sie mit den Methoden `keySet()` und `get()` der Klasse `HashMap` auf alle Schlüssel und denen zugeordneten Werten in den Abbildungen zu, um die Merkmale für ein Buch (Titel, Autor und Preis) an das für eine Bestellung zuständige Servlet über die Eingabefelder eines Formulars weitergeben zu können.

Schreiben Sie alle Buchtitel mit Autor und Preis mit HTML-Anweisungen in den ServletOutputStream, um diese für die Besucher der Webseite im Browser anzuzeigen.

Zu jedem Bucheintrag soll die Webseite auch einen Button für das Ablegen des Buches in einen Warenkorb bereitstellen, über den in das `BuchBestellung`-Servlet verzweigt werden kann. Achten Sie darauf, dass für den Fall, dass der Browser keine Cookies zulässt, alle URLs, die von dieser Seite aus aufgerufen werden, für ein URL-Rewriting vorbereitet sein müssen.

Um den Einkauf von mehreren Büchern zu ermöglichen, die auf keinen Fall mit denen von einem anderen Benutzer ausgewählten Büchern durcheinandergeraten dürfen, soll in der Klasse `BuchBestellung` für jeden Client eine eigene Session geöffnet werden. In dieser wird der Inhalt seines Warenkorbes verfolgt. Besucht ein Benutzer zum ersten Mal die Webseite für eine Buchbestellung, wird für ihn ein neuer Warenkorb als Instanz der Klasse `WarenKorb` erzeugt und als Attribut für die Session angelegt.

Um die Parallelität von Thread-Abläufen beim Zugriff auf Session-Attribute zu synchronisieren, können die Methoden zum Setzen und Lesen von Attributwerten in einen `synchronized`-Block mit einer Referenz auf das `HttpSession`-Objekt zusammengefasst werden.

Wurde ein Buch auf der Webseite des Buchkatalogs ausgewählt, werden Name, Autor und Preis aus der Parameterliste der `http`-Anfrage entnommen und dieses Buch mit seiner Preisangabe in den Warenkorb gelegt. Immer wenn ein neues Buch in den Warenkorb gelegt wird, soll der Gesamtpreis der darin enthaltenen Bücher berechnet und für den Besucher der Webseite angezeigt werden. Der Zugriff von parallelen Threads auf den Warenkorb wird auch diesmal über das `HttpSession`-Objekt synchronisiert. Als Alternative können die Methoden der Klasse `WarenKorb` mit `synchronized` definiert werden.

In der Klasse `BuchBestellung` wird für die Preisberechnung der gesamten Ware ein Iterator über die Menge aller Schüssel der Abbildung, die den Warenkorb repräsentiert, gelegt und eine Referenz vom Typ Array auf diese mit der Methode `toArray()` zurückgegeben, die es ermöglicht, auf alle Schlüsselwerte auch einzeln für die Anzeige der Bücher zuzugreifen.

Zeigen Sie die Bücher im Listen- oder Tabellen-Format im HTML-Dokument an und definieren Sie in diesem Dokument einen Button für die Rückkehr zum Buchkatalog, um das Bestellen von weiteren Büchern zu ermöglichen.

Achten Sie auch in dieser Servlet-Klasse darauf, dass alle URLs, die von dieser Seite aus aufgerufen werden, für ein URL-Rewriting vorbereitet sind.

Hinweise für die Programmierung:

Um das Zusammenspiel zwischen einzelnem Benutzer und den zugehörigen Sessions besser verfolgen zu können, wird im Lösungsvorschlag für diese Aufgabe ein Zurücksetzen von vorgenommenen Buchbestellungen nicht ermöglicht. Sie können jedoch Ihre Programme auch um diese oder weitere Funktionalitäten erweitern und sich dabei nach den Aufgaben aus dem 4. Kapitel richten.

Hinweise zum Programmablauf:

Testen Sie Ihre Programme mit und ohne eingeschaltete Cookie-Zulassung, in parallel gestarteten Browsern oder indem Sie im selben Browser eine weitere Registerkarte bzw. ein weiteres Fenster eröffnen, und vergleichen Sie Ihre Ergebnisse mit denen aus dem Lösungsvorschlag zu dieser Aufgabe.

Auf die vom `BuchBestellung`-Servlet definierte Webseite gelangen die Benutzer über eine Webseite, die den Buchkatalog anzeigt. Benutzer können diese Seite auch in einer Favoritenliste eintragen und darüber auf sie zugreifen.

Java-Dateien: `BuchMap.java`, `BuchKatalog.java`, `WarenKorb.java`, `BuchBestellung.java`

Programmaufrufe: Im Webbrowser durch Eingabe des logischen Servletnamens
`http://localhost:8080/java6uebungsbuch3/BuchKatalog`

Aufgabe 1.31

Wiederholungsaufgabe

Man kann nicht davon ausgehen, dass nur vom Web aus auf die auf einem Server gespeicherten Daten (z.B. in einer Datenbank) zugegriffen wird, sondern auch von anderen Anwendungen aus, die auf dem Server laufen. Aus diesem Grund und um gleichzeitig eine bessere Strukturierung von Webapplikationen zu erreichen, die deren Weiterentwicklung einfacher machen, sollten Webapplikationen eine MVC-Architektur aufweisen, in der die Daten in einem Modell, das gleichzeitig Methoden für den Zugriff auf die Daten zur Verfügung stellt, gespeichert werden. Ein Servlet, das die Rolle des Controllers übernimmt, kann diese Daten auswerten, das Ergebnis der Auswertung der vom Benutzer formulierten Anfrage hinzufügen und an eine JSP-Seite, die die Anzeige der Antwort im Browser übernimmt, weiterleiten.

Um uns auf solch eine Architektur vorzubereiten, soll die Klasse `WarenKorb` in eine neue Klasse `BuecherKorb` abgeändert werden, die die Aufgaben aus dem Servlet `BuchBestellung` für das Ermitteln aller im Korb abgelegten Bücher und das Berechnen des Gesamtpreises übernimmt.

Um Überschreibungen zu vermeiden, nennen wir die neuen Servlet-Klassen `BuchKatalogServlet` und `BuchBestellungServlet`.

In der Klasse `BuecherKorb` sollen die neuen Methoden `getBuecher()` und `get-GesamtPreis()` definiert werden und in diesen, wie vorher in der Klasse `BuchBe-stellung`, ein Iterator über die Menge aller Schüssel der Abbildung vom Typ `HashMap<String,Double>`, die einen Bücherkorb identifiziert, gelegt werden, um auf einzelne Bücher zugreifen zu können und den Gesamtpreis aller Bücher, die sich im Bücherkorb befinden, zu berechnen.

Während die Klasse `BuchKatalogServlet` die Klasse `BuchKatalog` unverändert wiedergibt, verzichten wir in der Klasse `BuchBestellungServlet` auf die Ausgabe von Session-ID und Request-Parameterwerten und rufen darin die Methoden der Klasse `BuecherKorb` auf, um die von diesen Methoden zurückgelieferten Werte im Browser anzuzeigen.

Java-Dateien: `BuchMap.java`, `BuchKatalogServlet.java`, `BuecherKorb.java`, `BuchBestellungServlet.java`

Programmaufrufe: Im Webbrowser durch Eingabe des gemappten Servletnamens `http://localhost:8080/java6uebungsbuch3/BuchKatalogServlet`

1.18 Lösungen

Lösung 1.1

Die HTML-Datei FrameSet.html

```
<!DOCTYPE html PUBLIC "-//W3C//DTD XHTML 1.0 Frameset//EN"
  "http//www.w3.org/TR/xhtml1/DTD/xhtml1-frameset.dtd">
<html xmlns="http//www.w3.org/1999/xhtml" xmllang="en" lang="en">
<head>
  <title>Frameset- und Frame-Tags</title>
</head>
<!-- Ein Frameset mit zwei Frames, die durch die angegebenen
HTML-Dateien definiert werden -->
<frameset rows="100%, *" cols="*, 50%">
  <frame src="Frame1.html"/>
  <frame src="Frame2.html"/>
</frameset>
</html>
```

Die HTML-Datei Frame1.html

```
<!DOCTYPE html PUBLIC "-//W3C//DTD XHTML 1.0 Frameset//EN"
  "http//www.w3.org/TR/xhtml1/DTD/xhtml1-frameset.dtd">
<html xmlns="http//www.w3.org/1999/xhtml" xmllang="en" lang="en">
<head>
  <title>HTML-Tags</title>
  <style type="text/css">
    h3 {
      font-family:"arial";
      font-size:130%;
      color:red;
    }
    td.schrift {
      font-size:130%; font-weight:bold; color:green;
    }
    table.farbe {
      background-color:pink; border-color:red;
    }
  </style>
</head>
<body>
  <h3> Fenster 1 </h3>

<!-- Tabellendefinition für die Wiedergabe von Ausgaben aller
Formen von input-Tags  -->
    <table class="farbe" cellpadding="5" border="2" rules="all">
      <tr>
      <td class="schrift">Tag</td><td class="schrift">
```

```
          Attribute</td>
        <td class="schrift">Wiedergabe im Browser</td>
        </tr>
        <tr>
        <td>input</td><td>type="image"</td>
        <td>
<!-- Server-seitiges ImageMap -->
        <a href="T1.gif"/>
        <input type="image" name="Map" src="Enten.GIF" ismap >
        </td>
        </tr>
        <tr>
<!-- Definition von Textfeldern für Text- und Paßwort-Eingaben -->
        <td>input</td><td>type="text"</td>
        <td><input type="text" name="TextFeld"
          value="Dies ist ein Textfeld" size="22"/></td>
        </tr>
        <tr>
        <td>input</td><td>type="password" </td>
        <td><input type="password" name="PassWort" size="5"/>
          </td>
        </tr>
        <tr>
<!-- Definition von Checkbox-, RadioButton-, Textfeld zum Laden
von Dateien und Button-Komponenten -->
        <td>input</td><td>type="checkbox"</td>
        <td>
        <input type="checkbox" value="Ja" name="CheckBox">Ja
          </input>
        <input type="checkbox" value="Nein" name="CheckBox">Nein
          </input>
        </td>
        </tr>
        <tr>
        <td>input</td><td>type="radio"</td>
        <td>
           <input type="radio" name="RadioButton" value="1">1
             </input>
           <input type="radio" name="RadioButton" value="2">2
             </input>
           <input type="radio" name="RadioButton" value="3">3
             </input>
        </td>
        </tr>
        <tr>
        <td>input</td><td>type="file"</td>
        <td><input type="file" name="File" /></td>
        </tr>
```

```
        <tr>
        <td>input</td><td>type="submit"</td>
        <td><input type="submit"/></td>
        </tr>
        <tr>
        <td>input</td><td>type="reset"</td>
        <td><input type="reset"/></td>
        </tr>
        <tr>
        <td>input</td><td>type="button"</td>
        <td><input type="button" name="Button"
          value="Anklicken"/></td>
        </tr>
      </table>
   </form>

</body></html>
```

Die HTML-Datei Frame2.html

```
<!DOCTYPE html PUBLIC "-//W3C//DTD XHTML 1.0 Frameset//EN"
  "http//www.w3.org/TR/xhtml1/DTD/xhtml1-frameset.dtd">
<html xmlns="http//www.w3.org/1999/xhtml" xmllang="en" lang="en">
<head>
   <title>HTML-Tags</title>
   <style type="text/css">
     h3 {
        font-family:"arial";
        font-size:130%;
        color:red;
     }
     td.schrift {
        font-size:130%; font-weight:bold; color:blue;
     }
     table.farbe {
        background-color:pink; border-color:red;
     }
   </style>
</head>
<body>
   <h3> Fenster 2 </h3>
<!-- Formulardefinition für das zweite Fenster -->
   <form action="">
<!-- Tabellendefinition für die Wiedergabe von Ausgaben durch
andere Formen von Tag-Arten -->
     <table class="farbe" cellpadding="5" border="2" rules="all">
        <tr>
        <td class="schrift">Tag</td>
        <td class="schrift">Wiedergabe im Browser</td>
```

```
        </tr>
        <tr>
        <td>img / map</td>
        <td>
<!-- Client-seitiges ImageMap -->
        <img src="Enten.GIF" usemap="#map" width="280"
          height="70"/>
        <map name="map" id="map">
           <a href="t1.html" shape="rect" coords="0, 0, 56, 70"
             title="t1"/>
           <a href="t2.html" shape="rect" coords="56, 0, 56, 70"
             title="t2"/>
           <a href="t3.html" shape="rect" coords="112, 0, 56, 70"
             title="t3"/>
           <a href="t4.html" shape="rect" coords="168, 0, 56, 70"
             title="t4"/>
           <a href="t5.html" shape="rect" coords="224,0, 56, 70"
             title="t5"/>
        </map>
        </td>
        </tr>
        <tr>
        <td>button</td>
        <td><button><img src="T1.gif"/></button></td>
        </tr>
        <td>fieldset</td>
        <td>
<!-- Das fieldset-Tag kann mehrere Eingabefelder unter einer oder
mehreren Überschriften darstellen-->
        <fieldset>
           <legend>Bild-Dimensionen:</legend>
           Höhe <input type="text" size="3" name="Höhe"
             value="70"/>
           Breite <input type="text" size="3" name="Breite"
             value="56"/>
        </fieldset>
        </td>
        </tr>
        <tr>
<!-- Definition von TextArea, Tabellen, ComboBoxen und
Listenfelder in einem Formular, das selbst als Tabelle dargestellt
wird -->
        <td>textarea</td>
        <td><textarea name="TextArea">Dieser Texteintrag kann
              etwas länger ausfallen</textarea></td>
        </tr>
        <tr>
        <tr>
```

```
        <td>select / option</td>
        <td>
        <select name="Farbe">
          <option value="blau">Blau</option>
          <option value="grün">Grün</option>
          <option value="rot" selected>Rot</option>
        </select></td>
        </tr>
        <tr>
        <td>table / tr / td</td>
        <td><table border=2>
        <tr>
        <td>11</td>
        <td>12</td>
        </tr>
        <tr>
        <td>21</td>
        <td>22</td>
        </tr>
        </table>
        </tr>
        <tr>
        <td>ul / li</td>
        <td>
        <ul>
          <li> Times Roman</li>
          <li> Arial</li>
          <li> Lucida Writing</li>
        </ul>
        </td>
        </tr>
      </table>
   </form>

</body></html>
```

Die HTML-Datei t1.html

```
<html>
<head>
  <title>Image-Datei anzeigen</title>
</head>
<body>
<img src="T1.gif"/>
</body></html>
```

Die HTML-Datei t2.html

```
<html>
<head>
  <title>Image-Datei anzeigen</title>
</head>
<body>
<img src="T2.gif"/>
</body></html>
```

Die HTML-Datei t3.html

```
<html>
<head>
  <title>Image-Datei anzeigen</title>
</head>
<body>
<img src="T3.gif"/>
</body></html>
```

Die HTML-Datei t4.html

```
<html>
<head>
  <title>Image-Datei anzeigen</title>
</head>
<body>
<img src="T4.gif"/>
</body></html>
```

Die HTML-Datei t5.html

```
<html>
<head>
  <title>Image-Datei anzeigen</title>
</head>
<body>
<img src="T5.gif"/>
</body></html>
```

Programmausgaben

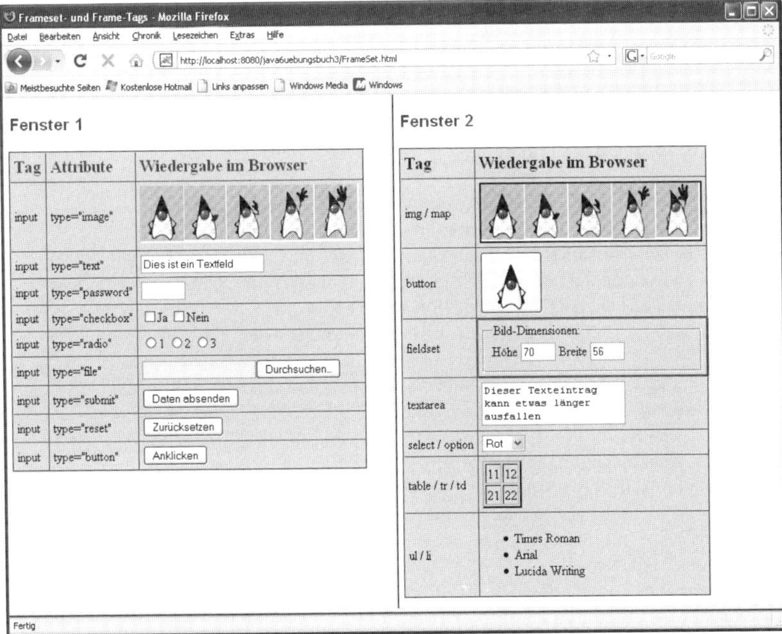

Lösung 1.2

Die Klasse MultithreadWebServermitHTTPProtokoll

```
import java.net.*;
import java.io.*;
import java.util.concurrent.*;
import java.util.*;
public class MultithreadWebServermitHTTPProtokoll {
// Globale Referenzen vom Typ der Klassen, deren Instanzen als
// Sockets für die Client-Server-Kommunikation dienen
   private ServerSocket serverSocket;
   private Socket browserSocket;
// Globale Referenz vom Typ der Klasse ThreadPoolExecutor aus der
// mit Java 5.0 neu definierten Concurrent-Klassenbibliothek
   private ThreadPoolExecutor threadPool;
// Eine Liste für das Eintragen der Nachrichten, die von den
// Chat-Clients gesendet werden
   private ArrayList<PrintWriter> nachrichtenListe;
// Konstruktordefinition
   public MultithreadWebServermitHTTPProtokoll() {
```

```
// Eine ServerSocket-Instanz erzeugen, die auf Port 80 wartet
      try {
         serverSocket = new ServerSocket(80);
         System.out.println("Der Server wurde gestartet und "
           + "wartet auf Client-Verbindungen");
      }
      catch(IOException e1) {
         e1.printStackTrace();
      }
// Einen Thread-Pool erzeugen, der minimal 4 Threads besitzt;
// diese Threads teilen sich die Bearbeitung der Aufträge, ein
// bestimmter Thread kann einen oder mehrere Aufträge vom selben
// oder von unterschiedlichen Clients hintereinander bearbeiten
      threadPool = new ThreadPoolExecutor(4, 4, 0L,
        TimeUnit.SECONDS, new LinkedBlockingQueue<Runnable>());
   }
// Instanzmethode, die einen Server startet und auf den
// Verbindungsaufbau von Clients wartet
   public void start() {
      int verbindungenZaehler = 0;
      ServerTask serverTask;
      nachrichtenListe = new ArrayList<PrintWriter>();
      try {
         while(true) {
// Die accept()-Methode gibt eine Socket-Instanz zurück, falls
// von einem Client aus eine Verbindung aufgebaut wurde
            browserSocket = serverSocket.accept();
// Für jeden neu angemeldeten Client einen Thread starten
            serverTask = new ServerTask(browserSocket);
            threadPool.execute(serverTask);
// Eine Bestätigung für den Verbindungsaufbau wird mit einem
// Zähler der Verbindungen angezeigt
            verbindungenZaehler++;
            System.out.println("Verbindung " + verbindungenZaehler
             + " wurde von " + browserSocket.getInetAddress().
               getHostName() + " aufgebaut");
            System.out.println("Anzahl der jemals im Thread-Pool "
              + "gleichzeitig existierenden Threads: "
             + threadPool.getLargestPoolSize());
         }
      }
      catch(IOException e1) {
         e1.printStackTrace();
      }
   }
// Definition einer inneren Klasse, die die Runnable-Schnittstelle
// implementiert
   class ServerTask implements Runnable {
      private Socket browserSocket;
```

```
// Input- und Output-Streams für den Server definieren
    private PrintWriter charOut;
    private BufferedReader charIn;
// Konstruktordefinition
    public ServerTask(Socket browserSocket) {
      this.browserSocket = browserSocket;
      System.out.println("ServerTask initialisieren: " +
                 Thread.currentThread().getName());
    }
// Die run()-Methode der Runnable-Schnittstelle implementieren
    public void run() {
      String s, s1, s2;
      try {
// Die Methode getOutputStream() an der Socket-Instanz aufrufen
        charOut = new PrintWriter(browserSocket.
         getOutputStream());
// Die so erzeugte PrintWriter-Instanz zu der ArrayList-Instanz
// vom parametrisierten Typ PrintWriter hinzufügen
        nachrichtenListe.add(charOut);
// Die Methode getInputStream() an der Socket-Instanz aufrufen
        charIn = new BufferedReader(new InputStreamReader(
         browserSocket.getInputStream()));
// Die Anfragen von Clients entgegennehmen
        while(true) {
          while((s = charIn.readLine())!= null) {
// Wurde eine Leerzeile eingelesen, wird die while-Schleife
// verlassen
            if(s.length() == 0)
              break;
// Ansonsten die Client-Anfrage auflösen
            else {
// Einen String mit dem Kommandonamen und einen zweiten mit dem
// von einem Client eingegebenen Text erstellen
              s1 = s.substring(0,3);
              s2 = s.substring(3,s.length());
              if(s1.equals("GET")) {
                nachrichtVerteilen(s2);
              }
// War es nicht das GET-Kommando, sondern ein Eintrag aus dem
// Header der Anfrage, diesen am Bildschirm anzeigen
              else {
                System.out.println("Request-Header: " + s);
              }
            }
          }
        }
      }
      catch(IOException e) {
        e.getMessage();
```

```
        }
// In einem finally-Block alle Streams schließen
        finally {
          try {
            charOut.close();
            charIn.close();
            browserSocket.close();
          }
          catch(IOException e2) {
            e2.printStackTrace();
          }
        }
      }
// Methode zum Verteilen der http-Antwort an alle Clients
      public void nachrichtVerteilen(String s) {
        PrintWriter charOut;
// Instanz vom Typ der Schnittstelle Iterator erzeugen, um damit
        Iterator<PrintWriter> iterator = nachrichtenListe.iterator();
// die Elemente der Liste zu durchlaufen
        while(iterator.hasNext()) {
          System.out.println("Anzahl der ausgefuehrten "
            + "Auftraege: " + threadPool.getTaskCount());
          System.out.println("Server-Task-Name anzeigen: " +
                    Thread.currentThread().getName());
          try {
// Die in der Liste gespeicherten PrintWriter-Instanzen ermitteln
            charOut = (PrintWriter)iterator.next();
// Einen Header für die Antwort schreiben
            charOut.println("HTTP/1.1 "+ "Statuscode: 200 OK");
            charOut.println("Content-Type: " + "text/plain");
// Den Header der Antwort durch eine Leerzeile vom Datenteil
// trennen
            charOut.println();
// Den Datenteil der Antwort schreiben
            charOut.println(s);
// Puffer leeren
            charOut.flush();
          }
          catch(Exception e) {
            e.printStackTrace();
          }
        }
      }
    }
// Den Server erzeugen und starten
    public static void main(String args[]) {
      MultithreadWebServermitHTTPProtokoll server =
        new MultithreadWebServermitHTTPProtokoll();
      server.start();
```

```
    }
}
```

Die Klasse ChatClientmitHTTPProtokoll

```
import java.io.*;
import java.net.*;
import javax.swing.*;
import java.awt.*;
import java.awt.event.*;
public class ChatClientmitHTTPProtokoll extends JFrame
                                 implements ActionListener {
// Input- und Output-Streams für den Client definieren
   private BufferedWriter charOut;
   private BufferedReader charIn;
// Globale Referenz vom Typ der Klasse, deren Instanzen als
// Sockets für eine Client-Server-Kommunikation dienen
   private Socket browserSocket;
   private JTextField textField;
   private JTextArea textArea;
// Instanz der Klasse Console für die Anzeige von Nachrichten am
// Bildschirm mit korrekter Umlaut-Darstellung erzeugen
   private Console konsole = System.console();
// Konstruktordefinition
   public ChatClientmitHTTPProtokoll(String host) {
      super("Client fuer einen Multithreading Webserver");
      try {
// Verbindung zum Server auf dem angegebenen Port aufbauen
         browserSocket = new Socket(InetAddress.getByName(host),
           80);
// und dies am Bildschirm über eine Meldung protokollieren
         System.out.println("Verbunden mit: " + browserSocket.
           getInetAddress().getHostName());
      }
      catch(IOException e1) {
         e1.printStackTrace();
      }
// JTextField- und JTextArea-Komponenten für die Eingabe bzw.
// Anzeige einer Nachricht im Fenster bereitstellen
      textField = new JTextField();
      textField.setEditable(true);
      textArea = new JTextArea();
      textArea.setEditable(false);
      textField.requestFocus();
// Den ActionListener für das Textfeld registrieren
      textField.addActionListener(this);
      add(textField, BorderLayout.SOUTH);
      add(textArea, BorderLayout.CENTER);
      setDefaultCloseOperation(JFrame.EXIT_ON_CLOSE);
```

```
      setLocation(400,0);
      setSize(400,100);
      setVisible(true);
   }
// Instanzmethode, die einen Eingabe-Stream für einen
// Datenaustausch erzeugt und diesen zum Empfangen von
// Nachrichten nutzt
   public void start() {
      String s;
      boolean header = true;
      try {
// Den von der Methode getInputStream() der Socket-Klasse
// zurückgelieferten Stream ermitteln,
         charIn = new BufferedReader(new InputStreamReader(
           browserSocket.getInputStream()));
// die vom Server gesendete Nachrichten einlesen und den Header
// und Datenteil der Antwort am Bildschirm anzeigen
         while((s = charIn.readLine())!= null) {
            if(s.length() == 0) {
               header = false;
            }
            if(header)
               System.out.println("Response-Header: " + s);
            else {
// Das Anfügen von Nachrichten in der JTextArea-Komponente an den
// Ereignisbehandlungs-Thread weitergeben
               if(s.length() != 0) {
                  header = true;
                  konsole.printf("Response-Body: %s%n", s);
                  textAnzeige(s);
               }
            }
         }
      }
      catch(IOException e1) {
         e1.printStackTrace();
      }
// In einem finally-Block alle Streams schließen
      finally {
         try {
            charOut.close();
            charIn.close();
            browserSocket.close();
         }
         catch(IOException e2) {
            e2.printStackTrace();
         }
      }
   }
```

```
// Beim Abschicken der von einem Client im Textfeld eingegebenen
// Nachricht wird der ActionListener benachrichtigt und dessen
// Methode actionPerformed() aufgerufen
   public void actionPerformed(ActionEvent event) {
      try {
// In der überschriebenen actionPerformed()-Methode wird eine
// Nachricht an den Server gesendet
         konsole.printf("Client sendet Nachricht an Server %n");
         konsole.printf("An den Server gesendete Nachricht: %s%n",
           event.getActionCommand());
// Den von der Methode getOutputStream() der Socket-Klasse
// zurückgelieferten Output-Stream ermitteln und in diesen die im
// Textfeld vom Benutzer eingegebene Nachricht schreiben
         charOut = new BufferedWriter(new OutputStreamWriter(
           browserSocket.getOutputStream()));
// Die Client-Anfrage formulieren, diese beinhaltet die
// GET-Methode und Einträge für den Request-Header, über die
// der Client den Hostnamen und seine Anforderungen bzgl. Sprache,
// Kodierung und Dekodierung, Dauer der Verbindung etc. mitgibt
         charOut.write("GET" + event.getActionCommand()+ "\n");
         charOut.write("Host: localhost/80\n");
         charOut.write("Accept-charset: ISO-8859-1,utf-8;q=0.7*;"
           + "q=0.7\n");
         charOut.write("Accept-encoding: gzip,deflate\n");
         charOut.write("Connection: keep-alive\n");
         charOut.write("Accept-language: de\n");
         charOut.write("User-agent: Java/1.6.0_07\n");
         charOut.write("\n\n");
// Puffer leeren
         charOut.flush();
// Den Inhalt des Textfeldes löschen
         textField.setText("");
         textField.requestFocus();
      }
      catch(IOException e3) {
         e3.printStackTrace();
      }
   }
// Instanzmethode, die GUI-Updates an den EDT weiterleitet
   private void textAnzeige(final String s) {
      SwingUtilities.invokeLater(new Runnable() {
           public void run() {
              textArea.append(s + "\n");
           }
         }
      );
   }
// Einen Client erzeugen und starten
   public static void main(String args[]) {
```

```
        ChatClientmitHTTPProtokoll client =
          new ChatClientmitHTTPProtokoll("localhost");
        client.start();
    }
}
```

Programmausgaben

- Serverseitige Programmausgaben

```
Eingabeaufforderung2 - java MultithreadWebServermitHTTPProtokoll
kapitel1>java MultithreadWebServermitHTTPProtokoll
Der Server wurde gestartet und wartet auf Client-Verbindungen
ServerTask initialisieren: main
Verbindung 1 wurde von localhost aufgebaut
Anzahl der jemals im Thread-Pool gleichzeitig existierenden Threads: 1
ServerTask initialisieren: main
Verbindung 2 wurde von localhost aufgebaut
Anzahl der jemals im Thread-Pool gleichzeitig existierenden Threads: 2
ServerTask initialisieren: main
Verbindung 3 wurde von localhost aufgebaut
Anzahl der jemals im Thread-Pool gleichzeitig existierenden Threads: 3
Anzahl der ausgefuehrten Auftraege: 3
Server-Task-Name anzeigen: pool-1-thread-1
Anzahl der ausgefuehrten Auftraege: 3
Server-Task-Name anzeigen: pool-1-thread-1
Anzahl der ausgefuehrten Auftraege: 3
Server-Task-Name anzeigen: pool-1-thread-1
Request-Header: Host: localhost/80
Request-Header: Accept-charset: ISO-8859-1,utf-8;q=0.7*;q=0.7
Request-Header: Accept-encoding: gzip,deflate
Request-Header: Connection: keep-alive
Request-Header: Accept-language: de
Request-Header: User-agent: Java/1.6.0_07
Anzahl der ausgefuehrten Auftraege: 3
Server-Task-Name anzeigen: pool-1-thread-2
Anzahl der ausgefuehrten Auftraege: 3
Server-Task-Name anzeigen: pool-1-thread-2
Anzahl der ausgefuehrten Auftraege: 3
Server-Task-Name anzeigen: pool-1-thread-2
Request-Header: Host: localhost/80
Request-Header: Accept-charset: ISO-8859-1,utf-8;q=0.7*;q=0.7
Request-Header: Accept-encoding: gzip,deflate
Request-Header: Connection: keep-alive
Request-Header: Accept-language: de
Request-Header: User-agent: Java/1.6.0_07
Anzahl der ausgefuehrten Auftraege: 3
Server-Task-Name anzeigen: pool-1-thread-3
Anzahl der ausgefuehrten Auftraege: 3
Server-Task-Name anzeigen: pool-1-thread-3
Anzahl der ausgefuehrten Auftraege: 3
Server-Task-Name anzeigen: pool-1-thread-3
Request-Header: Host: localhost/80
Request-Header: Accept-charset: ISO-8859-1,utf-8;q=0.7*;q=0.7
Request-Header: Accept-encoding: gzip,deflate
Request-Header: Connection: keep-alive
Request-Header: Accept-language: de
Request-Header: User-agent: Java/1.6.0_07
Anzahl der ausgefuehrten Auftraege: 3
Server-Task-Name anzeigen: pool-1-thread-1
Anzahl der ausgefuehrten Auftraege: 3
Server-Task-Name anzeigen: pool-1-thread-1
Anzahl der ausgefuehrten Auftraege: 3
Server-Task-Name anzeigen: pool-1-thread-1
Request-Header: Host: localhost/80
Request-Header: Accept-charset: ISO-8859-1,utf-8;q=0.7*;q=0.7
Request-Header: Accept-encoding: gzip,deflate
Request-Header: Connection: keep-alive
Request-Header: Accept-language: de
Request-Header: User-agent: Java/1.6.0_07
```

- Clientseitige Programmausgaben

```
Client fuer einen Multithreading Webserver
Kennt jemand die Unterschiede zwischen den http-Methoden GET und POST?
Die mit GET übergebenen Parameterwerte werden in der Adresszeile des Browsers sicht
Die Länge der mit GET übertragenen Daten ist eingeschränkt.
Danke!
```

```
Eingabeaufforderung2 - java ChatClientmitHTTPProtokoll
kapitel1>java ChatClientmitHTTPProtokoll
Verbunden mit: localhost
Client sendet Nachricht an Server
An den Server gesendete Nachricht: Kennt jemand die Unterschiede zwischen den ht
tp-Methoden GET und POST?
Response-Header: HTTP/1.1 Statuscode: 200 OK
Response-Header: Content-Type: text/plain
Response-Body: Kennt jemand die Unterschiede zwischen den http-Methoden GET und
POST?
Response-Header: HTTP/1.1 Statuscode: 200 OK
Response-Header: Content-Type: text/plain
Response-Body: Die mit GET übergebenen Parameterwerte werden in der Adresszeile
des Browsers sichtbar gemacht.
Response-Header: HTTP/1.1 Statuscode: 200 OK
Response-Header: Content-Type: text/plain
Response-Body: Die Länge der mit GET übertragenen Daten ist eingeschränkt.
Client sendet Nachricht an Server
An den Server gesendete Nachricht: Danke!
Response-Header: HTTP/1.1 Statuscode: 200 OK
Response-Header: Content-Type: text/plain
Response-Body: Danke!
```

Lösung 1.3

Die Klasse TestServermitHTTPProtokoll

```
import com.sun.net.httpserver.*;
import java.net.*;
import java.io.*;
public class TestServermitHTTPProtokoll {
   public static void main(String[] args) throws IOException {
      HttpServer server = HttpServer.
        create(new InetSocketAddress(80), 0);
// Dem Server einen HttpHandler zuordnen
      server.createContext("/", new UserHttpHandler());
      server.start();
   }
}
```

Die Klasse UserHttpHandler (wurde in derselben .java-Datei als externe Klasse definiert)

```
class UserHttpHandler implements HttpHandler {
// Die Methode handle() des Interface HttpHandler implementieren
   public void handle(HttpExchange httpExchange)
     throws IOException {
// Die Instanzen der Klasse Headers, die das Interface
// Map<String, List<String>> implementiert, repräsentieren den
// Header von Http-Anfragen und -Antworten
      Headers headers = httpExchange.getRequestHeaders();
      Set<Map.Entry<String, List<String>>> entries =
        headers.entrySet();
// Der Datenteil der Antwort wird in einer StringBuffer-Instanz
// hinterlegt
      StringBuffer response = new StringBuffer();
// Die Header-Einträge von Client-Anfragen werden vom Server
// gespiegelt und im Datenteil der Antwort eingetragen
```

```
    for(Map.Entry<String, List<String>> entry: entries) {
      System.out.println(entry.toString());
      response.append(entry.toString() + "\n");
    }
// Im Header der Antwort den Content-Type auf text/plain setzen,
// damit das Zeilenende-Zeichen korrekt interpretiert wird
    httpExchange.getResponseHeaders().add("Content-type",
     "text/plain" + "\n");
// Andere Einträge hinzufügen
    httpExchange.getResponseHeaders().add("Date",
      new Date().toString());
    httpExchange.getResponseHeaders().add("HTTP 1.1 200 OK",
       "null");
// und danach die durchgeführten Erweiterungen kontrollieren
    Map<String,List<String>> map =
      httpExchange.getResponseHeaders();
// Schlüssel und Werte der von der Methode getResponseHeaders()
// zurückgelieferten Abbildung anzeigen
    Collection<List<String>> collection = map.values();
    for(List<String> liste: collection)
      System.out.println(liste.toString());
    Set<String> key = map.keySet();
    Iterator<String> iterator = key.iterator();
    while(iterator.hasNext())
      System.out.println(iterator.next());
// Die Länge der Nachricht an die im Methodenaufruf übergebene
// Instanz vom Typ HttpExchange, die für die Aufbereitung
// der Header von Anfragen und Antworten zuständig ist,
// weitergeben
    System.out.println("Antwort-Laenge: " + response.length());
    httpExchange.sendResponseHeaders(200, response.length());
// Nach dem Aufruf der Methode sendResponseHeaders() muss die
// Methode getResponseBody() aufgerufen werden; diese gibt
// einen Output-Stream zurück, in den die eigentliche Nachricht
// eingetragen wird
    OutputStream os = httpExchange.getResponseBody();
    os.write(response.toString().getBytes());
    os.close();
  }
}
```

Programmausgaben

- Clientseitige Programmausgaben

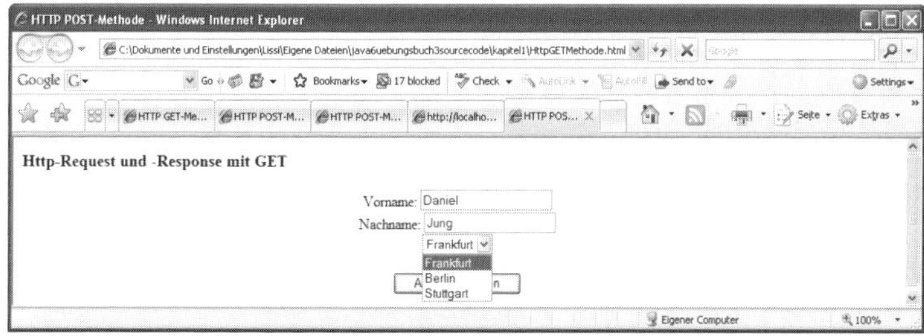

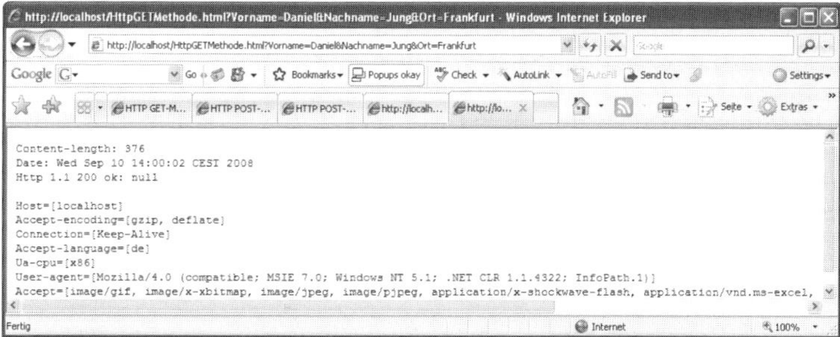

- Serverseitige Programmausgaben

```
Eingabeaufforderung2 - java TestServermitHTTPProtokoll
kapitel1>java TestServermitHTTPProtokoll
Host=[localhost]
Accept-encoding=[gzip, deflate]
Connection=[Keep-Alive]
Accept-language=[de]
Ua-cpu=[x86]
User-agent=[Mozilla/4.0 (compatible; MSIE 7.0; Windows NT 5.1; .NET CLR 1.1.4322
; InfoPath.1)]
Accept=[image/gif, image/x-xbitmap, image/jpeg, image/pjpeg, application/x-shock
wave-flash, application/vnd.ms-excel, application/vnd.ms-powerpoint, application
/msword, */*]
[text/plain
]
[Wed Sep 10 14:12:30 CEST 2008]
[null]
Content-type
Date
Http 1.1 200 ok
Antwort-Laenge: 376
Cache-control=[no-cache]
Host=[localhost]
Content-type=[application/x-www-form-urlencoded]
Accept-encoding=[gzip, deflate]
Content-length=[42]
Connection=[Keep-Alive]
Accept-language=[de]
Ua-cpu=[x86]
User-agent=[Mozilla/4.0 (compatible; MSIE 7.0; Windows NT 5.1; .NET CLR 1.1.4322
; InfoPath.1)]
Accept=[image/gif, image/x-xbitmap, image/jpeg, image/pjpeg, application/x-shock
wave-flash, application/vnd.ms-excel, application/vnd.ms-powerpoint, application
/msword, */*]
[text/plain
]
[Wed Sep 10 14:12:39 CEST 2008]
[null]
Content-type
Date
Http 1.1 200 ok
Antwort-Laenge: 470
```

Lösung 1.4

Die Klasse GenericServletUnterklasse

```
import java.io.*;
import javax.servlet.*;
public class GenericServletUnterklasse extends GenericServlet {
   private int anzahlAufrufe;
// Die init()-Methode überschreiben
   public void init(ServletConfig servletConfig)
                                    throws ServletException {
      super.init(servletConfig);
      anzahlAufrufe = 0;
   }
// Die service()-Methode überschreiben; beim Aufruf dieser Methode
// durch den Container werden Referenzen auf die von diesem vorher
// erzeugten Objekte vom Typ ServletRequest und ServletResponse
// übergeben
   public void service(ServletRequest request,
                    ServletResponse response)
                        throws IOException, ServletException {
      String title;
// Einen ServletOutputStream für das Senden der Antwort an den
// Client, durch den Aufruf der Methode getOutputStream() am
// ServletResponse-Objekt, ermitteln
      ServletOutputStream out;
      response.setContentType("text/html");
      out = response.getOutputStream();
// Mit der println()-Methode kann ein String gefolgt von einem
// betriebssystemspezifischen Zeilenende-Zeichen an den Client
// geschrieben werden
      out.println("<html>");
      out.println("<head>");
      title = "GenericServlet";
      anzahlAufrufe++;
      out.println("<title>" + title + "</title>");
      out.println("</head>");
      out.println("<body bgcolor=\"white\">");
      out.println("<h1>" + title + "</h1>");
// Die Anzahl der Aufrufe der service()-Methode und
      out.println("<h2> Anzahl Aufrufe der service()-Methode: "
        + anzahlAufrufe + "</h2>");
// den aktuellen Thread-Namen ermitteln und ebenfalls in den
// ServletOutputStream schreiben
      out.println("<h2> Threadname: "+Thread.currentThread().
        getName()+"</h2>");
      out.println("</body>");
      out.println("</html>");
   }
}
```

Programmausgaben

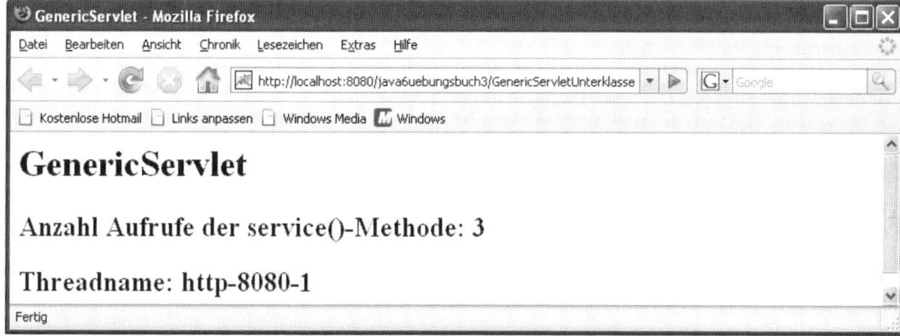

Lösung 1.5

Die Klasse HttpServletUnterklasse

```
import java.io.*;
import javax.servlet.*;
import javax.servlet.http.*;
public class HttpServletUnterklasse extends HttpServlet {
  private int anzahlAufrufe;
// Die doGet()-Methode überschreiben; beim Aufruf dieser Methode
// durch den Container bekommt das Servlet Referenzen auf die
// vorher vom Container erzeugten HttpServletRequest- und
// HttpServletResponse-Instanzen
  public void doGet(HttpServletRequest request,
                    HttpServletResponse response)
                        throws IOException, ServletException {
    PrintWriter out;
    String title;
    anzahlAufrufe++;
    response.setContentType("text/html");
// Einen PrintWriter-Stream für das Senden der Antwort an den
// Client, durch den Aufruf der Methode getWriter() am
// HttpServletResponse-Objekt, ermitteln
    out = response.getWriter();
// Eine HTML-Seite, die an den Browser gesendet wird, erzeugen
    out.println("<html>");
    out.println("<head>");
    title = "HttpServlet";
    out.println("<title>" + title + "</title>");
    out.println("</head>");
    out.println("<body bgcolor=\"white\">");
    out.println("<h1>" + title + "</h1>");
// Die Anzahl der Aufrufe der doGet()-Methode und
     out.println("<h2> Anzahl Aufrufe der doGet()-Methode: "
      + anzahlAufrufe + "</h2>");
```

```
// den aktuellen Thread-Namen ermitteln und ebenfalls in den
// PrintWriter-Stream schreiben
      out.println("<h2> Threadname: "+Thread.currentThread().
        getName()+"</h2>");
      out.println("</body>");
      out.println("</html>");
   }
}
```

Programmausgaben

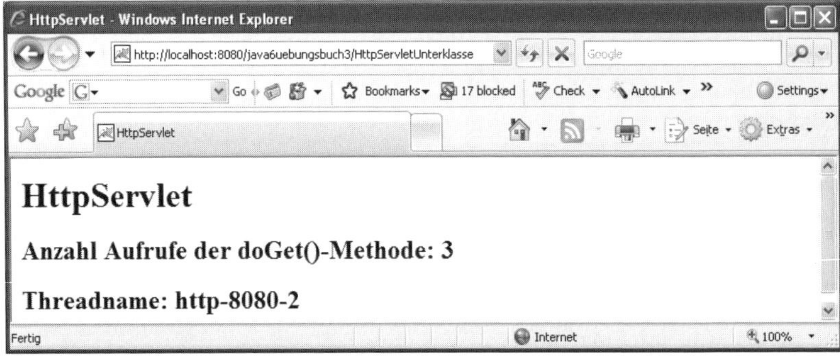

Lösung 1.6

Die Klasse HttpServletmitOutputStream

```
import java.io.*;
import java.net.*;
import javax.servlet.*;
import javax.servlet.http.*;

public class HttpServletmitOutputStream extends HttpServlet {
// Die doGet()-Methode überschreiben
   public void doGet(HttpServletRequest request,
                     HttpServletResponse response) {
// Eine Image-Datei in Form von Binärdaten an den Client zur
// Anzeige senden
      try {
         String dateiName ="C:/EJ_Uebungsbuch3/AG00126_.GIF";
// Einen Input-Stream erzeugen, um Daten aus der Datei zu lesen
         InputStream in = new BufferedInputStream(
                            new FileInputStream(dateiName));
// Einen ServletOutputStream für das Senden der Antwort an den
// Client, durch den Aufruf der Methode getOutputStream() am
// HttpServletResponse-Objekt, ermitteln
         ServletOutputStream out = response.getOutputStream();
```

```
// Eine Klassenmethode der Klasse URLConnection aufrufen, um den
// Content-Type eines Objekts basierend auf der
// spezifizierten File-Komponente einer URL zu bestimmen
        String contentType = URLConnection.
          guessContentTypeFromStream(in);
// Die Anzahl der Bytes, die vom Input-Stream gelesen werden
// können, ermitteln
        int anzahl = in.available();
// byte-Array mit einer Anzahl Elemente gleich der zu lesenden
// Anzahl Bytes vom Input-Stream erzeugen
        byte[] image = new byte[anzahl];
// Die Bytes aus dem Input-Stream in das byte-Array lesen
        in.read(image);
// und den Content-Type für die Antwort setzen
        response.setContentType(contentType);
// Mit der write()-Methode kann ein byte-Array in den Output-
// Stream geschrieben werden
        out.write(image);
      }
// Die beim Lesen aus der Datei geworfenen Exceptions abfangen
      catch(IOException e) {
        e.printStackTrace();
      }
    }
}
```

Die Klasse HttpServletmitZipDownload

```
import java.io.*;
import javax.servlet.http.*;
import java.util.zip.*;
public class HttpServletmitZipDownload extends HttpServlet {
// Die doGet()-Methode überschreiben
  public void doGet(HttpServletRequest request,
                    HttpServletResponse response) {
// Eine .html-Datei in Form einer komprimierten Datei an einen
// Client senden
      try {
        String dateiName =
          "C:/EJ_Uebungsbuch3/BuchBestellung.html";
// Einen Input-Stream erzeugen, um Daten aus der Datei zu lesen
        InputStream in = new BufferedInputStream(
                         new FileInputStream(dateiName));
// Einen Output-Stream für das Senden der Antwort an den
// Client über den Aufruf der Methode getOutputStream() am
// HttpServletResponse-Objekt ermitteln und diesen mit einem
// GZIPOutputStream zum Komprimieren von Daten ketten
        OutputStream out = new GZIPOutputStream(
          response.getOutputStream());
```

```
// Die Anzahl der Bytes, die vom Input-Stream gelesen werden
// können, ermitteln
        int anzahl = in.available();
// byte-Array mit einer Anzahl Elemente gleich der zu lesenden
// Anzahl Bytes vom Input-Stream erzeugen
        byte[] htmlDatei = new byte[anzahl];
// Die Bytes aus dem Input-Stream in das byte-Array lesen
        in.read(htmlDatei);
// Für das Entpacken im Browser den entsprechenden Header-Eintrag
// setzen
        response.setHeader("Content-Encoding", "gzip");
// Mit der write()-Methode kann ein byte-Array in den Output-
// Stream geschrieben werden
        out.write(htmlDatei);
// Der GZIPOutput-Stream muss geschlossen werden
        out.close();
      }
// Die beim Lesen aus der Datei geworfenen Exceptions abfangen
      catch(IOException e) {
        e.printStackTrace();
      }
   }
}
```

Die HTML-Datei BuchBestellung.html

```
<html><body>
<form method="post" action="http://www.amazon.de/Java-%C3%9Cbungs
buch-Aufgaben-vollst%C3%A4ndigen-L%C3%B6sungen/dp/3826617800/ref=
sr_1_1?ie=UTF8&s=books&qid=1212059397&sr=8-1">

Titel:
<input type="Text" value="Java 6 Das Übungsbuch" size="30" >
<p>
<input type="submit" value="Formular abschicken" >
</p>
</form></html></body>
```

Programmausgaben

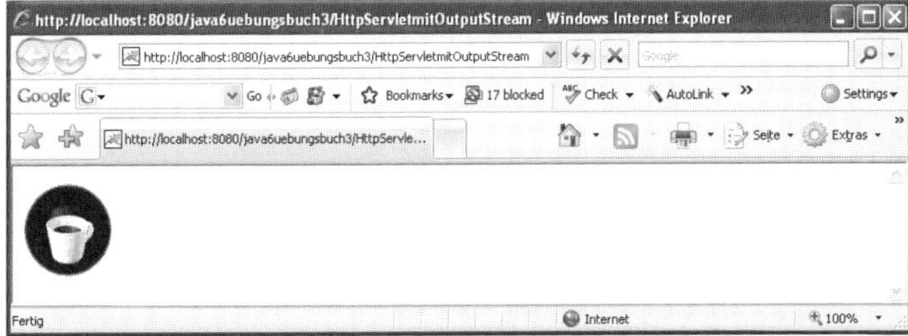

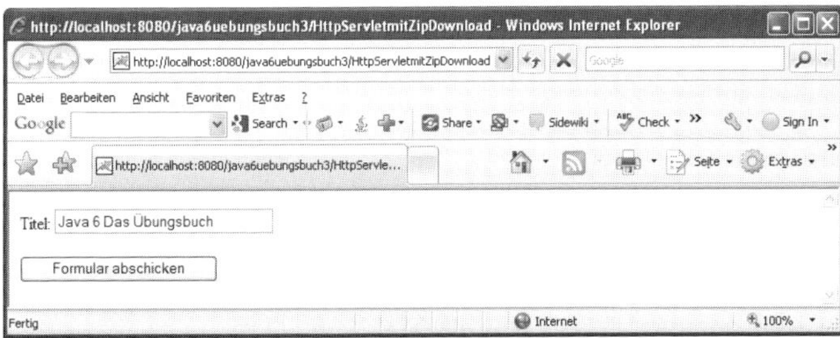

Lösung 1.7

Die Klasse HttpServletRequestInformationenmitdoGet

```
import java.io.*;
import javax.servlet.*;
import javax.servlet.http.*;
public class HttpServletRequestInformationenmitdoGet
                                       extends HttpServlet {
// Die doGet()-Methode überschreiben
  public void doGet(HttpServletRequest request,
                 HttpServletResponse response)
                  throws IOException, ServletException {
// Den PrintWriter-Stream des HttpServletResponse-Objekts
// ermitteln
     PrintWriter out = response.getWriter();
// Den Content-Type für die Antwort setzen
     response.setContentType("text/html");
// Eine HTML-Seite an den Client schreiben
     out.println("<html>");
     out.println("<body>");
     out.println("<head>");
     out.println("<title>HttpServletRequestInformationen"
       + "</title>");
     out.println("</head>");
     out.println("<body bgcolor=\"gray\">");
     out.println("<h3>HttpServletRequestInformationen mit "
       + "doGet()</h3>");
// Die Methoden der HttpServletRequest-Instanz aufrufen, um den
// Namen der http-Methode, den Pfad des Servlets, den gemappten
// Servletnamen, das benutzte Protokoll, die Server- und Browser-
// Namen etc. zu ermitteln
     out.println("<b>Name der Methode: </b>");
     out.println(request.getMethod());
     out.println("<br />");
     out.println("<b>Protokoll: </b>");
     out.println(request.getProtocol());
     out.println("<br />");
     out.println("<b>URL: </b>");
     out.println(request.getRequestURL());
     out.println("<br />");
     out.println("<b>URI (Request-Path): </b>");
     out.println(request.getRequestURI());
     out.println("<br />");
     out.println("<b>Context-Path: </b>");
     out.println(request.getContextPath());
     out.println("<br />");
     out.println("<b>Servlet-Path: </b>");
     out.println(request.getServletPath());
```

```
    out.println("<br />");
    out.println("<b>Path-Info: </b>");
    out.println(request.getPathInfo());
    out.println("<br />");
    out.println("<b>Path-Translated: </b>");
    out.println(request.getPathTranslated());
    out.println("<br />");
    out.println("<b>Request-String (Query-String): </b>");
    out.println(request.getQueryString());
    out.println("<br />");
    out.println("<b>Content-Length: </b>");
    out.println(request.getContentLength());
    out.println("<br />");
    out.println("<b>Content-Type: </b>");
    out.println(request.getContentType());
    out.println("<br />");
    out.println("<b>Servername: </b>");
    out.println(request.getServerName());
    out.println("<br />");
    out.println("<b>Portnummer: </b>");
    out.println(request.getServerPort());
    out.println("<br />");
    out.println("<b>Benutzername: </b>");
    out.println(request.getRemoteUser());
    out.println("<br />");
    out.println("<b>IP-Adresse: </b>");
    out.println(request.getRemoteAddr());
    out.println("<br />");
    out.println("<b>Hostname: </b>");
    out.println(request.getRemoteHost());
    out.println("<br />");
    out.println("<b>Autorisierung: </b>");
    out.println(request.getAuthType());
    out.println("<br />");
    out.println("<b>Name des Webbrowsers: </b>");
    out.println(request.getHeader("User-Agent"));
    out.println("</body></html>");
  }
}
```

Programmausgaben

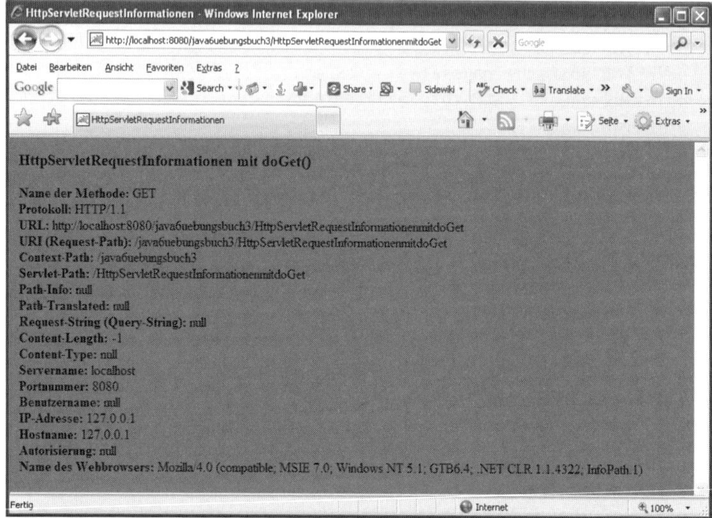

Lösung 1.8

Die Klasse HttpServletRequestInformationenmitdoPost

```
import java.io.*;
import javax.servlet.*;
import javax.servlet.http.*;
public class HttpServletRequestInformationenmitdoPost
                                        extends HttpServlet {
// Die doPost()-Methode überschreiben
     public void doPost(HttpServletRequest request,
                   HttpServletResponse response)
                     throws IOException, ServletException {
// Den PrintWriter-Stream des HttpServletResponse-Objekts
// ermitteln
     PrintWriter out = response.getWriter();
// Den Content-Type für die Antwort setzen
     response.setContentType("text/html");
// Eine HTML-Seite an den Client schreiben
     out.println("<html>");
     out.println("<body>");
     out.println("<head>");
     out.println("<title>HttpServletRequestInformationen"
       + "</title>");
     out.println("</head>");
     out.println("<body bgcolor=\"gray\">");
```

```
        out.println("<h3>HttpServletRequestInformationen mit "
          + "doPost()</h3>");
// Die Methoden der HttpServletRequest-Instanz aufrufen, um den
// Namen der http-Methode, den Pfad des Servlets, den gemappten
// Servletnamen, das benutzte Protokoll, die Server- und Browser-
// Namen etc. zu ermitteln
       out.println("<b>Name der Methode: </b>");
        out.println(request.getMethod());
        out.println("<br />");
        out.println("<b>Protokoll: </b>");
        out.println(request.getProtocol());
        out.println("<br />");
        out.println("<b>URL: </b>");
        out.println(request.getRequestURL());
        out.println("<br />");
        out.println("<b>URI (Request-Path): </b>");
        out.println(request.getRequestURI());
        out.println("<br />");
        out.println("<b>Context-Path: </b>");
        out.println(request.getContextPath());
        out.println("<br />");
        out.println("<b>Servlet-Path: </b>");
        out.println(request.getServletPath());
        out.println("<br />");
        out.println("<b>Path-Info: </b>");
        out.println(request.getPathInfo());
        out.println("<br />");
        out.println("<b>Path-Translated: </b>");
        out.println(request.getPathTranslated());
        out.println("<br />");
        out.println("<b>Request-String (Query-String): </b>");
        out.println(request.getQueryString());
        out.println("<br />");
        out.println("<b>Content-Length: </b>");
        out.println(request.getContentLength());
        out.println("<br />");
        out.println("<b>Content-Type: </b>");
        out.println(request.getContentType());
        out.println("<br />");
        out.println("<b>Servername: </b>");
        out.println(request.getServerName());
        out.println("<br />");
        out.println("<b>Portnummer: </b>");
        out.println(request.getServerPort());
        out.println("<br />");
        out.println("<b>Benutzername: </b>");
        out.println(request.getRemoteUser());
        out.println("<br />");
        out.println("<b>IP-Adresse: </b>");
```

```
        out.println(request.getRemoteAddr());
        out.println("<br />");
        out.println("<b>Hostname: </b>");
        out.println(request.getRemoteHost());
        out.println("<br />");
        out.println("<b>Autorisierung: </b>");
        out.println(request.getAuthType());
        out.println("<br />");
        out.println("<b>Name des Webbrowsers: </b>");
        out.println(request.getHeader("User-Agent"));
        out.println("</body></html>");
    }
}
```

Programmausgaben

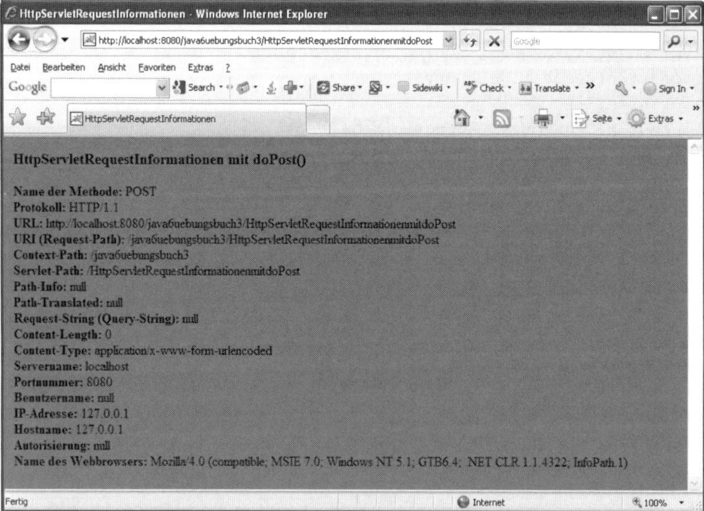

Lösung 1.9

Die Klasse ServletmitDatum

```
import java.io.*;
import java.util.*;
import javax.servlet.*;
import javax.servlet.http.*;
public class ServletmitDatum extends HttpServlet {
// Die doGet()-Methode überschreiben
  public void doGet(HttpServletRequest request,
                 HttpServletResponse response)
                  throws IOException, ServletException {
// Dynamischen Inhalt der Seite erzeugen; das Tagesdatum über den
// Aufruf der get()-Methoden der Klasse GregorianCalendar
// ermitteln
     GregorianCalendar calendar = new GregorianCalendar();
     String datum = calendar.get(Calendar.DAY_OF_MONTH) + " "
       + calendar.get(Calendar.MONTH) + " " + calendar.get(
         Calendar.YEAR);
// Den PrintWriter-Stream des HttpServletResponse-Objekts
// ermitteln
     PrintWriter out = response.getWriter();
// Den Content-Type für die Antwort setzen
     response.setContentType("text/html");
// Aufbau der dynamischen Webseite
     out.println("<html>");
     out.println("<body>");
     out.println("<head>");
     out.println("<title>ServletmitDatum</title>");
     out.println("</head>");
     out.println("<body bgcolor=\"pink\">");
     out.println("<h3>Servlet mit Datumsanzeige</h3>");
     out.println("<br>" + datum);
     out.println("</body>");
     out.println("</html>");
  }
}
```

Die Klasse ServletmitUhrzeit

```
import java.io.*;
import java.util.*;
import javax.servlet.*;
import javax.servlet.http.*;
public class ServletmitUhrzeit extends HttpServlet {
// Die doGet()-Methode überschreiben
  public void doGet(HttpServletRequest request,
                 HttpServletResponse response)
                  throws IOException, ServletException {
```

```
// Dynamischen Inhalt der Seite erzeugen; die aktuelle Uhrzeit
// über den Aufruf der getTime()-Methode der Klasse
// GregorianCalendar ermitteln
      GregorianCalendar calendar = new GregorianCalendar();
      String uhrzeit= " " + calendar.getTime();
// Den PrintWriter-Stream des HttpServletResponse-Objekts
// ermitteln
      PrintWriter out = response.getWriter();
// Den Content-Type für die Antwort setzen
      response.setContentType("text/html");
// Aufbau der dynamischen Webseite
      out.println("<html>");
      out.println("<body>");
      out.println("<head>");
      out.println("<title>ServletmitUhrzeit</title>");
      out.println("</head>");
      out.println("<body bgcolor=\"pink\">");
      out.println("<h3>Servlet mit Uhrzeitanzeige</h3>");
      out.println("<br>" + uhrzeit);
      out.println("</body>");
      out.println("</html>");
   }
}
```

Programmausgaben

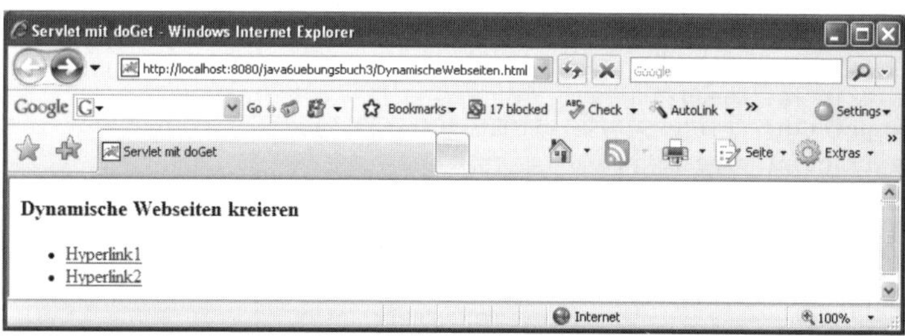

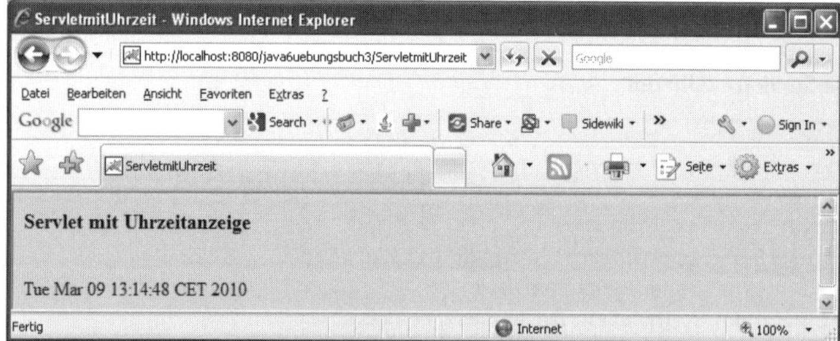

Lösung 1.10

Die Klasse HttpServletRequestParameterWerte

```
import java.io.*;
import java.util.*;
import javax.servlet.*;
import javax.servlet.http.*;
public class HttpServletRequestParameterWerte extends HttpServlet{
// Die doGet()-Methode überschreiben
   public void doGet(HttpServletRequest request,
                HttpServletResponse response)
                 throws IOException, ServletException {
     String title1 = "HttpServletRequest-Informationen";
     String title2 = "HttpServletRequest-Parameterwerte";
     String title3 = "HttpServletRequest-Header-Einträge";
     Enumeration parameterNamen1 = request.getParameterNames();
     Enumeration parameterNamen2 = request.getHeaderNames();
// Den PrintWriter-Stream des HttpServletResponse-Objekts
// ermitteln
     PrintWriter out = response.getWriter();
// Den Content-Type für die Antwort setzen
     response.setContentType("text/html");
// Eine HTML-Seite an den Client schreiben
     out.println("<html>");
     out.println("<head>");
     out.println("<title>" + title1 + "</title>");
     out.println("</head>");
     out.println("<body bgcolor=\"white\">");
     out.println("<h3>" + title2 + "</h3>");
     out.println("<ul>");
// Die erste Enumeration-Instanz durchlaufen
     while(parameterNamen1.hasMoreElements()) {
       String name = (String)parameterNamen1.nextElement();
       String[] werte = request.getParameterValues(name);
// Die Werte der Parameter in den Output-Stream schreiben
       out.print("<li>" + name + ": ");
       for(String wert: werte)
         out.print(wert);
       out.println("</li>");
     }
     out.println("</ul>");
// Die zweite Enumeration-Instanz durchlaufen
     out.println("<h3>" + title3 + "</h3>");
     out.println("<ul>");
     while(parameterNamen2.hasMoreElements()) {
       String name = (String)parameterNamen2.nextElement();
       Enumeration parameterNamen3 = request.getHeaders(name);
       while(parameterNamen3.hasMoreElements()) {
```

```
// Die Namen und Werte der Header-Einträge in den Output-Stream
// schreiben
          out.print("<li>"+ name + ": ");
          String wert = (String)parameterNamen3.nextElement();
          out.print(wert);
          out.println("</li>");
        }
      }
      out.println("</ul>");
      out.println("</body>");
      out.println("</html>");
  }
// Die doPost()-Methode überschreiben
  public void doPost(HttpServletRequest request,
                HttpServletResponse response)
                  throws IOException, ServletException {
// und daraus die doGet()-Methode mit den übergebenen Referenzen
// aufrufen
      doGet(request, response);
  }
}
```

Die HTML-Datei ParameterPostMethode.html

```
<html><head>
<title>Die http-Methode POST</title>
</head>
<body>
<h3>Servlet mit doPost()</h3>
<form method="POST"
  action="http://localhost:8080/java6uebungsbuch3/
HttpServletRequestParameterWerte">
  Verlag:
    <input Type="Text" Name="Verlag" Value="mitp"><br>
  Autor:
    <input Type="Text" Name="Autor" Value="Elisabeth Jung"><br>
     <select name = "Buch">
     <option>Java 6 Das Übungsbuch Band I
     <option>Java 6 Das Übungsbuch Band II
     <option>Java 6 Das Übungsbuch Band III
  </select>
  <br></br>
  <center>
    <input type="SUBMIT">
  </center>
</form></body></html>
```

Die HTML-Datei ParameterGetMethode.html

```
<html><head>
<title>Die http-Methode GET</title>
</head>
<body>
<h3>Servlet mit doGet()</h3>
<form method="GET"
   action="http://localhost:8080/java6uebungsbuch3/
HttpServletRequestParameterWerte">
   Verlag:
     <input Type="Text" Name="Verlag" Value="mitp"><br>
   Autor:
     <input Type="Text" Name="Autor" Value="Elisabeth Jung"><br>
   <select name = "Buch">
      <option>Java 6 Das Übungsbuch Band I
      <option>Java 6 Das Übungsbuch Band II
      <option>Java 6 Das Übungsbuch Band III
   </select>
   <br></br>
   <center>
     <input type="SUBMIT">
   </center>
</form></body></html>
```

Programmausgaben

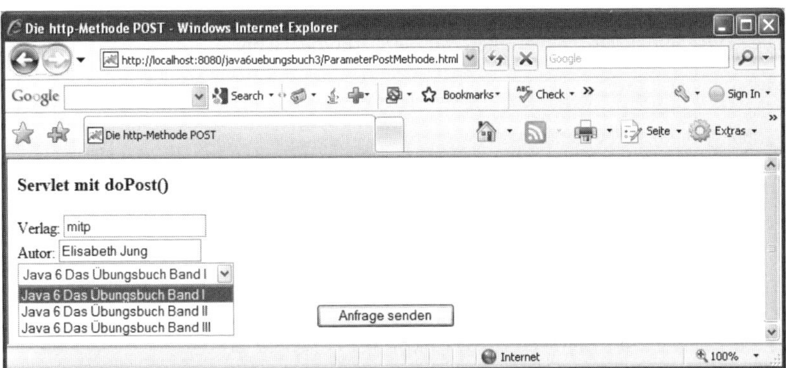

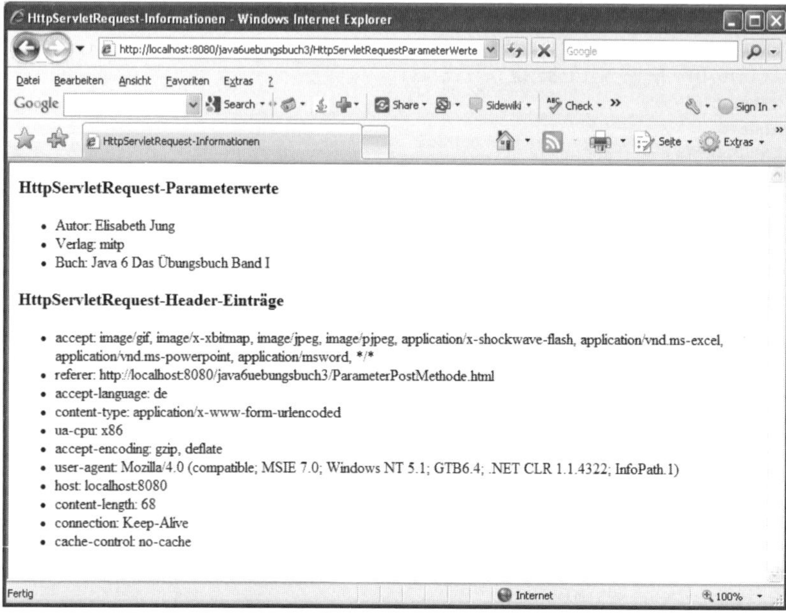

Lösung 1.11

Die Klasse InitialisierungsParameterfuerServletundWebApp

```
import java.io.*;
import javax.servlet.*;
import javax.servlet.http.*;
import java.util.*;
public class InitialisierungsParameterfuerServletundWebApp
                                           extends HttpServlet {
   private ServletConfig servletConfig;
   private ServletContext servletContext;
   private Enumeration configParameter, contextParameter;
// Die init()-Methode überschreiben; diese läuft nur einmal in
// einem Servlet ab, wenn dieses nach dem Erzeugen mit
// dem impliziten, parameterlosen Konstruktor der Klasse
// initialisiert wird
   public void init() throws ServletException {
// Das vom Container erzeugte ServletConfig-Objekt ermitteln
      servletConfig = getServletConfig();
// und die Namen der Initialisierungsparameter für dieses Servlet
// lesen
      configParameter = servletConfig.getInitParameterNames();
// Durch das Erzeugen eines ServletConfig-Objekts für ein Servlet
```

```
// und den Ablauf der init()-Methode bekommt das Servlet die
// Fähigkeit, seine ServletContext-Referenz zu nutzen und sich
// somit Informationen vom Container und anderen Servlets
// derselben Webapplikation zu holen
    servletContext = getServletContext();
// Die Namen der Initialisierungsparameter der Webapplikation,
// für die dieses Servlet eingetragen wurde, lesen
    contextParameter = servletContext.getInitParameterNames();
  }
// Die doGet()-Methode überschreiben
  public void doGet(HttpServletRequest request,
                HttpServletResponse response)
                    throws IOException, ServletException {
    String title = "Die ServletConfig- und ServletContext-"
      + "Instanzen";
// Den PrintWriter-Stream des HttpServletResponse-Objekts
// ermitteln
    PrintWriter out = response.getWriter();
// Den Content-Type für die Antwort setzen
    response.setContentType("text/html");
// Eine HTML-Seite an den Client schreiben
    out.println("<html>");
    out.println("<head>");
    out.println("<title>" + title + "</title>");
    out.println("</head>");
    out.println("<body bgcolor=\"white\">");
    out.println("<h2>" + title + "</h2>");
// Die erste Enumeration-Instanz durchlaufen
    while(configParameter.hasMoreElements()) {
      String name = (String)configParameter.nextElement();
// Die Namen und Werte der Parameter in den Output-Stream
// schreiben
      out.print("<h3> Config-Parametername: "+ name
        + "</h3>");
      String wert = servletConfig.getInitParameter(name);
      out.println("<h3> Config-Parameterwert: " + wert
        + "</h3>");
    }
// ServletConfig-Parameterwerte auswerten
    out.println("<h2> Die Config-Nachricht in der angegebenen"
      + " Anzahl anzeigen: " + "</h2>");
    for(int i=0; i<Integer.parseInt(servletConfig.
                    getInitParameter("configAnzahl"));i++)
      out.println(servletConfig.getInitParameter(
        "configNachricht") + "<br>");
// Die zweite Enumeration-Instanz durchlaufen
    while(contextParameter.hasMoreElements()) {
      String name = (String)contextParameter.nextElement();
      String wert = servletContext.getInitParameter(name);
```

```
// Die Namen und Werte der Parameter in den Output-Stream
// schreiben
        out.print("<h3> Context-Parametername: " + name
          + "</h3>");
        out.println("<h3> Context-Parameterwert: " + wert
          + "</h3>");
      }
// ServletContext-Parameterwerte auswerten
     out.println("<h2> Die Context-Nachricht in der angegebenen"
       + " Anzahl anzeigen: " + "</h2>");
     for(int i=0; i<Integer.parseInt(servletContext.
                     getInitParameter("contextAnzahl"));i++)
        out.println(servletContext.getInitParameter(
          "contextNachricht")+"<br>");
// Den aktuellen Threadnamen ermitteln und in den Output-Stream
// schreiben
     out.println("<h3> Threadname: " + Thread.currentThread().
       getName() + "</h3>");
     out.println("</body>");
     out.println("</html>");
   }
}
```

Programmausgaben

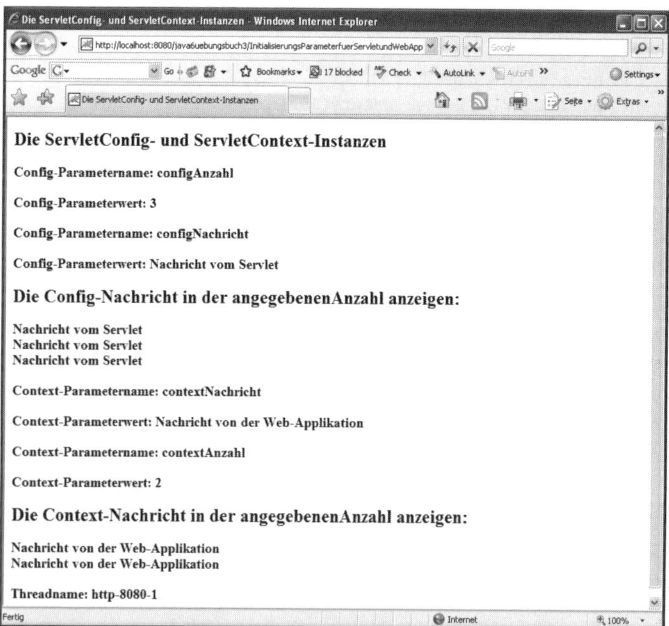

Lösung 1.12

Die Klasse ServletDefinitioninPaketen

```
package paket1;

import java.io.*;
import javax.servlet.*;
import javax.servlet.http.*;
public class ServletDefinitioninPaketen extends HttpServlet {
// Die doGet()-Methode überschreiben
  public void doGet(HttpServletRequest request,
                    HttpServletResponse response)
                     throws IOException, ServletException {
     String url = request.getRequestURI();
// Den PrintWriter-Stream des HttpServletResponse-Objekts
// ermitteln
     PrintWriter out = response.getWriter();
// Den Content-Type für die Antwort setzen
     response.setContentType("text/html");
// Aufbau einer statischen Webseite
     out.println("<html>");
     out.println("<head>");
     out.println("<title>Definition eines Java-Servlets"
       + "</title>");
     out.println("</head>");
     out.println("<body>");
     out.println("<h2>Definition eines Java-Servlets in einem "
       + "Paket</h2>");
// Im DD (Datei web.xml) definierter interner Name für dieses
// Servlet
     out.println("<h3>Interner Servletname: "
       + "ServletDefinitioninPaketen</h3>");
// Als Klassenname muss der vollständige Pfadname der Klassendatei
// angegeben werden
     out.println("<h3>Klassenname des Servlets: "
       + "paket1.ServletDefinitioninPaketen</h3>");
// Die im Browser für den Servlet-Aufruf anzugebende URL
     out.println("<h3>URL: " + url + "</h3>");
     out.println("</body>");
     out.println("</html>");
  }
}
```

Programmausgaben

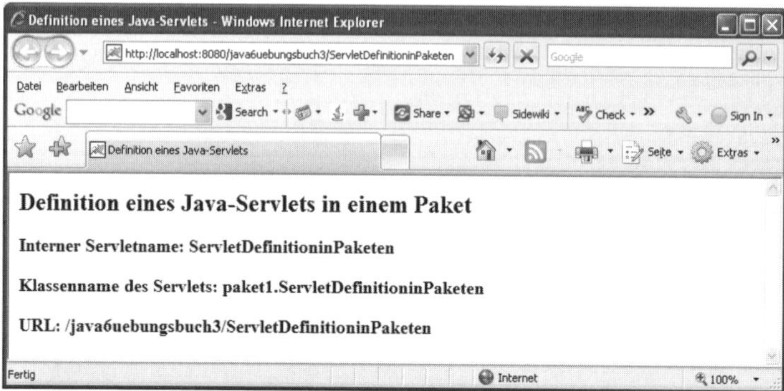

Lösung 1.13

Die Klasse ServletmitsendRedirect

```
import java.io.*;
import javax.servlet.*;
import javax.servlet.http.*;
public class ServletmitsendRedirect extends HttpServlet {
// Die doGet()-Methode überschreiben
   public void doGet(HttpServletRequest request,
                  HttpServletResponse response)
                     throws IOException, ServletException {
// Einen PrintWriter-Stream für das Senden der Antwort an den
// Client, durch den Aufruf der Methode getWriter() am
// HttpServletResponse-Objekt, ermitteln
      PrintWriter out = response.getWriter();
// Die Namen der Eingabefelder aus Formularen werden als Parameter
// in einer Client-Anfrage übergeben, ihre Werte können mit der
// Methode getParameter() einzeln eingelesen werden
      String url = request.getParameter("URL");
// Zweiter Servlet-Aufruf nach dem Absenden des Formulars; der
// Rückgabewert der Methode getParameter() ist ein String; wenn
// der Parameter existiert, aber keinen Wert hat, wird ein leerer
// String zurückgeliefert, und wenn kein Parameter vorhanden ist,
// null
      if(url != null) {
         response.sendRedirect(url);
      }
// Erster Servlet-Aufruf; es wird ein Formular mit einem
// Textfeld und einem Button für das Absenden erzeugt; nach dem
// Abschicken des Formulars soll dasselbe Servlet nochmals
```

```
// aufgerufen werden
      else {
        out.println("<h3> Formular für GET </h3>");
// Weil dasselbe Servlet noch mal aufgerufen wird, kann das
// action-Attribut im <form>-Tag wegbleiben
        out.println("<form method=\"get\">");
// Definition des Textfeldes
        out.println("<br> URL eingeben:");
        out.println("<input name=\"URL\" size=\"50\">");
// Definition eines Buttons
        out.println("<center>");
        out.println("<input type=\"submit\"
          value=\"Anfrage senden\">");
        out.println("</center>");
        out.println("</form");
      }
      out.println("</body></html>");
  }
}
```

Programmausgaben

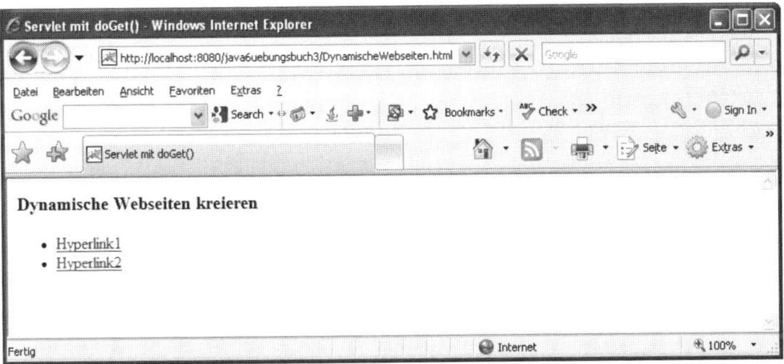

Lösung 1.14

Die Klasse FormularDatenimServletErzeugenundLesen

```
import java.io.*;
import javax.servlet.*;
import javax.servlet.http.*;
public class FormularDatenimServletErzeugenundLesen
                                        extends HttpServlet {
   private static int anzahlAufrufe1, anzahlAufrufe2;
// Die doGet()-Methode überschreiben; beim Aufruf dieser Methode
// durch den Container bekommt das Servlet Referenzen auf die
// vorher vom Container erzeugten HttpServletRequest- und
// HttpServletResponse-Instanzen
   public void doGet(HttpServletRequest request,
                  HttpServletResponse response)
                     throws IOException, ServletException {
// Einen PrintWriter-Stream für das Senden der Antwort an den
// Client, durch den Aufruf der Methode getWriter() am
// HttpServletResponse-Objekt, ermitteln
      PrintWriter out = response.getWriter();
      String title = "Formulardaten im Programmcode erzeugen";
// Die Namen der Eingabefelder aus Formularen werden als Parameter
// in einer Client-Anfrage übergeben, ihre Werte können mit der
// Methode getParameter() einzeln eingelesen werden
      String name = request.getParameter("Name");
      String vorname = request.getParameter("Vorname");
      String adresse = request.getParameter("Adresse");
      String geburtsdatum = request.getParameter("Geburtsdatum");
      String abiturnote = request.getParameter("Abiturnote");
      String abitur = request.getParameter("Abitur");
// Werte der Zählervariablen für die doGet()-Methode erhöhen
      anzahlAufrufe1++;
      response.setContentType("text/html");
// Eine HTML-Seite, die an den Browser gesendet wird, generieren
      out.println("<html>");
      out.println("<head>");
      out.println("<title>" + title + "</title>");
      out.println("</head>");
      out.println("<body bgcolor=\"white\">");
      out.println("<h3>" + title + "</h3>");
// Zweiter Servlet-Aufruf nach dem Absenden der Formulare; der
// Rückgabewert der Methode getParameter() ist ein String, wenn
// der Parameter existiert, aber keinen Wert hat, wird ein leerer
// String zurückgeliefert, und wenn kein Parameter vorhanden ist,
// null
      if(name != null) {
         String methode;
```

```
// Die in einem für GET bzw. POST definierten Formular
// eingegebenen Daten sollen in den Output-Stream geschrieben
// werden
      out.println("<ul><li><b>Name: </b>" + name + "</li>");
      out.println("<li><b>Vorname: </b>" + vorname + "</li>");
      out.println("<li><b>Adresse: </b>" + adresse + "</li>");
      out.println("<li><b>Geburtsdatum: </b>" + geburtsdatum
        + "</li>");
      out.println("<li><b>Abiturnote: </b>" + abiturnote
        + "</li>");
      out.println("<li><b>Schulabschluss: </b>" + abitur
        + "</li></ul>");
// Den "Request-String (Query-String)" lesen und in den Output-
// Stream schreiben
      out.println("<h3> Query-String: "
          + request.getQueryString() +"</h3>");
// Den http-Methodennamen ermitteln und die Anzahl von
// Methodenaufrufen in den Output-Stream schreiben
      methode = request.getMethod();
      if(methode.equals("GET")) {
        out.println("<h3> Anzahl Aufrufe GET-Methode: "
          + anzahlAufrufe1 +"</h3>");
      }
      else if(methode.equals("POST")) {
        out.println("<h3> Anzahl Aufrufe POST-Methode: "
          + anzahlAufrufe2 + "</h3>");
      }
    }
// Erster Servlet-Aufruf; es werden zwei Formulare mit mehreren
// Textfeldern, einem RadioButton und einem Button für das
// Absenden erzeugt; nach dem Abschicken eines Formulars soll
// dasselbe Servlet nochmals aufgerufen werden
    else {
      out.println("<h3> Formular für GET </h3>");
// Weil dasselbe Servlet noch mal aufgerufen wird, kann das
// action-Attribut im <form>-Tag entfallen
      out.println("<form method=\"get\">");
// Definition der Eingabefelder
      out.println("<br> Nachname:");
      out.println("<input name=\"Name\">");
      out.println("<br> Vorname:");
      out.println("<input name=\"Vorname\">");
      out.println("<br> Adresse:");
      out.println("<input name=\"Adresse\">");
      out.println("<br> Geburtsdatum:");
      out.println("<input name=\"Geburtsdatum\">");
      out.println("<br> Abiturnote:");
      out.println("<input name=\"Abiturnote\">");
```

```
        out.println("<br>Gymnasium");
        out.println("<input type = \"radio\" name = \"Abitur\"
        value=\"Gymnasium\">");
        out.println("Oberstufen-Gymnasium");
        out.println("<input type = \"radio\" name = \"Abitur\"
        value=\"Oberstufen-Gymnasium\">");
        out.println("Wirtschaftsgymnasium");
        out.println("<input type = \"radio\" name = \"Abitur\"
        value=\"Wirtschaftsgymnasium\">");
// Definition eines Buttons
        out.println("<center>");
        out.println("<input type=\"submit\" value=\"Anfrage senden\">");
        out.println("</center>");
        out.println("</form");
// Ein gleich aussehendes Formular für http-POST-Anfragen erzeugen
        out.println("<h3> Formular für POST </h3>");
        out.println("<form method=\"post\">");
// Definition der Eingabefelder
        out.println("<br> Nachname:");
        out.println("<input name=\"Name\">");
        out.println("<br> Vorname:");
        out.println("<input name=\"Vorname\">");
        out.println("<br> Adresse:");
        out.println("<input name=\"Adresse\">");
        out.println("<br> Geburtsdatum:");
        out.println("<input name=\"Geburtsdatum\">");
        out.println("<br> Abiturnote:");
        out.println("<input name=\"Abiturnote\">");
        out.println("<br> Gymnasium");
        out.println("<input type = \"radio\" name = \"Abitur\"
        value=\"Gymnasium\">");
        out.println("Oberstufen-Gymnasium");
        out.println("<input type = \"radio\" name = \"Abitur\"
        value=\"Oberstufen-Gymnasium\">");
        out.println("Wirtschaftsgymnasium");
        out.println("<input type = \"radio\" name = \"Abitur\"
        value=\"Wirtschaftsgymnasium\">");
// Definition eines Buttons
        out.println("<center>");
        out.println("<input type=\"submit\" value=\"Anfrage senden\">");
        out.println("</center>");
        out.println("</form");
      }
      out.println("</body></html>");
  }
// Das Servlet soll gleichzeitig GET- und POST-Anfragen
// unterstützen
// Die doPost()-Methode überschreiben
  public void doPost(HttpServletRequest request,
```

```
                    HttpServletResponse response)
                       throws IOException, ServletException {
// Werte der Zählervariablen für die doGet()-Methode verringern
// und für die doPost()-Methode erhöhen
    anzahlAufrufe1--;
    anzahlAufrufe2++;
// und daraus die doGet()-Methode mit den übergebenen Referenzen
// aufrufen
    doGet(request, response);
  }
}
```

Programmausgaben

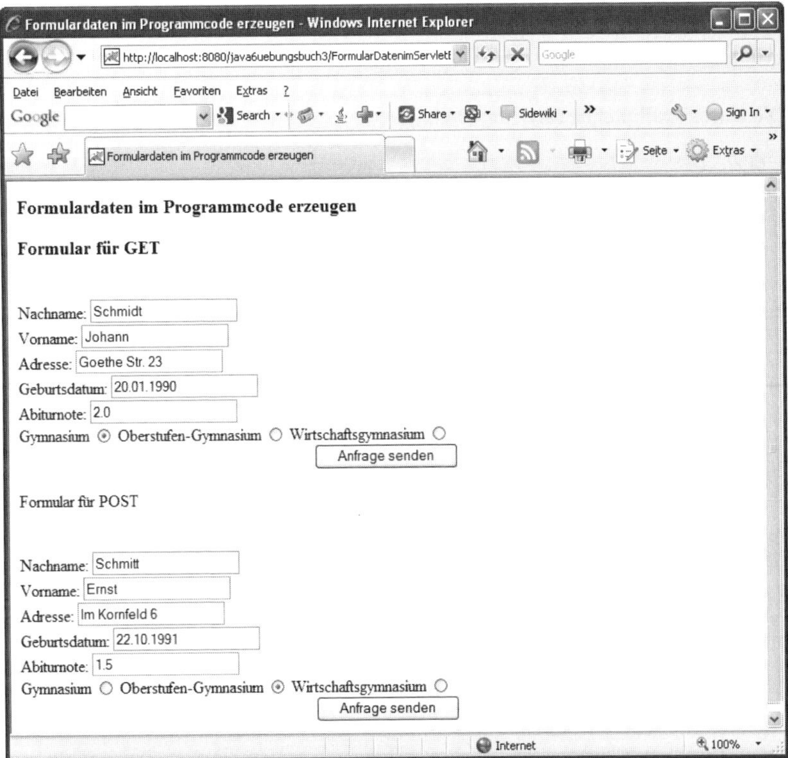

Lösung 1.15

Die Klasse AttributefuerServletundWebApp

```
import java.io.*;
import javax.servlet.*;
import javax.servlet.http.*;
import java.util.*;
public class AttributefuerServletundWebApp extends HttpServlet {
   private ServletContext servletContext;
   private Enumeration requestAttribute, contextAttribute;
   private ArrayList<String> titel = new ArrayList<String>();
   private ArrayList<String> autor = new ArrayList<String>();
   private Object email;
// Die init()-Methode überschreiben; diese läuft nur einmal in
// einem Servlet ab, wenn dieses nach dem Erzeugen mit dem
// impliziten, parameterlosen Konstruktor der Klasse
// initialisiert wird
   public void init() throws ServletException {
// Die ServletContext-Instanz für dieses Servlet ermitteln
      servletContext = getServletContext();
// Listen mit Titeln und Autoren erstellen, die als Request-
// Attribute gesetzt werden sollen
      titel.add("titel1");
      titel.add("titel2");
      titel.add("titel3");
      autor.add("autor1");
      autor.add("autor2");
// Eine Object-Referenz auf eine E-Mail-Adresse für das Setzen
// eines Context-Attributs definieren
      email = new String("Elisabeth.Jung_Frankfurt@t-online.de");
      servletContext.setAttribute("E-Mail-Adresse", email);
   }
```

```
// Die doGet()-Methode überschreiben
  public void doGet(HttpServletRequest request,
                HttpServletResponse response)
                   throws IOException, ServletException {
     String title = "Die ServletContext- und ServletRequest-"
       + "Attribute";
// Den PrintWriter-Stream des HttpServletResponse-Objekts
// ermitteln
     PrintWriter out = response.getWriter();
// Attribute für die im Methodenaufruf übergebene Anfrage setzen
     request.setAttribute("Titel", titel);
     request.setAttribute("Autor", autor);
// Den Content-Type für die Antwort setzen
     response.setContentType("text/html");
// Eine HTML-Seite für den Client generieren
     out.println("<html>");
     out.println("<head>");
     out.println("<title>" + title + "</title>");
     out.println("</head>");
     out.println("<body bgcolor=\"white\">");
     out.println("<h3>" + title + "</h3>");
// Die für diese http-Anfrage und den ServletContext gesetzten
// Attribute ermitteln
     requestAttribute = request.getAttributeNames();
     contextAttribute = servletContext.getAttributeNames();
// Die erste Enumeration-Instanz durchlaufen
     while(contextAttribute.hasMoreElements()) {
        String name = (String)contextAttribute.nextElement();
        Object wert = servletContext.getAttribute(name);
// Die Namen und Werte der Attribute in den Output-Stream
// schreiben
        out.println("Context-Attributname: " + name
          + "<br></br>");
        out.println("Context-Attributwert: " + wert
          + "<br></br>");
     }
// Die zweite Enumeration-Instanz durchlaufen
     while(requestAttribute.hasMoreElements()) {
        String name = (String)requestAttribute.nextElement();
        Object wert = request.getAttribute(name);
// Die Namen und Werte der Attribute in den Output-Stream
// schreiben
        out.println("Request-Attributname: " + name
          + "<br></br>");
        out.println("Request-Attributwert: " + wert
          + "<br></br>");
     }
// Den aktuellen Threadnamen ermitteln und in den Output-Stream
// schreiben
```

```
        out.println("<h3> Threadname: " + Thread.currentThread().
          getName() + "</h3>");
        out.println("</body>");
        out.println("</html>");
    }
}
```

Programmausgaben

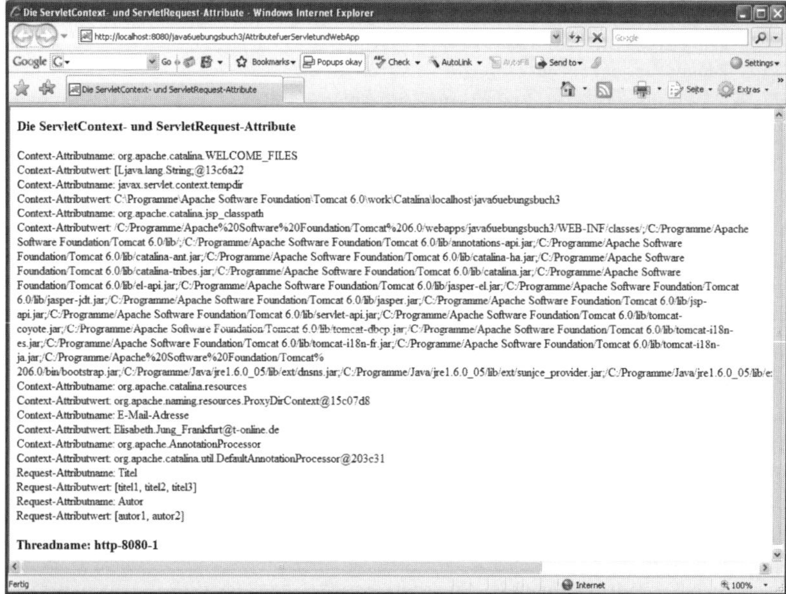

Lösung 1.16

Die Klasse ServletContextListenerKlasse

```
import javax.servlet.*;
import java.util.*;
public class ServletContextListenerKlasse
                            implements ServletContextListener {
// Die contextInitialized()-Methode des Interface implementieren
  public void contextInitialized(ServletContextEvent e) {
    Object email;
    ArrayList<String> parameter = new ArrayList<String>();
// Die ServletContext-Instanz für dieses Servlet ermitteln
    ServletContext servletContext = e.getServletContext();
// Die für die Webapplikation definierten
// Initialisierungsparameter lesen
```

```
    Enumeration parameterNamen = servletContext.
      getInitParameterNames();
// Die Initialisierungsparameter durchlaufen
    while(parameterNamen.hasMoreElements()) {
      String name = (String)parameterNamen.nextElement();
      String wert = servletContext.getInitParameter(name);
// Die Namen und Werte der Parameter und einer Liste hinzufügen
      parameter.add(name);
      parameter.add(wert);
    }
// Ein Attribut mit allen Parameternamen und -werten für den
// ServletContext setzen
    servletContext.setAttribute("Parameter", parameter);
// Eine Object-Referenz auf eine E-Mail-Adresse für das Setzen
// eines weiteren Context-Attributs definieren
    email = new String("Elisabeth.Jung_Frankfurt@t-online.de");
// und dieses Attribut setzen
    servletContext.setAttribute("E-Mail-Adresse", email);
  }
// Die contextDestroyed()-Methode des Interface als leere
// Methode implementieren
  public void contextDestroyed(ServletContextEvent e) {
  }
}
```

Die Klasse AttributemitServletContextListenerSetzen

```
import java.io.*;
import javax.servlet.*;
import javax.servlet.http.*;
import java.util.*;
public class AttributemitServletContextListenerSetzen
                                        extends HttpServlet {
// Die doGet()-Methode überschreiben
  public void doGet(HttpServletRequest request,
                HttpServletResponse response)
                    throws IOException, ServletException {
    String title = "Das Setzen von ServletContext-Attributen"
      + " mit dem ServletContextListener";
// Den PrintWriter-Stream des HttpServletResponse-Objekts
// ermitteln
    PrintWriter out = response.getWriter();
// Vom ServletContextListener gesetzte Attributwerte lesen
    String email = (String)getServletContext().
      getAttribute("E-Mail-Adresse");
    ArrayList parameter = (ArrayList)getServletContext().
      getAttribute("Parameter");
// Den Content-Type für die Antwort setzen
    response.setContentType("text/html");
```

```
// Eine HTML-Seite für den Client generieren
      out.println("<html>");
      out.println("<head>");
      out.println("<title>" + title + "</title>");
      out.println("</head>");
      out.println("<body bgcolor=\"white\">");
      out.println("<h3>" + title + "</h3>");
      out.println("<table border=1 align=\"center\">\n" +
        "  <th>Context-Attributname\n" +
          "  <th>Context-Attributwert");
      out.println("<tr>\n" + "  <td> E-Mail-Adresse" +
        "\n" + "  <td>" + email);
      out.println("<tr>\n" + "  <td> Initialisierungsparameter" +
        "\n" + "  <td>" + Arrays.asList(parameter.toArray()));
      out.println("</table></body></html>");
   }
}
```

Programmausgaben

Context-Attributame	Context-Attributwert
E-Mail-Adresse	Elisabeth.Jung_Frankfurt@t-online.de
Initialisierungsparameter	[contextNachricht, Nachricht von der Web-Applikation, contextAnzahl, 2, meldungsText, Internal Server Error, statusCode, 500]

Lösung 1.17

Die Klasse RequestAttributeundRequestDispatching

```
import java.io.*;
import javax.servlet.*;
import javax.servlet.http.*;
import java.util.*;
public class RequestAttributeundRequestDispatching
                                  extends HttpServlet {
   private ServletContext servletContext;
   private Enumeration requestAttribute, requestParameter;
   private ArrayList<String> titel = new ArrayList<String>();
   private ArrayList<String> autor = new ArrayList<String>();
// Die init()-Methode überschreiben
   public void init() throws ServletException {
// Listen mit Titeln und Autoren erstellen, die als Request-
```

```
// Attribute gesetzt werden sollen
    titel.add("titel1");
    titel.add("titel2");
    titel.add("titel3");
    autor.add("autor1");
    autor.add("autor2");
  }
// Die doGet()-Methode überschreiben
  public void doGet(HttpServletRequest request,
                 HttpServletResponse response)
                    throws IOException, ServletException {
    RequestDispatcher requestDispatcher;
// Den PrintWriter-Stream des HttpServletResponse-Objekts
// ermitteln
    PrintWriter out = response.getWriter();
// Attribute für die im Methodenaufruf übergebene Anfrage setzen
    request.setAttribute("Titel", titel);
    request.setAttribute("Autor", autor);
// Eine Instanz der Klasse RequestDispatcher für das Weiterleiten
// der Anfrage mit einem der folgenden Methodenaufrufe erzeugen
    requestDispatcher =
      request.getRequestDispatcher("/RequestEmpfangServlet");
  // requestDispatcher = getServletContext().
  // getRequestDispatcher("/RequestEmpfangServlet");
    if(requestDispatcher == null)
      throw new ServletException("Das Servlet "
        + "RequestEmpfangServlet wurde nicht gefunden");
// und diese an ein Servlet vom Typ der Klasse
// RequestEmpfangServlet weitergeben
    requestDispatcher.forward(request, response);
  }
}
```

Die Klasse RequestEmpfangServlet

```
import java.io.*;
import javax.servlet.*;
import javax.servlet.http.*;
import java.util.*;
public class RequestEmpfangServlet extends HttpServlet {
  private ServletContext servletContext;
  private Enumeration requestAttribute, requestParameter,
    parameterNamen;
// Die doGet()-Methode überschreiben
  public void doGet(HttpServletRequest request,
                 HttpServletResponse response)
                    throws IOException, ServletException {
    String title = "RequestDispatcher-Empfang";
// Den PrintWriter-Stream des HttpServletResponse-Objekts
```

```
// ermitteln
    PrintWriter out = response.getWriter();
// Den beim Aufruf des Servlets in der Adresszeile des Browsers
// angegebenen Wert für einen Parameter mit dem Namen "color"
// ermitteln
    String color = request.getParameter("color");
// Den Content-Type für die Antwort setzen
    response.setContentType("text/html");
// Eine HTML-Seite für den Client generieren
    out.println("<html>");
    out.println("<head>");
    out.println("<title>" + title + "</title>");
    out.println("</head>");
// Die beim Servlet-Aufruf angegebene Farbe für die HTML-Seite
// setzen
    out.println("<body bgcolor=\"" + color + "\">");
    out.println("<h3>" + title + "</h3>");
    out.println("<h4> Die vom Servlet "
      + "RequestAttributeundRequestDispatching gesetzten "
      + "Attributwerte </h4>");
    out.println("<h4>" + request.getAttribute("Titel")
      + "</h4>");
    out.println("<h4>" + request.getAttribute("Autor")
      + "</h4>");
// Alle für diese http-Anfrage gesetzten Attribute, Parameter und
// Header ermitteln
    requestAttribute = request.getAttributeNames();
    requestParameter = request.getParameterNames();
    parameterNamen = request.getHeaderNames();
    out.println("<h4> Request-Parameter </h4>");
// Die erste Enumeration-Instanz durchlaufen
    while(requestParameter.hasMoreElements()) {
      String name = (String)requestParameter.nextElement();
      String[] werte = request.getParameterValues(name);
// Die Namen und Werte der Parameter in den Output-Stream
// schreiben
      out.print("<li>" + name + ": ");
      for(String wert: werte)
        out.print(wert + "</li>");
    }
    out.println("<h4> Request-Header </h4>");
// Die zweite Enumeration-Instanz durchlaufen
    while(parameterNamen.hasMoreElements()) {
      String name = (String)parameterNamen.nextElement();
      Enumeration parameterNamen1 = request.getHeaders(name);
      while(parameterNamen1.hasMoreElements()) {
// Die Namen und Werte der Header-Einträge in den Output-Stream
// schreiben
        out.print("<li>"+ name + ": ");
```

```
          String wert = (String)parameterNamen1.nextElement();
          out.print(wert + "</li>");
        }
      }
      out.println("<h4> Request-Attribute </h4>");
// Die zweite Enumeration-Instanz durchlaufen
      while(requestAttribute.hasMoreElements()) {
        String name = (String)requestAttribute.nextElement();
        Object wert = request.getAttribute(name);
// Die Namen und Werte der Attribute in den Output-Stream schreiben
        out.print("<li>"+ name + ": ");
        out.print(wert + "</li>");
      }
// Den aktuellen Threadnamen ermitteln und in den Output-Stream
// schreiben
      out.println("<h4> Threadname: " + Thread.currentThread().
        getName() + "</h4>");
      out.println("</body>");
      out.println("</html>");
    }
}
```

Programmausgaben

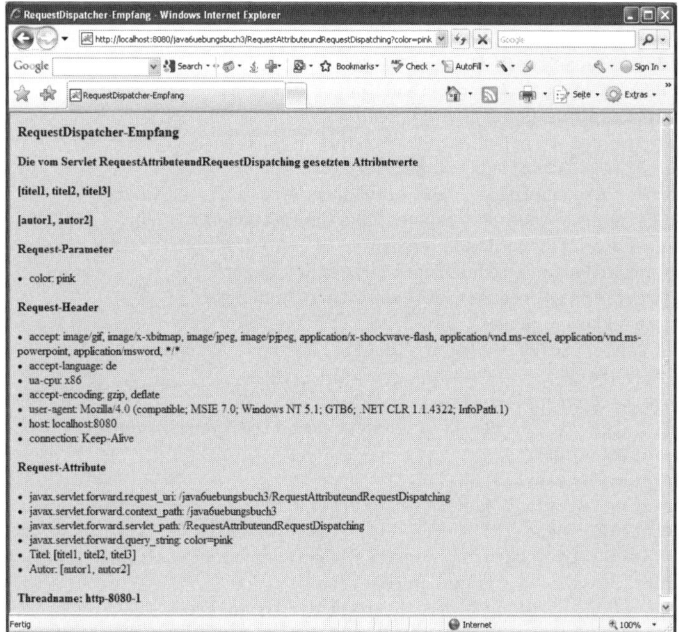

Lösung 1.18

Die Klasse ParallelitaetvonServlets

```
import java.io.*;
import javax.servlet.*;
import javax.servlet.http.*;
public class ParallelitaetvonServlets extends HttpServlet {
// Sowohl die doGet()- als auch die doPost()-Methode können
// parallel von mehreren Threads ausgeführt werden, ohne dass eine
// Synchronisierung der Abläufe automatisch erfolgt; ist dies
// gewünscht, müssen diese Methoden als synchronized definiert
// werden
  private int anzahlAufrufe1, anzahlAufrufe2;
// Die doGet()-Methode überschreiben; beim Aufruf dieser Methode
// durch den Container bekommt das Servlet Referenzen auf die
// vorher vom Container erzeugten HttpServletRequest- und
// HttpServletResponse-Instanzen
/* public void doGet(HttpServletRequest request,
                   HttpServletResponse response)
                     throws IOException, ServletException {*/
// Um die Synchronisierung von Threadabläufen zu gewährleisten,
// muss die Methode mit synchronized definiert werden
  public synchronized void doGet(HttpServletRequest request,
                          HttpServletResponse response)
                     throws IOException, ServletException {
// Einen PrintWriter-Stream für das Senden der Antwort an den
// Client, durch den Aufruf der Methode getWriter() am
// HttpServletResponse-Objekt, ermitteln
    PrintWriter out = response.getWriter();
    String title = "Parallelität bei Servlets";
// Die Namen der Eingabefelder aus Formularen werden als Parameter
// in einer Client-Anfrage übergeben, ihre Werte können mit der
// Methode getParam() eingelesen werden
    String anzahlParam = request.getParameter("Anzahl");
    String nachricht = request.getParameter("Nachricht");
    String checkbox = request.getParameter("Checkbox");
// Werte der Zählervariablen für die doGet()-Methode erhöhen
    anzahlAufrufe1++;
    response.setContentType("text/html");
// Eine HTML-Seite, die an den Browser gesendet wird, generieren
    out.println("<html>");
    out.println("<head>");
    out.println("<title>" + title + "</title>");
    out.println("</head>");
    out.println("<body bgcolor=\"white\">");
    out.println("<h2>" + title + "</h2>");
// Zweiter Servlet-Aufruf nach dem Absenden der Formulare
    if(anzahlParam != null) {
```

```
        int anzahl = 0;
        String methode;
// Jeder Client allokiert mittels Container einen eigenen Thread
// für seine Anfrage und dieser erzeugt auch neue HttpRequest- und
// HttpResponse-Objekte
        try {
          anzahl = Integer.parseInt(anzahlParam);
// Um die Parallelität von Abläufen beim Aufruf des Servlets von
// mehreren Clients aus verfolgen zu können, lassen wir den
// gerade aktuellen Thread eine Anzahl Sekunden, die gleich
// der Anzahl von Nachrichtenwiederholungen sein soll, pausieren,
// falls das dazu bereitgestellte Kontrollkästchen im Formular
// aktiviert wurde
          if(checkbox.equals("on")) {
            Thread.sleep(anzahl*1000);
            out.println("Der Thread" + Thread.currentThread().
              getName()+ " muss für " + anzahl +
                " Sekunden pausieren");
          }
        }
        catch(Exception e) {
          e.printStackTrace();
        }
// Die in einem für GET bzw. POST definierten Formular eingegebene
// Nachricht soll in der ebenfalls darin eingetragenen Anzahl in
// den Output-Stream geschrieben werden
        for(int i=0; i<anzahl;i++)
          out.println("<h3>" + nachricht +"</h3>");
// Aktuellen Threadnamen ermitteln und an den Client schreiben
        out.println("<h3> Threadname: " + Thread.currentThread().
           getName()+"</h3>");
// Den http-Methodennamen ermitteln und die Anzahl von
// Methodenaufrufen in den Output-Stream schreiben
        methode = request.getMethod();
        if(methode.equals("GET")) {
          out.println("<h3> Anzahl Aufrufe GET-Methode: "
            + anzahlAufrufe1 +"</h3>");
        }
        else if(methode.equals("POST")) {
          out.println("<h3> Anzahl Aufrufe POST-Methode: "
            + anzahlAufrufe2 +"</h3>");
        }
      }
// Erster Servlet-Aufruf; es werden zwei Formulare mit je zwei
// Textfeldern und einem Button für das Absenden erzeugt; nach
// dem Abschicken eines Formulars soll dasselbe Servlet
// nochmals aufgerufen werden
      else {
        out.println("<h3> Formular für GET </h3>");
```

```
        out.println("<form method=\"get\" action=\"http://localhost:8080/
        java6uebungsbuch3/ParallelitaetvonServlets\">");
// Weil dasselbe Servlet noch mal aufgerufen wird, kann der
// action-Parameter wegbleiben
   //   out.println("<form method=\"get\">"); //ist auch korrekt
// Definition der Textfelder
        out.println("<br> Anzahl Nachrichten: ");
        out.println("<input name=\"Anzahl\" size=\"10\">");
        out.println("<br> Nachrichtentext: ");
        out.println("<input name=\"Nachricht\" size=\"50\">");
// Definition eines Kontrollkästchens und eines Buttons
        out.println("<center>");
        out.println("<input type=\"checkbox\" name=\"Checkbox\"
        checked>");
        out.println("Soll der Thread zum Pausieren veranlasst"
          + " werden?");
        out.println("<input type=\"submit\" value=\"Anfrage senden\">");
        out.println("</center>");
        out.println("</form");
// Ein gleich aussehendes Formular für http-POST-Anfragen erzeugen
        out.println("<h3> Formular für POST ");
        out.println("<form method=\"post\" action=\"http://localhost:
        8080/java6uebungsbuch3/ParallelitaetvonServlets\">");
// Weil dasselbe Servlet noch mal aufgerufen wird, kann der
// action-Parameter wegbleiben
   //   out.println("<form method=\"post\">"); //ist auch korrekt
// Definition der Textfelder
        out.println("<br> Anzahl Nachrichten: ");
        out.println("<input name=\"Anzahl\" size=\"10\">");
        out.println("<br> Nachrichtentext: ");
        out.println("<input name=\"Nachricht\" size=\"50\">");
// Definition eines Kontrollkästchens und eines Buttons
        out.println("<center>");
        out.println("<input type=\"checkbox\" name=\"Checkbox\"
        checked>");
        out.println("Soll der Thread zum Pausieren veranlasst"
          + " werden?");
        out.println("<input type=\"submit\" value=\"Anfrage senden\">");
        out.println("</center>");
        out.println("</form");
      }
      out.println("</body></html>");
  }
// Die doPost()-Methode überschreiben
  public void doPost(HttpServletRequest request,
                  HttpServletResponse response)
                     throws IOException, ServletException {
// Um die Synchronisierung von Threadabläufen zu gewährleisten,
// muss die Methode mit synchronized definiert werden
```

```
/* public synchronized void doPost(HttpServletRequest request,
                                   HttpServletResponse response)
                      throws IOException, ServletException {*/
// Werte der Zählervariablen für die doGet()-Methode verringern
// und für die doPost()-Methode erhöhen
     anzahlAufrufe1--;
     anzahlAufrufe2++;
// und daraus die doGet()-Methode mit den übergebenen Referenzen
// aufrufen
     doGet(request, response);
   }
}
```

Hinweise zu den Programmausgaben

Beim Testen werden Sie feststellen, dass die darin gespeicherte Anzahl von Aufrufen von parallel gestarteten Threads nacheinander inkrementiert wird, wenn die Servlet-Methoden mit `synchronized` definiert werden, und dies Thread-spezifisch erfolgt und nicht unbedingt korrekt, wenn dies nicht der Fall ist.

Programmausgaben

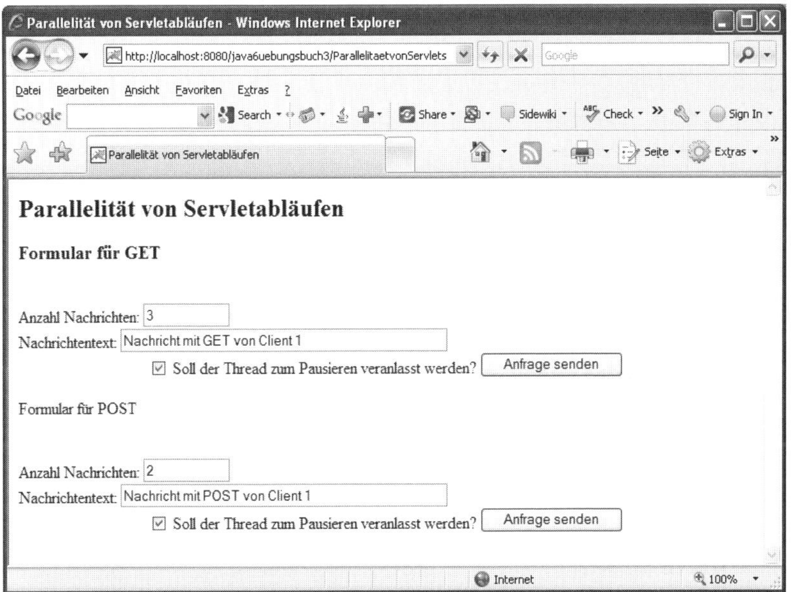

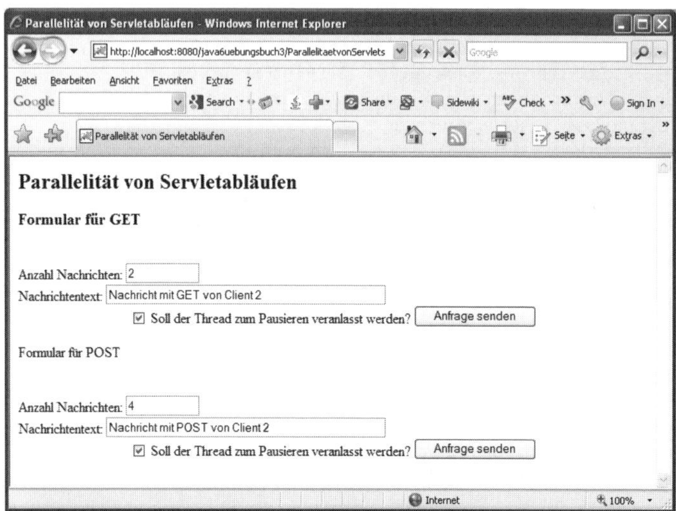
Parallelität von Servletabläufen - Windows Internet Explorer
http://localhost:8080/java6uebungsbuch3/ParallelitaetvonServlets
Parallelität von Servletabläufen
Formular für GET
Anzahl Nachrichten: 2
Nachrichtentext: Nachricht mit GET von Client 2
Soll der Thread zum Pausieren veranlasst werden?
Anfrage senden
Formular für POST
Anzahl Nachrichten: 4
Nachrichtentext: Nachricht mit POST von Client 2
Soll der Thread zum Pausieren veranlasst werden?
Anfrage senden

Parallelität von Servletabläufen - Windows Internet Explorer
Parallelität von Servletabläufen
Der Threadhttp-8080-2 muss für 3 Sekunden pausieren
Nachricht mit GET von Client 1
Nachricht mit GET von Client 1
Nachricht mit GET von Client 1
Threadname: http-8080-2
Anzahl Aufrufe GET-Methode: 3

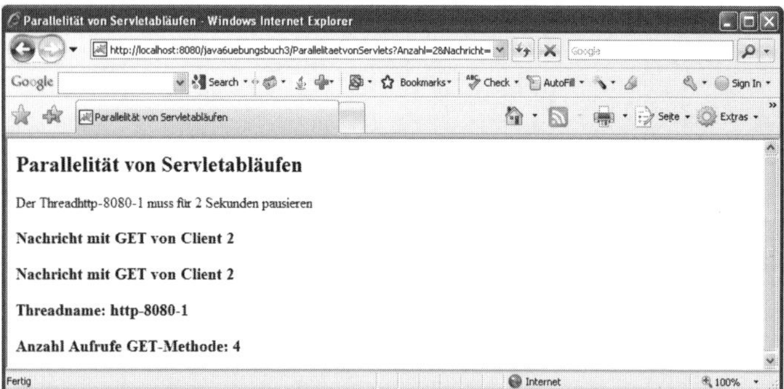
Parallelität von Servletabläufen - Windows Internet Explorer
Parallelität von Servletabläufen
Der Threadhttp-8080-1 muss für 2 Sekunden pausieren
Nachricht mit GET von Client 2
Nachricht mit GET von Client 2
Threadname: http-8080-1
Anzahl Aufrufe GET-Methode: 4

Lösung 1.19

Die Klasse AttributefuerServlet1

```
import java.io.*;
import javax.servlet.*;
import javax.servlet.http.*;
public class AttributefuerServlet1 extends HttpServlet {
// Die doGet()-Methode überschreiben
  public void doGet(HttpServletRequest request,
                HttpServletResponse response)
                   throws IOException, ServletException {
    String title = "Sind die ServletContext- und ServletRequest"
      + "-Attribute Thread-sicher?";
    String requestAttribut1, requestAttribut2, contextAttribut1,
      contextAttribut2;
// Den PrintWriter-Stream des HttpServletResponse-Objekts
// ermitteln
    PrintWriter out = response.getWriter();
// Die ServletContext-Instanz für dieses Servlet ermitteln
    ServletContext servletContext;
// Den Context anstatt das Servlet sperren
    synchronized(servletContext = getServletContext()) {
// Attribute für die im Methodenaufruf übergebene Anfrage setzen
      request.setAttribute("zahl1", "111");
      request.setAttribute("zahl2", "222");
// Attribute für Servlet-Context setzen, diese können den
// gleichen Namen wie die ServletRequest-Attribute tragen
      servletContext.setAttribute("zahl1", "111");
      servletContext.setAttribute("zahl2", "222");
      try {
// Um die Thread-Sicherheit von ServletContext- und
// ServletRequest-Attributen bei einem parallelen Ablauf von
// Servlets zu testen, lassen wir den aktuellen Thread für zehn
// Sekunden pausieren, bevor auf diese Attribute lesend
// zugegriffen wird
        Thread.sleep(10000);
        out.println("Der Thread" + Thread.currentThread().
        getName()+ " soll 10 Sekunden pausieren");
      }
      catch(Exception e) {
        e.printStackTrace();
      }
      requestAttribut1 = (String)request.getAttribute("zahl1");
      requestAttribut2 = (String)request.getAttribute("zahl2");
      contextAttribut1 =
        (String)servletContext.getAttribute("zahl1");
      contextAttribut2 =
        (String)servletContext.getAttribute("zahl2");
    }
```

```
// Den Content-Type für die Antwort setzen
     response.setContentType("text/html");
// Eine HTML-Seite für den Client generieren
     out.println("<html>");
     out.println("<head>");
     out.println("<title>" + title + "</title>");
     out.println("</head>");
     out.println("<body bgcolor=\"white\">");
     out.println("<h3>" + title + "</h3>");
// Die für die http-Anfrage und den ServletContext gesetzten
// Attribute ermitteln und in den Output-Stream schreiben
     out.println("Request-Attributname: zahl1 <br />");
     out.println("Request-Attributwert: "
       + requestAttribut1 + "<br />");
     out.println("Request-Attributname: zahl2 <br />");
     out.println("Request-Attributwert: "
       + requestAttribut2 + "<br />");
     out.println("Context-Attributname: zahl1 <br />");
     out.println("Context-Attributwert: "
       + contextAttribut1 + "<br />");
     out.println("Context-Attributname: zahl2 <br />");
     out.println("Context-Attributwert: "
       + contextAttribut2 + "<br />");
// Den aktuellen Threadnamen ermitteln und in den Output-Stream
// schreiben
     out.println("<h3> Threadname: " + Thread.currentThread().
       getName() + "</h3>");
     out.println("</body>");
     out.println("</html>");
  }
}
```

Die Klasse AttributefuerServlet2

```
import java.io.*;
import javax.servlet.*;
import javax.servlet.http.*;
public class AttributefuerServlet2 extends HttpServlet {
// Die doGet()-Methode überschreiben
  public void doGet(HttpServletRequest request,
                  HttpServletResponse response)
                      throws IOException, ServletException {
     String title = "Sind die ServletContext- und ServletRequest"
       + "-Attribute Thread-sicher?";
     String requestAttribut1, requestAttribut2, contextAttribut1,
       contextAttribut2;
// Den PrintWriter-Stream des HttpServletResponse-Objekts
// ermitteln
     PrintWriter out = response.getWriter();
```

```
      ServletContext servletContext;
// Die ServletContext-Instanz für dieses Servlet ermitteln
      synchronized(servletContext = getServletContext()) {
// Attribute für die im Methodenaufruf übergebene Anfrage setzen
        request.setAttribute("zahl1", "333");
        request.setAttribute("zahl2", "444");
// Attribute für Servlet-Context setzen, diese können den
// gleichen Namen wie die ServletRequest-Attribute tragen
        servletContext.setAttribute("zahl1", "333");
        servletContext.setAttribute("zahl2", "444");
        try {
// Um die Thread-Sicherheit von ServletContext- und
// ServletRequest-Attributen bei einem parallelen Ablauf von
// Servlets zu testen, lassen wir den aktuellen Thread für 2
// Sekunden pausieren, bevor auf diese Attribute lesend
// zugegriffen wird
          Thread.sleep(2000);
          out.println("Der Thread" + Thread.currentThread().
            getName() + " soll 2 Sekunden pausieren");
        }
        catch(Exception e) {
          e.printStackTrace();
        }
        requestAttribut1 = (String)request.getAttribute("zahl1");
        requestAttribut2 = (String)request.getAttribute("zahl2");
        contextAttribut1 =
          (String)servletContext.getAttribute("zahl1");
        contextAttribut2 =
          (String)servletContext.getAttribute("zahl2");
      }
// Den Content-Type für die Antwort setzen
      response.setContentType("text/html");
// Eine HTML-Seite für den Client generieren
      out.println("<html>");
      out.println("<head>");
      out.println("<title>" + title + "</title>");
      out.println("</head>");
      out.println("<body bgcolor=\"white\">");
      out.println("<h3>" + title + "</h3>");
// Die für die http-Anfrage und den ServletContext gesetzten
// Attribute ermitteln und in den Output-Stream schreiben
      out.println("Request-Attributname: zahl1 <br />");
      out.println("Request-Attributwert: "
        + requestAttribut1 + "<br />");
      out.println("Request-Attributname: zahl2 <br />");
      out.println("Request-Attributwert: "
        + requestAttribut2 + "<br />");
      out.println("Context-Attributname: zahl1 <br />");
      out.println("Context-Attributwert: "
```

```
        + contextAttribut1 + "<br />");
      out.println("Context-Attributname: zahl2 <br />");
      out.println("Context-Attributwert: "
        + contextAttribut2 + "<br />");
// Den aktuellen Threadnamen ermitteln und in den Output-Stream
// schreiben
      out.println("<h3> Threadname: " + Thread.currentThread().
        getName() + "</h3>");
      out.println("</body>");
      out.println("</html>");
   }
}
```

Programmausgaben

- ohne `synchronized`

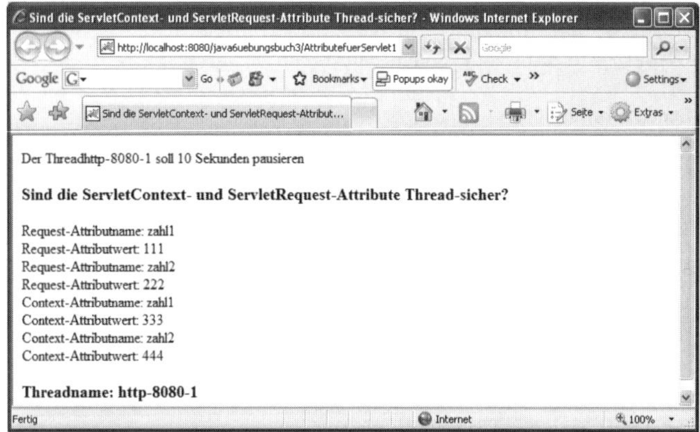

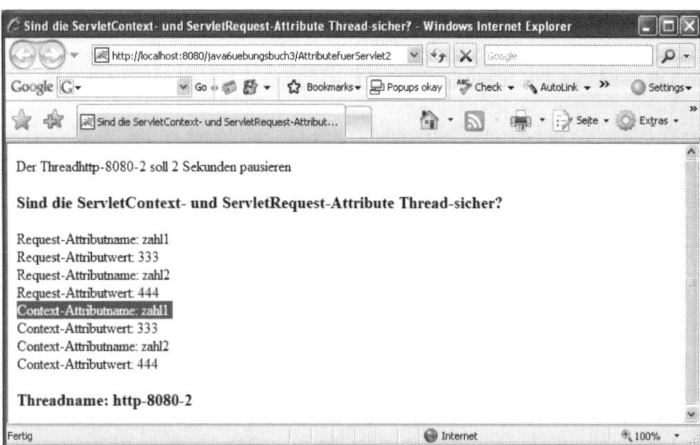

- mit synchronized

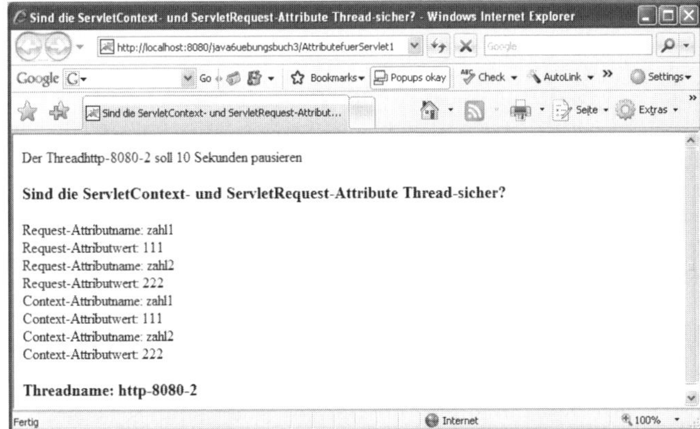

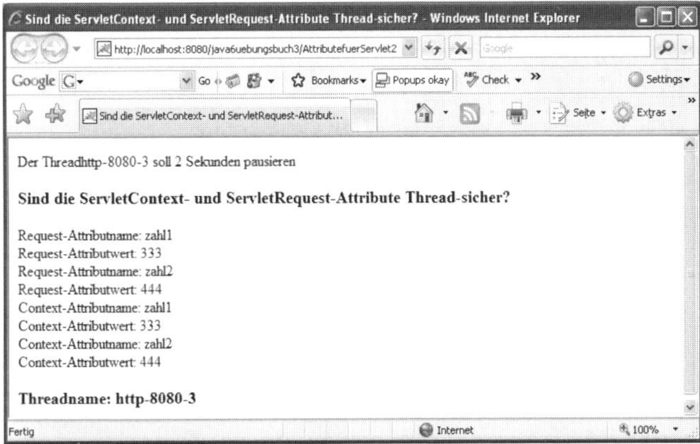

Lösung 1.20

Die Klasse ServletPfadnamen

```
import java.io.*;
import javax.servlet.*;
import javax.servlet.http.*;
import java.util.*;
public class ServletPfadnamen extends HttpServlet {
// Die doGet()-Methode überschreiben
  public void doGet(HttpServletRequest request,
                    HttpServletResponse response)
                       throws IOException, ServletException {
```

```
// Einen PrintWriter-Stream für das Senden der Antwort an den
// Client ermitteln
    PrintWriter out = response.getWriter();
// Die Namen der Eingabefelder aus Formularen werden als Parameter
// in einer Client-Anfrage übergeben, ihre Werte können mit der
// Methode getParameter() einzeln eingelesen werden
    String autor = request.getParameter("Autor");
// Zweiter Servlet-Aufruf nach dem Absenden des Formulars; der
// Rückgabewert der Methode getParameter() ist ein String, wenn
// der Parameter existiert, aber keinen Wert hat, wird ein leerer
// String zurückgeliefert, und wenn kein Parameter vorhanden ist,
// null
    if(autor != null) {
// Die Servlet-Pfadnamen in den Output-Stream schreiben
      getServletPath(request, out);
    }
// Erster Servlet-Aufruf; es wird ein Formular mit einem
// Textfeld, einem RadioButton und einem Button für das Absenden
// erzeugt; nach dem Abschicken des Formulars wird dasselbe
// Servlet nochmals aufgerufen
    else {
      out.println("<h3> Formular für GET </h3>");
// Dasselbe Servlet soll noch mal aufgerufen werden, allerdings
// mit einem abgeänderten Pfadnamen, darum muss das action-
// Attribut im <form>-Tag angefügt werden
      out.println("<form method=\"get\" action=\"http://localhost:8080/
      java6uebungsbuch3/ServletPfadnamen/dateiverzeichnis1/
      dateiverzeichnis2\">");
// Definition des Textfeldes
      out.println("<br> Autor eingeben:");
      out.println("<input name=\"Autor\" size=\"50\">");
// Definition des Radiobuttons
      out.println("<br>Java 6 Das Übungsbuch Band I");
      out.println("<input type = \"radio\" name = \"Buch\" value=\"Java 6
      Das Übungsbuch Band I\">");
      out.println("Java 6 Das Übungsbuch Band II");
      out.println("<input type = \"radio\" name = \"Buch\" value=\"Java 6
      Das Übungsbuch Band II\">");
      out.println("Java 6 Das Übungsbuch Band III");
      out.println("<input type = \"radio\" name = \"Buch\" value=\"Java 6
      Das Übungsbuch Band III\">");
// Definition eines Buttons zum Abschicken des Formulars
      out.println("<center>");
      out.println("<input type=\"submit\" value=\"Anfrage senden\">");
      out.println("</center>");
      out.println("</form");
// Die Servlet-Pfadnamen in den Output-Stream schreiben
      getServletPath(request, out);
```

```
// Eine Nachricht in ein Servlet-Log-File schreiben; dieses wird
// unter einem Namen wie localhost.2008-09-30.log im Verzeichnis
// C:\Programme\Apache Software Foundation\Tomcat 6.0\logs
// hinterlegt
      getServletContext().log("Logging-String1");
// Eine Nachricht und ein StackTrace für eine erzeugte
// ServletException-Ausnahme in dasselbe Servlet-Log-File
// schreiben
      getServletContext().log("Logging-String2",
         new ServletException("Logging-Msg"));
// Auf die Standard-Ausgabe schreiben; diese ist in Tomcat
// ebenfalls einem Log-File, das sich im Verzeichnis
// C:\Programme\Apache Software Foundation\Tomcat 6.0\logs
// befindet, zugeordnet (z.B. stdout_200080930.log)
      System.out.println("Logging-String3");
    }
    out.println("</body></html>");
  }
// Instanzmethode, die die Methoden der Interfaces
// HttpServletRequest und ServletContext aufruft
  public void getServletPath(HttpServletRequest request,
                             PrintWriter out) {
// Die Request-URL und -URI, den Request-Path mit seinen
// Teilkomponenten: Context-Path, Servlet-Path und Path-Info,
// wie auch den Path-Translated und den Request-String der
// Anfrage ermitteln und im HTML-Text eintragen
    out.println("<b>URL: </b>");
    out.println(request.getRequestURL());
    out.println("<br />");
    out.println("<b>URI (Request-Path): </b>");
    out.println(request.getRequestURI());
    out.println("<br />");
    out.println("<b>Context-Path: </b>");
    out.println(request.getContextPath());
    out.println("<br />");
    out.println("<b>Servlet-Path: </b>");
    out.println(request.getServletPath());
    out.println("<br />");
    out.println("<b>Path-Info: </b>");
    out.println(request.getPathInfo());
    out.println("<br />");
    out.println("<b>Path-Translated: </b>");
    out.println(request.getPathTranslated());
    out.println("<br />");
    out.println("<b>Real-Path: </b>");
    out.println(getServletContext().getRealPath("/"));
    out.println("<br />");
    out.println("<b>Request-String (Query-String): </b>");
```

```
        out.println(request.getQueryString());
    }
}
```

Die Datei localhost.2008-09-30.log

```
30.09.2008 08:36:13 org.apache.catalina.core.ApplicationContext log
INFO: ContextListener: contextInitialized()
30.09.2008 08:36:13 org.apache.catalina.core.ApplicationContext log
INFO: SessionListener: contextInitialized()
30.09.2008 08:45:46 org.apache.catalina.core.ApplicationContext log
INFO: Logging-String1
30.09.2008 08:45:46 org.apache.catalina.core.ApplicationContext log
SCHWERWIEGEND: Logging-String2
javax.servlet.ServletException: Logging-Msg
        at ServletPfadnamen.doGet(ServletPfadnamen.java:124)
        at javax.servlet.http.HttpServlet.service(HttpServlet.java:690)
        at javax.servlet.http.HttpServlet.service(HttpServlet.java:803)
        at org.apache.catalina.core.ApplicationFilterChain.internalDoFil-
        ter(ApplicationFilterChain.java:290)
        at org.apache.catalina.core.ApplicationFilterChain.doFilter(Appli-
        cationFilterChain.java:206)
        at org.apache.catalina.core.StandardWrapperValve.invoke(Standard-
        WrapperValve.java:233)
        at org.apache.catalina.core.StandardContextValve.invoke(Standard-
        ContextValve.java:175)
        at org.apache.catalina.core.StandardHostValve.invoke(StandardHost-
        Valve.java:128)
        at org.apache.catalina.valves.ErrorReportValve.invoke(ErrorReport-
        Valve.java:102)
        at org.apache.catalina.core.StandardEngineValve.invoke(StandardEn-
        gineValve.java:109)
        at org.apache.catalina.connector.CoyoteAdapter.service(CoyoteAdap-
        ter.java:286)
        at org.apache.coyote.http11.Http11Processor.pro-
        cess(Http11Processor.java:844)
        at org.apa-
        che.coyote.http11.Http11Protocol$Http11ConnectionHandler.pro-
        cess(Http11Protocol.java:583)
        at org.apache.tomcat.util.net.JIoEndpoint$Worker.run(JIoEnd-
        point.java:447)
        at java.lang.Thread.run(Unknown Source)
```

Die Datei stdout_20080930.log

```
Logging-String3
```

Programmausgaben

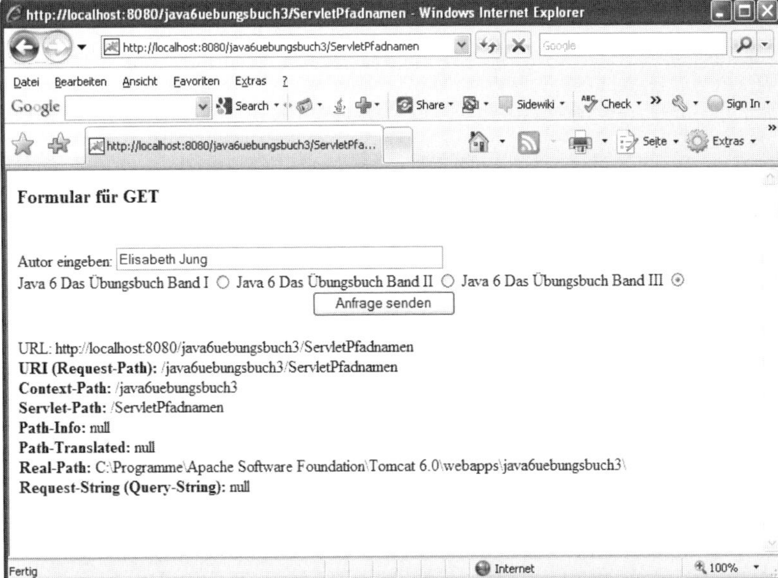

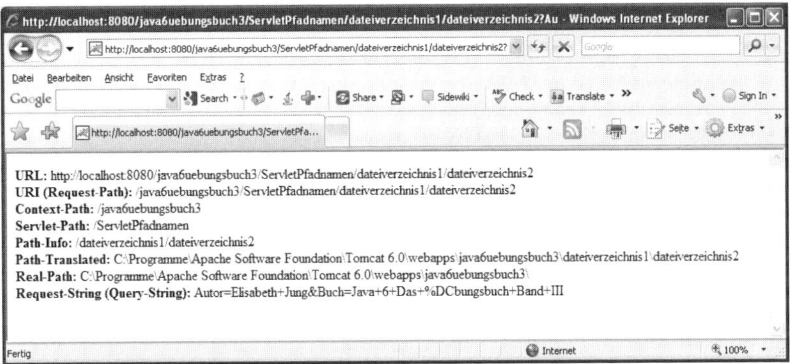

Lösung 1.21

Die Klasse HttpResponseHeaderRefresh

```
import java.io.*;
import javax.servlet.*;
import javax.servlet.http.*;
import java.util.*;
public class HttpResponseHeaderRefresh extends HttpServlet {
// Die doGet()-Methode überschreiben
  public void doGet(HttpServletRequest request,
                    HttpServletResponse response)
                        throws IOException, ServletException {
// Einen PrintWriter-Stream für das Senden der Antwort an den
// Client ermitteln
     PrintWriter out = response.getWriter();
     String title = "Http-ResponseHeader: Refresh";
// Den Content-Type-Header für die Antwort mit der Methode
// setHeader() setzen
     response.setHeader("ContentType", "text/html");
// Den Refresh-Header setzen, der angibt, nach Ablauf welcher Zeit
// in Sekunden der Browser nach einer aktualisierten Seite fragen
// soll
     response.setIntHeader("Refresh", 5);
   // response.setHeader("Refresh", "5"); // ist auch korrekt
// Eine HTML-Seite für den Client generieren
     out.println("<html>");
     out.println("<head>");
     out.println("<title>" + title + "</title>");
     out.println("</head>");
     out.println("<body bgcolor=\"pink\">");
     out.println("<h3>" + title + "</h3>");
// Den dynamischen Teil der Webseite generieren
     out.println("Die aktuelle Uhrzeit wird alle 5 "
       + "Sekunden angezeigt: " + new Date().toString()
         + "<br />");
// Den aktuellen Threadnamen ermitteln und in den Output-Stream
// schreiben
     out.println("<h3> Threadname: " + Thread.currentThread().
       getName() + "</h3>");
     out.println("</body>");
     out.println("</html>");
  }
}
```

Die Klasse HttpResponseHeaderRefreshmitURL

```
import java.io.*;
import javax.servlet.*;
```

```
import javax.servlet.http.*;
public class HttpResponseHeaderRefreshmitURL extends HttpServlet {
// Die doGet()-Methode überschreiben
  public void doGet(HttpServletRequest request,
                    HttpServletResponse response)
                        throws IOException, ServletException {
// Den Refresh-Header setzen, um den Browser anzuweisen, nach
// 5 Sekunden zu der angegebenen URL zu verzweigen
    response.setHeader("Refresh",
"5;URL=http://localhost:8080/java6uebungsbuch3/DynamischeErrorPage");
  }
}
```

Programmausgaben

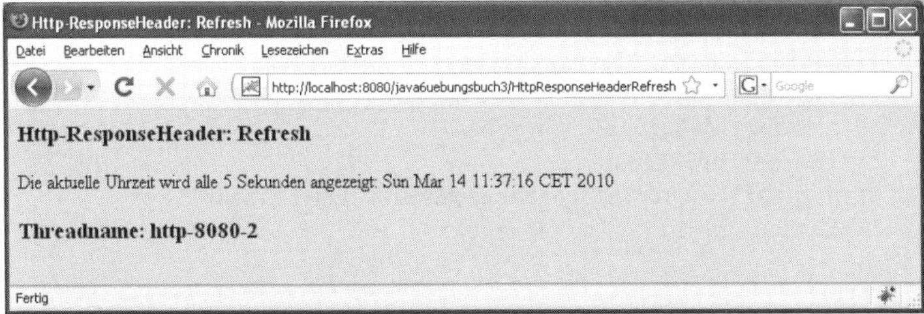

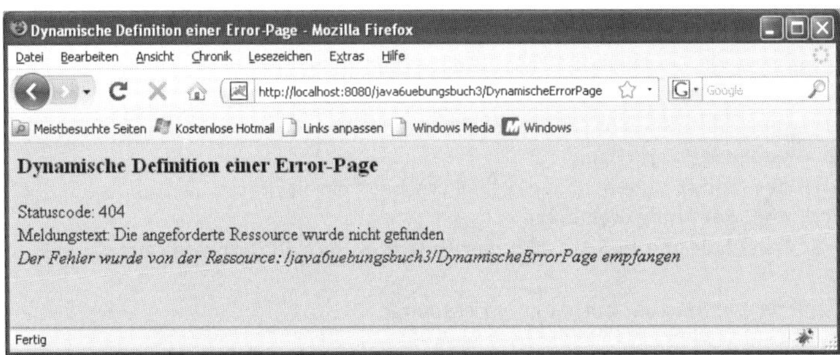

Lösung 1.22

Die Klasse HttpResponseHeaderundStatusCode

```
import java.io.*;
import javax.servlet.*;
import javax.servlet.http.*;
import java.util.*;
public class HttpResponseHeaderundStatusCode
                                   extends HttpServlet {
```

```
// Die doGet()-Methode überschreiben
   public void doGet(HttpServletRequest request,
                     HttpServletResponse response)
                         throws IOException, ServletException {
      String url;
      WebSeiten webSeiten;
      Map<Integer,String> map;
      int indexWebSeite;
      int anzahlWebSeiten = 5;
// Instanz der Klasse Random für das Generieren von Zufallszahlen
// erzeugen
      Random random = new Random();
// Die Namen und Werte der Header-Einträge ermitteln
      Enumeration parameterNamen1 = request.getHeaderNames();
      while(parameterNamen1.hasMoreElements()) {
         String name = (String)parameterNamen1.nextElement();
         Enumeration parameterNamen2 = request.getHeaders(name);
         while(parameterNamen2.hasMoreElements()) {
// und auf die Standard-Ausgabe schreiben
            System.out.print(name);
            String wert = (String)parameterNamen2.nextElement();
            System.out.println(": " + wert);
         }
      }
// Per Zufall einen Index für die Auswahl einer Webseite
// generieren
      indexWebSeite = Math.abs(random.nextInt())%anzahlWebSeiten;
// Eine Instanz der externen Klasse WebSeiten erzeugen,
      webSeiten = new WebSeiten();
// Map<Integer,String>-Instanz ermitteln
      map = webSeiten.getMap();
// und die dem Index zugeordnete Webseite bestimmen
      url = map.get(indexWebSeite);
// Http-Statuscode und Header für das Umleiten der Client-Anfrage
// setzen
      response.setStatus(HttpServletResponse.
       SC_MOVED_TEMPORARILY);
      response.setHeader("Location", url);
// Beide Methodenaufrufe können durch einen ersetzt werden, der
// das Setzen der Werte in sich verbirgt
      // response.sendRedirect(url);
// Mit der println()-Methode Nachrichtentexte in das stdout.-Log-
// File von Tomcat mit der benutzten HTTP-Version,
      System.out.println(request.getProtocol());
// dem generierten Index und der URL der damit gewählten
// Webseite schreiben
      System.out.println("Ausgewählte Webseite: " + url);
      System.out.println("Per Zufall generierter Index"
           + " fuer eine Webseite: " + indexWebSeite);
```

```
   }
}
```

Die Klasse WebSeiten (wurde in derselben `.java`-Datei als externe Klasse definiert)

```
class WebSeiten {
// Globale Referenz vom Typ des generischen Interface
// Map<Integer,String>
   private Map<Integer,String> map;
// Konstruktordefinition
   public WebSeiten() {
// Instanz vom Typ der parametrisierten Klasse
// HashMap<Integer,String> erzeugen
      map = new HashMap<Integer,String>();
// und Abbildungen des Seitenindex auf die URL der Webseite
// eintragen
      map.put(1,"http://www.servlets.com");
      map.put(2,"http://www.servlet.com");
      map.put(3,"http://java.sun.com/products/servlet/index.jsp");
      map.put(4,"http://java.sun.com/products/servlet/");
      map.put(5,"http://java.sun.com/products/servlet/2.5/docs/"
        + "servlet-2_5-mr2/allclasses-frame.html");
   }
// Zugriffsmethode
   public Map<Integer,String> getMap() {
      return map;
   }
}
```

Programmausgaben

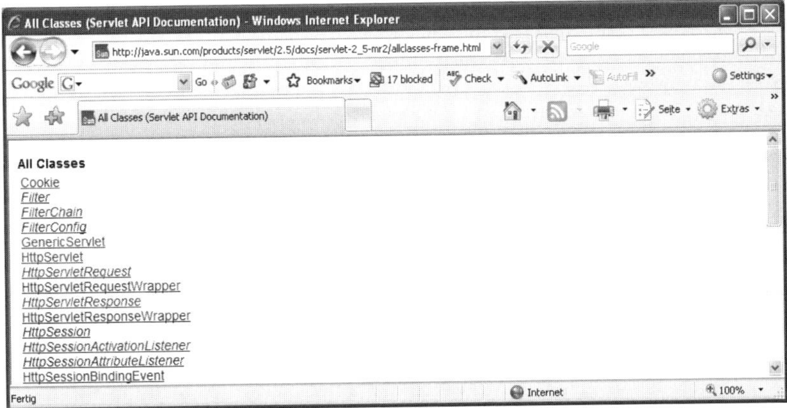

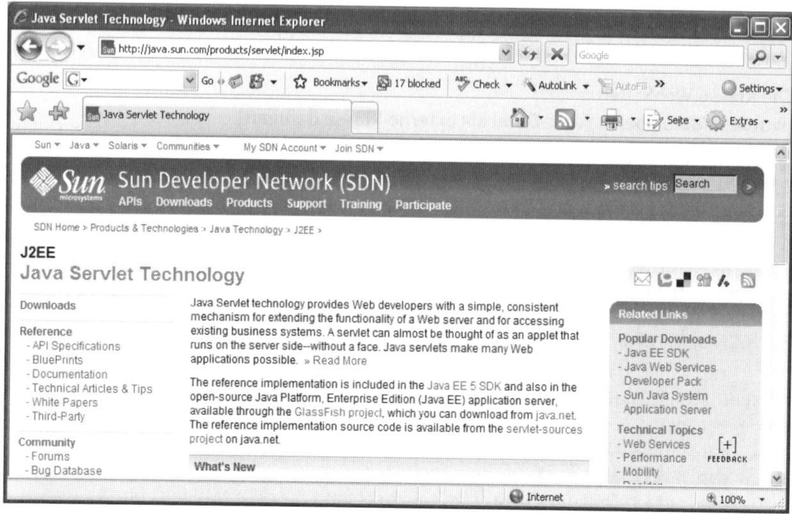

Ausschnitt aus der Datei stdout_20081003.log

```
accept-encoding: gzip, deflate
user-agent: Mozilla/4.0 (compatible; MSIE 7.0; Windows NT 5.1; .NET
CLR 1.1.4322; InfoPath.1)
host: localhost:8080
connection: Keep-Alive
HTTP/1.1
Ausgewählte Webseite: http://java.sun.com/products/servlet/2.5/docs/
servlet-2_5-mr2/allclasses-frame.html
Per Zufall generierter Index fuer eine Webseite: 3
accept: image/gif, image/x-xbitmap, image/jpeg, image/pjpeg, application/
x-shockwave-flash, application/vnd.ms-excel, application/
vnd.ms-powerpoint, application/msword, */*
accept-language: de
ua-cpu: x86
accept-encoding: gzip, deflate
user-agent: Mozilla/4.0 (compatible; MSIE 7.0; Windows NT 5.1; .NET
CLR 1.1.4322; InfoPath.1)
host: localhost:8080
connection: Keep-Alive
HTTP/1.1
Ausgewählte Webseite: http://java.sun.com/products/servlet/index.jsp
Per Zufall generierter Index fuer eine Webseite: 1
accept: image/gif, image/x-xbitmap, image/jpeg, image/pjpeg, application/
x-shockwave-flash, application/vnd.ms-excel, application/
vnd.ms-powerpoint, application/msword, */*
accept-language: de
ua-cpu: x86
```

```
accept-encoding: gzip, deflate
user-agent: Mozilla/4.0 (compatible; MSIE 7.0; Windows NT 5.1; .NET
CLR 1.1.4322; InfoPath.1)
host: localhost:8080
connection: Keep-Alive
```

Lösung 1.23

Die Klasse SuchenimWeb

```
import java.io.*;
import javax.servlet.*;
import javax.servlet.http.*;
import java.util.*;
public class SuchenimWeb extends HttpServlet {
// Die doGet()-Methode überschreiben
  public void doGet(HttpServletRequest request,
                HttpServletResponse response)
                   throws IOException, ServletException {
     String url;
     Map<String,String> map;
     WebSuchMaschinen webSuchMaschinen;
     Enumeration parameterNamen1 = request.getHeaderNames();
// Die Namen der Eingabefelder aus Formularen werden als Parameter
// in einer Client-Anfrage übergeben, ihre Werte können mit der
// Methode getParameter() einzeln eingelesen werden
     String suchbegriff = request.getParameter("Suchbegriff");
     String suchMaschine = request.getParameter("Suchmaschine");
     while(parameterNamen1.hasMoreElements()) {
        String name = (String)parameterNamen1.nextElement();
        Enumeration parameterNamen2 = request.getHeaders(name);
        while(parameterNamen2.hasMoreElements()) {
// Die Namen und Werte der Header-Einträge auf die Standard-
// Ausgabe schreiben
           System.out.println(name);
           String wert = (String)parameterNamen2.nextElement();
           System.out.println(wert);
        }
     }
     System.out.println(request.getProtocol());
// Servlet-Aufruf nach dem Absenden des Formulars mit
// SuchmaschinenFormular.html; über den
// Rückgabewert der Methode getParameter() soll geprüft werden,
// ob in beiden Textfeldern Werte vom Benutzer eingetragen wurden
     if(suchbegriff == null) {
// Senden einer Fehlermeldung, die vom System in ein HTML-Dokument
// fertig reinformatiert wird
        response.sendError(HttpServletResponse.SC_NOT_FOUND,
          "Es wurde kein Suchbegriff eingegeben");
```

```
// und die doGet()-Methode verlassen
         return;
      }
      if(suchMaschine == null) {
// Senden einer Fehlermeldung, die vom System in ein HTML-Dokument
// fertig reinformatiert wird
         response.sendError(HttpServletResponse.SC_NOT_FOUND,
           "Es wurde keine Suchmaschine ausgewählt");
// und die doGet()-Methode verlassen
         return;
      }
// Eine Instanz der externen Klasse WebSuchMaschinen erzeugen,
      webSuchMaschinen = new WebSuchMaschinen();
// Map<Integer,String>-Instanz ermitteln
      map = webSuchMaschinen.getMap();
// Die in der Abbildung dem Schlüssel suchMaschine zugeordnete
// URL bestimmen, Suchfrage formulieren
      url = map.get(suchMaschine) + suchbegriff;
// und an die entsprechende Suchmaschine weiterleiten
      response.sendRedirect(url);
// Mit der log()-Methode von ServletContext Nachrichtentexte in
// das localhost.-Log-File mit der benutzten HTTP-Version,
      getServletContext().log(request.getProtocol());
// dem eingegebenen Suchbegriff und Namen der vom Benutzer
// gewählten Suchmaschine schreiben
      getServletContext().log("Ausgewählte Suchmaschine: "
        + map.get(suchMaschine));
      getServletContext().log("Eingegebener Suchbegriff: "
        + suchbegriff);
   }
// Die doPost()-Methode überschreiben
   public void doPost(HttpServletRequest request,
                  HttpServletResponse response)
                     throws IOException, ServletException {
// und daraus die doGet()-Methode mit den übergebenen Referenzen
// aufrufen
      doGet(request, response);
   }
}
```

Die Klasse WebSuchMaschinen (wurde in derselben `.java`-Datei als externe Klasse definiert)

```
class WebSuchMaschinen {
// Globale Referenz vom Typ des generischen Interface
// Map<Integer,String>
   private Map<String,String> map;
// Konstruktordefinition
   public WebSuchMaschinen() {
```

```
// Instanz vom Typ der parametrisierten Klasse
// HashMap<String,String> erzeugen
      map = new HashMap<String,String>();
// und Abbildungen des Namens der Suchmaschine auf die URL der
// Webseite eintragen
      map.put("Google", "http://www.google.com/search?q=");
      map.put("Yahoo", "http://de.search.yahoo.com/search?p=");
      map.put("LiveSearch", "http://www.ndparking.com/livesearch."
        +"com/serve.php?lp=");
   }
// Zugriffsmethode
   public Map<String,String> getMap() {
      return map;
   }
}
```

Die Klasse DynamischeErrorPage

```
import java.io.*;
import javax.servlet.*;
import javax.servlet.http.*;
public class DynamischeErrorPage extends HttpServlet {
// Die doGet()-Methode überschreiben
   public void doGet(HttpServletRequest request,
                     HttpServletResponse response)
                       throws IOException, ServletException {
      String title = "Dynamische Definition einer ErrorPage";
// Den PrintWriter-Stream des HttpServletResponse-Objekts
// ermitteln
      PrintWriter out = response.getWriter();
// Die Werte der Initialisierungsparameter statusCode und
// meldungsText der Webapplikation lesen
      String statusCode = (String)getServletContext().
        getInitParameter("statusCode");
      String meldungsText = (String)getServletContext().
        getInitParameter("meldungsText");
// Den Content-Type für die Antwort setzen
      response.setContentType("text/html");
// Eine HTML-Seite für den Client generieren
      out.println("<html>");
      out.println("<head>");
      out.println("<title>" + title + "</title>");
      out.println("</head>");
      out.println("<body bgcolor=\"pink\">");
      out.println("<h3>" + title + "</h3>");
// Die ermittelten Parameterwerte in den Output-Stream schreiben
      out.println("Statuscode: " + statusCode + "<br></br>");
      out.println("Meldungstext: " + meldungsText + "<br></br>");
      out.println("<I>Der Fehler wurde von der Ressource: " +
```

```
      request.getRequestURI() + " empfangen </I>");
    out.println("</body>");
    out.println("</html>");
  }
}
```

Die HTML-Seite SuchmaschinenFormular.html

```
<html><head>
<title>Die http-Methode POST</title>
</head>
<body>
<h3>Formular mit Suchmaschinen im Web</h3>
<form method="POST"
  action="http://localhost:8080/java6uebungsbuch3/
SuchenimWeb">
  Suchbegriff:
    <input Type="Text" Name="Suchbegriff" Value="Java 6 Das Übungsbuch"
     Size="25"><br>
  Suchmaschine:
    <input Type="Radio" Name="Suchmaschine" Value="Google">Google
    <input Type="Radio" Name="Suchmaschine" Value="LiveSearch">LiveSearch
    <input Type="Radio" Name="Suchmaschine" Value="Yahoo">Yahoo
  <center>
    <input type="SUBMIT">
  </center>
</form></body></html>
```

Die HTML-Seite ErrorPage404.html

```
<!DOCTYPE HTML PUBLIC "-//W3C//DTD HTML 4.0 Transitional//EN">
<html><head>
  <title>Benutzerdefinierte ErrorPage</title>
</head>
<body>
<p></p>
<h2>Eigene 404-Fehlermeldung</h2>
<p></p>
<h3>Die angeforderte Ressource wurde nicht gefunden</h3>
</body></html>
```

Programmausgaben

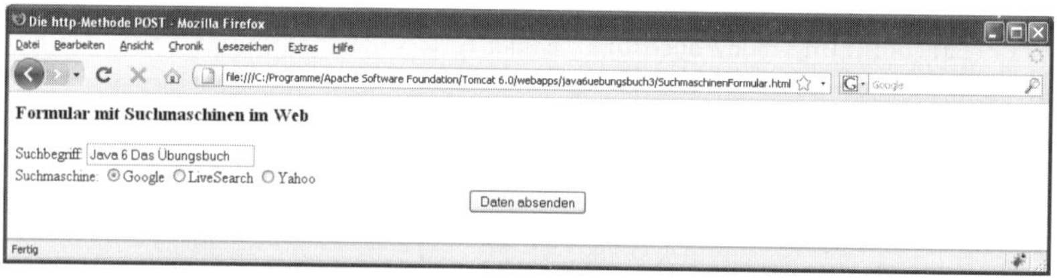

Java 6 Das Übungsbuch - Google-Suche - Mozilla Firefox
Datei Bearbeiten Ansicht Chronik Lesezeichen Extras Hilfe
http://www.google.com/search?q=Java%206%20Das%20%DCbungsbuch
Meistbesuchte Seiten Kostenlose Hotmail Links anpassen Windows Media Windows
Web Bilder Maps News Shopping E-Mail Mehr ▾
Anmelden
Google
Java 6 Das Übungsbuch
Suche
Erweiterte Suche
Einstellungen
Web-Suche Suche Seiten auf Deutsch
Web
Ergebnisse 1 - 10 von ungefähr 23.400 für Java 6 Das Übungsbuch. (0,10 Sekunden)
Java 6 - Das Übungsbuch von Elisabeth Jung erschienen bei MITP
Java 6 - Das Übungsbuch von Elisabeth Jung 200 Aufgaben mit vollständigen Lösungen
JAVABUCH Javaprogrammierung JAVA-PROGRAMMIERUNG 3-8266-1780-0 3826617800.
www.edv-buchversand.de/mitp/product.php?cnt=product&id=itp-1780 - 23k -
Im Cache - Ähnliche Seiten
Amazon.de: Java 6 Das Übungsbuch. 200 Aufgaben mit vollständigen ...
Amazon.de: Java 6 Das Übungsbuch. 200 Aufgaben mit vollständigen Lösungen: Elisabeth
Jung: Bücher.
www.amazon.de/Java-Ubungsbuch-Aufgaben-vollständigen-Lösungen/dp/3826617800 - 214k -
Im Cache - Ähnliche Seiten
Amazon.de: Java 6 - Das Übungsbuch Band II: Elisabeth Jung: Bücher
Anzeigen
Übungsbuch
Schulbücher aller Verlage: Jetzt
versandkostenfrei bei Thalia!
www.thalia.de/schulbuch
Übungsbuch - Amazon.de
Niedrige Preise, Riesen-Auswahl und
kostenlose Lieferung ab nur 20 EUR
Amazon.de
Fertig

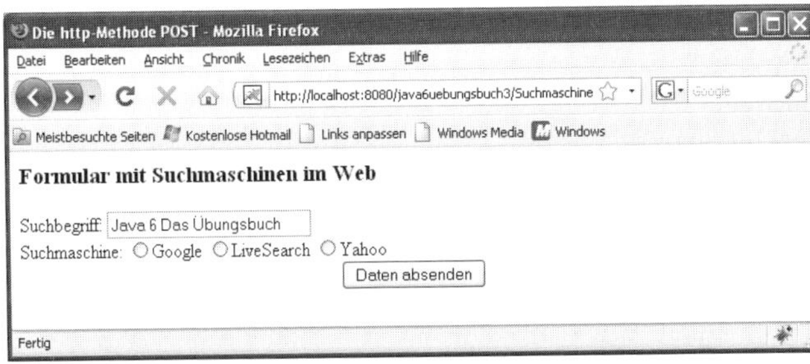
Die http-Methode POST - Mozilla Firefox
Datei Bearbeiten Ansicht Chronik Lesezeichen Extras Hilfe
http://localhost:8080/java6uebungsbuch3/Suchmaschine
Meistbesuchte Seiten Kostenlose Hotmail Links anpassen Windows Media Windows
Formular mit Suchmaschinen im Web
Suchbegriff: Java 6 Das Übungsbuch
Suchmaschine: Google LiveSearch Yahoo
Daten absenden
Fertig

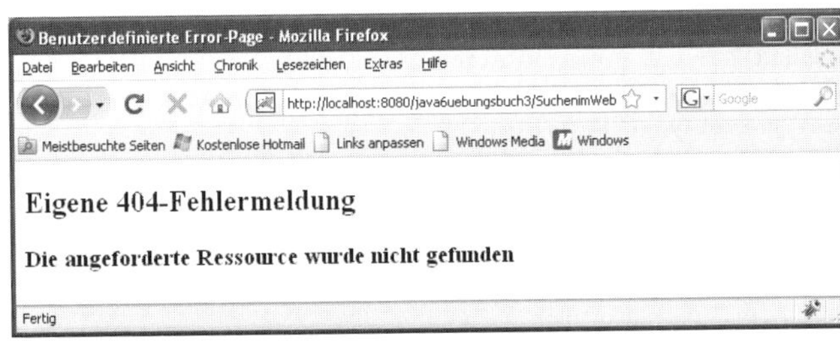
Benutzerdefinierte Error-Page - Mozilla Firefox
Datei Bearbeiten Ansicht Chronik Lesezeichen Extras Hilfe
http://localhost:8080/java6uebungsbuch3/SuchenimWeb
Meistbesuchte Seiten Kostenlose Hotmail Links anpassen Windows Media Windows
Eigene 404-Fehlermeldung
Die angeforderte Ressource wurde nicht gefunden
Fertig

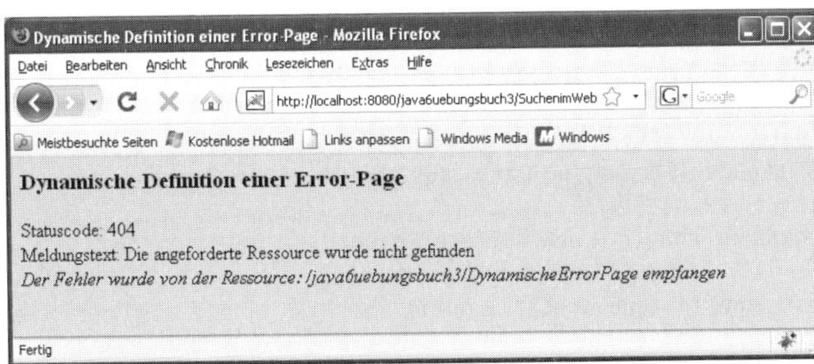
Dynamische Definition einer Error-Page - Mozilla Firefox
Datei Bearbeiten Ansicht Chronik Lesezeichen Extras Hilfe
http://localhost:8080/java6uebungsbuch3/SuchenimWeb
Meistbesuchte Seiten Kostenlose Hotmail Links anpassen Windows Media Windows
Dynamische Definition einer Error-Page
Statuscode: 404
Meldungstext: Die angeforderte Ressource wurde nicht gefunden
Der Fehler wurde von der Ressource: /java6uebungsbuch3/DynamischeErrorPage empfangen
Fertig

Ausschnitt aus der Datei localhost_20081003.log

```
03.10.2008 11:31:06 org.apache.catalina.core.ApplicationContext log
INFO: HTTP/1.1
03.10.2008 11:31:06 org.apache.catalina.core.ApplicationContext log
INFO: Ausgewählte Suchmaschine: Google
03.10.2008 11:31:06 org.apache.catalina.core.ApplicationContext log
INFO: Eingegebener Suchbegriff: Java 6 Das Übungsbuch
03.10.2008 11:33:07 org.apache.catalina.core.ApplicationContext log
INFO: HTTP/1.1
03.10.2008 11:33:07 org.apache.catalina.core.ApplicationContext log
INFO: Ausgewählte Suchmaschine: Yahoo
03.10.2008 11:33:07 org.apache.catalina.core.ApplicationContext log
INFO: Eingegebener Suchbegriff: Java 6 Das Übungsbuch
```

Lösung 1.24

Die Klasse ServletmitMIMETypeDefinitionen

```
import java.io.*;
import javax.servlet.*;
import javax.servlet.http.*;
public class ServletmitMIMETypeDefinitionen extends HttpServlet {
// Die doGet()-Methode überschreiben
  public void doGet(HttpServletRequest request,
                    HttpServletResponse response)
                      throws IOException, ServletException {
     String title = "MIME-Types";
// Einen ServletOutputStream für das Senden der Antwort an den
// Client ermitteln
     ServletOutputStream out = response.getOutputStream();
// Den Content-Type für die Antwort setzen
     response.setContentType("text/html");
// Eine HTML-Seite an den Client schreiben
     out.println("<html>");
     out.println("<head>");
     out.println("<title>" + title + "</title>");
     out.println("</head>");
     out.println("<body bgcolor=\"white\">");
     out.println("<h3>" + title + "</h3>");
     String s;
// Eine Datei mit MIME-Type-Einträgen öffnen und lesen
     try {
        String dateiName ="C:/EJ_Uebungsbuch3/MimeTypeDatei";
// Einen BufferedReader-Stream, um Daten aus der Datei zu lesen,
// erzeugen
        BufferedReader charIn = new BufferedReader(
                           new FileReader(dateiName));
        while((s = charIn.readLine())!= null)
```

```
            out.print(s + "*");
        }
// FileNotFoundException abfangen und eine Meldung in das
// Log-File schreiben
        catch(FileNotFoundException e) {
            log("Die Datei wurde nicht gefunden" + e.getMessage());
            response.sendError(HttpServletResponse.SC_NOT_FOUND);
        }
        out.println("</body>");
        out.println("</html>");
    }
}
```

Die Klasse ServletmitStatusCodeDefinitionen

```
import java.io.*;
import javax.servlet.*;
import javax.servlet.http.*;
import java.util.*;
public class ServletmitStatusCodeDefinitionen
                                        extends HttpServlet {
// Die doGet()-Methode überschreiben
    public void doGet(HttpServletRequest request,
                      HttpServletResponse response)
                         throws IOException, ServletException {
        Hashtable<Integer,String> statusCodeMap =
                               new Hashtable<Integer,String>();
        String title = "Http-Statuscodes";
        Enumeration<String> enumeration1;
        Enumeration<Integer> enumeration2;
// Einen ServletOutputStream für das Senden der Antwort an den
// Client ermitteln
        ServletOutputStream out = response.getOutputStream();
// Den Content-Type für die Antwort setzen
        response.setHeader("Content-Type", "text/html");
// Eine HTML-Seite an den Client schreiben
        out.println("<html>");
        out.println("<head>");
        out.println("<title>" + title + "</title>");
        out.println("</head>");
        out.println("<body bgcolor=\"white\">");
        out.println("<h3>" + title + "</h3>");
// Die int-Werte von Statuscodes und den beschreibenden Text in
// einer Hashtable speichern; über Auto(un)boxing werden die int-
// Werte in Integer-Instanzen umgesetzt (und umgekehrt)
        setzenStatusCode(statusCodeMap);
// Alle Schlüssel und Werte der Hashtable über den Aufruf der
// Methode entrySet()als Instanzen vom Typ
// Map.Entry<Integer,String> ermitteln und im HTML-Dokument
```

```
// eintragen
      Set<Map.Entry<Integer,String>> statusCodeSet =
        statusCodeMap.entrySet();
      out.println("<h3>Zuordnungen von Schlüsseln und Werten "
        + "in der Hashtable</h3>");
// Instanz vom Typ der Schnittstelle Iterator erzeugen, um damit
      Iterator<Map.Entry<Integer,String>> iterator =
        statusCodeSet.iterator();
// die Elemente der Menge Set<Map.Entry<Integer,String>> zu
// durchlaufen
      while(iterator.hasNext())
         out.println(iterator.next().toString() + "<br />");
// Eine java.util.Enumeration-Instanz vom parametrisierten
// Typ String über den Aufruf der Methode elements() mit allen
// Textinformationen erzeugen und diese in den Output-Stream
// schreiben
      out.println("<h3>Die Textinformationen der Statuscodes"
        + "</h3>");
      for(enumeration1 = statusCodeMap.elements();
                                enumeration1.hasMoreElements();)
         out.print(enumeration1.nextElement() + "**");
// Eine java.util.Enumeration-Instanz vom parametrisierten
// Typ Integer über den Aufruf der Methode keys() mit allen
// numerischen Werten von Statuscodes erzeugen und diese in den
// Output-Stream schreiben
      out.println("<h3>Die numerischen Werte der Statuscodes"
        + "</h3>");
      for(enumeration2 = statusCodeMap.keys();
                                enumeration2.hasMoreElements();)
         out.print(enumeration2.nextElement() + "**");
      out.println("</body>");
      out.println("</html>");
   }
// Die Statuscodes der Hastable hinzufügen
   public void setzenStatusCode(Map<Integer,
                                String> statusCodeMap ) {
// Jedem numerischen Wert wird der dazugehörige Text zugeordnet
      statusCodeMap.put(100, "Continue");
      statusCodeMap.put(101, "Switching Protocols");
      statusCodeMap.put(200, "OK");
      statusCodeMap.put(201, "Created");
      statusCodeMap.put(202, "Accepted");
      statusCodeMap.put(203, "Non-Authoritative Information");
      statusCodeMap.put(204, "No Content");
      statusCodeMap.put(205, "Reset Content");
      statusCodeMap.put(206, "Partial Content");
      statusCodeMap.put(300, "Multiple Choices");
      statusCodeMap.put(301, "Moved Permanently");
```

```
        statusCodeMap.put(302, "Found");
        statusCodeMap.put(303, "See Other");
        statusCodeMap.put(304, "Not Modified");
        statusCodeMap.put(305, "Use Proxy");
        statusCodeMap.put(306, "Unused");
        statusCodeMap.put(307, "Temporary Redirect");
        statusCodeMap.put(400, "Bad Request");
        statusCodeMap.put(401, "Unauthorized");
        statusCodeMap.put(402, "Payment Required");
        statusCodeMap.put(403, "Forbidden");
        statusCodeMap.put(404, "Not Found");
        statusCodeMap.put(405, "Method Not Allowed");
        statusCodeMap.put(406, "Not Acceptable");
        statusCodeMap.put(407, "Proxy Authentication Required");
        statusCodeMap.put(408, "Request Timeout");
        statusCodeMap.put(409, "Conflict");
        statusCodeMap.put(410, "Gone");
        statusCodeMap.put(411, "Length Required");
        statusCodeMap.put(412, "Precondition Failed");
        statusCodeMap.put(413, "Request Entity Too Large");
        statusCodeMap.put(414, "Request-URI Too Long");
        statusCodeMap.put(415, "Unsupported Media Type");
        statusCodeMap.put(416, "Requested Range Not Satisfiable");
        statusCodeMap.put(417, "Expectation Failed");
        statusCodeMap.put(500, "Internal Server Error");
        statusCodeMap.put(501, "Not Implemented");
        statusCodeMap.put(502, "Bad Gateway");
        statusCodeMap.put(503, "Service Unavailable");
        statusCodeMap.put(504, "Gateway Timeout");
        statusCodeMap.put(505, "HTTP Version Not Supported");
    }
}
```

Die Klasse ServletmitResponseHeaderDefinitionen

```
import java.io.*;
import javax.servlet.*;
import javax.servlet.http.*;
public class ServletmitResponseHeaderDefinitionen
                                    extends HttpServlet {
// Die doGet()-Methode überschreiben
  public void doGet(HttpServletRequest request,
                HttpServletResponse response)
                   throws IOException, ServletException {
// Einen ServletOutputStream für das Senden der Antwort an den
// Client ermitteln
    ServletOutputStream out = response.getOutputStream();
// Den Content-Type für die Antwort setzen
    response.setHeader("Content-Type", "text/plain");
```

```
// Die Aufzählungskonstanten aus der Enumeration AntwortHeader
// in das HTML-Dokument schreiben
      for(AntwortHeader type: AntwortHeader.values())
         out.println("Antwort-Header: " + type);
   }
}
```

Die Enumeration AntwortHeader

```
enum AntwortHeader {
   Date, ETag, LastModified, Location, Pragma, Refresh,
   RetryAfter, Server, SetCookie, Trailer, TransferEncoding,
   Upgrade, Vary, Via, Warning, WWWAuthenticate
}
```

Die HTML-Datei ServletKonstanten.html

```
<html><head>
<title>Servlet mit Konstantendefinitionen</title>
</head>
<p>
  <h3>Hyperlinks anklicken</h3>
<p></p>
  <ul>
  <li><a href="http://localhost:8080/java6uebungsbuch3/
ServletmitMIMEType">MIMEType</a></li>
  <li><a href="http://localhost:8080/java6uebungsbuch3/
ServletmitStatusCode">StatusCode</a></li>
  <li><a href="http://localhost:8080/java6uebungsbuch3/
ServletmitResponseHeader">ResponseHeader</a></li>
  </ul>
</body></html>
```

Programmausgaben

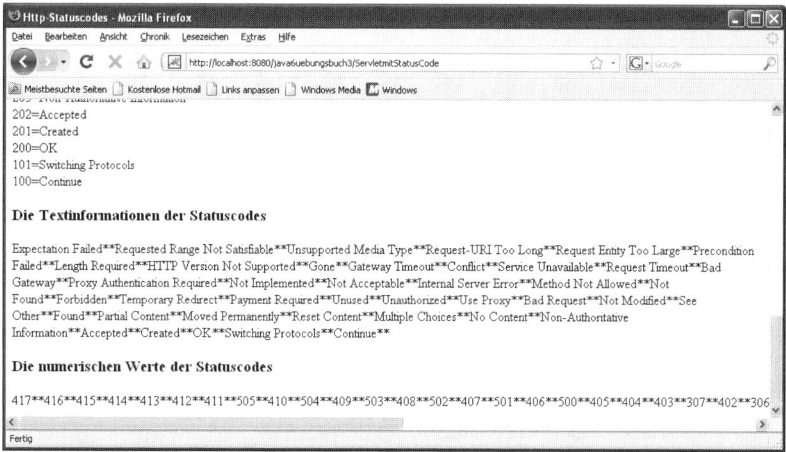

Ausschnitt aus der Datei localhost_20081005.log

```
05.10.2008 12:03:26 org.apache.catalina.core.ApplicationContext log
INFO: ContextListener: contextInitialized()
05.10.2008 12:03:26 org.apache.catalina.core.ApplicationContext log
INFO: SessionListener: contextInitialized()
05.10.2008 12:51:06 org.apache.catalina.core.ApplicationContext log
INFO: ServletmitKonstanten: Datei wurde nicht gefunden MimeTypeDatei
(Das System kann die angegebene Datei nicht finden)
```

Lösung 1.25

Die Klasse CookiesSetzen

```
import java.io.*;
import javax.servlet.*;
import javax.servlet.http.*;
import java.util.*;
public class CookiesSetzen extends HttpServlet {
// Die doGet()-Methode überschreiben
  public void doGet(HttpServletRequest request,
              HttpServletResponse response)
                  throws ServletException, IOException {
// Lokale Referenz vom Typ der Klasse Cookie
    Cookie cookie;
// Instanz der Klasse Random für das Generieren von Zufallszahlen
// erzeugen
    Random random = new Random();
    String title = "Cookies setzen";
```

```
// Einen PrintWriter-Stream für das Senden der Antwort an den
// Client ermitteln
    PrintWriter out = response.getWriter();
// Den Content-Type für die Antwort setzen
    response.setHeader("Content-Type", "text/html");
// Mehrere Cookies mit unterschiedlicher Lebensdauer anlegen
    for(int i=1; i<3; i++) {
// Wird die Lebensdauer für ein Cookie nicht explizit mit der
// Methode setMaxAge() gesetzt, wird der Defaultwert -1
// angenommen, der besagt, dass das Cookie nur für die aktuelle
// Browsersitzung Gültigkeit hat
      cookie = new Cookie("CookiefuerBrowserSitzung" + i,
// Eine per Zufall generierte hexadezimale Zahl in einen String
// umsetzen, um diese als Wert für das Cookie setzen zu können
                 Integer.toHexString(random.nextInt()));
// Cookies an einen Browser senden
      response.addCookie(cookie);
      cookie = new Cookie("EineMinuteCookie" + i,
                 Integer.toHexString(random.nextInt()));
// Das Cookie bleibt für eine Minute erhalten
      cookie.setMaxAge(60);
      response.addCookie(cookie);
      cookie = new Cookie("EinTagCookie" + i,
                 Integer.toHexString(random.nextInt()));
// Die Lebensdauer der Cookies beträgt einen ganzen Tag
      cookie.setMaxAge(24*3600);
      response.addCookie(cookie);
    }
// HTML-Seite generieren
    out.println("<h3 align=\"center\">" + title + "</h3>");
    out.println("<p>\n<center>\n");
    out.println("<a href=\"http://localhost:8080/" +
      "java6uebungsbuch3/CookiesLesen\">\n" +
        "<code>Cookies lesen</code> </a>\n" + "<p>\n");
    out.println("</center>\n<p>\n");
    out.println("</body></html>");
  }
}
```

Die Klasse CookiesLesen

```
import javax.servlet.*;
import javax.servlet.http.*;
import java.io.*;
public class CookiesLesen extends HttpServlet {
// Die doGet()-Methode überschreiben
  public void doGet(HttpServletRequest request,
            HttpServletResponse response)
                throws ServletException, IOException {
```

```
    String title = "Gelesene Cookies";
// Lokale Array-Referenz vom Typ der Klasse Cookie
    Cookie[] cookies;
// Einen PrintWriter-Stream für das Senden der Antwort an den
// Client ermitteln
    PrintWriter out = response.getWriter();
// Den Content-Type für die Antwort setzen
    response.setHeader("Content-Type", "text/html");
// HTML-Seite generieren
    out.println("<h3 align=\"center\">" + title + "</h3>\n" +
      "<table border=1 align=\"center\">\n" +
        "  <tr><th>Cookie-Name</th>\n" + "  <th>Cookie-Wert</th>\n" +
          "  <th>Cookie-Path</th>\n" + "  <th>Cookie-Version</th></tr>");
// Verfügbare Cookies lesen
    cookies = request.getCookies();
// und Namen, Wert, Pfadnamen und Version im HTML-
// Tabellenformat in den Output-Stream schreiben
    for(int i=0; i<cookies.length; i++) {
      Cookie cookie = cookies[i];
      out.println("<tr>\n" + "  <td>" + cookie.getName() +
        "</td>\n" + "  <td>" + cookie.getValue() + "</td>\n" +
          "  <td>" + cookie.getPath() + "</td>\n" +
            "  <td>" + cookie.getVersion() + "</td></tr>");
    }
    out.println("</table></body></html>");
  }
}
```

Programmausgaben

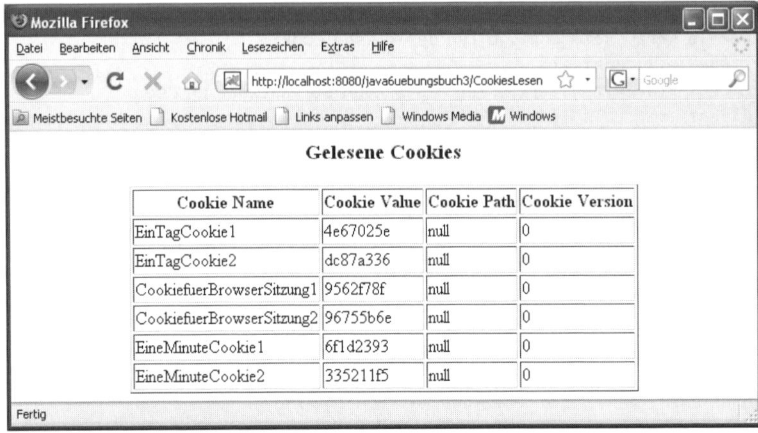

Gelesene Cookies

Cookie Name	Cookie Value	Cookie Path	Cookie Version
EinTagCookie1	4e67025e	null	0
EinTagCookie2	dc87a336	null	0
CookiefuerBrowserSitzung1	9562f78f	null	0
CookiefuerBrowserSitzung2	96755b6e	null	0
EineMinuteCookie1	6f1d2393	null	0
EineMinuteCookie2	335211f5	null	0

Lösung 1.26

Die Klasse HttpSessionundAttribute

```
import java.io.*;
import java.util.*;
import javax.servlet.*;
import javax.servlet.http.*;
public class HttpSessionundAttribute extends HttpServlet {
// Die doGet()-Methode überschreiben
  public void doGet(HttpServletRequest request,
                    HttpServletResponse response)
                     throws IOException, ServletException {
     Enumeration parameterNamen1 = request.getHeaderNames();
     Enumeration attributNamen;
     HttpSession httpSession;
     String attributName;
     String attributWert;
     String title = "Session erzeugen";
// Einen PrintWriter-Stream für das Senden der Antwort an den
// Client ermitteln
     PrintWriter out = response.getWriter();
// Den Content-Type für die Antwort setzen
     response.setHeader("Content-Type", "text/html");
     out.println("<html>");
     out.println("<head>");
     out.println("<title>" + title + "</title>");
     out.println("</head>");
     out.println("<body bgcolor=\"white\">");
     out.println("<h2>" + title + "</h2>");
```

```
// Http-Session erzeugen
     httpSession = request.getSession();
     out.println("<h3>Session-ID: " + httpSession.getId()
       + "</h3>");
// Die Namen der Eingabefelder aus Formularen werden als Parameter
// in einer Client-Anfrage übergeben, ihre Werte können mit der
// Methode getParameter() einzeln eingelesen werden
     attributName = request.getParameter("SessionAttributName");
     attributWert = request.getParameter("SessionAttributWert");
// Servlet-Aufruf nach dem Absenden des Formulars; der
// Rückgabewert der Methode getParameter() ist ein String, wenn
// der Parameter existiert, aber keinen Wert hat, wird ein leerer
// String zurückgeliefert, und wenn kein Parameter vorhanden ist,
// null
     if((attributName != null) && (attributWert != null)) {
// Ein Attribut für die HttpSession als Instanz der Klasse
// BenutzerLogin setzen
       synchronized(httpSession) {
         httpSession.setAttribute(attributName,
          new BenutzerLogin(attributWert));
         try {
// Um die Parallelität von Abläufen beim Aufruf des Servlets von
// mehreren Clients bzw. vom selben Client, der mehrere
// Browserfenster gleichzeitig öffnet, verfolgen zu können, lassen
// wir den gerade aktuellen Thread für 4 Sekunden pausieren
           Thread.sleep(4000);
           out.println("Der Thread" + Thread.currentThread().
            getName()+ " muss für 4 Sekunden pausieren");

         }
         catch(Exception e) {
           e.printStackTrace();
         }
         out.println("<h3>Session-Attribute</h3>");

// Alle Attributnamen der Session ermitteln
         attributNamen = httpSession.getAttributeNames();
         while(attributNamen.hasMoreElements()) {
           attributName = (String)attributNamen.nextElement();
// und ihre zugehörigen Werte
           BenutzerLogin profil =
            (BenutzerLogin)httpSession.
             getAttribute(attributName);
// Mit Hilfe der Zugriffsmethoden der Klasse BenutzerLogin die
// Werte ihrer Instanzfelder lesen
           String wert = profil.getAttribut();
// und in den Output-Stream schreiben
           out.println("Attributname: " + attributName +
```

```
            "<br>");
          out.println("Attributwert: " + wert + "<br>");
        }
      }
// Alle Header-Einträge der Anfrage ermitteln
      out.println("<h3>Request-Header</h3>");
      while(parameterNamen1.hasMoreElements()) {
        String name = (String)parameterNamen1.nextElement();
        Enumeration parameterNamen2 = request.
          getHeaders(name);
        while(parameterNamen2.hasMoreElements()) {
// und ebenfalls in den Output-Stream schreiben
          out.print(name);
          String wert = (String)parameterNamen2.
            nextElement();
          out.println(": " + wert);
        }
      }
    }
    else {
// Erster Servlet-Aufruf; es wird ein Formular mit zwei
// Textfeldern und einem Button für das Absenden erzeugt; nach
// dem Abschicken des Formulars soll dasselbe Servlet
// nochmals aufgerufen werden
      out.println("<h3> Formular für Attributeingaben </h3>");
// Weil dasselbe Servlet noch mal aufgerufen wird, kann das
// action-Attribut im <form>-Tag wegbleiben
      out.println("<form method=\"get\">");
// Definition der Textfelder
      out.println("<br> Attributname: ");
      out.println("<input type=text size=20"
        +" name=SessionAttributName>");
      out.println("<br> Attributwert: ");
      out.println("<input type=text size=20"
        + " name=SessionAttributWert>");
// Definition des Buttons
      out.println("<center>");
      out.println("<input type=submit>");
      out.println("</center>");
      out.println("</form>");
    }
// Den aktuellen Thread-Namen ermitteln und ebenfalls in den
// ServletOutputStream schreiben
    out.println("<h3> Threadname: " + Thread.currentThread().
      getName()+"</h3>");
    out.println("</body>");
    out.println("</html>");
  }
}
```

Die Klasse BenutzerLogin (wurde in derselben `.java`-Datei als externe Klasse definiert)

```
class BenutzerLogin {
   private String attribut;
   public BenutzerLogin(String attribut) {
// Eine Eigenschaft für das Benutzerprofil zuweisen
      this.attribut = attribut;
   }
// Zugriffsmethode
   public String getAttribut() {
      return attribut;
   }
}
```

Programmausgaben

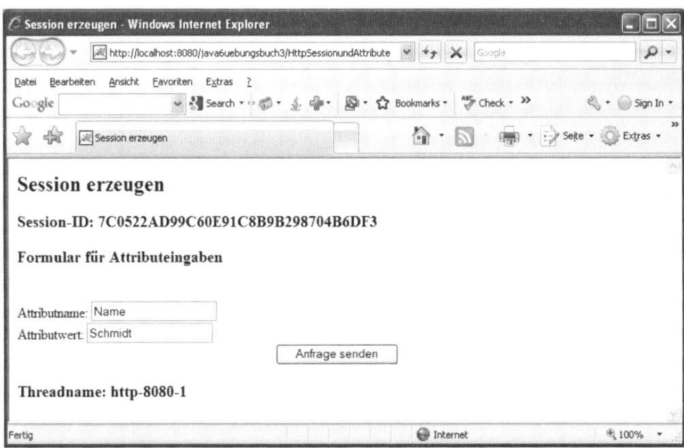

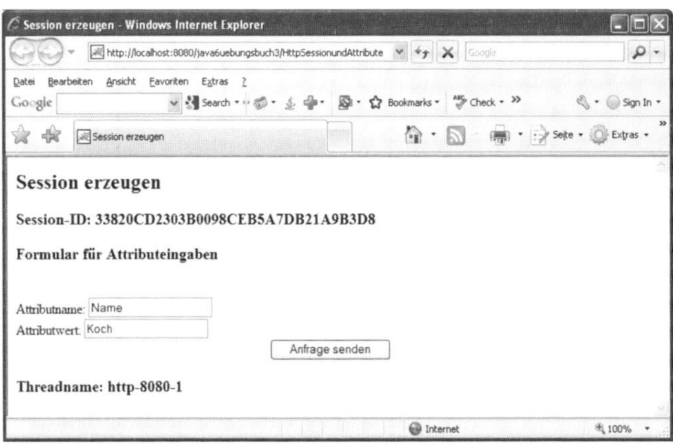

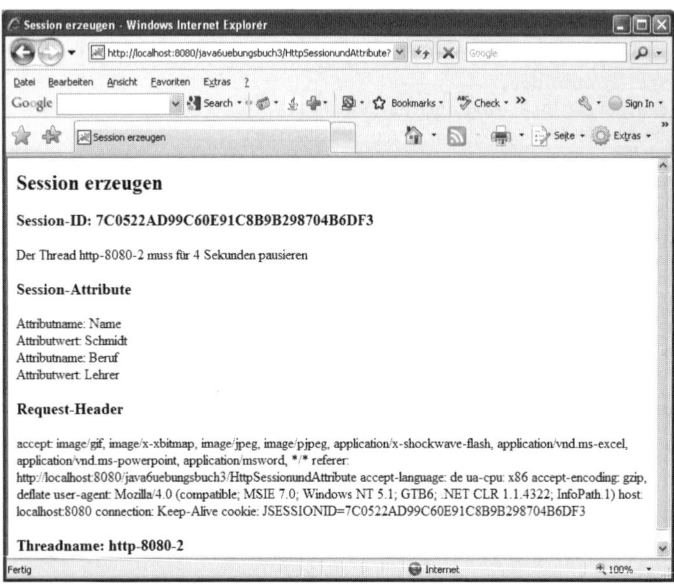
Session erzeugen - Windows Internet Explorer
http://localhost:8080/java6uebungsbuch3/HttpSessionundAttribute?
Session erzeugen
Session-ID: 7C0522AD99C60E91C8B9B298704B6DF3
Der Thread http-8080-2 muss für 4 Sekunden pausieren
Session-Attribute
Attributname: Name
Attributwert: Schmidt
Attributname: Beruf
Attributwert: Lehrer
Request-Header
accept: image/gif, image/x-xbitmap, image/jpeg, image/pjpeg, application/x-shockwave-flash, application/vnd.ms-excel, application/vnd.ms-powerpoint, application/msword, */* referer: http://localhost:8080/java6uebungsbuch3/HttpSessionundAttribute accept-language: de ua-cpu: x86 accept-encoding: gzip, deflate user-agent: Mozilla/4.0 (compatible; MSIE 7.0; Windows NT 5.1; GTB6; .NET CLR 1.1.4322; InfoPath.1) host: localhost:8080 connection: Keep-Alive cookie: JSESSIONID=7C0522AD99C60E91C8B9B298704B6DF3
Threadname: http-8080-2

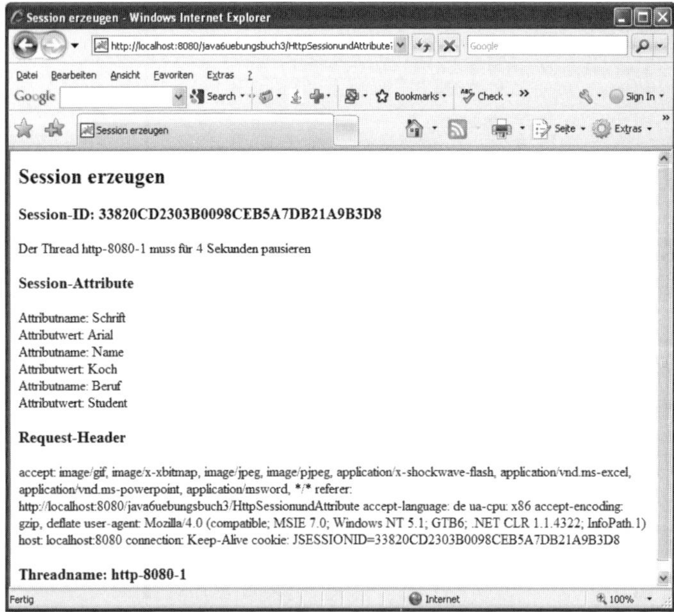
Session erzeugen - Windows Internet Explorer
http://localhost:8080/java6uebungsbuch3/HttpSessionundAttribute
Session erzeugen
Session-ID: 33820CD2303B0098CEB5A7DB21A9B3D8
Der Thread http-8080-1 muss für 4 Sekunden pausieren
Session-Attribute
Attributname: Schrift
Attributwert: Arial
Attributname: Name
Attributwert: Koch
Attributname: Beruf
Attributwert: Student
Request-Header
accept: image/gif, image/x-xbitmap, image/jpeg, image/pjpeg, application/x-shockwave-flash, application/vnd.ms-excel, application/vnd.ms-powerpoint, application/msword, */* referer: http://localhost:8080/java6uebungsbuch3/HttpSessionundAttribute accept-language: de ua-cpu: x86 accept-encoding: gzip, deflate user-agent: Mozilla/4.0 (compatible; MSIE 7.0; Windows NT 5.1; GTB6; .NET CLR 1.1.4322; InfoPath.1) host: localhost:8080 connection: Keep-Alive cookie: JSESSIONID=33820CD2303B0098CEB5A7DB21A9B3D8
Threadname: http-8080-1

Hinweise zu den Programmausgaben

In den Screenshots ist zu erkennen, dass ein Thread-Wechsel nur dann erfolgt, wenn ein vorher gestarteter Thread parallel aktiv ist.

Bei einer Navigation im Browser kann die falsche Session-ID angezeigt werden, weil vorher angegebene Parameterwerte, falls die http-Metode GET benutzt wurde, mit übertragen werden. Trotzdem erfolgt die Zuordnung von Attributen anhand der Session-ID korrekt für jeden Benutzer.

Lösung 1.27

Die Klasse HttpSessionundCookies

```
import java.io.*;
import java.util.*;
import javax.servlet.*;
import javax.servlet.http.*;
public class HttpSessionundCookies extends HttpServlet {
// Die doGet()-Methode überschreiben
  public void doGet(HttpServletRequest request,
                    HttpServletResponse response)
                        throws IOException, ServletException {
      Enumeration cookieNamen;
      Enumeration parameterNamen1 = request.getHeaderNames();
      String cookieName;
      String cookieWert;
      String title = "SessionID mit Cookies erzeugen";
      HttpSession httpSession;
// Einen PrintWriter-Stream für das Senden der Antwort an den
// Client ermitteln
      PrintWriter out = response.getWriter();
// Den Content-Type für die Antwort setzen
      response.setHeader("Content-Type", "text/html");
      out.println("<html>");
      out.println("<head>");
      out.println("<title>" + title + "</title>");
      out.println("</head>");
      out.println("<body bgcolor=\"white\">");
      out.println("<h2>" + title + "</h2>");
// Http-Session erzeugen
      httpSession = request.getSession();
      out.println("<h3>Session-ID: " + httpSession.getId()
        + "</h3>");
// Alle gesetzten Cookies lesen
      Cookie[] cookies = request.getCookies();
      if((cookies != null) && (cookies.length > 0)) {
        out.println("<h3>Cookie-Einträge</h3>");
```

```
        for(int i = 0; i < cookies.length; i++) {
          Cookie cookie = cookies[i];
          out.print(cookie.getName());
          out.println(": " + cookie.getValue()+ "<br><br>");
        }
      }
      else {
        out.println("Es wurden keine Cookies gesetzt");
      }
// Die Namen der Eingabefelder aus Formularen werden als Parameter
// in einer Client-Anfrage übergeben, ihre Werte können mit der
// Methode getParameter() einzeln eingelesen werden
      cookieName = request.getParameter("CookieName");
      cookieWert = request.getParameter("CookieWert");
// Servlet-Aufruf nach dem Absenden eines Formulars; der
// Rückgabewert der Methode getParameter() ist ein String, wenn
// der Parameter existiert, aber keinen Wert hat, wird ein leerer
// String zurückgeliefert, und wenn kein Parameter vorhanden ist,
// null
      if(cookieName != null && cookieWert != null) {
// Cookie für die http-Antwort setzen und seinen Namen und Wert
// in den Output-Stream schreiben
        Cookie cookie = new Cookie(cookieName, cookieWert);
        response.addCookie(cookie);
        out.println(cookieName + ": " + cookieWert);
// Alle Header-Einträge der Anfrage ermitteln
        out.println("<h3>Request-Parameter</h3>");
        while(parameterNamen1.hasMoreElements()) {
          String name = (String)parameterNamen1.nextElement();
          Enumeration parameterNamen2 = request.
           getHeaders(name);
          while(parameterNamen2.hasMoreElements()) {
// und in den Output-Stream schreiben
            out.println("<ul>");
            out.print("<li>" + name);
            String wert = (String)parameterNamen2.
              nextElement();
            out.println(": " + wert);
            out.println("</li></ul>");
          }
        }
      }
      else {
// Erster Servlet-Aufruf; es werden zwei Formulare mit je zwei
// Textfeldern und einem Button für das Absenden erzeugt; nach
// dem Abschicken eines Formulars soll dasselbe Servlet
// nochmals aufgerufen werden
        out.println("<h3> Formular für GET </h3>");
```

```
// Weil dasselbe Servlet noch mal aufgerufen wird, kann das
// action-Attribut im <form>-Tag wegbleiben
        out.println("<form method=\"get\">");
// Definition der Textfelder
        out.println("<br> Cookiename: ");
        out.println("<input type=text size=20"
          +" name=CookieName>");
        out.println("<br> Cookiewert: ");
        out.println("<input type=text size=60"
          + " name=CookieWert>");
// Definition des Buttons
        out.println("<center>");
        out.println("<input type=submit>");
        out.println("</center>");
        out.println("</form>");
// Ein gleich aussehendes Formular für http-POST-Anfragen erzeugen
        out.println("<h3> Formular für POST </h3>");
// Weil dasselbe Servlet noch mal aufgerufen wird, kann das
// action-Attribut im <form>-Tag wegbleiben
        out.println("<form method=\"post\">");
// Definition der Textfelder
        out.println("<br> Cookiename: ");
        out.println("<input type=text size=20"
          + " name=CookieName>");
        out.println("<br> Cookiewert: ");
        out.println("<input type=text size=60"
          + " name=CookieWert>");
// Definition des Buttons
        out.println("<center>");
        out.println("<input type=submit>");
        out.println("</center>");
        out.println("</form>");
      }
      out.println("</body>");
      out.println("</html>");
    }
// Die doPostMethode überschreiben
    public void doPost(HttpServletRequest request,
                HttpServletResponse response)
                    throws IOException, ServletException {
// Die doGet()-Methode aufrufen
      doGet(request, response);
    }
}
```

Hinweise zu den Programmausgaben

Achten Sie auf die Anzeige von gesetzten Cookies und die dazugehörigen Einträge im Request-Header. Sie werden feststellen, dass ein Cookie mit der ID, die der vom Servlet erzeugten Session standardmäßig zugeordnet wurde, dabei auftaucht, ohne dass vom Servlet aus in diese Richtung etwas unternommen wurde. Gleichzeitig sind die von diesem Servlet neu gesetzten Cookies zu sehen, deren Lebensdauer der der Session entspricht, und noch immer die am Vortag gesetzten Cookies mit einer Lebensdauer von einem Tag.

Programmausgaben

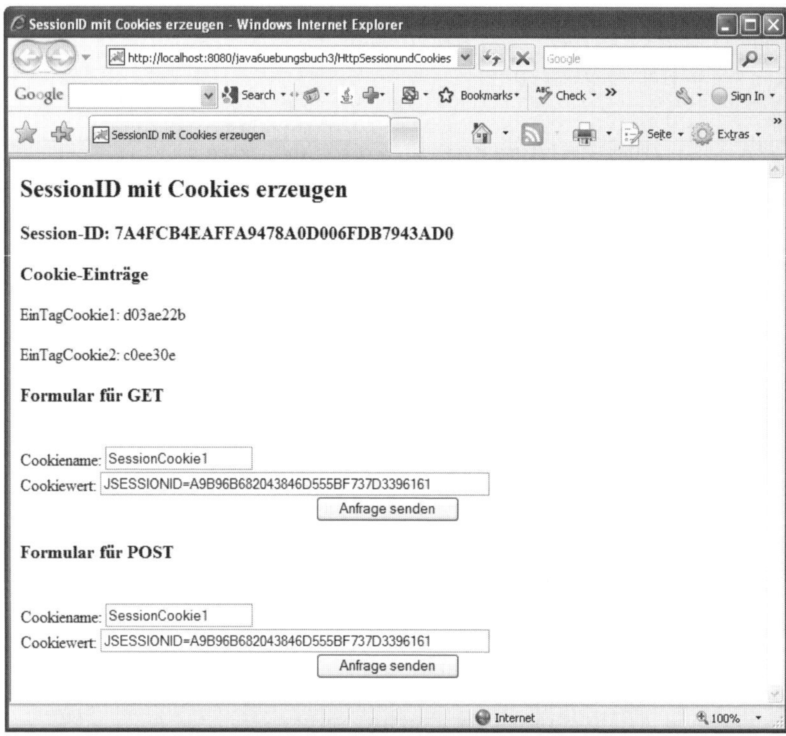

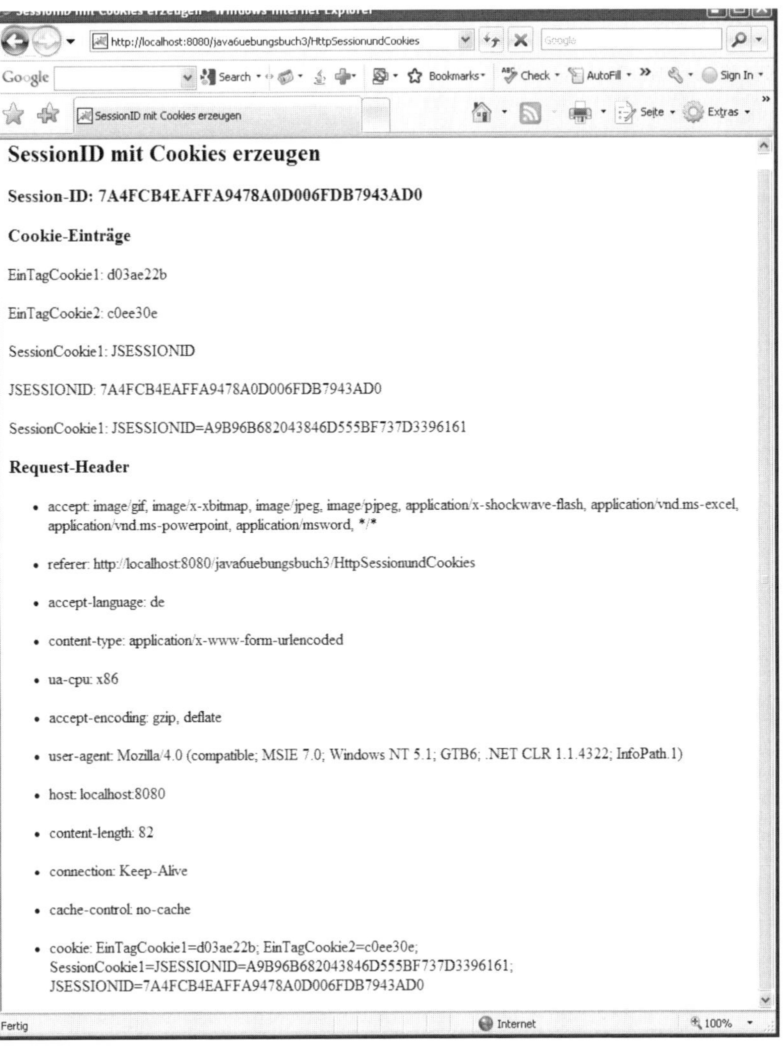
http://localhost:8080/java6uebungsbuch3/HttpSessionundCookies
SessionID mit Cookies erzeugen
SessionID mit Cookies erzeugen
Session-ID: 7A4FCB4EAFFA9478A0D006FDB7943AD0
Cookie-Einträge
EinTagCookie1: d03ae22b
EinTagCookie2: c0ee30e
SessionCookie1: JSESSIONID
JSESSIONID: 7A4FCB4EAFFA9478A0D006FDB7943AD0
SessionCookie1: JSESSIONID=A9B96B682043846D555BF737D3396161
Request-Header
accept: image/gif, image/x-xbitmap, image/jpeg, image/pjpeg, application/x-shockwave-flash, application/vnd.ms-excel, application/vnd.ms-powerpoint, application/msword, */*
referer: http://localhost:8080/java6uebungsbuch3/HttpSessionundCookies
accept-language: de
content-type: application/x-www-form-urlencoded
ua-cpu: x86
accept-encoding: gzip, deflate
user-agent: Mozilla/4.0 (compatible; MSIE 7.0; Windows NT 5.1; GTB6; .NET CLR 1.1.4322; InfoPath.1)
host: localhost:8080
content-length: 82
connection: Keep-Alive
cache-control: no-cache
cookie: EinTagCookie1=d03ae22b; EinTagCookie2=c0ee30e; SessionCookie1=JSESSIONID=A9B96B682043846D555BF737D3396161; JSESSIONID=7A4FCB4EAFFA9478A0D006FDB7943AD0
Fertig
Internet
100%

Lösung 1.28

Die Klasse UserCookieHandler

```
import java.io.*;
import java.net.*;
import java.util.*;
public class UserCookieHandler extends CookieHandler {
// Die put()-Methode der abstrakten Oberklasse implementieren
  public void put(URI uri, Map<String, List<String>>
              handlerAntwort) throws IOException {
// Die Antwort des Cookie-Handlers am Bildschirm anzeigen
    System.out.printf("HandlerAntwort: %s%n%n", handlerAntwort);
// Die zugehörigen Listen für ausgewählte Schlüssel der Abbildung
// vom Typ des generischen Interface Map<String, List<String>>
// ermitteln
    List<String> httpVersion = handlerAntwort.get(null);
    List<String> datumListe = handlerAntwort.get("Date");
    if(httpVersion != null) {
      for(String version : httpVersion)
// und die Elemente dieser Listen anzeigen
        System.out.printf("HTTP-Version: %s%n%n", version);
    }
    if(datumListe != null) {
      for(String datum : datumListe)
        System.out.printf("Datumsangabe: %s%n%n", datum);
    }
// Der Schlüssel für das Ermitteln eines Cookie-Inhaltes kann in
// der Abbildung auf unterschiedliche Arten geschrieben sein
    List<String> cookieListe1 =handlerAntwort.get("Set-cookie");
    List<String> cookieListe2 =handlerAntwort.get("Set-Cookie");
// Die Inhalte der Http-Cookies aus beiden Listen anzeigen
    System.out.printf("Cookie 1: %s%n%n", cookieListe1);
    System.out.printf("Cookie 2: %s%n%n", cookieListe2);
    System.out.println("Cookie-Parameterlisten: ");
    if(cookieListe1 != null) {
      for(String eintragListe : cookieListe1)
// und die Header der Cookies aus diesen Listen zerlegen
        cookieHeader(eintragListe);
    }
    if(cookieListe2 != null) {
      for(String eintragListe : cookieListe2)
        cookieHeader(eintragListe);
    }
  }
// Die get()-Methode der abstrakten Oberklasse implementieren
  public Map<String, List<String>> get(URI uri, Map<String,
          List<String>> handlerAnfrage) throws IOException {
```

```
// Die an den Cookie-Handler gesendete Anfrage am Bildschirm
// anzeigen
    System.out.printf("HandlerAnfrage: %s%n%n", handlerAnfrage);
// Eine Abbildung vom Typ Map<String, List<String>> erzeugen,
    Map<String, List<String>> cookieMap =
     new HashMap<String, List<String>>(handlerAnfrage);
// deren Einträge als Schlüssel-Wert-Paar an der Konsole ausgeben
    System.out.printf("CookieMap: %s%n%n", cookieMap);
// und diese als nicht überschreibbar zurückliefern
    return Collections.unmodifiableMap(cookieMap);
  }
// Instanzmethode zum Zerlegen von Cookie-Headern in einzelne
// Einträge, und diese werden wiederum in Namen und Wert
// gesplittet
  public void cookieHeader(String eintragListe) {
// Die Listen von Einträgen im Header sind durch ein ";" getrennt
    String [] cookieParameter = eintragListe.split(";");
// und jeder einzelne Eintrag hat die Form name = wert
    for(int i=1; i<cookieParameter.length; i++) {
      String parameterWert = cookieParameter[i].trim();
      int zeichen = parameterWert.indexOf('=');
      if(zeichen == -1) {
        continue;
      }
// Die Zeichenkette vor dem "="-Zeichen definiert den Namen
      String name = parameterWert.substring(0, zeichen);
// und die danach den Wert des Cookie-Parameters
      String wert = parameterWert.substring(zeichen+1);
      System.out.printf("Parametername: %s", name);
      System.out.printf("   Parameterwert: %s%n", wert);
    }
  }
}
```

Die Klasse CookieAnzeigemitJava5

```
import java.net.*;
public class CookieAnzeigemitJava5 {
  public static void main(String args[]) throws Exception {
// Lokale Referenzen
    URL url;
    URLConnection urlConnection;
// Wurde der URL-String im Programmaufruf vergessen, wird eine
// Ausnahme vom Typ IllegalArgumentException mit einem eigenen
// Meldungstext geworfen
    if(args.length != 1) throw new IllegalArgumentException(
     "Beim Programmaufruf wurde kein URL-String eingegeben");
// Cookie-Handler vom Typ der Klasse UserCookieHandler setzen
    CookieHandler.setDefault(new UserCookieHandler());
```

```
// URL-Instanz erzeugen
     url = new URL(args[0]);
// URLConnection-Instanz erzeugen
     urlConnection = url.openConnection();
// und daran ihre getContent()-Methode aufrufen
     urlConnection.getContent();
  }
}
```

Die Klasse CookieAnzeigemitJava6

```
import java.io.*;
import java.net.*;
import java.util.*;
public class CookieAnzeigemitJava6 {
  public static void main(String args[]) throws Exception {
// Lokale Referenzen
    URL url;
    CookieManager cookieManager;
    URLConnection urlConnection;
    CookieStore cookieStore;
    List<HttpCookie> cookies;
// Instanz der Klasse Console für Ausgaben auf der Konsole
// erzeugen
    Console konsole = System.console();
// Wurde der URL-String im Programmaufruf vergessen, wird eine
// Ausnahme vom Typ IllegalArgumentException mit einem eigenen
// Meldungstext geworfen
     if(args.length != 1) throw new IllegalArgumentException(
       "Beim Programmaufruf wurde kein URL-String eingegeben");
// URL-Instanz erzeugen
     url = new URL(args[0]);
// Instanz der Klasse CookieManager erzeugen
     cookieManager = new CookieManager();
// Berechtigung für das Speichern von Cookies setzen
     cookieManager.setCookiePolicy(CookiePolicy.ACCEPT_ALL);
// Einen Cookie-Handler vom Typ der Klasse CookieManager setzen
     CookieHandler.setDefault(cookieManager);
// URLConnection-Instanz erzeugen
     urlConnection = url.openConnection();
// und daran ihre getContent()-Methode aufrufen
     urlConnection.getContent();
// Den Cookie-Speicher, der als Instanz vom Typ des generischen
// Interface List<HttpCookie> von der Methode getCookieStore()
// zurückgeliefert wird, ermitteln und dessen Einträge am
// Bildschirm anzeigen
     cookieStore = cookieManager.getCookieStore();
     cookies = cookieStore.getCookies();
     for(HttpCookie cookie: cookies) {
       konsole.printf("Http-Cookie: %s%n", cookie);
```

```
      }
   }
}
```

Programmausgaben

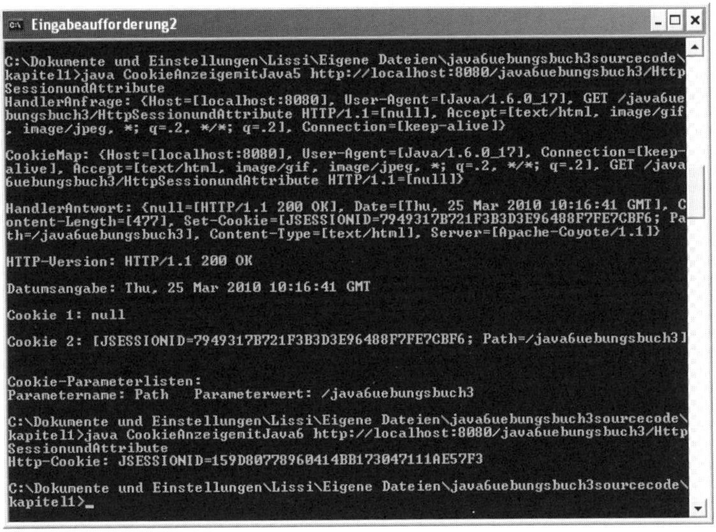

```
Eingabeaufforderung2

C:\Dokumente und Einstellungen\Lissi\Eigene Dateien\java6uebungsbuch3sourcecode\
kapitel1>java CookieAnzeigemitJava5 http://localhost:8080/java6uebungsbuch3/Http
SessionundAttribute
HandlerAnfrage: {Host=[localhost:8080], User-Agent=[Java/1.6.0_17], GET /java6ue
bungsbuch3/HttpSessionundAttribute HTTP/1.1=[null], Accept=[text/html, image/gif
, image/jpeg, *; q=.2, */*; q=.2], Connection=[keep-alive]}

CookieMap: {Host=[localhost:8080], User-Agent=[Java/1.6.0_17], Connection=[keep-
alive], Accept=[text/html, image/gif, image/jpeg, *; q=.2, */*; q=.2], GET /java
6uebungsbuch3/HttpSessionundAttribute HTTP/1.1=[null]}

HandlerAntwort: {null=[HTTP/1.1 200 OK], Date=[Thu, 25 Mar 2010 10:16:41 GMT], C
ontent-Length=[477], Set-Cookie=[JSESSIONID=7949317B721F3B3D3E96488F7FE7CBF6; Pa
th=/java6uebungsbuch3], Content-Type=[text/html], Server=[Apache-Coyote/1.1]}

HTTP-Version: HTTP/1.1 200 OK

Datumsangabe: Thu, 25 Mar 2010 10:16:41 GMT

Cookie 1: null

Cookie 2: [JSESSIONID=7949317B721F3B3D3E96488F7FE7CBF6; Path=/java6uebungsbuch3]


Cookie-Parameterlisten:
Parametername: Path   Parameterwert: /java6uebungsbuch3

C:\Dokumente und Einstellungen\Lissi\Eigene Dateien\java6uebungsbuch3sourcecode\
kapitel1>java CookieAnzeigemitJava6 http://localhost:8080/java6uebungsbuch3/Http
SessionundAttribute
Http-Cookie: JSESSIONID=159D8077896041 4BB173047111AE57F3

C:\Dokumente und Einstellungen\Lissi\Eigene Dateien\java6uebungsbuch3sourcecode\
kapitel1>_
```

Lösung 1.29

Die Klasse HttpSessionundURLRewriting

```
import java.io.*;
import java.util.*;
import javax.servlet.*;
import javax.servlet.http.*;
public class HttpSessionundURLRewriting extends HttpServlet {
// Die doGet()-Methode überschreiben
  public void doGet(HttpServletRequest request,
                    HttpServletResponse response)
                      throws IOException, ServletException {
     Enumeration parameterNamen1 = request.getHeaderNames();
     Enumeration attributNamen;
     HttpSession httpSession;
     String attributName;
     String attributWert;
     String warteZeit;
     int anzahl;
     String title = "Session erzeugen";
```

```
// Einen PrintWriter-Stream für das Senden der Antwort an den
// Client ermitteln
    PrintWriter out = response.getWriter();
// Den Content-Type für die Antwort setzen
    response.setHeader("Content-Type", "text/html");
    out.println("<html>");
    out.println("<head>");
    out.println("<title>" + title + "</title>");
    out.println("</head>");
    out.println("<body bgcolor=\"white\">");
    out.println("<h2>" + title + "</h2>");
// Http-Session erzeugen, falls noch keine erzeugt wurde
    httpSession = request.getSession(true);
    out.println("<h3>Session-ID: " + httpSession.getId()
      + "</h3>");
// Die Namen der Eingabefelder aus Formularen werden als Parameter
// in einer Client-Anfrage übergeben, ihre Werte können mit der
// Methode getParameter() einzeln eingelesen werden
    attributName = request.getParameter("SessionAttributName");
    attributWert = request.getParameter("SessionAttributWert");
    warteZeit = request.getParameter("WarteZeit");
// Servlet-Aufruf nach dem Absenden des Formulars; der
// Rückgabewert der Methode getParameter() ist ein String, wenn
// der Parameter existiert, aber keinen Wert hat, wird ein leerer
// String zurückgeliefert, und wenn kein Parameter vorhanden ist,
// null
    if((attributName != null) && (attributWert != null)) {
// Ein Attribut für die HttpSession als Instanz der Klasse
// SearchHistory setzen
      synchronized(httpSession) {
        httpSession.setAttribute(attributName,
          new SearchHistory(attributWert));
        out.println("<h3>Session-Attribute</h3>");
        try {
          anzahl = Integer.parseInt(warteZeit);
// Um die Parallelität von Abläufen beim Aufruf des Servlets von
// mehreren Clients bzw. vom selben Client, der mehrere
// Browserfenster gleichzeitig öffnet, verfolgen zu können,
// lassen wir den gerade aktuellen Thread für die vom Benutzer
// eingegebene Anzahl Sekunden pausieren
          Thread.sleep(anzahl*1000);
          out.println("Der Thread" + Thread.currentThread().
            getName()+ " muss für " + anzahl +
              " Sekunden pausieren<br>");
        }
        catch(Exception e) {
          e.printStackTrace();
        }
```

```
// Alle Attributnamen der Session
        attributNamen = httpSession.getAttributeNames();
        while(attributNamen.hasMoreElements()) {
          attributName = (String)attributNamen.nextElement();
// und ihre zugehörigen Werte ermitteln
          SearchHistory history =
            (SearchHistory)httpSession.
             getAttribute(attributName);
// Mit Hilfe der Zugriffsmethode der Klasse SearchHistory den
// Wert ihres Instanzfeldes lesen
          String wert = history.getSuchbegriff();
// und in den Output-Stream schreiben
          out.println("Attributname: " + attributName +
            "<br>");
          out.println("Attributwert: " + wert
           + "<br>");
        }
      }
// Alle Header-Einträge der Anfrage ermitteln
      out.println("<h3>Request-Header</h3>");
      while(parameterNamen1.hasMoreElements()) {
        String name = (String)parameterNamen1.nextElement();
        Enumeration parameterNamen2 = request.
          getHeaders(name);
        while(parameterNamen2.hasMoreElements()) {
// und ebenfalls in den Output-Stream schreiben
          out.print(name);
          String wert = (String)parameterNamen2.
            nextElement();
          out.println(": " + wert);
        }
      }
    }
    else {
// Erster Servlet-Aufruf; es wird ein Formular mit zwei
// Textfeldern und einem Button für das Absenden erzeugt; nach
// dem Abschicken des Formulars soll dasselbe Servlet
// nochmals aufgerufen werden
      out.println("<h3> Formular für Attributeingaben </h3>");
      out.println("<form action=\"" + response.encodeURL
      ("http://localhost:8080/java6uebungsbuch3/
      HttpSessionundURLRewriting") + "\">");
// Definition der Textfelder
      out.println("<br> Attributname: ");
      out.println("<input type=text size=20"
        +" name=SessionAttributName>");
      out.println("<br> Attributwert: ");
      out.println("<input type=text size=20"
        + " name=SessionAttributWert>");
```

```
        out.println("<br> Wartezeit: ");
        out.println("<input type=text size=10"
          + " name=WarteZeit>");
// Definition des Buttons
        out.println("<center>");
        out.println("<input type=submit>");
        out.println("</center>");
// Um ein Session-Attribut mit encodeURL() zu setzen, einen
// Hyperlink im HTML-Dokument definieren
        out.print("<p><a href=\"");
// Der Servletname in der URL kann relativ oder absolut zum
// Context-Root angegeben werden
    out.println(response.encodeURL
    ("http://localhost:8080/java6uebungsbuch3/HttpSessionundURLRewriting?
     SessionAttributName=SearchHistory3&SessionAttributWert=Java 7"));
        out.println("\" >Session-Attribute mit encodeURL() setzen</a>");
        out.println("</form>");
      }
// Den aktuellen Thread-Namen ermitteln und ebenfalls in den
// ServletOutputStream schreiben
      out.println("<h3> Threadname: " + Thread.currentThread().
        getName()+"</h3>");
      out.println("</body>");
      out.println("</html>");
   }
}
```

Die Klasse SearchHistory (wurde in derselben `.java`-Datei als externe Klasse definiert)

```
class SearchHistory {
   private String suchbegriff;
// Konstruktordefinition
   public SearchHistory(String suchbegriff) {
      this.suchbegriff = suchbegriff;
   }
// Zugriffsmethode
   public synchronized String getSuchbegriff() {
      return suchbegriff;
   }
}
```

Programmausgaben

- Cookies im Internet Explorer zulassen

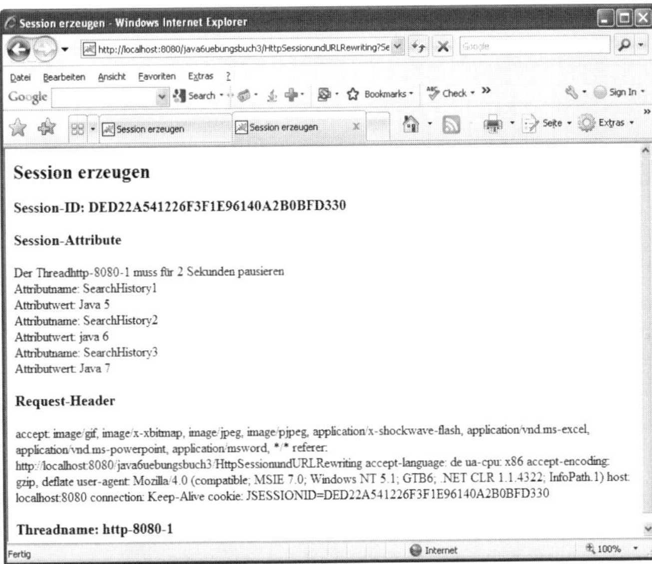

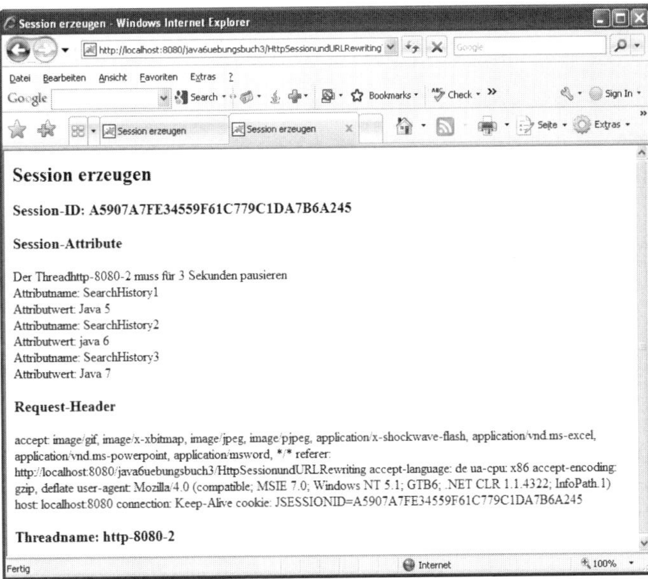

- Cookies im Internet Explorer ablehnen

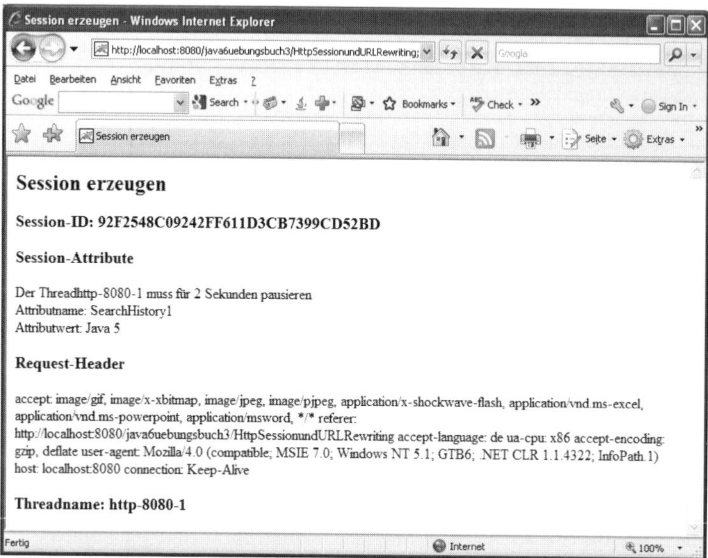

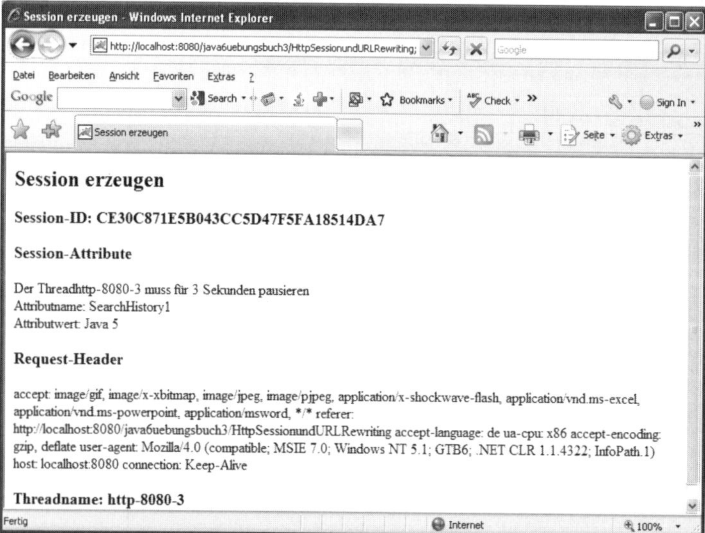

Hinweise zu den Programmausgaben

Wird URL-Rewriting eingesetzt, hat der Programmierer stets darauf zu achten, dass an jede URL, die dem Webbesucher zurückgeliefert wird (auch wenn dies indirekt beim Umleiten oder Weiterleiten von Anfragen stattfindet), die Session-ID über den Aufruf der Methode encodeURL() angehängt werden muss.

Bei einer Navigation im Browser, oder wenn der Besucher die Sitzung verlässt und später über Links oder Bookmarks wieder zurückkehrt, können Sitzungsinformationen verloren gehen.

Lösung 1.30

Die Klasse BuchKatalog

```
import java.io.*;
import javax.servlet.*;
import javax.servlet.http.*;
import java.util.*;
public class BuchKatalog extends HttpServlet {
// Die doGet()-Methode überschreiben
  public void doGet(HttpServletRequest request,
                HttpServletResponse response)
                   throws IOException, ServletException {
// Lokale Referenzen
     String title = "Session-Tracking bei einem Bucheinkauf";
// Die URL der Webseite für eine Buchbestellung
     String bestellURL = "http://localhost:8080/"
       + "java6uebungsbuch3/BuchBestellung";
     BuchMap buch;
     Set<String> autoren;
     Map<String,Map<String,Double>> map;
// Einen PrintWriter-Stream für das Senden der Antwort an den
// Client ermitteln
     PrintWriter out = response.getWriter();
// Den Content-Type für die Antwort setzen
     response.setHeader("Content-Type", "text/html");
// HTML-Seite generieren
     out.println("<html>");
     out.println("<head>");
     out.println("<title>" + title + "</title>");
     out.println("</head>");
     out.println("<body bgcolor=\"white\">");
     out.println("<h3>" + title + "</h3>");
// Für den Fall, dass der Browser keine Cookies zulässt, die URL
// für ein URL-Rewriting vorbereiten
     bestellURL = response.encodeURL(bestellURL);
```

```
// Buchkatalog erstellen und die Merkmale für ein Buch (Titel,
// Autor und Preis) als Werte von versteckten Feldern an das für
// eine Bestellung zuständige Servlet weitergeben
    buch = new BuchMap();
// Die Abbildung vom Typ Map<String,Map<String,Double>> lesen
    map = buch.getMap();
// und alle ihre Schlüssel mit der Methode keySet() bestimmen
    autoren = map.keySet();
    for(String autor: autoren) {
// Die den Schlüsseln zugeordneten Werte als Instanzen vom Typ
// Map<String,Double> mit der get()-Methode ermitteln
      Map<String,Double> map1 = map.get(autor);
// und auf die gleiche Art und Weise wie für die vorige Abbildung
// auf deren Schlüssel und Werte zugreifen
      Set<String> titeln = map1.keySet();
      for(String titel: titeln) {
        Double preis = map1.get(titel);
        out.println("<form action=\"" + bestellURL + "\">" +
          "<input type= \"text\" name=\"BuchName\" " +
           "      value=\"" + titel + "\" + size=\"" + 50
           + "\">" + "<br />" +
          "<input type= \"text\" name=\"BuchAutor\" " +
           "      value=\"" + autor + "\" + size=\"" + 35
           + "\">" +
          "<input type= \"text\" name=\"BuchPreis\" " +
           "      value=\"" + preis + "\" + size=\"" + 5
           + "\">" + "<p><center>" +
// Button für eine Buchauswahl erstellen
          "<input type=\"submit\" " +
            "value=\"In den Warenkorb\">" +
            "</center></p></form>");
      }
    }
    out.println("</body></html>");
  }
}
```

Die Klasse BuchMap

```
import java.util.*;
public class BuchMap {
// Fünf Buchlisten, in denen einem Titel der Preis zugeordnet wird,
// erzeugen
  private Map<String,Double> map1 = new HashMap<String,Double>();
  private Map<String,Double> map2 = new HashMap<String,Double>();
  private Map<String,Double> map3 = new HashMap<String,Double>();
  private Map<String,Double> map4 = new HashMap<String,Double>();
  private Map<String,Double> map5 = new HashMap<String,Double>();
```

```
// und eine weitere, die jedem Autor alle seine Bücher aus einer
// der vorher erzeugten Listen zuordnet
  private Map<String,Map<String,Double>> map =
    new HashMap<String,Map<String,Double>>();
// Konstruktordefinition
  public BuchMap() {
// Die von der Klasse HashMap implementierte put()-Methode des
// Interface Map aufrufen
     map1.put("Java 6 Das Übungsbuch", 29.95);
     map1.put("Java 6 Das Übungsbuch Band II", 29.95);
     map2.put("C++ Die professionelle Referenz. IT-Studienausgabe",
             29.95);
     map3.put("C++ Lernen und professionell anwenden", 44.95);
     map4.put("Adobe Dreamweaver CS3 - Das Profibuch", 39.95);
     map5.put("SCJP Sun Certified Java Programmer", 34.95);
     map.put("Elisabeth Jung", map1);
     map.put("Herbert Schildt", map2);
     map.put("Ulla Kirch-Prinz, Peter Prinz", map3);
     map.put("Tobias Wassermann, Christian Speer", map4);
     map.put("Terence Gronowski", map5);
  }
// Zugriffsmethode
  public Map<String,Map<String,Double>> getMap() {
     return map;
  }
}
```

Die Klasse BuchBestellung

```
import java.io.*;
import javax.servlet.*;
import javax.servlet.http.*;
import java.util.*;
public class BuchBestellung extends HttpServlet {
// Die doGet()-Methode überschreiben
  public void doGet(HttpServletRequest request,
            HttpServletResponse response)
                throws ServletException, IOException {
// Die URL der Webseite für eine Buchauswahl
     String katalogURL = "http://localhost:8080/"
       + "java6uebungsbuch3/BuchKatalog";
// In der Instanz, auf die diese Enumeration-Referenz zeigt,
// sind alle Header-Werte gespeichert
     Enumeration parameterNamen1 = request.getHeaderNames();
// Lokale Referenz vom Typ der Klasse WarenKorb
     WarenKorb korb;
     double gesamtPreis = 0;
     String buchName = request.getParameter("BuchName");
```

```
      String buchAutor = request.getParameter("BuchAutor");
      String buchPreis = request.getParameter("BuchPreis");
// Einen PrintWriter-Stream für das Senden der Antwort an den
// Client, durch den Aufruf der Methode getWriter() am
// HttpServletResponse-Objekt, ermitteln
      PrintWriter out = response.getWriter();
      String title = "In Ihrem Warenkorb befinden sich:";
// Eine Session für den Client eröffnen, falls im Vorhinein noch
// keine geöffnet wurde
      HttpSession httpSession = request.getSession(true);
// Die Parallelität von Thread-Abläufen beim Zugriff auf Session-
// Attribute synchronisieren
      synchronized(httpSession) {
         korb = (WarenKorb)httpSession.getAttribute("WarenKorb");
// Für jeden neuen Besucher der Webseite wird ein eigener
// Warenkorb angelegt, war ein Besucher schon mal da gewesen, wird
// sein alter Warenkorb benutzt;
         if(korb == null) {
            korb = new WarenKorb();
// dies geschieht über das Setzen eines Attributs mit dem Namen
// "WarenKorb" für die Session des Benutzers
            httpSession.setAttribute("WarenKorb", korb);
         }
// Für das auf der Webseite des Buchkatalogs ausgewählte Buch
// werden Name, Autor und Preis aus der Parameterliste der http-
// Anfrage entnommen
            String buch = buchName + " " + buchAutor + " "
              + buchPreis;
// und dieses Buch mit seiner Preisangabe in den Warenkorb gelegt
            korb.addBuch(buch, Double.parseDouble(buchPreis));
      }
// Der Inhalt des Warenkorbes wird nach jedem Ablegen eines neuen
// Buches angezeigt
// Den Content-Type für die Antwort setzen
      response.setContentType("text/html");
      out.println("<html>");
      out.println("<head>");
      out.println("<title>" + title + "</title>");
      out.println("</head>");
      out.println("<body bgcolor=\"white\">");
// Für den Fall, dass der Browser keine Cookies zulässt, die URL
// für ein URL-Rewriting vorbereiten
      katalogURL = response.encodeURL(katalogURL);
      out.println(katalogURL);
// Alle Header-Einträge der Anfrage ermitteln
      out.println("<h3>Request-Header</h3>");
      while(parameterNamen1.hasMoreElements()) {
         String name = (String)parameterNamen1.nextElement();
```

```
      Enumeration parameterNamen2 = request.
        getHeaders(name);
      while(parameterNamen2.hasMoreElements()) {
// und ebenfalls in den Output-Stream schreiben, um auf den
// Unterschied in der Benutzung von Cookies und URL-Rewriting
// hinzuweisen
        out.print(name);
        String wert = (String)parameterNamen2.
          nextElement();
        out.println(": " + wert);
      }
    }
    out.println("<form action=\"" + katalogURL + "\">\n");
    out.println("<h3 align=\"center\">" + title + "</h3>");
// Nachdem ein Buch in den Warenkorb gelegt wurde, wird
// der Gesamtpreis der darin enthaltenen Bücher berechnet und
// für den Benutzer angezeigt
    synchronized(httpSession) {
// Weil ein Warenkorb als Instanz der parametrisierten Klasse
// HashMap<String,Double> erzeugt wird, wird für die
// Preisberechnung der gesamten Ware ein Iterator über die Menge
// aller Schüssel gelegt und gleichzeitig eine Referenz vom Typ
// Array auf diese mit der Methode toArray() zurückgegeben, die
// ermöglicht, auf alle Schlüsselwerte auch einzeln für die
// Anzeige der Bücher zuzugreifen
      Map<String,Double> warenKorb = korb.getKorb();
      Set<String> buecher = warenKorb.keySet();
      Iterator<String> iterator = buecher.iterator();
      Object[] array = buecher.toArray();
// Bücher im Listen-Format im HTML-Dokument anzeigen
      out.println("<ul>");
      for(int i= 0; i<array.length;i++) {
        double preis = warenKorb.get(iterator.next());
        gesamtPreis = gesamtPreis +preis;
        out.println("<li>" +  array[i]+ "</li>");
      }
      out.println("<ul>");
      out.printf("<h3>Der Gesamtpreis Ihrer Ware beträgt: ");
// Um das Ergebnis mit nur zwei Nachkommastellen anzuzeigen,
// benutzen wir die printf()-Methode, die ein Formatter-Objekt
// nutzt, um Ausgaben zu formatieren
      out.printf("% .2f", gesamtPreis);
      out.printf("<h3>");
// Button für die Rückkehr zum Buchkatalog
      out.println("<p><center>" + "<input type=\"submit\" "
                 + "value=\"Zurück zum Buchkatalog\">" +
                   "</center></p></form>");
    }
```

```
        out.println("</body></html>");
    }
}
```

Die Klasse WarenKorb

```
import java.util.*;
public class WarenKorb {
    private Map<String,Double> korb;
// Konstruktordefinition
    public WarenKorb() {
// Einen leeren Warenkorb erzeugen
        korb = new HashMap<String,Double>();
    }
// Zugriffsmethode
    public Map<String,Double> getKorb() {
        return korb;
    }
// Methode zum Hinzufügen von Büchern in den Warenkorb
    public void addBuch(String buch, double preis) {
        korb.put(buch, preis);
    /* try {
// Um die Parallelität von Abläufen beim Aufruf des Servlets von
// mehreren Clients bzw. vom selben Client, der mehrere
// Browserfenster im selben Internet Explorer gleichzeitig
// öffnet, verfolgen zu können, lassen wir den gerade aktuellen
// Thread für 4 Sekunden pausieren
            Thread.sleep(4*1000);
        }
        catch(Exception e) {
            e.printStackTrace();
        } */
        return;
    }
}
```

Programmausgaben

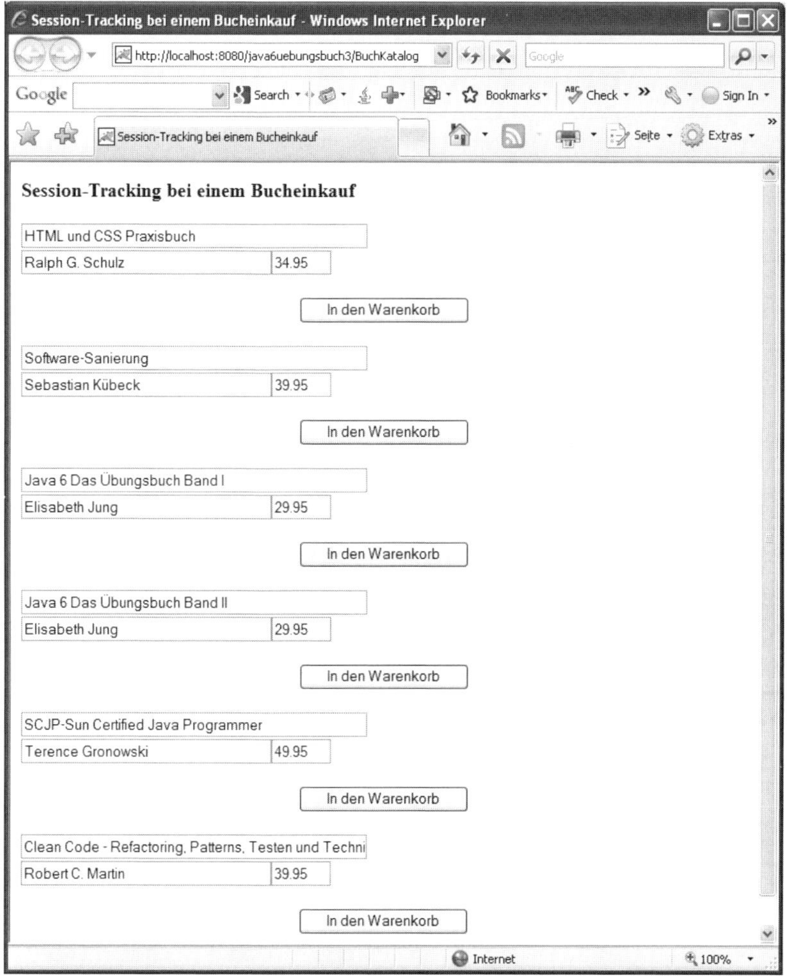

- Mit Cookies

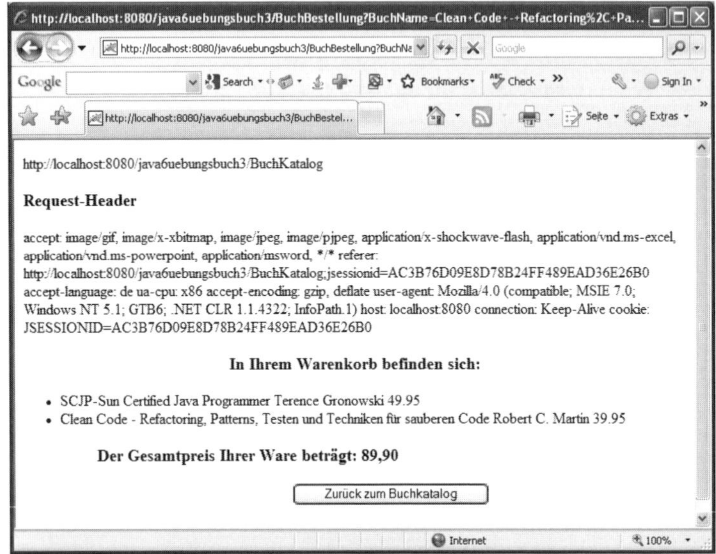
http://localhost:8080/java6uebungsbuch3/BuchBestellung?BuchName=Clean+Code+-+Refactoring%2C+Pa...
http://localhost:8080/java6uebungsbuch3/BuchKatalog
Request-Header
accept: image/gif, image/x-xbitmap, image/jpeg, image/pjpeg, application/x-shockwave-flash, application/vnd.ms-excel, application/vnd.ms-powerpoint, application/msword, */* referer: http://localhost:8080/java6uebungsbuch3/BuchKatalog;jsessionid=AC3B76D09E8D78B24FF489EAD36E26B0 accept-language: de ua-cpu: x86 accept-encoding: gzip, deflate user-agent: Mozilla/4.0 (compatible; MSIE 7.0; Windows NT 5.1; GTB6; .NET CLR 1.1.4322; InfoPath.1) host: localhost:8080 connection: Keep-Alive cookie: JSESSIONID=AC3B76D09E8D78B24FF489EAD36E26B0
In Ihrem Warenkorb befinden sich:
SCJP-Sun Certified Java Programmer Terence Gronowski 49.95
Clean Code - Refactoring, Patterns, Testen und Techniken für sauberen Code Robert C. Martin 39.95
Der Gesamtpreis Ihrer Ware beträgt: 89,90
Zurück zum Buchkatalog

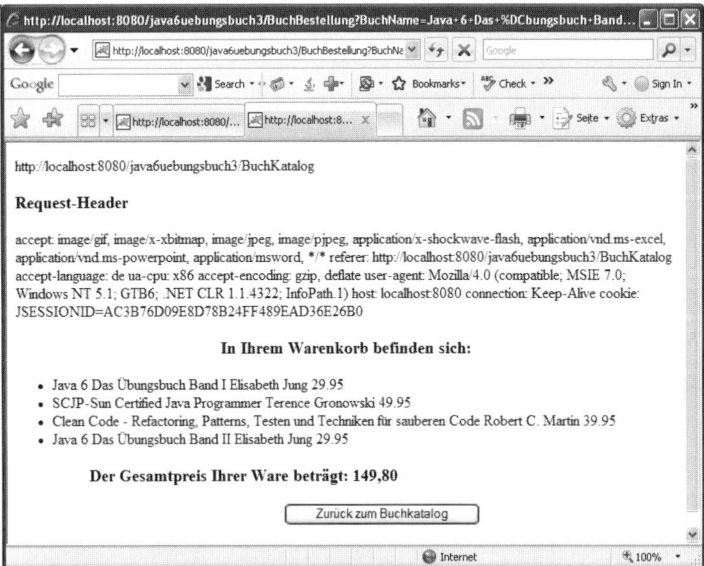
http://localhost:8080/java6uebungsbuch3/BuchBestellung?BuchName=Java+6+Das+%DCbungsbuch+Band...
http://localhost:8080/java6uebungsbuch3/BuchKatalog
Request-Header
accept: image/gif, image/x-xbitmap, image/jpeg, image/pjpeg, application/x-shockwave-flash, application/vnd.ms-excel, application/vnd.ms-powerpoint, application/msword, */* referer: http://localhost:8080/java6uebungsbuch3/BuchKatalog accept-language: de ua-cpu: x86 accept-encoding: gzip, deflate user-agent: Mozilla/4.0 (compatible; MSIE 7.0; Windows NT 5.1; GTB6; .NET CLR 1.1.4322; InfoPath.1) host: localhost:8080 connection: Keep-Alive cookie: JSESSIONID=AC3B76D09E8D78B24FF489EAD36E26B0
In Ihrem Warenkorb befinden sich:
Java 6 Das Übungsbuch Band I Elisabeth Jung 29.95
SCJP-Sun Certified Java Programmer Terence Gronowski 49.95
Clean Code - Refactoring, Patterns, Testen und Techniken für sauberen Code Robert C. Martin 39.95
Java 6 Das Übungsbuch Band II Elisabeth Jung 29.95
Der Gesamtpreis Ihrer Ware beträgt: 149,80
Zurück zum Buchkatalog

- Mit URL-Rewriting

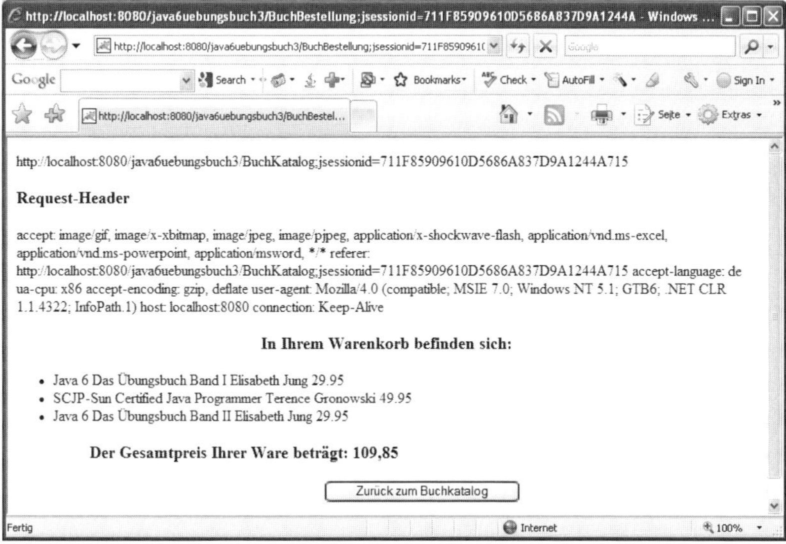

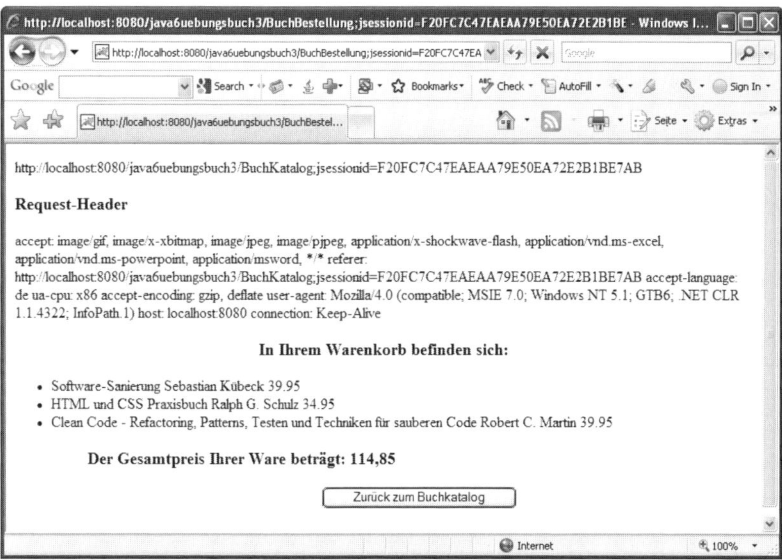

Lösung 1.31

Die Klasse BuchKatalogServlet

```
import java.io.*;
import javax.servlet.*;
import javax.servlet.http.*;
import java.util.*;
public class BuchKatalogServlet extends HttpServlet {
// Die doGet()-Methode überschreiben
  public void doGet(HttpServletRequest request,
                   HttpServletResponse response)
                       throws IOException, ServletException {
// Lokale Referenzen
     String title = "Session-Tracking bei einem Bucheinkauf";
// Die URL der Webseite für eine Buchbestellung
     String bestellURL = "http://localhost:8080/"
       + "java6uebungsbuch3/BuchBestellungServlet";
     BuchMap buch;
     Set<String> autoren;
     Map<String,Map<String,Double>> map;
// Einen PrintWriter-Stream für das Senden der Antwort an den
// Client ermitteln
     PrintWriter out = response.getWriter();
// Den Content-Type für die Antwort setzen
     response.setHeader("Content-Type", "text/html");
// HTML-Seite generieren
     out.println("<html>");
     out.println("<head>");
     out.println("<title>" + title + "</title>");
     out.println("</head>");
     out.println("<body bgcolor=\"white\">");
     out.println("<h3>" + title + "</h3>");
// Für den Fall, dass der Browser keine Cookies zulässt, die URL
// für ein URL-Rewriting vorbereiten
     bestellURL = response.encodeURL(bestellURL);
// Buchkatalog erstellen und die Merkmale für ein Buch (Titel,
// Autor und Preis) als Werte von versteckten Feldern an das für
// eine Bestellung zuständige Servlet weitergeben
     buch = new BuchMap();
// Die Abbildung vom Typ Map<String,Map<String,Double>> lesen
     map = buch.getMap();
// und alle ihre Schlüssel mit der Methode keySet() bestimmen
     autoren = map.keySet();
     for(String autor: autoren) {
// Die den Schlüsseln zugeordneten Werte als Instanzen vom Typ
// Map<String,Double> mit der get()-Methode ermitteln
        Map<String,Double> map1 = map.get(autor);
```

```
// und auf die gleiche Art und Weise wie für die vorige Abbildung
// auf deren Schlüssel und Werte zugreifen
      Set<String> titeln = map1.keySet();
      for(String titel: titeln) {
         Double preis = map1.get(titel);
         out.println("<form action=\"" + bestellURL + "\">" +
           "<input type= \"text\" name=\"BuchName\" " +
            "      value=\"" + titel + "\" + size=\"" + 35
           + "\">" + "</br>" +
           "<input type= \"text\" name=\"BuchAutor\" " +
            "      value=\"" + autor + "\" + size=\"" + 20
            + "\">" +
           "<input type= \"text\" name=\"BuchPreis\" " +
            "      value=\"" + preis + "\" + size=\"" + 5
            + "\">" + "<p><center>" +
// Button für eine Buchauswahl erstellen
           "<input type=\"submit\" " +
             "value=\"In den Warenkorb\">" +
             "</center></p></form>");
      }
    }
    out.println("</body></html>");
  }
}
```

Die Klasse BuchBestellungServlet

```
import java.io.*;
import javax.servlet.*;
import javax.servlet.http.*;
public class BuchBestellungServlet extends HttpServlet {
// Die doGet()-Methode überschreiben
  public void doGet(HttpServletRequest request,
             HttpServletResponse response)
                throws ServletException, IOException {
// Die URL der Webseite für eine Buchauswahl
    String katalogURL = "http://localhost:8080/"
      + "java6uebungsbuch3/BuchKatalogServlet";
// Lokale Referenz vom Typ der Klasse BuecherKorb
    BuecherKorb korb;
    double gesamtPreis = 0;
    String buchName = request.getParameter("BuchName");
    String buchAutor = request.getParameter("BuchAutor");
    String buchPreis = request.getParameter("BuchPreis");
// Einen PrintWriter-Stream für das Senden der Antwort an den
// Client, durch den Aufruf der Methode getWriter() am
// HttpServletResponse-Objekt, ermitteln
    PrintWriter out = response.getWriter();
    String title = "In Ihrem Bücherkorb befinden sich:";
```

```
// Eine Session für den Client eröffnen, falls im Vorhinein noch
// keine geöffnet wurde
    HttpSession httpSession = request.getSession(true);
// Die Parallelität von Thread-Abläufen beim Zugriff auf Session-
// Attribute synchronisieren
    synchronized(httpSession) {
      korb = (BuecherKorb)httpSession.
        getAttribute("BuecherKorb");
// Für jeden neuen Besucher der Webseite wird ein eigener
// Bücherkorb angelegt; war ein Besucher schon mal da, wird
// sein alter Bücherkorb benutzt,
      if(korb == null) {
        korb = new BuecherKorb();
// dies geschieht über das Setzen eines Attributs mit dem Namen
// "BuecherKorb" für die Session des Benutzers
        httpSession.setAttribute("BuecherKorb", korb);
      }
// Für das auf der Webseite des Buchkatalogs ausgewählte Buch
// werden Name, Autor und Preis aus der Parameterliste der http-
// Anfrage entnommen
        String buch = buchName + " " + buchAutor + " "
          + buchPreis;
// und dieses Buch mit seiner Preisangabe in den Bücherkorb gelegt
        korb.addBuch(buch, Double.parseDouble(buchPreis));
    }
// Der Inhalt des Bücherkorbs wird nach jedem Ablegen eines neuen
// Buches angezeigt
// Den Content-Type für die Antwort setzen
    response.setContentType("text/html");
    out.println("<h3 align=\"center\">" + title + "</h3>");
// Für den Fall, dass der Browser keine Cookies zulässt, die URL
// für ein URL-Rewriting vorbereiten
    katalogURL = response.encodeURL(katalogURL);
    out.println("<form action=\"" + katalogURL + "\">\n");
// Nachdem ein Buch in den Bücherkorb gelegt wurde, wird
// der Gesamtpreis der darin enthaltenen Bücher berechnet und
// für den Benutzer angezeigt
    synchronized(httpSession) {
// Die Methoden der Klasse BuecherKorb zum Berechnen des
// Gesamtpreises der sich im Korb befindlichen Bücher und deren
// Anzeige im Browser aufrufen
      gesamtPreis = korb.getGesamtPreis();
      Object[] array = korb.getBuecher();
// Die Bücher im Listen-Format im HTML-Dokument anzeigen
      out.println("<ul>");
      for(int i= 0; i<array.length;i++) {
        out.println("<li>" +  array[i]+ "</li>");
      }
      out.println("</ul>");
```

```
        out.printf("<h3>Der Gesamtpreis Ihrer Ware beträgt: ");
// Um das Ergebnis mit nur zwei Nachkommastellen anzuzeigen,
// benutzen wir die printf()-Methode, die ein Formatter-Objekt
// nutzt, um Ausgaben zu formatieren
        out.printf("% .2f &#8364;", gesamtPreis);
        out.printf("<h3>");
// Button für die Rückkehr zum Buchkatalog
        out.println("<p><center>" + "<input type=\"submit\" "
                  + "value=\"Zurück zum Buchkatalog\">" +
                   "</center></p></form>");
      }
      out.println("</body></html>");
   }
}
```

Die Klasse BuecherKorb

```
import java.util.*;
public class BuecherKorb {
   private Map<String,Double> korb;
// Konstruktordefinition
   public BuecherKorb() {
// Einen leeren Warenkorb erzeugen
      korb = new HashMap<String,Double>();
   }
// Zugriffsmethoden
   public Map<String,Double> getKorb() {
      return korb;
   }
// Weil ein Bücherkorb als Instanz der parametrisierten Klasse
// HashMap<String,Double> erzeugt wird, wird ein Iterator über
// die Menge aller Schüssel gelegt und eine Referenz vom Typ
// Array auf diese mit der Methode toArray() zurückgegeben, die es
// ermöglicht, auf alle Schlüsselwerte auch einzeln für die
// Anzeige der Bücher zuzugreifen
   public Object[] getBuecher() {
      Map<String,Double> warenKorb = this.getKorb();
      Set<String> buecher = warenKorb.keySet();
      Object[] array = buecher.toArray();
      return array;
   }
// Methode zum Berechnen des Gesamtpreises der Bücher, die sich
// im Bücherkorb befinden
   public double getGesamtPreis() {
      double gesamtPreis = 0;
      Map<String,Double> warenKorb = this.getKorb();
      Set<String> buecher = warenKorb.keySet();
      Iterator<String> iterator = buecher.iterator();
      Object[] array = buecher.toArray();
```

```
    for(int i= 0; i<array.length; i++) {
      double preis = warenKorb.get(iterator.next());
      gesamtPreis = gesamtPreis + preis;
    }
    return gesamtPreis;
  }
// Methode zum Ablegen von Büchern in den Bücherkorb
  public void addBuch(String buch, double preis) {
    korb.put(buch, preis);
    return;
  }
}
```

Programmausgaben

- Mit Cookies

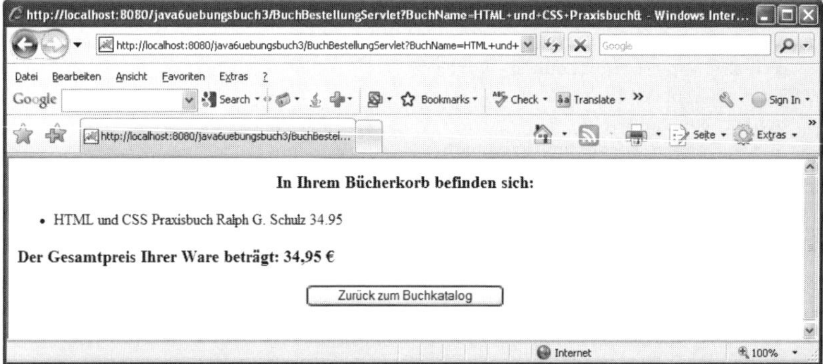

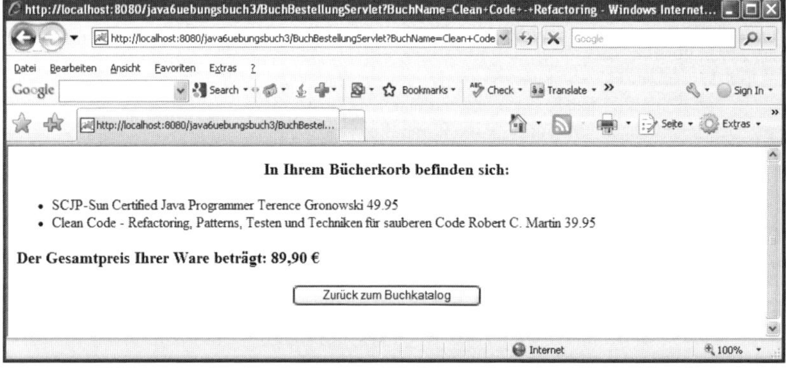

- Mit URL-Rewriting

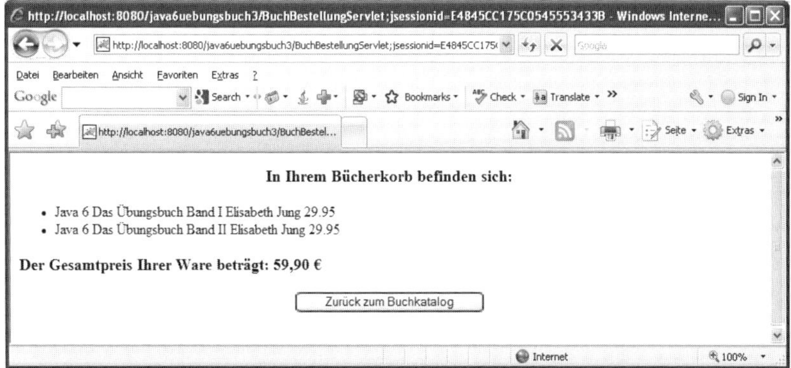

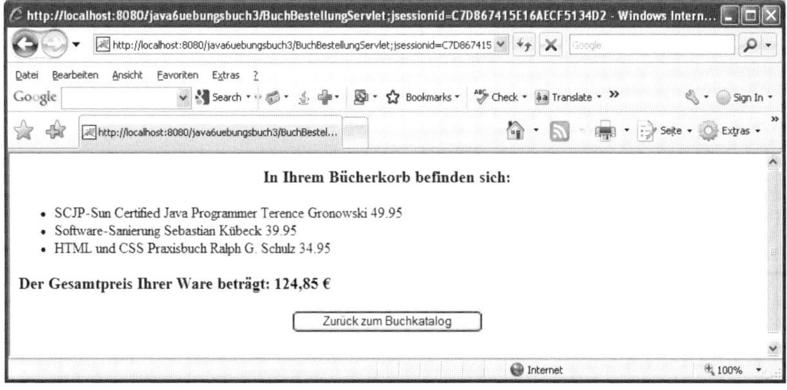

JavaServer Pages

2.1 Java-Code in HTML und XHTML einbetten

Beim Erstellen von Servlet-Klassen haben Sie [X]HTML-Anweisungen in den Java-Code eingefügt, indem Sie diese als `String`-Referenzen im Aufruf der `println()`-Methode übergeben haben.

JavaServer Pages basieren ebenfalls auf der Servlet-API von Java und drehen deren Prinzip um: Mit ihnen wird Java-Code in [X]HTML-Seiten eingefügt. Aus jeder JSP-Seite wird beim Aufrufen eine Servlet-Klasse erzeugt. Die beim Übersetzen generierte Servlet-Klassendatei wird in die JVM (Java Virtual Machine) des Containers geladen und initialisiert. Wird eine Client-Anfrage an eine JSP-Seite gerichtet, fordert der Container einen Thread an und ruft die Methode `_jspService()` der entsprechenden Servlet-Klasse auf.

Wir vertreten in den Ausführungen zu JSP-Seiten wie auch für Servlets die Sicht des Java-Programmierers und nicht die des Web-Designers. Der Schwerpunkt wird daher auch diesmal nicht auf [X]HTML-Sprachelementen, XML-Schemata oder Beschreibungen von JSTL-Tags liegen, sondern auf dem Zusammenhang zwischen JSP-Elementen und den Vorgängen, die bei einer Ausführung von JSP-Seiten im Hintergrund stattfinden.

Java-Anweisungen können innerhalb eines `<% ... %>`-Tags in ein HTML-Dokument eingefügt werden. Dieser Abschnitt wird in JavaServer Pages auch als »Scriptlet« bezeichnet. Die Datei selbst muss mit der Endung `.jsp` abgespeichert werden, um einen Webserver bzw. Container (wie z.B. Tomcat) zu veranlassen, diese auszuführen.

Ab der Version 1.1 von JSP ist es möglich, JSP-Abschnitte mit einer XML-konformen Syntax einzubinden. In diesem Fall muss das `<% ... %>`-Tag durch die XML-Schreibweise `<jsp:scriptlet> ... </jsp:scriptlet>` ersetzt werden. Ab der Version 2.0 von JSP gibt es für JSP-Seiten noch die zusätzliche Dateiendung `.jspx`, die verwendet werden sollte, wenn der Dateiinhalt nicht HTML, sondern XHTML ist. In diesem Fall wird von JSP-Dokumenten anstelle von JSP-Seiten gesprochen.

Die JSP-API von Java beinhaltet zusätzlich zu den Paketen der Servlet-API das Paket `javax.servlet.jsp`. Dieses Paket beinhaltet die Klassen `JspWriter`, `ErrorData`, `JspContext`, `PageContext`, `JspEngineInfo`, `JspFactory`, `JspException`, `JspTagException` und `SkipPageException`. Vom Interface `javax.servlet.Servlet` sind die Interfaces `JspPage` und `HttpJspPage` abgeleitet. Alle Klassen und Interfaces dienen eher für interne Zwecke und brauchen vom Programmierer nicht erweitert zu werden.

Mit den neueren JSP-Versionen sind noch die Pakete `javax.servlet.jsp.el` und `javax.servlet.jsp.tagext` hinzugekommen, deren Klassen im Zusammenhang mit der Expression Language und der Definition von benutzerdefinierten Tags im Nachfolgenden zum Einsatz kommen werden.

Anders als für Servlets braucht in JSP-Seiten für Ausgaben im Browser kein Output-Stream erzeugt zu werden. Die Methoden der Klasse `JspWriter` können direkt an einer vordefinierten `out`-Instanz von dieser Klasse aufgerufen werden.

Das Erstellen von JSP-Seiten mit [X]HTML ist sehr einfach:

```
<html>
<head><title> JSP-Seite </title></head>
<body bgcolor="red">
<%-- Dies ist ein Kommentar --%>
<%-- Java-Code innerhalb eines JSP-Abschittes --%>
<%
// Text in eine JSP-Seite schreiben
   out.println("<h3> Einfache JSP-Seite </h3>");
%>
</body>
</html>
```

Die Technologie, auf der diese basieren, ermöglicht dem Programmierer, statischen [X]HTML-Code mit dynamisch generiertem, der mit Java geschrieben wird, zu kombinieren.

Das Festlegen des Dokumententyps kann, wie in Kapitel 1 spezifiziert wurde, mit Hilfe eines `<!DOCTYPE>`-Tags geschehen.

Sollen JSP-Seiten durch JSP-Dokumente ersetzt werden, das heißt die XML-Syntax benutzt werden, müssen die Tags `<jsp:root>`, `<jsp:directive.page>` und `<jsp:output>` für die Deklaration des Namensraums von JSP-Seiten und von eventuellen Standard- und benutzerspezifischen Bibliotheken wie auch für die Definition von Sprachelementen und Dokumententyp eingesetzt werden. Der Dokumentenvorspann kann dann wie folgt definiert werden:

```
<?xml version="1.0" encoding="ISO-8859-1"?>
<jsp:root
  xmlns:jsp="http://java.sun.com/JSP/Page"
  version="2.1"
>
<jsp:directive.page
  language="java"
  contentType="ISO-8859-1"
  pageEncoding="ISO-8859-1"
/>
<jsp:output
```

```
  doctype-root-element="html"
  doctype-public="-//W3C//DTD XHTML 1.1 Strict//EN"
  doctype-system="http://www.w3.org/TR/xhtml1/DTD/xhtml1-strict.dtd" />
<html xmlns="http://www.w3.org/1999/xhtml">
   <head>
      <title>JSP-Seite mit XHTML</title>
   </head>
...
</html>
</jsp:root>
```

Das JSP-Tag `<jsp:root xmlns:jsp="http://java.sun.com/JSP/Page" version="2.1">` legt den Beginn eines JSP-Dokuments fest und definiert über `xmlns:jsp="http://java.sun.com/JSP/Page"` den JSP-Namensraum. Mit dem Attribut `version` wird die JSP-Version spezifiziert. Es kann alternativ vor oder nach dem XML-Prolog `<?xml version="1.0" encoding="ISO-8859-1" ?>` eingefügt werden.

Das Tag `<jsp:output>` hat nichts mit der Ausgabe im Browser zu tun, sondern erzeugt nur das `<!DOCTYPE>`-Tag für die Dokumententypprüfung. Zusammen mit `<html xmlns="http://www.w3.org/1999/xhtml">` ersetzen diese Zeilen das herkömmliche `<html>`-Tag.

Mit dem Tag `<jsp:text>...</jsp:text>` können Leerzeilen in ein JSP-Dokument eingebunden werden.

Im `<![CDATA]>`-Tag steht `CDATA` für »Character Data« und wird eingesetzt, um Textausgaben zu realisieren. Der darin eingeschlossene [X]HTML-Code wird nicht als ein solcher interpretiert.

`.jspx`-Dateien werden vom Internet Explorer (im Gegensatz zu Mozilla Firefox zum Beispiel) nur dann korrekt ausgeführt, wenn die `page`-Direktive (siehe Unterkapitel 2.2 auf Seite 226) in `<jsp:directive.page contentType="text/html"/>` abgeändert wird.

Webbrowser führen eine Liste des für einen bestimmten Dateityp zugelassenen Mime-Types (Content-Types) und falls dieser nicht mit dem deklarierten Typ übereinstimmt, bieten sie an, die Daten als Download-Datei abzuspeichern, oder sie zeigen die JSP-Datei in einem Editor an.

Zusätzlich zu Scriptlets können in einer JSP-Seite auch zwei weitere so genannte Scripting-Elemente eingesetzt werden: Deklarationen und Ausdrücke (siehe Unterkapitel 2.2 auf Seite 226).

JSP-Seiten mit Scripting-Elementen sind allerdings nicht XML-konform, was bedeutet, dass beim Erstellen von derartigen JSP-Seiten keine XML-Editoren eingesetzt werden können. Um dies zu umgehen und XML-kompatible JSP-Seiten zu schreiben werden wir auf andere Elemente zurückgreifen müssen, wie Standard- und benutzerdefinierte Aktionen, die EL (Expression Language), selbst definierte Tags, die zu taglib-Bibliotheken zusammengefasst werden können, oder die JSP

Standard Tag Library JSTL (siehe die weiteren Unterkapitel mit den entsprechenden Ausführungen). Gleichzeitig muss bei einer Nutzung von XML anstelle von HTML immer XHTML eingesetzt werden. Tomcat überprüft in diesem Fall die korrekte Schreibweise von XHTML-Tags.

Die Sonderzeichen <, >, &, " und ' haben in [X]HTML eine spezielle Bedeutung. Um korrekt interpretiert zu werden, müssen diese Zeichen in XML-konformen Tags maskiert werden, d.h. in die entsprechenden XML-Entitäten `<`, `>`, `&`, `"` und `'` umgesetzt werden.

Eine gleichartige Umsetzung kann auch für Umlaute und andere Sonderzeichen vorgenommen werden. Dies ist aber nicht erforderlich, wenn innerhalb des `<head>`-Tags das folgende `<meta/>`-Tag verwendet wird: `<meta http-equiv="Content-Type" content="text/html; charset=ISO-8859-1"/>` oder diese Angaben mittels einer `page`-Direktive gemacht werden: `<jsp:directive.page language="java" contentType="text/html;charset=ISO-8859-1" pageEncoding="ISO-8859-1"/>`.

Für einen traditionellen Java-Programmierer wird es am Anfang schwer zu verstehen sein, warum eine EL oder Tag-Libraries eingeführt werden, um z.B. herkömmliche if/else- oder try/catch-Blöcke zu ersetzen, die sich während jahrelang gesammelten Erfahrungen eingeprägt haben. Gegen Ende des Kapitels, beim Vergleich der ersten JSP-Seiten mit den dazugehörigen Scripting-freien Seiten muss man jedoch zugeben, dass beim Erstellen solcher Seiten ein sehr großer Aufwand von Programmcode erspart bleiben kann.

Im Deployment Descriptor (Datei `web.xml`) der Webapplikation ist der Eintrag für die Angabe von JSP- und Servlet-Versionen unterschiedlich.

Für JSP-Versionen kleiner als 2.0 wird im `<!DOCTYPE>`-Tag die Versionsnummer der zugrundeliegenden Servlet- und JSP-Spezifikationen angegeben.

Für die Servlet-Version 2.3 (JSP 1.2) ist dies das Tag:

```
<!DOCTYPE web-app Public "-//Sun Microsystems, Inc.//DTD Web Application
2.3//EN" "http://java.sun.com/dtd/web-app_2_3.dtd">
```

Für JSP-Versionen größer oder gleich 2.0 wird bei der Angabe der Servlet-Version 2.5 (JSP 2.1) statt des `<!DOCTYPE>`-Tags mit Hilfe einer DTD (Dokumententypdefinition), die die Tagdefinitionen enthält, das XML-Schema verwendet:

```
<?xml version="1.0" encoding="ISO-8859-1" ?>
<web-app xmlns="http://java.sun.com/xml/ns/javaee"
  xmlns:xsi="http://www.w3.org/2001/XMLSchema-instance"
  xsi:schemaLocation="http://java.sun.com/xml/ns/javaee http://
java.sun.com/xml/ns/javaee/web-app_2_5.xsd" version="2.5">
```

Zum Starten von JavaServer Pages reicht es aus, den Namen der JSP-Seite in der Adresszeile des Browsers einzugeben. Im Nachfolgenden werden die JSP-Seiten im Unterverzeichnis `jsp` von `java6uebungsbuch3` abgelegt. Somit kann deren

Aufruf in einem Browser mit `http://localhost:8080/java6uebungsbuch3/jsp/jspname` erfolgen.

Nach dem Übersetzen des JSP-Codes erzeugt Tomcat eine `.java`-Datei, die eine Servlet-Definition enthält, und kompiliert diese mit seinem JSP-Compiler Jasper. Die Dateien mit dem Java-Sourcecode werden im Unterverzeichnis `work\Catalina\localhost` von Tomcat 6.0 in einem der Webapplikation zugeordneten Verzeichnis, `java6uebungsbuch3\org\apache\jsp\jsp`, mit einem der JSP-Datei ähnlichen Namen hinterlegt:

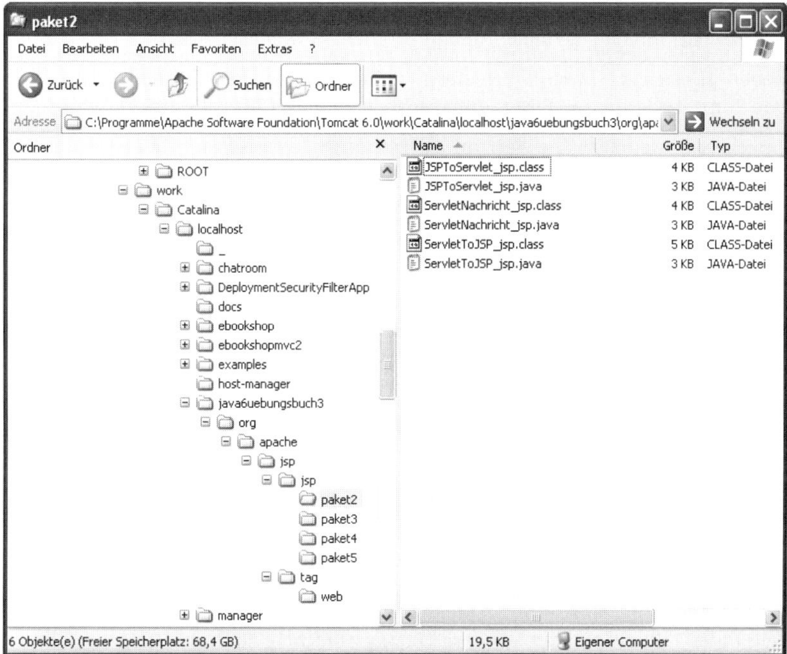

Die erste Anzeige einer JSP-Seite im Browser dauert immer etwas länger als eine gleich darauf folgende. Dies liegt daran, dass die JSP-Seite zuerst kompiliert werden muss. Wird die JSP-Seite, ohne dass sie abgeändert wurde, ein zweites Mal aufgerufen, muss nur die entsprechende `.class`-Datei vom Container ausgeführt werden. Wird die `.jsp`-Datei jedoch abgeändert, erkennt der Container anhand von Datum- und Uhrzeit-Angaben, dass eine Änderung vorliegt, und sorgt dafür, dass die Seite erneut kompiliert wird.

Auf den beim Übersetzen einer JSP-Seite erzeugten HTML-Code kann im ausführenden Browser mit der Auswahl »[Seiten]Quelltext anzeigen« zugegriffen werden, die über das Anklicken der angezeigten Webseite mit der rechten Maustaste angezeigt wird.

Aufgabe 2.1

☆

Java-Code in HTML einbetten

Erstellen Sie eine JSP-Seite mit dem Namen `JSPmitHTML.jsp`, die den Text »Einfache JSP-Seite mit HTML« und den aktuellen Thread-Namen in das vordefinierte `out`-Objekt vom Typ der Klasse `JspWriter` mittels der `println()`-Methode schreibt. Der Java-Code soll mit einem `<% ... %>`-Tag eingefügt werden.

Innerhalb der im Aufruf von `println()` übergebenen Strings können sämtliche HTML-Tags mit den dazugehörigen Attributen verwendet werden.

Sehen Sie sich die durch Übersetzen erzeugte `.java`-Datei im `work`-Verzeichnis von Tomcat oder in den Programmausgaben zu dieser Aufgabe an.

Erstellen Sie eine zweite Version der Seite mit dem Namen `JSPmitHTMLund-InterneCSS.jsp`, in der auch Stylesheets eingesetzt werden. Benutzen Sie dazu innerhalb von `<h2>`- und `<h3>`-Tags das Attribut `style` mit Werten wie »color:gray« und »font-size:25pt«.

Wie in der theoretischen Einführung bereits erwähnt wurde, sollte basierend auf den neuesten [X]HTML-Spezifikationen die Präsentation in Dokumenten von deren Strukturierung getrennt werden. Um die dazugehörige Vorgehensweise zu demonstrieren, definieren Sie eine externe Datei mit Stylesheets mit dem Namen `JSPStyles.css`, die in eine weitere JSP-Seite `JSPmitHTMLundExterneCSS.jsp` mit Hilfe des Tags:

```
<link rel=stylesheet
      href="JSPStyles.css"
      type="text/css">
```

eingebunden wird.

Hinweise für die Programmierung:

Die Datei `JSPStyles.css` aus dem Lösungsvorschlag zu dieser Aufgabe definiert für die drei ersten HTML-Überschriften neue Farben, Ausrichtungen im Dokument und Schriftarten:

```
<style type="text/css">
body {
   background-color:red;
}
h1 {
   color:#CC00CC;
   text-align:center;
   font-family:Lucida Writing;
}
h2 {
   color:#88C1C1;
```

```
    text-align:left;
    font-family:Arial, Helvetica;
}
h3 {
    color:#4400FF;
    text-align:right;
    font-family:sans-serif, Lucida Writing;
}
</style>.
```

JSP-Seiten: `JSPmitHTML.jsp`, `JSPmitHTMLundInterneCSS.jsp`, `JSPmitHTMLundExterneCSS.jsp`

Stylesheet-Definitionsdatei: `JSPStyles.css`

Programmaufrufe: Im Webbrowser durch Eingabe des Namens der JSP-Seiten
`http://localhost:8080/java6uebungsbuch3/jsp/JSPmitHTML.jsp`
`http://localhost:8080/java6uebungsbuch3/jsp/JSPmitHTMLundInterneCSS.jsp`
`http://localhost:8080/java6uebungsbuch3/jsp/JSPmitHTMLundExterneCSS.jsp`

Aufgabe 2.2

Java-Code in XHTML einbetten

Ändern Sie die JSP-Seiten aus Aufgabe 2.1 auf Seite 224 in XML- und XHTML-konforme Seiten um. Mit den Namen `JSPmitXHTML.jspx`, `JSPmitXHTMLundInterneCSS.jspx` und `JSPmitXHTMLundExterneCSS.jspx` sollen drei JSP-Dokumente erstellt werden, in denen der gleiche Java-Code innerhalb eines `<jsp:scriptlet>`-Tags eingefügt wird.

Hinweise für die Programmierung:

Für die Prüfung der XHTML-Gültigkeit im XML-Dokument kann der Dokumentenvorspann wie folgt gewählt werden:

```
<?xml version="1.0" encoding="ISO-8859-1"?>
<jsp:root
  xmlns:jsp="http://java.sun.com/JSP/Page"
  version="2.1"
>
<jsp:directive.page
  language="java"
  contentType="ISO-8859-1"
  pageEncoding="ISO-8859-1"
/>
<jsp:output
  doctype-root-element="html"
```

```
  doctype-public="-//W3C//DTD XHTML 1.0 Strict//EN"
  doctype-system="http://www.w3.org/TR/xhtml1/DTD/xhtml1-strict.dtd" />
<html xmlns="http://www.w3.org/1999/xhtml">
...
```

Sollen die Zeichen »>« und »<« im Browser angezeigt werden, müssen sie entwertet werden. Dazu können die XML-Entitäten »`<`« und »`>`« eingesetzt werden, oder der zugehörige Abschnitt wird in ein <!CDATA>-Tag eingeschlossen.

Achten Sie darauf, dass der Internet Explorer diese Seiten nur dann korrekt interpretiert, wenn der Content-Type gleich `"text/html"` gesetzt ist.

JSP-Seiten: `JSPmitXHTML.jspx`, `JSPmitXHTMLmitInterneCSS.jspx`, `JSPmitXHTMLmitExterneCSS.jspx`

Programmaufrufe: Im Webbrowser durch Eingabe des Namens der JSP-Seiten
`http://localhost:8080/java6uebungsbuch3/jsp/JSPmitXHTML.jspx`
`http://localhost:8080/java6uebungsbuch3/jsp/JSPmitXHTMLundInterneCSS.jspx`
`http://localhost:8080/java6uebungsbuch3/jsp/JSPmitXHTMLundExterneCSS.jspx`

2.2 JSP-Direktiven, -Deklarationen und -Ausdrücke

Mit JSP-Direktiven können dem Compiler während der Zeit, in der die JSP-Seite übersetzt wird, bestimmte Instruktionen erteilt werden. Die JSP-Direktiven sind vom Typ `page`, `include`, `taglib`, `tag`, `attribute` und `variable`, wobei die letzten drei nur in Verbindung mit den in der Version 2.0 von JSP definierten Tag-Files (Tag-Dateien) eingesetzt werden können (siehe Unterkapitel 2.10 auf Seite 257).

Beim Importieren von Paketen kommt die Direktive <%@ page ... %> zum Einsatz, die die Attribute `import`, `language`, `session`, `contentType` etc. definiert. So können z.B. mit <%@ page import="java.util.*, java.text.*" %> die im `import`-Attribut angegebenen Java-Pakete importiert werden.

Mit der `include`-Direktive können zum Zeitpunkt des Übersetzens externe JSP-, [X]HTML- und Text-Dateien in eine JSP-Seite genau an der Stelle eingebunden werden, wo diese Direktive steht. Damit können wiederverwendbare Einheiten angegeben werden, die in mehreren JSP-Seiten einsetzbar sind, wie z.B. ein für mehrere Webseiten verwendeter und gleichaussehender Code für Kopf- und Fußleisten.

Die `taglib`-Direktive dient zur Angabe von benutzerdefinierten Tags. Wir werden uns zu einem späteren Zeitpunkt näher damit beschäftigen.

Ausdrücke (Expressions) können Scriptlets ersetzen. Diese bekommen in ihrer Ausführung das Argument von print-Methoden übergeben, wobei der Methodenname unterdrückt wird. Anstelle des Tags <% ... %> wird dafür <%= ... %> benutzt.

Wie beim Einsehen einer `.java`-Datei, die zu einer JSP-Seite generiert wurde, zu erkennen ist (siehe Aufgabe 2.3 auf Seite 228), werden in Scriptlets definierte Variablen in lokale Variablen für die Servlet-Klasse umgesetzt, so dass diese bei jeder vom Client definierten Anfrage neu initialisiert werden.

Im Unterschied dazu können mit JSP-Deklarationen, die in einem <%! ... %>-Tag angegeben werden, Felder und Methoden für die Servlet-Klasse definiert werden. Diese werden der Klasse außerhalb der `service()`-Methode hinzugefügt. Der Java-Code aus einem Scriptlet-Tag wird jedes Mal vollständig in die `service()`-Methode integriert.

In der Definition dieser JSP-Elemente kann alternativ auf die XML-konforme Syntax zurückgegriffen werden:

```
<jsp:directive.page import="java.util.*,java.text.*"/>
<jsp:declaration>
  int zaehler = 0;
  String getDateandTime(Locale l) {}
</jsp:declaration>
<jsp:expression>
  Datum und Uhrzeit:
  getDateandTime(request.getLocale())
</jsp:expression>
```

2.3 Implizite Objekte für JSP-Seiten

Parallel zur `out`-Instanz kann in JSP-Seiten noch von anderen vordefinierten Objekten, die auch »implizite Objekte« genannt werden, Gebrauch gemacht werden. Auf alle kann direkt zugegriffen werden, ohne dass sie vom Programmierer explizit erzeugt werden müssen. Diese besitzen die Bezeichnungen `request`, `response`, `application`, `config`, `session`, `pageContext`, `page`, `jspContext` und werden in der zur Seite zugehörigen Servlet-Klasse als lokale Referenzen vom Typ `HttpServletRequest`, `HttpServletResponse`, `ServletContext`, `ServletConfig`, `HttpSession`, `PageContext`, `Object (page = this;)` in deren `_jspService()`-Methode deklariert und initialisiert. Ein zusätzliches Objekt `exception` steht dem Programmierer bei Fehlern und Ausnahmen zur Verfügung.

Das `jspContext`-Objekt kann nicht in JSP-Seiten direkt eingesetzt werden und steht nur in benutzerdefinierten Tags für die Programmierung zur Verfügung.

Das `page`-Objekt repräsentiert das »aktuelle Objekt« (siehe Kapitel 1 aus *Java 6 Das Übungsbuch* Band I) der Servlet-Klasse, d.h. die als Servlet erzeugte Seite. Alle anderen impliziten Objekte sind Ihnen aus dem Kapitel über Servlets bekannt.

Weitere Erläuterungen dazu und zur Umsetzung einer JSP-Seite in eine Servlet-Klasse sind als Kommentare zu der Klassendefinition `JSPDirektivenDeklarationenundAusdruecke_jsp` aus dem Lösungsvorschlag zur Aufgabe 2.3 auf Seite 228 hinzugefügt.

Aufgabe 2.3

Direktiven, Scriptlets, Ausdrücke und Deklarationen

Schreiben Sie eine JSP-Seite mit dem Namen JSPDirektivenDeklarationen-undAusdruecke.jsp, in der über eine JSP-Deklaration ein Instanzfeld zaehler vom Typ int und eine Instanzmethode getDatumundUhrzeit() für die Servlet-Klasse, in die diese übersetzt wird, definiert werden. In der Methode getDatum-undUhrzeit() soll eine Instanz der Klasse Date erzeugt werden und deren Referenz im Aufruf der Methode format() der Klasse DataFormat übergeben werden, um eine formatierte Ausgabe für eine Datums- und Uhrzeitanzeige im Browser zu generieren. Die dafür erforderlichen Java-Standard-Klassen befinden sich in den Paketen java.util und java.text, die mit einer JSP-Direktive importiert werden können.

Ein Scriptlet, das ebenfalls in die Seite integriert werden soll, inkrementiert den Wert der Zählvariablen und zeigt ihn, über den Aufruf der println()-Methode am impliziten out-Objekt, im Browser an.

Dass eine Ausgabe im Browser auch ohne einen expliziten Aufruf einer print-Methode erfolgen kann, soll mit JSP-Ausdrücken demonstriert werden. Zeigen Sie damit den Text »Datum und Uhrzeit: « gefolgt vom Rückgabewert der Instanzmethode getDatumundUhrzeit() im Browser an.

Um noch mal auf XML-konforme Tags explizit hinzuweisen, soll das JSP-Dokument JSPmitXML.jspx erstellt werden, das über eine JSP-Deklaration die gleiche Methode getDatumundUhrzeit() definiert und in einem JSP-Scriptlet eine for-Schleife, die die Zahlen 1 bis 10 im Browser anzeigt.

Hinweise für die Programmierung:

Das CDATA-Tag kann eingesetzt werden, damit das »<=«-Zeichen der for-Schleife in der XHTML-Prüfung ignoriert wird und der Abschnitt als Text interpretiert wird.

Korrekt ist auch das Ersetzen des Zeichens durch die XHTML-Entity <, wie mit den vorangegangenen Aufgaben schon demonstriert wurde.

JSP-Seiten: JSPDirektivenDeklarationenundAusdruecke.jsp,
JSPmitXML.jspx

Programmaufrufe: Im Webbrowser durch Eingabe des Namens der JSP-Dateien:
http://localhost:8080/java6uebungsbuch3/jsp/
JSPDirektivenDeklarationenundAusdruecke.jsp
http://localhost:8080/java6uebungsbuch3/jsp/JSPmitXML.jspx

Aufgabe 2.4

Das vordefinierte request-Objekt

Definieren Sie eine JSP-Seite `RequestParameterWerte.jsp`, die in Analogie zur Klasse `HttpServletRequestInformationenmitdoGet` aus Aufgabe 1.7 die Werte von http-Request-Parametern in einem Browser anzeigt.

Benutzen Sie dazu eine Kombination aus HTML-Anweisungen und JSP-Ausdrücken, in denen die Methoden der `HttpServletRequest`-Schnittstelle diesmal am impliziten `request`-Objekt aufgerufen werden.

Hinweise für die Programmierung:

Das implizite `request`-Objekt kann innerhalb von Scriptlets und Ausdrücken angesprochen werden, nicht aber innerhalb von Deklarationen und Direktiven.

Achten Sie darauf, dass Anweisungen in einem Expression-Tag nicht mit dem »;«-Zeichen beendet werden dürfen.

JSP-Seiten: `RequestParameterWerte.jsp`

Programmaufrufe: Im Webbrowser durch Eingabe des Namens der JSP-Datei
`http://localhost:8080/java6uebungsbuch3/jsp/`
`RequestParameterWerte.jsp`

2.4 Initialisierungsparameter und Attribute

Initialisierungsparameter (siehe Aufgabe 1.11) können auch für JSP-Seiten konfiguriert werden. Sie werden dann automatisch an das dazugehörige Servlet übertragen. Für die entsprechende JSP-Seite muss ein Eintrag im DD der Webapplikation erfolgen:

```
<servlet>
<servlet-name>PageContextundServletContextInstanzen</servlet-name>
<jsp-file>/jsp/PageContextundServletContextInstanzen.jsp</jsp-file>
  <init-param>
    <param-name>configNachrichtJSP</param-name>
    <param-value>Nachricht von JSP</param-value>
  </init-param>
  <init-param>
    <param-name>configAnzahlJSP</param-name>
    <param-value>3</param-value>
  </init-param>
</servlet>
<servlet-mapping>
<servlet-name>PageContextundServletContextInstanzen</servlet-name>
<url-pattern>/jsp/PageContextundServletContextInstanzen.jsp</
url-pattern>
</servlet-mapping>
```

oder in der Datei `web.xml` im Verzeichnis `conf` von Tomcat den darin konfigurierten Standard-Werten angefügt werden:

```
<servlet>
   <servlet-name>jsp</servlet-name>
   <servlet-class>org.apache.jasper.servlet.JspServlet</servlet-class>
   <init-param>
      <param-name>fork</param-name>
      <param-value>false</param-value>
   </init-param>
   <init-param>
      <param-name>xpoweredBy</param-name>
      <param-value>false</param-value>
   </init-param>
   <load-on-startup>3</load-on-startup>
   <init-param>
      <param-name>configNachrichtJSP</param-name>
      <param-value>Nachricht von JSP</param-value>
   </init-param>
   <init-param>
      <param-name>configAnzahlJSP</param-name>
      <param-value>3</param-value>
   </init-param>
</servlet>
```

Die so konfigurierten Werte gelten dann für alle JSP-Seiten; die im DD der Webapplikation definierten Werte nur für die entsprechende JSP-Seite (siehe Aufgabe 2.5 auf Seite 231).

Des Weiteren können auch Attribute in einer JSP-Seite gesetzt werden. In JSP-Seiten verfügen Attribute über vier »Scopes« (Gültigkeitsbereiche, für Servlets sind es nur drei, siehe Unterkapitel 1.13), die mit den Namen `REQUEST_SCOPE`, `SESSION_SCOPE`, `APPLICATION_SCOPE` und `PAGE_SCOPE` angesprochen werden können. Diese Namen sind als Konstantendefinitionen in der Klasse `ContextPage` hinterlegt.

Die Attribute der ersten drei erwähnten Typen können mit den gleichen set/getAttribute-Methoden von `HttpServletRequest`-, `HttpSession`-, `ServletContext`-Instanzen wie auch im Fall von Servlets abgerufen werden. Zusätzlich kann auf diese und auch auf die Attribute im Page-Scope über eine `PageContext`-Referenz zugegriffen werden. Dabei werden die von der Klasse `JspContext`, die von `PageContext` abgeleitet ist, definierten gleichnamigen Methoden aufgerufen. Wenn der Gültigkeitsbereich eines Attributs nicht bekannt ist, kann auf die Methode `findAttribute()` dieser Klasse zurückgegriffen werden, die nacheinander, beginnend mit dem Page-Scope, alle Bereiche durchsucht, bis ein Attribut mit dem im Methodenaufruf angegebenen Namen gefunden wird.

Aufgabe 2.5

Initialisierungsparameter konfigurieren und die Gültigkeitsbereiche von Attributen festlegen

Konfigurieren Sie in einer JSP-Seite mit dem Namen `PageContextundServletContextInstanzen.jsp`, nach dem Beispiel der Klasse `InitialisierungsParameterfuerServletundWebApp` aus Aufgabe 1.11, Initialisierungsparameter für das aus der JSP-Seite generierte Servlet und setzen Sie in Analogie zur Klasse `AttributefuerServletundWebApp` aus Aufgabe 1.16 einzelne Attribute in allen vier für eine JSP-Seite verfügbaren Definitionsbereichen für Attribute: Request-Scope, Session-Scope, Application-Scope und Page-Scope.

Überschreiben Sie in einer JSP-Deklaration die Methode `_jspInit()` der Servlet-Klasse, um die Initialisierungsparameter für das aus der JSP-Seite generierte Servlet zu lesen, und achten Sie darauf, dass innerhalb einer Deklaration nicht auf das `out`-Objekt zugegriffen werden kann. Darum sollen an dieser Stelle die Namen und Werte der Initialisierungsparameter auf den Standard-Output-Kanal geschrieben werden, der für Servlets dem Log-File `stdout_...log` zugeordnet ist. Definieren Sie eine `String`-Referenz auf eine E-Mail-Adresse für das Setzen eines Attributs mit dem Namen `email`, wie auch in Aufgabe 1.16, um damit ein Attribut im Application-Scope zu setzen, und rufen Sie zur Prüfung den so gesetzten Attributwert wieder ab. Er soll im selben Log-File wie die Werte der Initialisierungsparameter gespeichert werden.

In einem JSP-Scriptlet sollen die Methoden von vordefinierten und selbst erzeugten Objekten als Instanzen der Klassen `JspWriter`, `ServletConfig`, `HttpSession` und `ServletContext` aufgerufen werden, um Attribute im Application- und Session-Scope zu setzen. Außerdem soll die Versionsnummer der Servlet-API, die vom Container unterstützt wird, die unterschiedlichen Pfadnamen des aus der JSP-Seite generierten Servlets und die physische Verzeichnisstruktur der Webapplikation `java6uebungsbuch3` ermittelt und im Browser angezeigt werden.

Nach dem Beispiel der Klassen aus den Aufgaben zu Kapitel 1 *Servlets* sollen die Namen von Initialisierungsparametern und aller gesetzten Attribute durch das Durchlaufen von `java.util.Enumeration`-Instanzen, die beim Aufruf der `getInitParameterNames()`- und `getAttributeNames()`-Methoden zurückgeliefert werden, in das implizite `out`-Objekt zwecks Anzeige im Browser geschrieben werden.

Hinweise für die Programmierung:

Auch wenn dabei eine eher untypische JSP-Seite entsteht (in dieser soll ja der Java-Code durch XML-kompatible Elemente ersetzt werden, um das Erstellen der Seiten für Nichtkenner der Java-Programmiersprache zu vereinfachen), wird mit diesem Beispiel nochmals auf Methodenaufrufe hingewiesen, die eher für ein Servlet (in das eine JSP-Seite ja letztendlich übersetzt wird) typisch sind. In den nachfolgenden Ausführungen werden wir uns ausführlich mit Möglichkeiten beschäftigen, die das Einfügen von Java-Code in einer JSP-Seite vereinfachen.

JSP-Seiten: `PageContextundServletContextInstanzen.jsp`

Programmaufrufe: Im Webbrowser durch Eingabe des Namens der JSP-Seite `http://localhost:8080/java6uebungsbuch3/jsp/PageContextundServletContextInstanzen.jsp`

2.5 Die action-Elemente (Aktionen) von JSP-Seiten

Aktionen in JSP-Seiten dienen dazu, den Scripting-Code, der Deklarationen, Ausdrücke und Scriptlets umfasst, zu ersetzen, auch wenn dies damit noch nicht vollständig erreicht werden kann. Gleichzeitig können damit externe Dateien (wie [X]HTML- oder andere JSP-Seiten), JavaBeans und Applets eingebunden werden oder die Weiterleitung von Daten an eine andere Komponente der Webapplikation erfolgen. Im Gegensatz zu Direktiven, die beim Übersetzen einer JSP-Seite ausgeführt werden, werden Aktionen erst während der Bearbeitung von http-Anfragen ausgeführt.

Aktionen verfügen über einen Namen und eine Attributliste und werden mit einem Tag, das die Form `<jsp:action-name action-attributliste>` hat, definiert. In JSP-Seiten können Schachtelungen von Aktionen vorgenommen werden. So können die Aktionen `attribute`, `param`, `params`, `body` und `fallback` nur als Subaktionen der acht Standard-Aktionen von JSP, `element`, `include`, `forward`, `getProperty`, `setProperty`, `plugin`, `text` und `useBean`, eingesetzt werden. Andere wiederum, die wir, ohne ihre Art der Definition anzusprechen, schon benutzt haben, wurden definiert, um die XML-Syntax zu unterstützen: `jsp:root`, `jsp:output`, `jsp:directive` und `jsp:scriptlet`. Diese werden in der Java-Literatur auch als »spezielle Aktionen« bezeichnet.

Die Aktion `<jsp:include>` dient der Einbindung von externen Dateien, `<jsp:forward>` der Weiterleitung auf externe Dateien und die Aktionen `<jsp:plugin>` bzw. `<jsp:useBean>` der Einbindung von Applets und JavaBeans.

Im Unterschied zur `include`-Direktive, die dafür sorgt, dass der Inhalt der im `file`-Attribut angegebenen Datei einfach in die JSP-Seite kopiert wird, fügt die `<jsp:include>`-Aktion zur Laufzeit die Antwort der im `page`-Attribut angegebenen JSP-Seite der Antwort der aktuellen JSP-Seite hinzu. Letztere ist aus diesem Grund eher geeignet, um Inhalte einzuschließen, die sich nach der Durchführung des Deployments (der Verteilung) für eine Webapplikation noch ändern können. Über beide Vorgehensweisen können jedoch sowohl dynamische (wie z.B. JSP-Seiten) als auch statische Elemente (wie z.B. HTML-Seiten) eingebunden werden.

Mit der Aktion `<jsp:element>` kann ein neues Tag erstellt werden, das über ein Attribut verfügt, das mit `<jsp:attribute>` definiert wird. Mit `<jsp:body>` können weitere Inhalte für ein so erzeugtes Tag generiert werden. Selbst definierte (benutzerdefinierte) Tags, die in der Java-Literatur auch als »Custom-Tags« bezeichnet werden, können eingesetzt werden, um HTML-Tags zu ersetzen oder bestimmte Funktionalitäten, wie das Ausführen von Datenbankabfragen, das Laden von Dateien oder das Aufrufen von JavaBeans durchzuführen. JavaBeans, in denen auch Funktionalitäten von JSP-Seiten ausgelagert werden können, werden mit dem Tag `<jsp:useBean>` eingebunden, während mit den zwei weiteren Tags `<jsp:getProperty>` und `<jsp:setProperty>` JavaBean-Eigenschaften gesetzt und gelesen werden können (siehe Unterkapitel 2.7 auf Seite 238).

Auf viele dieser Aktionen werden wir im weiteren Verlauf dieses Kapitels wieder zurückkommen.

Aufgabe 2.6

page-Direktiven und die Definition von ErrorPages mit JSP-Seiten

Erstellen Sie die JSP-Seiten `JSPmitDatum.jsp` und `JSPmitUhrzeit.jsp`, die mit JSP-Direktiven den `Content-Type="text/html"` setzen, das Paket `java.util` importieren und in einem JSP-Scriptlet das aktuelle Tagesdatum bzw. die aktuelle Uhrzeit über den Aufruf der `get()`-Methoden der Klasse `GregorianCalendar` ermitteln und im Browser anzeigen.

Beide Seiten sollen nacheinander aus einer weiteren JSP-Seite mit dem Namen `JSPmitDatumundUhrzeitLink.jsp` bzw. `JSPmitDatumundUhrzeitInclude.jsp` über die Definition von Hyperlink-Tags bzw. `include`-Direktiven ausgeführt werden.

In der JSP-Seite `JSPmitDateiZugriff.jsp` wird mit JSP-Direktiven das Paket `java.io` importiert und eine ErrorPage mit dem Namen `JSPErrorPage.jsp` gesetzt.

Im Scriptlet dieser Seite wird versucht, eine nicht vorhandene Datei mit dem Namen »TestDatei« zu eröffnen, um eine Ausnahme vom Typ `IOException` zu erzeugen, so dass damit das Ausführen der ErrorPage erzwungen wird.

Mit einer `page`-Direktive wird in der JSP-Seite `JSPErrorPage.jsp` das Attribut `isErrorPage="true"` gesetzt, die im impliziten Objekt `exception` gespeicherte Fehlermeldung in das vordefinierte `out`-Objekt geschrieben und ein Objekt der Klasse `ErrorData` erzeugt, um Angaben zum Servlet, in dem der Fehler aufgetreten ist, im Browser zu machen. Rufen Sie auch Methoden der impliziten Objekte `session` und `application` auf, um die Session-ID, den Servlet-Real-Path, den ServletContext-Namen und andere Informationen zum Servlet zu ermitteln, und schreiben Sie auch diese in den Output-Stream.

JSP-Seiten: `JSPmitDatum.jsp`, `JSPmitUhrzeit.jsp`, `JSPmitDatumundUhrzeitLink.jsp`, `JSPmitDatumundUhrzeitInclude.jsp`, `JSPmitDateiZugriff.jsp`, `JSPErrorPage.jsp`

Programmaufrufe: Im Webbrowser durch Eingabe des Namens der JSP-Seite
`http://localhost:8080/java6uebungsbuch3/jsp/JSPmitDatumundUhrzeitLink.jsp`
`http://localhost:8080/java6uebungsbuch3/jsp/JSPmitDatumundUhrzeitInclude.jsp`
`http://localhost:8080/java6uebungsbuch3/jsp/JSPmitDateiZugriff.jsp`

Aufgabe 2.7

Die Definition von Aktionen in einer JSP-Seite

Die `page`-Direktive `include` kann durch ein `include`-action-Tag ersetzt werden. Dieses bietet gegenüber der Direktive den Vorteil, dass über `<jsp:param>`-Tags Daten an die einzubindende Datei übergeben werden können.

Erstellen Sie eine JSP-Seite `JSPmitIncludeAction.jsp`, die die in `JSPmitGeburtstagsDatum.jsp` und `JSPmitGeburtstagsPartyUhrzeit.jsp` abgeänderten JSP-Seiten aus Aufgabe 2.6 auf Seite 233 mit einem `action`-Tag einbindet und an diese die Texte »Ich habe Geburtstag am « und » und organisiere eine Geburtstagsparty um « zur Anzeige der darin ermittelten Datums- und Uhrzeitangaben übergibt.

Definieren Sie mit `<jsp:element>` eigene Tags, die als Überschriften anstelle der HTML-Tags `h1`–`h6` eingesetzt werden können, und setzen Sie für diese das `style`-Attribut, um verschiedene CSS-Definitionen für Farbe und Schrift anzugeben.

In den JSP-Seiten `JSPmitGeburtstagsDatum.jsp` und `JSPmitGeburtstagsPartyUhrzeit.jsp` wird die Methode `getParam()` am `request`-Objekt aufgerufen, um den mit der Aktion `<jsp:param>` übergebenen Text zu lesen. Der Text soll zusammen mit den Datum- und Uhrzeitangaben im Browser angezeigt werden.

Benutzen Sie in einer weiteren JSP-Seite mit dem Namen `JSPmitForwardAction.jsp` das Tag `<jsp:forward>`, um zu zeigen, wie die Ausführung der aktuellen Seite unterbrochen und auf eine andere JSP-Seite mit dem Namen `JSPAnzeige.jsp` weitergeleitet werden kann. Dann wird der Inhalt der ersten JSP-Seite nicht mehr ausgeführt, während jedoch ihr Name, und nicht der Name der JSP-Seite, auf die weitergeleitet wurde, in der Adresszeile des Browsers angezeigt wird. Mit `<jsp:param>` können auch Daten übergeben werden.

Binden Sie diesmal die Dateien `JSPmitGeburtstagsDatum.jsp` und `JSPmitGeburtstagsPartyUhrzeit.jsp` in eine Seite `JSPAnzeige.jsp` ein und generieren Sie mit dieser eine ähnliche Anzeige im Browser wie mit der Seite `JSPmitIncludeAction.jsp`.

Hinweise für die Programmierung:

Bei einer Benutzung der `<jsp:include>`-Aktion wird die angegebene JSP-Seite mit Hilfe von Dispatching eingeschlossen, indem der Container intern eine

RequestDispatcher-Instanz erzeugt und an ihr ihre Methode include() aufruft. Somit wird, wie schon in Kapitel 1 *Servlets* unterstrichen wurde, die JSP-Seite im selben Thread mit Benutzung derselben HttpServletRequest- und HttpServletResponse-Objekten ausgeführt. Sehen Sie sich dazu die vom Container generierte Servlet-Klasse beim Übersetzen der JSP-Seite an.

Auf die mit der Aktion <jsp:param> gesetzten Werte kann mit der Methode getParam() zugegriffen werden, weil damit ein Anfrageparameter gesetzt wird, falls noch keiner mit einem gleichen Namen vorhanden ist, oder der Wert eines schon vorhandenen ersetzt wird. Vergewissern Sie sich davon, indem Sie alle Request-Parameterwerte im Browser ausgeben.

Bevor eine Weiterleitung mit <jsp:forward> an eine andere JSP-Seite erfolgt, wird der für das Schreiben einer Antwort benutzte Puffer vollständig gelöscht und bei einem Abschicken der Antwort vor der Weiterleitung (mit out.flush() zum Beispiel) erfolgt weder die Weiterleitung noch wird die ursprüngliche Seite weiter ausgeführt.

Wird die MVC-Architektur von Webapplikationen respektiert, sollten JSP-Seiten keine Steuerungselemente beinhalten, so dass in diesem Sinne die forward-Aktion darin eher nicht verwendet werden sollte.

JSP-Seiten: JSPmitGeburtstagsDatum.jsp,
JSPmitGeburtstagsPartyUhrzeit.jsp, JSPmitIncludeAction.jsp,
JSPmitForwardAction.jsp

Programmaufrufe: Im Webbrowser durch Eingabe des Namens der JSP-Seite:
http://localhost:8080/java6uebungsbuch3/jsp/
JSPmitIncludeAction.jsp
http://localhost:8080/java6uebungsbuch3/jsp/
JSPmitForwardAction.jsp

2.6 Der Gültigkeitsbereich von Request-Attributen

Wie schon in Kapitel 1 *Servlets* erwähnt wurde, können Daten als Attribute für eine Servlet-Anfrage gesetzt werden, um anderen Servlets oder auch JSP-Seiten die Möglichkeit zu geben, auf diese zuzugreifen (siehe auch Aufgabe 1.15). Die Weitergabe der Attributwerte erfolgt beim Weiterleiten der Anfrage mit einer RequestDispatcher-Instanz, die über den Aufruf der Methode getRequestDispatcher() am HttpServletRequest-Objekt bzw. der gleichnamigen Methode des ServletContext-Interface erzeugt werden kann.

Im Aufruf dieser Methoden wird ein relativer Pfadname für das Auffinden der Komponente (JSP-Seite oder Servlet) übergeben. Mit der Methode forward() des RequestDispatchers wird sowohl das HttpServletRequest-Objekt als auch das HttpServletResponse-Objekt weitergeleitet. Die JSP-Seite bzw. das Servlet, an die die Anfrage weitergeleitet wurde, kann sich dann mit der Methode getAttribute() aus dem Gültigkeitsbereich der Anfrage (Request-Scope) das entsprechende Attribut holen.

Aufgabe 2.8 ☆☆

Attribute im Request-Scope setzen

Mit dieser Aufgabe soll sowohl die Weitergabe von Request-Attributen von einem Servlet an eine JSP-Seite als auch (als Wiederholung) an ein anderes Servlet demonstriert werden.

Definieren Sie dazu drei Servlet-Klassen `ServletBsp1`, `ServletBsp2` und `ServletBsp3`, die als `.java`-Dateien in einem Unterverzeichnis `paket2` von `java6uebungsbuch3\WEB_INF\classes` gespeichert werden, und die JSP-Seite `ServletToJSP.jsp`, die in einem Unterverzeichnis `paket2` von `java6uebungsbuch3\jsp` hinterlegt wird.

Alle drei Servlet-Klassen überschreiben die `doGet()`-Methode ihrer Oberklasse.

In den Klassen `ServletBsp1` und `ServletBsp2` wird je ein Request-Attribut mit dem Namen »servletNachricht« und dem Wert »Nachricht von Servlet1 an die JSP« bzw. »Nachricht von Servlet2 an Servlet3« gesetzt, eine Instanz der Klasse `RequestDispatcher` für das Weiterleiten der Anfrage erzeugt und diese an die JSP-Seite `ServletToJSP.jsp` bzw. an ein Servlet vom Typ der Klasse `ServletBsp3` weitergegeben.

In der Klasse `ServletBsp3` soll ein `PrintWriter`-Stream für das Senden der Antwort an den Client über den Aufruf der Methode `getWriter()` am `HttpServletResponse`-Objekt ermittelt werden und eine HTML-Seite generiert werden, die an den Browser gesendet wird. Lesen Sie mit der Methode `getAttribute()` das für die http-Anfrage in der Klasse `ServletBsp2` gesetzte Attribut mit dem Namen »servletNachricht« und zeigen Sie dieses im Browser an.

Im Scriptlet der Seite `ServletToJSP.jsp` wird der Wert des für die http-Anfrage in der Klasse `ServletBsp1` gesetzten Attributs mit dem Namen »servletNachricht« ebenfalls mit der Methode `getAttribute()` gelesen und im Browser angezeigt.

Definieren Sie eine weitere Seite `JSPToServlet.jsp`, die mit einer JSP-Aktion `forward` ein Servlet vom Typ `ServletBsp1` ausführt, um zu testen, wie der Eintrag für den Servletnamen im `page`-Attribut erfolgen muss (`<jsp:forward page="/Servlet1"/>`, wobei `Servlet1` den logischen Namen bezeichnet).

Hinweise für die Programmierung:

Die Servlet-Klassen und JSP-Seiten können selbstverständlich auch direkt in den entsprechenden Verzeichnissen abgelegt werden (wie alle anderen Servlet-Klassen und JSP-Seiten der Webapplikation), die Einrichtung von Unterverzeichnissen soll nur für eine bessere Strukturierung dienen. Damit kann auch der Aufruf von JSP-Seiten und Servlets im Zusammenhang mit Paketen geübt werden.

Achten Sie dabei darauf, dass den Servlet-Klassen die Anweisung `package paket2;` hinzugefügt werden muss, dass das Übersetzen der Servlet-Klassen wie in Aufgabe 1.12 im Verzeichnis `classes` mit `javac paket2\ServletBspx.java` erfolgen muss und der Name von JSP-Seiten im Browser mit dem Präfix `/jsp/paket2/` für deren Ausführung anzugeben ist.

Benutzen Sie diesmal für die Deklaration der Servlets im DD unterschiedliche Bezeichnungen für den Klassennamen, internen Namen und logischen Namen der Servlets, wie z.B.:

```
<servlet>
  <servlet-name>ServletToJsp</servlet-name>
  <servlet-class>paket2.ServletBsp1</servlet-class>
</servlet>
<servlet-mapping>
  <servlet-name>ServletToJsp</servlet-name>
  <url-pattern>/Servlet1</url-pattern>
</servlet-mapping>
<servlet>
  <servlet-name>ServletToServlet1</servlet-name>
  <servlet-class>paket2.ServletBsp2</servlet-class>
</servlet>
<servlet-mapping>
  <servlet-name>ServletToServlet1</servlet-name>
  <url-pattern>/Servlet2</url-pattern>
</servlet-mapping>
<servlet>
  <servlet-name>ServletToServlet2</servlet-name>
  <servlet-class>paket2.ServletBsp3</servlet-class>
</servlet>
<servlet-mapping>
  <servlet-name>ServletToServlet2</servlet-name>
  <url-pattern>/Servlet3</url-pattern>
</servlet-mapping>
```

Vergeben Sie neue Namen für die Servlet-Klassen und tauschen Sie die alten Namen aus den `<servlet-class>`-Tags der `web.xml`-Datei durch diese aus. Sie werden feststellen, dass nach dem erneuten Übersetzen der Servlet-Klassen beim Testen die gleichen Aufrufe wie gehabt gültig bleiben, weil die internen und logischen Namen für die Servlets gleich geblieben sind. Dies bedeutet, dass Änderungen im Programmcode von Web-Komponenten, selbst wenn diese Klassennamen betreffen, keine Änderungen in der Konfiguration von Webapplikationen mit sich bringen.

Java-Dateien: `ServletBsp1.java`, `ServletBsp2.java`, `ServletBsp3.java`

JSP-Seiten: `ServletToJSP.jsp`, `JSPToServlet.jsp`

Programmaufrufe: Im Webbrowser durch Eingabe der logischen Servletnamen
`http://localhost:8080/java6uebungsbuch3/Servlet1` und
`http://localhost:8080/java6uebungsbuch3/Servlet2`
bzw. des Namens der JSP-Seite
`http://localhost:8080/java6uebungsbuch3/jsp/paket2/JSPToServlet.jsp`

2.7 JSP-Seiten und JavaBeans

Als JavaBeans werden Objekte von Java-Klassen bezeichnet, die bestimmten Vorgaben genügen, die über eine eigene Spezifikation festgelegt wurden.

Eine JavaBean-Instanz wird auch als Komponente bezeichnet (wie dies auch für Objekte von AWT- und Swing-Klassen in Java üblich ist) und mit Setter- und Getter-Methoden können so genannte »Eigenschaften« dafür gesetzt werden.

JavaBeans dienen in erster Linie dazu, bestimmte Funktionalitäten aus einer JSP-Seite oder aus einem Servlet in eine separate Java-Klasse auszulagern, um eine bessere Trennung von Funktionalitäten bzw. von Java- und HTML-Code zu erreichen.

JavaBeans dürfen nicht mit Enterprise JavaBeans (EJB) verwechselt werden, die standardisierte Komponenten innerhalb eines Java-EE-(Java-Enterprise-Edition-)Servers bezeichnen und von einem EJB-Container (eine Software, die auf dem Server läuft) verwaltet werden. Diese vereinfachen die Entwicklung komplexer Anwendungen mittels Java. Wie in Kapitel 1 schon angemerkt wurde, beinhaltet Tomcat keinen EJB-Container.

Wie ebenfalls bereits erwähnt wurde, können JavaBeans mit Hilfe der Aktionen `<jsp:useBean>` in JSP-Seiten eingebunden werden. Mit den zwei weiteren Tags `<jsp:getProperty>` und `<jsp:setProperty>` können in JSP-Seiten deren Eigenschaften gesetzt und gelesen werden.

Die Spezifikation von JavaBeans sieht mehrere Regeln für die Definition von derartigen Klassen vor:

- Sie können nur über einen parameterlosen Konstruktor verfügen, was aber nicht bedeutet, dass im Konstruktor keine Initialisierungen von Instanzfeldern stattfinden können, auch wenn dies eher nicht üblich ist.
- Ihre Setter- und Getter-Zugriffsmethoden müssen mit `set-` und `get-` beginnen, gefolgt vom gleichen Namen, der eine JavaBean-Eigenschaft bezeichnet, wie z.B. `setTyp()` und `getTyp()`. Für den Zugriff auf boolesche Werte werden is-Methoden definiert (`isTyp()`). Dieser Name muss in den Standard-Aktionen `<jsp:setProperty>` und `<jsp:getProperty>` als Wert für das Attribut `property` beginnend mit einem Kleinbuchstaben gesetzt werden (für das obige Beispiel muss dieser »typ« lauten).
- Der Typ der Eigenschaft (Property) wird über den Typ des Parameters der Getter-Methode spezifiziert, der mit dem Typ des Rückgabewertes der Setter-Methode übereinstimmen muss. Wenn dieser ein primitiver Typ oder `String` ist, kann darauf direkt mit den Standard-Aktionen `<jsp:setProperty>` und `<jsp:getProperty>` zugegriffen werden. Ansonsten liefert `<jsp:getProperty>` den von der `toString()`-Methode zurückgelieferten Wert für die Anzeige von Instanzen der Klasse (siehe Aufgabe 2.9 auf Seite 241 und Aufgabe 2.13 auf Seite 246). Anstelle von `<jsp:setProperty>` können in diesem Fall die Setter-Methoden innerhalb eines Scriptlets direkt aufgerufen werden.

Gleichzeitig kann von der Schreibweise `<jsp:setProperty property=*>` Gebrauch gemacht werden, um alle Eigenschaften einer JavaBean zu setzen, darunter auch solche, die nicht von einem primitiven Typ oder `String` sind. Dafür müssen in den Setter-Methoden selbst Zuweisungen von Werten enthalten sein (siehe Aufgabe 3.13). Solche Eigenschaften können auch direkt zugewiesen werden, indem im `value`-Attribut ein String angegeben wird, der einen EL-Ausdruck beinhaltet (siehe Unterkapitel 2.8 auf Seite 248 und Aufgabe 2.16 auf Seite 251 und Aufgabe 3.13). Die Schreibweise `<jsp:setProperty property=*>` kann auch benutzt werden, um implizit alle Werte von Anfrageparameter, deren Namen den Namen von Eigenschaften einer JavaBean entsprechen, zu ermitteln und diese den JavaBean-Eigenschaften zuzuweisen (siehe Aufgabe 2.11 auf Seite 243).

- Auch wenn es sinnvoll erscheint, weil es zu einer besseren Übersicht führt, müssen die Namen von Eigenschaften nicht mit Namen von Instanzfeldern der Klasse übereinstimmen. Sie werden ausschließlich von den Namen der Getter- und Setter-Methoden bestimmt. Genau genommen braucht die Klasse derartige Instanzfelder gar nicht zu definieren.
- Letztendlich können alle Java-Klassen, die nur über einen parameterlosen Konstruktor verfügen und set/get-Methoden definieren, als Vorlage für JavaBeans dienen, weil das auf set/get folgende Wort immer eine Eigenschaft für die Klasse definiert.

Wie in der Programmierung von grafischen Oberflächen (siehe *Java 6 Das Übungsbuch* Band I) wird auch in der Programmierung von Webapplikationen von einer MVC-(Model-View-Controller-)Architektur Gebrauch gemacht. Wir werden in Kapitel 4 näher darauf eingehen (siehe auch Aufgabe 1.31). An dieser Stelle sei noch mal erwähnt, dass dieses Prinzip besagt, dass der Datenbereich, der auch als Modell bezeichnet wird, und die Komponente, die benutzt wird, um die Daten darzustellen, die so genannte Ansicht (»view«), immer voneinander getrennt werden sollten. Eine dritte Komponente, die der Programmsteuerung (»controller«), kann dann eingesetzt werden, um das Modell und seine Darstellung auf verschiedene Arten miteinander zu verbinden. In diesem Zusammenhang können JavaBeans eine wichtige Rolle spielen. Eine JavaBean-Klasse kann einfach benutzt werden, um Daten mit ihren Zugriffsmethoden bereitzustellen, ohne dass dabei schon überlegt werden muss, wie diese für eine eventuelle Ausgabe auszusehen haben oder für welchen Zweck sie zu einem späteren Zeitpunkt eingesetzt werden.

Innerhalb der Standard-Aktionen `<jsp:useBean>` können mit `<jsp:setProperty>` und `<jsp:getProperty>` Eigenschaften (Properties) für eine JavaBean in einer JSP-Seite gesetzt und gelesen werden, die den Zugriff auf diese über den direkten Aufruf von Setter- und Getter-Methoden unterbinden und somit gewährleisten, dass ein Teil des Java-Codes aus Scriptlets und Ausdrücken in einer Scripting-freien Sprache dargestellt werden kann.

So wird mit:

```
<jsp:useBean id="benutzer" class="paket3.Benutzer"/>
<jsp:setProperty name="benutzer" property="name" value="Andreas Mueller"/>
```

einer JavaBean, die als Instanz der Klasse `Benutzer` aus einem Unterverzeichnis `paket3` von `java6uebungsbuch3` erzeugt wurde, der name »benutzer« über das Attribut `id` zugeteilt. Das `id`-Attribut deklariert den Namen der Programmvariablen, über die die JavaBean in einer JSP-Seite im Nachhinein referenziert werden kann. Mit dem Attribut `property` wird der Name der JavaBean-Eigenschaft definiert, die gesetzt werden soll. Dieser wird in diesem Beispiel der Wert »Andreas Mueller« zugewiesen. Sofort danach kann zum Einlesen des gesetzten Wertes die Standard-Aktion:

```
<jsp:getProperty name="benutzer" property="typ"/>
```

benutzt werden.

Es können auch mehrere Eigenschaften für eine JavaBean gleichzeitig gesetzt werden, indem diese einzeln über ihren Namen wie im obigen Beispiel angesprochen werden oder alle zusammen mit `property=*`.

Damit JavaBeans an andere Komponenten einer Webapplikation übergeben werden können, werden diese intern als Attribute gesetzt und verwaltet. Eine JavaBean kann nicht nur für die JSP-Seite, in der sie eingebunden wird, sichtbar gemacht werden, sondern auch gleichzeitig für andere JSP-Seiten einer Webapplikation zur Verfügung gestellt werden oder an eine Session gebunden werden.

Dem Programmierer selbst bleibt jedes Mal überlassen, sich zu entscheiden, für welchen Bereich (»Scope«) ein so gesetztes Attribut Gültigkeit haben soll (Request-Scope, Session-Scope, Application-Scope oder ContextPage-Scope). Dem Container wird diese Entscheidung über das Attribut `scope` der Standard-Aktion `<jsp:useBean>` mitgeteilt.

Wie auch in diesen Aussagen mal wieder zu erkennen ist, wird in Zusammenhang mit Gültigkeitsbereichen auch über Attribute gesprochen, ein Begriff, den wir nun schon des Öfteren benutzt haben. Nicht nur Formular-Elemente besitzen Attribute, sondern auch HTML-Tags und JSP-Elemente. Selbst die Felder einer Klasse werden von vielen Autoren in der Java-Literatur auch als Attribute bezeichnet. Darum sei an dieser Stelle nochmals darauf hingewiesen, dass es wichtig ist, jedes Mal auf das genaue Objekt zu achten, für das dieselbe Bezeichnung »Attribut« benutzt wird.

Standardmäßig wird `scope=contextPage` gesetzt, was auch für das obige Beispiel der Fall ist. Dies ist der niedrigste Gültigkeitsbereich (Page-Scope) und hat als Bedeutung, dass das Attribut (die JavaBean) nur innerhalb der aktuellen JSP-Seite sichtbar ist, und im Falle einer Verzweigung zu einer anderen JSP-Seite (über einen Hyperlink oder das `action`-Attribut des `form`-Tags eines Formulars zum Beispiel) gehen sämtliche Ergebnisse aus der ersten JSP-Seite verloren.

Der Request-Scope ist die nächste Stufe der Sichtbarkeit für Attribute, die in einer Webapplikation gesetzt werden können. Wird `scope=request` in der `<jsp:useBean>`-Standard-Aktion gesetzt, bleibt die JavaBean für die gesamte http-Anfrage gültig und Daten aus einer JSP-Seite, aus der eine weitere aufgerufen wurde, bleiben auch für diese sichtbar.

Danach folgt als weitere Stufe der Session-Scope. Wie in Kapitel 1 *Servlets* gezeigt wurde, werden Sessions erzeugt, um einen Besucher im Internet genau zu identifizieren und seine Aktionen verfolgen zu können, damit seine Daten nicht mit denen anderer Benutzer durcheinandergeraten. Solange ein Benutzer eine für ihn speziell vom Container vergebene Session-ID besitzt, bleiben für ihn die mit `scope=session` erzeugten JavaBeans während des Aufrufs aller JSP-Seiten sichtbar.

Der Application-Scope ist die höchste Stufe für die Sichtbarkeit von Attributen in JSP-Seiten und ermöglicht die Verfügbarkeit von JavaBeans für alle Komponenten einer Webapplikation.

In den nachfolgenden Beispielen werden wir die Servlet-Klassen, in die JSP-Seiten übersetzt wurden, in den Programmausgaben mit anzeigen, um zu demonstrieren, wie die damit als Attribute gesetzten JavaBeans erzeugt und eingebunden werden.

Der Übersicht halber haben wir ein weiteres Unterverzeichnis `paket3` von `java6uebungsbuch3\WEB-INF\classes` definiert, unter das alle JavaBean-Klassen gespeichert werden. In einem gleichnamigen Unterverzeichnis für `java6uebungsbuch3\jsp` hinterlegen wir alle in diesem Zusammenhang erzeugten JSP-Seiten.

Aufgabe 2.9 

Die Definition einer JavaBean-Klasse und die JSP-Aktionen useBean, setProperty und getProperty

Mit der Klasse `WebBesucher` soll die Vorlage für eine JavaBean definiert werden, die die Eigenschaften »anzahl«, »name« und »map« vom Typ `int`, `String` und `HashMap<String,String>` besitzt, die mit den Methoden `setAnzahl()` und `getAnzahl()`, `setName()` und `getName()` und `setMap()` und `getMap()`gesetzt und gelesen werden können.

In der Konstruktordefinition wird die von `HashMap` implementierte `put()`-Methode des Interface `Map` aufgerufen, um darin den als Schlüssel gewählten Strings »Andreas Mueller«, »Horst Schmidt« und »Peter Mayer« die Tätigkeitsfelder »Schüler«, »Lehrer« und »Student« zuzuordnen.

Definieren Sie eine JSP-Seite `JSPmitWebBesucherBean1.jsp`, die mit der JSP-Aktion `<jsp:useBean>` eine JavaBean vom Typ der Klasse `WebBesucher` mit dem Bezeichner `besucher`, der das JavaBean-Objekt identifiziert, folgendermaßen in die Seite einbindet: `<jsp:useBean id="besucher" class="paket3.WebBesucher"/>`.

In einem Scriptlet sollen die Setter-Methoden `setAnzahl()` und `setName()` an der JavaBean-Instanz aufgerufen werden, um eine Zahl und einen Namen (der in der `map`-Instanz als Schlüssel hinterlegt wurde) für die Eigenschaften »anzahl« und »name« zu setzen. Rufen Sie an der JavaBean-Instanz auch die Getter-Methoden auf, um die so gesetzten Werte zusammen mit dem entsprechenden Tätigkeitsfeld eines Besuchers im Browser anzuzeigen.

Ändern Sie die JSP-Seite `JSPmitWebBesucherBean1.jsp` in eine Seite mit dem Namen `JSPmitWebBesucherBean2.jsp` ab, die dieselbe JavaBean einbindet und für den Zugriff auf Eigenschaftswerte die Standard-Aktionen `<jsp:setProperty>` und `<jsp:getProperty>` benutzt.

Hinweise für die Programmierung:

Mit der Eigenschaft `map` soll gezeigt werden, dass eine Eigenschaft auch von einem Referenztyp verschieden von `String` und primitiven Typen sein kann und es sich dabei nach wie vor um eine gültige JavaBean handelt.

Die `<jsp:setProperty>`-Aktion zum Setzen von Eigenschaftswerten kann erstmals nur für die Eigenschaften `anzahl` und `name` benutzt werden, da im `value`-Attribut nur Werte vom Typ `String` und von primitiven Datentypen direkt angegeben werden können.

Mit `getProperty` kann nicht gezielt auf einzelne Map-Einträge zugegriffen werden, eine Anzeige aller Map-Einträge ist jedoch mit `<jsp:getProperty name="besucher" property="map"/>` möglich.

Die Einführung der EL hat aber auch andere Schreibweisen möglich gemacht, die einen Zugriff auf derartige Werte ermöglichen (siehe Unterkapitel 2.8 auf Seite 248).

JSP-Seiten: `JSPmitWebBesucherBean1.jsp`, `JSPmitWebBesucherBean2.jsp`

Java-Dateien: `WebBesucher.java`

Programmaufrufe: Im Webbrowser durch Eingabe des Namens der JSP-Seite:

```
http://localhost:8080/java6uebungsbuch3/jsp/paket3/
JSPmitWebBesucherBean1.jsp
http://localhost:8080/java6uebungsbuch3/jsp/paket3/
JSPmitWebBesucherBean2.jsp
```

Aufgabe 2.10 

JavaBeans als Attribute für den Application-Scope definieren

Definieren Sie die Java-Klassen `Datum` und `Uhrzeit`, die in ihrem Konstruktor eine Instanz der Klasse `Calendar` über den Aufruf von deren Klassenmethode `getInstance()` dynamisch erzeugen.

Die Klasse `Datum` besitzt Getter-Methoden, die die Eigenschaften »year«, »month«, »day« und »date« definieren. Wie bereits erwähnt, müssen diese nicht zusätzlich als Felder der Klasse deklariert werden. Geben Sie in den ersten drei Methoden eine Referenz auf den Rückgabewert der Methode `get()` der Klasse `Calendar` zurück, in der nacheinander die Konstanten `Calendar.YEAR`, `Calendar.MONTH` und `Calendar.DAY_OF_MONTH` als Argumente übergeben werden. Die vierte Methode `getDate()` ruft die ersten drei Methoden auf, um das aktuelle Tagesdatum in der Form »tag.monat.jahr« als String zurückzugeben.

Ähnlich werden in der Klasse `Uhrzeit` die Eigenschaften »hour«, »minute«, »second« und »time« definiert. In der Methode `get()` der Klasse `Calendar` werden diesmal die Konstanten `Calendar.HOUR_OF_DAY`, `Calendar.MINUTE` und `Calendar.SECOND` als Argumente übergeben und die Methode `getTime()` ruft die ersten drei Methoden auf, um die gerade aktuelle Uhrzeit in der Form »Stunden:Minuten:Sekunden« als String zurückzugeben.

Die JSP-Seiten `JSPmitDatum.jsp` und `JSPmitUhrzeit.jsp` binden jeweils eine JavaBean vom Typ der Klassen `Datum` und `Uhrzeit` mit den Werten »datum« und »uhrzeit« für das `id`-Attribut der `useBean`-Aktion ein und lesen mit der `getProperty`-Aktion die Eigenschaften der jeweiligen JavaBean, um diese in Listenform im Browser anzuzeigen.

Eine weitere JSP-Seite `JSPmitDatumundUhrzeit.jsp` soll eine JavaBean vom Typ einer Klasse `TitelfuerDatumundUhrzeit` einbinden, die eine einzige Eigenschaft »titel« besitzt. Die JavaBean soll so eingebunden werden, damit sie auch in den JSP-Seiten `JSPmitDatum.jsp` und `JSPmitUhrzeit.jsp` sichtbar bleibt, die über das Anklicken von Hyperlinks ausgeführt werden können. Setzen Sie dazu den Wert »application« für das `scope`-Attribut in der `useBean`-Aktion und binden Sie diese JavaBean auf die gleiche Art und Weise auch in die JSP-Seiten `JSPmitDatum.jsp` und `JSPmitUhrzeit.jsp` ein. Nur so kann auf das Attribut, als das diese JavaBean gesetzt wird, von allen JSP-Seiten aus gleichzeitig zugegriffen werden.

Ändern Sie den Wert des `scope`-Attributs der `useBean`-Aktion in allen JSP-Seiten nacheinander in »page« bzw. »request« ab und führen Sie diese erneut aus.

JSP-Seiten: `JSPmitDatumundUhrzeit.jsp`, `JSPmitDatum.jsp`, `JSPmitUhrzeit.jsp`

Java-Dateien: `TitelfuerDatumundUhrzeit.java`, `Datum.java`, `Uhrzeit.java`

Programmaufrufe: Im Webbrowser durch Eingabe des Namens der JSP-Seite `http://localhost:8080/java6uebungsbuch3/jsp/paket3/JSPmitDatumundUhrzeit.jsp`

Aufgabe 2.11 

Referenztyp- und Objekttyp-Definitionen mit class- und type-Attributen in der useBean-Aktion

Ändern Sie die Namen der Java-Klassen `Datum` und `Uhrzeit` aus Aufgabe 2.10 auf Seite 242 in `DatumAnzeige` und `UhrzeitAnzeige` um und leiten Sie diese von einer Klasse `DatumundUhrzeit` ab, die als abstrakte Klasse definiert ist und die abstrakten Methoden `setTitel()` und `getTitel()` deklariert.

Die Klassen `DatumAnzeige` und `UhrzeitAnzeige` definieren die gleichen Getter-Methoden wie auch die Klassen `Datum` und `Uhrzeit` und implementieren die abstrakten Methoden ihrer Oberklasse.

Aus der HTML-Datei `DatumundUhrzeitAnzeige.html` werden über das Anklicken von Hyperlinks die JSP-Seiten `JSPmitDatumAnzeige.jsp` und `JSPmitUhrzeitAnzeige.jsp` ausgeführt. Diese binden JavaBeans vom Typ der Klasse `DatumAnzeige` bzw. `UhrzeitAnzeige` ein, setzen den Wert »Datumsanzeige« bzw. »Uhrzeitanzeige« für ihre Eigenschaft »titel« und lesen die Werte der Eigenschaften »titel« und »date« bzw. »time« ein, um diese im Browser anzuzeigen.

Beim Einbinden der JavaBeans sollen in der `useBean`-Aktion mit den Attributen `type` und `class` der Referenztyp für die Oberklasse und der Objekttyp für die jeweilige Unterklasse angegeben werden. Damit soll gezeigt werden, dass mit `type` immer eine Referenz angegeben wird, die auch vom Typ einer abstrakten Klasse bzw. eines Interface sein kann (oder mit dem Typ der Objektklasse übereinstimmt), und mit `class` der Name der Klasse, die instanziiert werden soll.

HTML-Datei: `DatumundUhrzeitAnzeige.html`

JSP-Seiten: `JSPmitDatumAnzeige.jsp`, `JSPmitUhrzeitAnzeige.jsp`

Java-Dateien: `DatumundUhrzeit.java`, `DatumAnzeige.java`, `UhrzeitAnzeige.java`

Programmaufrufe: Im Webbrowser durch Eingabe des Namens der HTML-Datei
`http://localhost:8080/java6uebungsbuch3/jsp/paket3/DatumundUhrzeitAnzeige.html`

Aufgabe 2.12

Das Setzen einer JavaBean-Eigenschaft auf den Wert eines Anfrageparameters aus Formulardaten

Mit dieser Aufgabe soll nochmals auf die Unterschiede der Sichtbarkeitsbereiche von Attributen hingewiesen werden und gleichzeitig demonstriert werden, wie Eingaben in Formularfeldern (Anfrage-Parameterwerte) beim Setzen von JavaBean-Eigenschaften berücksichtigt werden können.

Zu diesem Zweck werden zwei JSP-Seiten mit den Namen `JSPmitFormularDaten.jsp` und `JSPmitFormularDaten1.jsp` erstellt. Beide definieren die gleiche Funktionalität, sie generieren eine HTML-Seite für eine Formularausgabe, in der ein Benutzer seinen Namen und ein Passwort zwecks Login im Web eingeben kann, prüfen das Passwort, das z.B. für alle Benutzer gleich »jsp« sein kann oder einem nach Ihrer Vorstellung gesetzten Kriterium genügt, und geben den Namen an eine Seite GrussBenutzer.jsp weiter, in der dieser Name nach dem Text »Guten Morgen Frau/Herr« im Browser angezeigt werden soll.

Die Übergabe von Anfrage-Parameterwerten soll, wie im ersten Teil der Aufgabe bereits angekündigt wurde, mit JavaBean-Eigenschaften erfolgen. Benutzen Sie dazu die in Aufgabe 2.9 auf Seite 241 definierte JavaBean-Klasse WebBesucher.

Die JavaBean wird im Application-Scope in die JSP-Seite JSPmitFormularDaten.jsp eingebunden, damit sie beim Umleiten auf die JSP-Seite GrussBenutzer.jsp für diese sichtbar bleibt. Als Erinnerung sei wiederholt, dass durch das Umleiten eines http-Requests die Steuerung wieder an den Browser zurückgegeben wird, der eine neue Anfrage sendet, weshalb die Angabe von scope="request" in diesem Fall nicht ausreichend wäre. Mit dem param-Attribut in der setProperty-Aktion kann der Wert der Eigenschaft »name« gleich dem Wert des Anfrage-Parameters, der über das name-Attribut des Textfeldes aus dem Eingabe-Formular spezifiziert wird, gesetzt werden.

In die JSP-Seite JSPmitFormularDaten1.jsp soll die JavaBean im Request-Scope eingebunden werden, weil dies für den Fall ausreichend ist, dass die ursprüngliche Anfrage an die JSP-Seite GrussBenutzer.jsp weitergeleitet wird. In diesem Fall soll der Eigenschaftsname in der setProperty-Aktion gleich dem Wert aus dem name-Attribut des Textfelds aus dem Eingabeformular gewählt werden. Dann kann das param-Attribut in der Standard-Aktion entfallen.

Beide JSP-Seiten beinhalten eine Deklaration, die eine Methode besucherLogin() für die Prüfung von Benutzereingaben definiert und den Wert true beim Erfüllen der von Ihnen gesetzten Bedingungen zurückgibt.

In einem JSP-Scriptlet werden die Anfrage-Parameterwerte, die vom Benutzer in den Feldern des Formulars eingegeben wurden, mit der Methode getParameter() ermittelt, die am impliziten request-Objekt aufgerufen wird. Wurden noch keine Eingaben vom Benutzer getätigt, sind diese Parameterwerte gleich null (siehe Aufgabe 1.13 und Aufgabe 1.14). Die Methode besucherLogin() wird aufgerufen, um dieses und das eingegebene Passwort zu prüfen.

Gibt diese Methode den Wert true zurück, erfolgt in der Seite JSPmitFormularDaten.jsp ein Umleiten der Anfrage an die Seite GrussBenutzer.jsp über die Angabe einer URL im Methodenaufruf von sendRedirect() (die diese Ressource referenziert). In der Seite JSPmitFormularDaten1.jsp erfolgt eine Weiterleitung der Anfrage an die Seite GrussBenutzer.jsp. Dazu muss eine Instanz der Klasse RequestDispatcher erzeugt und an dieser deren Methode forward() aufgerufen werden (siehe auch Aufgabe 1.13 und Aufgabe 2.8 auf Seite 236).

Wurde eine JSP-Seite zum ersten Mal ausgeführt oder ist das eingegebene Passwort falsch, soll in beiden JSP-Seiten die Meldung »Es wurde noch kein Benutzername eingegeben oder das Passwort ist falsch« im Browser angezeigt werden und eine HTML-Seite generiert werden, die zur Anzeige des Formulars dient.

Beim Abschicken des Formulars wird der Name der jeweiligen JSP-Seite im `action`-Attribut des `form`-Tags angegeben. Das Formular beinhaltet zwei Eingabefelder, die für die erste Seite den Namen »BenutzerName« und »PassWort« besitzen. Für die zweite Seite wird »BenutzerName« in »name«, gleich dem Eigenschaftsnamen der JavaBean, abgeändert.

Definieren Sie einen Button mit der Beschriftung »Login« für das Abschicken des Formulars.

Hinweise für die Programmierung:

Der URL-String, der im Aufruf der Methode `sendRedirect()` übergeben wird, kann den vollständigen Pfadnamen spezifizieren:

```
response.sendRedirect("http://localhost:8080/java6uebungsbuch3/jsp/
paket3/GrussBenutzer.jsp");
```

oder man kann diesen relativ zur ursprünglichen Anfrage-URL angeben. Der Container weiß, dass der Ursprungspfad in diesem Fall gleich `java6uebungsbuch3/jsp/paket3/` war, und fügt diesen vor den angegebenen Namen der neuen JSP-Seite ein: `response.sendRedirect("GrussBenutzer.jsp");`.

In der JSP-Seite `GrussBenutzer.jsp` muss dementsprechend die JavaBean vom Typ der Klasse `WebBesucher` im Application- bzw. Request-Scope für die zwei unterschiedlichen Aufrufe eingebunden werden.

JSP-Seiten: `JSPmitFormularDaten.jsp`, `JSPmitFormularDaten1.jsp`, `GrussBenutzer.jsp`

Java-Dateien: `WebBesucher.java`

Programmaufrufe: Im Webbrowser durch Eingabe des Namens der JSP-Seite
`http://localhost:8080/java6uebungsbuch3/jsp/paket3/JSPmitFormularDaten.jsp`
`http://localhost:8080/java6uebungsbuch3/jsp/paket3/JSPmitFormularDaten1.jsp`

Aufgabe 2.13

JavaBeans als Attribute für den Session-Scope definieren

Definieren Sie mit der Klasse `BuchListe` eine Vorlage für eine JavaBean mit den Eigenschaften »buch«, »operation« und »liste« vom Typ `String`, `String` und `ArrayList<String>`. Zusätzlich zu den Setter-und Getter-Methoden, die das Setzen und Lesen von Eigenschaften für die JavaBean übernehmen, definiert die Klasse eine Methode mit dem Namen `addBuch()` zum Anfügen eines im Aufruf übergebenen Strings am Ende der ArrayList und die Methode `removeBuch()` zum Löschen des letzten Listeneintrags.

Die Methode `getListeToArray()` der Klasse `BuchListe` ruft die Methode `toArray()` der Klasse `ArrayList` auf, um die ArrayList für die Anzeige im Browser in ein Array umzusetzen.

Die Werte für die Properties »operation« und »buch« werden beim Abschicken eines Formulars gesetzt, das mit der HTML-Seite `Warenkorb.html` aufgebaut wird, und von einer Methode `bedienen()` ausgewertet. Sie ruft, je nachdem welcher Button im Formular betätigt wurde, die Methoden `addBuch()` und `removeBuch()` auf.

Erstellen Sie eine HTML-Datei `Warenkorb.html`, die ein Formular definiert, das beim Abschicken die JSP-Seite `JSPmitSessionBean.jsp` ausführt. Das Formular definiert ein Auswahl-Element mit dem Namen »buch« mit Hilfe des `<select>`-Tags, in dem mehrere Buchtitel mit einem `option`-Tag angegeben werden, und zwei Button-Elemente mit dem Namen »operation« und den Werten »reinlegen« und »rausnehmen«. Die angewandte http-Methode beim Einlesen des Formulars, nachdem es mit einem der Buttons abgeschickt wurde, soll diesmal POST sein.

Die JSP-Seite `JSPmitSessionBean.jsp` setzt eine JavaBean vom Typ der Klasse `BuchListe`, die für eine gesamte Session eines Webbesuchers Gültigkeit hat, und setzt mit der Aktion `setProperty` mit dem Eintrag `property="*"` alle Werte von Eigenschaften gleich den Werten der Anfrageparameter mit demselben Namen.

In JSP-Ausdrücken werden die Methoden `getId()` und `getAttribute()` am impliziten `session`-Objekt aufgerufen, um die Session-ID und den Wert des für den Session-Scope gesetzten Attributs vom Typ der Klasse der JavaBean im Browser auszugeben.

Eine JSP-Direktive bindet das HTML-Dokument `Warenkorb.html` in die Seite ein und in einem JSP-Scriptlet wird die Methode `bedienen()` der JavaBean-Klasse `BuchListe` aufgerufen, um die Formulareingaben auszuwerten.

In einem weiteren Scriptlet werden alle in der Liste des Formulars zu einem bestimmten Zeitpunkt eingetragenen Bücher im Listenformat im Browser angezeigt.

Lesen Sie die Eigenschaften »buch«, »operation« und »liste« der JavaBean zusätzlich mit der Standard-Aktion `getProperty` und zeigen Sie die so ermittelten Werte in einem von Ihnen gewählten Format im Browser an.

Hinweise für die Programmierung:

Achten Sie darauf, dass die Parameternamen der Formularfelder mit den Eigenschaftsnamen der JavaBean übereinstimmen müssen, wie mit Aufgabe 2.11 auf Seite 243 im Detail demonstriert wurde. Werden die Attribute `value` und `param` in der `setProperty`-Aktion nicht angegeben, weiß der Container, dass er die Werte für Eigenschaften gleich den Namen der Anfrageparameter setzen soll. Wird `property=*` angegeben, werden implizit alle Anfrageparameter ermittelt, die den Eigenschaftsnamen dieser JavaBean entsprechen, und der Wert der Eigenschaften auf den Wert der entsprechenden Anfrageparameter gesetzt.

Die ArrayList für die Anzeige im Browser wird mit der Methode `getListeToArray()` in ein Array umgesetzt. Damit können wir gezielt auf einzelne Listenelemente aus einer JSP-Seite zugreifen, die die Eigenschaft »liste« der JavaBean setzt und liest.

Die Ausgabe aller Listenelemente kann aber mit `<jsp:getProperty name="warenkorb" property="liste"/>` erfolgen, wobei diese nicht einzeln angesprochen werden müssen (siehe auch Aufgabe 2.9 auf Seite 241 mit einem lesenden Zugriff auf eine `Map`-Eigenschaft).

Mit Aufgabe 2.44 auf Seite 292 wird eine Scripting-freie JSP-Seite erstellt, die die gleichen Ausgaben im Browser erzeugt.

HTML-Dateien: `Warenkorb.html`

JSP-Seiten: `JSPmitSessionBean.jsp`

Java-Dateien: `BuchListe.java`

Programmaufrufe: Im Webbrowser durch Eingabe des Namens der JSP-Seite
`http://localhost:8080/java6uebungsbuch3/jsp/paket3/`
`JSPmitSessionBean.jsp`

2.8 Die EL (Expression Language)

Wie bereits erwähnt wurde, ist es das Ziel, in JSP-Seiten eine Scripting-freie Sprache zu verwenden, um deren Erstellung für Nicht-Java-Programmierer zu vereinfachen. Mit der Version JSP 2.0 wurde es möglich, komplett auf Skriptelemente zu verzichten.

Eine Neuerung, die diese Version mit sich gebracht hat, ist die so genannte Expression Language (EL). Die EL besteht aus Skriptelementen, die an andere Skriptsprachen wie JavaScript angelehnt sind. Ein Skriptelement beginnt mit einem Dollarzeichen und schließt einen Ausdruck in geschweiften Klammern ein. Dies kann ein arithmetischer Ausdruck sein, aber auch einen Zugriff auf Attribute oder implizite Objekte (die für die EL Gültigkeit haben) beinhalten, wie `${1+2}`, `${beanid.name}`, `${map.key}`, `${array[0]}`, `$header["host"]` etc.

Eine spezielle Erweiterung des JSP-Compilers ersetzt während des Übersetzens die EL-Elemente durch den entsprechenden Java-Code.

Die EL-Elemente wurden so konzipiert, dass sie vollständig ohne geschützte XML-Entitäten auskommen, so dass deren Einsatz in XML-konformen Dokumenten gewährleistet ist.

In den nachfolgenden Aufgaben werden über konkrete Beispiele viele Möglichkeiten erläutert, die von der EL-Sprache geboten werden, um dem Anwender den Zugriff auf Daten zu vereinfachen. Als Einführung dazu wollen wir auf paar Details hinweisen, ohne einem Anspruch auf Vollständigkeit zu genügen.

Für den Zugriff auf Attribute, die explizit über den direkten Aufruf einer der `setAttribute()`-Methoden oder mit JavaBeans (die intern dieselben Methoden aufrufen) gesetzt wurden, können zwei Operatoren, der »`.`-Operator« und der »`[]`-Operator«, eingesetzt werden.

Der »`.`-Operator« kann nur für Instanzen von JavaBean-Klassen und Klassen, die das generische Interface `Map` (oder eines seiner Oberinterfaces) implementieren, eingesetzt werden, unabhängig davon, ob der vor dem Punkt geschriebene Name ein Attribut oder ein vordefiniertes Objekt referenziert.

Der »`[]`-Operator« wird meistens im Zusammenhang mit Arrays und `List`-Instanzen verwendet, kann aber auch für JavaBeans und Maps benutzt werden. Für Abbildungen (Maps) muss innerhalb der Klammern ein gültiger Schlüsselwert angegeben werden und Listenelemente können, wie auch Array-Elemente, über deren zugeordneten Index angesprochen werden. Ein damit angegebener `String`-Index wird in den primitiven Typ `int` umgesetzt. Wichtig ist, dass diese Werte vorher als Attribute gesetzt wurden und der Name dieser Attribute als Bezeichnung für das angesprochene Element benutzt wird.

Beide EL-Operatoren können geschachtelt werden. Der »`.`-Operator« macht somit möglich, dass auf Eigenschaften von Eigenschaften in JavaBeans zugegriffen werden kann.

Die EL bietet eine weitere Bequemlichkeit für ihre Benutzer in Form von impliziten Objekten an. Die Namen dieser Objekte lauten: `pageScope`, `requestScope`, `sessionScope`, `applicationScope`, `param`, `paramValues`, `header`, `headerValues`, `cookie`, `intParam` und `pageContext`. Dabei ist `pageContext` eine Referenz auf eine vordefinierte `PageContext`-Instanz und mit dem gleichnamigen impliziten Objekt für die JSP-Seite gleich zu sehen. Die anderen Namen von impliziten EL-Objekten definieren Referenzen vom Raw-Typ `Map`, die ermöglichen, auf Parameter und Header von Anfragen zuzugreifen, Attribute aus verschiedenen Gültigkeitsbereichen zu ermitteln und Cookies bzw. Initialisierungsparameter abzurufen.

Aufgabe 2.14

EL-Ausdrücke mit Verwendung von Arrays, Listen und Maps

Definieren Sie eine JSP-Seite mit dem Namen `JSPmitELfuerArraysMapsundListen.jsp`, in der EL-Operatoren für den Zugriff auf Attributwerte vom Typ `Array`, `List` und `Map` und deren Anzeige im Browser eingesetzt werden.

Mit JSP-Direktiven wird das Paket `java.util`, das die Definitionen der `Map`- und `List`-Interfaces und die Java-Standard-Klassen, die diese Schnittstellen implementieren, beinhaltet, eingebunden und der Content-Type gleich »text/html« gesetzt.

Eine JSP-Deklaration definiert die Methode initialMap() mit Referenzen vom Typ der parametrisierten Schnittstellen Map<String, String> und Map<String, Map<String, String>> als Parameter und eine Methode initialListe(), in deren Aufruf ein Argument vom Typ ArrayList<String> übergeben werden kann. Zum Initialisieren von Map-Instanzen wird die von der Klasse HashMap implementierte Methode put() des Interface Map aufgerufen und für die ArrayList ihre add()-Methode.

In einem JSP-Scriptlet werden Instanzen vom Typ Array, HashMap und ArrayList erzeugt, die Methoden initialMap() und initialListe() zu deren Initialisierung aufgerufen und die Methode setAttribute() am impliziten request-Objekt, um die so erzeugten Maps, Arrays und die Liste als Attribute im Request-Scope zu setzen.

Wählen Sie beliebige Einträge für die von Ihnen erzeugten Arrays, Maps und Listen und benutzen Sie EL-Operatoren für den Zugriff auf die gesetzten Attributwerte.

Hinweise für die Programmierung:

Richten Sie sich beim Definieren von EL-Ausdrücken nach den Beispielen, die im Lösungsvorschlag zur Aufgabe enthalten sind, wie ${array}, ${array[0]}, ${array1["3"]}, ${array[array1["2"]]}, map["Andreas Mueller"]}, ${ map1["Elisabeth Jung"]}, ${map4.Lehrer} etc.

Um eine Scripting-freie JSP-Seite zu erstellen, müssen auch die in der JSP-Deklaration und im Scriptlet programmierten Vorgänge für die Bereitstellung von Daten in externen Java-Klassen ausgelagert werden, die als Modell fungieren, damit für die JSP-Seite selbst nur die Rolle der Darstellung von Daten zurückbleibt und die MVC-Architektur von Webapplikationen respektiert wird.

Um eine bessere Übersicht der Funktionalitäten von EL-Operatoren für den Leser zum jetzigen Zeitpunkt zu erreichen, packen wir diese Komponenten erstmals alle in die JSP-Seite und werden uns später in Kapitel 4 mit der MVC-Architektur von Webapplikationen ausführlich auseinandersetzen.

JSP-Seiten: JSPmitELfuerArraysMapsundListen.jsp

Programmaufrufe: Im Webbrowser durch Eingabe des Namens der JSP-Seite
http://localhost:8080/java6uebungsbuch3/jsp/paket3/
JSPmitELfuerArraysMapsundListen.jsp

Aufgabe 2.15

EL-Ausdrücke mit Verwendung von JavaBeans

Die JSP-Seite JSPmitELfuerJavaBeans.jsp definiert mit useBean-Standard-Aktionen JavaBeans vom Typ der Klassen WebBesucher und BuchListe (nach dem Beispiel der Aufgabe 2.9 auf Seite 241 und Aufgabe 2.13 auf Seite 246) als Attribute im Page-Scope.

Mit der Methode add() oder addBuch() sollen für diese Aufgabe der ArrayList-Komponente aus der Klasse BuchListe die Einträge »Java 5«, »Java 6« und »Java 7« hinzugefügt werden, indem Sie diese Methoden im parameterlosen Konstruktor der Klasse aufrufen.

Setzen Sie mit setProperty die Werte »Andreas Mueller« und »1« für die »name«- bzw. »anzahl«-Eigenschaft der ersten JavaBean und »Java 7« für die Eigenschaft »buch« der zweiten JavaBean.

Zeigen Sie die so gesetzten Werte für Eigenschaften im Browser an, indem Sie auf EL-Ausdrücke wie ${webbesucher.anzahl}, ${webbesucher.map["Andreas Mueller"]}, ${buchliste.liste}, ${buchliste.buch} und ${buchliste.liste[0]} zurückgreifen, wobei webbesucher und buchliste die in der useBean-Aktion gewählten id-Namen für die JavaBeans sind und »map« bzw. »liste« die Eigenschaften vom Typ Map<String> und ArrayList<String> der JavaBean-Klassen WebBesucher und BuchListe bezeichnen.

Hinweise für die Programmierung:

Wie auch in der Aufgabe 2.9 auf Seite 241 und Aufgabe 2.13 auf Seite 246 festgestellt wurde, kann auf die Eigenschaften vom Typ der Java-Standard-Klassen ArrayList und HashMap mit getProperty zugegriffen werden, aber nicht auf einzelne Einträge. Auf diese Einträge kann jedoch mit der EL zugegriffen werden.

Weil JavaBeans automatisch als Attribute für das im scope-Attribut angegebene implizite Objekt einer JSP-Seite gesetzt werden, bleibt es uns erspart, die Methode setAttribute() dazu aufzurufen, und wir schaffen diesmal ohne große Mühe eine Scripting-freie JSP.

JSP-Seiten: JSPmitELfuerJavaBeans.jsp

Java-Dateien: BuchListe.java, WebBesucher.java

Programmaufrufe: Im Webbrowser durch Eingabe des Namens der JSP-Seite
http://localhost:8080/java6uebungsbuch3/jsp/paket3/JSPmitELfuerJavaBeans.jsp

Aufgabe 2.16

Wiederholungsaufgabe

Definieren Sie vier JavaBean-Klassen Benutzer, Portal, Farbe und Schrift. Die Setter- und Getter-Methoden setPortal() und getPortal() bzw. setName() und getName() definieren die Eigenschaften »portal« und »name« für die JavaBean vom Typ Benutzer.

In der Klasse Portal werden auf die gleiche Art und Weise Eigenschaften vom Typ der Klassen Farbe und Schrift definiert.

Die Klasse Farbe besitzt ihrerseits eine Eigenschaft »name« und die Klasse Schrift die Eigenschaften »name« und »groesse«, alle vom Typ String.

In der JSP-Seite BenutzerPortal.jsp werden die JavaBean-Klassen mit der Aktion useBean eingebunden, um zu ermöglichen, dass auf die von diesen Klassen definierten Eigenschaften mit den JSP-Standard-Aktionen setProperty und getProperty und der EL zugegriffen werden kann.

Setzen Sie alle Eigenschaftswerte der JavaBeans mit der setProperty-Aktion und achten Sie darauf, dass bei Eigenschaften, die nicht vom Typ String oder einem primitiven Datentyp sind, die EL für den Zugriff auf Attributwerte eingesetzt werden muss, wie zum Beispiel:

```
<jsp:setProperty name="benutzer" property="name" value="Richter" />
<jsp:setProperty name="schrift" property="name" value="430061" />
<jsp:setProperty name="schrift" property="groesse" value="20pt" />
<jsp:setProperty name="farbe" property="name" value="CCEEFF" />
<jsp:setProperty name="portal" property="schrift" value ='${schrift}' />
<jsp:setProperty name="portal" property="farbe" value ='${farbe}' />
<jsp:setProperty name="benutzer" property="portal" value ='${portal}' />
```

Weisen Sie die so gesetzten Werte den Eigenschaften von JavaBeans in HTML-Tags mit EL-Ausdrücken zu, wie z.B.:

```
<table border="2" bgcolor="${benutzer.portal.farbe.name}">
<tr><td>
<div style="color:${benutzer.portal.schrift.name};
font-size:${benutzer.portal.schrift.groesse}">
Hallo Frau/Herr ${benutzer.name},
gefällt Ihnen die ausgewählte Farbe und Schrift?
</div></td></tr>
</table>
```

um eine Tabelle mit Rahmen und Hintergrund zu erzeugen und darin Farbe und Größe für die Schrift zu setzen. Die Bezeichnungen benutzer, portal, schrift und farbe stehen für die IDs der JavaBeans. Geben Sie einen beliebigen Text, wie hier »Hallo Frau/Herr ..., gefällt Ihnen die ausgewählte Farbe und Schrift?« im Browser aus, um die so gesetzten Farben und die Größe der Schrift zu kontrollieren.

Setzen Sie weitere Werte für die Eigenschaften von JavaBeans mit der Aktion setProperty und benutzen Sie diese, um auf die gleiche Art und Weise wie gehabt andere Farben und Größen für die vom Browser benutzte Schrift in der Anzeige von Texten zu erreichen.

Mit der include-Aktion soll eine weitere JSP-Seite mit dem Namen BenutzerPortal1.jsp in die erste Seite eingebunden werden. Testen Sie, ob die JavaBeans, die als Attribute in der ersten JSP-Seite im Page-Scope eingebunden werden, auch für diese Seite gültig bleiben.

Hinweise für die Programmierung:

Mit EL-Ausdrücken können Sie mit der Aktion `setProperty` für einzelne Eigenschaften auch solche Werte setzen, die verschieden von `String` oder einem primitiven Datentyp sind.

Mit `getProperty` kann darauf direkt zugegriffen werden. Sie können allerdings nicht auf die gleiche Art und Weise gelesen werden, wenn diese selbst Eigenschaften von einem Typ besitzen, der weder `String` noch ein primitiver Datentyp ist. In solchen Situationen kann sich auch wiederum die EL als sehr nützlich erweisen. Der ».-Operator« ermöglicht es in Ausdrücken wie `${benutzer.portal.schrift.name}`, Properties von Properties anzuzeigen.

JSP-Seiten: `BenutzerPortal.jsp`, `BenutzerPortal1.jsp`

Java-Dateien: `Benutzer.java`, `Portal.java`, `Farbe.java`, `Schrift.java`

Programmaufrufe: Im Webbrowser durch Eingabe des logischen Servletnamens `http://localhost:8080/java6uebungsbuch3/jsp/paket3/BenutzerPortal.jsp`

Aufgabe 2.17

Die impliziten Objekte der EL

Definieren Sie eine Servlet-Klasse `CookiesundRequestAttributeSetzen`, die in Analogie zur Klasse `CookiesSetzen` aus Aufgabe 1.25 ein Cookie über den Konstruktor der Java-Standard-Klasse `Cookie` mit dem Namen »CookiefuerEL« erzeugt, das als Wert eine per Zufall generierte hexadezimale Zahl als `String`-Referenz zugewiesen bekommt.

Setzen Sie über den Methodenaufruf von `setMaxAge()` an der so erzeugten Instanz eine Lebensdauer von fünf Minuten für das Cookie und rufen Sie am `HttpServletResponse`-Objekt die Methode `addCookie()` auf, um dieses Cookie an den Browser zu senden.

Rufen Sie die Methode `setAttribute()` am `HttpServletRequest`-Objekt auf, um eine Instanz der Java-Standard-Klasse `Date` als Attribut mit dem Namen »Datum« für die Anfrage zu setzen.

Eine Instanz der Klasse `RequestDispatcher` wird für das Weiterleiten der Anfrage an die JSP-Seite mit dem Namen `ImpliziteObjektefuerEL.jsp` erzeugt. Fügen Sie dem im Aufruf der Methode `getRequestDispatcher()` übergebenen URL-String Parameterwerte für die http-Methode hinzu, um auf diese in der JSP-Seite über die impliziten EL-Objekte `param` und `paramValues` zugreifen zu können.

In der JSP-Seite sollen mit den EL-Ausdrücken: `${param}`, `${header}`, `${initParam}` und `${cookie}` die Map-Einträge für die angegebenen impliziten Objekte im Browser angezeigt werden und mit `${pageScope}`, `${requestScope}`, `${ses-`

sionScope} und ${applicationScope} alle Attribute, die für die benannten Gültigkeitsbereiche gesetzt sind.

Mit den EL-Operatoren ».« und »[]« soll nach den Beispielen aus Aufgabe 2.15 auf Seite 250 und Aufgabe 2.16 auf Seite 251 auf einzelne Parameterwerte mit ${param.autor}, ${param.titel}, ${paramValues.titel[1]} etc. und auf Header-Einträge mit ${header.connection}, ${header["host"]} etc. zugegriffen werden oder mit der pageContext-Referenz in Ausdrücken wie ${pageContext.request.method} und ${pageContext.request.cookies}.

Einzelne Attributwerte können mit denselben Operatoren über ihre Namen ermittelt werden, wie z.B.: ${applicationScope["E-Mail-Adresse"]}, ${applicationScope.Parameter}, ${requestScope["Datum"]} etc.

Hinweise für die Programmierung:

Die Bezeichnungen titel und autor in den oben erwähnten Beispielen beziehen sich auf die Namen von Anfrageparametern, die im Lösungsvorschlag zur Aufgabe über den String: "/jsp/paket3/ImpliziteObjektefuerEL.jsp?autor=Elisabeth +Jung&titel=Java+6+Das+%DCbungsbuch+Band+I&titel="Java+6+Das+%DCbungsbuch+Band+II" im Aufruf der Methode getRequestDispatcher() angegeben wurden.

Anstelle eines Servlets kann für das Setzen von Anfrageparametern selbstverständlich ein Formular mit Eingabefeldern benutzt werden.

Erstellen Sie dazu eine HTML-Datei ImpliziteELObjekte.html, die mit den nachfolgenden Tags ein Formular definiert, aus dem die JSP-Seite ImpliziteObjektefuerEL.jsp aufgerufen wird, und starten Sie diese über die Eingabe der URL: http://localhost:8080/java6uebungsbuch3/jsp/paket3/ImpliziteELObjekte.html in der Adresszeile Ihres Browsers:

```
<form type=POST action=ImpliziteObjektefuerEL.jsp>
Autor<br/>
<input type="text" name="autor" value="Elisabeth Jung"><br/>
Bücher<br/>
<input type="text" name="titel" size="30"
value="Java 6 Das Übungsbuch Band I"><br/>
<input type="text" name="titel" size="30"
value="Java 6 Das Übungsbuch Band II"><br/>
<input type="text" name="titel" size="30"
value="Java 6 Das Übungsbuch Band III"><br/>
<br></br>
<!-- Einen Button für das Formular definieren -->
<input type=submit name="operation" value="Nachricht senden">
</form>
```

Für das Setzen von Cookies können Sie auch das Servlet vom Typ der Klasse CookiesSetzen aus Aufgabe 1.25 einfach im Vorhinein ausführen.

HTML-Datei: ImpliziteELObjekte.html

JSP-Seiten: `ImpliziteObjektefuerEL.jsp`

Java-Dateien: `CookiesundRequestAttributeSetzen.java`

Programmaufrufe: Im Webbrowser durch Eingabe des logischen Servletnamens
`http://localhost:8080/java6uebungsbuch3/ServletmitCookies`
bzw. des Namens der HTML-Datei
`http://localhost:8080/java6uebungsbuch3/jsp/paket3/ImpliziteELObjekte.html`

2.9 EL-Funktionen und der TLD

Wie in den vorangegangenen Beispielen demonstriert wurde, können in EL-Ausdrücken nicht nur konstante Werte benutzt werden, sondern über Namen von Programmvariablen auf Attribute und Eigenschaftswerte von JavaBeans zugegriffen werden. Eine weitere Unterstützung für das Ersetzen von Scripting-Abschnitten in JSP-Seiten bietet die EL über den Aufruf von Methoden. Diese müssen allerdings als Klassenmethoden (mit dem Modifikator `static`) in einer Java-Klasse implementiert werden.

EL-Funktionen müssen mit einem so genannten TLD (Tag Library Descriptor) in einer Taglib (Tag Library) beschrieben werden, auch wenn sie ansonsten keine Gemeinsamkeiten mit Tags aufweisen. Der TLD wird in einer Datei mit der Endung `.tld` angelegt und in einem Unterverzeichnis von `WEB-INF` gespeichert, weil der Container darin danach sucht. EL-Funktionen, die nicht den gleichen Namen wie die statischen Methoden tragen müssen, definieren eine Zuordnung zwischen der Java-Klasse, die diese Methoden definiert, und der JSP-Seite, in der diese aufgerufen werden. Bei der Definition dieser Abbildung kommt der TLD zum Einsatz. In diesem wird, wie im nachfolgenden Beispiel zu beobachten ist, mit Tags ein Name für die EL-Funktion vergeben, die Objektdatei der Java-Klasse relativ zum `classes`-Unterverzeichnis der Webapplikation (ähnlich wie in der `web.xml`-Datei für Servlets) spezifiziert und die Methodendefinitionssignatur angegeben:

```
<function>
  <description>Wortzähler</description>
  <name>anzahlWoerter</name>
  <function-class>paket3.ELFunktionen</function-class>
  <function-signature>
    int anzahlWoerter(java.lang.String)
  </function-signature>
</function>
```

Innerhalb der JSP-Seite wird mit einer `taglib`-Direktive ein Präfix für die Taglib gesetzt, über den die EL-Funktion in der Seite angesprochen werden kann, und ein eindeutiger Name im Attribut `uri` für den TLD vergeben, den der Container benötigt, um die Funktion aufzurufen: `<%@ taglib prefix="elf" uri="EL-FunktionenundTags"%>`.

Auch wenn Sie in vielen Beispielen zu diesem Thema in der Java-Literatur auf URL-Strings oder gültige Verzeichnisnamen stoßen (wie z.B. `http://jakarta.apache.org/tomcat/jsp2-example-taglib` oder `/WEB-INF/tlds/ELFunktionen.tld`), sei bereits an dieser Stelle darauf hingewiesen, dass mit dem `uri`-Attribut einfach ein Name vergeben wird, der keine Ressource im Internet über eine URL zu referenzieren braucht. Die eher komplizierteren Namen werden meistens aus Missverständnissen oder der Eindeutigkeit wegen so gewählt. Der Name des Tag Library Descriptors wird in der `.tld`-Datei mit Hilfe eines `<uri>`-Elements eingetragen:

```
<description>Ein TLD für El-Funktionen</description>
<tlib-version>1.2</tlib-version>
<short-name>ELFunktionenundTags</short-name>
<uri>"ELFunktionenundTags"</uri>
```

Aufgabe 2.18

EL-Funktionen

Erstellen Sie eine Klasse `ELFunktionen`, die zwei Klassenmethoden mit den Namen `anzahlWoerter()` und `anzahlBuchstaben()` definiert. Berechnen Sie damit für einen im Aufruf übergebenen String die Anzahl der darin erhaltenen Wörter und die Anzahl aller Buchstaben. Für das Aufspalten des Strings in Wörter können Sie z.B. die Methoden `matches()` oder `split()` der `String`-Klasse benutzen. Für die Suche nach Wort- und Satztrennern kann ein regulärer Ausdruck (Suchmuster) als Instanz der Java-Standard-Klasse `Pattern` mit deren Methode `compile()` erzeugt werden oder die einzelnen Zeichen der Zeichenkette mit allen von Ihnen als Trenner ausgewählten Charakteren abgeglichen werden.

Definieren Sie in der Datei `ELFunktionenundTags.tld` einen TLD mit dem `<uri>`-Eintrag »ELFunktionenundTags« für zwei EL-Funktionen, die den gleichen Namen wie auch die Methoden der Java-Klasse tragen. Der von Ihnen vergebene Name für diese Funktionen und die Signatur der korrespondierenden Methoden aus der Klasse `ELFunktionen` werden in den `<name>`- und `<function-signature>`-Tags eingetragen und der Name der Objektdatei wird relativ zum Unterverzeichnis `classes` der Webapplikation `java6uebungsbuch3` angegeben.

In einer JSP-Seite `ELFunktionen.jsp` wird der TLD-Name in einer `taglib`-Direktive über das `uri`-Attribut spezifiziert und das Präfix `elf` für das Ansprechen der EL-Funktionen in der Seite vergeben. Benutzen Sie die EL-Ausdrücke `${elf:anzahlWoerter("EL-Funktionen zählen Wörter und Buchstaben")}` und `${elf:anzahlBuchstaben("EL-Funktionen zählen Wörter und Buchstaben")}`, um die Wörter und Buchstaben aus dem im Methodenaufruf übergebenen Text zu zählen.

Hinweise für die Programmausführung:

Die Dateien `ELFunktionen.java` und `ELFunktionen.jsp` wurden, wie alle Beispiele mit EL-Funktionalität, im Verzeichnis `java6uebungbuch3\WEB-INF\classes\paket3` bzw. `java6uebungbuch3\jsp\paket3` hinterlegt.

Speichern Sie die Datei `ELFunktionenundTags.tld` zum Beispiel in einem Unterverzeichnis `tlds` von `WEB-INF` ab, damit diese vom Container aufgefunden werden kann.

JSP-Seiten: `ELFunktionen.jsp`

Java-Dateien: `ELFunktionen.java`

Programmaufrufe: Im Webbrowser durch Eingabe des Namens der JSP-Seite
`http://localhost:8080/java6uebungsbuch3/jsp/paket3/ELFunktionen.jsp`

2.10 Benutzerdefinierte Tags

Um JSP-Seiten komplett von Scripting-Code zu befreien, kann die Expression Language einen wesentlichen Beitrag leisten, doch ist dies bei Weitem nicht ausreichend.

Hinter dem Aufruf von benutzerdefinierten Tags verbergen sich mit Java programmierte Funktionalitäten, die, wie auch im Fall von JavaBeans, aus einer JSP-Seite ausgelagert werden. Benutzerdefinierte Tags werden, wie auch EL-Funktionen, in Bibliotheken (Tag Libraries) zusammengefasst, die von einem TLD beschrieben werden. Dabei sieht der Eintrag für ein Tag dem einer EL-Funktion sehr ähnlich:

```
<tag>
  <description>Einfaches Tag ohne Body</description>
  <name>einfachTag1</name>
  <tag-class>paket4.EinfachesTag1</tag-class>
  <body-content>empty</body-content>
</tag>
```

Auch für das Einbinden von Tags benötigen Sie in Ihrer JSP-Seite eine `taglib`-Direktive, die den Namen, über den diese in der Seite angesprochen werden können, vorgibt und die Verbindung zum TLD für den Container über ein `<uri>`-Element beschreibt: `<%@ taglib prefix="einft" uri="ELFunktionenundTags" %>`.

Benutzerdefinierte Tags teilen sich in klassische und einfache Tags auf. Die einfachen Tags wurden, wie auch die EL, mit der Version 2.0 von JSP eingeführt und vereinfachen gegenüber den klassischen Tags das Erstellen von Tag-Handler-Klassen, in denen sich der Java-Code befindet, der hinter einem Tag steht.

Mit der Version JSP 2.0 wurden so genannte Tag-Files eingeführt, die benutzerdefinierte Tags erweitern und vor allem die Arbeit mit Tags um einiges einfacher machen.

Die Tag-Handler-Klasse eines einfachen Tags erweitert die Java-Standard-Klasse `SimpleTagSupport` aus dem Paket `javax.servlet.jsp.tagext` und überschreibt die `doTag()`-Methode ihrer Oberklasse. Diese Methode wird vom Container ausgeführt, wenn in einer JSP-Seite das entsprechende Tag aufgerufen wird.

Die Klasse `SimpleTagSupport` implementiert das Interface `SimpleTag` aus demselben Paket, das die Methoden `doTag()`, `setJSPBody()`, `setJSPContext()`, `setParent()` und `getParent()` deklariert. Sie implementiert die vier letzten dieser Methoden, während `doTag()` von ihren Unterklassen implementiert werden muss. Die Klasse `SimpleTagSupport` stellt dem Programmierer noch weitere Methoden zur Verfügung, mit `getJspBody()` und `getJspContext()` kann auf den Body des Tags und den Context der JSP-Seite zugegriffen werden.

Klassische Tags erweitern die Java-Standard-Klasse `TagSupport` aus dem Paket `javax.servlet.jsp.tagext` und überschreiben deren Methoden `doStartTag()`, `doEndTag()` und `doAfterBody()`. Die Klasse `TagSupport` implementiert das Oberinterface `IterationTag` des `Tag`-Interface. Um einen elementaren klassischen Tag-Handler zu erzeugen, reicht es, die Methode `doStartTag()` zu überschreiben, die im Wesentlichen das Gleiche wie die Methode `doTag()` der Klasse `SimpleTagSupport` tut.

Ein benutzerdefiniertes Tag kann einen Body haben. Der Body kann unterschiedlich aufgebaut sein und dies wird im TLD über ein `<body-content>`-Element spezifiziert, wofür folgende Definitionen zugelassen sind:

- `empty` bedeutet, dass das Tag keinen Body haben darf.
- `scriptless` sagt aus, dass der Body Text, EL-Ausdrücke und -Funktionen und JSP-Aktionen beinhalten kann, aber keine Scripting-Elemente (Deklarationen, Ausdrücke und Scriptlets).
- `tagdependent` wird gesetzt, wenn der Body als reiner Text behandelt werden soll und darin eventuell enthaltene Aktionen ignoriert werden und
- `JSP`, wenn alles, was in einer JSP-Seite vorkommen kann, zugelassen ist.

Im Unterschied zu einfachen Tags, in denen die Verarbeitung des Bodys mit der Methode `invoke()` der Klasse `JspFragment` angestoßen wird, geschieht dies in klassischen Tags über eine `int`-Konstante EVAL_BODY_INCLUDE, die von der Methode `doStartTag()` zurückgegeben wird. Überschreibt die Tag-Handler-Klasse auch die Methode `doEndTag()`, wird der Body zwischen den beiden Methoden ausgeführt. Zum Iterieren eines Bodys (was bedeutet, diesen mehrmals in eine JSP-Seite einzubinden und auszuwerten) dient für klassische Tags die Methode `doAfterBody()`, die im Gegensatz zu den Methoden `doStartTag()` und `doEndTag()` mehrmals aufgerufen werden kann.

Da das Iterieren eines Bodys in einfachen Tags wesentlich vereinfacht wurde und mit deren Einführung auch die gesamte Tag-Handler-API, ist deren Einsatz immer zu bevorzugen.

Die drei beschriebenen Methoden der Klasse `TagSupport` geben `int`-Werte zurück, die nicht nur die Weiterverarbeitung des Bodys koordinieren, sondern auch die der JSP-Seite, in der dieses Tag aufgerufen wird.

Der Default-Rückgabewert der Methode `doStartBody()` ist SKIP-BODY und besagt, dass das Tag keinen Body hat. Wird EVAL_BODY_INCLUDE benutzt, bedeutet dies, dass über den Body iteriert werden soll.

Der Default-Rückgabewert der Methode `doAfterBody()` ist auch SKIP-BODY und damit wird festgelegt, dass der Body nur einmal ausgewertet werden soll. Mit EVAL_BODY_AGAIN wird dieser wiederholt ausgeführt.

Über den Rückgabewert der Methode `doEndBody()` wird festgelegt, was mit den danach folgenden Statements aus einer JSP-Seite geschehen soll. Der Standardwert EVAL_PAGE sagt aus, dass der Rest der Seite immer ausgewertet werden soll und mit SKIP_PAGE wird die Verarbeitung der aktuellen Seite abgebrochen. War diese in eine andere JSP-Seite eingeschlossen, wird deren Verarbeitung jedoch fortgesetzt.

Für einfache Tags kann die Verarbeitung einer JSP-Seite über das Werfen einer Ausnahme vom Typ `SkipPageException` abgebrochen werden.

Wie bereits erwähnt, befinden sich die Klassen der JSP-API wie auch die der Servlet-API nicht in der Java Standard Edition (JSE), sondern in der Java Enterprise Edition (JEE).

Bei einer Installation von Tomcat werden diese in dessen `lib`-Verzeichnis als JAR-Archiv mit dem Namen `jsp-api.jar` hinterlegt. Damit sie beim Übersetzen ausfindig gemacht werden können, muss der Pfad dieser Datei im CLASSPATH gesetzt werden. Ergänzen Sie am besten den entsprechenden Eintrag für Umgebungsvariablen unter dem Menü »Systemeigenschaften« von Windows um den Eintrag `C:\Programme\Apache Software Foundation\Tomcat 6.0\lib\jsp-api.jar`, um zu vermeiden, dass der Name des JAR-Archivs bei jedem Übersetzen neu angegeben werden muss.

Aufgabe 2.19

Ein einfaches Tag ohne Body

Definieren Sie eine Klasse `EinfachesTag1`, die von `SimpleTagSupport` abgeleitet wird und in ihrer `doTag()`-Methode den Text »Einfaches Tag ohne Body« im Browser ausgibt.

Erweitern Sie die Datei `ELFunktionenundTags.tld` um die Beschreibung eines benutzerdefinierten Tags mit dem Namen `einfachTag1`, das keinen Body besitzt und den Code aus der Klasse `EinfachesTag1` ausführt.

Erstellen Sie eine JSP-Seite `EinfachesTag1.jsp`, in der dieses Tag verwendet wird. Wie in der theoretischen Einführung angemerkt wurde, brauchen Sie dazu eine `taglib`-Direktive: `<%@ taglib prefix="einft" uri="ELFunktionenund-`

Tags" %> und rufen das Tag ähnlich wie EL-Funktionen über das darin für die Taglib spezifizierte Präfix auf: `<einft:einfachTag1/>`.

Nach dem Tag-Aufruf soll in der JSP-Seite der Text: »Dieser Text wird im Browser angezeigt!« angegeben werden.

Hinweise für die Programmierung:

Die Tag-Handler-Klasse hat Zugriff auf den Context der JSP-Seite, den sie mit der Methode `getJspContext()` abrufen kann, und somit auf die `HttpServletRequest`- und `HttpServletResponse`-Objekte, in denen die Anfragen und Antworten eines Browsers eingetragen werden.

Die am `JspContext`-Objekt aufgerufene `getOut()`-Methode liefert das implizite `out`-Objekt vom Typ `JspWriter` und die set/getAttribute-Methoden ermöglichen einen Zugriff auf Attribute aus allen Gültigkeitsbereichen.

Die Dateien `EinfachesTag1.java` und `EinfachesTag1.jsp` werden, wie alle Beispiele mit benutzerdefinierten Tags, im Verzeichnis `java6uebungbuch3\WEB-INF\classes\paket4` bzw. `java6uebungbuch3\jsp\paket4` hinterlegt.

JSP-Seiten: `EinfachesTag1.jsp`

Java-Dateien: `EinfachesTag1.java`

Programmaufrufe: Im Webbrowser durch Eingabe des Namens der JSP-Seite
`http://localhost:8080/java6uebungsbuch3/jsp/paket4/EinfachesTag1.jsp`

Aufgabe 2.20

Ein einfaches Tag mit Body

Integrieren Sie in eine JSP-Seite `EinfachesTag2.jsp` das einfache Tag `einfachTag2` vom Typ der Klasse `EinfachesTag2`, das einen Body hat, der den Text »Der Body eines Tags wird in die Antwort eingebaut!« beinhaltet.

Ändern Sie dazu das für `einfachTag1` hinzugefügte Element `<body-content>empty</body-content>` aus dem TLD für dieses Tag in `<body-content>scriptless</body-content>` ab.

Nach dem Tag-Aufruf soll in der JSP-Seite der Text »Dieser Text wird nicht im Browser angezeigt!« ausgegeben werden.

Die Klasse `EinfachesTag2`, die nach dem Beispiel der Klasse `EinfachesTag1` aus Aufgabe 2.19 auf Seite 259 erstellt wird, soll zusätzlich zum Text »Einfaches Tag mit Body« den Inhalt des Tag-Bodys im Browser anzeigen.

Nach dem Aufruf der `invoke()`-Methode, mit deren Hilfe auf den Body des Tags zugegriffen wird, soll eine Ausnahme vom Typ `SkipPageException` ausgelöst werden, um zu zeigen, dass damit ein weiterer JSP-Seiteninhalt nicht mehr berücksichtigt wird und somit auch nicht in die Antwort an den Browser übernommen wird.

Hinweise für die Programmierung:

Die Methode `getJspBody()` gibt eine Instanz vom Typ der abstrakten Java-Standard-Klasse `JspFragment` zurück, an der die Methode `invoke()` aufgerufen werden muss, um auf den Body des Tags zuzugreifen. Das Argument `null` im Aufruf der `invoke()`-Methode besagt, dass der Inhalt des Tag-Bodys in den vom impliziten `out`-Objekt zur Verfügung gestellten Ausgabe-Stream geschrieben wird, um als Antwort an den Browser gesendet zu werden.

Ein `JspFragment`-Objekt kapselt JSP-Code, der immer dann verwendet werden kann, wenn er gebraucht wird. Dieser JSP-Code kann nur aus Text, JSP-Aktionen und EL-Ausdrücken bestehen und darf keine Scripting-Elemente beinhalten. Der Compiler generiert während der Übersetzung eine Implementation der abstrakten Klasse `JspFragment`, die den im Fragment enthaltenen JSP-Code ausführt.

Die Klasse `JspFragment` definiert die abstrakte Methode `getJspContext()`, mit der der Context der JSP-Seite ermittelt werden kann und dem Tag-Body die Möglichkeit gegeben wird, mit anderen Objekten über Attribute Informationen auszutauschen. Ihre ebenfalls als `abstract` definierte Methode `invoke()` definiert als Parameter eine Referenz vom Typ der Klasse `java.io.Writer`, deren Methoden verwendet werden können, um den Body für eine Ausgabe aufzubereiten. Ist das Argument der `invoke()`-Methode `null`, wird der Inhalt des Tag-Bodys in den vom impliziten `out`-Objekt zur Verfügung gestellten Ausgabe-Stream vom Typ der Klasse `JspWriter` geschrieben.

Als `JspFragment`-Instanzen werden nicht nur Bodys von Tags, sondern auch die Bodys von `<jsp:attribute>`-Standard-Aktionen gekapselt (siehe Aufgabe 2.29 auf Seite 272 und Aufgabe 2.30 auf Seite 273).

JSP-Seiten: `EinfachesTag2.jsp`

Java-Dateien: `EinfachesTag2.java`

Programmaufrufe: Im Webbrowser durch Eingabe des Namens der JSP-Seite
`http://localhost:8080/java6uebungsbuch3/jsp/paket4/EinfachesTag2.jsp`

Aufgabe 2.21

Einfache Tags, deren Body einen EL-Ausdruck enthält

Ohne auf einen realistischen Hintergrund Bezug zu nehmen, soll auf eine einfache Art und Weise einem Besucher im Web eine Buchliste angeboten werden, die sich auf dessen Recherchen stützt.

Dazu werden die Tag-Handler-Klassen `EinfachesTag3` und `EinfachesTag4` nach dem Beispiel der Klassen `EinfachesTag1` und `EinfachesTag2` aus den vorangegangenen Aufgaben aufgebaut. Sie benutzen für die Anzeigen im Browser die Bodys von zwei zugeordneten Tags `einfachTag3` und `einfachTag4`, auf die ähnlich wie in der Klasse `EinfachesTag2` zugegriffen wird. Dabei soll in beiden Fällen ein EL-Ausdruck benutzt werden und der Body von `einfachTag4` wiederholt ausgegeben werden.

Wie mit Aufgabe 2.14 auf Seite 249 und Aufgabe 2.15 auf Seite 250 demonstriert wurde, bezeichnen Programmvariablen, die in einem EL-Ausdruck benutzt werden, Namen von Attributen, die entweder mit einer `setAttribute()`-Methode oder mit der `useBean`-Aktion gesetzt wurden. Die im Body von Tags angesprochenen Attribute müssen auch erstmals in den entsprechenden Java-Klassen gesetzt werden. Rufen Sie die Methode `setAttribute()` in den Klassen `EinfachesTag3` und `EinfachesTag4` an deren `JspContext`-Instanz auf, um Attribute mit den Namen »benutzer« und »buch« zu setzen. Dabei soll das Attribut mit dem Namen »benutzer« den Wert »Renate Schulz« zugewiesen bekommen und das Attribut »buch« die Elemente eines `String`-Arrays, die Titel von Büchern bezeichnen.

Die JSP-Seite `EinfachesTag3.jsp` soll für den Webbesucher den Text »Sind Sie Renate Schulz, dann klicken Sie hier« im Browser anzeigen, wobei sich hinter dem Wort »hier« ein Hyperlink verbirgt, über den zu der JSP-Seite `EinfachesTag4.jsp` gewechselt wird. Diese gibt den HTML-Text »Wir haben Empfehlungen für Sie, die auf den von Ihnen bevorzugten Themen basieren« aus. Hinter dem Wort »Themen« verbirgt sich ein weiterer Hyperlink, über den in eine HTML-Datei `Thematik.html` verzweigt wird, in der Thematiken von Bücher-Recherchen in einer nicht geordneten Liste angezeigt werden.

Definieren Sie den Body des Tags `einfachTag3` in der JSP-Seite `EinfachesTag3.jsp` mit dem Inhalt: Sind Sie `${benutzer}`, dann klicken Sie <a `href="EinfachesTag4.jsp"`>hier</a>, um auf den über das Attribut »benutzer« gesetzten Wert zuzugreifen.

Für das Tag `einfachTag4` kann mit `<ol><li> ${buch}</li></ol>` eine dynamische Ausgabe der Buchtitel in einer geordneten Liste erreicht werden. Wenn das Tag `einfachTag4` aufgerufen wird, wird über den EL-Ausdruck `${buch}` ein Wert für das Attribut »buch« durch den Tag-Handler gesetzt und der Tag-Body wiederholt aufgerufen, bis das String-Array komplett durchlaufen wurde.

Hinweise für die Programmierung:

Vergessen Sie nicht, die erforderlichen Beschreibungen für beide Tags dem TLD (Datei `ELFunktionenundTags.tld`) hinzuzufügen.

HTML-Datei: `Thematik.html`

JSP-Seiten: `EinfachesTag3.jsp`, `EinfachesTag4.jsp`

Java-Dateien: `EinfachesTag3.java`, `EinfachesTag4.java`

Programmaufrufe: Im Webbrowser durch Eingabe des Namens der JSP-Seite `http://localhost:8080/java6uebungsbuch3/jsp/paket4/EinfachesTag3.jsp`

Aufgabe 2.22

Ein klassisches Tag ohne Body

Die Klasse `KlassischesTag1` soll von der Standard-Klasse `TagSupport` abgeleitet werden und soll, ähnlich wie die Klasse `EinfachesTag1` aus Aufgabe 2.19 auf Seite 259, in ihrer `doStartTag()`-Methode den Text »Ausgabe aus der `doStartTag()`-Methode: Klassisches Tag ohne Body« und in ihrer `doEndTag()`-Methode den Text »Ausgabe aus der `doEndTag()`-Methode: Klassisches Tag ohne Body« im Browser anzeigen.

Geben Sie in der Methode `doStartTag()` die Konstante SKIP_BODY zurück, um dem Container mitzuteilen, dass ein eventuell vorhandener Body nicht ausgewertet werden soll, sondern die Methode `doEndTag()` als Nächstes ausgeführt wird, und in der `doEndTag()`-Methode die Konstante SKIP_PAGE, damit die JSP-Seite, die dieses Tag aufruft, danach abgebrochen wird.

Erweitern Sie die Datei `ELFunktionenundTags.tld` um die Beschreibung eines benutzerdefinierten Tags mit dem Namen «klassischTag1«, das keinen Body besitzt und den Code aus der Klasse `KlassischesTag1` ausführt. Sowohl diese Beschreibung wie auch die `taglib`-Direktiven in den JSP-Seiten sind für klassische Tags gleich denen für einfache Tags.

Erstellen Sie eine JSP-Seite `KlassischesTag1.jsp`, in der dieses Tag verwendet wird, und benutzen Sie das Präfix »klast« in der Zuordnung zwischen Taglib und JSP-Seite.

Hinweise für die Programmierung:

Weil die IOException in der `throws`-Klausel von Methoden der Klasse `TagSupport` nicht deklariert wird (für die `doTag()`-Methode der Klasse `SimpleTagSupport` ist dies der Fall), muss diese in einem `try/catch`-Block abgefangen werden. Erzeugen Sie im `catch`-Block mit der `throw`-Anweisung eine Instanz der Klasse `JspException` aus dem Paket `javax.servlet.jsp`, indem Sie im Konstruktoraufruf die String-Repräsentation der abgefangenen IOException übergeben.

Auch klassische Tag-Handler haben Zugriff auf den Context der JSP-Seite. Von der Oberklasse wird das Feld `pageContext` geerbt, das darin als `protected` deklariert ist, dadurch für alle Unterklassen zugänglich ist und den PageContext der JSP-Seite, die das Tag aufruft, referenziert.

Die am `pageContext`-Objekt aufgerufene `getOut()`-Methode liefert das implizite `out`-Objekt vom Typ `JspWriter`.

JSP-Seiten: `KlassischesTag1.jsp`

Java-Dateien: `KlassischesTag1.java`

Programmaufrufe: Im Webbrowser durch Eingabe des Namens der JSP-Seite `http://localhost:8080/java6uebungsbuch3/jsp/paket4/KlassischesTag1.jsp`

Aufgabe 2.23

Ein klassisches Tag mit Body

Der mit der Klasse `KlassischesTag2` definierte Tag-Handler soll einen in der JSP-Seite `KlassischesTag2.jsp` im Tag-Aufruf angegebenen Body in die Antwort an den Browser mit einbringen.

Geben Sie in der `doStartTag()`-Methode den `int`-Wert der Konstanten `EVAL_BODY_INCLUDE` zurück, um dem Container mitzuteilen, dass der vorhandene Body abgearbeitet werden soll.

Testen Sie über den Rückgabewert EVAL_PAGE der `doEndTag()`-Methode, ob der Rest der JSP-Seite in diesem Fall noch abgearbeitet wird.

Die Anzeigen im Browser sollen gleich mit denen aus der vorigen Aufgabe bleiben.

JSP-Seiten: `KlassischesTag2.jsp`

Java-Dateien: `KlassischesTag2.java`

Programmaufrufe: Im Webbrowser durch Eingabe des Namens der JSP-Seite `http://localhost:8080/java6uebungsbuch3/jsp/paket4/KlassischesTag2.jsp`

Aufgabe 2.24

Klassische Tags, deren Body einen EL-Ausdruck enthält

Mit dieser Aufgabe soll die Vorgehensweise aus Aufgabe 2.21 auf Seite 261 mit klassischen Tags nachgestellt werden.

Dazu werden die Tag-Handler-Klassen `KlassischesTag3` und `KlassischesTag4` und die JSP-Seiten `KlassischesTag3.jsp` und `KlassischesTag4.jsp` erstellt. Benutzen Sie für die Anzeigen im Browser die Bodys von zwei zugeordneten Tags `klassischTag3` und `klassischTag4`, die in den JSP-Seiten aufgerufen werden.

Um über den Tag-Body iterieren zu können genügt es nicht, in der `doStartTag()`-Methode die Attributwerte anhand des String-Arrays der Buchtitel zu setzen. Es ist aber gleichzeitig auch wieder erforderlich, den ersten Wert zu setzen, um die gleiche Ausgabe wie in Aufgabe 2.21 auf Seite 261 zu erreichen.

Um über den Body zu iterieren, muss auch die Methode `doAfterBody()` der Klasse `TagSupport` überschrieben werden und darin die Konstante EVAL_BODY_AGAIN zurückgeliefert werden, um dem Container mitzuteilen, dass der Body weiter ausgewertet werden soll. Die Anzahl der gesetzten Attribute muss abgezählt werden, um rechtzeitig dem Container mitteilen zu können, wann der Body nicht mehr weiter ausgewertet werden muss.

Hinweise für die Programmierung:

Weil der Body grundsätzlich schon einmal in der Methode `doStartTag()` verarbeitet wird, bevor der Container die Methode `doAfterBody()` aufruft, muss schon in dieser Methode der erste Attributwert gesetzt werden und die vom Programm benutzte Zählvariable um 1 erhöht werden.

HTML-Datei: `Thematik.html`

JSP-Seiten: `KlassischesTag3.jsp`, `KlassischesTag4.jsp`

Java-Dateien: `KlassischesTag3.java`, `KlassischesTag4.java`

Programmaufrufe: Im Webbrowser durch Eingabe des Namens der JSP-Seite
`http://localhost:8080/java6uebungsbuch3/jsp/paket4/KlassischesTag3.jsp`

Aufgabe 2.25

Klassische Tags und die Klasse BodyTagSupport

Klassische Tags, die einen Body mehrmals verarbeiten, sollten am besten die Klasse `BodyTagSupport`, die von der Klasse `TagSupport` abgeleitet ist, erweitern und deren `doAfterBody()`-Methode überschreiben. Die Klasse `KlassischesTag5` implementiert das `BodyTag`-Interface, das seinerseits vom Interface `IterationTag` abgeleitet ist.

Erzeugen Sie in der Methode `doAfterBody()` eine Instanz vom Typ der Java-Standard-Klasse `BodyContent` als Rückgabewert der Methode `getBodyContent()` und rufen Sie an dieser ihre Methode `getString()` auf, um auf den Inhalt des Bodys zugreifen zu können.

Fügen Sie den so ermittelten Inhalt in den Text: »Der im Body enthaltene String ... wurde abgeändert« ein und schreiben Sie diesen in einen Output-Stream, um ihn an den Browser zu senden. Sie können dazu das `JspWriter`-Objekt benutzen, das von `getEnclosingWriter()` (an der `ContentBody`-Instanz aufgerufen) geliefert wird.

Das Tag soll in einer JSP-Seite `KlassischesTag5.jsp` aufgerufen werden.

JSP-Seiten: `KlassischesTag5.jsp`

Java-Dateien: `KlassischesTag5.java`

Programmaufrufe: Im Webbrowser durch Eingabe des Namens der JSP-Seite http://localhost:8080/java6uebungsbuch3/jsp/paket4/KlassischesTag5.jsp

Aufgabe 2.26

Einen Filter für HTML-Sonderzeichen mit einem Tag definieren

Um HTML-Tags in einem Dokument anzuzeigen, ohne dass diese vom Browser gerendert werden, oder beliebige Texte, die die HTML-Sonderzeichen <, >, &, " und ' enthalten, getreu darzustellen, müssen diese Zeichen maskiert werden.

Definieren Sie ein klassisches Tag, das auf den Inhalt seines Bodys zugreift und die darin enthaltenen Zeichen: <, >, &, " und ' durch ihre XML-Entitäten <, >, &, "e; bzw. " und ' ersetzt.

Mit dieser Aufgabe soll in einer JSP-Seite mit dem Namen KlassischesTag6.jsp auch auf weitere HTML-Elemente hingewiesen werden, die in der Strukturierung und Formatierung von Dokumenten eingesetzt werden und bis zu diesem Zeitpunkt noch nicht direkt angesprochen wurden.

Fügen Sie als Beispiele für eine Character-Formatierung Zeilen wie _{Subscript Text} und ^{Superscript Text}, für Character-Styling die Zeilen <b> Bold Text </b>, <big> Big Text </big>, <cit> Citation </cit>, <code> Code Text</code>, <kbd> Keybord Text </kbd>, <small> Small Text </small>, <strong> Strong Text </strong>, <tt> Teletyp Text </tt>, <var> Variable </var> und für Block-Elemente <abbr title="Tag Library Descriptor">TLD</abbr> und <blockquote>'Dieser Text soll ausgegeben werden, um die mit dem blockquote-Element durchgeführte Formatierung zu beobachten.'</blockquote> in der JSP-Seite einmal als Body des mit der Klasse KlassischesTag6 definierten Tags ein, um das Filtern der Sonderzeichen zu beobachten, und einmal direkt, um zu sehen, als was diese vom Browser gerendert werden, damit Sie in weiteren Beispielen darauf zurückgreifen können.

Die Tag-Handler-Klasse KlassischesTag6 soll von der Klasse BodyTagSupport abgeleitet werden und deren Methode doAfterTag() überschreiben. Sie definiert eine Klassenmethode htmlFilter() mit einem String-Parameter, in der die Zeichen eines als Argument übergebenen Strings nacheinander durchlaufen werden, um die HTML-Sonderzeichen durch ihre XML-Entitäten zu ersetzen.

In der Methode doAfterBody() wird, wie auch in der Klasse KlassischesTag5, eine Instanz vom Typ der Java-Standard-Klasse BodyContent als Rückgabewert der Methode getBodyContent() ermittelt und an dieser ihre Methode getString() aufgerufen. Der von dieser Methode zurückgegebene String soll im Aufruf der Methode htmlFilter() übergeben werden und in den Antwort-Stream geschrieben werden.

Ändern Sie die JSP-Seite `KlassischesTag6.jsp` in ein JSP-Dokument `KlassischesTag6.jspx` um, indem Sie den Dokumenten-Vorspann in:

```
<?xml version="1.0" encoding="ISO-8859-1"?>
<jsp:root
  xmlns:jsp="http://java.sun.com/JSP/Page"
  xmlns:klast="urn:jsptld:/WEB-INF/tlds/ELFunktionenundTags.tld"
  version="2.1"
>
<jsp:directive.page
  language="java"
  contentType="text/html"
  pageEncoding="ISO-8859-1"
  import="java.util.Date, java.util.Locale, java.text.* "
/>
<jsp:output
  doctype-root-element="html"
  doctype-public="-//W3C//DTD XHTML 2.0 Strict//EN"
  doctype-system=
    "http://www.w3.org/TR/xhtml2/DTD/xhtml2-strict.dtd" />

<html xmlns="http://www.w3.org/1999/xhtml">
   <head>
      <title> HTML-Character-Formatierung und -Styling </title>
   </head>
```

abändern. Achten Sie dabei auf die Zuordnung des TLDs in diesem Fall.

Hinweise für die Programmierung:

Für das Erzeugen eines neuen Strings, der anstelle von Zeichen die Zeichen-Entitäten enthält, können Sie z.B. auf die Operation »+« für das Addieren von Zeichenketten zurückgreifen oder eine Instanz der Klasse `StringBuffer` benutzen, an die Teile von Zeichenketten mit der Methode `append()` angefügt werden können. Die zweite Möglichkeit bietet den Vorteil, dass nicht immer neue Strings erzeugt werden müssen, die nach der Addition wieder verworfen werden.

Selbstverständlich kann auch für klassische Tags im `<body-content>`-Element des TLDs der Wert »JSP« anstelle von »scriptless« angegeben werden.

JSP-Seiten: `KlassischesTag6.jsp`, `KlassischesTag6.jspx`

Java-Dateien: `KlassischesTag6.java`

Programmaufrufe: Im Webbrowser durch Eingabe des Namens der JSP-Seite
`http://localhost:8080/java6uebungsbuch3/jsp/paket4/KlassischesTag6.jsp`
`http://localhost:8080/java6uebungsbuch3/jsp/paket4/KlassischesTag6.jspx`

2.11 Tag-Attribute

Wie auch Standard-Tags, können benutzerdefinierte Tags Attribute besitzen.

Die Attribute von Tags können in Tag-Handler-Klassen, ähnlich wie Eigenschaften in JavaBean-Klassen, mit set/get-Methoden gesetzt und gelesen werden. Eine zugelassene Charakterfolge, die mit einem Großbuchstaben beginnt und nach set/get folgt, bezeichnet in diesem Fall, ähnlich wie in der Definition von Eigenschaften, den Namen des Attributs.

Tag-Attribute müssen jedoch mittels eines `attribute`-Elements auch in der Tag-Beschreibung aus der Taglib-Descriptordatei deklariert werden. Ein solches Element kann drei Einträge beinhalten:

- Mit `<name>attributname</name>` wird der Name des Attributs definiert.
- Das Element `<required>...</required>` legt mit `true` fest, ob das Attribut immer angegeben werden muss, und mit `false`, ob dieses optional ist. Wird es weggelassen, wird die set-Methode, die dieses in der Tag-Handler-Klasse setzt, nicht aufgerufen.
- Mit dem Element `<rtexprvalue>... </rtexprvalue>` wird über `true` festgelegt, dass der Attributwert auch einen JSP-Ausdruck beinhalten kann und somit erst zur Anfragezeit ermittelt wird. Bei einer Angabe von `false` kann es nur einen einfachen String beinhalten. Dieses Element ist im Gegensatz zu den beiden ersten optional.

Attribute können im Tag-Aufruf in einer JSP-Seite über ihren Namen angesprochen werden, dem durch das »=«-Zeichen getrennt ein Wert zugewiesen werden kann.

Eine alternative Möglichkeit, sowohl für Standard- wie auch benutzerdefinierte Tags Werte für Attribute zuzuweisen (und nicht Attribute zu definieren, weil die set/get-Methoden weiter dafür erforderlich sind), besteht darin, die Aktion `<jsp:attribute>` zu nutzen, mit der Attribute im Body eines Tags angegeben werden können. Der Body eines Tags kann seinerseits mit der JSP-Aktion `<jsp:body>` gekennzeichnet werden. Das `body`-Tag besitzt keine Attribute.

Die Methode `setDynamicAttribute()` des Interface `DynamicAttributes` aus dem Paket `javax.servlet.jsp.tagext` bietet die Möglichkeit, einzelne Attribute für ein Tag nacheinander in einer beliebigen Anzahl zu setzen. Dazu muss das Interface von der Tag-Handler-Klasse implementiert werden. In der implementierten `setDynamicAttribute()`-Methode können Namen und Werte von Attributen in `List`-Objekten (wie z.B. vom Typ `ArrayList`) oder noch besser als Schlüssel-Wert-Paar in einer `Map`-Instanz hinterlegt werden.

Aufgabe 2.27

☆

Attribute für ein einfaches Tag definieren

Erstellen Sie eine weitere Tag-Handler-Klasse `EinfachesTag6` für ein einfaches Tag, das zwei Attribute mit den Namen »von« und »bis« besitzt. Diese sollen dazu dienen, eine unterschiedliche Anzahl von Monaten aus einem Array über die Angabe der Indizes von Array-Elementen im Browser anzuzeigen.

Um die Namen aller Monate zu ermitteln, wird die Methode `getDisplayNames()` der Klasse `Calendar` an einer Instanz dieser Klasse aufgerufen. Diese liefert eine Abbildung vom Typ `Map<String,Integer>`, für die die Namen aller Monate als Schlüssel definiert sind und über die Methode `keys()` des Interface `Map` als `Set<String>`-Instanz ermittelt werden können. Rufen Sie an dieser Instanz die Methode `toArray()` auf, um die Namen der Monate in ein Array zu hinterlegen.

Für die Definition der Tag-Attribute werden in die Klasse `EinfachesTag6` zwei Instanzfelder `von` und `bis` vom Typ `int` deklariert und die entsprechenden Methoden `setVon()` und `setBis()` für das Setzen deren Werte implementiert.

Die von der Klasse `SimpleTagSupport` abgeleitete Tag-Handler-Klasse überschreibt deren `doTag()`-Methode und greift darin auf die Tag-Attribute zu, um die zwischen deren Werten liegenden Monatsnamen in den am `JspContext`-Objekt ermittelten OutputStream zu schreiben.

Hinweise für die Programmierung:

Die von Ihnen definierten Attribute für das Tag müssen im TLD über `<attribute>`-Elemente in der Tag-Beschreibung spezifiziert werden. Weil die Attributwerte keinen JSP-Ausdruck beinhalten, kann auf das Element `<rtexprvalue>false</rtexprvalue>` verzichtet werden:

```
<attribute>
  <name>von</name>
  <required>false</required>
</attribute>
<attribute>
  <name>bis</name>
  <required>true</required>
</attribute>
```

Das Tag soll in einer JSP-Seite `EinfachesTag6.jsp` mehrmals mit unterschiedlichen Werten für seine Attribute aufgerufen werden, um jedes Mal eine andere Anzahl von Monaten anzuzeigen, zum Beispiel:

```
<einft:einfachTag6 von="0" bis="5"/>
<einft:einfachTag6 von="3" bis="9"/>
<einft:einfachTag6 bis="11"/>
```

Auf das Attribut von kann im Tag-Aufruf verzichtet werden, nicht aber auf `bis`, weil das `<required>`-Element dafür unterschiedlich gesetzt wurde.

JSP-Seiten: `EinfachesTag6.jsp`

Java-Dateien: `EinfachesTag6.java`

Programmaufrufe: Im Webbrowser durch Eingabe des Namens der JSP-Seite `http://localhost:8080/java6uebungsbuch3/jsp/paket4/EinfachesTag6.jsp`

Aufgabe 2.28

Attribute für ein klassisches Tag definieren

In der Definition von Attributen für klassische Tags gibt es keine Unterschiede zu einfachen Tags. Für beide Arten von benutzerdefinierten Tags können auch gleichnamige Attribute mit denen von Standard-Tags gesetzt werden.

Die Klasse `KlassischesTag7` soll Setter-Methoden für die Tag-Attribute `bgColor` und `fontSize` definieren, die dazugehörigen Getter-Methoden können entfallen. Sie erweitert die Klasse `TagSupport` und überschreibt deren Methoden `doStartTag()` und `doEndTag()`, um HTML-Anweisungen zu generieren, die eine Tabelle mit einer als Attributwerte übergebenen Hintergrundfarbe und Schriftgröße im Browser anzeigen. Setzen Sie den Wert 2 für das `table`-Attribut `border`, das nicht auch als Attribut für das benutzerdefinierte Tag gesetzt werden soll.

Teilen Sie über den Rückgabewert EVAL_BODY_INCLUDE der Methode `doStartTag()` dem Container mit, dass ein eventuell vorhandener Body abgearbeitet werden soll.

Die JSP-Seite `KlassischesTag7.jsp` soll das so definierte Tag mehrmals aufrufen und dessen Attributwerte sowohl mit Konstanten als auch mit JSP-Ausdrücken setzen.

Hinweise für die Programmierung:

Angenommen, die Anfrage wurde mit Werten für zwei Parameter `farbe` und `schrift` formuliert. Dann können diese in der JSP-Seite über den Aufruf der Methode `getParameter()` am impliziten `request`-Objekt in einem JSP-Scriptlet ermittelt werden und mit JSP-Ausdrücken im Aufruf des Tags als Attributwerte übergeben werden.

Setzen Sie die Farbe für den Hintergrund der HTML-Seite über das Attribut `background-color` des Standard-Tags `body` mit `<body bgColor = "#C0C1C1">` und rufen Sie das benutzerdefinierte Tag mit dem Namen `klassischTag7` für die Anzeige der damit definierten Tabelle auf mehrere Arten auf, wie zum Beispiel:

```
<klast:klassischTag7 bgColor="PINK" fontSize="20pt" >
Body1
```

```
</klast:klassischTag7>

<%=schrift%>

Body2
</klast:klassischTag7>

<klast:klassischTag7 bgColor="<%=farbe%>" fontSize="<%=schrift%>">
Body3
</klast:klassischTag7>
```

Die HTML-Elemente, die benutzt werden können, um Stylesheets für Abschnitte von Dokumenten zu setzen, sind `<div>` und `<span>`. Dabei kann `<div>` im Gegensatz zu `<span>` Absätze (mit <p> definiert) beinhalten, weil `<div>` ein `block`-Element ist und somit andere Elemente auf Block-Ebene, wie <p> und `<table>`, beinhalten kann. `<span>` kann nur Elemente auf interner Ebene beinhalten, wie z.B. <a>, `<img>` und `<style>`.

Generieren Sie die angeforderten HTML-Anweisungen in der `doStart()`-Methode mit:

```
out.print("<table border=" + border + " bgcolor=\"" + bgColor + "\"> ");
out.print("<tr><th>");
out.print("<span style=\"" + "font-size: " + fontSize  + "\"> ");
```

und schließen Sie diese mit:

```
out.print("</span style>");
out.print("</th></tr>");
out.print("</table>");
```

in der `doEnd()`-Methode ab, wobei `out` die mit der Methode `getOut()` am impliziten `pageContext`-Objekt ermittelte `JspWriter`-Instanz referenziert.

Weil die Attributwerte des Tags auch einen JSP-Ausdruck beinhalten können, muss das Element `<rtexprvalue>` in der Tag-Beschreibung im TLD mit dem Eintrag `true` hinzugefügt werden:

```
<tag>
  <description>Klassisches Tag</description>
  <name>klassischTag7</name>
  <tag-class>paket4.KlassischesTag7</tag-class>
  <body-content>JSP</body-content>
  <attribute>
    <name>bgColor</name>
    <required>false</required>
    <rtexprvalue>true</rtexprvalue>
  </attribute>
  <attribute>
    <name>fontSize</name>
```

```
        <required>false</required>
        <rtexprvalue>true</rtexprvalue>
    </attribute>
</tag>
```

JSP-Seiten: `KlassischesTag7.jsp`

Java-Dateien: `KlassischesTag7.java`

Programmaufrufe: Im Webbrowser durch Eingabe des Namens der JSP-Seite
`http://localhost:8080/java6uebungsbuch3/jsp/paket4/KlassischesTag7.jsp?farbe=RED&schrift=30`

Aufgabe 2.29

Das Zusammenspiel von JSP-Aktionen, EL-Ausdrücken, JavaBeans und Tags

Mit der Klasse `JavaBean` soll eine Vorlage für eine JavaBean definiert werden. Im parameterlosen Konstruktor der Klasse wird ihrer Eigenschaft vom Typ `String` mit dem Namen »eigenschaft« der Wert »Attribut für ein Tag mit einem Tag setzen!« zugewiesen.

In der Tag-Handler-Klasse `EinfachesTag5` wird der Text »Dieser Wert wurde von einem einfachen Tag geschrieben« in den OutputStream geschrieben. Über den Aufruf der Methode `invoke()` wird veranlasst, auch den Body des Tags in die Antwort zu integrieren.

In der JSP-Seite `EinfachesTag5.jsp` wird mit einer `taglib`-Direktive die Zuordnung zwischen dem TLD und der Java-Klasse `EinfachesTag5` definiert.

»Die JSP-Standard-Aktion `<jsp:attribute>` kann eingesetzt werden, um Attribute für ein Tag zu definieren bzw. diese mit Werten zu initialisieren. Die JSP-Standard-Aktion `<jsp:body>` kann eingesetzt werden, um den Body eines benutzerdefinierten Tags zu kennzeichnen. Sie kann nicht innerhalb von `<jsp:attribute>` aufgerufen werden«. Fügen Sie diese Texte innerhalb von `<p>...</p>`-Tags in der JSP-Seite ein und achten Sie darauf, dass die HTML-Sonderzeichen »<« und »>« zwecks Anzeige im Browser durch die Zeichen-Entitäten »`<`« und »`>`« ersetzt werden müssen (siehe auch Aufgabe 2.26 auf Seite 266).

Rufen Sie das Tag mit dem im TLD zugeordneten Namen `einfachTag5` mit dem Body-Inhalt »und diesem der Body1 des Tags angefügt!« auf, indem Sie diesen über die JSP-Aktion `<jsp:body>...</jsp:body>` kennzeichnen.

Um das Zusammenspiel von JSP-Aktionen, EL-Ausdrücken, JavaBeans und Tags zu illustrieren, wird eine JavaBean mit der Standard-Aktion `<jsp:useBean id="javabean" class="paket4.JavaBean">` im Page-Scope (ist der Standard) gesetzt und mit EL der Wert der JavaBean-Eigenschaft angezeigt.

Anstatt das Attribut `value` der `<jsp:setProperty>`-Aktion direkt zu initialisieren, kann eine `<jsp:attribute>`-Aktion dazu benutzt werden. Der Wert des Attributs soll gleich dem Ergebnis der Tag-Ausführung gesetzt werden.

Zeigen Sie den so gesetzten Wert für die JavaBean-Eigenschaft über die JSP-Aktion `<jsp:getProperty name="javabean" property="eigenschaft"/>` im Browser an.

Hinweise für die Programmierung:

Die Verschachtelung von JSP-Standard-Aktionen mit dem Tag-Aufruf kann wie folgt aussehen:

```
<jsp:setProperty name="javabean" property="eigenschaft">
   <jsp:attribute name="value">
      <einft:einfachTag5>
         und diesem der Body2 des Tags angefügt!
      </einft:einfachTag5>
   </jsp:attribute>
</jsp:setProperty>
```

Auf den Wert der JavaBean-Eigenschaft kann mit dem EL-Ausdruck: `${javabean.eigenschaft}` zugegriffen werden.

JSP-Seiten: `EinfachesTag5.jsp`

Java-Dateien: `JavaBean.java`, `EinfachesTag5.java`

Programmaufrufe: Im Webbrowser durch Eingabe des Namens der JSP-Seite
`http://localhost:8080/java6uebungsbuch3/jsp/paket4/EinfachesTag5.jsp`

Aufgabe 2.30

Wiederholungsaufgabe

Erstellen Sie eine weitere Tag-Handler-Klasse `EinfachesTag7`, die das Attribut `text` für das mit dieser Klasse definierte Tag vorgibt, und dazu eine Methode `setText()` zum Setzen von Attributwerten. Die dazugehörige Getter-Methode kann entfallen.

In der überschriebenen `doTag()`-Methode der Oberklasse `SimpleTagSupport` soll ein OutputStream am `JspContext`-Objekt ermittelt werden, um den Text »Der Wert des Tag-Attributs wurde gleich dem Wert einer JavaBean-Eigenschaft gesetzt« zusammen mit dem Wert des Tag-Attributs in die Antwort an den Browser zu schreiben.

In der JSP-Seite `EinfachesTag7.jsp` soll das so definierte Tag dreimal mit unterschiedlichen Ausdrücken für die Angabe von Attributwerten aufgerufen werden. Damit soll nicht nur auf die unterschiedlichen Möglichkeiten des Setzens von Attributwerten hingewiesen werden, sondern auch nochmals auf die Vielfältigkeit des Begriffes »Attribut«.

Bevor dieselbe JavaBean wie in Aufgabe 2.29 auf Seite 272 diesmal als Attribut im Request-Scope mit `<jsp:useBean id="javabean" class="paket4.JavaBean" scope="request"/>` gesetzt wird, sollen die Texte: »Das Element <rtexprvalue> besagt, ob der Wert eines Tag-Attributs zur Laufzeit oder Übersetzungszeit ausgewertet wird« und »Mit der <jsp:useBean>-Standard-Aktion kann eine JavaBean als Attribut für einen bestimmten Gültigkeitsbereich gesetzt werden. Es wurde der request-Scope gewählt«, ähnlich wie in der vorigen Aufgabe, der JSP-Seite hinzugefügt werden.

Im ersten Tag-Aufruf soll der Wert des Tag-Attributs mit der Expression Language gleich der JavaBean-Eigenschaft mit dem Namen »eigenschaft« gesetzt werden.

Ein zweiter Tag-Aufruf soll einen JSP-Ausdruck, in dem der Wert der JavaBean-Eigenschaft über den geketteten Aufruf der Methoden `getAttribute()` und `getEigenschaft()` am impliziten `request`-Objekt ermittelt wird, dem Tag-Attribut zugewiesen werden.

Im dritten Tag-Aufruf wird ähnlich der Vorgehensweise aus der vorigen Aufgabe mit der `<jsp:attribute>`-Standard-Aktion der Wert des Tag-Attributs gleich der JavaBean-Eigenschaft gesetzt:

```
<einft:einfachTag7>
  <jsp:attribute name="text">
    ${javabean.eigenschaft}
  </jsp:attribute>
</einft:einfachTag7>
```

Die Beschreibung aus der Taglib Descriptor Library kann wie folgt aussehen:

```
<tag>
  <description>Einfaches Tag</description>
  <name>einfachTag7</name>
  <tag-class>paket4.EinfachesTag7</tag-class>
  <body-content>scriptless</body-content>
  <attribute>
    <name>text</name>
    <required>false</required>
    <rtexprvalue>true</rtexprvalue>
  </attribute>
</tag>
```

JSP-Seiten: `EinfachesTag7.jsp`

Java-Dateien: `JavaBean.java`, `EinfachesTag7.java`

Programmaufrufe: Im Webbrowser durch Eingabe des Namens der JSP-Seite `http://localhost:8080/java6uebungsbuch3/jsp/paket4/EinfachesTag7.jsp`

Aufgabe 2.31

☆☆

Wiederholungsaufgabe

Letztendlich definieren benutzerdefinierte Tags auch JSP-Aktionen, so dass diese anstelle der JSP-Standard-Aktion `<jsp:useBean>` benutzt werden können, um eine JavaBean als Attribut für einen bestimmten Gültigkeitsbereich der JSP-Seite zu setzen, damit auch andere Komponenten der Webapplikation darauf zugreifen können.

Zur Illustration dieser Art Vorgänge erstellen wir eine Tag-Handler-Klasse `EinfachesTag8`, die das Attribut `bean` für das mit dieser Klasse definierte Tag vorgibt und die Methode `setBean()` zum Setzen von Attributwerten definiert.

In der überschriebenen `doTag()`-Methode der Oberklasse `SimpleTagSupport` wird eine Instanz vom Typ der Klasse `JavaBean`, die bereits in Aufgabe 2.29 auf Seite 272 und Aufgabe 2.30 auf Seite 273 eingesetzt wurde, erzeugt und für deren Eigenschaft der Wert »Ein Text soll in Groß- bzw. Kleinbuchstaben umgesetzt werden« zugewiesen.

Mit der Methode `setAttribute()`, die an der von `getJspContext()` zurückgelieferten Instanz aufgerufen wird, wird die JavaBean als Attribut für den JspContext gesetzt.

In der JSP-Seite `EinfachesTag8.jsp` wird das so definierte Tag mit dem Wert »bean« (zum Beispiel) für sein gleichnamiges Attribut aufgerufen.

Die Eigenschaftswerte der JavaBean sollen mit Hilfe von zwei EL-Funktionen mit den Namen `grossBuchstaben` und `kleinBuchstaben` umgesetzt werden.

Dazu erstellen wir eine Klasse `ELFunktionenfuerJavaBean`, die in Analogie zur Klasse `ELFunktionen` aus Aufgabe 2.18 auf Seite 256 zwei Klassenmethoden `grossBuchstaben()` und `kleinBuchstaben()` definiert, die als Argument eine `String`-Referenz übergeben bekommen. An einem im Methodenaufruf übergebenen String rufen diese die Methoden `toUpperCase()` und `toLowerCase()` der Klasse `String` auf, um dessen einzelne Zeichen umzusetzen.

Nach dem Tag-Aufruf soll in der JSP-Seite auf den Eigenschaftswert der als Attribut für den Page-Scope gesetzten JavaBean mit diesen EL-Funktionen zugegriffen werden.

Hinweise für den Programmaufruf:

Ergänzen Sie in der Datei `ELFunktionenundTags.tld` sowohl die Tag-Beschreibungen als auch die für EL-Funktionen wie folgt:

```
<tag>
  <description>Einfaches Tag</description>
  <name>einfachTag8</name>
  <tag-class>paket4.EinfachesTag8</tag-class>
```

```
    <body-content>empty</body-content>
    <attribute>
      <name>bean</name>
      <required>true</required>
      <rtexprvalue>true</rtexprvalue>
    </attribute>
  </tag>
  <function>
    <description>Umsetzen in Großbuchstaben</description>
    <name>grossBuchstaben</name>
    <function-class>
      paket4.ELFunktionenfuerJavaBean
    </function-class>
    <function-signature>
      java.lang.String grossBuchstaben(java.lang.String)
    </function-signature>
  </function>
  <function>
    <description>Umsetzen in Kleinbuchstaben</description>
    <name>kleinBuchstaben</name>
    <function-class>
      paket4.ELFunktionenfuerJavaBean
    </function-class>
    <function-signature>
      java.lang.String kleinBuchstaben(java.lang.String)
    </function-signature>
  </function>
```

damit die JSP-Seite korrekt ausgeführt werden kann.

JSP-Seiten: `EinfachesTag8.jsp`

Java-Dateien: `ELFunktionenfuerJavaBean.java`, `JavaBean.java`, `EinfachesTag8.java`

Programmaufrufe: Im Webbrowser durch Eingabe des Namens der JSP-Seite `http://localhost:8080/java6uebungsbuch3/jsp/paket4/EinfachesTag8.jsp`

Aufgabe 2.32

Das Interface DynamicAttributes und seine Methode setDynamicAttribute()

Definieren Sie eine von `SimpleTagSupport` abgeleitete Tag-Handler-Klasse `EinfachesTag9`, die die Methode `setDynamicAttribute()` des Interface `DynamicAttributes` implementiert, um mehrere Attribute für ein Tag zu setzen.

Die Tag-Attribute sollen als Schlüssel-Wert-Paare in einer Instanz vom Typ der parametrisierten Klasse `HashMap<String,Object>` gespeichert werden, wozu in der `setDynamicAttribute()`-Methode die von dieser Klasse implementierte Methode `put()` des generischen Interface `Map<String,Object>` aufgerufen wird.

In der überschriebenen `doTag()`-Methode sollen alle für das Tag gesetzten Attribute im Browser in einer Tabelle ausgegeben werden. Ermitteln Sie dazu die Menge aller Schlüsselwerte der Abbildung über die Methode `keySet()` und lesen Sie mit der Methode `get()` die den Schlüsseln zugeordneten Werte.

Die Tag-Beschreibung im TLD muss in diesem Fall mit dem Element `<dynamic-attributes>true</dynamic-attributes>` ergänzt werden.

Das Tag vom Typ der Klasse `EinfachesTag9` soll in einer JSP-Seite `EinfachesTag9.jsp` aufgerufen werden.

Hinweise für die Programmierung:

Die Methode `setDynamicAttribute()` wird automatisch zum Übergeben von Attributen aufgerufen, wenn ein Tag angibt, dass es dynamische Attribute zulässt, die nicht im TLD definiert sind. Im `uri`-Parameter wird der Namensraum der Attribute übergeben oder `null`, falls dieser der Standard ist.

JSP-Seiten: `EinfachesTag9.jsp`

Java-Dateien: `EinfachesTag9.java`

Programmaufrufe: Im Webbrowser durch Eingabe des Namens der JSP-Seite
`http://localhost:8080/java6uebungsbuch3/jsp/paket4/EinfachesTag9.jsp`

2.12 Geschachtelte Tags

Tag-Aufrufe können geschachtelt werden. Um eine Hierarchie mit einer einstufigen Schachtelungstiefe von Kind- und Eltern-Tags einzurichten, reicht der Aufruf der Methode `getParent()`, die in den Interfaces `SimpleTag` und `Tag` deklariert wird und von den Tag-Handler Klassen `SimpleTagSupport` und `TagSupport` implementiert wird. Sollen eine oder mehrere Schachtelungstiefen übersprungen werden, kann die Methode `findAncestorWithClass()` einer Tag-Handler-Klasse aufgerufen werden, in der deren Klassenobjekt (`.class`-Datei) als zweites Argument übergeben wird, während das erste mit `this` das »aktuelle Objekt« der Tag-Handler-Klasse referenziert.

Die Methode `getParent()` liefert in einem einfachen Tag eine `JspTag`-Instanz und in einem klassischen Tag eine Instanz vom Typ `Tag`, die in die Referenz des gewünschten Eltern-Tags gecastet werden können. Das Interface `JspTag` ist das Oberinterface von `Tag` und beinhaltet weder Konstanten- noch Methodendefinitionen. Es ist ein reines Markierungs-Interface (siehe Kapitel 3 von *Java 6 Das Übungsbuch* Band I).

Der Aufruf von geschachtelten Tags in JSP-Seiten kann dann wie folgt erfolgen:

```
<gescht:klassischTag1 attribut="attribut1">
  <gescht:klassischTag2 attribut="attribut2" /> </gescht:klassischTag1>
```

Aufgabe 2.33

Hierarchiestufen bei Tag-Aufrufen

Um Verschachtelungen von Tags zu definieren, genügt ein Aufruf der Methoden `getParent()` und `findAncestorWithClass()`. Dazu müssen die Tag-Klassen nicht voneinander abgeleitet werden und es muss auch nicht die Methode `setParent()` der Tag-Handler-Klassen aufgerufen werden.

Zur Demonstration dieser Art Vorgänge definieren wir drei Tag-Handler-Klassen `KlassischesTag8`, `KlassischesTag9` und `KlassischesTag10`, die die Klasse `TagSupport` erweitern, und eine mit den Namen `EinfachesTag10`, die die Klasse `SimpleTag` erweitert.

Alle Tag-Handler-Klassen definieren ein Attribut mit dem Namen `attribut` und zeigen den über eine JSP-Seite mit dem Namen `GeschachtelteTags.jsp` für dieses Attribut gesetzten Wert im Browser an. Selbstverständlich können Sie in den verschiedenen Klassen auch unterschiedliche Namen für das Attribut wählen.

Die Klasse `KlassischesTag8` überschreibt die `doStartTag()`-Methode ihrer Oberklasse, in der ein OutputStream vom Typ `JspWriter` ermittelt und darin der Wert des Tag-Attributs eingetragen wird. Sie definiert die Methoden `setAttribut()` und `getAttribut()` für die Spezifikation des Tag-Attributs.

In der Klasse `KlassischesTag9` wird die Methode `getParent()` aufgerufen, um das Tag `KlassischesTag8` als Eltern-Tag für diese Tag-Handler-Klasse zu definieren. In der überschriebenen `doStartTag()`-Methode wird ebenfalls ein OutputStream vom Typ `JspWriter` ermittelt. In diesen sollen die Werte des Tag-Attributs aus dieser Klasse und aus der Tag-Eltern-Klasse geschrieben werden. Die Klasse `KlassischesTag9` definiert die gleichnamigen Methoden `setAttribut()` und `getAttribut()` für die Spezifikation des Tag-Attributs. An einem Eltern-Tag können dessen Methoden aufgerufen werden und somit seine Attribute mit `getAttribut()` abgefragt und mit `setAttribut()` abgeändert werden.

Die dritte Klasse `KlassischesTag10` ist nach dem Beispiel der Klasse `KlassischesTag9` aufgebaut, die sie als Eltern-Tag-Klasse definiert. Sie ruft zusätzlich zur Methode `getParent()` die Methode `findAncestorWithClass(this, KlassischesTag8.class)` auf, womit das Tag `KlassischesTag8` als Großeltern-Tag gesetzt wird. Lesen Sie den Wert des Tag-Attributs und die der Attribute seiner Eltern und Großeltern und geben Sie diese im Browser aus.

Ein einfaches Tag vom Typ der Klasse `EinfachesTag10` soll auch die Klasse `KlassischesTag8` als Eltern-Tag in der bis dahin aufgebauten Hierarchie einstufen. Es soll einen Body besitzen, der anhand des Attributwerts des Eltern-Tags im Browser mit angezeigt wird, oder auch nicht, um zu zeigen, dass solche Werte in das Treffen von Entscheidungen mit einbezogen werden können, was ja auch der eigentliche Sinn von Tag-Verschachtelungen ist.

Testen Sie in der JSP-Seite `GeschachtelteTags.jsp` all diese Tags der Einfachheit halber erst einmal nacheinander und erst danach mit allen aufgebauten Schachtelungsmöglichkeiten im Aufruf.

Hinweise für die Programmierung:

Der Lösungsvorschlag zu dieser Aufgabe gibt die Definition der JSP-Seite wie folgt vor:

```
<%@ taglib prefix="gescht" uri="ELFunktionenundTags"%>
<hr/>Eltern-Tag KlassischesTag8<hr/>
     <gescht:klassischTag8 attribut="ElterntagWert1">
...
<hr/>Kind-Tag für KlassischesTag8 ist KlassischesTag9<hr/>
        <gescht:klassischTag9 attribut="Kindtag1vonKlassischesTag8">
<hr/>Kind-Tag für KlassischesTag9 ist KlassischesTag10<hr/>
          <gescht:klassischTag10 attribut="KindtagvonKlassischesTag9"/>
        </gescht:klassischTag9>
<hr/>Kind-Tag für KlassischesTag8 ist auch EinfachesTag10<hr/>
        <gescht:einfachTag10 attribut="Kindtag2vonKlassischesTag8">
           -Body von EinfachesTag10-
        </gescht:einfachTag10>
     </gescht:klassischTag8>
```

und setzt dabei auf folgende Einträge im TLD für die Beschreibung der Tags:

```
<tag>
     <description>Einfaches Tag</description>
     <name>einfachTag10</name>
     <tag-class>paket4.EinfachesTag10</tag-class>
     <body-content>scriptless</body-content>
     <attribute>
        <name>attribut</name>
        <required>false</required>
     </attribute>
  </tag>
  <tag>
     <description>Klassisches Tag</description>
     <name>klassischTag8</name>
     <tag-class>paket4.KlassischesTag8</tag-class>
     <body-content>JSP</body-content>
     <attribute>
        <name>attribut</name>
        <required>false</required>
     </attribute>
```

```
</tag>
<tag>
  <description>Klassisches Tag</description>
  <name>klassischTag9</name>
  <tag-class>paket4.KlassischesTag9</tag-class>
  <body-content>JSP</body-content>
  <attribute>
    <name>attribut</name>
    <required>false</required>
  </attribute>
</tag>
<tag>
  <description>Klassisches Tag</description>
  <name>klassischTag10</name>
  <tag-class>paket4.KlassischesTag10</tag-class>
  <body-content>empty</body-content>
  <attribute>
    <name>attribut</name>
    <required>false</required>
  </attribute>
</tag>
```

JSP-Seiten: `GeschachtelteTags.jsp`

Java-Dateien: `EinfachesTag10.java`, `KlassischesTag8.java`, `KlassischesTag9.java`, `KlassischesTag10.java`

Programmaufrufe: Im Webbrowser durch Eingabe des Namens der JSP-Seite `http://localhost:8080/java6uebungsbuch3/jsp/paket4/GeschachtelteTags.jsp`

2.13 Tag-Files

Tag-Dateien wurden wie auch einfache Tags mit der Version 2.0 von JSP eingeführt. Sie sollen den Entwicklern von JSP-Seiten helfen, benutzerdefinierte Tags zu erstellen, ohne dazu die Java-Programmiersprache kennen zu müssen.

Von der Syntax her sind sie den JSP-Seiten sehr ähnlich, ihr Name muss jedoch mit der Endung `.tag` bzw. `.tagx` abgeschlossen werden.

Die Tag-Datei muss in einem Unterverzeichnis `tags` von WEB_INF abgelegt werden und braucht keinen TLD. Sie wird ähnlich wie für einfache und klassische Tags über eine `taglib`-Direktive in der JSP-Seite bekannt gegeben. In dieser spielt das Attribut `prefix` die gleiche Rolle. Das `uri`-Attribut wurde ersetzt durch `tagdir`, das das Dateiverzeichnis, in dem sich die Tag-Datei befindet, relativ zum Wurzelverzeichnis der Webapplikation angibt: `<%@ taglib prefix="tagf" tagdir="/WEB-INF/tags" %>`.

Der Aufruf von Tag-Dateien, die in der Java-Literatur auch als benutzerdefinierte Tags bezeichnet werden, ist dem Aufruf eines klassischen bzw. einfachen Tags sehr ähnlich: `<tagf:tagFile1/>`, wobei `tagFile1.tag` in diesem Fall den Namen der Tag-Datei bildet. Damit wird an dieser Stelle in einer aufrufenden JSP-Seite die Tag-Datei ausgeführt, was wiederum an die Vorgehensweise von `include`-Direktiven erinnert.

Wie auch einfache und klassische Tags können Tag-Files einen Body besitzen und über Attribute verfügen.

Die Attribute von Tag-Dateien sind (wie auch für einfache und klassische Tags) nur innerhalb des Tags gültig, müssen aber im Gegensatz zu diesen nicht in einem TLD angegeben werden. Zur Deklaration von Attributen für Tag-Files wird die `attribute`-Direktive benutzt, die dem Eintrag von Attributen im TLD für einfache und klassische Tags sehr ähnlich sieht: `<%@ attribute name="bgColor" required="false" rtexprvalue="true"%>`. Das `required`-Element gibt an, ob ein Wert für das Attribut im Tag-Aufruf angegeben werden muss (bei `true`) oder dies optional ist (bei `false`), und `rtexprvalue` zeigt auf die gleiche Art und Weise an, ob dieser Wert einen Ausdruck beinhalten kann oder nicht.

Um den Body einer Tag-Datei im Browser anzuzeigen, wird die Aktion `<jsp:doBody/>` benutzt. Der Typ des Body-Inhaltes wird ebenfalls mit einer neuen Direktive, der Tag-Direktive, deklariert. Diese ist der `page`-Direktive von JSP-Seiten sehr ähnlich, verfügt jedoch über ein weiteres Attribut `body-content`: `<%@ tag body-content="scriptless"%>`. Weil der hier angegebene Wert »scriptless« der Standardwert ist, ist die Verwendung einer `tag`-Direktive in diesem Fall überflüssig und nur dann erforderlich, wenn eine der beiden anderen Optionen gewählt werden soll: »empty« für einen leeren Body oder »tagdependent«, wenn der Body als einfacher Text behandelt werden soll. Im Body einer Tag-Datei können keine Scripting-Elemente (JSP-Ausdrücke, -Scriptlets und -Deklarationen) verwendet werden.

Ist ein Tag-Attribut sehr lang, bietet es sich an, dieses im Body des Tags als Inhalt anzugeben.

Da eine Tag-Datei über ihren Aufruf zum Teil einer JSP-Seite wird, können in dieser selbstverständlich alle für eine JSP-Seite definierten impliziten Objekte verwendet werden: `out`, `request`, `response`, `config`, `application`, `session`, `pageContext` und `jspContext`, wobei `jspContext` eine Referenz auf eine `JspContext`-Instanz definiert.

Die Klasse `JspContext` wurde mit der Version 2.0 von JSP eingeführt und erweitert die Klasse `PageContext`. Das nur in Tag-Files zur Verfügung gestellte, implizite Objekt vom Typ dieser Klasse ermöglicht über den Aufruf der Methode `getOut()`, parallel zum `out`-Objekt, ein Objekt vom Typ der Klasse `JspWriter` zu ermitteln und so genannte Variablen, die in einer Tag-Datei definiert werden, an die aufrufende JSP-Seite zur Verarbeitung weiterzugeben.

Zur Definition von Variablen muss in Tag-Files die `variable`-Direktive eingesetzt werden. In deren Attribut `name-given` kann der Name der Variablen angegeben werden. Zum Setzen eines Wertes für eine so definierte Variable wird die Methode `setAttribute()` am impliziten `jspContext`-Objekt aufgerufen. In dieser werden drei Argumente übergeben, der Variablenname, ihr Wert und eine Konstante, mit der der Gültigkeitsbereich dieser Variablen definiert werden kann. Zugelassene Konstanten sind PAGE_SCOPE (der Standard), APPLICATION_SCOPE und SESSION_SCOPE. Ihre Wirksamkeit ist vergleichbar mit der des `scope`-Attributs einer `useBean`-Aktion.

Die von Tag-Files gesetzten Variablen haben im Gegensatz zu Tag-Attributen nicht nur innerhalb der Tag-Datei Gültigkeit und können an andere benutzerdefinierte Tags der JSP-Seite, aus der das Tag aufgerufen wurde, weitergereicht werden. Von hier aus kann auf solche Variablen im Body der Tags mit der EL zugegriffen werden. Im `scope`-Attribut der Variablendefinition kann angegeben werden, von wann bis wann diese innerhalb von benutzerdefinierten Tags Gültigkeit haben (siehe Aufgabe 2.38 auf Seite 286).

Innerhalb von Tag-Dateien ist auch der Zugriff auf die impliziten EL-Objekte `pageScope`, `requestScope`, `sessionScope`, `applicationScope`, `param`, `paramValues`, `header`, `headerValues`, `cookie` und `initParam` gewährleistet.

Die Werte von Tag-Attributen können auch als Werte von JavaBean-Eigenschaften über JSP-Ausdrücke oder mit der EL im `value`-Element der `setProperty`-Aktion in Form von `value="<%= clientName %>"` bzw. `value="${clientName}"` angegeben werden. Dabei bezeichnet `clientName` sowohl den Eigenschaftsnamen der JavaBean wie auch den in der Tag-Datei verwendeten Attributnamen (siehe Aufgabe 2.37 auf Seite 285). Damit können Eigenschaftswerte, die verschieden von einem String oder primitiven Datentypen sind, angegeben werden.

In Tag-Dateien kann, im Gegensatz zu einfachen und klassischen Tags, Java-Code nur mit Scriptlets direkt eingefügt werden. Darum muss der Programmierer für den Fall, dass mehr gebraucht wird als das, was von Tag-Dateien geboten wird, weiter auf einfache und klassische Tags zurückgreifen.

Aufgabe 2.34 

Eine einfache Tag-Datei-Definition

Tag-Files können sehr einfach aussehen. Mit dem ersten Beispiel soll ein benutzerdefiniertes Tag erstellt werden, das den Text »Eine einfache Tag-Datei-Definition« im Browser ausgibt.

Legen Sie diese Datei mit dem Namen `tagFile1.tag` im Unterverzeichnis `tags` von `WEB_INF` ab. Rufen Sie dann das damit definierte Tag in der JSP-Seite `TagFile1.jsp` über `<tagf:tagFile1/>` auf, wobei `tagf` den Wert des `prefix`-Elements aus der `taglib`-Direktive `<%@ taglib prefix="tagf" tagdir="/WEB-INF/tags" %>` bezeichnet, die die Zuordnung von Tag-Dateien ohne einen TLD in dieser JSP-Seite ermöglicht.

JSP-Seiten: `TagFile1.jsp`

Tag-Dateien: `tagFile1.tag`

Programmaufrufe: Im Webbrowser durch Eingabe des Namens der JSP-Seite
`http://localhost:8080/java6uebungsbuch3/jsp/paket4/TagFile1.jsp`

Aufgabe 2.35

Eine Tag-Datei mit Body

Erstellen Sie ein Tag-File mit dem Namen `tagFile2.tag`, das einen Body besitzt und die Aktion `<jsp:doBody/>` nutzt, um diesen im Browser mit einer bestimmten Farben- und Größenangabe für die benutzte Schrift (zum Beispiel `<div style="color:red; font-size:15pt">`) anzuzeigen.

Sie können, müssen aber nicht, weil Standard, die Direktive `<%@ tag body-content="scriptless" %>` in der Definition der Tag-Datei einfügen.

Die JSP-Seite `TagFile2.jsp` ruft dieses benutzerdefinierte Tag mit dem Body-Inhalt »-Body der Tag-Datei-« auf und gleichzeitig das in Aufgabe 2.23 auf Seite 264 definierte klassische Tag vom Typ `KlassischesTag2` mit dem Body-Inhalt »-Body des klassischen Tags klassischesTag2-«, um die Ähnlichkeiten im Tag-Aufruf zu demonstrieren, auch wenn die Anzeige des Body-Inhalts im Browser unterschiedlich erfolgt.

Fügen Sie die dazu erforderlichen `taglib`-Direktiven Ihrer JSP-Seite hinzu.

JSP-Seiten: `TagFile2.jsp`

Tag-Dateien: `tagFile2.tag`

Programmaufrufe: Im Webbrowser durch Eingabe des Namens der JSP-Seite
`http://localhost:8080/java6uebungsbuch3/jsp/paket4/TagFile2.jsp`

Aufgabe 2.36

Eine Tag-Datei mit Attribut-Definitionen

Das Tag-File `tagFile3.tag` soll ein benutzerdefiniertes Tag definieren, das einen Body besitzt und die Aktion `<jsp:doBody/>` nutzt, um diesen im Browser anzuzeigen. Es soll auf die `attribute`-Direktive zurückgreifen, um für das Tag zwei Attribute mit den Namen `bgcolor` und `fontSize` anzugeben, deren Werte die Farbe für den Hintergrund einer Tabelle und die Schriftgröße, mit der der Body des Tags in einer Spalte dieser Tabelle angezeigt wird, bestimmen.

Auf die in einer Tag-Datei gesetzten Attribute kann mit der Expression Language zugegriffen werden:

```
<%@ attribute name="bgColor" required="false"
   rtexprvalue="true"%>
<%@ attribute name="fontSize" required="false"
```

```
   rtexprvalue="true"%>
<table border="2" bgcolor="${bgColor}" >
   <tr><th>
      <span style="font-size:${fontSize}">
         <jsp:doBody/>
      </span>
   </th></tr>
</table>
```

Die JSP-Seite `TagFile3.jsp` ruft dieses benutzerdefinierte Tag mit unterschiedlichen Werteangaben für seine Attribute auf, um eine Ausgabe wie mit dem klassischen Tag `klassischTag7` aus Aufgabe 2.28 auf Seite 270 zu erreichen.

Lesen Sie in einem JSP-Scriptlet nach dem Beispiel der JSP-Seite `KlassischesTag7.jsp` eventuelle Anfrage-Parameterwerte für Schrift-Farbe und -Größe mit der `getParameter()`-Methode ein und benutzen Sie im Tag-Aufruf eine ähnliche Syntax wie in dieser Seite, um die Attributwerte anzugeben. Als Vergleich soll in der JSP-Seite zu dieser Aufgabe auch das Tag `klassischTag7` nochmals aufgerufen werden.

Ändern Sie nach dem Beispiel der Aufgabe 2.26 auf Seite 266 die JSP-Seite in ein JSP-Dokument `TagFile3.jspx` ab. Um auf die im Aufruf angegebenen Parameterwerte zuzugreifen, kann alternativ zur Methode `getParam()` auf das implizite `param`-Objekt der EL zurückgegriffen werden.

Achten Sie dabei auf die Zuordnung der Tag-Datei und des TLDs in diesem Fall:

```
xmlns:klast="urn:jsptld:/WEB-INF/tlds/ELFunktionenundTags.tld"
xmlns:tagf="urn:jsptagdir:/WEB-INF/tags/".
```

Die Tag-Datei muss als eine Datei mit der Endung `.tagx` (`tagFile3.tagx`) abgespeichert werden, um im angegebenen Verzeichnis aufgefunden zu werden.

Weil bei XML-konformen Dokumenten eine Prüfung von XHTML-Tags stattfindet, müssen im JSP-Dokument XML-konforme Tags eingesetzt werden:

```
<?xml version="1.0" encoding="ISO-8859-1"?>
<jsp:root
  xmlns:jsp="http://java.sun.com/JSP/Page"
  version="2.1"
>
<!-- JSP-Aktion zum Setzen von Tag-Attributen -->
<jsp:directive.attribute name="bgColor" required="false"
   rtexprvalue="true"/>
<jsp:directive.attribute name="fontSize" required="false"
   rtexprvalue="true"/>

<!-- Tabellen-Definition mit Benutzung der Tag-File-Attribute -->
<table border="2" bgcolor="${bgColor}">
   <tr><th>
      <span style="font-size:${fontSize}">
```

```
    <jsp:doBody/>
    </span>
  </th></tr>
</table>
</jsp:root>
```

JSP-Seiten: TagFile3.jsp, TagFile3.jspx

Tag-Dateien: tagFile3.tag, tagFile3.tagx

Programmaufrufe: Im Webbrowser durch Eingabe des Namens der JSP-Seite
http://localhost:8080/java6uebungsbuch3/jsp/paket4/TagFile3.jsp?farbe=RED&schrift=30
http://localhost:8080/java6uebungsbuch3/jsp/paket4/TagFile3.jspx?farbe=RED&schrift=50pt

Aufgabe 2.37

JavaBean-Eigenschaften mit Tag-Datei-Attributen setzen

Eine JavaBean-Klasse WebClient soll in gewohnter Manier die Eigenschaften clientName, schriftFarbe, schriftName, schriftGroesse, farbenName und clientPortal vom Typ String für ihre Instanzen definieren. Für die Eigenschaft clientPortal soll nur eine Getter-Methode definiert werden, die einen String mit der Angabe von allen anderen Eigenschaftswerten zurückliefert.

Definieren Sie in der Tag-Datei tagFile4.tag gleichnamige Tag-Attribute und rufen Sie die JSP-Aktionen auf, um eine JavaBean vom Typ der Klasse WebClient zu setzen und für deren Eigenschaften die Werte dieser Attribute mit JSP- oder EL-Ausdrücken zuzuweisen: `<jsp:useBean id="webclient" class="paket4.WebClient">`, `<jsp:setProperty name="webclient" property="clientName" value="${clientName}"/>` etc. Benutzen Sie die getProperty-Standard-Aktion, um den Wert der clientPortal-Eigenschaft im Browser anzuzeigen.

Benutzen Sie die EL, um auf die Eigenschaften der JavaBean und auf die Attribute der Tag-Datei zuzugreifen, damit diese für eine ähnliche Anzeige des Textes »Hallo Frau/Herr ..., gefällt Ihnen die ausgewählte Farbe und Schrift?« wie in Aufgabe 2.16 auf Seite 251 in der Definition von Farben und Schrift eingesetzt werden können.

In der JSP-Seite TagFile4.jsp soll das mit der Tag-Datei bereitgestellte benutzerdefinierte Tag mit unterschiedlichen Attributwerten aufgerufen werden.

JSP-Seiten: TagFile4.jsp

Tag-Dateien: tagFile4.tag

Java-Dateien: WebClient.java

Programmaufrufe: Im Webbrowser durch Eingabe des Namens der JSP-Seite
http://localhost:8080/java6uebungsbuch3/jsp/paket4/TagFile4.jsp

Aufgabe 2.38 ☆☆

Variablendefinitionen für Tag-Files

In der JSP-Seite `TagFile5.jsp` sollen die mit Hilfe der Tag-Dateien `TagFilemitDatum.tag` und `TagFilemitUhrzeit.tag` selbst definierten Tags aufgerufen werden.

Für die Definition der Tag-Dateien können Sie die JSP-Seiten `JSPmitDatum.jsp` und `JSPmitUhrzeit.jsp` aus Aufgabe 2.6 auf Seite 233 nutzen und geringfügig abändern.

Beide Tag-Files benutzen die `tag`-Direktive, um das Paket `java.util` zu importieren, die `variable`-Direktive, um die Variablennamen `datum` bzw. `uhrzeit` zu vergeben, und die `attribute`-Direktive, um ein gleichnamiges Attribut `text` für beide Tags zu setzen.

In einem JSP-Scriptlet soll das aktuelle Tagesdatum bzw. die aktuelle Uhrzeit ermittelt und die jeweilige Tag-Variable als Attribut für das implizite `jspContext`-Objekt im APPLICATION_SCOPE gesetzt werden, so dass diese für alle Komponenten der Webapplikation Gültigkeit hat.

Benutzen Sie den EL-Ausdruck `${text}`, um den Wert des Tag-Attributs anzuzeigen, und die Aktion `<jsp:doBody/>` für die Anzeige des Body-Inhalts.

Der Zugriff auf die Tag-Variablen soll in der JSP-Seite `TagFile5.jsp`, die selbst ein Tag-File definiert, mit Hilfe der EL im Body des Tags erfolgen (`${datum}` bzw. `${uhrzeit}`) und als Wert für das `text`-Attribut sollen jeweils die Texte »Aktuelles Tagesdatum:« und »Aktuelle Uhrzeit:« im Tag-Aufruf angegeben werden.

JSP-Seiten: `TagFile5.jsp`

Tag-Dateien: `TagFilemitDatum.tag`, `TagFilemitUhrzeit.tag`

Programmaufrufe: Im Webbrowser durch Eingabe des Namens der JSP-Seite
`http://localhost:8080/java6uebungsbuch3/jsp/paket4/TagFile5.jsp`

2.14 Die JSP Standard Tag Library (JSTL)

Die JSTL ist eine Standard-Bibliothek mit benutzerdefinierten Tags. Sie beinhaltet eine Vielzahl von Tags, die anstelle von eigenen benutzerdefinierten Tags parallel zur EL bei der Entwicklung von JSP-Seiten eingesetzt werden können und vielen Anforderungen bereits genügen.

Neben der JSTL existieren und entstehen auch weiter andere Taglibs. Davon wollen wir ohne näher darauf einzugehen weitere Tomcat-Taglibs wie Mailer-Taglib (zum Versenden von E-Mails), DateTime-Taglib (für Datum und Uhrzeit) und DBTags (für Datenbankabfragen via SQL) erwähnen und eine nicht Tomcat-Taglib, die Google Tag Library, die es ermöglicht, Suchfragen aus JSP-Seiten an die Google-Suchmaschine zu senden und deren Ergebnisse abzuholen.

Die Version 1.2 von JSTL wird mit Tomcat 6.0 automatisch installiert. Falls Sie nicht mit Tomcat arbeiten oder eine ältere Version benutzen, achten Sie darauf, dass diese Library einen JSP-Container oder einen JEE-Applikationsserver voraussetzt, die kompatibel zu JSP 2.0 und Servlet 2.4 sind.

Um die Tags von JSTL in den JSP-Seiten der Webapplikation `java6uebungsbuch3` aufrufen zu können, muss das Unterverzeichnis `lib` von `webapps\examples\WEB-INF` mit den Dateien `jstl.jar` und `standard.jar` unter `webapps\java6uebungsbuch3\WEB-INF` kopiert werden.

Die JSTL besteht ihrerseits aus mehreren Taglibs: Die Core-Library (`core`) wird für Ein/Ausgaben benutzt, die SQL-Library (`sql`) wird für den Zugriff auf Datenbanken eingesetzt, die XML-Library (`xml`) für den Umgang mit XML-Dateien und die Formatting-Library (`fmt`) für die Formatierung von Zahlen. Eine fünfte JSTL-Bibliothek `fn` enthält verschiedene Funktionen für String-Manipulationen.

Die `core`-Taglib besitzt das Präfix `c`. Damit ihre Tags ausgeführt werden, muss sie in JSP-Seiten mit der `taglib`-Direktive: `<%@ taglib uri="http://java.sun.com/jsp/jstl/core" prefix="c" %>` eingebunden werden.

Im Nachfolgenden werden wir die wichtigsten Tags aus der `core`-Library in mehreren Beispielen einsetzen und dabei deren Funktionalität kurz beschreiben. Wie auch im Fall von HTML-Tags muss ein an weiteren Details interessierter Leser auf andere Bücher aus der entsprechenden Literatur zurückgreifen, weil diese den Umfang dieses Buches sprengen würden.

Aufgabe 2.39 

Das <c:out>-Tag

Erstellen Sie eine JSP-Seite `JSTLBsp1.jsp`, die das Tag `<c:out>` aus der `core`-Library von JSTL aufruft, um verschiedene Texte, die auch XML-Entitäten wie <, >, &, " und ' enthalten können, im Browser anzuzeigen.

Hinweise für die Programmierung:

Mit dem `<c:out>`-Tag können Ausgaben im Browser getätigt werden, ohne dass dazu die print-Methoden an einem `out`-Objekt aufgerufen werden müssen. Im `value`-Attribut des `<c:out>`-Tags können Texte, EL-Ausdrücke und HTML-Tags angegeben werden.

Mit Hilfe seines Attributs `escapeXml` kann gesteuert werden, ob HTML-Tags als normaler Text im Browser erscheinen sollen oder, wie eher erwartet, als HTML-Tags interpretiert werden. Standardmäßig ist der Wert dieses Attributs `true`, was bedeutet, dass die HTML-Sonderzeichen <, >, &, " und ' in die entsprechenden Entitäten wie `<`, `>` etc. umgesetzt werden. Um die gewünschte Interpretation dieser Tags zu erreichen, muss `escapeXml=false` gesetzt werden oder das `<c:out>`-Tag in die HTML-Tags eingebettet werden.

JSP-Seiten: `JSTLBsp1.jsp`

Programmaufrufe: Im Webbrowser durch Eingabe des Namens der JSP-Seite
`http://localhost:8080/java6uebungsbuch3/jsp/paket4/JSTLBsp1.jsp`

Aufgabe 2.40

Wiederholungsaufgabe

Das `<c:out>`-Tag kann, wie bereits mit der vorigen Aufgabe demonstriert wurde, über die Steuerung mit Hilfe seines Attributs `escapeXml` dem Entwickler von JSP-Seiten die Arbeit aus Aufgabe 2.26 auf Seite 266 und Aufgabe 2.29 auf Seite 272 für Ausgaben von XML-Entitäten (ohne dass diese gerendert werden) im Browser abnehmen.

Ändern Sie die in Aufgabe 2.26 auf Seite 266 erstellte JSP-Seite `KlassischesTag6.jsp` in eine neue Seite `JSTLBsp2.jsp` um, in der Sie anstelle des benutzerdefinierten Tags vom Typ `KlassischesTag6` das JSTL-Tag `<c:out>` nutzen, um die gleichen Ausgaben im Browser wie in Aufgabe 2.26 auf Seite 266 zu erreichen.

JSP-Seiten: `JSTLBsp2.jsp`

Programmaufrufe: Im Webbrowser durch Eingabe des Namens der JSP-Seite
`http://localhost:8080/java6uebungsbuch3/jsp/paket4/JSTLBsp2.jsp`

Aufgabe 2.41

Die JSTL-Tags <c:if>, <c:set> und <c:forEach>

In der JSP-Seite `JSTLBsp3.jsp` sollen für unterschiedliche Webbesucher verschiedene Anreden formuliert werden.

Setzen Sie dazu für diese JSP-Seite eine JavaBean vom Typ der Klasse `WebBesucher` aus Aufgabe 2.9 auf Seite 241 als Attribut im Page-Scope und rufen Sie die JSP-Aktion `setProperty` auf, um Werte für deren Eigenschaften »name« und »anzahl« zu setzen, auf die im weiteren Verlauf mit der EL zugegriffen werden kann.

Benutzen Sie die Möglichkeiten des `<c:set>`-Tags der JSTL, um Eigenschaftswerte für die JavaBean vom Typ `WebBesucher` zu setzen, ohne auf `setProperty` zurückgreifen zu müssen. Erzeugen Sie für Testzwecke außerdem ein weiteres Attribut im Page-Scope und weisen Sie einen zusätzlichen Map-Eintrag für die Eigenschaft `map` dieser JavaBean zu.

Bauen Sie mit dem `<c:if>`-Tag der JSTL bedingte Anweisungsblöcke für unterschiedliche Webbesucher nach dem Auswerten ihres Namens im `test`-Attribut dieses Tags auf.

Durchlaufen Sie mit dem <c:forEach>-Tag einen einfachen Zähler, beginnend mit 1 bis zu dem von Ihnen gesetzten Wert für die Eigenschaft »anzahl« der JavaBean.

Hinweise für die Programmierung:

Mit der JSP-setProperty-Aktion kann eine Eigenschaft für eine JavaBean gesetzt werden: `<jsp:setProperty name="benutzer" property="name" value="Daniel"/>`.

Diese Aktion kann mit Hilfe von JSTL durch den Aufruf des Tags `<c:set target="${benutzer}" property="name" value="Daniel"/>` ersetzt werden.

Das <c:set>-Tag mit seinem target-Attribut kann auch benutzt werden, um einen neuen Eintrag in einer Map zu definieren: `<c:set target="${benutzer.map}" property="Sabine Kopp" value="JSP-Writer"/>`. Zeigen Sie zur Prüfung dieser Aussagen alle Einträge der Map, die ebenfalls als Eigenschaft in der JavaBean vom Typ WebBesucher definiert ist, im Browser mit <c:out> an.

Sollen Attribute für die verschiedenen Sichtbarkeitsbereiche der JSP-Seite gesetzt werden, kann das <c:set>-Tag von JSTL mit seinen Attributen var, scope und value eingesetzt werden: `<c:set var='neuerBenutzer' scope = "page" value='Andrea'/>`.

So gesetzte Werte können mit dem <c:if>-Tag getestet werden, wie z.B. `<c:if test="${benutzer.name=='Daniel'}">`, wobei benutzer die für die JavaBean mit der useBean-JSP-Aktion vergebene »id« bezeichnet und »name« ihre Eigenschaft, oder: `<c:if test="${neuerBenutzer=='Andrea'}">`, wobei neuerBenutzer den Namen der mit <c:set> gesetzten Variablen bezeichnet.

Das <c:if>-Tag besitzt keinen else-Zweig, wie dies in der klassischen Programmierung für if-Anweisungen üblich ist.

Für das Tag <c:forEach> kann folgende Syntax benutzt werden: `<c:forEach var="zahl" begin="1" end="${benutzer.anzahl}">`.

JSP-Seiten: JSTLBsp3.jsp

Programmaufrufe: Im Webbrowser durch Eingabe des Namens der JSP-Seite
http://localhost:8080/java6uebungsbuch3/jsp/paket4/JSTLBsp3.jsp

Aufgabe 2.42

Die JSTL-Tags <c:choose>, <c:when> und <c:otherwise>

Das <forEach>-Tag bietet nicht nur die mit der vorigen Aufgabe gezeigte Möglichkeit, einen einfachen Zähler zu durchlaufen, sondern kann auch für das Durchlaufen von Arrays, Collections und Maps eingesetzt werden.

Zur Demonstration sollen die JSP-Seiten JSTLBsp4.jsp und JSTLBsp5.jsp erstellt werden, mit denen die in der Ausgabe von Anfrageparameter- und Attributwerten benutzte Vorgehensweise mit Hilfe von impliziten EL-Objekten aus der JSP-Seite `ImpliziteELObjekte.jsp` (Aufgabe 2.17 auf Seite 253) nachgestellt werden soll.

Hinweise für die Programmierung:

Wie auch mit Aufgabe 2.17 auf Seite 253 kann auf einzelne Request-Parameterwerte mit Hilfe von EL-Ausdrücken wie `${param.autor}`, `${paramValues.titel[1]}`, `${header["user-agent"]}`, `${pageContext.request. method}` etc. zugegriffen werden. Zeigen Sie diese mit dem `<c:out>`-Tag im Browser an.

Um einzelne Map-Einträge als Schüssel-Wert-Paare auszugeben, können geschachtelte `forEach`-Schleifen benutzt werden, die für deren Anzeige in Listenform (zum Beispiel) wie folgt aussehen:

```
<c:forEach var='parameter' items='${paramValues}'>
  <ul>
    <li><c:out value='${parameter.key}'/>:
    <c:forEach var='value' items='${parameter.value}'>
      <c:out value='${value}'/> </li>
    </c:forEach>
  </ul>
</c:forEach>
```

Dabei wird auf die Schlüssel und Werte der Abbildung, die das implizite Objekt `paramValues` repräsentiert, mit den Standard-Eigenschaften »key« und »value« zugegriffen. In der äußeren `forEach`-Schleife wird ein Schlüssel-Wert-Paar in einer Variablen `parameter` gespeichert, deren Name über das Attribut `var` angegeben wird. Einem Schlüssel können bekannterweise in einer Map mehrere Werte zugeordnet sein, so dass sich aus der »value«-Eigenschaft ergibt, eine weitere `forEach`-Schleife durchlaufen zu müssen.

Um alle gesetzten Attributwerte aus den vier bekannten Gültigkeitsbereichen einer JSP-Seite anzuzeigen, sollen im Lösungsvorschlag zur Aufgabe die JSTL-Tags `<c:choose>`, `<c:when>` und `<c:set>` eingesetzt werden.

Dazu wird in der JSP-Seite `JSTLBsp4.jsp` ein kleines Auswahlformular erstellt, das in der Seite `JSTLBsp5.jsp` eingelesen und bearbeitet wird. Es definiert eine RadioButton-Komponente mit dem Namen »scope« und den Auswahlmöglichkeiten »page«, »request«, »session« und »application« und einen Button mit der Beschriftung »Implizites Objekt auswählen« für das Absenden des Formulars.

In der JSP-Seite `JSTLBsp5.jsp` wird mit den JSTL-Tags `<c:choose>`, `<c:when>` und `<c:set>` eine Variable mit dem Namen `objekt` im Page-Scope und dem Wert gleich einem der Gültigkeitsbereiche Page-Scope, Request-Scope, Session-Scope oder Application-Scope gesetzt, der vom Wert des Anfrageparameters mit dem Namen »scope« aus dem mit der JSP-Seite `JSTLBsp4.jsp` abgeschickten Formulars abhängig ist. Dann wird mit einer `forEach`-Schleife oberhalb des Objekts, das als Variable vorher gesetzt wurde, iteriert, um die Namen und Werte von Attributen im Tabellenformat im Browser anzuzeigen. Dieses Objekt ist, wie bekannt, eine Map.

Beim Aufruf des `<c:choose>`-Tags wird das `<c:when>`-Tag aus dessen Body ausgeführt, das den Wert `true` hat.

Damit die Werte der Anfrageparameter nicht in der Adresszeile des Browsers angegeben werden müssen, benutzen wir für den Aufruf der JSP-Seite `JSTLBsp4.jsp` und eine HTML-Datei `ImpliziteELObjektemitJSTL.html`, die eine Kopie der HTML-Seite `ImpliziteELObjekte.html` aus Aufgabe 2.17 auf Seite 253 darstellt.

HTML-Datei: `ImpliziteELObjektemitJSTL.html`

JSP-Seiten: `JSTLBsp4.jsp`, `JSTLBsp5.jsp`

Programmaufrufe: Im Webbrowser durch Eingabe des Namens der HTML-Datei
`http://localhost:8080/java6uebungsbuch3/jsp/paket4/ImpliziteELObjektemitJSTL.html`

Aufgabe 2.43

Wiederholungsaufgabe

Das Tag `<c:choose>` kann in seinem Body zusätzlich zum `<c:when>`-Tag ein weiteres Tag `<c:otherwise>` aufrufen. Dann wird das `<c:when>`-Tag, dessen Wert `true` ist, ausgeführt, ansonsten wird `<c:otherwise>` ausgeführt. Einen Leergang wie bei der `switch`-Anweisung aus der herkömmlichen Programmierung gibt es nicht.

Mit diesen Tags sollen die JSP-Seiten `JSPmitFormularDaten.jsp` und `JSPmitFormularDaten1.jsp` aus Aufgabe 2.12 auf Seite 244, die eine kleine Login-Prozedur zur Prüfung von Benutzernamen und Passwort im Web definieren, von allen Scripting-Elementen befreit werden und stattdessen, mit dem gleichen Ziel wie in Aufgabe 2.12 auf Seite 244 die oben genannten JSTL-Tags benutzt werden.

Ändern Sie die JSP-Seite `JSPmitFormularDaten.jsp` in die Seite `JSTLBsp6.jsp` um, die ebenfalls eine JavaBean vom Typ der Klasse `WebBesucher` aus Aufgabe 2.9 auf Seite 241 setzt. In der neuen JSP-Seite `JSTLBsp6.jsp` soll zunächst die Anfrage nach Prüfung von Benutzername und Passwort über einen Hyperlink oder mit dem JSTL-Tag `<c:redirect>` an eine andere JSP-Seite `GrussBenutzermitJSTL.jsp` umgeleitet werden. Wie auch im Fall der Seite `JSPmitFormularDaten.jsp` muss hierzu der Gültigkeitsbereich »Application-Scope« in der `useBean`-Aktion angegeben werden, um auf die Eigenschaften der JavaBean von hier aus zugreifen zu können. Für einen zweiten Test soll das Tag `<c:redirect>` durch `<c:import>` ausgetauscht werden, um eine Weiterleitung der Anfrage an die JSP-Seite `GrussBenutzermitJSTL.jsp` zu erzielen. Wie auch im Fall von `JSPmitFormularDaten1.jsp` reicht es dabei aus, `scope="request"` als Gültigkeitsbereich in der `useBean`-Aktion anzugeben.

Die JSP-Aktion `setProperty` soll wie auch in den Seiten aus Aufgabe 2.12 auf Seite 244 ebenfalls mit dem `param`-Attribut aufgerufen werden, um den Wert der JavaBean-Eigenschaft `name` gleich dem Wert des Anfrageparameters mit dem Namen »BenutzerName« aus dem Eingabeformular zu setzen.

Auf die gleiche Art und Weise wie in der vorigen Aufgabe sollen die Anfrage-Parameterwerte, die vom Benutzer in den Feldern des Formulars eingegeben wurden, mit dem `<c:forEach>`-Tag ermittelt werden. Ist der `request`-Parametername gleich »BenutzerName« oder »PassWort«, sollen die entsprechenden Werte als Variablen mit den Namen `benutzerName` und `benutzerPasswort` mit Page-Gültigkeit mit Hilfe von `<c:set>`-Tags gesetzt werden, um diese Werte in einem `<c:when>`-Tag von `<c:choose>` prüfen zu können.

Sind die eingegebenen Werte korrekt, wird die Anfrage an die JSP-Seite `GrussBenutzermitJSTL.jsp` um- bzw. weitergeleitet.

Im `<c:otherwise>`-Tag soll die Meldung »Benutzername und Passwort eingeben« im Browser angezeigt werden und damit die HTML-Seite generiert werden, die zur Anzeige des Formulars für die Eingabe von Benutzerdaten dient.

Die JSP-Seite `GrussBenutzermitJSTL.jsp` ergänzt die JSP-Seite `GrussBenutzer.jsp` aus Aufgabe 2.12 auf Seite 244 mit einer weiteren Meldung: »Frau/Herr ..., möchten Sie erstmal den Wetterbericht sehen, dann klicken Sie hier «, die mit Hilfe des Tags `<c:out>` angezeigt wird und über den Hyperlink: `<a href='http://www.wetter.de'>hier</a>` (zum Beispiel) an eine weitere Seite im Web verzweigt.

Hinweise für die Programmierung:

Sofern es mit einer `page`-Direktive über das `Attribut session="false"` nicht abgeschaltet wurde, erfolgt das Session-Tracking im Fall von JSP-Seiten automatisch. Für den Fall, dass im Browser Cookies nicht eingeschaltet sind (und der Container auf URL-Rewriting zurückgreifen muss), muss die URL kodiert werden (d.h. dieser die Session-ID hinzugefügt werden). Dazu kann das Tag `<c:url>` benutzt werden: `<a href="<c:url value='/jsp/paket4/GrussBenutzermitJSTL.jsp'/>">Willkommen im Web</a>`.

JSP-Seiten: `JSTLBsp6.jsp`, `GrussBenutzermitJSTL.jsp`

Programmaufrufe: Im Webbrowser durch Eingabe des Namens der JSP-Seite
`http://localhost:8080/java6uebungsbuch3/jsp/paket4/JSTLBsp6.jsp`

Aufgabe 2.44 

Wiederholungsaufgabe

Die JSP-Seite `JSPmitSessionBean.jsp` aus Aufgabe 2.13 auf Seite 246 setzt eine JavaBean vom Typ der Klasse `BuchListe`, die für eine gesamte Session eines Webbesuchers Gültigkeit hat. Außerdem setzt sie mit der Aktion `setProperty` mit dem Eintrag `property="*"` alle Werte von Eigenschaften gleich den Werten der Anfrageparameter mit demselben Namen aus einem Formular, das mit Hilfe der HTML-Datei `Warenkorb.html` erzeugt wird und mit einer JSP-Direktive der JSP-Seite hinzugefügt wird.

Die JSP-Seite `JSPmitSessionBean.jsp` soll in eine Scripting-freie Seite mit dem Namen `JSPmitSessionBeanundEL.jsp` umgesetzt werden. Dazu muss auf die Scriptlets, in denen die Methode `bedienen()` der Klasse `BuchListe` aufgerufen wird und die Ausgabe der Listenelemente erfolgt, verzichtet werden.

Die Methode `bedienen()` soll diesmal aus einem benutzerdefinierten Tag vom Typ der Klasse `EinfachesTag` an dem mit der JSP-Seite gesetzten Attribut im Session-Scope mit dem Namen `buchkorb` vom Typ der JavaBean-Klasse `BuchListe` aufgerufen werden. Zum Auffinden dieses Attributs kann in der Tag-Handler-Klasse die Methode `findAttribute("buchkorb")` am `JspContext`-Objekt aufgerufen werden.

Zeigen Sie den Wert des Session-Attributs mit Hilfe des JSTL-Tags `<c:forEach>` über den Zugriff auf das implizite Objekt `sessionScope` von EL im Browser an: `<c:forEach var="parameter" items="${sessionScope}">`.

Fügen Sie die entsprechenden Einträge für das Tag vom Typ der Klasse `EinfachesTag` im TLD ein und rufen Sie dieses wieder über das in der `taglib`-Direktive vergebene Präfix auf: `<einft:einfachTag/>`.

Zur Anzeige der Bücher, die sich zu einem bestimmten Zeitpunkt im Warenkorb befinden, sollen ebenfalls JSTL-Tags eingesetzt werden. Die Anzeige der gerade durchgeführten Aktion mit dem ausgewählten Buch kann über EL-Ausdrücke erfolgen.

Hinweise für die Programmierung:

Ändern Sie zum Testen der Ausgaben im Browser den Namen der JSP-Seite im `action`-Attribut des `form`-Tags in der Datei `Warenkorb.html` aus Aufgabe 2.13 auf Seite 246 in `JSPmitSessionBeanundEL.jsp` um. Rufen Sie einen Webbrowser mehrmals auf oder öffnen Sie mehrere Registerkarten im selben Browser, um zu prüfen, ob der Warenkorb jedes Mal benutzerspezifisch angelegt wird.

HTML-Dateien: `Warenkorb.html`

JSP-Seiten: `JSPmitSessionBeanundEL.jsp`

Java-Dateien: `EinfachesTag.java`, `BuchListe.java`

Programmaufrufe: Im Webbrowser durch Eingabe des Namens der JSP-Seite
`http://localhost:8080/java6uebungsbuch3/jsp/paket3/`
`JSPmitSessionBeanundEL.jsp`

Aufgabe 2.45 

Das <c:catch>-Tag

Definieren Sie nach dem Beispiel der Seite `JSPmitDateiZugriff.jsp` aus Aufgabe 2.6 auf Seite 233 eine Seite `ArithmeticExceptionAusloesen.jsp`, in der über das Teilen einer Zahl durch 0 eine Ausnahme vom Typ ArithmeticException ausgelöst wird.

Mit einer page-Direktive wird für diese JSP-Seite eine ErrorPage mit dem Namen ArithmeticExceptionErrorPage.jsp gesetzt, die den gleichen Aufbau wie die Datei JSPErrorPage.jsp aus Aufgabe 2.6 auf Seite 233 hat.

Testen Sie den Aufruf der Fehlerseite beim Eintreten des Fehlers auch für den Fall, dass diese im DD für die gesamte Webapplikation gesetzt wird und auf die page-Direktive mit dem Attributwert isErrorPage=true in der Seite ArithmeticExceptionAusloesen.jsp verzichtet wird.

Ändern Sie die JSP-Seite ArithmeticExceptionAusloesen.jsp in eine neue Seite ArithmeticExceptionAusloesenmitJSTL.jsp ab, um mit dem JSTL-Tag <c:catch> die darin ausgelöste Ausnahme abzufangen, die vom System ausgegebene Fehlermeldung anzuzeigen und ein eventuelles Fehlverhalten beim Auftreten der Ausnahme für den weiteren Verlauf zu korrigieren.

Ändern Sie auch die JSP-Seite JSPmitDateiZugriff.jsp in eine neue Seite JSTLBsp7.jsp ab, um mit dem JSTL-Tag <c:catch> die darin ausgelöste Ausnahme entsprechend abzufangen.

Hinweise für die Programmierung:

Das Tag <c:catch> von JSTL dient dem Abfangen von Ausnahmen und Anzeigen von Fehlermeldungen, anstatt in solch einer Situation eine Fehlerdatei aufzurufen. Es ist dem try/catch-Tag aus der klassischen Programmierung ähnlich, besitzt aber keinen try-Zweig. Die Anweisungen aus einer JSP, die zu einer Ausnahme führen können, werden in das <c:catch>-Tag gepackt und die Programmsteuerung springt an das Ende dieses Tags, falls eine Exception ausgelöst wurde. Aufrufe, die im Tag selbst danach aufgeführt sind, werden nicht mehr berücksichtigt.

Um auf das implizite exception-Objekt zugreifen zu können, kann mit dem var-Element des Tags eine Variable für einen Gültigkeitsbereich gesetzt werden, deren Name das exception-Objekt zugewiesen bekommt. Dieses Objekt ist vom Typ der Klasse Throwable, die Oberklasse aller Error- und Exception-Klassen aus Java, und besitzt die Eigenschaft message, die über die Methode getMessage() dieser Klasse definiert wird.

Greifen Sie mit EL auf diese Eigenschaft zu, um den Inhalt der Fehlermeldung im Browser anzuzeigen.

Hinweise zur Programmausführung:

Wie im Unterkapitel 1.16 schon erläutert wurde und mit Aufgabe 1.23 und Aufgabe 2.6 auf Seite 233 gezeigt wurde, können im DD Fehlerseiten (ErrorPages) für alle Komponenten einer Webapplikation eingerichtet werden. Mit Einträgen wie:

```
<!-- Diese Fehlerseite wird aufgerufen, wenn eine ServletException
auftritt -->
<error-page>
```

```
  <exception-type>
   javax.servlet.ServletException
  </exception-type>
  <location>/DynamischeErrorPage</location>
</error-page>
<!-- Diese Fehlerseite wird aufgerufen, wenn der Statuscode der
http-Antwort gleich 404 ist -->
<error-page>
  <error-code>404</error-code>
  <location>/ErrorPage404.html</location>
</error-page>
<!--
<error-page>
  <error-code>404</error-code>
  <location>/DynamischeErrorPage</location>
</error-page>
-->
<!-- Diese Fehlerseite wird aufgerufen, wenn eine Ausnahme vom
Typ FileNotFoundException auftritt -->
<error-page>
  <exception-type>java.io.FileNotFoundException</exception-type>
  <location>/jsp/JSPErrorPage.jsp</location>
</error-page>
<!-- Diese Fehlerseite wird aufgerufen, wenn eine Ausnahme vom
Typ ArithmeticException auftritt -->
<error-page>
  <exception-type>java.lang.ArithmeticException</exception-type>
  <location>/jsp/ArithmeticExceptionErrorPage.jsp</location>
</error-page>

<!-- Alle vorher nicht spezifizierten Ausnahmen werden an diese
Fehlerseite weitergegeben -->
<error-page>
  <exception-type>java.lang.Throwable</exception-type>
  <location>/jsp/AllgemeineFehlerseite.jsp</location>
</error-page>
```

können Fehlerseiten, die einem `error-code` oder einem `exception-type` zugeordnet wurden, definiert werden. Diese Werte gelten dann für alle Komponenten der Webapplikation.

Ohne irgendeinen Eintrag im DD kann eine ErrorPage einer bestimmten JSP-Seite über eine `page`-Direktive zugeordnet werden.

Erfolgt ein Eintrag im DD, muss aus der JSP-Seite, die den Fehler erzeugt und anzeigen möchte, die `page`-Direktive `<%@ page errorPage="..." %>` gelöscht werden, damit die im DD angegebene Seite berücksichtigt wird.

JSP-Seiten: `ArithmeticExceptionAusloesen.jsp`
`ArithmeticExceptionErrorPage.jsp`
`ArithmeticExceptionAusloesenmitJSTL.jsp`
`JSTLBsp7.jsp`

Programmaufrufe: Im Webbrowser durch Eingabe des Namens der JSP-Seite
`http://localhost:8080/java6uebungsbuch3/jsp/ArithmeticExceptionAusloesen.jsp`
`http://localhost:8080/java6uebungsbuch3/jsp/ArithmeticExceptionAusloesenmitJSTL.jsp`
`http://localhost:8080/java6uebungsbuch3/jsp/paket4/JSTLBsp7.jsp`

Aufgabe 2.46 

Ein Buchverkaufs-Shop mit Servlets und JSP

Im Abschluss zu den Ausführungen zu JSP-Seiten sollen Aufgabe 1.30 und Aufgabe 1.31 im Hinblick auf die angestrebte MVC-Architektur für Webapplikationen erneuert werden. Dabei sollen die Anzeigen im Browser in JSP-Seiten verlagert werden (als View-Komponenten), das Speichern und der Zugriff auf Daten (die Modell-Komponente) mit JavaBean-Klassen realisiert werden und nur die Kontrolle von Abläufen den Servlet-Klassen überlassen bleiben.

Als Erstes wollen wir darauf hinweisen, dass ohne irgendwelche Änderungen vorzunehmen die Java-Klassen `BuchMap`, `WarenKorb` und `BuecherKorb` gültige Java-Bean-Klassen mit den Eigenschaften `map`, `korb`, `buecher` und `gesamtPreis` definieren.

Mit dieser Aufgabe soll die Servlet-Klasse `BuchKatalog` aus Aufgabe 1.30 durch eine JSP-Seite `JSPfuerBuchKatalog.jsp` ersetzt und darin eine JavaBean vom Typ der Klasse `BuchMap` im Page-Scope gesetzt werden, um mit EL und JSTL-Tags auf deren Eigenschaften zugreifen zu können. Versuchen Sie, eine Scripting-freie JSP-Seite aufzubauen, damit sich der Aufwand, den wir für das Lernen von neuen Programmierungstechniken in diesem Kapitel investiert haben, auch gelohnt hat.

Vergewissern Sie sich über parallele Tests, dass für das mit dieser JavaBean gesetzte Attribut der Page-Gültigkeitsbereich ausreichend ist.

Hinweise für die Programmierung:

Für den Test der im Lösungsvorschlag zu dieser Aufgabe neu definierten Klassen und JSP-Seiten wurden die Klassen `BuchMap` und `WarenKorb` aus Aufgabe 1.30 unter dem gleichen Namen und die Klasse `BuchBestellung` aus Aufgabe 1.30 unter dem Namen `BuchBestellungmitJSPBuchKatalog` im Unterverzeichnis `paket4` von `java6uebungsbuch3\WEB-INF\classes` abgespeichert und die JSP-Seite `JSPfuerBuchKatalog.jsp` im Unterverzeichnis `paket4` von `java6-uebungsbuch3\jsp`, um den in diesem Kapitel verwendeten Verzeichnisstrukturen gerecht zu werden. Ergänzen Sie die entsprechenden Klassen ggf. mit den erforderlichen package-Anweisungen.

Um ein Formular mit den einzelnen Map-Einträgen der Klasse BuchMap zu erstellen, kann das JSTL-Tag <c:forEach> eingesetzt werden, womit mit Hilfe der Eigenschaften »key« und »value« auf die Namen und Werte der Schlüssel-Wert-Paare aus der map-Eigenschaft der in der JSP-Seite JSPfuerBuchKatalog.jsp gesetzten JavaBean mit der id="buecher" zugegriffen werden kann:

```
<c:forEach var='parameter1' items='${buecher.map}'>
    <c:forEach var='parameter2' items='${parameter1.value}'>
<%-- Beim Abschicken des Formulars wird die im action-Attribut
angegebene JSP-Seite ausgeführt --%>
    <form type=POST action="${encodeURL}">
       <input name="BuchAutor" value="${parameter1.key}"
         size="35" ><br/>
       <input name="BuchName"
         value="${parameter2.key}" size="50">
       <input name="BuchPreis"
         value="${parameter2.value}" size="5"><br/>
<!-- Einen Button für das Formular definieren -->
      <p><center>
         <input type=submit value="In den Warenkorb" >
      </center></p>
      </form>
    </c:forEach>
  </c:forEach>
```

Beim Abschicken des Formulars soll das Servlet BuchBestellungmitJSPBuchKatalog ausgeführt werden, das im action-Attribut über seinen logischen Namen angesprochen werden kann.

Achten Sie darauf, dass für das URL-Rewriting in einer JSP-Seite das Tag <c:url> eingesetzt werden muss, womit die Session-ID am Ende der relativen URL angehängt wird: `<c:url value="/BuchBestellungmitJSPBuchKatalog" var = "encodeURL" />`

JSP-Seiten: JSPfuerBuchKatalog.jsp

Java-Dateien: BuchMap.java, WarenKorb.java, BuchBestellungmitJSPBuchKatalog.java

Programmaufrufe: Im Webbrowser durch Eingabe des Namens der JSP-Seite http://localhost:8080/java6uebungsbuch3/jsp/paket4/JSPfuerBuchKatalog.jsp

Aufgabe 2.47

Wiederholungsaufgabe

Auf die gleiche Art und Weise wie in Aufgabe 2.46 auf Seite 296 soll die Klasse `BuchKatalogServlet` aus Aufgabe 1.31 durch eine JSP-Seite `BuchKatalog.jsp` ersetzt werden und die Browser-Ausgaben aus der Klasse `BuchBestellungServlet` in eine weitere JSP-Seite mit dem Namen `BuchBestellung.jsp` ausgelagert werden. Die im Buchkatalog ausgewählten Bücher sollen benutzerspezifisch in einen Bücherkorb abgelegt werden können und die Client-Anfrage soll an die JSP-Seite `BuchBestellung.jsp` weitergeleitet werden. Der zugehörige Programmcode, über den das Setzen von Session-Attributen und die Parallelität von Thread-Abläufen beim Zugriff auf diese gesichert wird, wird in einer Servlet-Klasse mit dem Namen `BuchBestellung` im Verzeichnis `java6uebungsbuch3/paket4` hinterlegt.

Die JSP-Seite `BuchBestellung.jsp` setzt mit der `useBean`-Aktion eine `JavaBean` vom Typ der Klasse `BuecherKorb` im Session-Scope. Dieser Gültigkeitsbereich ist erforderlich, um beim Zugriff auf die in einem Bücherkorb enthaltenen Daten die Parallelität von Abläufen zu sichern. Der über das `id`-Attribut vergebene Name muss mit dem Namen des im Servlet gesetzten Session-Attributs übereinstimmen.

Generieren Sie eine HTML-Seite, die zur erneuten Anzeige des Buchkatalogs durch die Ausführung der JSP-Seite `BuchKatalog.jsp` dient, und zeigen Sie mit Hilfe von JSTL-Tags den Inhalt des Bücherkorbs und den Gesamtpreis aller darin abgelegten Bücher im Browser an.

Hinweise für die Programmierung:

Auf die Eigenschaftswerte der JavaBean vom Typ `BuecherKorb` kann mit EL zugegriffen werden: `${BuecherKorb.buecher}` und `${BuecherKorb.gesamtPreis}`. Für die Anzeige des Gesamtpreises in der Form xx.xx € kann der Typ der Eigenschaft `gesamtPreis` der JavaBean `BuecherKorb` in `String` abgeändert werden.

Die Angabe der JSP-Seite im `action`-Attribut des `<form>`-Tags aus der JSP-Seite `BuchBestellung.jsp` muss ohne Angabe des führenden Schrägstrichs gemacht werden, wenn die Anfrage vom Servlet `BuchBestellung` aus an diese JSP-Seite weitergeleitet wurde, der Container erzeugt die vollständige URL relativ zur Anfrage-URL (siehe auch Aufgabe 1.13).

Wie auch in Aufgabe 2.46 auf Seite 296 wird für das URL-Rewriting in JSP-Seiten das Tag `<c:url>` eingesetzt: `<c:url value="jsp/paket4/BuchKatalog.jsp" var = "encodeURL" />` für die Seite `BuchKatalog.jsp` bzw. `<c:url value=" jsp/paket4/BuchKatalog.jsp" var = "encodeURL" />` für `BuchBestellung.jsp`.

Gleichzeitig muss im Servlet `BuchBestellung` beim Weiterleiten der Anfrage die angegebene URL ebenfalls dekodiert werden:

```
RequestDispatcher requestDispatcher = getServletContext().
getRequestDispatcher(response.encodeURL("/jsp/paket4/
BuchBestellung.jsp"))
```

JSP-Seiten: `BuchKatalog.jsp`, `BuchBestellung.jsp`

Java-Dateien: `BuchMap.java`, `BuecherKorb.java`, `BuchBestellung.java`

Programmaufrufe: Im Webbrowser durch Eingabe des Namens der JSP-Seite
`http://localhost:8080/java6uebungsbuch3/jsp/paket4/BuchKatalog.jsp`

2.15 Lösungen

Lösung 2.1

Die JSP-Seite JSPmitHTML.jsp

```
<!DOCTYPE html PUBLIC "-//W3C//DTD HTML 4.01 Transitional//EN">

<html>
<head><title> JSP-Seite mit HTML</title></head>
<body bgcolor="pink">
<%-- JSP-Scriptlet --%>
<%
// Text in einen Output-Stream schreiben,
   out.println("<h2> Einfache JSP-Seite mit HTML</h2>");
// den aktuellen Thread-Namen ermitteln und ebenfalls in den
// vordefinierten JspWriter-Stream schreiben
   out.println("<h3> Threadname: " + Thread.currentThread().
       getName() + "</h3>");
%>
</body>
</html>
```

Die Servlet-Klasse JSPmitHTML_jsp

```
package org.apache.jsp.jsp;

import javax.servlet.*;
import javax.servlet.http.*;
import javax.servlet.jsp.*;

public final class JSPmitHTML_jsp extends org.apache.jasper.runtime.
HttpJspBase
   implements org.apache.jasper.runtime.JspSourceDependent {

   private static final JspFactory _jspxFactory =
    JspFactory.getDefaultFactory();
```

```
  private static java.util.List _jspx_dependants;
  private javax.el.ExpressionFactory _el_expressionfactory;
  private org.apache.AnnotationProcessor _jsp_annotationprocessor;
  public Object getDependants() {
    return _jspx_dependants;
 }
 public void _jspInit() {
  _el_expressionfactory = _jspxFactory.getJspApplicationContext
  (getServletConfig().
  getServletContext()).getExpressionFactory();
  _jsp_annotationprocessor = (org.apache.AnnotationProcessor)
  getServletConfig().getServletContext().getAttribute(org.apache.
   AnnotationProcessor.class.getName());
  }
  public void _jspDestroy() {
  }
  public void _jspService(HttpServletRequest request,
    HttpServletResponse response)
      throws java.io.IOException, ServletException {
    PageContext pageContext = null;
    HttpSession session = null;
    ServletContext application = null;
    ServletConfig config = null;
    JspWriter out = null;
    Object page = this;
    JspWriter _jspx_out = null;
    PageContext _jspx_page_context = null;
    try {
       response.setContentType("text/html");
       pageContext = _jspxFactory.getPageContext(this, request,
        response, null, true, 8192, true);
        _jspx_page_context = pageContext;
        application = pageContext.getServletContext();
       config = pageContext.getServletConfig();
       session = pageContext.getSession();
       out = pageContext.getOut();
       _jspx_out = out;
       out.write("<!DOCTYPE html PUBLIC \"-//W3C//DTD HTML 4.01
         Transitional//EN\">\r\n");
       out.write("\r\n");
       out.write("<html>\r\n");
       out.write("<head><title> JSP-Seite mit HTML
          </title></head>\r\n");
       out.write("<body bgcolor=\"pink\">\r\n");
       out.write('\r');
       out.write('\n');
// Text in einen Output-Stream schreiben,
       out.println("<h2> Einfache JSP-Seite mit HTML</h2>");
```

```
// den aktuellen Thread-Namen ermitteln und ebenfalls in den
// vordefinierten JspWriter-Stream schreiben
        out.println("<h3> Threadname: " + Thread.currentThread().
          getName() + "</h3>");
        out.write("\r\n");
        out.write("</body>\r\n");
        out.write("</html>");
    }
    catch (Throwable t) {
        if(!(t instanceof SkipPageException)) {
          out = _jspx_out;
        if(out != null && out.getBufferSize() != 0)
          try {
            out.clearBuffer();
          }
          catch(java.io.IOException e) {}
          if(_jspx_page_context != null)
            _jspx_page_context.handlePageException(t);

          }
        }
        finally {
          _jspxFactory.releasePageContext(_jspx_page_context);
    }
  }
}
```

Die JSP-Seite JSPmitHTMLundInterneCSS.jsp

```
<!DOCTYPE HTML PUBLIC "-//W3C//DTD HTML 4.01 Transitional//EN">

<html>
<head><title> JSP-Seite mit HTML</title></head>
<body bgcolor="red">
<h1> Interne Style Sheets definieren </h1>
<%-- JSP-Scriptlet --%>
<%
// Text mit CSS (Cascading Style Sheets) in den Output-Stream
// schreiben,
  out.println("<h2 style='color:pink;font-size:25pt'>" +
    "Einfache JSP-Seite mit HTML</h2>");
// den aktuellen Thread-Namen ermitteln und ebenfalls in den
// vordefinierten JspWriter-Stream schreiben
  out.println("<h3 style='color:gray;font-size:25pt'>" +
    "Threadname: " + Thread.currentThread().
      getName() + "</h3>");
%>
</body>
</html>
```

Die JSP-Seite JSPmitHTMLundExterneCSS.jsp

```
<!DOCTYPE HTML PUBLIC "-//W3C//DTD HTML 4.01 Transitional//EN">

<html>
<head><title> JSP mit HTML</title>
<link rel=stylesheet
     href="/java6uebungsbuch3/css/JSPStyles.css"
     type="text/css"/>
</head>
<body>
<h1> Style Sheets in einer externen Datei definieren </h1>
<%-- JSP-Scriptlet --%>
<%
// Text in den Output-Stream mit CSS (Cascading Style Sheets)
// schreiben,
   out.println("<H2>" +
     "Einfache JSP-Seite mit HTML</H2>");
// den aktuellen Thread-Namen ermitteln und ebenfalls in den
// vordefinierten JspWriter-Stream schreiben
   out.println("<H3>" +
     "Threadname: " + Thread.currentThread().
        getName() + "</H3>");
%>
</body>
</html>
```

Die Stylesheet-Datei JSPStyles.css

```
<style type="text/css">
body {
   background-color:red;
}
h1 {
   color:#CC00CC;
   text-align:center;
   font-family:Lucida Writing;
}
h2 {
   color:#88C1C1;
   text-align:left;
   font-family:Arial, Helvetica;
}
h3 {
   color:#4400FF;
   text-align:right;
   font-family:sans-serif, Lucida Writing;
}
</style>
```

Programmausgaben

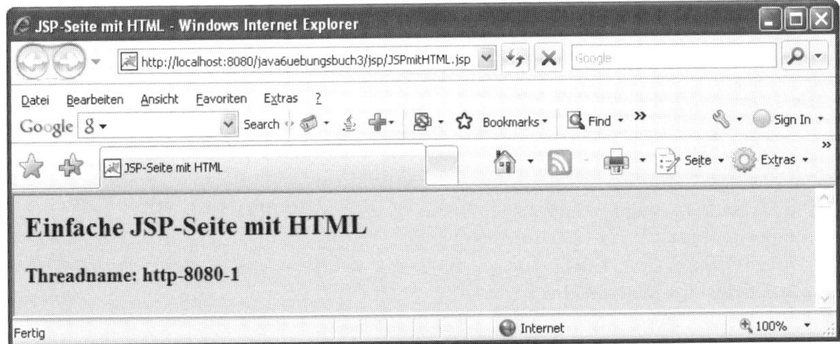

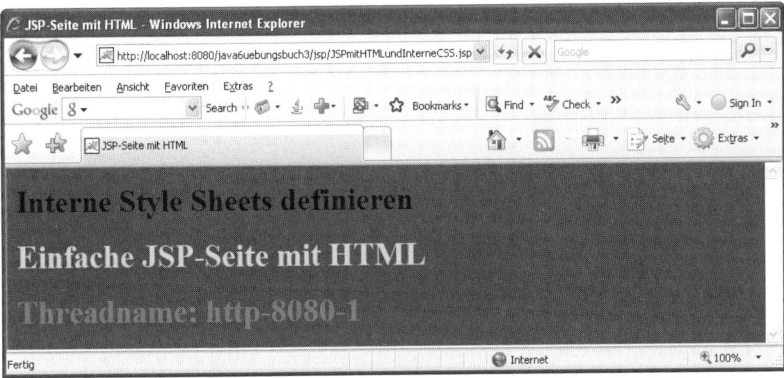

Lösung 2.2

Das JSP-Dokument JSPmitXHTML.jspx

```
<?xml version="1.0" encoding="ISO-8859-1"?>
<jsp:root
  xmlns:jsp="http://java.sun.com/JSP/Page"
  version="2.1"
>
<jsp:directive.page
  language="java"
  contentType="text/html"
  pageEncoding="ISO-8859-1"
/>
<jsp:output
  doctype-root-element="html"
  doctype-public="-//W3C//DTD XHTML 1.0 Strict//EN"
  doctype-system=
    "http://www.w3.org/TR/xhtml1/DTD/xhtml1-strict.dtd" />

<html xmlns="http://www.w3.org/1999/xhtml">
   <head>
      <title>JSP-Seite mit XHTML</title>
   </head>
<body bgcolor="pink">

<jsp:scriptlet>
// Text in einen Output-Stream schreiben, dieser kann in XHTML
// die Zeichen für "größer" und "kleiner" nicht enthalten
   out.println("&lt;h2&gt; Einfache JSP-Seite mit XHTML"
     +"&lt;/h2&gt; ");
// den aktuellen Thread-Namen ermitteln und ebenfalls in den
// JspWriter-Stream schreiben
   out.println("&lt;h3&gt;Threadname: " + Thread.currentThread()
     .getName() + "&lt;/h3&gt;");
</jsp:scriptlet>
</body></html>
</jsp:root>
```

Die Servlet-Klasse JSPmitXHTML_jspx

```
package org.apache.jsp.jsp;

import javax.servlet.*;
import javax.servlet.http.*;
import javax.servlet.jsp.*;

public final class JSPmitXHTML_jspx extends org.apache.jasper.
runtime.HttpJspBase
```

```
  implements org.apache.jasper.runtime.JspSourceDependent {
 private static final JspFactory _jspxFactory =
   JspFactory.getDefaultFactory();
 private static java.util.List _jspx_dependants;
 private javax.el.ExpressionFactory _el_expressionfactory;
private org.apache.AnnotationProcessor _jsp_annotationprocessor;
 public Object getDependants() {
    return _jspx_dependants;
 }
 public void _jspInit() {
  _el_expressionfactory =  _jspxFactory.getJspApplicationContext
  (getServletConfig().
   getServletContext()).getExpressionFactory();
  _jsp_annotationprocessor = (org.apache.AnnotationProcessor)
  getServletConfig().getServletContext().getAttribute(org.apache.
  AnnotationProcessor.class.getName());
 }
 public void _jspDestroy() {
 }
 public void _jspService(HttpServletRequest request,
    HttpServletResponse response)
      throws java.io.IOException, ServletException {
    PageContext pageContext = null;
    HttpSession session = null;
    ServletContext application = null;
    ServletConfig config = null;
    JspWriter out = null;
    Object page = this;
    JspWriter _jspx_out = null;
    PageContext _jspx_page_context = null;
    try {
      response.setContentType("ISO-8859-1;charset=UTF-8");
      pageContext = _jspxFactory.getPageContext(this, request,
        response, null, true, 8192, true);
      _jspx_page_context = pageContext;
      application = pageContext.getServletContext();
      config = pageContext.getServletConfig();
      session = pageContext.getSession();
      out = pageContext.getOut();
        _jspx_out = out;
      out.write("<!DOCTYPE html PUBLIC \"-//W3C//DTD XHTML 1.0
        Strict//EN\" \"http://www.w3.org/TR/xhtml1/DTD/xhtml1-
          strict.dtd\">\n");
      out.write("<html
        xmlns=\"http://www.w3.org/1999/xhtml\">");
      out.write("<head>");
      out.write("<title>");
      out.write("JSP-Seite mit XHTML");
      out.write("</title>");
```

```
        out.write("</head>");
        out.write("<body bgcolor=\"pink\">");
// Text in den Output-Stream schreiben, dieser kann in XHTML
// die Zeichen für "größer" und "kleiner" nicht enthalten
        out.println("<h2> Einfache JSP-Seite mit XHTML"
         + "</h2> ");
// den aktuellen Thread-Namen ermitteln und ebenfalls in den
// JspWriter-Stream schreiben
        out.println("<h3>Threadname: " + Thread.currentThread()
          .getName() + "</h3>");
        out.write("</body>");
        out.write("</html>");
      }
      catch(Throwable t) {
        if(!(t instanceof SkipPageException)) {
          out = _jspx_out;
          if(out != null && out.getBufferSize() != 0)
          try {
            out.clearBuffer();
          }
          catch(java.io.IOException e) {}
            if(_jspx_page_context != null)
              _jspx_page_context.handlePageException(t);
          }
        }
        finally {
          _jspxFactory.releasePageContext(_jspx_page_context);
      }
   }
}
```

Das JSP-Dokument JSPmitXHTMLundInterneCSS.jspx

```
<?xml version="1.0" encoding="ISO-8859-1"?>
<jsp:root
  xmlns:jsp="http://java.sun.com/JSP/Page"
  version="2.1"
>
<jsp:directive.page
  language="java"
  contentType="text/html"
  pageEncoding="ISO-8859-1"
/>
<jsp:output
  doctype-root-element="html"
  doctype-public="-//W3C//DTD XHTML 1.0 Strict//EN"
  doctype-system=
    "http://www.w3.org/TR/xhtml1/DTD/xhtml1-strict.dtd" />
```

```
<html xmlns="http://www.w3.org/1999/xhtml">
  <head>
    <title>JSP-Seite mit XHTML</title>
  </head>
<body bgcolor="red">
<h1> Interne Style Sheets definieren </h1>

<jsp:scriptlet>
// Text in den Output-Stream schreiben, dieser kann in XHTML die
// Zeichen für "größer" und "kleiner" nicht enthalten
  out.println("&lt;h2 style='color:pink;font-size:25pt'&gt;"
    + "Einfache JSP-Seite mit XHTML &lt;/h2&gt; ");
// den aktuellen Thread-Namen ermitteln und ebenfalls in den
// JspWriter-Stream schreiben
  out.println("&lt;h3 style='color:gray;font-size:25pt'&gt;"
    + "Threadname: " + Thread.currentThread().getName()
      + "&lt;/h3&gt;");
</jsp:scriptlet>
</body></html>
</jsp:root>
```

Das JSP-Dokument JSPmitXHTMLundExterneCSS.jspx

```
<?xml version="1.0" encoding="ISO-8859-1"?>
<jsp:root
 xmlns:jsp="http://java.sun.com/JSP/Page"
 version="2.1"
>
<jsp:directive.page
 language="java"
 contentType="text/html"
 pageEncoding="ISO-8859-1"
/>
<jsp:output
 doctype-root-element="html"
 doctype-public="-//W3C//DTD XHTML 1.0 Strict//EN"
 doctype-system=
   "http://www.w3.org/TR/xhtml1/DTD/xhtml1-strict.dtd" />

<html xmlns="http://www.w3.org/1999/xhtml">
  <head>
    <title>JSP mit XHTML</title>
    <link rel="stylesheet"
      href="/java6uebungsbuch3/css/JSPStyles.css"
      type="text/css"/>
  </head>
<body>
<h1> Style Sheets in einer externen Datei definieren </h1>
```

```
<jsp:scriptlet>
// Text in den Output-Stream schreiben,
  out.println("&lt;h2&gt; Einfache JSP-Seite mit XHTML"
    + "&lt;/h2&gt;");
// den aktuellen Thread-Namen ermitteln und ebenfalls in den
// JspWriter-Stream schreiben
  out.println("&lt;h3&gt;Threadname: " + Thread.currentThread().
    getName() + "&lt;/h3&gt;");
</jsp:scriptlet>
</body></html>
</jsp:root>
```

Programmausgaben

Die gleichen wie in Lösung 2.1 auf Seite 299.

Hinweise zu den Programmausgaben

Wenn die Tags `<jsp:root>` (in älteren JSP-Versionen) bzw. `<jsp-output>` (in neueren Versionen) für die Angabe des Dokumententyps in JSP-Seiten bzw. -Dokumenten benutzt werden, prüft auch Tomcat die XHTML-Syntax. Sollte diese nicht eingehalten werden, wird eine entsprechende Meldung beim Übersetzen von Seiten erzeugt.

Ein von `println()` definierter Zeilenumbruch ist kein Ersatz für das `<br></br>`-Tag. Das damit gesetzte Zeilenende-Zeichen bezieht sich nur auf die Daten, die an den Browser als HTML-Datei verschickt werden, und nicht auf die Anzeige im Browser.

Lösung 2.3

Die JSP-Seite JSPDirektivenDeklarationenundAusdruecke.jsp

```
<!DOCTYPE html PUBLIC "-//W3C//DTD HTML 4.01 Transitional//EN">

<%-- JSP-Direktive importiert Pakete --%>
<%@ page import="java.util.*, java.text.*" %>

<%-- JSP-Deklaration definiert ein Instanzfeld und eine
Instanzmethode für die Servlet-Klasse --%>
<%!
  int zaehler = 0;
  String getDatumundUhrzeit(Locale local) {
    DateFormat dataFormat = SimpleDateFormat.
      getDateTimeInstance(DateFormat.MEDIUM,
        DateFormat.MEDIUM, local);
    return dataFormat.format(new Date());
  }
%>
```

```
<html>
<head>
  <title> JSP-Seite </title>
</head>
<body>

<%-- JSP-Scriptlet inkrementiert den Wert der Zählvariablen
und zeigt diesen im Browser an --%>
<%
   zaehler++;
   out.println("Zähler: " + zaehler);
%>

<%-- JSP-Ausdruck ruft die Instanzmethode auf und gibt deren
Ergebnis im Browser aus --%>
<div align="left">
   <%= "Datum und Uhrzeit: " %>
   <%= getDatumundUhrzeit(request.getLocale()) %>
</div>
</body>
</html>
```

Die Servlet-Klasse JSPDirektivenDeklarationenundAusdruecke_jsp

```
package org.apache.jsp.jsp;
// Pakete, die beim Übersetzen von JSP-Seiten automatisch
// in den Servlet-Programmcode integriert werden
import javax.servlet.*;
import javax.servlet.http.*;
import javax.servlet.jsp.*;
// Java-Pakete, die über die page-Direktive importiert wurden
import java.util.*;
import java.text.*;
// Die Servlet-Klasse erweitert die Klasse HttpJspBase
public final class JSPDirectivesDeclarationsundAusdruecke_jsp
  extends org.apache.jasper.runtime.HttpJspBase
    implements org.apache.jasper.runtime.JspSourceDependent {
// Mit einer JSP-Deklaration definiert: Instanzfeld und
// Instanzmethode für die Servlet-Klasse
   int zaehler = 0;
   String getDatumundUhrzeit(Locale local) {
      DateFormat dataFormat = SimpleDateFormat.
        getDateTimeInstance(DateFormat.MEDIUM,
          DateFormat.MEDIUM, local);
      return dataFormat.format(new Date());
   }
   private static final JspFactory _jspxFactory =
    JspFactory.getDefaultFactory();
   private static java.util.List _jspx_dependants;
```

```
  private javax.el.ExpressionFactory _el_expressionfactory;
  private org.apache.AnnotationProcessor _jsp_annotationprocessor;
  public Object getDependants() {
    return _jspx_dependants;
  }
// Die Methoden jspInit(), jspDestroy() und jspService() werden
// von den überschriebenen Methoden init(), destroy() und
// service() der Oberklasse aufgerufen
  public void _jspInit() {
   _el_expressionfactory =
     _jspxFactory.getJspApplicationContext(getServletConfig().
       getServletContext()).getExpressionFactory();
   _jsp_annotationprocessor = (org.apache.AnnotationProcessor)
    getServletConfig().getServletContext().getAttribute(
      org.apache.AnnotationProcessor.class.getName());
  }
  public void _jspDestroy() {
  }
// Die Methode jspService() bekommt Referenzen auf die
// HttpServletRequest- und HttpServletResponse-Instanzen;
  public void _jspService(HttpServletRequest request,
                          HttpServletResponse response)
                 throws java.io.IOException, ServletException {
// In dieser Methode werden alle impliziten Objekte deklariert und
// initialisiert
    PageContext pageContext = null;
    HttpSession session = null;
    ServletContext application = null;
    ServletConfig config = null;
    JspWriter out = null;
    Object page = this;
    JspWriter _jspx_out = null;
    PageContext _jspx_page_context = null;
    try {
      response.setContentType("text/html");
      pageContext = _jspxFactory.getPageContext(this, request,
        response, null, true, 8192, true);
      _jspx_page_context = pageContext;
      application = pageContext.getServletContext();
      config = pageContext.getServletConfig();
      session = pageContext.getSession();
      out = pageContext.getOut();
      _jspx_out = out;
// Der HTML-Code wird zwecks Übergabe an den Browser in den
// Output-Stream geschrieben
      out.write("<!DOCTYPE html PUBLIC \"-//W3C//DTD HTML 4.01
        Transitional//EN\">\r\n");
      out.write("\r\n");
```

```
        out.write("\r\n");
        out.write("\r\n");
        out.write("\r\n");
        out.write('\r');
        out.write('\n');
        out.write("\r\n");
        out.write("\r\n");
        out.write("<html>\r\n");
        out.write("<head>\r\n");
        out.write("  <title> JSP-Seite </title>\r\n");
        out.write("</head>\r\n");
        out.write("<body>\r\n");
        out.write("\r\n");
        out.write('\r');
        out.write('\n');
// Der im Scriptlet definierte Java-Code wird in die service()-
// Methode integriert
        zaehler++;
        out.println("Zähler: " + zaehler);
        out.write("\r\n");
        out.write("\r\n");
        out.write(" \r\n");
        out.write("<div align=\"left\">\r\n");
        out.write("  ");
// und ebenfalls der in einem Ausdruck definierte Java-Code
        out.print( "Datum und Uhrzeit: " );
        out.write("\r\n");
        out.write("  ");
        out.print( getDatumundUhrzeit(request.getLocale()) );
        out.write("\r\n");
        out.write("</div>\r\n");
        out.write("</body>\r\n");
        out.write("</html>\r\n");
        out.write("\r\n");
        out.write("\r\n");
      }
// Eventuelle Exceptions und Errors abfangen
      catch (Throwable t) {
      if(!(t instanceof SkipPageException)) {
        out = _jspx_out;
        if(out != null && out.getBufferSize() != 0)
          try {
            out.clearBuffer();
          }
          catch (java.io.IOException e) {}
          if(_jspx_page_context != null)
          _jspx_page_context.handlePageException(t);
        }
```

```
      }
      finally {
         _jspxFactory.releasePageContext(_jspx_page_context);
      }
   }
}
```

Das JSP-Dokument JSPmitXML.jspx

```
<?xml version="1.0" encoding="ISO-8859-1"?>
<jsp:root
  xmlns:jsp="http://java.sun.com/JSP/Page"
  version="2.1"
>
<jsp:directive.page
  language="java"
  contentType="ISO-8859-1"
  pageEncoding="ISO-8859-1"
  import="java.util.Date, java.util.Locale, java.text.* "
/>
<jsp:output
  doctype-root-element="html"
  doctype-public="-//W3C//DTD XHTML 2.0 Strict//EN"
  doctype-system=
    "http://www.w3.org/TR/xhtml2/DTD/xhtml2-strict.dtd" />

<html xmlns="http://www.w3.org/1999/xhtml">
   <head>
      <title> JSP-Dokument </title>
   </head>

<jsp:declaration>
   String getDatumundUhrzeit(Locale local) {
      DateFormat dataFormat = SimpleDateFormat.
        getDateTimeInstance(DateFormat.MEDIUM,
          DateFormat.MEDIUM, local);
      return dataFormat.format(new Date());
   }
</jsp:declaration>

<body>
<jsp:scriptlet>
// Das CDATA-Tag kann benutzt werden, damit das "kleiner gleich"-
// Zeichen in der XHTML-Prüfung ignoriert wird und der Abschnitt
// als Text interpretiert wird
/*
<![CDATA[
  for (int i = 1; i<=10; i++) {
    out.println(i);
```

```
    if(i < 10) {
      out.println(", ");
    }
  }
]]>*/
// Korrekt ist auch das Ersetzen des Zeichens durch die
// XHTML-Entity &lt;
   for(int i = 1; i &lt;=10; i++) {
    out.println(i);
    if(i &lt; 10) {
      out.println(", ");
    }
  }
</jsp:scriptlet>

<br></br>

<div align="left">
   <h3>Datum und Uhrzeit:
   <jsp:expression>
     getDatumundUhrzeit(request.getLocale())
   </jsp:expression>
   </h3>
</div>

</body></html>
</jsp:root>
```

Programmausgaben

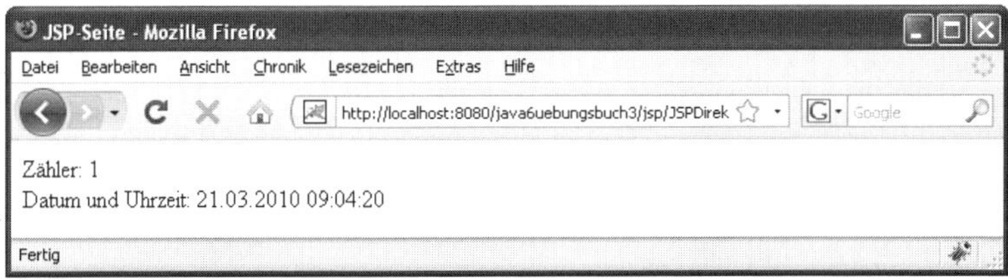

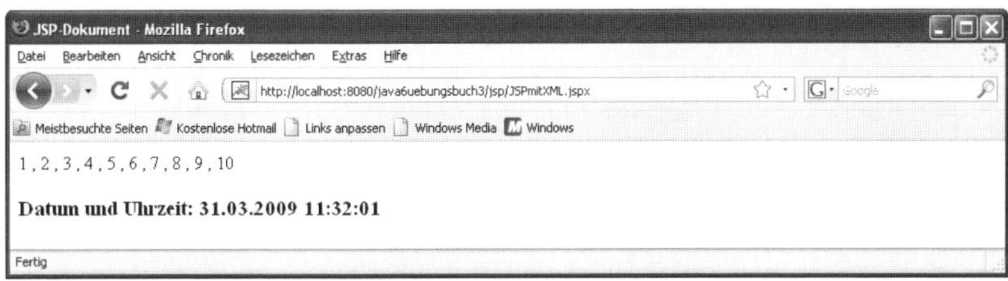

Lösung 2.4

Die JSP-Seite RequestParameterWerte.jsp

```
<!DOCTYPE HTML PUBLIC "-//W3C//DTD HTML 4.01 Transitional//EN">

<html>
<body bgcolor="gray">
<h3> http-Request-Informationen </h3>
<font size="3">
<%-- Die Methoden der Schnittstelle HttpServletRequest am
impliziten Objekt request aufrufen und die Rückgabewerte von
diesen Methoden mit JSP-Ausdrücken in das vordefinierte
out-Objekt schreiben --%>
Name der Methode: <%=request.getMethod() %>
<br />
URI (Request-Path): <%=request.getRequestURI() %>
<br />
URL: <%=request.getRequestURL() %>
<br />
Protokoll: <%=request.getProtocol() %>
<br />
Servlet-Path: <%=request.getServletPath() %>
<br />
Context-Path: <%=request.getContextPath() %>
<br />
Path-Info: <%=request.getPathInfo() %>
<br />
Path-Translated: <%=request.getPathTranslated() %>
<br />
Request-String (Query-String): <%=request.getQueryString() %>
<br />
Content-Length: <%=request.getContentLength() %>
<br />
Content-Type: <%=request.getContentType() %>
<br />
Servername: <%=request.getServerName() %>
<br />
Portnummer: <%=request.getServerPort() %>
<br />
Benutzername: <%=request.getRemoteUser() %>
<br />
IP-Adresse: <%=request.getRemoteAddr() %>
<br />
Hostname: <%=request.getRemoteHost() %>
<br />
Autorisierung: <%=request.getAuthType() %>
<br />
Name des Webbrowsers: <%=request.getHeader("User-Agent") %>
```

```
<br />
</body>
</html>
```

Programmausgaben

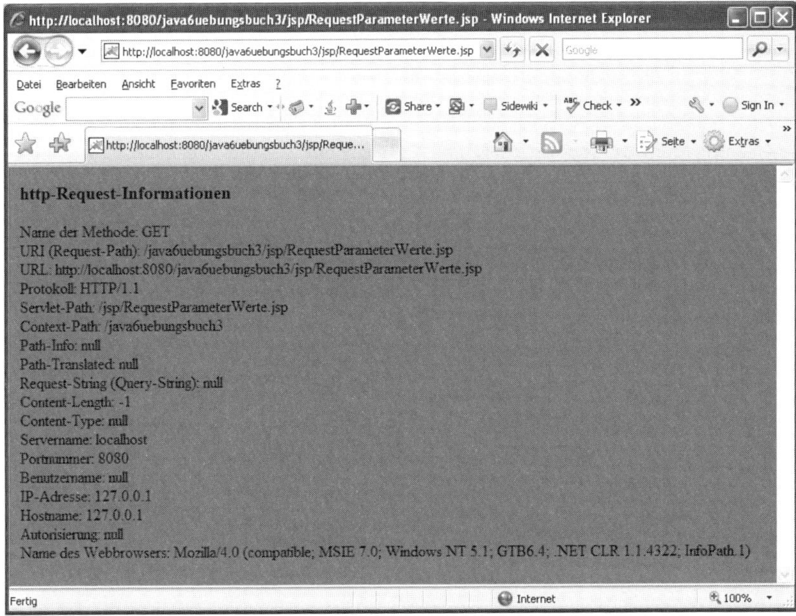

Lösung 2.5

Die JSP-Seite PageContextundServletContextInstanzen.jsp

```
<!DOCTYPE HTML PUBLIC "-//W3C//DTD HTML 4.01 Transitional//EN

<html><body>

<%-- JSP-Direktive importiert Pakete --%>
<%@ page import="java.util.*" %>

<%-- JSP-Deklaration überschreibt die Methode jspInit()
der Servlet-Klasse, um die Initialisierungsparameter für das
aus der JSP-Seite generierte Servlet zu lesen; innerhalb einer
Deklaration kann nicht auf das out-Objekt zugegriffen werden --%>
<%!
// Definition eines Instanzfeldes
   Enumeration configParameter2;
```

```
// Überschreiben einer Instanz-Methode
  public void jspInit() {
// Beim Ablauf dieser Methode stehen dem Servlet ServletConfig-
// und ServletContext-Objekte zur Verfügung
     ServletConfig config2 = getServletConfig();
     ServletContext application2 = getServletContext();
     configParameter2 = config2.getInitParameterNames();
// Die Initialisierungsparameter durchlaufen
     while(configParameter2.hasMoreElements()) {
        String name = (String)configParameter2.nextElement();
// Die Namen und Werte der Parameter auf den Standard-Output-
// Kanal, der für Servlets dem Log-File stdout_...log zugeordnet
// ist, schreiben
        System.out.print("Config-Parametername: " + name +
          "<br>");
        String wert = config2.getInitParameter(name);
        System.out.println("Config-Parameterwert: " + wert +
          "<br>");
     }
// Eine String-Referenz auf eine E-Mail-Adresse für das Setzen
// eines Attributs im Application-Scope definieren
     String email =
       new String("Elisabeth.Jung_Frankfurt@t-online.de");
     application2.setAttribute("E-Mail-Adresse", email);
// Den Attributwert lesen und im selben Log-File anzeigen
     System.out.println("Attributwert: " +
       application2.getAttribute("E-Mail-Adresse"));
  }
%>

<%-- JSP-Scriptlet ruft die Methoden von vordefinierten
und direkt definierten Objekten auf, liest die Werte der
Initialisierungsparameter von Servlets aus dem ServletConfig-
Objekt und setzt und liest Attribute in einer JSP-Seite --%>

<%
// Lokale Referenzen, die lokale Variablen für das Servlet
// definieren
   Enumeration configParameter, contextParameter;
   Enumeration requestAttribute, contextAttribute,
     sessionAttribute, pageContextAttribute;
   Set verzeichnisStruktur;
   Iterator iterator;
// Instanzen der Klassen JspWriter, ServletConfig, HttpSession
// und ServletContext direkt erzeugen, diese können alternativ
// zu den impliziten Objekten eingesetzt werden
   JspWriter out1 = pageContext.getOut();
   ServletConfig config1 = pageContext.getServletConfig();
```

```
  ServletContext application1 = pageContext.getServletContext();
  HttpSession session1 = pageContext.getSession();
  out1.println("<h4> Vordefinierte und direkt erstellte Objekte "
    + "und ihre Methoden" + "</h4>");
// Der in der Datei web.xml aus dem Verzeichnis conf von Tomcat
// konfigurierte Servletname wird hiermit angezeigt
  out.println("Servletname: " + config1.getServletName()
    + "<br>");
  out.println("Session-ID: " + session1.getId()+ "<br>");
// Attribute im Application- und Session-Scope für das Servlet
// in der JSP-Seite setzen
  session.setAttribute("Session-Attribut", "Session");
  request.setAttribute("Request-Attribut", "Request");
// Die Versionsnummer der Servlet-API, die vom Container
// unterstützt wird, die unterschiedlichen Pfadnamen des Servlets
// und die Verzeichnisstruktur der Webapplikation
// java6uebungsbuch3 ermitteln und im Browser anzeigen
  out.println("Container: " + application1.getServerInfo()
    + "<br>");
  out.println("Real-Path: " + application1.getRealPath("/")
    + "<br>");
  out.println("Context-Path: " + application1.getContextPath()
    + "<br>");
  out.println("Major-Versionsnummer der Servlet-API: "
    + application.getMajorVersion()+ "<br>");
  out.println("Minor-Versionsnummer der Servlet-API: "
    + application.getMinorVersion()+ "<br>");
// Der in der Datei web.xml aus dem Verzeichnis conf von Tomcat
// konfigurierte Context-Name wird hiermit angezeigt
  out.println("ServletContext-Name: "
    + application.getServletContextName()+ "<br>");
  verzeichnisStruktur = application.getResourcePaths("/");
  out.println("<h4> Die physische Verzeichnisstruktur der "
    +"Webapplikation " + application.getContextPath() + "</h4>");
  iterator = verzeichnisStruktur.iterator();
  while(iterator.hasNext()) {
    out.println(iterator.next().toString() + "<br>");
  }
  out.println("<h4> Die Initialisierungsparameter für das "
    + "Servlet einer JSP</h4>");
// Die Namen der Initialisierungsparameter für das Servlet lesen
  configParameter = config1.getInitParameterNames();
// Die Namen der Initialisierungsparameter der Webapplikation,
// in der dieses Servlet eingebunden ist, lesen
  contextParameter = application.getInitParameterNames();
// Die erste Enumeration-Instanz durchlaufen
  while(configParameter.hasMoreElements()) {
    String name = (String)configParameter.nextElement();
```

```
// Die Namen und Werte der Parameter in den Output-Stream
// schreiben
      out.print("Config-Parametername: "+ name + "<br>");
      String wert = config1.getInitParameter(name);
      out.println("Config-Parameterwert: " + wert + "<br>");
   }
// ServletConfig-Parameterwerte auswerten
      out.println("<h4> Die Config-Nachricht in der angegebenen "
        + "Anzahl anzeigen: " + "</h4>");
      for(int i=0; i<Integer.parseInt(config1.
                    getInitParameter("configAnzahlJSP"));i++)
        out.println(config1.getInitParameter(
          "configNachrichtJSP") + "<br>");
   out.println("<h4> Die Initialisierungsparameter der "
     + "Webapplikation </h4>");
// Die zweite Enumeration-Instanz durchlaufen
   while(contextParameter.hasMoreElements()) {
      String name = (String)contextParameter.nextElement();
      String wert = application.getInitParameter(name);
// Die Namen und Werte der Parameter in den Output-Stream
// schreiben
      out.print("Context-Parametername: " + name + "<br>");
      out.println("Context-Parameterwert: " + wert + "<br>");
   }
// ServletContext-Parameterwerte auswerten
   out.println("<h4> Die Context-Nachricht in der angegebenen "
      + "Anzahl anzeigen: " + "</h4>");
   for(int i=0; i<Integer.parseInt(application.
                 getInitParameter("contextAnzahl"));i++)
      out.println(application.getInitParameter(
      "contextNachricht")+"<br>");
// Die für die http-Anfrage und den ServletContext gesetzten
// Attribute ermitteln
   requestAttribute = request.getAttributeNames();
   contextAttribute = application.getAttributeNames();
   out.println("<h4> Die Attribute im Application-Scope </h4>");
// Die erste Enumeration-Instanz durchlaufen
   while(contextAttribute.hasMoreElements()) {
      String name = (String)contextAttribute.nextElement();
      Object wert = application.getAttribute(name);
// Die Namen und Werte der Attribute in den Output-Stream
// schreiben
      out.println("Context-Attributname: " + name + "<br></br>");
      out.println("Context-Attributwert: " + wert + "<br></br>");
   }
   out.println("<h4> Die Attribute im Request-Scope </h4>");
// Die zweite Enumeration-Instanz durchlaufen
   while(requestAttribute.hasMoreElements()) {
      String name = (String)requestAttribute.nextElement();
```

```
    Object wert = request.getAttribute(name);
// Die Namen und Werte der Attribute in den Output-Stream
// schreiben
    out.println("Request-Attributname: " + name + "<br></br>");
    out.println("Request-Attributwert: " + wert + "<br></br>");
  }
  out.println("<h4> Die Attribute im Session-Scope </h4>");
// Alle Attributnamen der Session ermitteln
  sessionAttribute = session.getAttributeNames();
  while(sessionAttribute.hasMoreElements()) {
    String name = (String)sessionAttribute.nextElement();
// und ihre zugehörigen Werte
    Object wert = session.getAttribute(name);
// und in den Output-Stream schreiben
    out.println("Attributname: " + name + "<br>");
    out.println("Attributwert: " + wert + "<br>");
  }
  out.println("<h4> Die Attribute im Page-Scope </h4>");
// Alle Attributnamen der PageContext ermitteln
  pageContextAttribute = pageContext.
   getAttributeNamesInScope(PageContext.PAGE_SCOPE);
  while(pageContextAttribute.hasMoreElements()) {
    String name = (String)pageContextAttribute.nextElement();
// und ihre zugehörigen Werte
    Object wert = pageContext.getAttribute(name);
// und in den Output-Stream schreiben
    out.println("Attributname: " + name + "<br>");
    out.println("Attributwert: " + wert + "<br>");
  }
%>
</body>
</html>
```

Programmausgaben

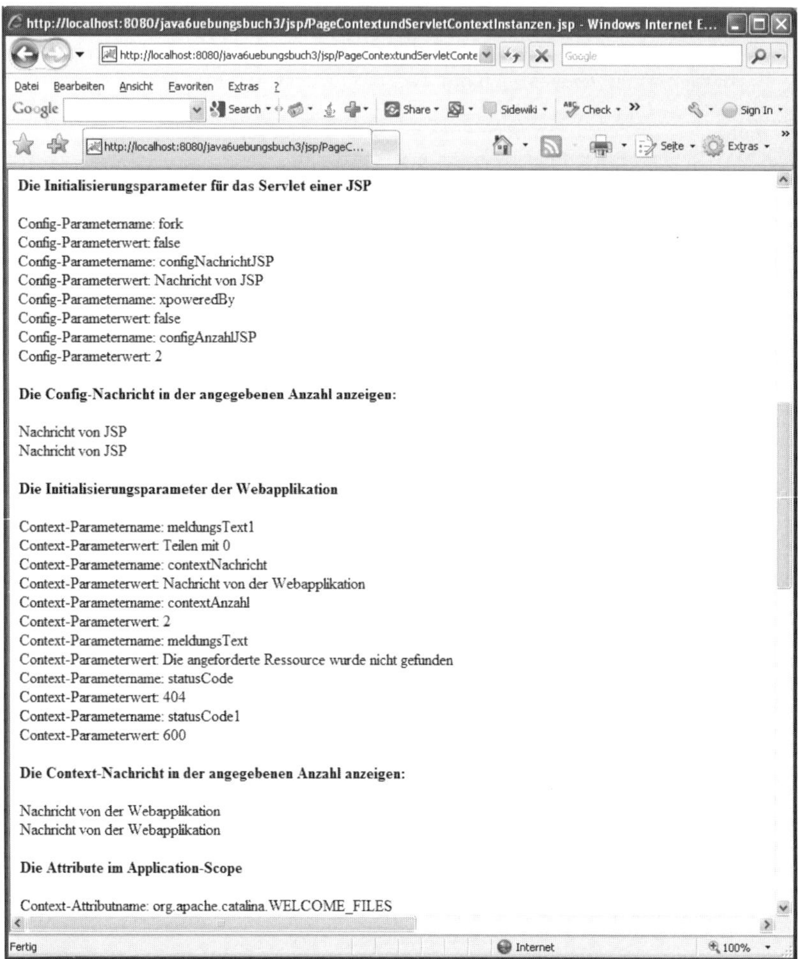

Lösung 2.6

Die JSP-Seite JSPmitDatum.jsp

```
<%-- JSP-Direktive setzt den Content-Type --%>
<%@ page contentType="text/html" %>

<%-- JSP-Direktive importiert Pakete --%>
<%@ page import="java.util.*" %>
```

```
<%-- JSP-Scriptlet ermittelt das aktuelle Tagesdatum
und zeigt dieses im Browser an --%>

<%
// Das Tagesdatum über den Aufruf der get()-Methoden der Klasse
// GregorianCalendar ermitteln
  GregorianCalendar calendar = new GregorianCalendar();
    String datum = calendar.get(Calendar.DAY_OF_MONTH) + " "
      + (calendar.get(Calendar.MONTH) + 1) + " " + calendar.get(
        Calendar.YEAR);
  out.println("Heute ist der: " + datum);
%>
```

Die JSP-Seite JSPmitUhrzeit.jsp

```
<%-- JSP-Direktive setzt den Content-Type --%>
<%@ page contentType="text/html" %>

<%-- JSP-Direktive importiert Pakete --%>
<%@ page import="java.util.*" %>

<%-- JSP-Scriptlet ermittelt die gerade aktuelle Uhrzeit
und zeigt diese im Browser an --%>
<%
// Die aktuelle Uhrzeit über den Aufruf der Methoden der
// Klasse GregorianCalendar ermitteln
  GregorianCalendar calendar1 = new GregorianCalendar();
  String uhrzeit = calendar1.get(Calendar.HOUR) + " "
      + calendar1.get(Calendar.MINUTE) + " " + calendar1.get(
        Calendar.SECOND);
  out.println("Es ist gerade: " + uhrzeit + " Uhr");
%>
```

Die JSP-Seite JSPmitDatumundUhrzeitLink.jsp

```
<!DOCTYPE HTML PUBLIC "-//W3C//DTD HTML 4.01 Transitional//EN">

<html>
<head>
  <title>Datum und Uhrzeit</title>
</head>
<body>
<p><a href="JSPmitDatum.jsp">Datumsanzeige</a></p>
<p><a href="JSPmitUhrzeit.jsp">Uhrzeitanzeige</a></p>
</body>
</html>
```

Die JSP-Seite JSPmitDatumundUhrzeitInclude.jsp

```
<!DOCTYPE HTML PUBLIC "-//W3C//DTD HTML 4.01 Transitional//EN">

<html>
<body>
<%-- JSP-Direktiven binden zwei JSP-Seiten ein und führen
diese aus --%>

<%@ include file="JSPmitDatum.jsp" %>
<%@ include file="JSPmitUhrzeit.jsp" %>

</html>
</body>
```

Die JSP-Seite JSPmitDateiZugriff.jsp

```
<!DOCTYPE HTML PUBLIC "-//W3C//DTD HTML 4.01 Transitional//EN">

<html>
<body>

<%-- JSP-Direktive importiert Pakete --%>
<%@ page import="java.io.*" %>

<%-- JSP-Direktive setzt eine ErrorPage --%>
<%@ page errorPage="JSPErrorPage.jsp" %>

<%-- JSP-Scriptlet versucht, eine nicht vorhandene Datei im
Lesemodus zu eröffnen, um einen Fehler zu erzwingen --%>

<%
   BufferedReader charIn = new BufferedReader(new FileReader(
     new File("TestDatei")));
%>

</body>
</html>
```

Die JSP-Seite JSPErrorPage.jsp

```
<!DOCTYPE HTML PUBLIC "-//W3C//DTD HTML 4.01 Transitional//EN">

<html>
<body>

<%-- JSP-Direktive zum Setzen einer ErrorPage --%>
<%@ page isErrorPage="true" %>
```

```
<%-- JSP-Scriptlet zeigt die im impliziten Objekt exception
gespeicherte Fehlermeldung an und erzeugt ein Objekt der Klasse
ErrorData, um Angaben zum Servlet zu machen, in dem der Fehler aufgetreten
ist --%>

<%
  ErrorData errorData = pageContext.getErrorData();
  out.println("<h4> Es ist ein Fehler aufgetreten: </h4>");
  out.println("<br>" + exception + "<br>");
  out.println("Request-Path: " + errorData.getRequestURI()
   + "<br>");
  out.println("Servlet-Path: " + errorData.getServletName()
   + "<br>");
  out.println("Status-Code: " + errorData.getStatusCode()
   + "<br>");
// Methoden der impliziten Objekte session und application
// aufrufen
  out.println("Session-ID: " + session.getId()
   + "<br>");
  out.println("Container: " + application.getServerInfo()
   + "<br>");
  out.println("Real-Path: " + application.getRealPath("/")
   + "<br>");
  out.println("ServletContext-Name: " +
   application.getServletContextName()+ "<br>");
%>
</body>
</html>
```

Programmausgaben

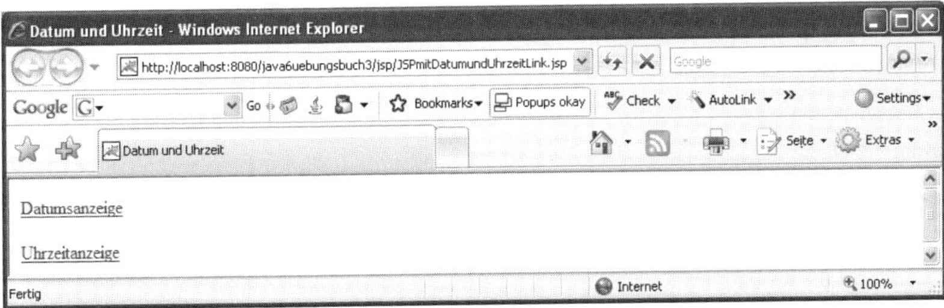

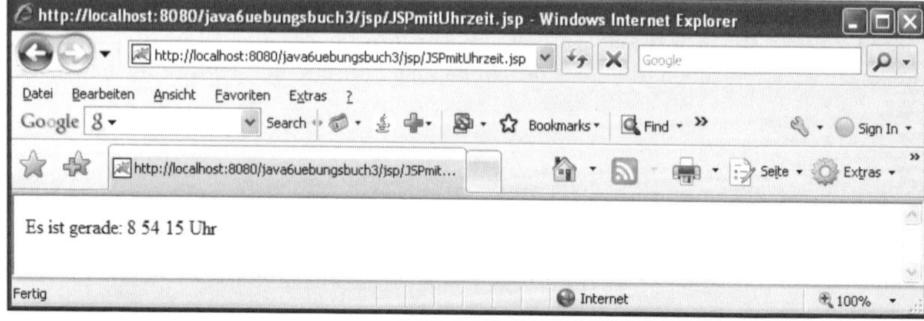

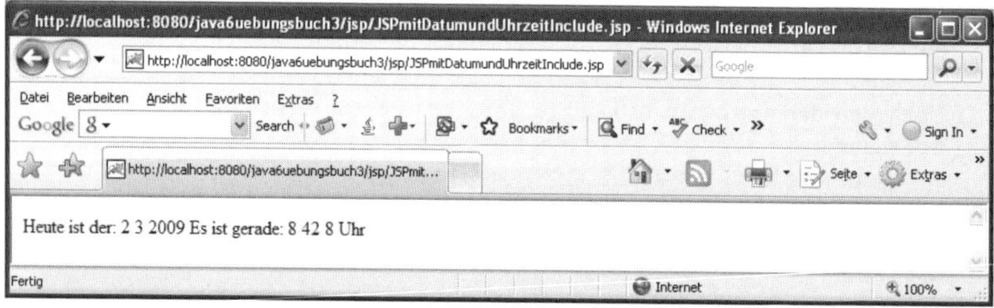

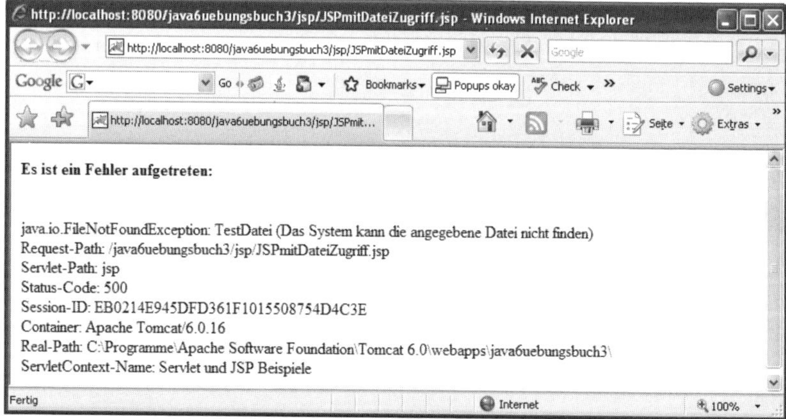

Lösung 2.7

Die JSP-Seite JSPmitGeburtstagsDatum.jsp

```
<%-- JSP-Direktive setzt den Content-Type --%>
<%@ page contentType="text/plain" %>
<%-- JSP-Direktive importiert Pakete --%>
<%@ page import="java.util.*" %>
```

```
<%-- JSP-Scriptlet gibt alle Anfrage-Parameterwerte im Browser
aus, ermittelt das aktuelle Tagesdatum und zeigt dieses zusammen
mit dem beim Einbinden der Seite übergebenen Text im Browser an
--%>
<%
  out.println("<h4> Anzeige der HttpServletRequest-Parameter "
    + "</h4>");
  out.println("<ul>");
  Enumeration parameterNamen = request.getParameterNames();
// Die Enumeration-Instanz durchlaufen
  while(parameterNamen.hasMoreElements()) {
    String name = (String)parameterNamen.nextElement();
    String[] werte = request.getParameterValues(name);
// Die Werte der Parameter in den Output-Stream schreiben
    out.print("<li>" + name + ": ");
    for(String wert: werte)
      out.print(wert);
    out.println("</li>");
  }
  out.println("</ul>");
// Das Tagesdatum über den Aufruf der get()-Methoden der Klasse
// GregorianCalendar ermitteln
  GregorianCalendar calendar = new GregorianCalendar();
    String datum = calendar.get(Calendar.DAY_OF_MONTH) + " "
      + (calendar.get(Calendar.MONTH) + 1) + " " + calendar.get(
        Calendar.YEAR);
// Die Methode getParam() am request-Objekt aufrufen, um den
// mit der JSP-Aktion übergebenen Text zu lesen
  String string = request.getParameter("Text1");
  out.println("<h3>" + string + datum + "</h3>" );
%>
```

Die JSP-Seite JSPmitGeburtstagsPartyUhrzeit.jsp

```
<%-- JSP-Direktive setzt den Content-Type --%>
<%@ page contentType="text/plain" %>
<%-- JSP-Direktive importiert Pakete --%>
<%@ page import="java.util.*" %>

<%-- JSP-Scriptlet gibt alle Anfrage-Parameterwerte im Browser
aus, ermittelt das aktuelle Tagesdatum und zeigt dieses zusammen
mit dem beim Einbinden der Seite übergebenen Text im Browser an
--%>
<%
// Die aktuelle Uhrzeit über den Aufruf der Methoden der
// Klasse GregorianCalendar ermitteln
  GregorianCalendar calendar1 = new GregorianCalendar();
// Die Methode getParam() am request-Objekt aufrufen, um den
```

```
// mit der Aktion <jsp:param> übergebenen Text zu lesen
   String string = request.getParameter("Text2");
// Text und Uhrzeit im Browser anzeigen
   out.println("<h3>" + string + calendar1.get(Calendar.
     HOUR_OF_DAY) + " " + calendar1.get(Calendar.MINUTE) + " "
       + calendar1.get(Calendar.SECOND) + " Uhr </h3>");
   out.println("<h4> Anzeige der HttpServletRequest-Parameter "
     + "</h4>");
   out.println("<ul>");
   Enumeration parameterNamen = request.getParameterNames();
// Die Enumeration-Instanz durchlaufen
   while(parameterNamen.hasMoreElements()) {
      String name = (String)parameterNamen.nextElement();
      String[] werte = request.getParameterValues(name);
// Die Werte der Parameter in den Output-Stream schreiben
      out.print("<li>" + name + ": ");
      for(String wert: werte)
         out.print(wert);
      out.println("</li>");
   }
   out.println("</ul>");
%>
```

Die JSP-Seite JSPmitIncludeAction.jsp

```
<!DOCTYPE HTML PUBLIC "-//W3C//DTD HTML 4.01 Transitional//EN">

<html>
<head>
  <title>Datum und Uhrzeit für eine Geburtstagsparty</title>
</head>
<body>
<%-- JSP-Aktionen binden zwei JSP-Seiten ein, übergeben an diese
Texte als Parameter und führen sie aus --%>

<jsp:include page="JSPmitGeburtstagsDatum.jsp">
   <jsp:param name="Text1" value="Ich habe Geburtstag am "/>
</jsp:include>
<jsp:include page="JSPmitGeburtstagsPartyUhrzeit.jsp">
   <jsp:param name="Text2"
      value=" und organisiere eine Geburtstagsparty um "/>
</jsp:include>

<%-- JSP-Aktionen definieren neue Tags --%>

<jsp:element name="h6">
   <jsp:attribute name="style">
      color:red; font-size:15pt;
   </jsp:attribute>
```

```
  <jsp:body> Es wird eine große Auswahl an Essen </jsp:body>
</jsp:element>
<jsp:element name="h5">
  <jsp:attribute name="style">
    color:gray; font-size:15pt;
  </jsp:attribute>
  <jsp:body> und Getränken angeboten! </jsp:body>
</jsp:element>

</body>
</html>
```

Die JSP-Seite JSPmitForwardAction.jsp

```
<!DOCTYPE HTML PUBLIC "-//W3C//DTD HTML 4.01 Transitional//EN">

<html>
<head>
  <title>Datum und Uhrzeit für eine Geburtstagsparty</title>
</head>

<%-- JSP-Aktion leitet die Ausführung auf die angegebene Datei weiter und
übergibt an diese einen Text als Parameter --%>

<jsp:forward page="JSPAnzeige.jsp">
  <jsp:param name="Text3" value="Melde dich bitte "/>
</jsp:forward>
</body>
</html>
```

Die JSP-Seite JSPAnzeige.jsp

```
<body bgcolor="gray">
<%-- JSP-Direktive setzt den Content-Type --%>
<%@ page contentType="text/html" %>

<%-- JSP-Aktionen binden zwei JSP-Seiten ein, übergeben an diese
Texte als Parameter und führen sie aus --%>

<jsp:include page="JSPmitGeburtstagsDatum.jsp">
  <jsp:param name="Text1" value="Ich habe Geburtstag am "/>
</jsp:include>
<jsp:include page="JSPmitGeburtstagsPartyUhrzeit.jsp">
  <jsp:param name="Text2"
    value=" und organisiere eine Geburtstagsparty um "/>
</jsp:include>

<%-- JSP-Scriptlet liest den übergebenen Parameterwert und zeigt
diesen im Browser an --%>
<%
```

```
   String string = request.getParameter("Text3");
   out.println("<h3>" + string + "</h3>");
%>

<%-- JSP-Aktionen definieren neue Tags --%>

<jsp:element name="h6">
   <jsp:attribute name="style">
     color:pink; font-size:15pt;
   </jsp:attribute>
   <jsp:body>rechtzeitig</jsp:body>
</jsp:element>
<jsp:element name="h5">
   <jsp:attribute name="style">
     color:red; font-size:15pt;
   </jsp:attribute>
   <jsp:body> und vergiss nicht die Geschenke! </jsp:body>
</jsp:element>
```

Ausschnitte aus der Datei JSPmitIncludeAction_jsp.java

```
org.apache.jasper.runtime.JspRuntimeLibrary.include(request, response,
"JSPmitGeburtstagsDatum.jsp" + (("JSPmitGeburtstagsDatum.jsp").
indexOf('?')>0? '&': '?') + org.apache.jasper.runtime.JspRuntimeLi-
brary.URLEncode("Text1", request.getCharacterEncoding())+ "=" + org.
apache.jasper.runtime.JspRuntimeLibrary.URLEncode("Ich habe Geburtstag am
", request.getCharacterEncoding()), out, false);
...
org.apache.jasper.runtime.JspRuntimeLibrary.include(request, response,
"JSPmitGeburtstagsPartyUhrzeit.jsp" + (("JSPmitGeburtstagsPartyUhrzeit.
jsp").indexOf('?')>0? '&': '?') + org.apache.jasper.runtime.
JspRuntimeLibrary.URLEncode("Text2", request.getCharacterEncoding())+
"=" + org.apache.jasper.runtime.JspRuntimeLibrary.URLEncode(" und
organisiere eine Geburtstagsparty um ", request.getCharacterEncoding()),
out, false);
```

Ausschnitte aus der Datei JSPmitForwardAction_jsp.java

```
if (true) {
   _jspx_page_context.forward("JSPAnzeige.jsp" +
   (("JSPAnzeige.jsp").indexOf('?')>0? '&': '?') +
org.apache.jasper.runtime.JspRuntimeLibrary.URLEncode("Text3",
request.getCharacterEncoding())+ "="
+ org.apache.jasper.runtime.JspRuntimeLibrary.URLEncode
("Melde dich bitte ", request.getCharacterEncoding()));
      return;
    }
```

Programmausgaben

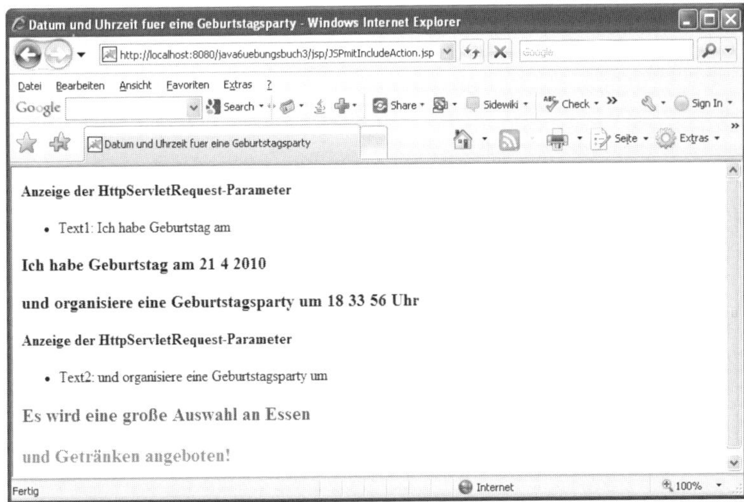

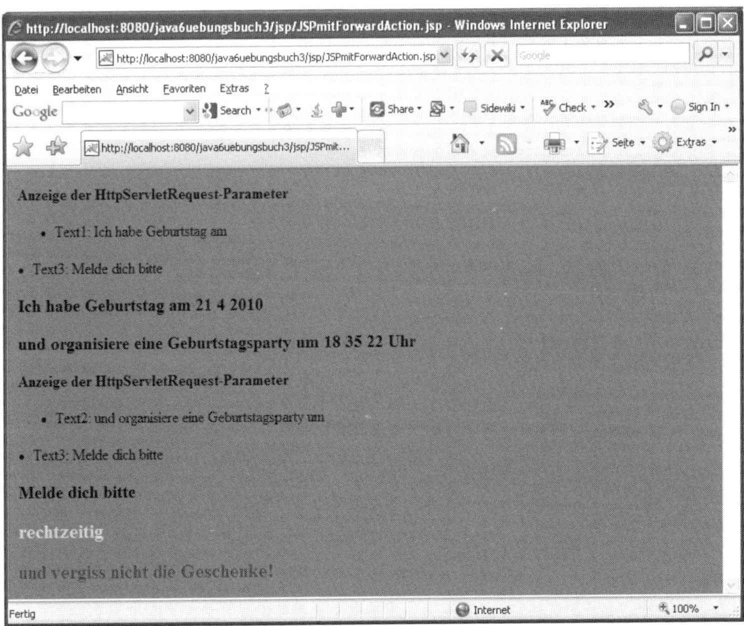

Lösung 2.8

Die Klasse ServletBsp1

```
package paket2;

import java.io.*;
import javax.servlet.*;
import javax.servlet.http.*;
public class ServletBsp1 extends HttpServlet {
// Die doGet()-Methode überschreiben
   public void doGet (HttpServletRequest request,
                  HttpServletResponse response)
                     throws IOException, ServletException {
      RequestDispatcher requestDispatcher;
// Ein Attribut im Request-Scope für das Servlet setzen
      request.setAttribute ("servletNachricht",
        "Nachricht von Servlet1 an die JSP");
// Eine Instanz der Klasse RequestDispatcher für das Weiterleiten
// der Anfrage erzeugen
      requestDispatcher =
        getServletContext().getRequestDispatcher(
          "/jsp/paket2/ServletToJSP.jsp");
// und diese an die JSP-Seite ServletToJSP.jsp weitergeben
      requestDispatcher.forward(request, response);
   }
}
```

Die Klasse ServletBsp2

```
package paket2;

import java.io.*;
import javax.servlet.*;
import javax.servlet.http.*;
public class ServletBsp2 extends HttpServlet {
// Die doGet()-Methode überschreiben
   public void doGet (HttpServletRequest request,
                  HttpServletResponse response)
                     throws IOException, ServletException {
      RequestDispatcher requestDispatcher;
// Ein Attribut im Request-Scope für das Servlet setzen
      request.setAttribute ("servletNachricht",
        "Nachricht von Servlet2 an Servlet3");
// Eine Instanz der Klasse RequestDispatcher für das Weiterleiten
// der Anfrage erzeugen
      requestDispatcher =
        getServletContext().getRequestDispatcher("/Servlet3");
```

```
// und diese an ein Servlet vom Typ der Klasse Servlet3
// weitergeben
      requestDispatcher.forward(request, response);
   }
}
```

Die Klasse ServletBsp3

```
package paket2;

import java.io.*;
import javax.servlet.*;
import javax.servlet.http.*;
public class ServletBsp3 extends HttpServlet {
// Die doGet()-Methode überschreiben
   public void doGet (HttpServletRequest request,
                HttpServletResponse response)
             throws IOException, ServletException {
      PrintWriter out;
      String title = "Servlet To Servlet";
      response.setContentType("text/html");
// Einen PrintWriter-Stream für das Senden der Antwort an den
// Client, durch den Aufruf der Methode getWriter() am
// HttpServletResponse-Objekt, ermitteln
      out = response.getWriter();
// und eine HTML-Seite generieren, die an den Browser gesendet
// werden soll
      out.println("<html>");
      out.println("<body bgcolor=\"pink\">");
      out.println("<h3>" + title + "</h3>");
      out.println("<h4>" + request.
        getAttribute("servletNachricht") + "</h4>");
      out.println("</body>");
      out.println("</html>");
   }
}
```

Die JSP-Seite ServletToJSP.jsp

```
<!DOCTYPE HTML PUBLIC "-//W3C//DTD HTML 4.01 Transitional//EN">
<html>
<body bgcolor="pink">
<h4> Servlet to JSP </h4>

<%-- JSP-Scriptlet liest den Wert des für die Anfrage in der
Klasse ServletBsp1 gesetzten Attributs mit dem Namen
"servletNachricht" und zeigt diese im Browser an --%>
```

```
<%
   out.println("<h4>" + request.getAttribute("servletNachricht")
     + "</h4>");
%>
</body>
</html>
```

Die JSP-Seite JSPToServlet.jsp

```
<!DOCTYPE HTML PUBLIC "-//W3C//DTD HTML 4.01 Transitional//EN">
<html>

<body bgcolor="red">
<!-- JSP-Aktion, um das ServletBsp1 auszuführen, dieses leitet
seinerseits eine Nachricht an die JSP-Seite ServletToJSP weiter-->
<jsp:forward page="/Servlet1" />
</body>
</html>
```

Programmausgaben

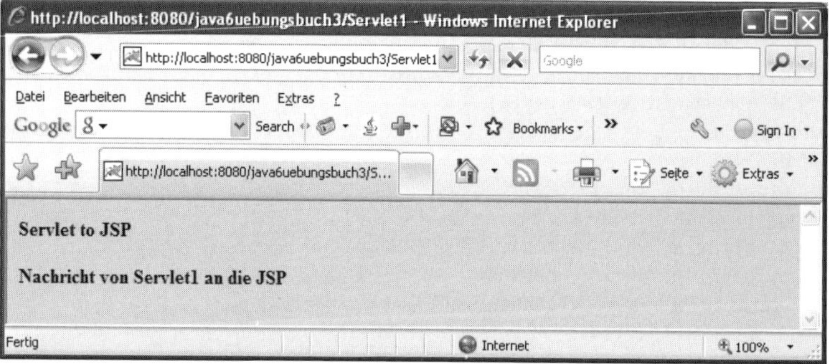

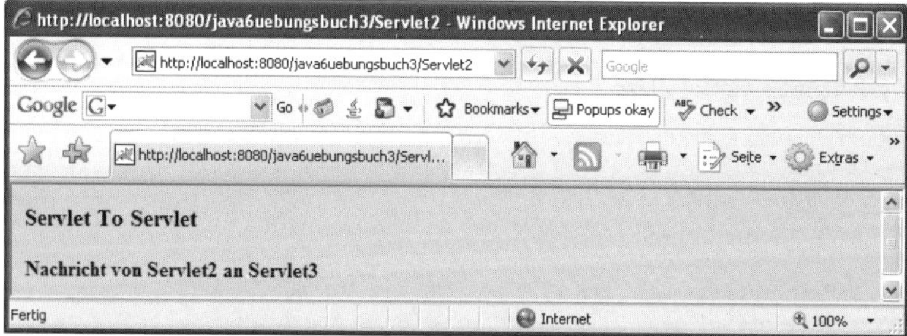

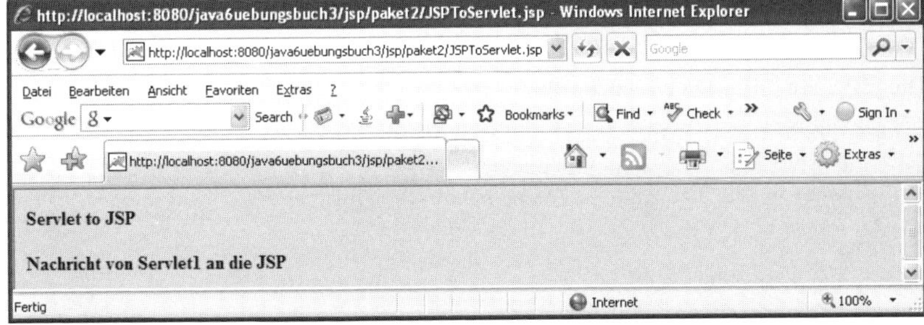

Lösung 2.9

Die Klasse WebBesucher

```
package paket3;

import java.util.*;
public class WebBesucher {
   private int anzahl;
   private String name;
   private Map<String,String> map = new HashMap<String,String>();
// Konstruktordefinition
   public WebBesucher() {
      map.put("Andreas Mueller", "Schüler");
      map.put("Horst Schmidt", "Lehrer");
      map.put("Peter Mayer", "Student");
   }
// Setter- und Getter-Methoden definieren die Eigenschaften
// "anzahl", "name" und "map" für die JavaBean
   public void setAnzahl(int n) {
      anzahl = n;
   }
   public int getAnzahl() {
      return anzahl;
   }
   public void setName(String s) {
      name = s;
   }
   public String getName() {
      return name;
   }
   public Map<String,String> getMap() {
      return map;
   }
   public void setMap(Map<String,String> map) {
      this.map = map;
```

```
    }
}
```

Die JSP-Seite JSPmitWebBesucherBean1.jsp

```
<! DOCTYPE HTML PUBLIC "-//W3C// DTD HTML 4.01 Transitional //EN">
<%-- JSP-Aktion setzt eine JavaBean --%>
<jsp:useBean id="besucher" class="paket3.WebBesucher"/>

<html>
<body bgcolor="#EEBBCC">
<font size = 4 color="#00BBCC">
<hr/>
<div align="center">
<%-- JSP-Scriptlet ermittelt über den Aufruf der Setter-und
Getter-Methoden der JavaBean den Beruf von Besuchern im Web und
zeigt diesen im Browser an --%>
<jsp:scriptlet>
  besucher.setAnzahl(1);
  besucher.setName("Horst Schmidt");
  out.println("Der " + besucher.getAnzahl() + ". Besucher "
    + besucher.getName() + " ist " + besucher.getMap().
      get(besucher.getName()));
</jsp:scriptlet>
<hr/>
<jsp:scriptlet>
  besucher.setAnzahl(2);
  besucher.setName("Peter Mayer");
  out.println("Der " + besucher.getAnzahl() + ". Besucher "
    + besucher.getName() + " ist " + besucher.getMap().
      get(besucher.getName()));
</jsp:scriptlet>
<hr/>
</div>
</body>
</html>
```

Die JSP-Seite JSPmitWebBesucherBean2.jsp

```
<! DOCTYPE HTML PUBLIC "-//W3C// DTD HTML 4.01 Transitional //EN">
<%-- JSP-Aktion setzt eine JavaBean --%>
<jsp:useBean id="besucher" class="paket3.WebBesucher"/>

<%-- Die JSP-Aktionen setProperty/getProperty anstelle von
Getter- und Setter-Methoden aufrufen --%>
<jsp:setProperty name="besucher" property="anzahl" value="1"/>
<jsp:setProperty name="besucher" property="name"
value="Andreas Mueller"/>

<html>
<body bgcolor="#AABBCC">
```

```
<font size = 4 color="#001111">
Webbesucher:
<jsp:getProperty name="besucher" property="map"/>
<hr/>
Der
<jsp:getProperty name="besucher" property="anzahl"/>
. Besucher
<jsp:getProperty name="besucher" property="name"/>
 ist
<%-- JSP-Scriptlet ermittelt den Beruf von Besuchern im Web und zeigt
diesen im Browser an --%>

<jsp:scriptlet>
out.println(besucher.getMap().get(besucher.getName()));
</jsp:scriptlet>

<hr/>
</body>
</html>
```

Die Servlet-Klasse JSPmitWebBesucherBean1_jsp

```
package org.apache.jsp.jsp.paket3;

import javax.servlet.*;
import javax.servlet.http.*;
import javax.servlet.jsp.*;
public final class JSPmitWebBesucherBean1_jsp
          extends org.apache.jasper.runtime.HttpJspBase
       implements org.apache.jasper.runtime.JspSourceDependent {
  private static final JspFactory _jspxFactory = JspFactory.
    getDefaultFactory();
  private static java.util.List _jspx_dependants;
  private javax.el.ExpressionFactory _el_expressionfactory;
  private org.apache.AnnotationProcessor _jsp_annotationprocessor;
  public Object getDependants() {
    return _jspx_dependants;
  }
  public void _jspInit() {
    _el_expressionfactory = _jspxFactory.getJspApplicationContext( get-
ServletConfig().getServletContext()).getExpressionFactory();
    _jsp_annotationprocessor =
      (org.apache.AnnotationProcessor)getServletConfig().
       getServletContext().getAttribute(
        org.apache.AnnotationProcessor.class.getName());
  }
  public void _jspDestroy() {
  }
  public void _jspService(HttpServletRequest request,
```

```
                    HttpServletResponse response)
        throws java.io.IOException, ServletException {
    PageContext pageContext = null;
    HttpSession session = null;
    ServletContext application = null;
    ServletConfig config = null;
    JspWriter out = null;
    Object page = this;
    JspWriter _jspx_out = null;
    PageContext _jspx_page_context = null;
    try {
      response.setContentType("text/html");
      pageContext = _jspxFactory.getPageContext(this, request,
        response, null, true, 8192, true);
      _jspx_page_context = pageContext;
      application = pageContext.getServletContext();
      config = pageContext.getServletConfig();
      session = pageContext.getSession();
      out = pageContext.getOut();
      _jspx_out = out;
      out.write('\r');
      out.write('\n');
// Eine lokale Variable besucher auf Basis des Wertes von "id" aus
// <jsp:useBean>
      paket3.WebBesucher besucher = null;
        synchronized (_jspx_page_context) {
// Aus dem Standard-Gültigkeitsbereich = Page-Scope wird das
// Attribut mit dem Namen "besucher" gelesen und der Variablen
// besucher zugewiesen
          besucher = (paket3.WebBesucher) _jspx_page_context.
           getAttribute("besucher", PageContext.PAGE_SCOPE);
// Wenn das Attribut nicht existiert, wird es gesetzt
          if(besucher == null) {
           besucher = new paket3.WebBesucher();
          _jspx_page_context.setAttribute("besucher", besucher,
             PageContext.PAGE_SCOPE);
          }
        }
        out.write("\r\n");
        out.write("\r\n");
        out.write("<html>\r\n");
// Farbe für Hintergrund und Schrift und die Schriftgröße setzen
        out.write("<body bgcolor=\"#EEBBCC\">\r\n");
        out.write("<font size = 4 color=\"#00BBCC\">\r\n");
        out.write("<hr/>\r\n");
        out.write("<div align=\"center\">\r\n");
        out.write('\r');
        out.write('\n');
```

```
// Die Setter- und Getter-Methoden der Java-Bean aufrufen
        besucher.setAnzahl(1);
        besucher.setName("Horst Schmidt");
        out.println("Der " + besucher.getAnzahl() + ". Besucher "
          + besucher.getName() + " ist " + besucher.getMap().
            get(besucher.getName()));
        out.write("\r\n");
        out.write("<hr/>\r\n");
        besucher.setAnzahl(2);
        besucher.setName("Peter Mayer");
        out.println("Der " + besucher.getAnzahl() + ". Besucher "
          + besucher.getName() + " ist " + besucher.getMap().
         get(besucher.getName()));
        out.write("\r\n");
        out.write("<hr/>\r\n");
        out.write("</div>\r\n");
        out.write("</body>\r\n");
        out.write("</html>");
      }
      catch (Throwable t) {
        if(!(t instanceof SkipPageException)) {
          out = _jspx_out;
          if(out != null && out.getBufferSize() != 0)
          try {
            out.clearBuffer();
          }
          catch (java.io.IOException e) {}
          if (_jspx_page_context != null)
            _jspx_page_context.handlePageException(t);
        }
      }
      finally {
        _jspxFactory.releasePageContext(_jspx_page_context);
      }
    }
}
```

Die Servlet-Klasse JSPmitWebBesucherBean2_jsp

```
package org.apache.jsp.jsp.paket3;

import javax.servlet.*;
import javax.servlet.http.*;
import javax.servlet.jsp.*;
public final class JSPmitWebBesucherBean2_jsp
    extends org.apache.jasper.runtime.HttpJspBase
    implements org.apache.jasper.runtime.JspSourceDependent {
   private static final JspFactory _jspxFactory =
   JspFactory.getDefaultFactory();
```

```
private static java.util.List _jspx_dependants;
private javax.el.ExpressionFactory _el_expressionfactory;
private org.apache.AnnotationProcessor jsp_annotationprocessor;
public Object getDependants() {
  return _jspx_dependants;
}
public void _jspInit() {
 _el_expressionfactory =
   _jspxFactory.getJspApplicationContext(getServletConfig().
     getServletContext()).getExpressionFactory();
 _jsp_annotationprocessor = (org.apache.AnnotationProcessor)
    getServletConfig().getServletContext().getAttribute(
     org.apache.AnnotationProcessor.class.getName());
}
public void _jspDestroy() {
}
public void _jspService(HttpServletRequest request,
  HttpServletResponse response)
    throws java.io.IOException, ServletException {
  PageContext pageContext = null;
  HttpSession session = null;
  ServletContext application = null;
  ServletConfig config = null;
  JspWriter out = null;
  Object page = this;
  JspWriter _jspx_out = null;
  PageContext _jspx_page_context = null;
  try {
    response.setContentType("text/html");
    pageContext = _jspxFactory.getPageContext(this, request,
     response, null, true, 8192, true);
    _jspx_page_context = pageContext;
    application = pageContext.getServletContext();
    config = pageContext.getServletConfig();
    session = pageContext.getSession();
    out = pageContext.getOut();
    _jspx_out = out;
    out.write('\r');
    out.write('\n');
// Eine lokale Variable besucher auf Basis des Wertes von "id" aus
// <jsp:useBean>
    paket3.WebBesucher besucher = null;
// Aus dem Standard-Gültigkeitsbereich = Page-Scope wird das
// Attribut mit dem Namen "besucher" gelesen und der Variablen
// besucher zugewiesen
    synchronized (_jspx_page_context) {
      besucher = (paket3.WebBesucher) _jspx_page_context.
       getAttribute("besucher", PageContext.PAGE_SCOPE);
```

```
// Wenn das Attribut nicht existiert, wird es gesetzt
        if(besucher == null) {
          besucher = new paket3.WebBesucher();
         _jspx_page_context.setAttribute("besucher", besucher,
             PageContext.PAGE_SCOPE);
        }
      }
      out.write("\r\n");
      out.write("\r\n");
      out.write('\r');
      out.write('\n');
// Das Attribut "besucher" finden
      org.apache.jasper.runtime.JspRuntimeLibrary.
        introspecthelper(_jspx_page_context.findAttribute(
         "besucher"), "anzahl", "1", null, null, false);
      out.write('\r');
      out.write('\n');
      org.apache.jasper.runtime.JspRuntimeLibrary.
        introspecthelper(_jspx_page_context.findAttribute(
         "besucher"), "name", "Andreas Mueller", null, null,
          false);
      out.write("\r\n");
      out.write("\r\n");
      out.write("<html>\r\n");
      out.write("<body bgcolor=\"#AABBCC\">\r\n");
      out.write("<font size = 4 color=\"#001111\">\r\n");
      out.write("Webbesucher: \r\n");
      out.write(org.apache.jasper.runtime.JspRuntimeLibrary.
        toString((((paket3.WebBesucher)_jspx_page_context.
          findAttribute("besucher")).getMap())));
      out.write("\r\n");
      out.write("<hr/>\r\n");
      out.write("Der \r\n");
      out.write(org.apache.jasper.runtime.JspRuntimeLibrary.
        toString((((paket3.WebBesucher)_jspx_page_context.
          findAttribute("besucher")).getAnzahl())));
      out.write("\r\n");
      out.write(". Besucher\r\n");
      out.write(org.apache.jasper.runtime.JspRuntimeLibrary.
        toString((((paket3.WebBesucher)_jspx_page_context.
          findAttribute("besucher")).getName())));
      out.write("\r\n");
      out.write(" ist \r\n");
      out.write("\r\n");
      out.write("\r\n");
      out.println(besucher.getMap().get(besucher.getName()));
      out.write("\r\n");
      out.write("\r\n");
```

```
        out.write("<hr/>\r\n");
        out.write("</body>\r\n");
        out.write("</html>");
      }
      catch (Throwable t) {
        if(!(t instanceof SkipPageException)) {
          out = _jspx_out;
          if(out != null && out.getBufferSize() != 0)
            try {
              out.clearBuffer();
            }
            catch (java.io.IOException e) {}
            if(_jspx_page_context != null) _jspx_page_context.
              handlePageException(t);

        }
      }
      finally {
        _jspxFactory.releasePageContext(_jspx_page_context);
      }
    }
}
```

Programmausgaben

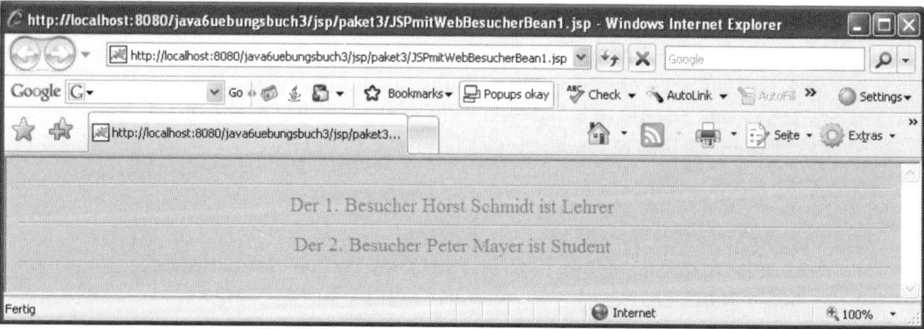

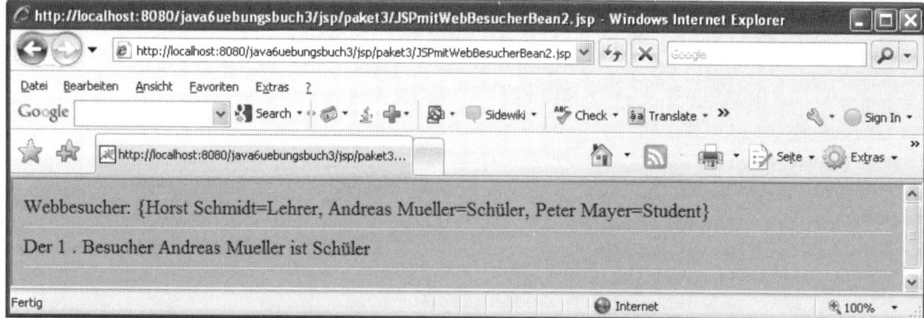

Hinweise zu den Programmausgaben

In den Servlet-Klassen sind die Anweisungen, die beim Übersetzen der JSP-Seite bezüglich des Setzens und Auffindens von Attributen hinzugefügt wurden, mit »fett« hervorgehoben.

Als Wert für das `scope`-Attribut der JSP-Aktion `useBean` wird standardmäßig »page« gesetzt, womit eine Sichtbarkeit der JavaBean nur innerhalb der aktuellen JSP-Seite gewährleistet ist.

Achten Sie auf die Unterschiede zwischen einem direkten Aufruf von Setter- und Getter-Methoden und der Benutzung der JSP-Aktionen `<jsp:setProperty>` und `<jsp:getProperty>`.

Lösung 2.10

Die Klasse TitelfuerDatumundUhrzeit

```
package paket3;

public class TitelfuerDatumundUhrzeit {
   private String titel = "JSP für die ";
// Konstruktordefinition
   public TitelfuerDatumundUhrzeit() { }
// Getter- und Setter-Methode
   public String getTitel() {
      return titel;
   }
   public void setTitel(String titel) {
      this.titel = titel;
   }
}
```

Die Klasse Datum

```
package paket3;

import java.util.*;
public class Datum {
   private Calendar calendar;
// Konstruktordefinition
   public Datum() {
// Eine Instanz der Klasse Calendar dynamisch erzeugen
      calendar = Calendar.getInstance();
   }
// Getter-Methoden, die die Eigenschaften "year", "month" und
// "day" definieren; diese müssen nicht als Felder der Klasse
// definiert werden
   public int getYear() {
      return calendar.get(Calendar.YEAR);
```

```
    }
    public int getMonth() {
      return 1 + calendar.get(Calendar.MONTH);
    }
    public int getDay() {
      return calendar.get(Calendar.DAY_OF_MONTH);
    }
    public String getDate() {
      return getDay() + "." + getMonth() + "." +  getYear();
    }
}
```

Die Klasse Uhrzeit

```
package paket3;

import java.util.*;
public class Uhrzeit {
  private Calendar calendar;
// Konstruktordefinition
  public Uhrzeit() {
// Eine Instanz der Klasse Calendar dynamisch erzeugen
    calendar = Calendar.getInstance();
  }
// Getter-Methoden, die die Eigenschaften "hour", "minute" und
// "second" definieren; diese müssen nicht als Felder der Klasse
// definiert werden
  public int getHour() {
    return calendar.get(Calendar.HOUR_OF_DAY);
  }
  public int getMinute() {
    return calendar.get(Calendar.MINUTE);
  }
  public int getSecond() {
    return calendar.get(Calendar.SECOND);
  }
  public String getTime() {
    return getHour() + ":" + getMinute() + ":" + getSecond();
  }
}
```

Die JSP-Seite JSPmitDatumundUhrzeit.jsp

```
<!DOCTYPE HTML PUBLIC "-//W3C//DTD HTML 4.01 Transitional//EN">

<%-- JSP-Aktion setzt eine JavaBean im Application-Scope--%>
<jsp:useBean id="calendar" class="paket3.TitelfuerDatumundUhrzeit"
scope="application"/>
```

```
<%-- Die JSP-Aktion setProperty setzt einen Wert für die
Eigenschaft "titel" der JavaBean --%>
<jsp:setProperty name="calendar" property="titel"
value="Anzeige von"/>

<html>
<body bgcolor="BBBBBB">
<font size = 4 COLOR="#AA00EE">
<%-- Die JSP-Aktion getProperty liest den Wert der Eigenschaft
"titel" --%>
<jsp:getProperty name="calendar" property="titel"/>

<%-- Mit Hyperlinks andere JSP-Seiten ausführen --%>
<p><a href="JSPmitDatum.jsp">Datumsanzeige</a></p>
<p><a href="JSPmitUhrzeit.jsp">Uhrzeitanzeige</a></p>

</font>
</body>
</html>
```

Die JSP-Seite JSPmitDatum.jsp

```
<!DOCTYPE HTML PUBLIC "-//W3C//DTD HTML 4.01 Transitional//EN">

<%-- Dieselbe JavaBean wie für die JSP-Seiten
JSPmitDatumundUhrzeit.jsp und JSPmitUhrzeit.jsp auch für diese
Seite im Application-Scope setzen --%>
<jsp:useBean id="calendar" class="paket3.TitelfuerDatumundUhrzeit"
scope="application"/>

<%-- Die JSP-Aktionen setProperty/getProperty anstelle von
Getter- und Setter-Methoden aufrufen; der für die Eigenschaft
"titel" vom Typ String gesetzte Wert wird jedes Mal ergänzt--%>
<jsp:setProperty name="calendar" property="titel"
value=" Datum"/>
<jsp:getProperty name="calendar" property="titel" />
<html>
<body bgcolor="#00BBCC">

<%-- Eine weitere JavaBean in diese JSP-Seite einbinden, der mit "type"
definierte Referenztyp und mit "class" definierte Objekttyp
stimmen überein --%>
<jsp:useBean id="datum" class="paket3.Datum" type="paket3.Datum"/>
<font size = 4 color="#000011">

<%-- deren Eigenschaften lesen und im Browser im Listenformat
anzeigen --%>
<hr/>
<ul>
```

```
<li> Jahr:  <jsp:getProperty name="datum" property="year"/>
<li> Monat: <jsp:getProperty name="datum" property="month"/>
<li> Tag: <jsp:getProperty name="datum" property="day"/>
</ul>
Das Tagesdatum ist: <jsp:getProperty name="datum"
property="date"/>

</font>
</body>
</html>
```

Die JSP-Seite JSPmitUhrzeit.jsp

```
<!DOCTYPE HTML PUBLIC "-//W3C//DTD HTML 4.01 Transitional//EN">

<%-- Dieselbe JavaBean wie für die JSP-Seiten
JSPmitDatumundUhrzeit.jsp und JSPmitDatum.jsp auch für diese
Seite im Application-Scope setzen --%>
<jsp:useBean id="calendar" class="paket3.TitelfuerDatumundUhrzeit"
scope="application"/>

<%-- Die JSP-Aktionen setProperty/getProperty anstelle von
Getter- und Setter-Methoden aufrufen; der für die Eigenschaft
"titel" vom Typ String gesetzte Wert wird jedes Mal ergänzt--%>
<jsp:setProperty name="calendar" property="titel"
value=" und Uhrzeit"/>
<jsp:getProperty name="calendar" property="titel" />
<html>
<body bgcolor="#00BBCC">
<font size = 4 color="#000000">
<jsp:useBean id="uhrzeit" class="paket3.Uhrzeit"
type="paket3.Uhrzeit"/>

<%-- Eine weitere JavaBean in diese JSP-Seite einbinden, der mit "type"
definierte Referenztyp und mit "class" definierte Objekttyp stimmen
überein --%>
<hr/>
<ul>
<li> Stunde:  <jsp:getProperty name="uhrzeit" property="hour"/>
<li> Minuten: <jsp:getProperty name="uhrzeit"
property="minute"/>
<li> Sekunden: <jsp:getProperty name="uhrzeit"
property="second"/>
</ul>
Die aktuelle Uhrzeit ist: <jsp:getProperty name="uhrzeit"
property="time"/>

</font>
</body>
</html>
```

Ausschnitte aus der Servlet-Klasse JSPmitDatumundUhrzeit_jsp

```
...
  paket3.TitelfuerDatumundUhrzeit calendar = null;
    synchronized (application) {
      calendar = (paket3.TitelfuerDatumundUhrzeit)
        _jspx_page_context.getAttribute("calendar",
        PageContext.APPLICATION_SCOPE);
      if (calendar == null){
        calendar = new paket3.TitelfuerDatumundUhrzeit();
        _jspx_page_context.setAttribute("calendar",
          calendar, PageContext.APPLICATION_SCOPE);
      }
    }
...
  org.apache.jasper.runtime.JspRuntimeLibrary.introspecthelper(
   _jspx_page_context.findAttribute("calendar"), "titel",
     "Anzeige von",  null, null, false);
...
  out.write(org.apache.jasper.runtime.JspRuntimeLibrary.
   toString((((paket3.TitelfuerDatumundUhrzeit)
   _jspx_page_context.findAttribute("calendar")).getTitel())));
...
```

Ausschnitte aus der Servlet-Klasse JSPmitDatum_jsp

```
...
  paket3.TitelfuerDatumundUhrzeit calendar = null;
    synchronized (application) {
      calendar = (paket3.TitelfuerDatumundUhrzeit)
      jspx_page_context.getAttribute("calendar",
       PageContext.APPLICATION_SCOPE);
 _    if (calendar == null){
        calendar = new paket3.TitelfuerDatumundUhrzeit();
      _   jspx_page_context.setAttribute("calendar", calendar,
            PageContext.APPLICATION_SCOPE);
      }
    }
...
  org.apache.jasper.runtime.JspRuntimeLibrary.introspecthelper(
    jspx_page_context.findAttribute("calendar"), "titel", "
     Datum", null, null, false);
...
  out.write(org.apache.jasper.runtime.JspRuntimeLibrary.
    toString((((paket3.TitelfuerDatumundUhrzeit)_jspx_page
     context. findAttribute("calendar")).getTitel())));
...
  paket3.Datum datum = null;
    synchronized (_jspx_page_context) {
      datum = (paket3.Datum)
```

```
        jspx_page_context.getAttribute("datum",
_          PageContext.PAGE_SCOPE);
        if (datum == null){
          datum = new paket3.Datum();
         _jspx_page_context.setAttribute("datum", datum,
            PageContext.PAGE_SCOPE);

        }
      }
...
out.write(org.apache.jasper.runtime.JspRuntimeLibrary.toString((((paket3
.Datum)_jspx_page_context.findAttribute("datum")).getYear())));
...
out.write(org.apache.jasper.runtime.JspRuntimeLibrary.toString((((paket3
.Datum)_jspx_page_context.findAttribute("datum")).getMonth())));
...
out.write(org.apache.jasper.runtime.JspRuntimeLibrary.toString((((paket3
.Datum)_jspx_page_context.findAttribute("datum")).getDay())));
...
out.write(org.apache.jasper.runtime.JspRuntimeLibrary.toString((((paket3
.Datum)_jspx_page_context.findAttribute("datum")).getDate())));
```

Programmausgaben

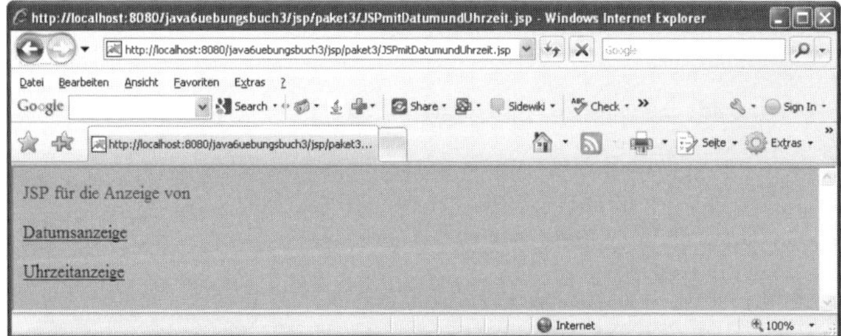

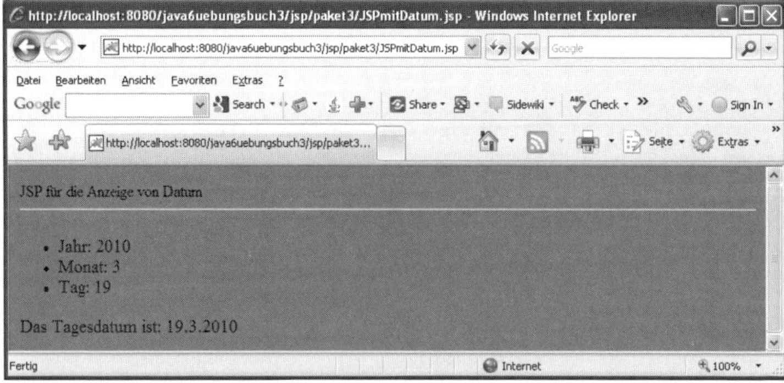

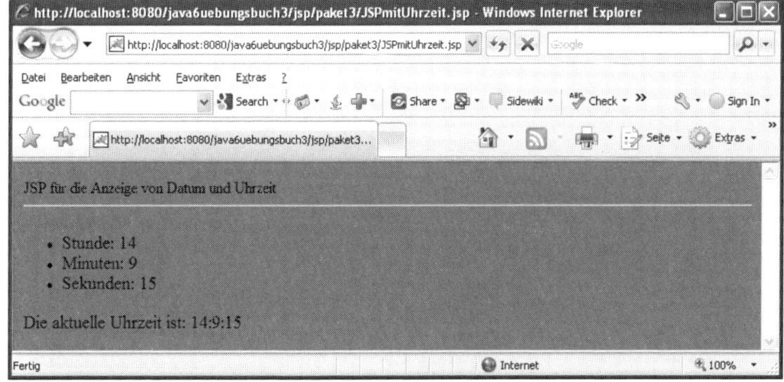

Lösung 2.11

Die Klasse DatumundUhrzeit

```
package paket3;

import java.util.*;
public abstract class DatumundUhrzeit {
   Calendar  calendar = null;
// Konstruktordefinition
   public DatumundUhrzeit() {
   }
// Abstrakte Methodendefinitionen
   public abstract String getTitel();
   public abstract void setTitel(String titel);
}
```

Die Klasse DatumAnzeige

```
package paket3;

import java.util.*;
public class DatumAnzeige extends DatumundUhrzeit {
   private Calendar calendar = null;
   private String titel;
// Konstruktordefinition
   public DatumAnzeige() {
// Eine Instanz der Klasse Calendar dynamisch erzeugen
      calendar = Calendar.getInstance();
   }
// Getter-Methoden, die die Eigenschaften "year", "month" und
// "day" definieren; diese müssen nicht als Felder der Klasse
// definiert werden
```

```
  public int getYear() {
    return calendar.get(Calendar.YEAR);
  }
  public int getMonth() {
    return 1 + calendar.get(Calendar.MONTH);
  }
  public int getDay() {
    return calendar.get(Calendar.DAY_OF_MONTH);
  }
  public String getDate() {
    return getDay() + "." + getMonth() + "." + getYear();
  }
// Die Methoden der abstrakten Oberklasse implementieren und
// damit die Eigenschaft "titel" für die JavaBean definieren
  public void setTitel(String titel) {
    this.titel = titel;
  }
  public String getTitel() {
    return titel;
  }
}
```

Die Klasse UhrzeitAnzeige

```
package paket3;

import java.util.*;
public class UhrzeitAnzeige extends DatumundUhrzeit {
  private Calendar calendar;
  private String titel;
// Konstruktordefinition
  public UhrzeitAnzeige() {
// Eine Instanz der Klasse Calendar dynamisch erzeugen
    calendar = Calendar.getInstance();
  }
// Getter-Methoden, die die Eigenschaften "hour", "minute" und
// "second" definieren; diese müssen nicht als Felder der Klasse
// definiert werden
  public int getHour() {
    return calendar.get(Calendar.HOUR_OF_DAY);
  }
  public int getMinute() {
    return calendar.get(Calendar.MINUTE);
  }
  public int getSecond() {
    return calendar.get(Calendar.SECOND);
  }
  public String getTime() {
    return getHour() + ":" + getMinute() + ":" + getSecond();
```

```
    }
// Die Methoden der abstrakten Oberklasse implementieren und
// damit die Eigenschaft "titel" für die JavaBean definieren
    public void setTitel(String titel) {
        this.titel = titel;
    }
    public String getTitel() {
        return titel;
    }
}
```

Die HTML-Datei DatumundUhrzeitAnzeige.html

```
<html>
<body>
<head>
<title> Datum und Uhrzeit Anzeige </title>
</head>
<p><a href="JSPmitDatumAnzeige.jsp">Datumsanzeige</a></p>
<p><a href="JSPmitUhrzeitAnzeige.jsp">Uhrzeitanzeige</a></p>
</body>
</html>
```

Die JSP-Seite JSPmitDatumAnzeige.jsp

```
<!DOCTYPE HTML PUBLIC "-//W3C//DTD HTML 4.01 Transitional//EN">

<%-- JSP-Aktion setzt eine JavaBean --%>
<jsp:useBean id="datumAnzeige" type="paket3.DatumundUhrzeit"
class="paket3.DatumAnzeige"/>
<%-- JSP-Aktionen setProperty/getProperty anstelle von
Getter- und Setter-Methoden aufrufen --%>
<jsp:setProperty name="datumAnzeige" property="titel"
value="Datumsanzeige"/>
<html>
<body>
<jsp:getProperty name="datumAnzeige" property="titel" />
<br/>
<jsp:getProperty name="datumAnzeige" property="date"/>
<br/>
</body>
</html>
```

Die JSP-Seite JSPmitUhrzeitAnzeige.jsp

```
<!DOCTYPE HTML PUBLIC "-//W3C//DTD HTML 4.01 Transitional//EN">

<%-- JSP-Aktion setzt eine JavaBean --%>
<jsp:useBean id="uhrzeitAnzeige" type="paket3.DatumundUhrzeit"
class="paket3.UhrzeitAnzeige"/>
```

```
<%-- JSP-Aktionen setProperty/getProperty ausführen --%>
<jsp:setProperty name="uhrzeitAnzeige" property="titel"
value="Uhrzeit Anzeige"/>
<html>
<body>
<jsp:getProperty name="uhrzeitAnzeige" property="titel" />
<br/>
<jsp:getProperty name="uhrzeitAnzeige" property="time"/>
<br/>
</body>
</html>
```

Programmausgaben

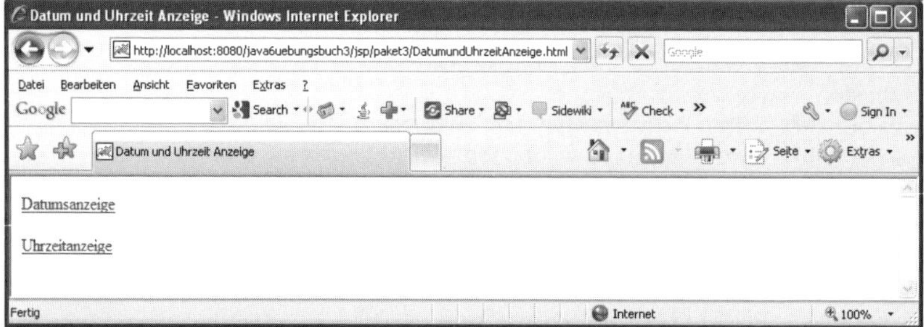

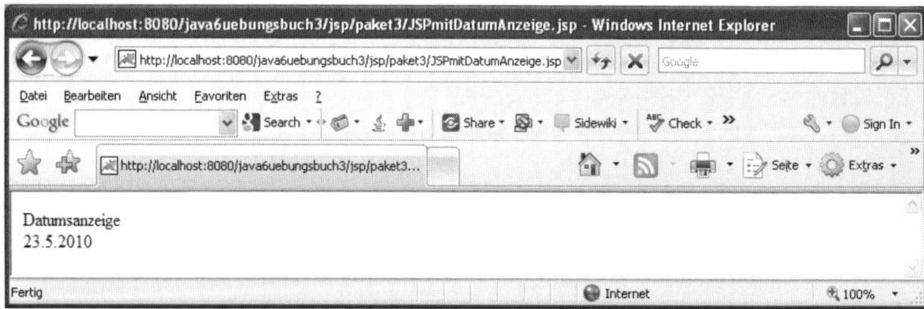

Lösung 2.12

Die JSP-Seite JSPmitFormularDaten.jsp

```
<!DOCTYPE HTML PUBLIC "-//W3C//DTD HTML 4.01 Transitional//EN">

<html>
<%-- JSP-Aktion setzt eine JavaBean im Application-Scope, damit
diese auch beim Umleiten auf eine andere JSP-Seite für diese sichtbar
bleibt; durch das Umleiten wird die Steuerung wieder an den Browser
zurückgegeben, der eine neue Anfrage sendet, so dass
```

```
die Angabe von scope="request" nicht ausreichend wäre --%>
<jsp:useBean id="benutzer" class="paket3.WebBesucher"
scope="application"/>

<%-- Die JSP-Aktionen setProperty/getProperty anstelle von
Getter- und Setter-Methoden aufrufen; mit dem param-Attribut kann
der Wert der Eigenschaft gleich dem Wert eines Anfrageparameters,
der über das name-Attribut eines Textfeldes aus einem Formular
spezifiziert wird, gesetzt werden --%>
<jsp:setProperty name="benutzer" property="name"
param="BenutzerName"/>

<%-- JSP-Direktive setzt den Content-Type --%>
<%@ page contentType="text/html" %>

<%-- JSP-Deklaration definiert eine Methode für die
Passwortprüfung --%>
<%!
  public boolean besucherLogin(String name, String passwort ) {
    boolean b = ((name!=null) && (passwort.equals("jsp")));
    return  b;
  }
%>

<%-- JSP-Scriptlet liest die Anfrage-Parameterwerte, die vom
Benutzer in den Feldern eines Formulars eingegeben wurden --%>
<%
  String name = request.getParameter("BenutzerName");
  String passwort = request.getParameter("PassWort");
// Wurden noch keine Eingaben vom Benutzer getätigt, sind diese
// Parameterwerte gleich null; die Methode besucherLogin()
// wird aufgerufen, um dies und gleichzeitig ein eingegebenes
// Passwort zu prüfen
  if(besucherLogin(name, passwort)) {
// Umleiten der Anfrage an eine andere JSP, über die Angabe einer
// URL, die diese Ressource im Internet referenziert
// Der URL-String kann den vollständigen Pfadnamen beinhalten
    // response.sendRedirect("http://localhost:8080/"
    //  + "java6uebungsbuch3/jsp/paket3/GrussBenutzer.jsp");
// oder man kann diesen relativ zur ursprünglichen Anfrage-URL
// angeben; der Container weiß, dass der Ursprungspfad gleich
// java6uebungsbuch3/jsp/paket3/ ist, und fügt diesen vor den
// angegebenen Namen der neuen JSP-Seite ein
    response.sendRedirect("GrussBenutzer.jsp");
  }
// Wurde die JSP zum ersten Mal ausgeführt oder ist das
// eingegebene Passwort falsch, soll eine Meldung im Browser
// angezeigt werden
```

```
   else {
      out.println("Es wurde noch kein Benutzername eingegeben"
      +" oder das Passwort ist falsch");
%>
<%-- und eine HTML-Seite, die zur Anzeige eines Formulars dient,
generiert werden --%>
<!-- Farbe für Hintergrund und Schrift setzen -->
<body bgcolor="pink">
<font size = 4 color="#BB00CC">

<%-- Beim Abschicken des Formulars wird die im action-Attribut
angegebene JSP-Seite angezeigt --%>
<form type=POST action=JSPmitFormularDaten.jsp>
<hr/>
<!-- Definition von Eingabefeldern -->
Benutzername:
<input name="BenutzerName"><br />
Passwort:
<input type="password" name="PassWort" size="3">
<br></br>
<!-- Einen Button für das Formular definieren -->
<input type=submit name="operation" value="Login">

</form></font></body></html>
<%-- den else-Block aus dem Scriptlet abschließen --%>
<%
   }
%>
```

Die JSP-Seite JSPmitFormularDaten1.jsp

```
<!DOCTYPE HTML PUBLIC "-//W3C//DTD HTML 4.01 Transitional//EN">

<html>
<%-- JSP-Aktion setzt eine JavaBean im Request-Scope, damit
diese auch beim Weiterleiten an die JSP-Seite GrussBenutzer.jsp
Gültigkeit hat --%>
<jsp:useBean id="benutzer" class="paket3.WebBesucher"
scope="request"/>

<%-- Die JSP-Aktionen setProperty/getProperty anstelle von
Getter- und Setter-Methoden aufrufen; wird der Eigenschaftsname
gleich dem Wert aus dem name-Attribut des Textfeldes aus dem
Formular gewählt, kann das param-Attribut entfallen --%>
<jsp:setProperty name="benutzer" property="name" />

<%-- JSP-Direktive setzt den Content-Type --%>
<%@ page contentType="text/html" %>
```

```
<%-- JSP-Deklaration definiert eine Methode für die
Passwortprüfung --%>
<%!
   public boolean besucherLogin(String name, String passwort ) {
      boolean b = ((name!=null) && (passwort.equals("jsp")));
      return b;
   }
%>

<%-- JSP-Scriptlet liest die Anfrage-Parameterwerte, die vom
Benutzer in den Feldern eines Formulars eingegeben wurden --%>
<%
   String name = request.getParameter("name");
   String passwort = request.getParameter("PassWort");
// Wurden noch keine Eingaben vom Benutzer getätigt, sind diese
// Parameterwerte gleich null; die Methode besucherLogin()
// wird aufgerufen, um dies und gleichzeitig ein eingegebenes
// Passwort zu prüfen
   if(besucherLogin(name, passwort)) {
// Weiterleiten der Anfrage an eine andere JSP, über die Angabe
// einer URL, die diese Ressource im Internet referenziert
// Eine Instanz der Klasse RequestDispatcher für das Weiterleiten
// der Anfrage erzeugen
      RequestDispatcher requestDispatcher =
        getServletContext().getRequestDispatcher(
          "/jsp/paket3/GrussBenutzer.jsp");
// und diese an die JSP-Seite GrussBenutzer.jsp weitergeben
      requestDispatcher.forward(request, response);
   }
// Wurde die JSP zum ersten Mal ausgeführt oder ist das
// eingegebene Passwort falsch, soll eine Meldung im Browser
// angezeigt werden
   else {
      out.println("Es wurde noch kein Benutzername eingegeben"
      +" oder das Passwort ist falsch");
%>
<%-- und eine HTML-Seite, die zur Anzeige eines Formulars dient,
generiert werden --%>
<!-- Farbe für Hintergrund und Schrift setzen -->
<body bgcolor="pink">
<font size = 4 color="#BB00CC">

<!-- Beim Abschicken des Formulars wird die angegebene JSP-Seite
angezeigt -->
<form type=POST action=JSPmitFormularDaten1.jsp>
<hr/>
<!-- Definition von Eingabefeldern -->
Benutzername:
```

```
<input name="name"><br/>
Passwort:
<input type="password" name="PassWort" size="3">
<br></br>
<!-- Einen Button für das Formular definieren -->
<input type=submit name="operation" value="Login">

</form></font></body></html>
<%-- den else-Block aus dem Scriptlet abschließen --%>
<%
  }
%>
```

Die JSP-Seite GrussBenutzer.jsp

```
<!DOCTYPE HTML PUBLIC "-//W3C//DTD HTML 4.01 Transitional//EN">

<%-- JSP-Aktion setzt dieselbe JavaBean wie auch die JSP
JSPmitFormularDaten.jsp im Request-Scope--%>
<jsp:useBean id="benutzer" class="paket3.WebBesucher"
scope="request"/>

<%-- HTML-Seite generieren, den Wert der in der Seite
JSPmitFormularDaten.jsp gesetzten Eigenschaft "name" lesen und
im Browser anzeigen --%>

<html>
<body bgcolor="#AABBCC">
<font size = 4 color="#001111">
Guten Morgen Frau/Herr
<%-- JSP-Aktion liest die Eigenschaft "name" --%>
<jsp:getProperty name="benutzer" property="name"/>

</body>
</html>
```

Programmausgaben

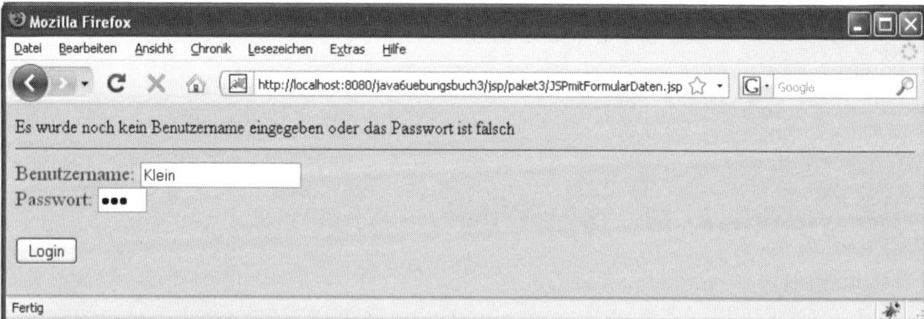

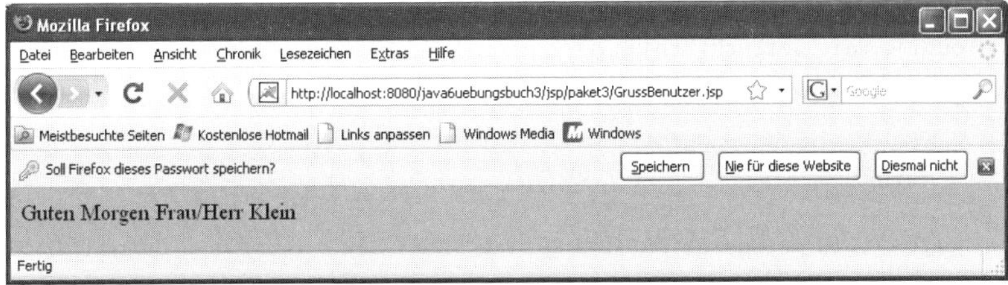

Hinweise zu den Programmausgaben

Beim Weiterleiten von http-Anfragen wird im Gegensatz zum Umleiten die URL, auf die weitergeleitet wird, nicht angezeigt und die Parameter der Anfrage werden der ersten URL in der Adresszeile des Browsers, getrennt durch ein »?«-Zeichen, angefügt. Beim Umleiten wird der Name der JSP-Seite angezeigt, auf die umgeleitet wurde.

Beachten Sie auch die Lösungsvorschläge zur Aufgabe, die zeigen, wie Scriptlets durch HTML-Anweisungen unterbrochen werden können.

Lösung 2.13

Die Klasse BuchListe

```
package paket3;

import java.util.*;
public class BuchListe {
// Drei Instanzfelder für die Klasse definieren, die im
// Zusammenhang mit JavaBeans auch als Properties (Eigenschaften)
// der JavaBean bezeichnet werden, falls die Klasse entsprechende
// Setter- und Getter-Methoden definiert
  ArrayList<String> liste = new ArrayList<String>();
  String operation;
  String buch;
// Methoden zum Anfügen des im Aufruf übergebenen Strings am Ende
// der Liste
  private void addBuch(String s) {
    liste.add(s);
  }
// und Löschen des letzten Listeneintrags
  private void removeBuch() {
    if(liste.size() > 0) {
      buch = liste.get(liste.size()-1);
      liste.remove(liste.size()-1);
    }
  }
```

```
// Setter- und Getter-Methoden für die JavaBean-Klasse
   public void setBuch(String s) {
      buch = s;
   }
   public String getBuch() {
      return buch;
   }
   public void setOperation(String s) {
      operation = s;
   }
   public String getOperation() {
      return operation;
   }
   public void setListe(ArrayList<String> l) {
      liste = l;
   }
   public ArrayList<String> getListe() {
      return liste;
   }
// Die ArrayList für die Anzeige im Browser in ein Array umsetzen;
// auf die einzelnen Elemente der Liste kann nicht mit
// Standard-Aktionen zugegriffen werden
   public Object[] getListeToArray() {
      Object[] s = liste.toArray();
      return s;
   }
// Die Werte für die Properties "operation" und "buch" werden beim
// Abschicken des Formulars gesetzt und von dieser Methode
// ausgewertet
   public void bedienen() {
// Welcher Button wurde gedrückt?
      if(operation == null)
         System.out.println("Es erfolgte keine Buchauswahl im "
          + " Formular");
      else if(operation.equals("reinlegen"))
         addBuch(buch);
      else if(operation.equals("rausnehmen"))
         removeBuch();
   }
}
```

Die HTML-Datei Warenkorb.html

```
<html>
<head>
   <title>Warenkorb mit Büchern</title>
</head>
<!-- Farbe für Hintergrund und Schrift setzen -->
<body bgcolor="pink">
```

```
<font size = 4 color="#BB00CC">
<!-- Beim Abschicken des Formulars wird die angegebene JSP-Seite
angezeigt -->
<form type=POST action=JSPmitSessionBean.jsp>
<hr/>
Bücher in einen Warenkorb legen und rausnehmen
<br></br>
<!-- Ein Auswahl-Element für das Formular definieren -->
Buchliste:
<select name="buch">
  <option>Java 6 Das Übungsbuch Band I
  <option>Java 6 Das Übungsbuch Band II
  <option>Java 6 Das Übungsbuch Band III
  <option>Der bvb Coach Java
  <option>Übungsbuch Java
  <option>Objektorientierte Programmierung in Java
</select>
<br></br>
<!-- Zwei Buttons für das Formular definieren -->
<input type=submit name="operation" value="reinlegen">
<input type=submit name="operation" value="rausnehmen">
</form>
</font>
</body>
</html>
```

Die JSP-Seite JSPmitSessionBean.jsp

```
<!DOCTYPE HTML PUBLIC "-//W3C//DTD HTML 4.01 Transitional//EN">

<%-- JSP-Aktion setzt eine JavaBean, die für eine gesamte Session
Gültigkeit hat--%>
<jsp:useBean id="warenkorb" class="paket3.BuchListe"
scope="session"/>
<%-- Die JSP-Aktion setzt die Werte von JavaBean-Eigenschaften gleich den
Werten von Anfrageparametern mit dem gleichen Namen--%>
<jsp:setProperty name="warenkorb" property="*" />
<%-- JSP-Ausdruck ruft die Methoden getId() am impliziten session-
Objekt auf und die Methode getAttribute(), um die HttpSession-ID
und das gesetzte Session-Attribut im Browser auszugeben --%>
<html>
<body>
<div align="left">
  <%= "Session-ID: " %>
  <%= session.getId() %>
  <div align="left">
    <%= "Session-Attribut: " %>
    <%= session.getAttribute("warenkorb")%>
    <%= pageContext.getAttribute("warenkorb",
```

```
        PageContext.SESSION_SCOPE) %>
    </div>
</div>
<%-- JSP-Direktive bindet ein HTML-Dokument ein --%>
<%@ include file ="Warenkorb.html" %>

<%-- In einem JSP-Scriptlet wird die Methode bedienen() der Java-
Klasse BuchListe aufgerufen, die die Eingaben aus dem Formular
einer Liste hinzufügt bzw. in dieser löscht --%>
<jsp:scriptlet>
  warenkorb.bedienen();
</jsp:scriptlet>
<%-- HTML- und Java-Anweisungen können alternieren --%>
<font size = 4 COLOR="#DD0000">
<hr/>
Die von Ihnen ausgewählten Bücher sind:

<%-- In einem JSP-Scriptlet werden alle in der Liste zu einem
bestimmten Zeitpunkt eingetragenen Bücher ausgegeben --%>

<ol>
<%
  Object[] liste = warenkorb.getListeToArray();
  if(liste.length > 0) {
    for (int i=0; i<liste.length; i++) {
%>
<li> <% out.print(liste[i]); %> </li>
<%
    }
  }
%>

<br/>
</ol>
<br></br>

<hr/>
<%-- Die Eigenschaften "buch", "operation" und "liste" der Java-
Bean lesen und im Browser anzeigen --%>
<font size = 4 COLOR="#0000DD">
Für das Buch <
<jsp:getProperty name="warenkorb" property="buch"/> >
<br/>
 wurde die Aktion <
<jsp:getProperty name="warenkorb" property="operation"/>
> durchgeführt

<hr/> Die aktuelle Liste ist: <hr/>
```

```
<jsp:getProperty name="warenkorb" property="liste"/>
</font></body></html>
```

Programmausgaben

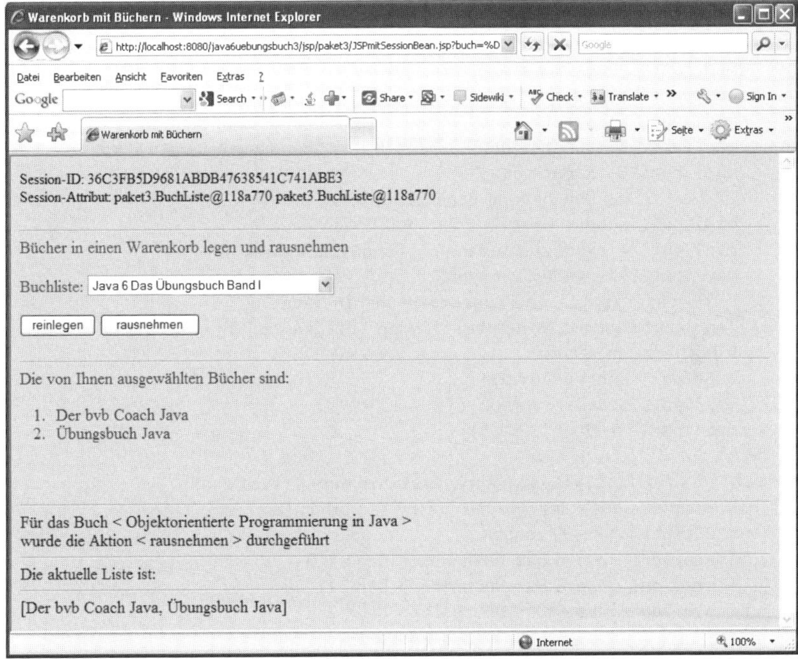

Lösung 2.14

Die JSP-Seite JSPmitELfuerArraysMapsundListen.jsp

```
<!DOCTYPE HTML PUBLIC "-//W3C//DTD HTML 4.01 Transitional//EN">

<html>
<%-- JSP-Direktive importiert Pakete --%>
<%@ page import="java.util.*" %>

<%-- JSP-Direktive setzt den Content-Type --%>
<%@ page contentType="text/html" %>

<%-- JSP-Deklaration definiert die Methoden initialMap() und
initialListe() --%>
<%!
```

```
  public void initialMap(Map<String, String> map, Map<String,
    String> map1, Map<String, String> map2,Map<String, String>
      map3, Map<String, Map<String, String>> map4) {
// Die von der Klasse HashMap implementierte put()-Methode des
// Interfaces Map aufrufen, um einem Namen einen Beruf zuzuordnen,
// bzw. einem Autor seine Bücher
    map.put("Andreas Mueller", "Schüler");
    map.put("Andrea Schmidt", "Lehrer");
    map.put("Peter Mayer", "Student");
    map1.put("Elisabeth Jung", "Java 6 Das Übungsbuch Band I");
    map2.put("Elisabeth Jung", "Java 6 Das Übungsbuch Band II");
    map3.put("Elisabeth Jung",
      "Java 6 Das Übungsbuch Band III");
    map1.put("Hubert Partl", "Der bvb Coach Java");
    map1.put("Alexander Niemann", "Übungsbuch Java");
    map2.put("Alexander Niemann",
      "Objektorientierte Programmierung in Java");
// Allen Benutzern mit einem bestimmten Tätigkeitsfeld eine Liste
// von Büchern zugeordnen
    map4.put("Lehrer", map1);
    map4.put("Schüler", map2);
    map4.put("Student", map3);
  }
  public void initialListe(ArrayList<String> liste) {
// Die Methode add() der Klasse ArrayList aufrufen, um
// Listeneinträge zu erzeugen
    liste.add("Java 6 Das Übungsbuch Band I");
    liste.add("Java 6 Das Übungsbuch Band II");
    liste.add("Java 6 Das Übungsbuch Band III");
  }
%>
<%-- JSP-Scriptlet definiert Referenzen vom Typ Array,
Map<String>, ArrayList<String> und ruft die Methoden
initialMap() und initialListe() auf --%>
<%
// Map-, ArrayList- und Array-Objekte erzeugen
  String[] array = {"rot", "grün", "blau"};
  int[] array1 = new int[5];
  ArrayList<String> liste = new ArrayList<String>();
  Map<String,String> map = new HashMap<String,String>();
  Map<String,String> map1 = new HashMap<String, String>();
  Map<String,String> map2 = new HashMap<String, String>();
  Map<String,String> map3 = new HashMap<String, String>();
  Map<String,Map<String,String>> map4 =
    new HashMap<String,Map<String,String>>();
// Maps, Arrays und die Liste initialisieren
  initialMap(map, map1, map2, map3, map4);
  initialListe(liste);
  for (int i=0; i<5; i++)
```

```
    array1[i] = i;
// und diese als Attribute für das implizite request-Objekt der
// JSP-Seite setzen
  request.setAttribute("array", array);
  request.setAttribute("array1", array1);
  request.setAttribute("map", map);
  request.setAttribute("map1", map1);
  request.setAttribute("map2", map2);
  request.setAttribute("map3", map3);
  request.setAttribute("map4", map4);
  request.setAttribute("liste", liste);
%>

<!-- HTML-Seite zeigt die Array-, Map- und Listen-Einträge an -->
<!-- Farbe für Hintergrund und Schrift setzen -->
<body bgcolor="AABBCC">
<font size = 4 color="#000011">

<%-- EL-Operatoren für den Zugriff auf Attributwerte und deren
Anzeige im Browser einsetzen --%>
Farbendefinitionen: ${array}
<hr/>
Die Farben des Arrays sind: ${array[0]}, ${array["1"]},
 ${array[2]}
<hr/>
Zahlendefinitionen: ${array1}
<hr/>
Einzelne Arrayelemente anzeigen: ${array1[0] + 4},
${array1[array1[1]]}, ${array1["3"]}, ${array[array1["2"]]}
<hr/>
Buchliste: ${liste}
<hr/>
Die Bücher der Liste sind: ${liste[0]}, ${liste["1"]}, ${liste[2]}
<hr/>
Erste Abbildung: ${map}
<hr/>
Zweite Abbildung: ${map1}
<hr/>
Dritte Abbildung: ${map2}
<hr/>
Vierte Abbildung: ${map3}
<hr/>
Fünfte Abbildung: ${map4}
<hr/>
Einzelne Map-Einträge: ${map["Andreas Mueller"]},
${map1["Elisabeth Jung"]}, ${map2["Hubert Partl"]},
${map4.Lehrer}, ${map4.Student}

</font></body></html>
```

Programmausgaben

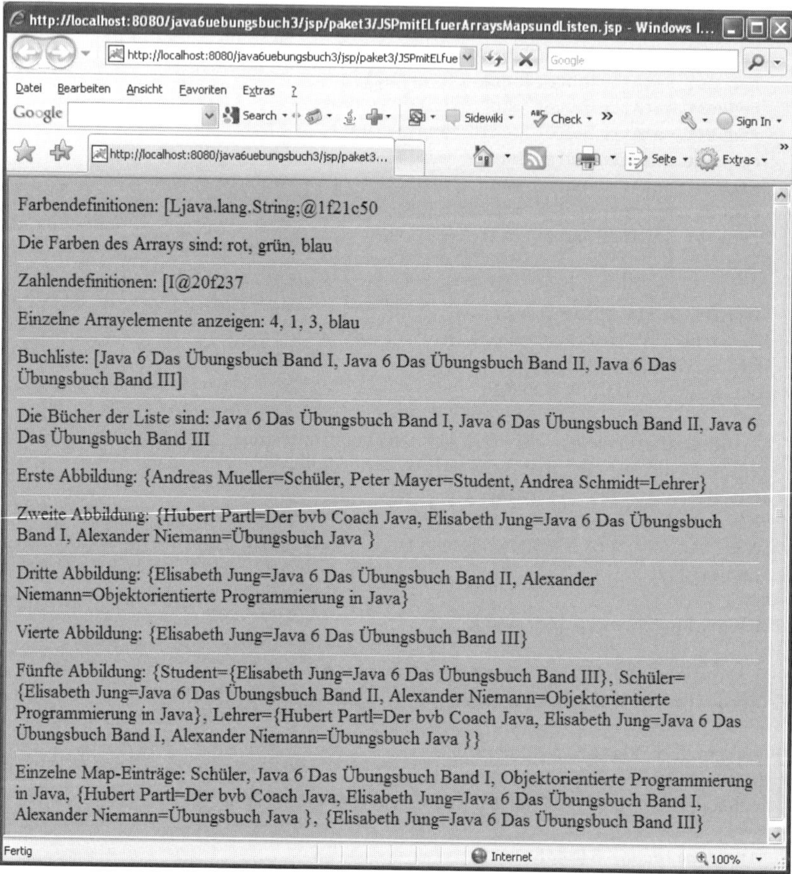

Lösung 2.15

Die Klasse WebBesucher

```
package paket3;

import java.util.*;
public class WebBesucher {
   private int anzahl;
   private String name;
   private Map<String,String> map = new HashMap<String,String>();
// Konstruktordefinition
```

```
  public WebBesucher() {
    map.put("Andreas Mueller", "Schüler");
    map.put("Horst Schmidt", "Lehrer");
    map.put("Peter Mayer", "Student");
  }
// Setter- und Getter-Methoden definieren die Eigenschaften
// "anzahl", "name" und "map" für die JavaBean
  public void setAnzahl(int n) {
    anzahl = n;
  }
  public int getAnzahl() {
    return anzahl;
  }
  public void setName(String s) {
    name = s;
  }
  public String getName() {
    return name;
  }
  public Map<String,String> getMap() {
    return map;
  }
  public void setMap(Map<String,String> map) {
    this.map = map;
  }
}
```

Die Klasse BuchListe

```
package paket3;

import java.util.*;
public class BuchListe {
// Drei Instanzfelder für die Klasse definieren, die im
// Zusammenhang mit JavaBeans auch als Properties (Eigenschaften)
// der JavaBean bezeichnet werden, falls die Klasse entsprechende
// Setter- und Getter-Methoden definiert
  ArrayList<String> liste = new ArrayList<String>();
  String operation;
  String buch;
// Konstruktordefinition
  public BuchListe() {
// Listenelemente mit der Methode add() der Klasse ArrayList
// oder addBuch() von dieser Klasse hinzufügen
    liste.add("Java 6");
    addBuch("Java 7");
    liste.add("Java 5");
  }
// Methoden zum Anfügen des im Aufruf übergebenen Strings am Ende
```

```
// der Liste
   private void addBuch(String s) {
      liste.add(s);
   }
// und Löschen des letzten Listeneintrags
   private void removeBuch() {
      if(liste.size() > 0) {
         buch = liste.get(liste.size()-1);
         liste.remove(liste.size()-1);
      }
   }
// Setter- und Getter-Methoden für die JavaBean-Klasse
   public void setBuch(String s) {
      buch = s;
   }
   public String getBuch() {
      return buch;
   }
   public void setOperation(String s) {
      operation = s;
   }
   public String getOperation() {
      return operation;
   }
   public void setListe(ArrayList<String> l) {
      liste = l;
   }
   public ArrayList<String> getListe() {
      return liste;
   }
// Die ArrayList für die Anzeige im Browser in ein Array umsetzen;
// auf die einzelnen Elemente der Liste kann nicht mit
// Standard-Aktionen zugegriffen werden
   public Object[] getListeToArray() {
      Object[] s = liste.toArray();
      return s;
   }
// Die Werte für die Properties "operation" und "buch" werden beim
// Abschicken des Formulars gesetzt und von dieser Methode
// aus ausgewertet
   public void bedienen() {
// Welcher Button wurde gedrückt?
      if(operation == null)
         System.out.println("Es erfolgte keine Buchauswahl im "
          + " Formular");
      else if(operation.equals("reinlegen"))
         addBuch(buch);
      else if(operation.equals("rausnehmen"))
```

```
        removeBuch();
    }
}
```

Die JSP-Seite JSPmitELfuerJavaBeans.jsp

```
<!DOCTYPE HTML PUBLIC "-//W3C//DTD HTML 4.01 Transitional//EN">

<html>
<%-- JSP-Aktionen setzen JavaBeans im Page-Scope --%>
<jsp:useBean id="webbesucher" class="paket3.WebBesucher"/>
<jsp:useBean id="buchliste" class="paket3.BuchListe"/>

<%-- Mit der JSP-Aktion setProperty Eigenschaften für die
JavaBeans setzen --%>
<jsp:setProperty name="webbesucher" property="name"
value="Andreas Mueller"/>
<jsp:setProperty name="webbesucher" property="anzahl" value="1"/>
<jsp:setProperty name="buchliste" property="buch" value="Java 7"/>

<%-- JSP-Direktive setzt den Content-Type --%>
<%@ page contentType="text/html" %>

<!-- HTML-Seite zeigt Map- und Listen-Einträge von JavaBean-
Eigenschaften an; die Java-Standard-Klassen ArrayList und HashMap
definieren keine Setter- und Getter-Methoden, auf die Einträge
der Eigenschaften vom Typ Map und ArrayList der JavaBean-Klassen
WebBesucher und BuchListe kann jedoch mit der EL zugegriffen
werden -->
<!-- Farbe für Hintergrund und Schrift setzen -->
<body bgcolor="DDEEFF">
<font size = 4 color="00BBCC">

Der ${webbesucher.anzahl}. Besucher im Web ist ${webbesucher.name}
, er ist ${webbesucher.map["Andreas Mueller"]}.
<hr/>
Die Bücher der Liste sind: ${buchliste.liste}
<br/>
Das Buch ${buchliste.buch} wurde gekauft.
<br/>
Einzelne Listen-Einträge: ${buchliste.liste[0]},
${buchliste.liste["1"]}, ${buchliste.liste[2]}

</font></body></html>
```

Programmausgaben

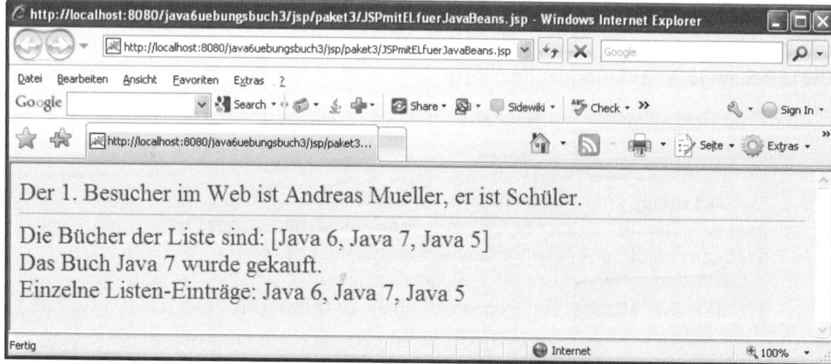

http://localhost:8080/java6uebungsbuch3/jsp/paket3/JSPmitELfuerJavaBeans.jsp - Windows Internet Explorer
Der 1. Besucher im Web ist Andreas Mueller, er ist Schüler.
Die Bücher der Liste sind: [Java 6, Java 7, Java 5]
Das Buch Java 7 wurde gekauft.
Einzelne Listen-Einträge: Java 6, Java 7, Java 5

Lösung 2.16

Die Klasse Benutzer

```
package paket3;

public class Benutzer {
   private Portal portal;
   private String name;
// Konstruktordefinition
   public Benutzer() {
   }
// Setter- und Getter-Methoden definieren die Eigenschaften
// "name" und "portal" für die JavaBean
   public void setPortal(Portal portal) {
      this.portal = portal;
   }
   public Portal getPortal() {
      return portal;
   }
   public void setName(String s) {
      name = s;
   }
   public String getName() {
      return name;
   }
}
```

Die Klasse Portal

```
package paket3;

public class Portal {
  private Schrift schrift;
  private Farbe farbe;
// Konstruktordefinition
  public Portal() {
  }
// Setter- und Getter-Methoden definieren die Eigenschaften
// "schrift" und "farbe" für die JavaBean
  public void setSchrift(Schrift schrift) {
    this.schrift = schrift;
  }
  public void setFarbe(Farbe farbe) {
    this.farbe = farbe;
  }
  public Schrift getSchrift() {
    return schrift;
  }
  public Farbe getFarbe() {
    return farbe;
  }
}
```

Die Klasse Farbe

```
package paket3;

public class Farbe {
  private String name ;
// Konstruktordefinition
  public Farbe() {
  }
// Setter- und Getter-Methoden definieren die Eigenschaft
// "name" für die JavaBean
  public void setName(String name) {
    this.name = name;
  }
  public String getName() {
    return name;
  }
}
```

Die Klasse Schrift

```
package paket3;

public class Schrift {
   private String name ;
   private String groesse;
// Konstruktordefinition
   public Schrift() {
   }
// Setter- und Getter-Methoden definieren die Eigenschaften
// "name" und "anzahl" für die JavaBean
   public void setName(String name) {
      this.name = name;
   }
   public String getName() {
      return name;
   }
   public void setGroesse(String groesse) {
      this.groesse = groesse;
   }
   public String getGroesse() {
      return groesse;
   }
}
```

Die JSP-Seite BenutzerPortal.jsp

```
<!DOCTYPE HTML PUBLIC "-//W3C//DTD HTML 4.01 Transitional//EN">

<html>
<%-- JSP-Aktionen für das Einbinden von JavaBeans als Attribute
im Page-Scope --%>
<jsp:useBean id="benutzer" class="paket3.Benutzer"
scope="page"/>
<jsp:useBean id="portal" class="paket3.Portal" scope="page"/>
<jsp:useBean id="schrift" class="paket3.Schrift" scope="page"/>
<jsp:useBean id="farbe" class="paket3.Farbe" scope="page"/>

<!-- Farbe für den Hintergrund der Webseite setzen -->
<body bgcolor = "pink">
<!-- Die Properties von JavaBeans setzen -->
<jsp:setProperty name="benutzer" property="name"
  value="Richter" />
<jsp:setProperty name="schrift" property="name"
  value="430061" />
<jsp:setProperty name="schrift" property="groesse"
  value="20pt" />
<jsp:setProperty name="farbe" property="name"
  value="CCEEFF" />
```

```
<%-- Bei Eigenschaften, die nicht vom Typ String oder einem
primitiven Datentyp sind, muss die EL für den Zugriff auf
Attributwerte eingesetzt werden --%>
<jsp:setProperty name="portal" property="schrift"
  value ='${schrift}' />
<jsp:setProperty name="portal" property="farbe"
  value ='${farbe}' />
<jsp:setProperty name="benutzer" property="portal"
  value ='${portal}' />

Auf die gesetzten Eigenschaften mit der EL und der Angabe von
"benutzer.portal." zugreifen:
${benutzer.name}
${benutzer.portal.farbe.name}
${benutzer.portal.schrift.groesse}
${benutzer.portal.schrift.name}
<hr/>
Auf die gesetzten Eigenschaften mit der EL und ohne Angabe
von "benutzer.portal." zugreifen:
${farbe.name}
${schrift.groesse}
${schrift.name}
<hr/>

<%-- Mit getProperty kann auf Eigenschaften, die nicht vom Typ
String oder einem primitiven Datentyp sind, zugegriffen werden,
aber sollten diese ihrerseits Eigenschaften besitzen, können diese
nicht auf die gleiche Art und Weise gelesen werden; in solchen
Situationen kann sich die EL als sehr nützlich erweisen --%>
Mit getProperty angezeigte Eigenschaften:
<jsp:getProperty name="benutzer" property="name" />
<jsp:getProperty name="benutzer" property="portal" />
<jsp:getProperty name="schrift" property="name" />
<jsp:getProperty name="schrift" property="groesse" />
<jsp:getProperty name="farbe" property="name" />
<hr/>

<%-- Mit der EL auf die Properties von Properties zugreifen, um
Farbe und Schrift zu setzen --%>

<%-- Erste Tabelle, Rahmen und Hintergrund setzen --%>
<table border="2" bgcolor="${benutzer.portal.farbe.name}">
<%-- Zeile (tr) mit Daten (td) in der Tabelle definieren --%>
<tr><td>
<%-- Farbe und Größe für die Schrift setzen --%>
<div style="color:${benutzer.portal.schrift.name};
font-size:${benutzer.portal.schrift.groesse}">

Hallo Frau/Herr ${benutzer.name},
```

```
gefällt Ihnen die ausgewählte Farbe und Schrift?
</div>
</td></tr>
</table>
<br/>

<%-- Die Property "name" für die JavaBean vom Typ
Benutzer neu setzen --%>
<jsp:setProperty name="benutzer" property="name" value="Doig"/>

<!-- Zweite Tabelle, Rahmen und Hintergrund setzen -->
<table border="2" bgcolor="#C0C0C0">
<!-- Zeile (tr) mit Daten (td) in der Tabelle definieren -->
<tr><td>
<!-- Farbe und Größe für die Schrift setzen -->
<div style="color:green;font-size:17pt">

<%-- Mit EL auf die Property "name" der JavaBaen vom Typ Benutzer
zugreifen --%>
Hallo Frau/Herr ${benutzer.name},
gefällt Ihnen die ausgewählte Farbe und Schrift?
</div>
</td></tr>
</table>
<br/>
<%-- Neue Werte für JavaBean-Eigenschaften mit setProperty
setzen --%>
<jsp:setProperty name="benutzer" property="name" value="Singer"/>
<jsp:setProperty name="schrift" property="name" value="0011CC"/>
<jsp:setProperty name="schrift" property="groesse" value="10pt"/>
<jsp:setProperty name="farbe" property="name" value="AAAAAA"/>

<%-- Mit EL auf die Properties der JavaBeans vom Typ Farbe und
Schrift zugreifen, um Farbe für Hintergrund und Schrift zu
setzen --%>

<%-- Dritte Tabelle, Rahmen und Hintergrund setzen --%>
<table border="2" bgcolor="${benutzer.portal.farbe.name}">
<%-- Zeile (tr) mit Daten (td) in der Tabelle definieren --%>
<tr><td>
<%-- Farbe und Größe für die Schrift setzen --%>
<div STYLE="color:${benutzer.portal.schrift.name};
font-size:${benutzer.portal.schrift.groesse}">

Hallo Frau/Herr ${benutzer.name},
gefällt Ihnen die ausgewählte Farbe und Schrift?
</div>
</td></tr>
</table>
```

```
<br/>

<%-- Auf die Properties von JavaBeans mit EL bzw. getProperty
zugreifen --%>
Auf die gesetzten Eigenschaften mit der EL und der Angabe von
"benutzer.portal." zugreifen:
${benutzer.name}
${benutzer.portal.farbe.name}
${benutzer.portal.schrift.groesse}
${benutzer.portal.schrift.name}
<hr/>
Auf die gesetzten Eigenschaften mit der EL und ohne Angabe von
"benutzer.portal." zugreifen:
${farbe.name}
${schrift.groesse}
${schrift.name}
<hr/>
Mit getProperty angezeigte Eigenschaften:
<jsp:getProperty name="benutzer" property="name" />
<jsp:getProperty name="schrift" property="name" />
<jsp:getProperty name="schrift" property="groesse" />
<jsp:getProperty name="farbe" property="name" />
<hr/>
<%-- Die JSP-Seite BenutzerPortal1.jsp über eine include-Direktive
ausführen --%>
<%@ include file="BenutzerPortal1.jsp" %>
</body></html>
```

Die JSP-Seite BenutzerPortal1.jsp

```
<%-- Vierte Tabelle, Rahmen und Hintergrund mit den in der
aufrufenden JSP-Seite zugewiesenen Werten setzen --%>
<table border="2" bgcolor="${benutzer.portal.farbe.name}">
<%-- Zeile (tr) mit Daten (td) in der Tabelle definieren --%>
<tr><td>
<%-- Farbe und Größe für die Schrift setzen --%>
<div STYLE="color:${benutzer.portal.schrift.name};
font-size:${benutzer.portal.schrift.groesse} ">

Hallo Frau/Herr ${benutzer.name},
gefällt Ihnen die ausgewählte Farbe und Schrift?
</div>
</td></tr>
</table>
<br/>
<%-- Neue Werte für die Eigenschaften von JavaBeans setzen
und im Browser anzeigen --%>
<jsp:setProperty name="benutzer" property="name" value="Kopp"/>
<jsp:setProperty name="schrift" property="name" value="CC1111"/>
```

```
<jsp:setProperty name="schrift" property="groesse" value="18pt"/>
<jsp:setProperty name="farbe" property="name" value="00BBCC"/>
<hr/>

<%-- Fünfte Tabelle, Rahmen und Hintergrund setzen --%>
<table border="2" bgcolor="${benutzer.portal.farbe.name}">
<%-- Zeile (tr) mit Daten (td) in der Tabelle definieren --%>
<tr><td>
<%-- Farbe und Größe für die Schrift setzen --%>
<div STYLE="color:${benutzer.portal.schrift.name};
font-size:${benutzer.portal.schrift.groesse} ">

Hallo Frau/Herr ${benutzer.name},
gefällt Ihnen die ausgewählte Farbe und Schrift?
</div>
</td></tr>
</table>
<br/>

<%-- Auf die Properties von JavaBeans mit EL bzw. getProperty
zugreifen --%>
Auf die gesetzten Eigenschaften, mit der EL und der Angabe von
"benutzer.portal." zugreifen:
${benutzer.name}
${benutzer.portal.farbe.name}
${benutzer.portal.schrift.groesse}
${benutzer.portal.schrift.name}
<hr/>
Auf die gesetzten Eigenschaften mit der EL und ohne Angabe von
"benutzer.portal." zugreifen:
${farbe.name}
${schrift.groesse}
${schrift.name}
<hr/>
Mit getProperty angezeigte Eigenschaften:
<jsp:getProperty name="benutzer" property="name" />
<jsp:getProperty name="schrift" property="name" />
<jsp:getProperty name="schrift" property="groesse" />
<jsp:getProperty name="farbe" property="name" />
<hr/>
```

Programmausgaben

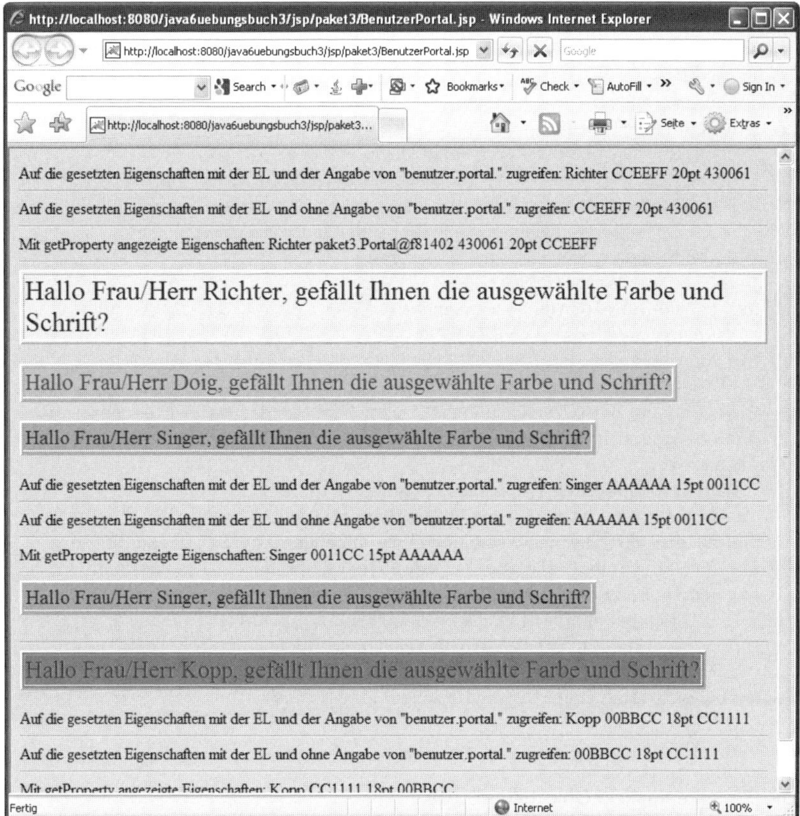

Lösung 2.17

Die Klasse CookiesundRequestAttributeSetzen

```
package paket3;

import java.io.*;
import javax.servlet.*;
import javax.servlet.http.*;
import java.util.*;
public class CookiesundRequestAttributeSetzen extends HttpServlet{
// Die doGet()-Methode überschreiben
   public void doGet(HttpServletRequest request,
                 HttpServletResponse response)
```

```
                    throws ServletException, IOException {
// Lokale Referenz vom Typ der Klasse Cookie definieren
    Cookie cookie;
// Instanz der Klasse Random für das Generieren von Zufallszahlen
// erzeugen
    Random random = new Random();
// Ein Cookie anlegen
    cookie = new Cookie("CookiefuerEL",
// Eine per Zufall generierte hexadezimale Zahl in einen String
// umsetzen, um diese als Wert für das Cookie setzen zu können
                    Integer.toHexString(random.nextInt()));
// Die Lebensdauer für das Cookie setzen
    cookie.setMaxAge(5*60);
// Das Cookie an einen Browser senden
    response.addCookie(cookie);
// Ein Attribut mit dem Namen "Datum" für die Anfrage setzen
    request.setAttribute("Datum", new Date());
// Eine Instanz der Klasse RequestDispatcher für das Weiterleiten
// der Anfrage an die JSP-Seite ImpliziteObjektefuerEL.jsp
// erzeugen
    RequestDispatcher requestDispatcher =
      getServletContext().getRequestDispatcher(
// und an den URL-String Parameterwerte anhängen, um auf diese in
// der JSP-Seite über die impliziten Objekte für die EL, param und
// paramValues, zugreifen zu können
        "/jsp/paket3/ImpliziteObjektefuerEL.jsp?autor=Elisabeth"
          + "+Jung&titel=Java+6+Das+%DCbungsbuch+Band+I&titel="
            + "Java+6+Das+%DCbungsbuch+Band+II");
    requestDispatcher.forward(request, response);
  }
}
```

Die JSP-Seite ImpliziteObjektefuerEL.jsp

```
<!DOCTYPE HTML PUBLIC "-//W3C//DTD HTML 4.01 Transitional//EN">

<html>
 <head>
   <title> Implizite Objekte für die EL </title>
</head>
<body>
  <h3> Implizite Objekte für die EL </h3>
    Request-Parameterwerte
    <hr/>
    ${param}
    <hr/>
    Einzelne Parameterwerte: ${param.autor}, ${param.titel},
    ${param["autor"]}, ${paramValues["titel"]},
    ${paramValues.titel[1]}
```

```
    <hr/>
    Header-Informationen
    <hr/>
    ${header}
    <hr/>
    Einzelne Header-Einträge: Verbindungs-Status:
    ${header.connection}, Hostname:  ${header["host"]},
    Browsername: ${header["user-agent"]},
    Http-Methode: ${pageContext.request.method}
    <hr/>
    Cookie-Anzeige mit dem impliziten Objekt pageContext:
    ${pageContext.request.cookies}
    <hr/>
    Cookie-Anzeige mit dem impliziten Objekt cookie: ${cookie}
    <hr/>
    Context-Parameter
    <hr/>
    ${initParam}
    <hr/>
    Attribute im Application-Scope
    <hr/>
    ${applicationScope}
    <hr/>
    Attribute im Request-Scope
    ${requestScope}
    <hr/>
    Attribute im Page-Scope
    <hr/>
    ${pageScope}
    <hr/>
    Attribute im Session-Scope
    ${sessionScope}
    <hr/>
    Einzelne Attributwerte:
    <hr/>
    E-Mail-Adresse: ${applicationScope["E-Mail-Adresse"]}
    <hr/>
    Context-Parameterwerte: ${applicationScope.Parameter}
    <hr/>
    Tomcat-work-Unterverzeichnis für die Webapplikation
    java6uebungsbuch3:
    ${applicationScope["javax.servlet.context.tempdir"]}
    <hr/>
    JSP-Name: ${pageScope["javax.servlet.jsp.jspPage"]}
    <hr/>
  </body>
</html>
```

HTML-Datei ImpliziteELObjekte.html

```
<html>
<head>
    <title>Liste mit Büchern</title>
</head>
<!-- Farbe für Hintergrund und Schrift setzen -->
<body bgcolor="pink">
<font size = 4 color="#BB00CC">
<!-- Beim Abschicken des Formulars wird die angegebene JSP-Seite
angezeigt -->
<form type=POST action=ImpliziteObjektefuerEL.jsp>

<!-- Einzelne und mehrfache Text-Elemente für das Formular
definieren -->
Autor<br/>
<input type="text" name="autor" value="Elisabeth Jung"><br/>
Bücher<br/>
<input type="text" name="titel" size="30"
value="Java 6 Das Übungsbuch Band I"><br/>
<input type="text" name="titel" size="30"
value="Java 6 Das Übungsbuch Band II"><br/>
<input type="text" name="titel" size="30"
value="Java 6 Das Übungsbuch Band III"><br/>
<br><br/>
<!-- Einen Button für das Formular definieren -->
<input type=submit name="operation" value="Nachricht senden">

</form></font></body></html>
```

Programmausgaben

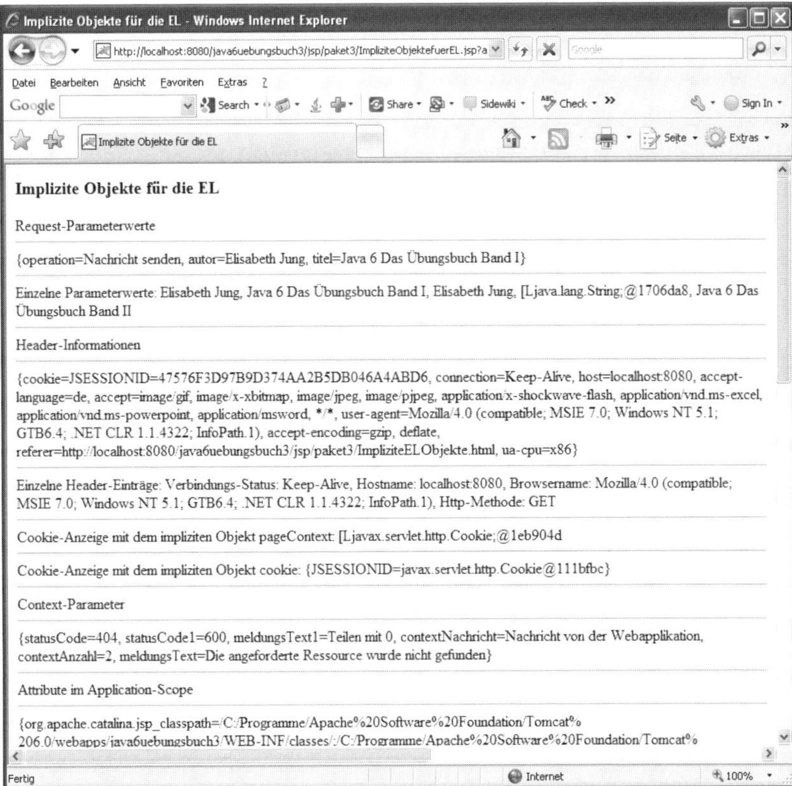

Lösung 2.18

Die Klasse ELFunktionen

```
package paket3;

import java.util.regex.Pattern;
public class ELFunktionen {
// Methoden, die mit EL-Funktionen ausgeführt werden,
// müssen als static definiert werden
// Wörter zählen
   public static int anzahlWoerter(String string) {
// Einen regulären Ausdruck (Suchmuster) als Instanz der Java-
// Standard-Klasse Pattern mit deren Methode compile() für
// die Suche nach Leerzeichen erzeugen,
```

```
      Pattern muster = Pattern.compile("[ ]");
// danach im angegebenen Text suchen und diesen aufspalten, um
// die Anzahl der Wörter zu ermitteln
      String[] woerter = muster.split(string);
      return woerter.length;
   }
// Buchstabenanzahl ermitteln
   public static int anzahlBuchstaben(String string) {
      String satzZeichen = " ,.;:!-";
      int anzahl = 0;
// Alle im String satzZeichen angegebenen Zeichen beim Zählen von
// Buchstaben überspringen
      for(int i=0; i<string.length(); i++) {
         if(satzZeichen.indexOf(string.charAt(i)) == -1) {
            anzahl++;
         }
      }
      return anzahl;
   }
}
```

Die JSP-Seite ELFunktionen.jsp

```
<!DOCTYPE HTML PUBLIC "-//W3C//DTD HTML 4.01 Transitional//EN">

<!-- EL-Funktionen werden als Klassenmethoden in einer Java-Klasse
implementiert und mit einem TLD in einer Taglib beschrieben;
mit einer taglib-Direktive wird in der JSP-Seite ein Präfix
für die Taglib vergeben und der im TLD vergebene Name angegeben
-->
<%@ taglib prefix="elf" uri="ELFunktionenundTags" %>

<html>
   <head>
      <title>Expression Language - Funktionen</title>
   </head>
   <body>
      <h3>Expression Language - Funktionen</h3>
      <h4>
<!-- Ausführen von EL-Funktionen -->
         Anzahl Wörter:
         ${elf:anzahlWoerter(
          "EL-Funktionen zählen Wörter und Buchstaben")}
         Anzahl Buchstaben:
         ${elf:anzahlBuchstaben(
          "EL-Funktionen zählen Wörter und Buchstaben")}
      </h4>
   </body>
</html>
```

Die Einträge aus der Datei ELFunktionenundTags.tld

```
<?xml version="1.0" encoding="ISO-8859-1" ?>
<taglib xmlns="http://java.sun.com/xml/ns/j2ee"
xmlns:xsi="http://www.w3.org/2001/XMLSchema-instance"
xsi:schemaLocation="http://java.sun.com/xml/ns/j2ee
http://java.sun.com/xml/ns/j2ee/web-jsptaglibrary_2_0.xsd"
version="2.0">
   <description>Ein TLD für El-Funktionen</description>
   <tlib-version>1.2</tlib-version>
   <short-name>ELFunktionenundTags</short-name>
<!-- Der Eintrag im <uri>-Tag ist ein beliebiger Name, der
den TLD identifiziert und eindeutig vergeben werden muss, aber
keine gültige URL sein muss, er wird über eine taglib-Direktive
in der JSP-Seite dem Container bekannt gemacht -->
   <uri>"ELFunktionenundTags"</uri>
<!-- Der von Ihnen vergebene Name von Methoden und deren Signatur
werden in den name- und function-signature-Tags eingetragen und der
Name der Objektdatei für die Java-Klasse, die die Methoden
definiert, wird relativ zum Unterverzeichnis classes der Web-
Applikation java6uebungsbuch3 angegeben -->

<-- Beschreibung von EL-Funktionen -->
  <function>
    <description>Wortzähler</description>
    <name>anzahlWoerter</name>
    <function-class>paket3.ELFunktionen</function-class>
    <function-signature>
      int anzahlWoerter(java.lang.String)
    </function-signature>
  </function>
  <function>
    <description>BuchstabenZähler</description>
    <name>anzahlBuchstaben</name>
    <function-class>paket3.ELFunktionen</function-class>
    <function-signature>
      int anzahlBuchstaben(java.lang.String)
     </function-signature>
  </function>
```

Programmausgaben

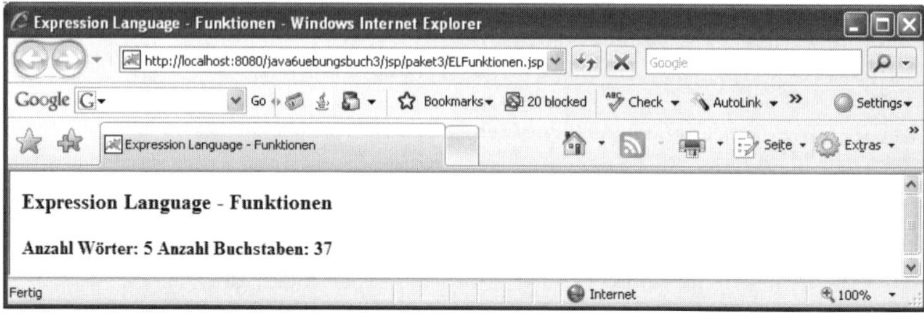

Lösung 2.19

Die Klasse EinfachesTag1

```
package paket4;

import javax.servlet.jsp.*;
import javax.servlet.jsp.tagext.*;
import java.io.IOException;
public class EinfachesTag1 extends SimpleTagSupport {
// Die doTag()-Methode überschreiben
  public void doTag() throws JspException, IOException {
// Den JSP-Context ermitteln, um eine Antwort an den Browser zu
// schicken
    getJspContext().getOut().print("Einfaches Tag ohne Body");
  }
}
```

Die JSP-Seite EinfachesTag1.jsp

```
<!DOCTYPE HTML PUBLIC "-//W3C//DTD HTML 4.01 Transitional//EN">

<!-- taglib-Direktive, die die Zuordnung zwischen dem TLD und
der Java-Klasse, die den Tag-Code enthält, ermöglicht -->
<%@ taglib prefix="einft" uri="ELFunktionenundTags" %>
<!-- HTML-Text -->
<html>
  <head>
    <title>Einfaches Tag</title>
  </head>
  <body>
   <h3>Einfaches Tag</h3>
<h4>
<!-- Tag-Aufruf -->
<einft:einfachTag1/>
<!-- HTML-Text -->
```

```
<hr/>
Dieser Text wird im Browser angezeigt!
<hr/>
</h4>
   </body>
</html>
```

Programmausgaben

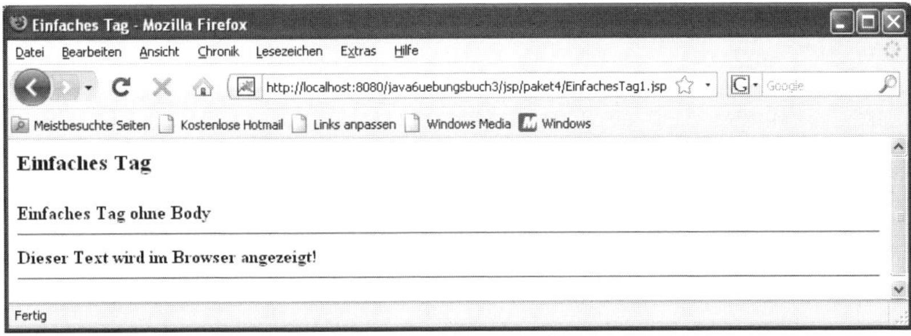

Lösung 2.20

Die Klasse EinfachesTag2

```
package paket4;

import javax.servlet.jsp.*;
import javax.servlet.jsp.tagext.*;
import java.io.IOException;
public class EinfachesTag2 extends SimpleTagSupport {
// Die Methode doTag() überschreiben
   public void doTag() throws JspException, IOException {
      getJspContext().getOut().print("Einfaches Tag mit Body: ");
// Das Argument null im Aufruf der invoke()-Methode besagt, dass
// der Inhalt des Tag-Bodys in den vom impliziten out-Objekt zur
// Verfügung gestellten Ausgabe-Stream geschrieben wird, um als
// Antwort an den Browser gesendet zu werden
      getJspBody().invoke(null);
   }
}
```

Die JSP-Seite EinfachesTag2.jsp

```
<!DOCTYPE HTML PUBLIC "-//W3C//DTD HTML 4.01 Transitional//EN">

<!-- taglib-Direktive, die die Zuordnung zwischen dem TLD und
der Java-Klasse, die den Tag-Code enthält, ermöglicht -->
<%@ taglib prefix="einft" uri="ELFunktionenundTags" %>
```

```
<!-- HTML-Text -->
<html>
   <head>
     <title>Einfaches Tag</title>
   </head>
   <body>
    <h3>Einfaches Tag</h3>
<h4>
<!-- Tag-Aufruf -->
<einft:einfachTag1/>
<!-- HTML-Text -->
<hr/>
Dieser Text wird nicht im Browser angezeigt!
<hr/>
</h4>
   </body>
</html>
```

Programmausgaben

Lösung 2.21

Die Klasse EinfachesTag3

```
package paket4;

import javax.servlet.jsp.*;
import javax.servlet.jsp.tagext.*;
import java.io.IOException;
public class EinfachesTag3 extends SimpleTagSupport {
// Die Methode doTag() überschreiben
   public void doTag() throws JspException, IOException {
// Ein Attribut, auf das vom Tag-Body aus zugegriffen werden kann,
// setzen
      getJspContext().setAttribute("benutzer", "Renate Schulz");
// Das Argument null im Aufruf der invoke()-Methode besagt, dass
// der Inhalt des Tag-Bodys in den vom impliziten out-Objekt zur
// Verfügung gestellten Ausgabe-Stream geschrieben wird, um als
// Antwort an den Browser gesendet zu werden
```

```
        getJspBody().invoke(null);
    }
}
```

Die Klasse EinfachesTag4

```
package paket4;

import javax.servlet.jsp.*;
import javax.servlet.jsp.tagext.*;
import java.io.IOException;
public class EinfachesTag4 extends SimpleTagSupport {
    String[] buecher = {"Java 6 Das Übungsbuch Band I",
      "Java 6 Das Übungsbuch Band II",
       "Java 6 Das Übungsbuch Band III"};
// Die Methode doTag() überschreiben
    public void doTag() throws JspException, IOException {
// Attribute, die als Werte die Elemente eines String-Arrays
// zugewiesen bekommen, nacheinander setzen,
        for(int i=0; i<3;i++) {
            getJspContext().setAttribute("buch", buecher[i]);
// das von der Methode getJspBody() zurückgelieferte
// JspFragment-Objekt ausführen und alle dabei erzeugten Ausgaben
// in den Output-Stream schreiben
            getJspBody().invoke(null);
        }
    }
}
```

Die JSP-Seite EinfachesTag3.jsp

```
<!DOCTYPE HTML PUBLIC "-//W3C//DTD HTML 4.01 Transitional//EN">

<!-- taglib-Direktive, die die Zuordnung zwischen dem TLD und
der Java-Klasse, die den Tag-Code enthält, ermöglicht -->
<%@ taglib prefix="einft" uri="ELFunktionenundTags" %>
<!-- HTML-Text --><html>
<html>
<head>
    <title>Einfaches Tag mit EL-Ausdruck im Body</title>
</head>
<body bgcolor="#CCBB00">
<font size = 4 color="#001111">
<h4>
<!-- Tag-Aufruf -->
<einft:einfachTag3>
    Sind Sie ${benutzer}, dann klicken Sie
        <a href="EinfachesTag4.jsp">hier</a>
</einft:einfachTag3>
```

```
<!-- HTML-Text --><html>
</h4></font>
</body>
</html>
```

Die JSP-Seite EinfachesTag4.jsp

```
<!DOCTYPE HTML PUBLIC "-//W3C//DTD HTML 4.01 Transitional//EN">

<!-- taglib-Direktive, die die Zuordnung zwischen dem TLD und
der Java-Klasse, die den Tag-Code enthält, ermöglicht -->
<%@ taglib prefix="einft" uri="ELFunktionenundTags" %>
<!-- HTML-Text -->
<html>
<head>
  <title>Einfaches Tag mit EL-Ausdruck im Body</title>
</head>
<body bgcolor="#EEBBCC">
<font size = 4 color="#001111">
Wir haben Empfehlungen für Sie, die auf von Ihnen bevorzugten
<a href="Thematik.html"> Themen</a> basieren
<h4>
<ol>
<!-- Tag-Aufruf -->
<einft:einfachTag4>
  <li> ${buch}</li>
</einft:einfachTag4>
<!-- HTML-Text -->
</ol>
</h4></font>
</body>
</html>
```

Die HTML-Datei Thematik.html

```
<html>
<body bgcolor="#AABBCC">
<font size = 4 color="#001111">
<h4>
Thematiken von vorangegangenen Suchaktionen:
<ul>
   <li> Java 5</li>
   <li> Java 6</li>
   <li> Java 7</li>
</ul>
</h4>
</body>
</html>
```

Programmausgaben

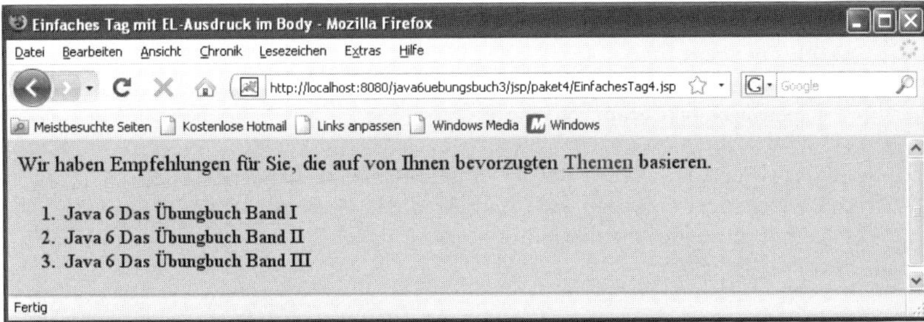

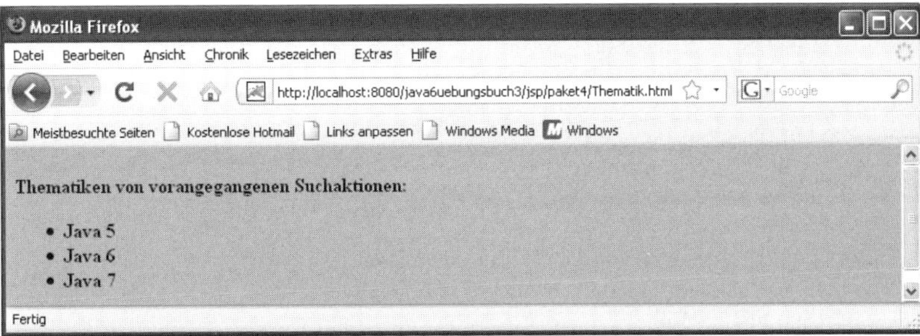

Lösung 2.22

Die Klasse KlassischesTag1

```
package paket4;

import javax.servlet.jsp.*;
import javax.servlet.jsp.tagext.*;
import java.io.IOException;
public class KlassischesTag1 extends TagSupport {
```

```
// Die Methode doStartTag() überschreiben
   public int doStartTag() throws JspException {
// Weil die IOException in der throws-Klausel nicht deklariert
// wird (in der Klasse SimpleTagSupport ist dies der Fall), muss
// diese in einem try/catch-Block abgefangen werden
      try {
// Von der Oberklasse wird das Feld pageContext geerbt, das darin
// als protected deklariert ist, dadurch für alle Unterklassen
// zugänglich ist und den PageContext der JSP-Seite, die dieses
// Tag aufruft, referenziert
         pageContext.getOut().println("Ausgabe aus der "
           + "doStartTag()-Methode: Klassisches Tag ohne Body");
      }
      catch(IOException e) {
         e.printStackTrace();
         throw new JspException(e.toString());
      }
// Dem Container mitteilen, dass ein eventuell vorhandener Body
// nicht ausgewertet werden soll, sondern die Methode doEndTag()
// als Nächstes ausgeführt wird
      return SKIP_BODY;
   }
// Die Methode doEndTag() überschreiben
   public int doEndTag() throws JspException {
      try {
         pageContext.getOut().println("Ausgabe aus der "
           + "doEndTag()-Methode: Klassisches Tag ohne Body");
      }
      catch(IOException e) {
         e.printStackTrace();
         throw new JspException(e.toString());
      }
// Dem Container mitteilen, dass der Rest der JSP-Seite, die
// dieses Tag aufruft, nicht ausgewertet werden soll
      return SKIP_PAGE;
   }
}
```

Die JSP-Seite KlassischesTag1.jsp

```
<!DOCTYPE HTML PUBLIC "-//W3C//DTD HTML 4.01 Transitional//EN">

<!-- taglib-Direktive, die die Zuordnung zwischen dem TLD und
der Java-Klasse, die den Tag-Code enthält, ermöglicht -->
<%@ taglib prefix="klast" uri="ELFunktionenundTags" %>
<!-- HTML-Text -->
<html>
   <head>
      <title>Klassisches Tag</title>
```

```
  </head>
  <body>
   <h3>Klassisches Tag</h3>
<h4>
<!-- Tag-Aufruf -->
<klast:klassischTag1/>
<!-- HTML-Text -->
<hr/>
Dieser Text wird nicht im Browser angezeigt!
<hr/>
</h4>
  </body>
</html>
```

Programmausgaben

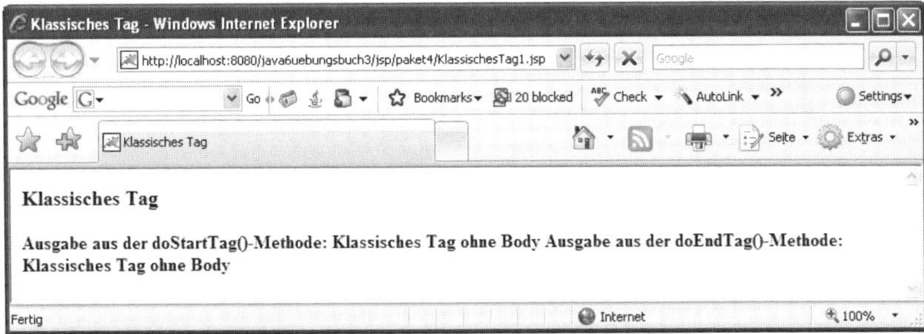

Lösung 2.23

Die Klasse KlassischesTag2

```
package paket4;

import javax.servlet.jsp.*;
import javax.servlet.jsp.tagext.*;
import java.io.IOException;
public class KlassischesTag2 extends TagSupport {
// Die Methode doStartTag() überschreiben
  public int doStartTag() throws JspException {
// Weil die IOException in der throws-Klausel nicht deklariert
// wird (in der Klasse SimpleTagSupport ist dies der Fall), muss
// diese in einem try/catch-Block abgefangen werden
    try {
// Von der Oberklasse wird das Feld pageContext geerbt, das darin
// als protected deklariert ist, dadurch für alle Unterklassen
// zugänglich ist und den PageContext der JSP-Seite, die dieses
// Tag aufruft, referenziert
```

```
      pageContext.getOut().println("Ausgabe aus der "
        + "doStartTag()-Methode: Klassisches Tag mit Body");
    }
    catch(IOException e) {
      e.printStackTrace();
      throw new JspException(e.toString());
    }
// Dem Container mitteilen, dass ein eventuell vorhandener Body
// abgearbeitet werden soll
    return EVAL_BODY_INCLUDE;
  }
// Die Methode doEndTag() überschreiben
  public int doEndTag() throws JspException {
    try {
      pageContext.getOut().println("Ausgabe aus der "
        + "doEndTag()-Methode: Klassisches Tag mit Body");
    }
    catch(IOException e) {
      e.printStackTrace();
      throw new JspException(e.toString());
    }
// Dem Container mitteilen, dass der Rest der JSP-Seite, die
// dieses Tag aufruft, ausgewertet werden soll
    return EVAL_PAGE;
  }
}
```

Die JSP-Seite KlassischesTag2.jsp

```
<!DOCTYPE HTML PUBLIC "-//W3C//DTD HTML 4.01 Transitional//EN">

<!-- taglib-Direktive, die die Zuordnung zwischen dem TLD und
der Java-Klasse, die den Tag-Code enthält, ermöglicht -->
<%@ taglib prefix="klast" uri="ELFunktionenundTags" %>
<!-- HTML-Text --><html>
  <head>
    <title>Klassisches Tag mit Body</title>
  </head>
  <body>
   <h3>Klassisches Tag mit Body</h3>
<h4>
<!-- Tag-Aufruf -->
<klast:klassischTag2>
   -Der Body eines Tags wird in die Antwort eingebaut-
</klast:klassischTag2>
<!-- HTML-Text -->
<hr/>
Dieser Text wird im Browser angezeigt!
<hr/>
```

```
</h4>
  </body>
</html>
```

Programmausgaben

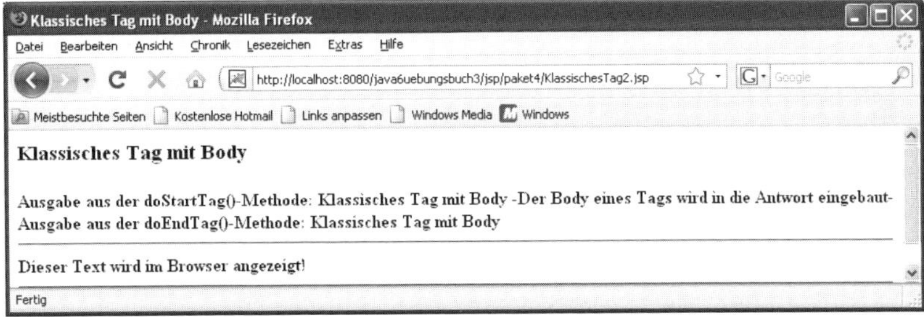

Lösung 2.24

Die Klasse KlassischesTag3

```
package paket4;

import javax.servlet.jsp.*;
import javax.servlet.jsp.tagext.*;
import java.io.IOException;
public class KlassischesTag3 extends TagSupport {
// Die Methode doStartTag() überschreiben
  public int doStartTag() throws JspException {
// Ein Attribut, auf das vom Tag-Body aus zugegriffen werden kann,
// setzen
    pageContext.setAttribute("benutzer", "Renate Schulz");
// Dem Container mitteilen, dass ein eventuell vorhandener Body
// abgearbeitet werden soll
    return EVAL_BODY_INCLUDE;
  }
// Die Methode doEndTag() überschreiben
  public int doEndTag() throws JspException {
// Dem Container mitteilen, dass der Rest der JSP-Seite, die
// dieses Tag aufruft, nicht ausgewertet werden soll
    return SKIP_PAGE;
  }
}
```

Die JSP-Seite KlassischesTag3.jsp

```
<! DOCTYPE HTML PUBLIC "-//W3C// DTD HTML 4.01 Transitional //EN">
<!-- taglib-Direktive, die die Zuordnung zwischen dem TLD und
der Java-Klasse, die den Tag-Code enthält, ermöglicht -->
<%@ taglib prefix="klast" uri="ELFunktionenundTags" %>
<!-- HTML-Text --><html>
<html>
<head>
   <title>Klassisches Tag mit EL-Ausdruck im Body</title>
</head>
<body bgcolor="#CCBB00">
<font size = 4 color="#001111">
<h4>
<!-- Tag-Aufruf -->
<klast:klassischTag3>
   Sind Sie ${benutzer}, dann klicken Sie
      <a href="KlassischesTag4.jsp">hier</a>
</klast:klassischTag3>
<!-- HTML-Text --><html>
<hr/>
Dieser Text wird nicht im Browser angezeigt!
<hr/>
</h4>
</body>
</html>
```

Die Klasse KlassischesTag4

```
package paket4;

import javax.servlet.jsp.*;
import javax.servlet.jsp.tagext.*;
public class KlassischesTag4 extends TagSupport {
   private String[] buecher = {"Java 6 Das Übungsbuch Band I",
     "Java 6 Das Übungsbuch Band II",
       "Java 6 Das Übungsbuch Band III"};
   private int zaehler;
// Die Methode doStartTag() überschreiben
   public int doStartTag() throws JspException {
// Bei einer gleichen Vorgehensweise wie für einfache Tags wird
// nur der letzte Buchtitel im Browser angezeigt
   /* for(int i=0; i<3; i++)
         pageContext.setAttribute("buch", buecher[i]); */
      zaehler = 0;
      pageContext.setAttribute("buch", buecher[zaehler]);
      zaehler++;
      return EVAL_BODY_INCLUDE;
   }
// Die Methode doAfterBody() überschreiben
```

```
  public int doAfterBody() throws JspException {
// Attribute, die als Werte die Elemente eines String-Arrays
// zugewiesen bekommen, nacheinander setzen,
    if(zaehler < buecher.length) {
      pageContext.setAttribute("buch", buecher[zaehler]);
      zaehler++;
// Dem Container mitteilen, dass der Body weiter ausgewertet
// werden soll
      return EVAL_BODY_AGAIN;
    }
    else {
// Dem Container mitteilen, dass der Body nicht weiter ausgewertet
// werden soll, sondern die Methode doEndTag() als Nächstes
// ausgeführt werden soll
      return SKIP_BODY;
    }
  }
// Die Methode doEndTag() überschreiben
  public int doEndTag() throws JspException {
// Dem Container mitteilen, dass der Rest der JSP-Seite, die
// dieses Tag aufruft, ausgewertet werden soll
    return EVAL_PAGE;
  }
}
```

Die JSP-Seite KlassischesTag4.jsp

```
<!DOCTYPE HTML PUBLIC "-//W3C//DTD HTML 4.01 Transitional//EN">

<!-- taglib-Direktive, die die Zuordnung zwischen dem TLD und
der Java-Klasse, die den Tag-Code enthält, ermöglicht -->
<%@ taglib prefix="klast" uri="ELFunktionenundTags" %>
<!-- HTML-Text -->
<html>
<head>
  <title>Klassisches Tag mit EL-Ausdruck im Body</title>
</head>
<body bgcolor="#EEBBCC">
<font size = 4 color="#001111">
Wir haben Empfehlungen für Sie, die auf von Ihnen bevorzugten
<a href="Thematik.html"> Themen</a> basieren
<h4>
<ol>
<!-- Tag-Aufruf -->
<klast:klassischTag4>
  <li> ${buch}</li>
</klast:klassischTag4>
<!-- HTML-Text -->
</ol>
<hr/>
```

```
Dieser Text wird im Browser angezeigt!
<hr/>
</h4>
</body>
</html>
```

Die HTML-Datei Thematik.html

```
<html>
<body bgcolor="#AABBCC">
<font size = 4 color="#001111">
<h4>
Thematiken von vorangegangenen Suchaktionen:
<ul>
   <li> Java 5</li>
   <li> Java 6</li>
   <li> Java 7</li>
</ul>
</h4>
</body>
</html>
```

Programmausgaben

Die gleichen wie in Lösung 2.21 auf Seite 382.

Lösung 2.25

Die Klasse KlassischesTag5

```
package paket4;

import javax.servlet.jsp.*;
import javax.servlet.jsp.tagext.*;
import java.io.IOException;
public class KlassischesTag5 extends BodyTagSupport {
// Die Methode doAfterBody() überschreiben
   public int doAfterBody() throws JspException {
// Weil die IOException in der throws-Klausel nicht deklariert
// wird, muss diese in einem try/catch-Block abgefangen werden
      try {
// Auf den Inhalt des Bodys zugreifen und diesen in einen String
// umsetzen
         BodyContent bodyContent = getBodyContent();
         String bodyString = "Der im Body enthaltene String" +
           bodyContent.getString() + "wurde abgeändert.";
// Den Inhalt des Bodys in den Antwort-Stream schreiben
         JspWriter out = bodyContent.getEnclosingWriter();
         out.println(bodyString);
```

```
      }
      catch(IOException e) {
         e.printStackTrace();
         throw new JspException(e.toString());
      }
// Dem Container mitteilen, dass der Body nicht weiter
// abgearbeitet werden soll
      return SKIP_BODY;
   }
}
```

Die JSP-Seite KlassischesTag5.jsp

```
<!DOCTYPE HTML PUBLIC "-//W3C//DTD HTML 4.01 Transitional//EN">

<!-- taglib-Direktive, die die Zuordnung zwischen dem TLD und
der Java-Klasse, die den Tag-Code enthält, ermöglicht -->
<%@ taglib prefix="klast" uri="ELFunktionenundTags" %>
<!-- HTML-Text -->
<html>
   <head>
      <title>Klassisches Tag mit Body</title>
   </head>
   <body>
    <h3>Klassisches Tag mit Body</h3>
<h4>
<!-- Tag-Aufruf -->
<klast:klassischTag5>
    -Der Body eines Tags wird in die Antwort eingebaut-
</klast:klassischTag5>
</h4>
   </body>
</html>
```

Programmausgaben

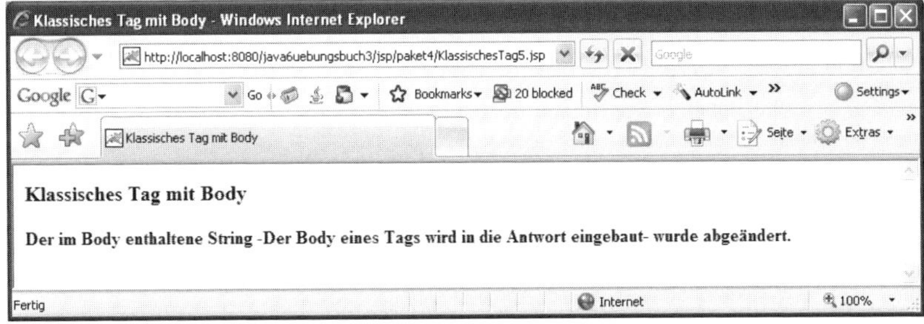

Lösung 2.26

Die Klasse KlassischesTag6

```
package paket4;

import javax.servlet.jsp.*;
import javax.servlet.jsp.tagext.*;
import java.io.IOException;
public class KlassischesTag6 extends BodyTagSupport {
// Die Methode doAfterBody() überschreiben
  public int doAfterBody() throws JspException {
// Weil die IOException in der throws-Klausel nicht deklariert
// wird, muss diese in einem try/catch-Block abgefangen werden
    try {
// Auf den Inhalt des Bodys zugreifen und diesen in einen String
// umsetzen
      BodyContent bodyContent = getBodyContent();
      String bodyString = htmlFilter(bodyContent.getString());
// Den Inhalt des Bodys in den Antwort-Stream schreiben
      JspWriter out1 = bodyContent.getEnclosingWriter();
      out1.println(bodyString);
    }
    catch(IOException e) {
      e.printStackTrace();
      throw new JspException(e.toString());
    }
// Dem Container mitteilen, dass der Body nicht weiter
// abgearbeitet werden soll
    return SKIP_BODY;
  }
// HTML-Sonderzeichen aus Zeichenketten filtern
  public static String htmlFilter(String string) {
    String stringNeu = new String();
    char[] charArray = new char[1];
    for(int i=0; i<string.length(); i++) {
      char c = string.charAt(i);
      charArray[0] = c;
      if(c == '<')
        stringNeu = stringNeu + "&lt;";
      else if(c == '>')
        stringNeu = stringNeu + "&gt;";
      else if(c == '"')
        stringNeu = stringNeu + "&quot;";
      else if((new String(charArray)).equals("'"))
        stringNeu = stringNeu + "&#039;";
      else if(c == '&')
        stringNeu = stringNeu + "&amp;";
      else {
```

```
          stringNeu = stringNeu + new String(charArray);
        }
      }
      return stringNeu;
// Oder eine Instanz der Klasse StringBuffer in der Länge des
// übergebenen Strings erzeugen und darin den neuen String
// aufbereiten
 /*   StringBuffer stringBuffer =
        new StringBuffer(string.length());
      for(int i=0; i<string.length(); i++) {
        char c = string.charAt(i);
        if(c == '<')
          stringBuffer.append("&lt;");
        else if(c == '>')
          stringBuffer.append("&gt;");
        else if(c == '"')
          stringBuffer.append("&quot;");
        else if(c == '&')
          stringBuffer.append("&amp;");
        else
          stringBuffer.append(c);
      }
      return stringBuffer.toString();  */
  }
}
```

Die JSP-Seite KlassischesTag6.jsp

```
<!DOCTYPE HTML PUBLIC "-//W3C//DTD HTML 4.01 Transitional//EN">

<!-- taglib-Direktive, die die Zuordnung zwischen dem TLD und
der Java-Klasse, die den Tag-Code enthält, ermöglicht -->
<%@ taglib prefix="klast" uri="ELFunktionenundTags" %>
<!-- HTML-Text -->
<html>
  <head>
    <title>HTML-Character-Formatierung und -Styling</title>
  </head>
  <body>
   <h3>HTML-Character-Formatierung und -Styling</h3>
<h4>Ausgabe ohne Filter-Tag (die HTML-Elemente werden für das
Rendern der Antwort im Browser eingesetzt):</h4>
Character-Formatierung:
   <sub> Subscript Text </sub>
   <sup> Superscript Text </sup><br>
Character-Styling:<br>
   <b> Bold Text </b><br>
   <big> Big Text </big><br>
   <cit> Citation </cit><br>
```

```
    <code> Code Text</code><br>
    <kbd> Keybord Text </kbd><br>
    <small> Small Text </small><br>
    <strong> Strong Text </strong><br>
    <tt> Teletyp Text </tt><br>
    <var> Variable </var><br>
Block-Elemente:<br>
    <abbr title="Tag Library Descriptor">TLD</abbr><br>
    <blockquote>
'Dieser Text soll ausgegeben werden, um die mit dem blockquote-
Element durchgeführte Formatierung zu beobachten.'
    </blockquote><br>
<h4>Ausgabe mit Filter-Tag (die HTML-Elemente werden mit
angezeigt, weil die HTML-Sonderzeichen entwertet wurden):</h4>
<klast:klassischTag6>
Character-Formatierung:<br>
    <sub> Subscript Text </sub><br>
    <sup> Superscript Text </sup><br>
Character-Styling:<br>
    <b> Bold Text </b><br>
    <big> Big Text </big><br>
    <cit> Citation </cit><br>
    <code> Code Text</code><br>
    <kbd> Keybord Text </kbd><br>
    <small> Small Text </small><br>
    <strong> Strong Text </strong><br>
    <tt> Teletyp Text </tt><br>
    <var> Variable </var><br>
Block-Elemente:<br>
    <abbr title="Tag Library Descriptor">TLD</abbr><br>
    <blockquote>
'Dieser Text soll ausgegeben werden, um die mit dem blockquote-
Element durchgeführte Formatierung zu beobachten.'
    </blockquote>
</klast:klassischTag6>
  </body>
</html>
```

Das JSP-Dokument KlassischesTag6.jspx

```
<?xml version="1.0" encoding="ISO-8859-1"?>
<jsp:root
  xmlns:jsp="http://java.sun.com/JSP/Page"
  xmlns:klast="urn:jsptld:/WEB-INF/tlds/ELFunktionenundTags.tld"
  version="2.1"
>
<jsp:directive.page
  language="java"
  contentType="text/html"
```

```
 pageEncoding="ISO-8859-1"
 import="java.util.Date, java.util.Locale, java.text.* "
/>
<jsp:output
 doctype-root-element="html"
 doctype-public="-//W3C//DTD XHTML 2.0 Strict//EN"
 doctype-system=
   "http://www.w3.org/TR/xhtml2/DTD/xhtml2-strict.dtd" />

<html xmlns="http://www.w3.org/1999/xhtml">
  <head>
    <title> HTML-Character-Formatierung und -Styling </title>
  </head>

  <body>
   <h3>HTML-Character-Formatierung und -Styling</h3>
<h4>Ausgabe ohne Filter-Tag (die HTML-Elemente werden für das
Rendern der Antwort im Browser eingesetzt):</h4>
Character-Formatierung:
   <sub> Subscript Text </sub>
   <sup> Superscript Text </sup><br></br>
Character-Styling:<br></br>
   <b> Bold Text </b><br></br>
   <big> Big Text </big><br></br>
   <cit> Citation </cit><br></br>
   <code> Code Text</code><br></br>
   <kbd> Keybord Text </kbd><br></br>
   <small> Small Text </small><br></br>
   <strong> Strong Text </strong><br></br>
   <tt> Teletyp Text </tt><br></br>
   <var> Variable </var><br></br>
Block-Elemente:<br></br>
   <abbr title="Tag Library Descriptor">TLD</abbr><br></br>
   <blockquote>
'Dieser Text soll ausgegeben werden, um die mit dem blockquote-
Element durchgeführte Formatierung zu beobachten.'
   </blockquote><br></br>
<h4>Ausgabe mit Filter-Tag (die HTML-Elemente werden für das
Rendern der Antwort im Browser eingesetzt):
</h4>
<klast:klassischTag6>
Character-Formatierung:<br></br>
   <sub> Subscript Text </sub><br></br>
   <sup> Superscript Text </sup><br></br>
Character-Styling:<br></br>
   <b> Bold Text </b><br></br>
   <big> Big Text </big><br></br>
   <cit> Citation </cit><br></br>
   <code> Code Text</code><br></br>
```

```
    <kbd> Keybord Text </kbd><br></br>
    <small> Small Text </small><br></br>
    <strong> Strong Text </strong><br></br>
    <tt> Teletyp Text </tt><br></br>
    <var> Variable </var><br></br>
Block-Elemente:<br></br>
    <abbr title="Tag Library Descriptor">TLD</abbr><br></br>
    <blockquote>
'Dieser Text soll ausgegeben werden, um die mit dem blockquote-
Element durchgeführte Formatierung zu beobachten.'
    </blockquote>
</klast:klassischTag6>
   </body>
</html>
</jsp:root>
```

Programmausgaben

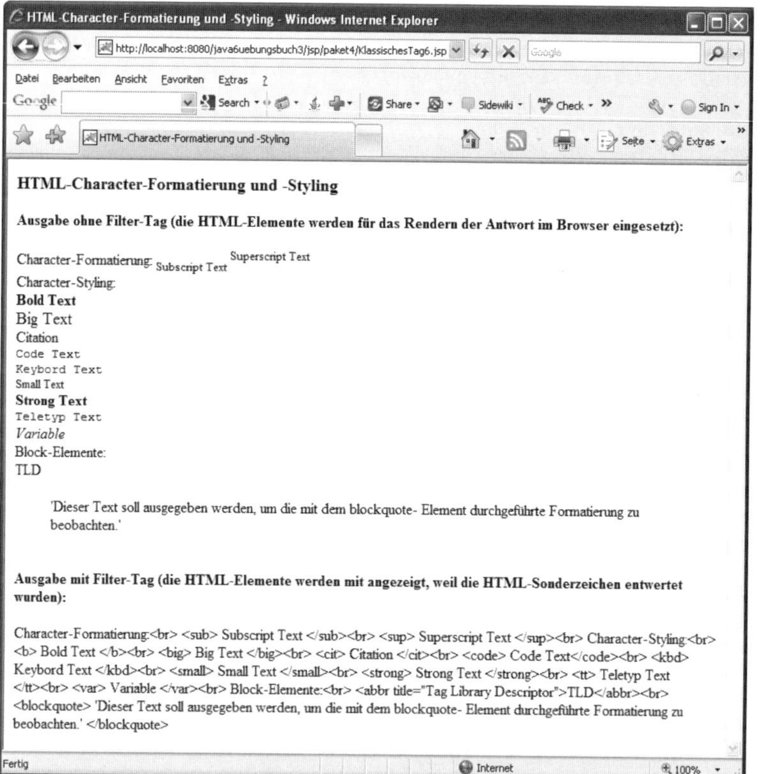

Hinweise zu den Programmausgaben

Die benutzten CSS-Elemente können von den eingesetzten Browsern unterschiedlich gerendert werden.

Lösung 2.27

Die Klasse EinfachesTag6

```
package paket4;

import java.util.*;
import javax.servlet.jsp.*;
import javax.servlet.jsp.tagext.*;
import java.io.IOException;
// Die doTag()-Methode überschreiben
public class EinfachesTag6 extends SimpleTagSupport {
   private int von = 0;
   private int bis = 11;
// Eine Instanz der Klasse Calendar und
   private Calendar calendar = Calendar.getInstance();
// eine Instanz der Klasse Locale erzeugen
   private Locale locale = Locale.getDefault();
// Die Namen aller Monate aus der von der Methode
// getDisplayNames() der Klasse Calendar zurückgelieferten
// Abbildung vom Typ Map<String,Integer> ermitteln
   private Map<String,Integer> map = calendar.getDisplayNames(
        Calendar.MONTH, Calendar.LONG, locale);
// Die Menge aller Schlüssel mit der Methode keys() als
// Set<String>-Instanz liefern
   private Set<String> keys = map.keySet();
// und diese in ein Array umsetzen
   private Object[] monate = keys.toArray();
// Die Methode doTag() überschreiben
   public void doTag() throws JspException, IOException {
// Auf die Tag-Attribute zugreifen, um die zwischen deren
// Werten liegenden Monatsnamen auszugeben
      for(int i=von; i<=bis; i++)
// Einen Output-Stream am JspContext-Objekt ermitteln, um eine
// Antwort an den Browser zu schicken
         getJspContext().getOut().print(monate[i] + " ");
   }
// Methoden für das Setzen von Tag-Attributwerten
   public void setVon(int von) {
      this.von = von;
   }
   public void setBis(int bis) {
      this.bis = bis;
   }
}
```

Die JSP-Seite EinfachesTag6.jsp

```
<!DOCTYPE HTML PUBLIC "-//W3C//DTD HTML 4.01 Transitional//EN">

<!-- taglib-Direktive, die die Zuordnung zwischen dem TLD und
der Java-Klasse, die den Tag-Code enthält, ermöglicht -->
<%@ taglib prefix="einft" uri="ELFunktionenundTags" %>
<!-- HTML-Text -->
<html>
  <head>
    <title>Einfaches Tag mit Attributen</title>
  </head>
  <body>
   <h3>Einfaches Tag mit Attributen</h3>
<h4>
<!-- Tag-Aufrufe mit Angabe von unterschiedlichen Attributwerten
-->
<ul>
  <li><einft:einfachTag6 von="2" bis="8"/></li>
  <li><einft:einfachTag6 von="0" bis="5"/></li>
  <li><einft:einfachTag6 von="7" bis="11"/></li>
  <li><einft:einfachTag6 von="3" bis="9"/></li>
  <li><einft:einfachTag6 bis="11"/>
</ul>
</h4>
  </body>
</html>
```

Programmausgaben

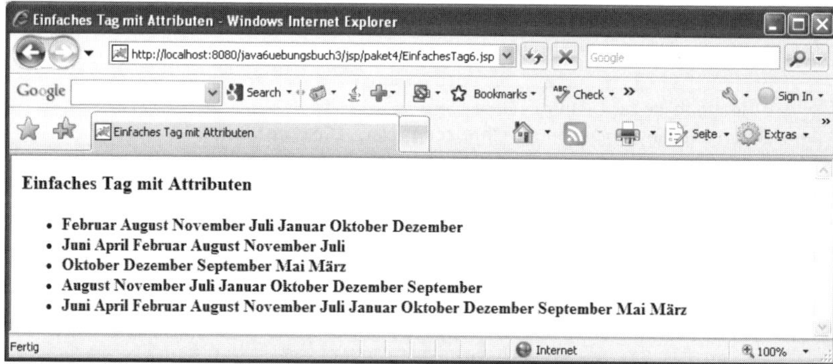

Lösung 2.28

Die Klasse KlassischesTag7

```
package paket4;

import javax.servlet.jsp.*;
import javax.servlet.jsp.tagext.*;
import java.io.IOException;
public class KlassischesTag7 extends TagSupport {
   private String bgColor = null;
   private String fontSize="40";
   private String border="2";
// Die doStartTag()-Methode überschreiben
   public int doStartTag() throws JspException {
      try {
         JspWriter out = pageContext.getOut();
// Eine Tabelle, für die die Attribute border, bgColor und
// fontSize für die Definition des Rahmens, Hintergrunds und der
// darin benutzten Schrift gesetzt werden
         out.print("<table border=" + border + " bgcolor=\""
           + bgColor + "\"> ");
         out.print("<tr><th>");
         out.print("<span style=\"" + "font-size: " + fontSize
           + "\"> ");
      }
      catch(IOException e) {
         e.printStackTrace();
         throw new JspException(e.toString());
      }
// Dem Container mitteilen, dass ein eventuell vorhandener Body
// abgearbeitet werden soll
      return(EVAL_BODY_INCLUDE);
   }
// Die doEndTag()-Methode überschreiben
   public int doEndTag() throws JspException {
      try {
         JspWriter out = pageContext.getOut();
// Die Tabellendefinition abschließen
         out.print("</span>");
         out.print("</th></tr>");
         out.print("</table>");
      }
      catch(IOException e) {
         e.printStackTrace();
         throw new JspException(e.toString());
      }
// Dem Container mitteilen, dass die JSP-Seite weiter ausgewertet
// werden soll
```

```
      return(EVAL_PAGE);
   }
// Methoden zum Setzen von Tag-Attributen
   public void setBgColor(String farbe) {
      bgColor = farbe;
   }
   public void setFontSize(String schrift) {
      fontSize = schrift;
   }
}
```

Die JSP-Seite KlassischesTag7.jsp

```
<!DOCTYPE HTML PUBLIC "-//W3C//DTD HTML 4.01 Transitional//EN">

<!-- taglib-Direktive, die die Zuordnung zwischen dem TLD und
der Java-Klasse, die den Tag-Code enthält, ermöglicht -->
<%@ taglib prefix="klast" uri="ELFunktionenundTags" %>
<!-- HTML-Text -->
<html>
   <head>
      <title>Klassisches Tag mit Attributen</title>
   </head>
<!-- Die Anfrage-Parameterwerte in einem JSP-Scriptlet lesen -->
<% String farbe = request.getParameter("farbe");
   String schrift = request.getParameter("schrift"); %>
<!-- Tag-Aufrufe -->
<!-- Farbe für den Hintergrund der HTML-Seite über das Attribut
background-color des Standard-Tags body setzen -->
<body bgColor = "#C0C1C1">
<h3>Klassisches Tag mit Attributen</h3>
<h4>
<!-- Den Hintergrund der vom benutzerdefinierten Tag
eingerichteten Tabelle über dessen Attribute bgColor und fontSize
setzen und dabei konstante Werte zuweisen -->
Farbe: PINK Schrift: 20 <klast:klassischTag7 bgColor="PINK"
fontSize="20" >
Body1
</klast:klassischTag7>
<!-- oder die eingelesenen Anfrage-Parameterwerte über JSP-
Ausdrücke zuweisen -->
Farbe: #CC00CC Schrift: <%=schrift%><klast:klassischTag7
bgColor="#CC00CC" fontSize="<%=schrift%>">
Body2
</klast:klassischTag7>
Farbe: <%=farbe%> Schrift: <%=schrift%> <klast:klassischTag7
bgColor="<%=farbe%>" fontSize="<%=schrift%>">
Body3
</klast:klassischTag7>
```

```
</h4>
</body>
</html>
```

Programmausgaben

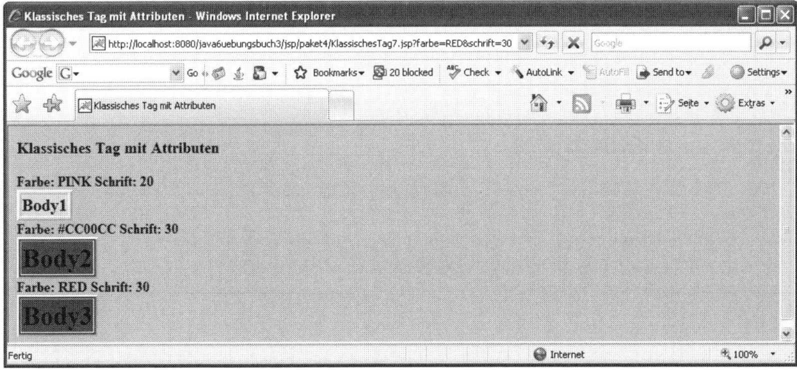

Lösung 2.29

Die Klasse JavaBean

```
package paket4;

public class JavaBean {
   private String eigenschaft;
// Konstruktordefinition
   public JavaBean() {
     eigenschaft = "Attribut für ein Tag mit einem Tag setzen!";
   }
// Setter- und Getter-Methode
   public String getEigenschaft() {
      return this.eigenschaft;
   }
   public void setEigenschaft(String eigenschaft) {
      this.eigenschaft = eigenschaft;
   }
}
```

Die Klasse EinfachesTag5

```
package paket4;

import javax.servlet.jsp.*;
import javax.servlet.jsp.tagext.*;
import java.io.IOException;
```

```
public class EinfachesTag5 extends SimpleTagSupport {
// Die doTag()-Methode überschreiben
  public void doTag() throws JspException, IOException {
// Den im Aufruf der write()-Methode angegebenen Text
     getJspContext().getOut().write("Dieser Wert wurde von einem"
       + " einfachen Tag geschrieben");
// und Inhalt des Tag-Bodys in den Output-Stream schreiben
     getJspBody().invoke(null);
  }
}
```

Die JSP-Seite EinfachesTag5.jsp

```
<!DOCTYPE HTML PUBLIC "-//W3C//DTD HTML 4.01 Transitional//EN">

<!-- taglib-Direktive, die die Zuordnung zwischen dem TLD und
der Java-Klasse, die den Tag-Code enthält, ermöglicht -->
<%@ taglib prefix="einft" uri="ELFunktionenundTags"%>
<html>
  <head>
    <title>
      JSP-Aktionen, EL-Ausdrücke, JavaBeans und Tags
    </title>
  </head>
  <body>
  <h3>Das Zusammenspiel von JSP-Aktionen, EL-Ausdrücken,
    JavaBeans und Tags </h3>
  <hr>
  <p> Die JSP-Standard-Aktion &lt;jsp:attribute&gt; kann
     eingesetzt werden, um Attribute für ein Tag zu
     definieren.
  </p>
  <hr/>
  <p> Die JSP-Standard-Aktion &lt;jsp:body&gt; kann eingesetzt
     werden, um den Body eines benutzerdefinierten Tags
     anzugeben; diese kann nicht innerhalb von
     &lt;jsp:attribute&gt; aufgerufen werden.
  </p>
  <hr/>
Tag-Aufrufe
<hr/>
<einft:einfachTag5>
   <jsp:body> und diesem der Bodyl des Tags angefügt!</jsp:body>
</einft:einfachTag5>
<hr/>
JavaBean setzen
   <jsp:useBean id="javabean" class="paket4.JavaBean">
und mit EL den Wert der JavaBean-Eigenschaft anzeigen:
  ${javabean.eigenschaft}
```

```
<hr/>
Anstatt value="..." in der &lt;jsp:setProperty&gt;-Aktion zu
setzen, wird die &lt;jsp:attribute&gt;-Aktion benutzt und der Wert
des Attributs gleich dem Ergebnis der Tag-Ausführung gesetzt:
    <jsp:setProperty name="javabean" property="eigenschaft">
      <jsp:attribute name="value">
        <einft:einfachTag5>
          und diesem der Body2 des Tags angefügt!
        </einft:einfachTag5>
      </jsp:attribute>
    </jsp:setProperty>
  </jsp:useBean>
<hr/>
  <jsp:getProperty name="javabean" property="eigenschaft"/>
  <hr/>
  Mit EL den Wert der JavaBean-Eigenschaft erneut anzeigen:
  ${javabean.eigenschaft}
  </body>
</html>
```

Programmausgaben

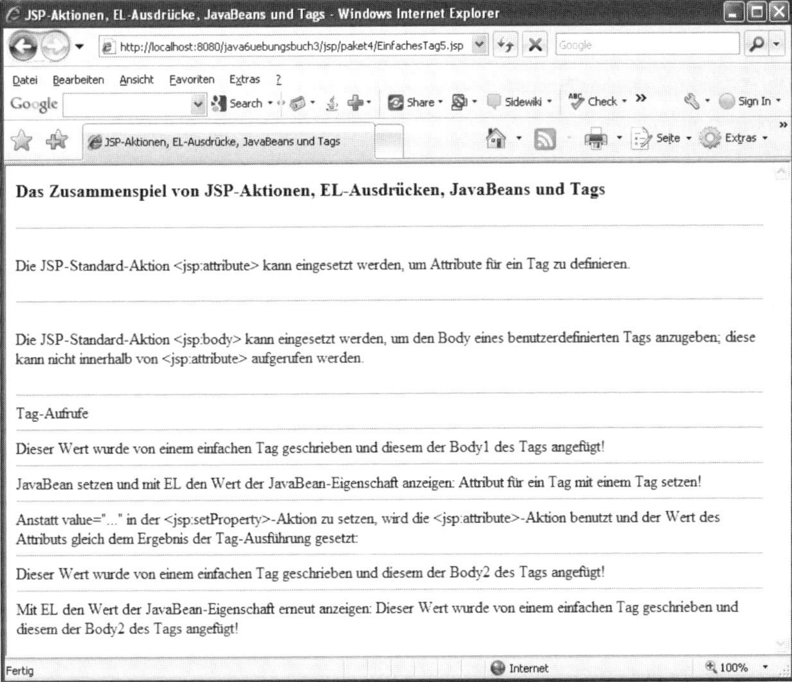

Lösung 2.30

Die Klasse EinfachesTag7

```
package paket4;

import javax.servlet.jsp.*;
import javax.servlet.jsp.tagext.*;
import java.io.IOException;
public class EinfachesTag7 extends SimpleTagSupport {
   private String text;
   public void doTag() throws JspException, IOException {
// Auf das Tag-Attribut text zugreifen, um seinen Wert auszugeben;
// einen Output-Stream am JspContext-Objekt ermitteln, um eine
// Antwort an den Browser zu schicken
      getJspContext().getOut().write("Der Wert des Tag-Attributs"
        + " wurde gleich mit dem Wert einer JavaBean-Eigenschaft"
        + " gesetzt- " + text + " -");
   }
// Methode zum Setzen eines Tag-Attributs
   public void setText(String text) {
      this.text = text;
   }
}
```

Die JSP-Seite EinfachesTag7.jsp

```
<!DOCTYPE HTML PUBLIC "-//W3C//DTD HTML 4.01 Transitional//EN">

<!-- taglib-Direktive, die die Zuordnung zwischen dem TLD und
der Java-Klasse, die den Tag-Code enthält, ermöglicht -->
<%@ taglib prefix="einft" uri="ELFunktionenundTags"%>
<html>
   <head>
      <title>Werte für Tag-Attribute setzen</title>
   </head>
   <body>
   <h3>Ausdrücke für Attributwerte, die zur Laufzeit ermittelt
       werden</h3>
   <hr/>
   <p> Das Element &lt;rtexprvalue&gt; besagt, ob der Wert eines
       Tag-Attributs zur Laufzeit oder zur Übersetzungszeit
       ausgewertet wird.
   </p>
   <hr/>
   <p> Mit der &lt;jsp:useBean&gt;-Standard-Aktion kann eine
       JavaBean als Attribut für einen bestimmten
       Gültigkeitsbereich gesetzt werden. Es wurde der request-
       Scope gewählt.
```

```
    <jsp:useBean id="javabean" class="paket4.JavaBean"
      scope="request"/>
    </p>
    <hr/>
Erster Tag-Aufruf
<hr/>
Mit EL den Wert des Tag-Attributs gleich der JavaBean-Eigenschaft
setzen:
    <einft:einfachTag7 text ="${javabean.eigenschaft}"/>
<hr/>
<%-- Scriptlet für Ausgaben auf den Standard-Ausgabe-Kanal, der
dem Log-File stdout_...log zugeordnet ist --%>
<% System.out.println(request.getAttribute("javabean"));
   System.out.println(((paket4.JavaBean)request.
    getAttribute("javabean")).getEigenschaft());
%>
Zweiter Tag-Aufruf
<hr/>
Einen JSP-Ausdruck dem Tag-Attribut zuweisen:
<einft:einfachTag7 text='<%= ((paket4.JavaBean)request.
getAttribute("javabean")).getEigenschaft() %>' />
<hr/>
Dritter Tag-Aufruf
<hr/>
Mit der &lt;jsp:attribute&gt;-Standard-Aktion den Wert des Tag-
Attributs gleich der JavaBean-Eigenschaft setzen:
   <einft:einfachTag7>
     <jsp:attribute name="text">
       ${javabean.eigenschaft}
     </jsp:attribute>
   </einft:einfachTag7>
<hr/>
</body>
</html>
```

Programmausgaben

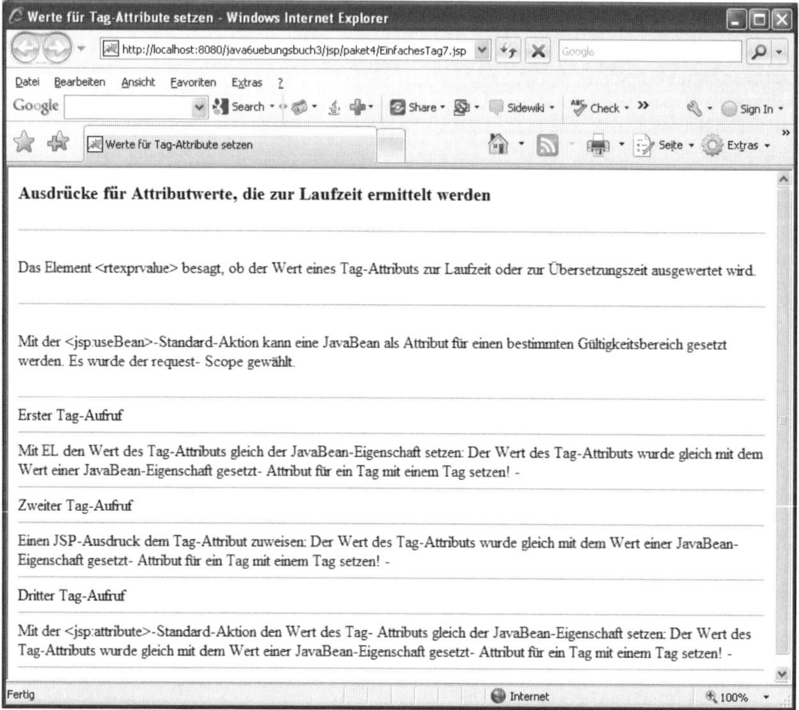

Lösung 2.31

Die Klasse EinfachesTag8

```
package paket4;

import javax.servlet.jsp.*;
import javax.servlet.jsp.tagext.*;
import java.io.IOException;
public class EinfachesTag8 extends SimpleTagSupport {
   private String bean;
// Die doTag()-Methode überschreiben
   public void doTag() throws JspException, IOException {
// JavaBean-Instanz erzeugen,
      JavaBean javaBean = new JavaBean();
// für deren Eigenschaft einen Wert setzen
      javaBean.setEigenschaft("Ein Text soll in Groß- bzw. "
         + "Kleinbuchstaben umgesetzt werden");
```

```
// und die JavaBean als JspContext-Attribut speichern, damit auch
// andere Komponenten der Webapplikation darauf zugreifen können
      getJspContext().setAttribute(bean, javaBean);
   }
// Methode zum Setzen eines Tag-Attributs, dessen Wert definiert
// den Namen für das PageContext-Attribut
   public void setBean(String bean) {
      this.bean = bean;
   }
}
```

Die Klasse ELFunktionenfuerJavaBean

```
package paket4;

public class ELFunktionenfuerJavaBean {
// Klassenmethoden, die EL-Funktionen definieren und die Methoden
// toUpperCase() und toLowerCase() der Klasse String aufrufen
   public static String grossBuchstaben(String string) {
      return string.toUpperCase();
   }
   public static String kleinBuchstaben(String string) {
      return string.toLowerCase();
   }
}
```

Die JSP-Seite EinfachesTag8.jsp

```
<!DOCTYPE HTML PUBLIC "-//W3C//DTD HTML 4.01 Transitional//EN">

<!-- taglib-Direktive, die die Zuordnung zwischen dem TLD und
der Java-Klasse, die den Tag-Code enthält, ermöglicht -->
<%@ taglib prefix="einft" uri="ELFunktionenundTags" %>
<html>
  <head>
    <title>Tags, EL-Funktionen und JavaBeans</title>
  </head>
  <body>
    <h3>Das Zusammenspiel von Tags, JavaBeans und EL-Funktionen
    </h3>
    <hr/>
    <p>Eine JavaBean wird diesmal nicht mit der
       JSP-Standard-Aktion &lt;jsp:useBean&gt; für einen
       bestimmten Sichtbarkeitsbereich gesetzt, sondern über den Aufruf
       des benutzerdefinierten Tags &lt;einft:einfachTag8&gt;.
       Dieses Tag wird aufgerufen, um für den Page-Scope die
       JavaBean als Attribut zu setzen, damit auch andere
       Komponenten der Webapplikation darauf zugreifen können.
       Die Eigenschaftswerte der JavaBean werden mit
```

```
      EL-Funktionen umgesetzt.
    </p>
    <hr/>
<!-- Tag-Aufruf -->
    <einft:einfachTag8 bean="javaBean"/>
    <ul>
      <li>Die JavaBean-Eigenschaft umsetzen</li>
      <li>${javaBean.eigenschaft}</li>
<!-- Auf die Eigenschaftswerte der als Attribut für den Page-Scope
gesetzten JavaBean kann mit EL-Funktionen zugegriffen werden -->
      <li>${einft:grossBuchstaben(javaBean.eigenschaft)}</li>
      <li>${einft:kleinBuchstaben(javaBean.eigenschaft)}</li>
     <ul/>
  </body>
</html>
```

Programmausgaben

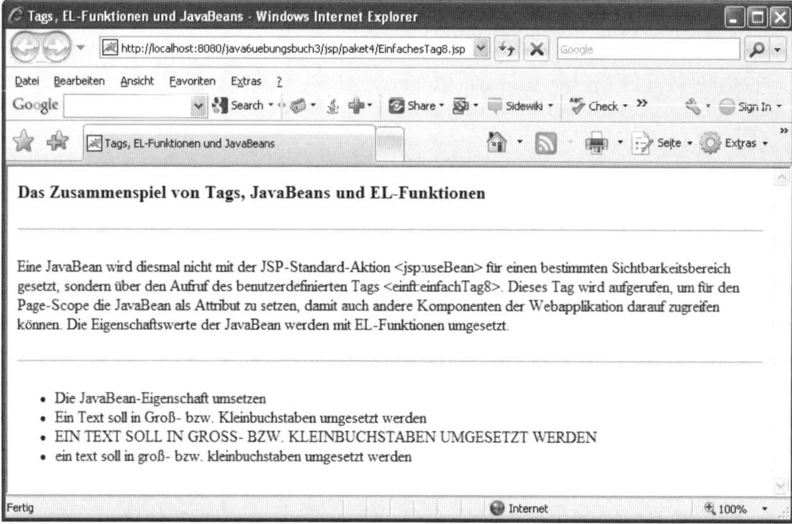

Lösung 2.32

Die Klasse EinfachesTag9

```
package paket4;

import javax.servlet.jsp.*;
import javax.servlet.jsp.tagext.*;
import java.util.*;
```

```
import java.io.*;
public class EinfachesTag9 extends SimpleTagSupport
                              implements DynamicAttributes {
  private Map<String, Object> map = new HashMap<String,Object>();
// Die doTag()-Methode überschreiben
  public void doTag() throws JspException, IOException {
    JspWriter out = getJspContext().getOut();
// Die Menge aller Schlüsselwerte der Abbildung ermitteln
    Set<String> set = map.keySet();
// Alle für das Tag gesetzten Attribute im Browser in einer
// Tabelle anzeigen
    for(String name: set) {
// Den einem Schüssel in der Abbildung zugeordneten Wert lesen
      Object wert = map.get(name);
      out.print("<table border=1" + " bgcolor=green\""
        + "\"> ");
      out.print("<tr><th>");
      out.print("<span style=\"" + "font-size: 15pt" + "\"> ");
      out.print(name + " = " + wert);
      out.print("</span style>");
      out.print("</th></tr>");
      out.print("</table>");
    }
  }
// Die setDynamicAttribute()-Methode implementieren
  public void setDynamicAttribute(String uri, String name,
                          Object wert) throws JspException {
// Ein Attribut für das Tag wird als Schlüssel-Wert-Paar in einer
// HashMap-Instanz gespeichert
    map.put(name,wert);
  }
}
```

Die JSP-Seite EinfachesTag9.jsp

```
<!DOCTYPE HTML PUBLIC "-//W3C//DTD HTML 4.01 Transitional//EN">

<!-- taglib-Direktive, die die Zuordnung zwischen dem TLD und
der Java-Klasse, die den Tag-Code enthält, ermöglicht -->
<%@ taglib prefix="einft" uri="ELFunktionenundTags"%>
<html>
  <head>
    <title>Das Interface DynamicAttributes</title>
  </head>
  <body bgColor = "gray">
    <h2>Das Interface DynamicAttributes</h2>
    <hr>
    <h3>Tag-Aufruf</h3>
      <einft:einfachTag9 attribut1="wert1" attribut2="wert2"
```

```
        attribut3="wert3" attribut4="wert4" attribut5="wert5" />
  </body>
</html>
```

Programmausgaben

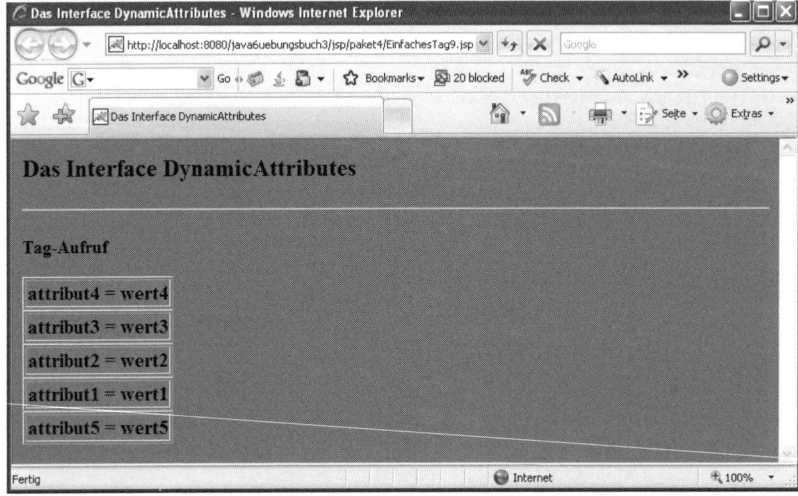

Lösung 2.33

Die Klasse KlassischesTag8

```
package paket4;

import javax.servlet.jsp.*;
import javax.servlet.jsp.tagext.*;
import java.io.*;
public class KlassischesTag8 extends TagSupport {
  private String attribut;
// Die doStartTag()-Methode überschreiben
  public int doStartTag() throws JspException {
    try {
      JspWriter out = pageContext.getOut();
// Den Wert des Tag-Attributs anzeigen
      out.print("*Attribut von KlassischesTag8: " + attribut);
      out.print("<hr/>");
    }
    catch(IOException e) {
      e.printStackTrace();
      throw new JspException(e.toString());
    }
```

```
      return EVAL_BODY_INCLUDE;
   }
// Methode zum Setzen und Lesen des Tag-Attributs
   public void setAttribut(String attribut) {
      this.attribut = attribut;
   }
   public String getAttribut() {
      return this.attribut;
   }
}
```

Die Klasse KlassischesTag9

```
package paket4;

import javax.servlet.jsp.*;
import javax.servlet.jsp.tagext.*;
import java.io.*;
public class KlassischesTag9 extends TagSupport {
   private String attribut;
// Die doStartTag()-Methode überschreiben
   public int doStartTag() throws JspException {
      try {
// Wird diese Methode setParent() aufgerufen, kann nicht auf die
// Attributwerte von Eltern-Tags zugegriffen werden
      //  setParent(new KlassischesTag8());
// Um eine Hierarchie mit einer einstufigen Schachtelungstiefe
// von Kind- und Eltern-Tags einzurichten, reicht
// der Aufruf der Methode getParent(); diese liefert eine
// Tag-Referenz zurück,
      // Tag elternTag = getParent();
// die in die Referenz des gewünschten Eltern-Tags gecastet
// werden kann
         KlassischesTag8 elternTag = (KlassischesTag8)getParent();
         JspWriter out = pageContext.getOut();
// Das Attribut von KlassischesTag9 anzeigen
         out.print("**Attribut von KlassischesTag9: " + attribut);
         out.print("<hr/>");
// Am Eltern-Tag können dessen Methoden aufgerufen werden und so
// dessen Attribute abgefragt
         out.print("**Attribut von ElternTag: "
           + elternTag.getAttribut());
// bzw. abgeändert werden
         elternTag.setAttribut("ElterntagWert2");
         out.print("**Attribut von ElternTag: "
           + elternTag.getAttribut());
         out.print("<hr/>");
      }
      catch(IOException e) {
```

```
            e.printStackTrace();
            throw new JspException(e.toString());
        }
        return EVAL_BODY_INCLUDE;
    }
// Methode zum Setzen und Lesen des Tag-Attributs
    public void setAttribut(String attribut) {
        this.attribut = attribut;
    }
    public String getAttribut() {
        return this.attribut;
    }
}
```

Die Klasse KlassischesTag10

```
package paket4;

import javax.servlet.jsp.*;
import javax.servlet.jsp.tagext.*;
import java.io.*;
public class KlassischesTag10 extends TagSupport {
    private String attribut;
// Die doTag()-Methode überschreiben
    public int doStartTag() throws JspException {
        try {
            JspWriter out = pageContext.getOut();
// Das Attribut von KlassischesTag10 anzeigen
            out.print("****Attribut von KlassischesTag10: "
              + attribut);
// Die Methode getParent() liefert eine Tag-Referenz zurück,
        // Tag elternTag = getParent();
// die in die Referenz des gewünschten Eltern-Tags gecastet
// werden kann
            KlassischesTag9 elternTag1 =
                                    (KlassischesTag9)getParent();
// Um eine Hierarchie mit einer einstufigen Schachtelungstiefe von
// Kind- und Eltern-Tags einzurichten, reicht der Aufruf der
// Methode getParent(); sollen eine oder mehrere
// Schachtelungstiefen übersprungen werden, kann die Methode
// findAncestorWithClass() der Tag-Handler-Klasse aufgerufen
// werden
            KlassischesTag8 elternTag2 = (KlassischesTag8)
                findAncestorWithClass(this, KlassischesTag8.class);
            out.print("<hr/>");
// Attribute von Eltern-und Großeltern-Tags lesen und setzen
            out.print("****Attribut von Eltern-Tag: "
              + elternTag1.getAttribut());
            out.print("<hr/>");
```

```
        out.print("****Attribut von Großeltern-Tag: "
          + elternTag2.getAttribut());
        out.print("<hr/>");
      }
      catch(IOException e) {
        e.printStackTrace();
        throw new JspException(e.toString());
      }
      return EVAL_BODY_INCLUDE;
    }
// Methode zum Setzen und Lesen des Tag-Attributs
    public void setAttribut(String attribut) {
      this.attribut = attribut;
    }
    public String getAttribut() {
      return this.attribut;
    }
}
```

Die Klasse EinfachesTag10

```
package paket4;

import javax.servlet.jsp.*;
import javax.servlet.jsp.tagext.*;
import java.io.*;
public class EinfachesTag10 extends SimpleTagSupport {
    private String attribut;
// Die doTag()-Methode überschreiben
    public void doTag() throws JspException, IOException {
  //    setParent(new KlassischesTag8());
      JspWriter out = getJspContext().getOut();
      out.print("***Attribut von EinfachesTag10: " + attribut);
// Die Methode getParent() von SimpleTagSupport liefert eine
// JspTag-Referenz zurück, die das Oberinterface von Tag ist
// und auch in die Referenz des gewünschten Eltern-Tags gecastet
// werden kann
    // JspTag elternTag = getParent();
      KlassischesTag8 elternTag = (KlassischesTag8)getParent();
      out.print("<hr/>");
// Die Attributwerte von Eltern-Tags können abgefragt werden,
// und in das Treffen von Entscheidungen mit einbezogen werden
      if(elternTag.getAttribut().equals("ElterntagWert2"))
// Der Body des Tags soll nur in diesem Fall im Browser angezeigt
// werden
        getJspBody().invoke(null);
      out.print("<hr/>");
// Attribute des Eltern-Tags lesen und setzen
      out.print("***Attribut von Eltern-Tag: "
```

```
      + elternTag.getAttribut());
    elternTag.setAttribut("ElterntagWert3");
    out.print("***Attribut von Eltern-Tag: "
      + elternTag.getAttribut());
    out.print("<hr/>");
  }
// Methode zum Setzen und Lesen des Tag-Attributs
  public void setAttribut(String attribut) {
    this.attribut = attribut;
  }
  public String getAttribut() {
    return this.attribut;
  }
}
```

Die JSP-Seite GeschachtelteTags.jsp

```
<!DOCTYPE HTML PUBLIC "-//W3C//DTD HTML 4.01 Transitional//EN">

<!-- taglib-Direktive, die die Zuordnung zwischen dem TLD und
der Java-Klasse, die den Tag-Code enthält, ermöglicht -->
<%@ taglib prefix="gescht" uri="ELFunktionenundTags"%>
<html>
  <head>
    <title>Geschachtelte Tags</title>
  </head>
  <body bgColor = "pink">
    <h2>Geschachtelte Tags</h2>
    <hr/>
    <h3>Tag-Aufrufe</h3>
<hr/>Eltern-Tag KlassischesTag8<hr/>
      <gescht:klassischTag8 attribut="ElterntagWert1">
<hr/>Kind-Tag für KlassischesTag8 ist KlassischesTag9<hr/>
        <gescht:klassischTag9 attribut=
          "Kindtag1vonKlassischesTag8">
<hr/>Kind-Tag für KlassischesTag9 ist KlassischesTag10<hr/>
          <gescht:klassischTag10 attribut=
            "KindtagvonKlassischesTag9"/>
        </gescht:klassischTag9>
<hr/>Kind-Tag für KlassischesTag8 ist auch EinfachesTag10<hr/>
        <gescht:einfachTag10 attribut=
          "Kindtag2vonKlassischesTag8">
            -Body von EinfachesTag10-
        </gescht:einfachTag10>
      </gescht:klassischTag8>
  </body>
</html>
```

Programmausgaben

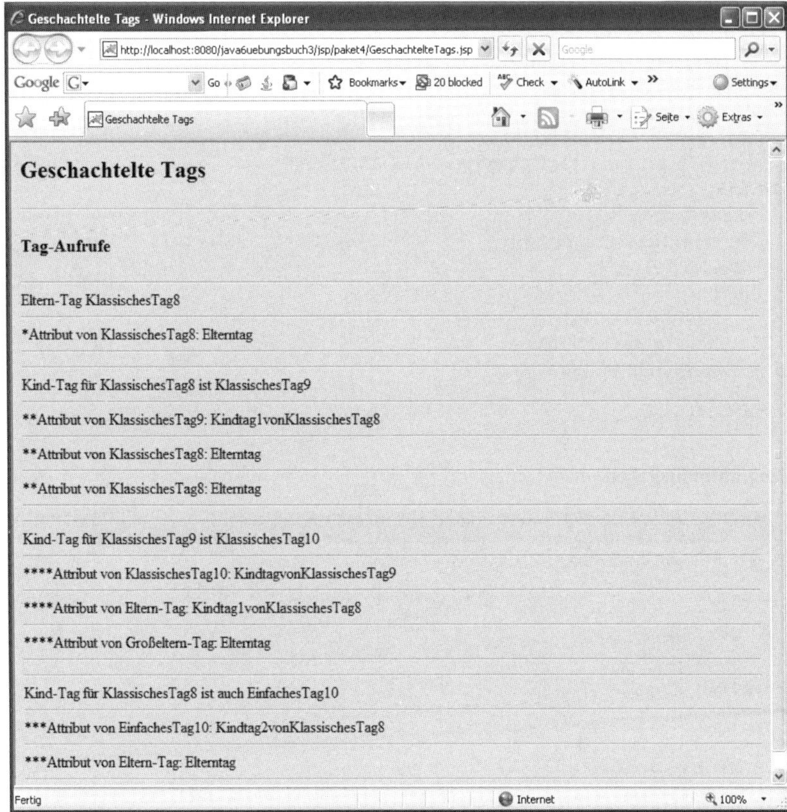

Lösung 2.34

Die Tag-Datei tagFile1.tag

```
<!-- Dieses Tag-File definiert ein benutzerdefiniertes Tag, das
eine Anzeige im Browser generiert. -->
Eine einfache Tag-Datei-Definition.
```

Die JSP-Seite TagFile1.jsp

```
<! DOCTYPE HTML PUBLIC "-//W3C// DTD HTML 4.01 Transitional //EN">
<!-- Diese JSP-Seite ruft ein benutzerdefiniertes Tag auf, das
über eine Tag-Datei definiert wurde und einen Text im Browser
ausgibt -->
<!-- taglib-Direktive, die die Zuordnung von Tag-Dateien
ohne einen TLD ermöglicht -->
<%@ taglib prefix="tagf" tagdir="/WEB-INF/tags" %>
<html>
  <head>
   <title>Tag-File</title>
  </head>
  <body>
    <h3>Tag-File1</h3>
    <h4>Tag-Aufruf</h4>
    <tagf:tagFile1/>
  </body>
</html>
```

Programmausgaben

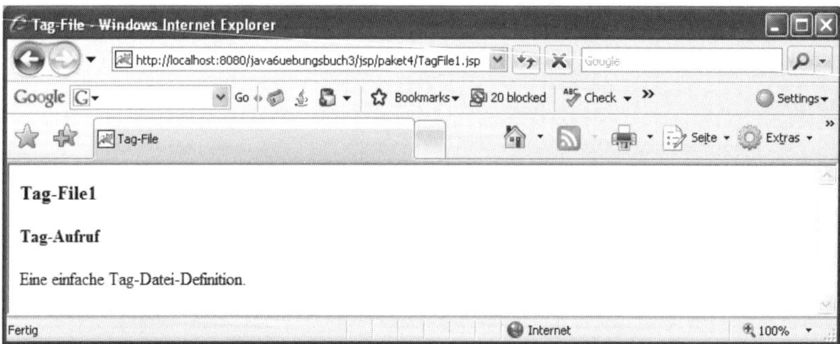

Lösung 2.35

Die Tag-Datei tagFile2.tag

```
<!-- Dieses Tag-File definiert ein benutzerdefiniertes Tag, das
einen Body besitzt und die Aktion <jsp:doBody/> nutzt, um diesen
anzuzeigen -->
<%@ tag body-content="scriptless" %>
<div style="color:red; font-size:15pt">
  <jsp:doBody/>
</div>
```

Die JSP-Seite TagFile2.jsp

```
<! DOCTYPE HTML PUBLIC "-//W3C// DTD HTML 4.01 Transitional //EN">
<!-- taglib-Direktive, die die Zuordnung von Tag-Dateien
ohne einen TLD ermöglicht -->
<%@ taglib prefix="tagf" tagdir="/WEB-INF/tags" %>
<!-- taglib-Direktive, die die Zuordnung zwischen dem TLD und
den Java-Klassen EinfachesTag1 und KlassischesTag2 ermöglicht -->
<%@ taglib prefix="einft" uri="ELFunktionenundTags" %>
<html>
   <head>
    <title>Tag-File</title>
   </head>
   <body>
      <h3>Tag-File2</h3>
      <br/>
      <h4>Tag-Aufruf von tagFile2</h4>
         <tagf:tagFile2>
            -Body der Tag-Datei-
         </tagf:tagFile2>
      <h4>Tag-Aufruf von einfachTag1</h4>
         <einft:einfachTag1/>
      <br/>
      <h4>Tag-Aufruf von klassischTag2</h4>
         <einft:klassischTag2>
            -Body des klassischen Tags klassischesTag2-
         </einft:klassischTag2>
   </body>
</html>
```

Programmausgaben

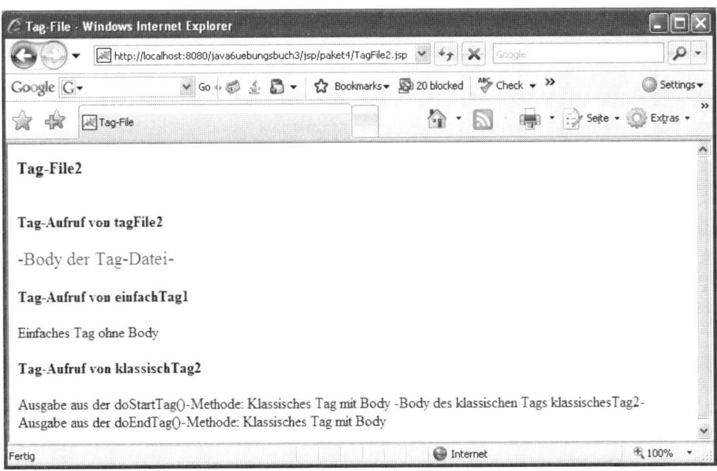

Lösung 2.36

Die Tag-Datei tagFile3.tag

```
<!-- attribute-Direktive zum Setzen von Tag-Attributen -->
<%@ attribute name="bgColor" required="false"
   rtexprvalue="true"%>
<%@ attribute name="fontSize" required="false"
   rtexprvalue="true"%>
<!-- Tabellen-Definition mit Benutzung der Tag-File-Attribute -->
<table border="2" bgcolor="${bgColor}">
   <tr><th>
      <span style="font-size:${fontSize}">
      <jsp:doBody/>
      </span>
   </th></tr>
</table>
```

Die JSP-Seite TagFile3.jsp

```
<!DOCTYPE HTML PUBLIC "-//W3C//DTD HTML 4.01 Transitional//EN">

<!-- taglib-Direktive, die die Zuordnung von Tag-Dateien
ohne einen TLD ermöglicht -->
<%@ taglib prefix="tagf" tagdir="/WEB-INF/tags" %>
<!-- taglib-Direktive, die die Zuordnung zwischen dem TLD und
der Java-Klasse KlassischesTag7 ermöglicht -->
<%@ taglib prefix="klast" uri="ELFunktionenundTags" %>
<html>
   <head>
    <title>Tag-File</title>
   </head>
   <body>
      <h2>Tag-File3</h2>
      <br/>
<!-- Die Anfrage-Parameterwerte in einem JSP-Scriptlet lesen -->
<% String farbe = request.getParameter("farbe");
   String schrift = request.getParameter("schrift");
%>
<!-- Farbe für den Hintergrund der HTML-Seite über das Attribut
background-color des Standard-Tags body setzen -->
<body bgColor = "#C0C1C1">
<h4>
   <h3>Tag-Aufrufe von tagFile3</h3>
Farbe: PINK Schrift: 20
      <tagf:tagFile3 bgColor="PINK" fontSize="20">
         Body1
      </tagf:tagFile3>
Farbe: #CC00CC Schrift: 30
```

```
    <tagf:tagFile3 bgColor="#CC00CC" fontSize="30">
      Body2
    </tagf:tagFile3>
Farbe: <%=farbe%> Schrift: <%=schrift%>
    <tagf:tagFile3 bgColor="<%=farbe%>"
      fontSize="<%=schrift%>">
      Body3
    </tagf:tagFile3>
  <h3>Tag-Aufrufe von klassischTag7</h3>
Farbe: PINK Schrift: 20
    <klast:klassischTag7 bgColor="PINK" fontSize="20">
      Body1
    </klast:klassischTag7>
Farbe: #CC00CC Schrift: <%=schrift%>
    <klast:klassischTag7 bgColor="#CC00CC"
                                   fontSize="<%=schrift%>">
      Body2
    </klast:klassischTag7>
Farbe: <%=farbe%> Schrift: <%=schrift%>
    <klast:klassischTag7 bgColor="<%=farbe%>"
                                   fontSize="<%=schrift%>">
      Body3
    </klast:klassischTag7>
</h4>
</body>
</html>
```

Die Tag-Datei tagFile3.tagx

```
<?xml version="1.0" encoding="ISO-8859-1"?>
<jsp:root
  xmlns:jsp="http://java.sun.com/JSP/Page"
  version="2.1"
>
<!-- JSP-Aktion zum Setzen von Tag-Attributen -->
<jsp:directive.attribute name="bgColor" required="false"
  rtexprvalue="true"/>
<jsp:directive.attribute name="fontSize" required="false"
  rtexprvalue="true"/>

<!-- Tabellen-Definition mit Benutzung der Tag-File-Attribute -->
<table border="2" bgcolor="${bgColor}">
  <tr><th>
    <span style="font-size:${fontSize}">
    <jsp:doBody/>
    </span>
  </th></tr>
</table>
</jsp:root>
```

Das JSP-Dokument TagFile3.jspx

```
<?xml version="1.0" encoding="ISO-8859-1"?>
<jsp:root
  xmlns:jsp="http://java.sun.com/JSP/Page"
  xmlns:klast="urn:jsptld:/WEB-INF/tlds/ELFunktionenundTags.tld"
  xmlns:tagf="urn:jsptagdir:/WEB-INF/tags/"
  version="2.1"
>
<jsp:directive.page
  language="java"
  contentType="ISO-8859-1"
  pageEncoding="ISO-8859-1"
  import="java.util.Date, java.util.Locale, java.text.* "
/>
<jsp:output
  doctype-root-element="html"
  doctype-public="-//W3C//DTD XHTML 2.0 Strict//EN"
  doctype-system=
    "http://www.w3.org/TR/xhtml2/DTD/xhtml2-strict.dtd" />

<html xmlns="http://www.w3.org/1999/xhtml">
   <head>
      <title> Tag-File </title>
   </head>
      <h2>Tag-File3</h2>
      <br/>
<!-- Farbe für den Hintergrund der HTML-Seite über das Attribut
background-color des Standard-Tags body setzen -->
<body bgColor = "#C0C1C1">
<h4>
   <h3>Tag-Aufrufe von tagFile3</h3>
Farbe: PINK Schrift: 20pt
      <tagf:tagFile3 bgColor="PINK" fontSize="20pt">
         Body1
      </tagf:tagFile3>
Farbe: #CC00CC Schrift: 30pt
      <tagf:tagFile3 bgColor="#CC00CC" fontSize="30pt">
         Body2
      </tagf:tagFile3>
<!-- Die Anfrage-Parameterwerte werden mit dem impliziten
Objekt param der EL ermittelt -->
Farbe: ${param.farbe} Schrift: ${param.schrift}
      <tagf:tagFile3 bgColor="${param.farbe}"
        fontSize="${param.schrift}">
         Body3
      </tagf:tagFile3>
   <h3>Tag-Aufrufe von klassischTag7</h3>
```

```
Farbe: PINK Schrift: 40pt
     <klast:klassischTag7 bgColor="PINK" fontSize="40pt">
       Body1
     </klast:klassischTag7>
Farbe: #CC00CC Schrift: ${param.schrift}
     <klast:klassischTag7 bgColor="#CC00CC"
      fontSize="${param.schrift}">
       Body2
     </klast:klassischTag7>
Farbe: ${param.farbe} Schrift: ${param.schrift}
     <klast:klassischTag7 bgColor="${param.farbe}"
      fontSize="${param.schrift}">
       Body3
     </klast:klassischTag7>
</h4>
</body>
</html>
</jsp:root>
```

Programmausgaben

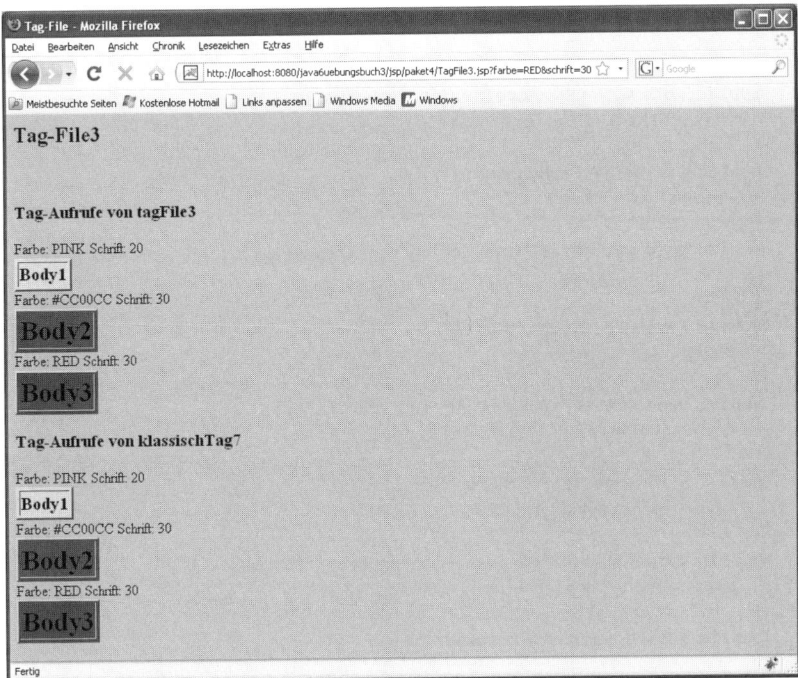

Lösung 2.37

Die Klasse WebClient

```
package paket4;

public class WebClient {
   private String clientName;
   private String schriftFarbe;
   private String schriftName;
   private String schriftGroesse;
   private String farbenName;
   private String clientPortal;
// Konstruktordefinition
   public WebClient() {
   }
// Setter- und Getter-Methoden definieren die Eigenschaften
// die JavaBean
   public void setClientName(String clientName) {
      this.clientName = clientName;
   }
   public String getClientName() {
      return clientName;
   }
   public void setFarbenName(String farbenName) {
      this.farbenName = farbenName;
   }
   public String getFarbenName() {
      return farbenName;
   }
   public void setSchriftName(String schriftName) {
      this.schriftName = schriftName;
   }
   public String getSchriftName() {
      return schriftName;
   }
   public void setSchriftFarbe(String schriftFarbe) {
      this.schriftFarbe = schriftFarbe;
   }
   public String getSchriftFarbe() {
      return schriftFarbe;
   }
   public void setSchriftGroesse(String schriftGroesse) {
      this.schriftGroesse = schriftGroesse;
   }
   public String getSchriftGroesse() {
      return schriftGroesse;
   }
```

```
  public String getClientPortal() {
    clientPortal =  "Für den Benutzer " + this.clientName
      + " wurden die Farben " + this.farbenName + " und " +
      this.schriftFarbe + " und die Schrift "
        + this.schriftName + " ausgewählt";
    return clientPortal;
  }
}
```

Die Tag-Datei tagFile4.tag

```
<!-- tag-Direktive zum Setzen des Typs des Body-Inhalts -->
<%@ tag body-content="empty" %>
<!-- attribute-Direktiven zum Definieren von Tag-Attributen -->
<%@ attribute name="clientName" required="true"
  rtexprvalue="true"%>
<%@ attribute name="farbenName" required="true"
  rtexprvalue="true"%>
<%@ attribute name="schriftFarbe" required="true"
  rtexprvalue="true"%>
<%@ attribute name="schriftName" required="true"
  rtexprvalue="true"%>
<%@ attribute name="schriftGroesse" required="true"
  rtexprvalue="true"%>
<!-- Die JavaBean-Aktionen werden von der Tag-Datei aufgerufen-->
<jsp:useBean id="webclient" class="paket4.WebClient" >
  <jsp:setProperty name="webclient" property="clientName"
    value="${clientName}" />
  <jsp:setProperty name="webclient" property="farbenName"
    value="<%= farbenName %>" />
  <jsp:setProperty name="webclient" property="schriftFarbe"
    value="<%= schriftFarbe %>" />
  <jsp:setProperty name="webclient" property="schriftName"
    value="${schriftName}" />
  <jsp:setProperty name="webclient" property="schriftGroesse"
    value="<%= schriftGroesse %>" />
</jsp:useBean>
<%-- Die Eigenschaft clientPortal der JavaBean anzeigen --%>
<jsp:getProperty name="webclient" property="clientPortal" />
<html><body>
<!-- Aufbau der ersten Tabelle -->
<%-- Mit EL auf die Eigenschaften der JavaBean zugreifen --%>
<table border="2" bgcolor="${webclient.farbenName}">
<tr><td>

<div STYLE="color:${webclient.schriftFarbe};
font-size:${webclient.schriftGroesse};
font-family:${webclient.schriftName}">
```

```
Hallo Frau/Herr ${webclient.clientName},
gefällt Ihnen die ausgewählte Farbe und Schrift?
</div>
</td></tr>
</table>

<!-- Aufbau der zweiten Tabelle -->
<%-- Mit EL auf die Attribute der Tag-Datei zugreifen --%>
<table border="2" bgcolor="${farbenName}">
<tr><td>
<div style="color:${schriftFarbe};font-size:${schriftGroesse};
font-family:${schriftName}">

Hallo Frau/Herr ${clientName},
gefällt Ihnen die ausgewählte Farbe und Schrift?
</div>
</td></tr>
</table>
</body></html>
```

Die JSP-Seite TagFile4.jsp

```
<!DOCTYPE HTML PUBLIC "-//W3C//DTD HTML 4.01 Transitional//EN">

<!-- taglib-Direktive, die die Zuordnung von Tag-Dateien
ohne einen TLD ermöglicht -->
<%@ taglib prefix="tagf" tagdir="/WEB-INF/tags" %>
<html>
  <head>
   <title>Tag-File</title>
  </head>
  <body>
    <h2>Tag-File4</h2>
    <br/>
    <h3>Tag-Aufrufe von tagFile4</h3>
      <tagf:tagFile4 clientName="Jung" schriftFarbe="YELLOW"
        schriftName="ARIAL" schriftGroesse ="20"
          farbenName="#EEA780"/>
      <tagf:tagFile4 clientName="Balthasar"
        schriftFarbe="WHITE"
          schriftName="LUCIDA HANDWRITING"
            schriftGroesse ="25" farbenName="#AA0011"/>
  </body>
</html>
```

Programmausgaben

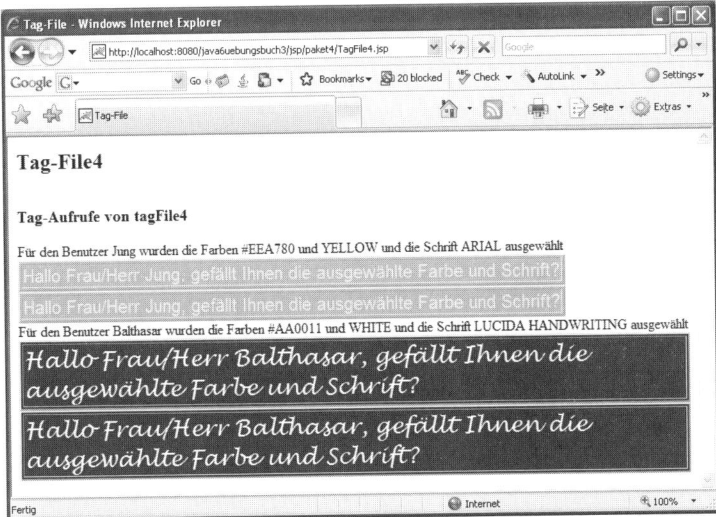

Lösung 2.38

Die Tag-Datei TagFilemitDatum.tag

```
<%-- tag-Direktive importiert Pakete --%>
<%@ tag import="java.util.*" %>
<%-- variable-Direktive vergibt Variablennamen --%>
<%@ variable name-given="datum" %>
<%-- attribute-Direktive --%>
<%@ attribute name="text" required="true" %>
<%-- JSP-Scriptlet ermittelt das aktuelle Tagesdatum und setzt
die Tag-Variable als Attribut für das implizite jspContext-Objekt
im APPLICATION_SCOPE, so dass diese für alle Komponenten der
Webapplikation Gültigkeit hat --%>
<%
// Das Tagesdatum über den Aufruf der get()-Methoden der Klasse
// GregorianCalendar ermitteln
   GregorianCalendar calendar = new GregorianCalendar();
      String datum = calendar.get(Calendar.DAY_OF_MONTH) + " "
        + (calendar.get(Calendar.MONTH) + 1) + " "
          + calendar.get(Calendar.YEAR);
   jspContext.setAttribute("datum", datum,
        PageContext.APPLICATION_SCOPE);
%>
<!-- Zugriff auf das Tag-Attribut -->
${text}
```

```
<!-- Den Body des Tags ausgeben -->
<jsp:doBody/>
```

Die Tag-Datei TagFilemitUhrzeit.tag

```
<%-- tag-Direktive importiert Pakete --%>
<%@ tag import="java.util.*" %>
<%-- variable-Direktive vergibt Variablennamen --%>
<%@ variable name-given="uhrzeit" %>
<%-- attribute-Direktive --%>
<%@ attribute name="text" required="true" %>
<%-- JSP-Scriptlet ermittelt die aktuelle Uhrzeit und setzt
die Tag-Variable als Attribut für das implizite jspContext-Objekt
im APPLICATION_SCOPE, so dass diese für alle Komponenten der
Webapplikation Gültigkeit hat --%>
<%
// Die aktuelle Uhrzeit über den Aufruf der Methoden der
// Klasse GregorianCalendar ermitteln
   GregorianCalendar calendar1 = new GregorianCalendar();
   String uhrzeit = calendar1.get(Calendar.HOUR) + " "
       + calendar1.get(Calendar.MINUTE) + " " + calendar1.get(
          Calendar.SECOND);
   jspContext.setAttribute("uhrzeit", uhrzeit,
      PageContext.APPLICATION_SCOPE);
%>
<!-- Zugriff auf das Tag-Attribut -->
${text}
<!-- Den Body des Tags ausgeben -->
<jsp:doBody/>
```

Die JSP-Seite TagFile5.jsp

```
<!DOCTYPE HTML PUBLIC "-//W3C//DTD HTML 4.01 Transitional//EN">

<!-- taglib-Direktive, die die Zuordnung von Tag-Dateien
ohne einen TLD ermöglicht -->
<%@ taglib prefix="tagf" tagdir="/WEB-INF/tags" %>
<html>
   <head>
    <title>Tag-File</title>
   </head>
   <body>
     <h3>Tag-File5</h3>
     <br/>
     <h3>Tag-Aufrufe</h3>
<!-- Zuweisung von Attributwerten im Tag-Aufruf -->
     <tagf:TagFilemitDatum text = "Aktuelles Tagesdatum: ">
<!-- Der Zugriff auf die Tag-Variable erfolgt im Body des Tags -->
        ${datum}
```

```
      </tagf:TagFilemitDatum>
      <br/>
      <tagf:TagFilemitUhrzeit text = "Aktuelle Uhrzeit: ">
        ${uhrzeit}
      </tagf:TagFilemitUhrzeit>
    </body>
</html>
```

Programmausgaben

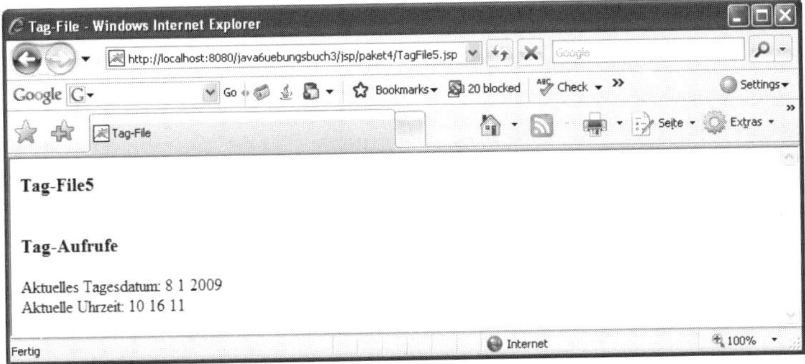

Lösung 2.39

Die JSP-Seite JSTLBsp1.jsp

```
<!DOCTYPE HTML PUBLIC "-//W3C//DTD HTML 4.01 Transitional//EN">

<!-- Die core-Taglib von JSTL besitzt das Präfix c; damit ihre
Tags ausgeführt werden, muss diese in die JSP-Seiten mit Hilfe
einer taglib-Direktive eingebunden werden -->
<%@ taglib uri="http://java.sun.com/jsp/jstl/core" prefix="c" %>

<html>
  <head>
    <title>JSTL-Tags</title>
  </head>
  <body>
<%-- Mit dem <c:out>-Tag können Ausgaben im Browser getätigt
werden, ohne dass dazu die print-Methoden an einem out-Objekt
aufgerufen werden müssen; die gewünschte Interpretation von
HTML-Tags kann über das escapeXML-Attribut des Tags erreicht
werden --%>
      <c:out value=
        "Diese Ausgabe erfolgte mit dem <c:out>-Tag der JSTL"/>
      <br/>
      <c:out value=
```

```
        "Diese Ausgabe erfolgte mit dem <c:out>-Tag der JSTL"
          escapeXml="false"/>
      <br/>
<%-- oder das <c:out>-Tag muss in die entsprechenden HTML-Tags
eingebettet werden --%>
      <h3> <c:out value=
        "Diese Ausgabe erfolgte mit dem <c:out>-Tag der JSTL " />
      </h3>

      <h3> <c:out value="Diese Ausgabe erfolgte mit dem "/> </h3>
      <c:out value="<c:out>-Tag"/>
      <h3> <c:out value="der JSTL"/> </h3>

      <c:out value="<h3> Diese Ausgabe erfolgte mit dem </h3>
        <c:out>-Tag <h3> der JSTL </h3>" escapeXml="false"/>
      <c:out value="<h3> Diese Ausgabe erfolgte mit dem </h3>
        <c:out>-Tag <h3> der JSTL </h3>" escapeXml="true"/>
   </body>
</html>
```

Programmausgaben

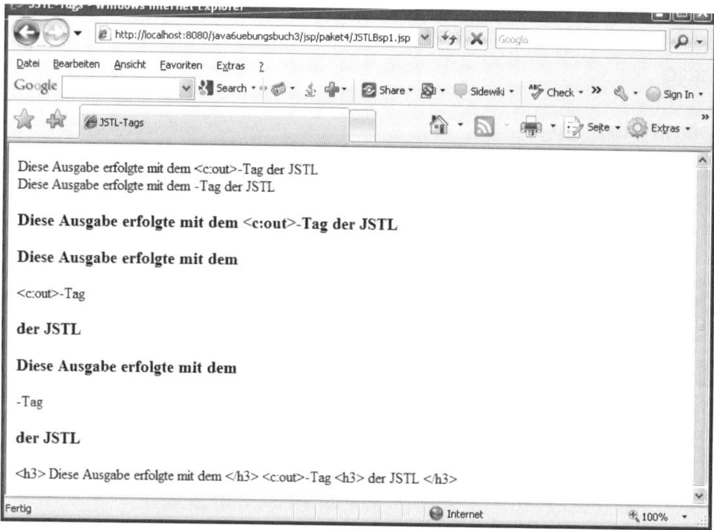

Lösung 2.40

Die JSP-Seite JSTLBsp2.jsp

```
<!DOCTYPE HTML PUBLIC "-//W3C//DTD HTML 4.01 Transitional//EN">
```

```
<!-- Die core-Taglib von JSTL besitzt das Präfix c; damit ihre
Tags ausgeführt werden, muss diese in die JSP-Seiten mit Hilfe
einer taglib-Direktive eingebunden werden -->
<%@ taglib uri="http://java.sun.com/jsp/jstl/core" prefix="c" %>
<html>
  <head>
    <title>JSTL-Tags</title>
  </head>
  <body>
   <h3>HTML-Character-Formatierung und -Styling</h3>
<h4>Ausgabe ohne Konvertieren von XML-Entitäten, die HTML-Tags
sollen für die Wiedergabe der Antwort im Browser eingesetzt werden:
</h4>
Character-Formatierung:
  <c:out value="<sub> Subscript Text </sub>" escapeXml="false"/>
  <c:out value="<sup> Superscript Text </sup><br> "
   escapeXml="false"/>
Character-Styling:<br>
  <c:out value="<b> Bold Text </b><br>" escapeXml="false"/>
  <c:out value="<big> Big Text </big><br>" escapeXml="false"/>
  <c:out value="<cit> Citation </cit><br>" escapeXml="false"/>
  <c:out value="<code> Code Text</code><br>" escapeXml="false"/>
  <c:out value="<kbd> Keybord Text </kbd><br>"
   escapeXml="false"/>
  <c:out value="<small> Small Text </small><br>"
   escapeXml="false"/>
  <c:out value="<strong> Strong Text </strong><br>"
   escapeXml="false"/>
  <c:out value="<tt> Teletyp Text </tt><br>" escapeXml="false"/>
  <c:out value="<var> Variable </var><br>" escapeXml="false"/>
Block-Elemente:<br>
  <c:out value="<abbr title='Tag Library Descriptor'>
   TLD</abbr><br>" escapeXml="false"/>
  <c:out value="<blockquote>" escapeXml="false"/>
'Dieser Text soll ausgegeben werden, um die mit dem
blockquote-Element durchgeführte Formatierung zu beobachten.'
  <c:out value="</blockquote><br>" escapeXml="false"/>
<h4>Ausgabe mit Konvertieren von XML-Entitäten, die HTML-Tags
werden nicht für die Wiedergabe der Antwort im Browser eingesetzt,
weil die HTML-Sonderzeichen entwertet wurden:</h4>
Character-Formatierung:
  <c:out value="<sub> Subscript Text </sub>" escapeXml="true"/>
  <c:out value="<sup> Superscript Text </sup><br> "
   escapeXml="true"/>
Character-Styling:<br>
  <c:out value="<b> Bold Text </b><br>" escapeXml="true"/>
  <c:out value="<big> Big Text </big><br>" escapeXml="true"/>
  <c:out value="<cit> Citation </cit><br>" escapeXml="true"/>
  <c:out value="<code> Code Text</code><br>" escapeXml="true"/>
```

```
   <c:out value="<kbd> Keybord Text </kbd><br>" escapeXml="true"/>
   <c:out value="<small> Small Text </small><br>"
     escapeXml="true"/>
   <c:out value="<strong> Strong Text </strong><br>"
     escapeXml="true"/>
   <c:out value="<tt> Teletyp Text </tt><br>" escapeXml="true"/>
   <c:out value="<var> Variable </var><br>" escapeXml="true"/>
Block-Elemente:<br>
   <c:out value="<abbr title='Tag Library Descriptor'>
     TLD</abbr><br>" escapeXml="true"/>
   <c:out value="<blockquote>" escapeXml="true"/>
'Dieser Text soll ausgegeben werden, um die mit dem
blockquote-Element durchgeführte Formatierung zu beobachten.'
   <c:out value="</blockquote><br>" escapeXml="true"/>
   </body>
</html>
```

Programmausgaben

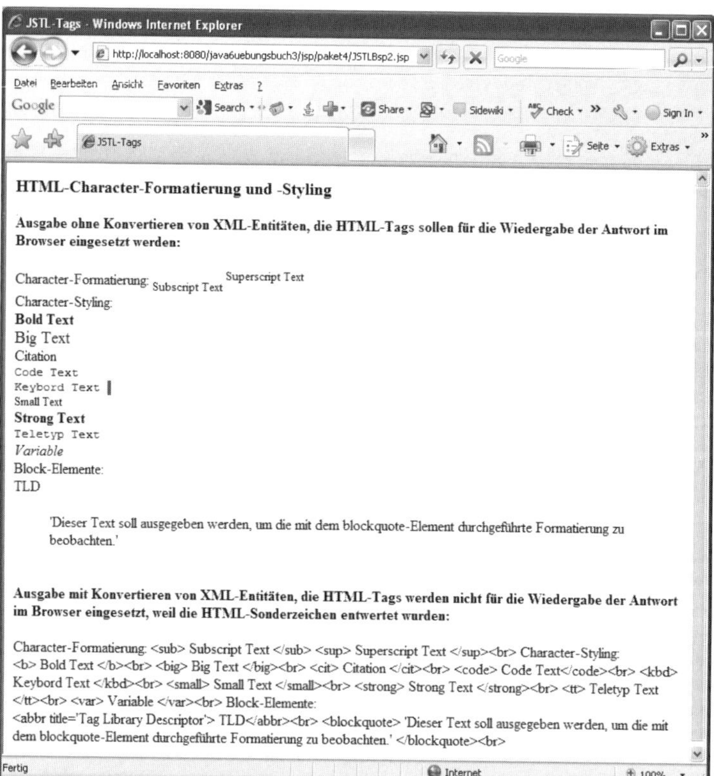

Lösung 2.41

Die JSP-Seite JSTLBsp3.jsp

```
<!DOCTYPE HTML PUBLIC "-//W3C//DTD HTML 4.01 Transitional//EN">

<!-- Die core-Taglib von JSTL besitzt das Präfix c; damit ihre
Tags ausgeführt werden, muss diese in die JSP-Seiten mit Hilfe
einer taglib-Direktive eingebunden werden -->
<%@ taglib uri="http://java.sun.com/jsp/jstl/core" prefix="c" %>
<html>
   <head>
      <title>JSTL-Tags</title>
   </head>
   <body>
<%-- JSP-Aktion setzt eine JavaBean im Page-Scope, damit diese
als Attribut definiert wird und auf ihre Eigenschaften im
weiteren Verlauf mit EL zugegriffen werden kann --%>
   <jsp:useBean id="benutzer" class="paket3.WebBesucher"
     scope="page"/>

<%-- Anstatt die JSP-Aktion setProperty aufzurufen, um Werte von
Eigenschaften zu setzen,
   <jsp:setProperty name="benutzer" property="name"
     value="Daniel"/>
   <jsp:setProperty name="benutzer" property="anzahl"
     value="10"/> --%>
<%-- kann auf das <c:set>-Tag mit seinem target-Attribut
zurückgegriffen werden --%>
   <c:set target="${benutzer}" property="name"
     value="Daniel"/>
   <c:set target="${benutzer}" property="anzahl"
     value="10"/>

<%-- Das <c:set>-Tag mit seinem target-Attribut kann auch benutzt
werden, um einen neuen Eintrag in einer Map zu definieren --%>
   <c:set target="${benutzer.map}" property="Sabine Kopp"
     value="JSP-Writer"/>
<%-- Alle Einträge der map, die ebenfalls als Eigenschaft in der
JavaBean vom Typ WebBesucher definiert ist, im Browser anzeigen
--%>
   <c:out value="${benutzer.map}"/>
   <br/>
<%-- Um ein Attribut im Page-Scope zu setzen, kann das <c:set>-Tag
mit seinem Attribut "var" eingesetzt werden --%>
   <c:set var='neuerBenutzer' scope = "page" value='Andrea'/>

<%-- Das <c:if>-Tag ist geeignet, um bedingte Anweisungen
auszuführen; es besitzt leider keinen else-Zweig --%>
```

```
<%-- Ist der Wert der JavaBean-Eigenschaft name gleich Daniel --%>
  <c:if test="${benutzer.name=='Daniel'}">
<%-- wird ein Text im Browser angezeigt --%>
    <c:out value="Hallo Daniel!"/>
  </c:if>
  <br/>

<%-- Ist der Wert des mit <c:set> gesetzten Attributs gleich
Andrea --%>
  <c:if test="${neuerBenutzer == 'Andrea'}">
<%-- wird ein anderer Text im Browser angezeigt --%>
    <c:out value="Hallo Andrea!"/>
  </c:if>
  <br/>

<%-- Ist der Wert der JavaBean-Eigenschaft anzahl >= 0 --%>
  <c:if test="${benutzer.anzahl >= 0}">
<%-- werden Zahlen von 1 bis zum Eigenschaftswert angezeigt --%>
<%-- Das <c:forEach>-Tag bietet nicht nur die hiermit gezeigte
Möglichkeit, einen einfachen Zähler zu durchlaufen, sondern kann
auch für das Durchlaufen von Arrays, Collections und Map-
Einträgen eingesetzt werden --%>
    <c:forEach var="zahl" begin="1" end="${benutzer.anzahl}">
      ${zahl}
    </c:forEach>
  </c:if>
</body></html>
```

Programmausgaben

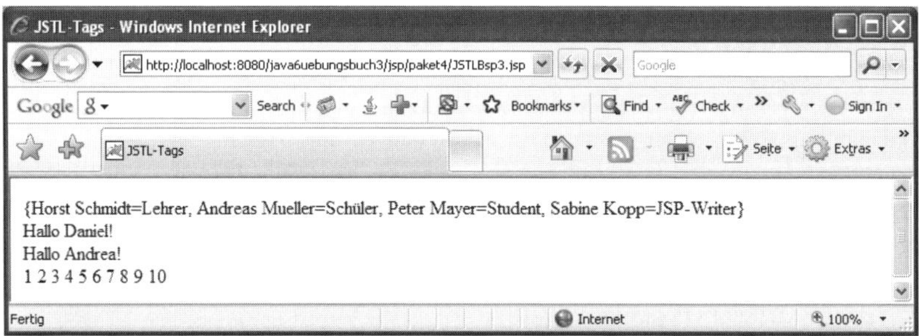

Lösung 2.42

Die JSP-Seite JSTLBsp4.jsp

```
<!DOCTYPE HTML PUBLIC "-//W3C//DTD HTML 4.01 Transitional//EN">

<!-- Die core-Taglib von JSTL besitzt das Präfix c; damit ihre
Tags ausgeführt werden, muss diese in die JSP-Seiten mit Hilfe
einer taglib-Direktive eingebunden werden -->
<%@ taglib uri="http://java.sun.com/jsp/jstl/core" prefix="c" %>
<html>
  <head>
    <title> JSTL-Tags </title>
  </head>
  <body>
    <h3> Implizite EL-Objekte mit der JSTL anzeigen </h3>
    <b>
    Request-Parameterwerte
    <hr/>
    <c:out value='${param}'/>
    <hr/>
    Einzelne Request-Parameterwerte
    <c:out value='${param.autor}'/>
    <c:out value='${param.titel}'/>
    <c:out value='${param["autor"]}'/>
    <c:out value='${paramValues["titel"]}'/>
    <c:out value='${paramValues.titel[1]}'/>
    <hr/>
    Alle Parameterwerte
    <c:out value='${paramValues}'/>
    <hr/>
<!-- Auf einzelne Map-Einträge zugreifen, mit den
Eigenschaften key und value die Namen und Werte der einzelnen
request-Parameter anzeigen -->
    Einzelne Request-Parameterwerte als Schlüssel-Wert-Paar
    <c:forEach var='parameter' items='${paramValues}'>
      <ul>
        <li><c:out value='${parameter.key}'/>:
          <c:forEach var='value' items='${parameter.value}'>
            <c:out value='${value}'/>
          </c:forEach>
        </li>
      </ul>
    </c:forEach>
    <hr/>
    Header-Informationen
    <hr/>
    <c:out value='${header}'/>
```

```
    Einzelne Header-Einträge:
    Verbindungs-Status:
    <c:out value='${header.connection}'/>
    Hostname:
    <c:out value='${header["host"]}'/>
    Browsername:
    <c:out value='${header["user-agent"]}'/>
    Http-Methode:
    <c:out value='${pageContext.request.method}'/>
    <hr/>
    Alle Headereinträge:
    <c:out value='${headerValues}'/>
    <hr/>

<!-- Auf einzelne Map-Einträge zugreifen, mit den
Eigenschaften key und value die Namen und Werte der einzelnen
Header anzeigen-->
  Einzelne Headereinträge als Schlüssel-Wert-Paar
    <c:forEach var='parameter' items='${headerValues}'>
      <ul>
        <li><c:out value='${parameter.key}'/>:
          <c:forEach var='value' items='${parameter.value}'>
            <c:out value='${value}'/>
          </c:forEach>
        </li>
      </ul>
    </c:forEach>
    <hr/>
    Cookie-Anzeige mit dem impliziten Objekt pageContext:
    <c:out value='${pageContext.request.cookies}'/>
    <hr/>
    Cookie-Anzeige mit dem impliziten Objekt cookie:
    <c:out value='${cookie}'/>
    <hr/>
    Context-Parameter
    <hr/>
    <c:out value='${initParam}'/>
    <hr/>
    Einzelne Attributwerte:
    <hr/>
    E-Mail-Adresse:
    <c:out value='${applicationScope["E-Mail-Adresse"]}'/>
    <hr/>
    Context-Parameterwerte:
    <c:out value='${applicationScope.Parameter}'/>
    <hr/>
    Tomcat-work-Unterverzeichnis für die Webapplikation
    java6uebungsbuch3:
```

```
    <c:out value=
     '${applicationScope["javax.servlet.context.tempdir"]}'/>
    <hr/>
    JSP-Name:
    <c:out value='${pageScope["javax.servlet.jsp.jspPage"]}'/>
    <hr/>
    Datum:
    <c:out value='${requestScope["Datum"]}'/>
    <hr/>

<!-- Für die Anzeige aller Attributwerte aus den unterschiedlichen
Gültigkeitsbereichen erstellen wir ein kleines Auswahlformular,
das in der JSP-Seite JSTLBsp5.jsp eingelesen und bearbeitet wird;
es definiert eine RadioButton-Komponente mit dem Namen "scope" und
den Auswahlmöglichkeiten page, request, session und appliction
und einen Button mit der Beschriftung "Implizites Objekt
auswählen" für das Absenden des Formulars -->
    <form action=JSTLBsp5.jsp>
      page
      <input type = "radio" name = "scope" value="page">
      request
      <input type = "radio" name = "scope" value="request">
      session
      <input type = "radio" name = "scope" value="session">
      application
      <input type = "radio" name = "scope"
        value="application">
      <input type='submit'
        value='Implizites Objekt auswählen'/>
      </form>
    </b>
  </body>
</html>
```

Die JSP-Seite JSTLBsp5.jsp

```
<!DOCTYPE HTML PUBLIC "-//W3C//DTD HTML 4.01 Transitional//EN">

<!-- Die core-Taglib von JSTL besitzt das Präfix c; damit ihre
Tags ausgeführt werden, muss diese in die JSP-Seiten mit Hilfe
einer taglib-Direktive eingebunden werden -->
<%@ taglib uri="http://java.sun.com/jsp/jstl/core" prefix="c" %>

<html>
  <head>
   <title>JSTL-Tags</title>
  </head>
  <body>
```

```
<%-- Eine Variable mit dem Namen "objekt" im Page-Scope mit dem
Wert gleich einem der Gültigkeitsbereiche Page-Scope, Request-
Scope, Session-Scope oder Application-Scope setzen, der vom Wert
des Anfrageparameters mit dem Namen "scope" aus dem mit der
JSP-Seite JSTLBsp4.jsp abgeschickten Formulars abhängig ist--%>
      <c:choose>
         <c:when test='${param.scope=="page"}'>
            <c:set var='objekt' value='${pageScope}'/>
         </c:when>
         <c:when test='${param.scope=="request"}'>
            <c:set var='objekt' value='${requestScope}'/>
         </c:when>
         <c:when test='${param.scope=="session"}'>
            <c:set var='objekt' value='${sessionScope}'/>
         </c:when>
         <c:when test='${param.scope=="application"}'>
            <c:set var='objekt' value='${applicationScope}'/>
         </c:when>
      </c:choose>
      <h3> Die <c:out value='${param.scope}'/> -Attribute </h3>
<%-- Eine forEach-Schleife oberhalb des Objekts bauen, das als
Attribut im Page-Scope mit dem Namen "objekt" vorher gesetzt
wurde. Dieses Objekt ist, wie bekannt, eine Map --%>
      <table>
         <c:forEach var="parameter" items="${objekt}">
            <tr>
               <td><c:out value="${parameter.key}"/></td>
               <td><c:out value="${parameter.value}"/></td>
            </tr>
         </c:forEach>
      <table>
   </body>
</html>
```

Die HTML-Datei ImpliziteELObjektemitJSTL.html

```
<html>
<head>
   <title>Liste mit Büchern</title>
</head>
<!-- Farbe für Hintergrund und Schrift setzen -->
<body bgcolor="pink">
<font size = 4 color="#BB00CC">
<!-- Beim Abschicken des Formulars wird die angegebene JSP-Seite
angezeigt -->
<form type=POST action=JSTLBsp4.jsp>
```

```
<!-- Einzelne und mehrfache Text-Elemente für das Formular
definieren -->
Autor<br/>
<input type="text" name="autor" value="Elisabeth Jung"><br/>
Bücher<br/>
<input type="text" name="titel" size="30"
value="Java 6 Das Übungsbuch Band I"><br/>
<input type="text" name="titel" size="30"
value="Java 6 Das Übungsbuch Band II"><br/>
<input type="text" name="titel" size="30"
value="Java 6 Das Übungsbuch Band III"><br/>
<br><br/>
<!-- Einen Button für das Formular definieren -->
<input type=submit name="operation" value="Nachricht senden">

</form></font></body></html>
```

Programmausgaben

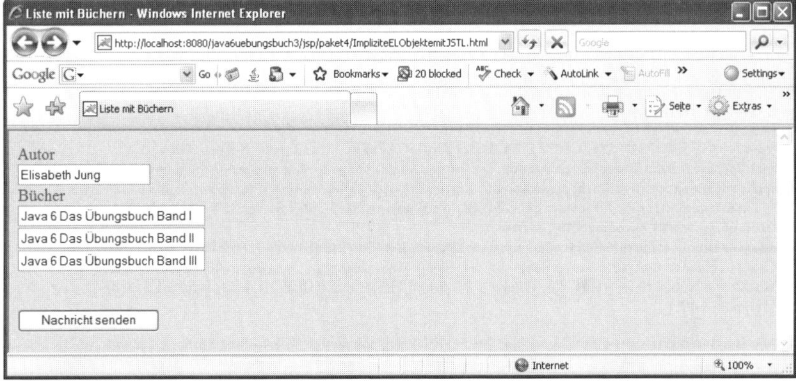

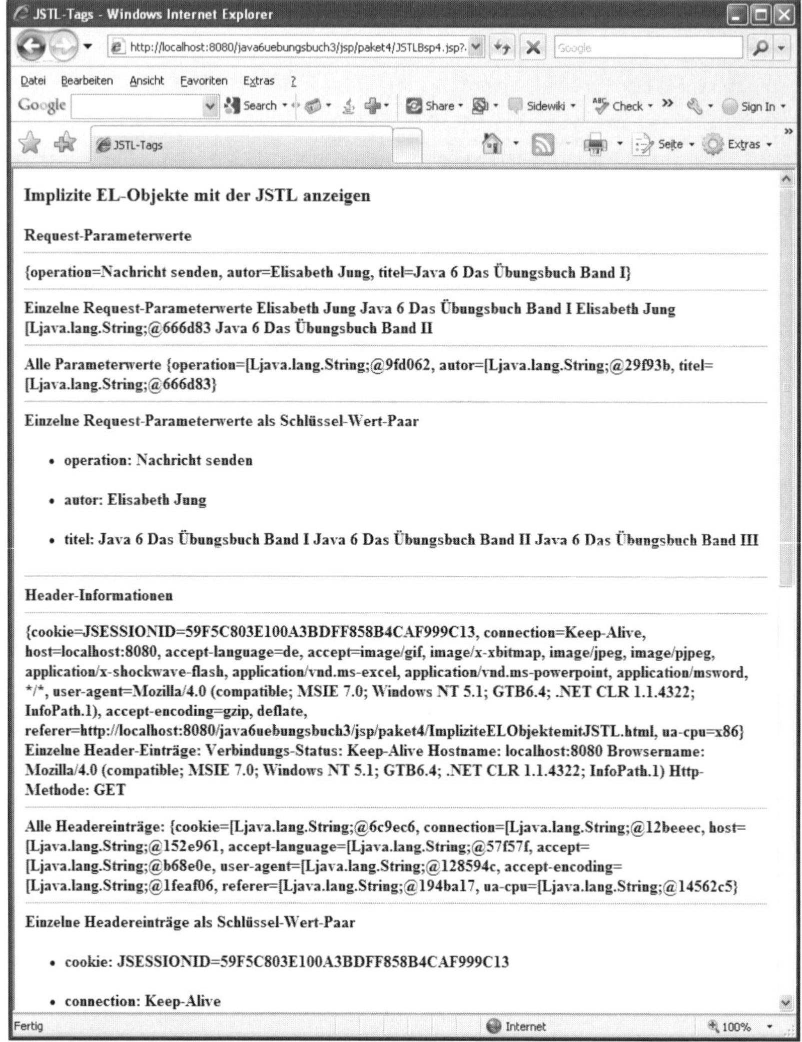
JSTL-Tags - Windows Internet Explorer
http://localhost:8080/java6uebungsbuch3/jsp/paket4/JSTLBsp4.jsp?.
Implizite EL-Objekte mit der JSTL anzeigen
Request-Parameterwerte
{operation=Nachricht senden, autor=Elisabeth Jung, titel=Java 6 Das Übungsbuch Band I}
Einzelne Request-Parameterwerte Elisabeth Jung Java 6 Das Übungsbuch Band I Elisabeth Jung [Ljava.lang.String;@666d83 Java 6 Das Übungsbuch Band II
Alle Parameterwerte {operation=[Ljava.lang.String;@9fd062, autor=[Ljava.lang.String;@29f93b, titel=[Ljava.lang.String;@666d83}
Einzelne Request-Parameterwerte als Schlüssel-Wert-Paar
operation: Nachricht senden
autor: Elisabeth Jung
titel: Java 6 Das Übungsbuch Band I Java 6 Das Übungsbuch Band II Java 6 Das Übungsbuch Band III
Header-Informationen
{cookie=JSESSIONID=59F5C803E100A3BDFF858B4CAF999C13, connection=Keep-Alive, host=localhost:8080, accept-language=de, accept=image/gif, image/x-xbitmap, image/jpeg, image/pjpeg, application/x-shockwave-flash, application/vnd.ms-excel, application/vnd.ms-powerpoint, application/msword, */*, user-agent=Mozilla/4.0 (compatible; MSIE 7.0; Windows NT 5.1; GTB6.4; .NET CLR 1.1.4322; InfoPath.1), accept-encoding=gzip, deflate, referer=http://localhost:8080/java6uebungsbuch3/jsp/paket4/ImpliziteELObjektemitJSTL.html, ua-cpu=x86}
Einzelne Header-Einträge: Verbindungs-Status: Keep-Alive Hostname: localhost:8080 Browsername: Mozilla/4.0 (compatible; MSIE 7.0; Windows NT 5.1; GTB6.4; .NET CLR 1.1.4322; InfoPath.1) Http-Methode: GET
Alle Headereinträge: {cookie=[Ljava.lang.String;@6c9ec6, connection=[Ljava.lang.String;@12beeec, host=[Ljava.lang.String;@152e961, accept-language=[Ljava.lang.String;@57f57f, accept=[Ljava.lang.String;@b68e0e, user-agent=[Ljava.lang.String;@128594c, accept-encoding=[Ljava.lang.String;@1feaf06, referer=[Ljava.lang.String;@194ba17, ua-cpu=[Ljava.lang.String;@14562c5}
Einzelne Headereinträge als Schlüssel-Wert-Paar
cookie: JSESSIONID=59F5C803E100A3BDFF858B4CAF999C13
connection: Keep-Alive
Fertig
Internet
100%

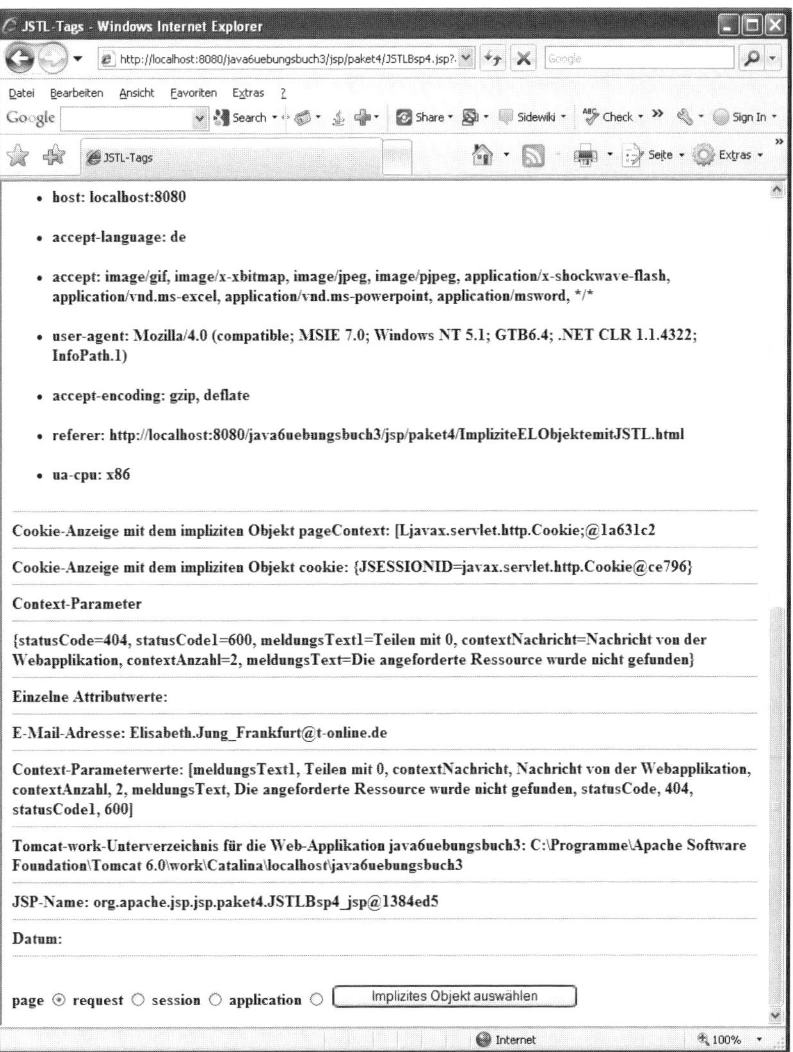
JSTL-Tags - Windows Internet Explorer
http://localhost:8080/java6uebungsbuch3/jsp/paket4/JSTLBsp4.jsp?.
Datei Bearbeiten Ansicht Favoriten Extras ?
JSTL-Tags
host: localhost:8080
accept-language: de
accept: image/gif, image/x-xbitmap, image/jpeg, image/pjpeg, application/x-shockwave-flash, application/vnd.ms-excel, application/vnd.ms-powerpoint, application/msword, */*
user-agent: Mozilla/4.0 (compatible; MSIE 7.0; Windows NT 5.1; GTB6.4; .NET CLR 1.1.4322; InfoPath.1)
accept-encoding: gzip, deflate
referer: http://localhost:8080/java6uebungsbuch3/jsp/paket4/ImpliziteELObjektemitJSTL.html
ua-cpu: x86
Cookie-Anzeige mit dem impliziten Objekt pageContext: [Ljavax.servlet.http.Cookie;@1a631c2
Cookie-Anzeige mit dem impliziten Objekt cookie: {JSESSIONID=javax.servlet.http.Cookie@ce796}
Context-Parameter
{statusCode=404, statusCode1=600, meldungsText1=Teilen mit 0, contextNachricht=Nachricht von der Webapplikation, contextAnzahl=2, meldungsText=Die angeforderte Ressource wurde nicht gefunden}
Einzelne Attributwerte:
E-Mail-Adresse: Elisabeth.Jung_Frankfurt@t-online.de
Context-Parameterwerte: [meldungsText1, Teilen mit 0, contextNachricht, Nachricht von der Webapplikation, contextAnzahl, 2, meldungsText, Die angeforderte Ressource wurde nicht gefunden, statusCode, 404, statusCode1, 600]
Tomcat-work-Unterverzeichnis für die Web-Applikation java6uebungsbuch3: C:\Programme\Apache Software Foundation\Tomcat 6.0\work\Catalina\localhost\java6uebungsbuch3
JSP-Name: org.apache.jsp.jsp.paket4.JSTLBsp4_jsp@1384ed5
Datum:
page request session application Implizites Objekt auswählen
Internet 100%

Lösung 2.43

Die JSP-Seite JSTLBsp6.jsp

```
<!DOCTYPE HTML PUBLIC "-//W3C//DTD HTML 4.01 Transitional//EN">

<!-- Die core-Taglib von JSTL besitzt das Präfix c; damit ihre
Tags ausgeführt werden, muss diese in die JSP-Seiten mit Hilfe
einer taglib-Direktive eingebunden werden -->
<%@ taglib uri="http://java.sun.com/jsp/jstl/core" prefix="c" %>

<%-- JSP-Aktion setzt eine JavaBean im Request-Scope, damit
auf deren Eigenschaften auch von anderen JSP-Seiten aus zugegriffen wer-
den kann --%>
<jsp:useBean id="benutzer" class="paket3.WebBesucher"
scope="request"/>

<%-- Die JSP-Aktion setProperty aufrufen; mit dem param-Attribut kann der
Wert der Eigenschaft gleich dem Wert eines Anfrageparameters gesetzt wer-
den, der über das name-Attribut eines
Textfeldes aus einem Formular spezifiziert wird
--%>
<jsp:setProperty name="benutzer" property="name"
param="BenutzerName"/>

<%-- Die Anfrage-Parameterwerte, die vom Benutzer in den
Feldern eines Formulars eingegeben wurden, lesen; mit den
Eigenschaften key und value auf die Namen und Werte der einzelnen
request-Parameter mit JSTL-Tags zugreifen --%>
  <c:forEach var='parameter' items='${paramValues}'>
<%-- Ist der request-Parametername BenutzerName --%>
    <c:if test="${parameter.key=='BenutzerName'}">
<%-- den Parameterwert ermitteln --%>
      <c:forEach var='value' items='${parameter.value}'>
<%-- und ein neues Attribut mit Gültigkeit im Page-Scope
(ist auch der Standard) erzeugen --%>
        <c:set var='benutzerName' scope='page'
          value='${value}'/>
      </c:forEach>
    </c:if>
<%-- Ist der request-Parametername PassWort --%>
    <c:if test="${parameter.key=='PassWort'}">
<%-- den Parameterwert ermitteln --%>
      <c:forEach var='value' items='${parameter.value}'>
<%-- und ein weiteres neues Attribut mit Gültigkeit im Page-Scope
erzeugen --%>
        <c:set var='benutzerPasswort' scope='page'
          value='${value}'/>
      </c:forEach>
```

```
      </c:if>
    </c:forEach>
<%-- Benutzernamen und Passwort prüfen; wird das Tag <c:choose>
eingesetzt, wird das <c:when>-Tag, dessen Wert true ist,
ausgeführt, ansonsten wird <c:otherwise> ausgeführt, es gibt keinen
Leergang wie bei der switch-Anweisung --%>
    <c:choose>
      <c:when test=
        '${benutzerName!=null && benutzerPasswort=="jsp"}'>
<%-- Über einen Hyperlink kann eine Anfrage an eine andere JSP
umgeleitet werden
        <a href='GrussBenutzermitJSTL.jsp'>
          Willkommen im Web</a>
Soll eine Session verwendet werden, muss für den Fall, dass
im Browser Cookies abgeschaltet sind und der Container auf URL-
Rewriting zurückgreifen muss, die URL kodiert werden; dazu kann
das Tag <c:url> benutzt werden
        <a href="<c:url value='/jsp/paket4/GrussBenutzermitJSTL.jsp'
        />">Willkommen im Web</a>
      --%>
<%-- Das Tag <c:redirect> sorgt auch für das Umleiten der Anfrage;
in diesen Fällen muss scope="application" in der JSP-Aktion
useBean gesetzt werden, damit die JSP-Seite, auf die umgeleitet
wurde, auf das damit gesetzte Attribut zugreifen kann
        <c:redirect url="GrussBenutzermitJSTL.jsp"/> --%>
<%-- Das Tag <c:import> kann für das Weiterleiten der Anfrage
aufgerufen werden, dann reicht scope="request" in der JSP-Aktion
useBean --%>
        <c:import url="GrussBenutzermitJSTL.jsp"/>
      </c:when>
      <c:otherwise>
<%-- Meldung im Browser anzeigen --%>
        <c:out value="Benutzername und Passwort eingeben"/>
<%-- und eine HTML-Seite, die zur Anzeige eines Formulars dient,
generieren --%>
        <html>
<!-- Farbe für Hintergrund und Schrift setzen -->
        <body bgcolor="pink">
        <font size = 4 color="#BB00CC">
<%-- Beim Abschicken des Formulars wird die im action-Attribut
angegebene JSP-Seite ausgeführt --%>
        <form type=POST action=JSTLBsp6.jsp>
        <hr/>
<!-- Definition von Eingabefeldern -->
        Benutzername:
        <input name="BenutzerName">
        Passwort:
        <input type="password" name="PassWort"  size="3">
        <br><br/>
```

```
<!-- Einen Button für das Formular definieren -->
          <input type=submit name="operation" value="Login">
          </form></font>
       </c:otherwise>
    </c:choose>
</body></html>
```

Die JSP-Seite GrussBenutzermitJSTL.jsp

```
<!DOCTYPE HTML PUBLIC "-//W3C//DTD HTML 4.01 Transitional//EN">

<!-- Die core-Taglib von JSTL besitzt das Präfix c; damit ihre
Tags ausgeführt werden, muss diese in die JSP-Seiten mit Hilfe
einer taglib-Direktive eingebunden werden -->
<%@ taglib uri="http://java.sun.com/jsp/jstl/core" prefix="c" %>

<%-- JSP-Aktion setzt dieselbe JavaBean wie auch die JSP
JSTLBsp6.jsp im Application-Scope, dies ist auch für die
JSPmitFormularDaten.jsp erforderlich, für
JSPmitFormularDaten1.jsp reicht der request-Scope --%>
<jsp:useBean id="benutzer" class="paket3.WebBesucher"
scope="application"/>

<%-- HTML-Seite generieren, den Wert der in der Seite
JSTLBsp6.jsp gesetzten Eigenschaft "name" lesen und
im Browser anzeigen --%>

<html>
<body bgcolor="#AABBCC">
<font size = 4 color="#001111">
Guten Morgen Frau/Herr
<%-- JSP-Aktion liest die Eigenschaft name --%>
<jsp:getProperty name="benutzer" property="name"/>!
<%-- oder mit EL auf die Eigenschaft name im <c:out>-Tag
zugreifen--%>
<br/>
<c:out value='Frau/Herr '/>
<c:out value='${benutzer.name}'/>
<c:out value=' möchten Sie erstmal den Wetterbericht
sehen, dann klicken Sie'/>
<a href='http://www.wetter.de'>hier</a>
</body>
</html>
```

Hinweise zu den Programmausgaben

Achten Sie darauf, dass beim Weiterleiten der Anfrage im Unterschied zum Umleiten die Parameterwerte aus den Formulareingaben an den URL-String mit dem Namen der alten JSP-Seite in der Adresszeile des Browsers angehängt werden und der Name der neuen JSP-Seite in diesem Fall nicht angezeigt wird.

Programmausgaben

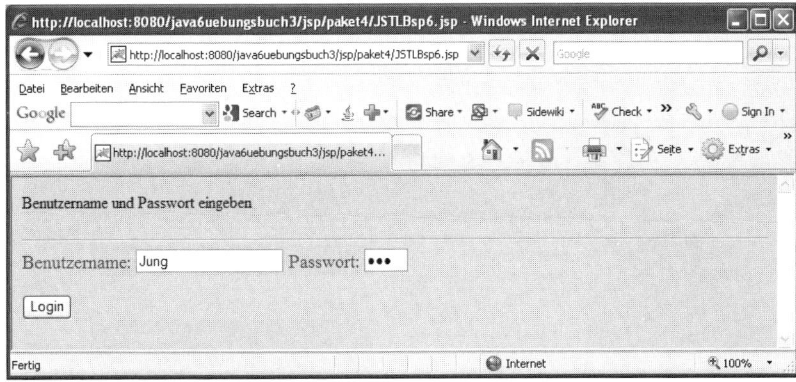

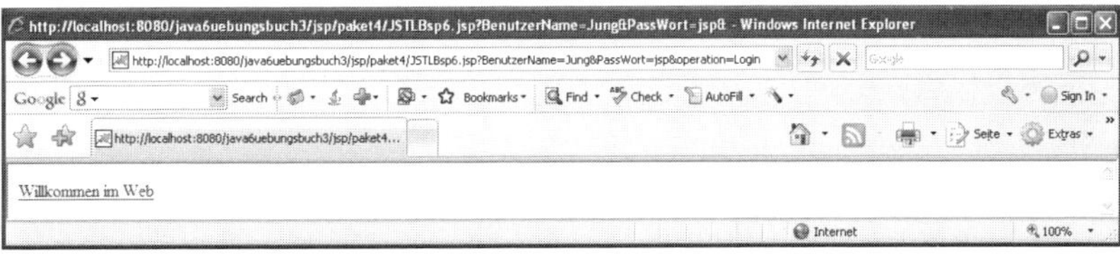

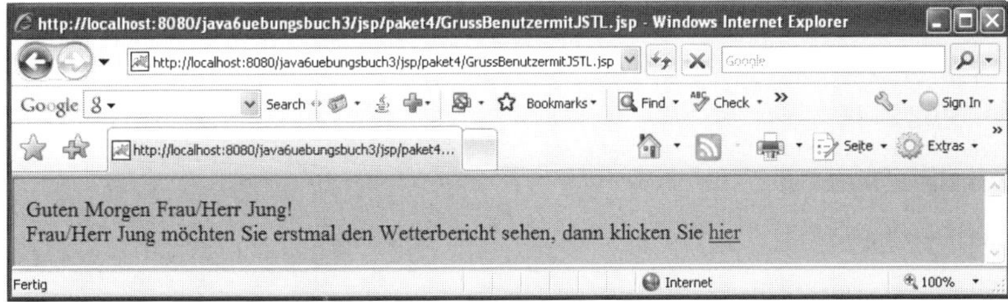

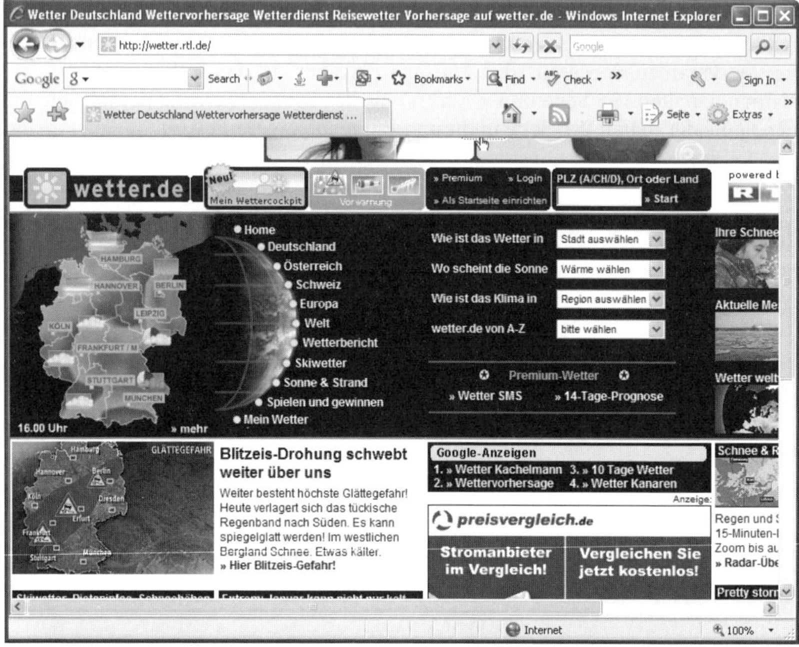

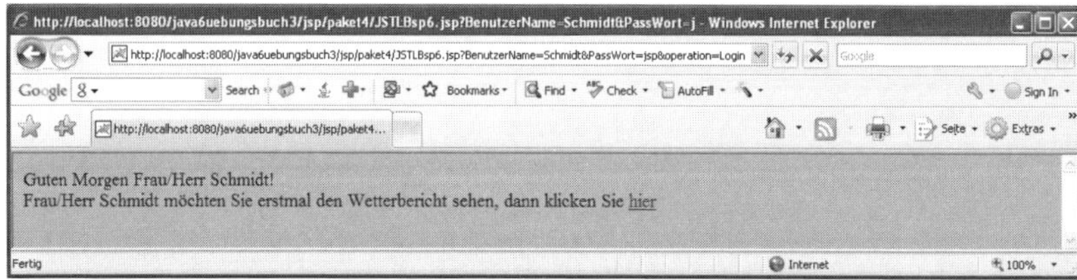

Lösung 2.44

Die Klasse BuchListe

```
package paket3;

import java.util.*;
public class BuchListe {
// Drei Instanzfelder für die Klasse definieren, die im
// Zusammenhang mit JavaBeans auch als Properties (Eigenschaften)
// der JavaBean bezeichnet werden, falls die Klasse entsprechende
// Setter- und Getter-Methoden definiert
   ArrayList<String> liste = new ArrayList<String>();
```

```
  String operation;
  String buch;
// Konstruktordefinition
  public BuchListe() {
  }
// Methoden zum Anfügen des im Aufruf übergebenen Strings am Ende
// der Liste
  private void addBuch(String s) {
    liste.add(s);
  }
// und Löschen des letzten Listeneintrags
  private void removeBuch() {
    if(liste.size() > 0) {
      buch = liste.get(liste.size()-1);
      liste.remove(liste.size()-1);
    }
  }
// Setter- und Getter-Methoden für die JavaBean-Klasse
  public void setBuch(String s) {
    buch = s;
  }
  public String getBuch() {
    return buch;
  }
  public void setOperation(String s) {
    operation = s;
  }
  public String getOperation() {
    return operation;
  }
  public void setListe(ArrayList<String> l) {
    liste = l;
  }
  public ArrayList<String> getListe() {
    return liste;
  }
// Die Werte für die Properties "operation" und "buch" werden beim
// Abschicken des Formulars gesetzt und von dieser Methode
// aus ausgewertet
  public void bedienen() {
// Welcher Button wurde gedrückt?
    if(operation == null)
      System.out.println("Es erfolgte keine Buchauswahl im "
       + " Formular");
    else if(operation.equals("reinlegen"))
      addBuch(buch);
    else if(operation.equals("rausnehmen"))
      removeBuch();
```

```
    }
}
```

Die Klasse EinfachesTag

```
package paket3;

import javax.servlet.jsp.*;
import javax.servlet.jsp.tagext.*;
import java.io.IOException;
public class EinfachesTag extends SimpleTagSupport {
// Die doTag()-Methode überschreiben
    public void doTag() throws JspException, IOException {
// Ein Attribut im Session-Scope mit dem Namen "buchkorb" suchen
// (dies ist vom Typ der JavaBean BuchListe) und
        BuchListe buchkorb = (BuchListe)getJspContext().
            findAttribute("buchkorb");
// daran die Methode bedienen() der JavaBean aufrufen
        buchkorb.bedienen();
    }
}
```

Die HTML-Datei Warenkorb.html

```
<html>
<head>
    <title>Warenkorb mit Büchern</title>
</head>
<!-- Farbe für Hintergrund und Schrift setzen -->
<body bgcolor="pink">
<font size = 4 color="#BB00CC">
<!-- Beim Abschicken des Formulars wird die angegebene JSP-Seite
angezeigt -->
<form type=POST action=JSPmitSessionBeanundEL.jsp>
<hr/>
Bücher in einen Warenkorb legen und rausnehmen
<br><br/>
<!-- Ein Auswahl-Element für das Formular definieren -->
Buchliste:
<select name="buch">
    <option>Java 6 Das Übungsbuch Band I
    <option>Java 6 Das Übungsbuch Band II
    <option>Java 6 Das Übungsbuch Band III
    <option>Der bvb Coach Java
    <option>Übungsbuch Java
    <option>Objektorientierte Programmierung in Java
</select>
<br><br/>
<!-- Zwei Buttons für das Formular definieren -->
```

```
<input type=submit name="operation" value="reinlegen">
<input type=submit name="operation" value="rausnehmen">
</form>
</font></body>
```

Die JSP-Seite JSPmitSessionBeanundEL.jsp

```
<!DOCTYPE HTML PUBLIC "-//W3C//DTD HTML 4.01 Transitional//EN">

<!-- Die core-Taglib von JSTL besitzt das Präfix c; damit ihre
Tags ausgeführt werden, muss diese in die JSP-Seiten mit Hilfe
einer taglib-Direktive eingebunden werden -->
<%@ taglib uri="http://java.sun.com/jsp/jstl/core" prefix="c" %>
<!-- Mit einer weiteren taglib-Direktive wird in der JSP-
Seite ein Präfix für die eigene Taglib vergeben und der für diese
im TLD vergebene Name angegeben -->
<%@ taglib prefix="einft" uri="ELFunktionenundTags" %>
<%-- JSP-Aktion setzt eine JavaBean, die für eine gesamte Session
Gültigkeit hat --%>
<jsp:useBean id="buchkorb" class="paket3.BuchListe"
scope="session"/>
<%-- Die JSP-Aktion setProperty für das Setzen von Eigenschaften aufrufen --%>
<jsp:setProperty name="buchkorb" property="*" />

<html>
Session-Attribut mit dem impliziten Objekt sessionScope von
EL anzeigen:
  <table>
     <c:forEach var="parameter" items="${sessionScope}">
       <tr>
          <td><c:out value="${parameter.key}"/></td>
          <td><c:out value="${parameter.value}"/></td>
       </tr>
     </c:forEach>
   <table>

<%-- JSP-Direktive bindet ein HTML-Dokument ein --%>
<%@ include file ="Warenkorb.html" %>

<!-- Die Methode bedienen() der Java-Bean-Klasse kann nicht mit
einer EL-Funktion aufgerufen werden, weil diese nicht als static
definiert werden kann, um benutzerspezifisch die Bücher aus der
Liste im Warenkorb abzulegen; dazu wird das benutzerdefinierte
Tag einfachTag aufgerufen, das das buchkorb-Attribut vom Typ
der gesetzten JavaBean ermittelt und daran die bedienen()-Methode
aufruft -->
<!-- Tag-Aufruf -->
  <einft:einfachTag/>
```

```
  <c:if test="${buchkorb.buch!= null}" >
    <h3>In Ihrem Bücherkorb befinden sich:</h3>
<%--
    ${buchkorb.liste}
oder --%>
    <c:forEach var='value' items='${buchkorb.liste}'>
      <li> <c:out value='${value}'/> </li>
    </c:forEach>
  </c:if>
<hr/>

Für das Buch <
${buchkorb.buch} >
 wurde die Aktion <
${buchkorb.operation}
 > durchgeführt

</html>
```

Programmausgaben

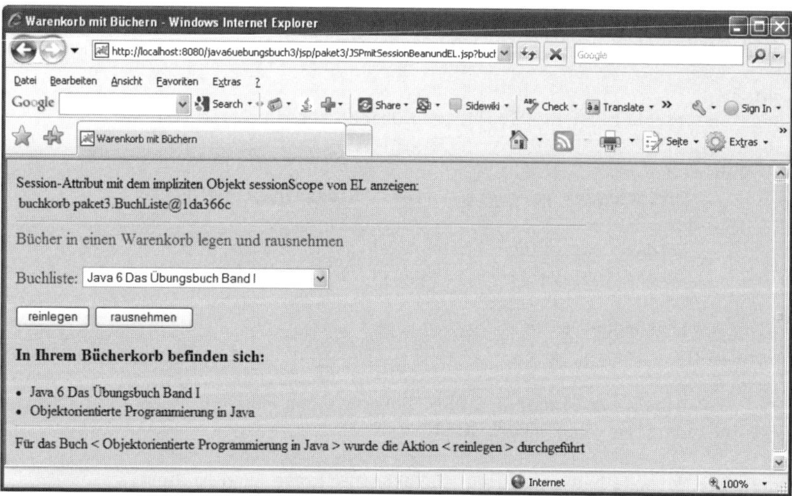

Lösung 2.45

Die JSP-Seite ArithmeticExceptionAusloesen.jsp

```
<?xml version="1.0"?>
<html xmlns:jsp="http://java.sun.com/JSP/Page"
xmlns="http://www.w3.org/2002/06/xhtml2" xml:lang="de" lang="de">
<body>
```

```
<%@ page errorPage="ArithmeticExceptionErrorPage.jsp" %>
<%int zahl = 1/0; %>
</BODY></HTML>
```

Die JSP-Seite ArithmeticExceptionErrorPage.jsp

```
<?xml version="1.0"?>
<html xmlns:jsp="http://java.sun.com/JSP/Page"
xmlns="http://www.w3.org/2002/06/xhtml2" xml:lang="de" lang="de">
<body>

<%-- JSP-Direktive zum Setzen einer ErrorPage --%>
<%@ page isErrorPage="true" %>

<%-- JSP-Scriptlet zeigt die im impliziten Objekt exception
gespeicherte Fehlermeldung an und erzeugt ein Objekt der Klasse
ErrorData, um Angaben zum Servlet zu machen, in dem der Fehler aufgetreten
ist--%>
<%
   ErrorData errorData = pageContext.getErrorData();
   out.println("<h4> Es ist ein Fehler aufgetreten: </h4>");
   out.println(exception + "<br/>");
   out.println("Request-Path: " + errorData.getRequestURI()
    + "<br/>");
   out.println("Servlet-Path: " + errorData.getServletName()
    + "<br/>");
   out.println("Status-Code: " + errorData.getStatusCode()
    + "<br/>");
// Methoden der impliziten Objekte session und application
// aufrufen
   out.println("Session-ID: " + session.getId()
    + "<br/>");
   out.println("Container: " + application.getServerInfo()
    + "<br/>");
   out.println("Real-Path: " + application.getRealPath("/")
    + "<br/>");
   out.println("ServletContext-Name: " +
    application.getServletContextName()+ "<br/>");
%>
</body>
</html>
```

Die JSP-Seite ArithmeticExceptionAusloesenmitJSTL.jsp

```
<!DOCTYPE HTML PUBLIC "-//W3C//DTD HTML 4.0 Transitional//EN">
<!-- Die core-Taglib von JSTL besitzt das Präfix c; damit ihre
Tags ausgeführt werden, muss diese in die JSP-Seiten mit Hilfe
einer taglib-Direktive eingebunden werden -->
<%@ taglib uri="http://java.sun.com/jsp/jstl/core" prefix="c" %>
```

```
<html>
  <head>
    <title>JSTL-Tags</title>
    <meta http-equiv=Content-Type content="text/html">
  </head>
  <body>
  <p>
    <h3>Ausnahmen mit dem &lt;c:catch&gt;-Tag behandeln </h3>
  </p>
  <h4> Es wird eine Ausnahme vom Typ ArithmeticException erzeugt
  </h4>
<%-- das <c:catch>-Tag aufrufen --%>
    <c:catch var="ausnahme">
<%-- JSP-Scriptlet versucht, eine Zahl durch 0 zu teilen, um
einen Fehler zu erzwingen --%>
      <%int zahl = 1/0; %>
      <c:out value="Diese Anweisung wird nie erreicht!"/>
    </c:catch>
    <b>
    <c:out value=
      "Die Message der geworfenen Exception anzeigen: "/>
    <c:out value="${ausnahme.message}"/>
    </b><br/>
    <c:out value="Aber der Fehler wurde abgefangen!"/>
  </body>
</html>
```

Die JSP-Seite JSTLBsp7.jsp

```
<!DOCTYPE HTML PUBLIC "-//W3C//DTD HTML 4.0 Transitional//EN">

<!-- Die core-Taglib von JSTL besitzt das Präfix c; damit ihre
Tags ausgeführt werden, muss diese in die JSP-Seiten mit Hilfe
einer taglib-Direktive eingebunden werden -->
<%@ taglib uri="http://java.sun.com/jsp/jstl/core" prefix="c" %>

<html>
  <head>
    <title>JSTL-Tags</title>
    <meta http-equiv=Content-Type content="text/html">
  </head>
  <body>
  <p>
    <h3>Ausnahmen mit dem &lt;c:catch&gt;-Tag behandeln </h3>
  </p>
    <h4>Es wird eine Ausnahme vom Typ
      java.io.FileNotFoundException erzeugt</h4>
<%-- JSP-Direktive importiert Pakete --%>
    <%@ page import="java.io.*" %>
```

```
<%-- das <c:catch>-Tag aufrufen --%>
    <c:catch var="ausnahme">
<%-- JSP-Scriptlet versucht, eine nicht vorhandene Datei im
Lesemodus zu eröffnen, um einen Fehler zu erzwingen --%>
      <%
        BufferedReader charIn = new BufferedReader(
          new FileReader(new File("TestDatei")));
      %>
      <c:out value="Diese Anweisung wird nie erreicht!"/>
    </c:catch>
    <b>
    <c:out value="Der Fehler wurde abgefangen und
     an dieser Stelle kann es weitergehen!"/>
    <br/>
    <c:out value=
     "Die Message der geworfenen Exception anzeigen:"/>
    <c:out value="${ausnahme.message}"/>
    </b>
  </body>
</html>
```

Programmausgaben

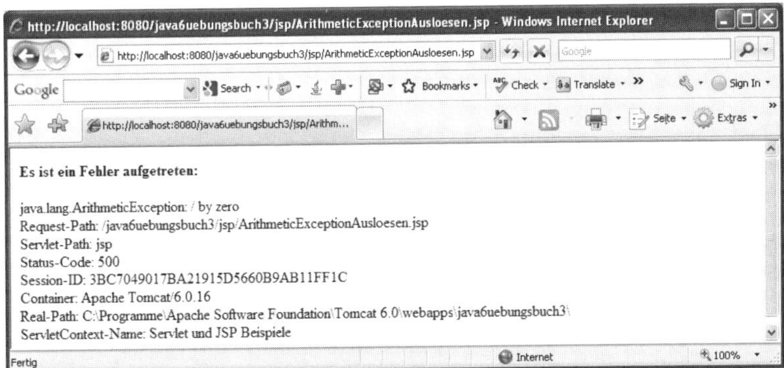

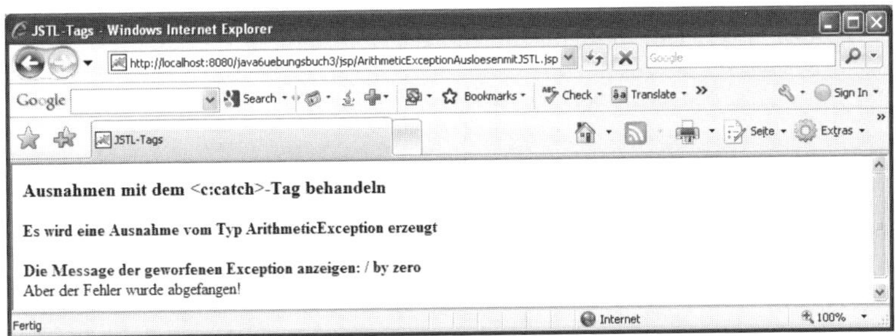

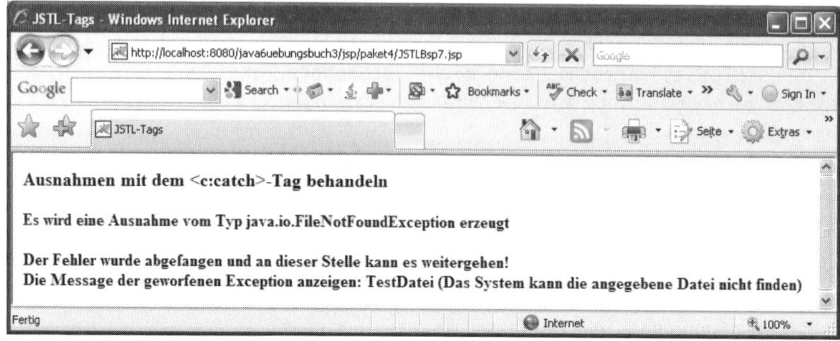

Lösung 2.46

Die Klasse WarenKorb

```
package paket4;

import java.util.*;
public class WarenKorb {
   private Map<String,Double> korb;
// Konstruktordefinition
   public WarenKorb() {
// Einen leeren Warenkorb erzeugen
      korb = new HashMap<String,Double>();
   }
// Zugriffsmethode
   public Map<String,Double> getKorb() {
      return korb;
   }
// Methode zum Hinzufügen von Büchern in den Warenkorb
   public void addBuch(String buch, double preis) {
      korb.put(buch, preis);
   /* try {
// Um die Parallelität von Abläufen beim Aufruf des Servlets von
// mehreren Clients bzw. vom selben Client, der mehrere Browserfenster
// Browserfenster im selben Internet Explorer gleichzeitig öffnet,
// verfolgen zu können, lassen wir den gerade aktuellen Thread
// für 4 Sekunden pausieren
         Thread.sleep(4*1000);
      }
      catch(Exception e) {
         e.printStackTrace();
      } */
      return;
   }
}
```

Die Klasse BuchBestellungmitJSPBuchKatalog

```
package paket4;

import java.io.*;
import javax.servlet.*;
import javax.servlet.http.*;
import java.util.*;
public class BuchBestellungmitJSPBuchKatalog extends HttpServlet {
// Die doGet()-Methode überschreiben
  public void doGet(HttpServletRequest request,
            HttpServletResponse response)
                throws ServletException, IOException {
// Die URL der Webseite für eine Buchauswahl
    String katalogURL = "http://localhost:8080/"
      + "java6uebungsbuch3/jsp/paket4/JSPfuerBuchKatalog.jsp";
// In der Instanz, auf die diese Enumeration-Referenz zeigt,
// sind alle Header-Werte gespeichert
    Enumeration parameterNamen1 = request.getHeaderNames();
// Lokale Referenz vom Typ der Klasse WarenKorb
    WarenKorb korb;
    double gesamtPreis = 0;
    String buchName = request.getParameter("BuchName");
    String buchAutor = request.getParameter("BuchAutor");
    String buchPreis = request.getParameter("BuchPreis");
// Einen PrintWriter-Stream für das Senden der Antwort an den
// Client, durch den Aufruf der Methode getWriter() am
// HttpServletResponse-Objekt, ermitteln
    PrintWriter out = response.getWriter();
    String title = "In Ihrem Warenkorb befinden sich:";
// Eine Session für den Client eröffnen, falls im Vorhinein noch
// keine geöffnet wurde
    HttpSession httpSession = request.getSession(true);
// Die Parallelität von Thread-Abläufen beim Zugriff auf Session-
// Attribute synchronisieren
    synchronized(httpSession) {
      korb = (paket4.WarenKorb)httpSession.getAttribute("WarenKorb");
// Für jeden neuen Besucher der Webseite wird ein eigener
// Warenkorb angelegt, war ein Besucher schon mal dagewesen, wird
// sein alter Warenkorb benutzt;
      if(korb == null) {
        korb = new WarenKorb();
// dies geschieht über das Setzen eines Attributs mit dem Namen
// "WarenKorb" für die Session des Benutzers
        httpSession.setAttribute("WarenKorb", korb);
      }
// Für das auf der Webseite des Buchkatalogs ausgewählte Buch
// werden Name, Autor und Preis aus der Parameterliste der http-
// Anfrage entnommen
```

```
            String buch = buchName + " " + buchAutor + " "
              + buchPreis;
// und dieses Buch mit seiner Preisangabe in den Warenkorb gelegt
            korb.addBuch(buch, Double.parseDouble(buchPreis));
        }
// Der Inhalt des Warenkorbes wird nach jedem Ablegen eines neuen
// Buches angezeigt
// Den Content-Type für die Antwort setzen
        response.setContentType("text/html");
// Für den Fall, dass der Browser keine Cookies zulässt, die URL
// für ein URL-Rewriting vorbereiten
        katalogURL = response.encodeURL(katalogURL);
        out.println(katalogURL);
// Alle Header-Einträge der Anfrage ermitteln
        out.println("<h3>Request-Header</h3>");
        while(parameterNamen1.hasMoreElements()) {
          String name = (String)parameterNamen1.nextElement();
          Enumeration parameterNamen2 = request.
            getHeaders(name);
          while(parameterNamen2.hasMoreElements()) {
// und ebenfalls in den Output-Stream schreiben, um auf den
// Unterschied in der Benuztung von Cookies und URL-Rewriting
// hinzuweisen
            out.print(name);
            String wert = (String)parameterNamen2.
              nextElement();
            out.println(": " + wert);
          }
        }
        out.println("<form action=\"" + katalogURL + "\">\n");
        out.println("<h3 align=\"center\">" + title + "</h3>");
// Nachdem ein Buch in den Warenkorb gelegt wurde, wird
// der Gesamtpreis der darin enthaltenen Bücher berechnet und
// für den Benutzer angezeigt
        synchronized(httpSession) {
// Weil ein Warenkorb als Instanz der parametrisierten Klasse
// HashMap<String,Double> erzeugt wird, wird für die
// Preisberechnung der gesamten Ware ein Iterator über die Menge
// aller Schüssel gelegt und gleichzeitig eine Referenz vom Typ
// Array auf diese mit der Methode toArray() zurückgegeben, die
// es ermöglicht, auf alle Schlüsselwerte auch einzeln für die
// Anzeige der Bücher zuzugreifen
          Map<String,Double> warenKorb = korb.getKorb();
          Set<String> buecher = warenKorb.keySet();
          Iterator<String> iterator = buecher.iterator();
          Object[] array = buecher.toArray();
// Bücher im Listen-Format im HTML-Dokument anzeigen
          out.println("<ul>");
          for(int i= 0; i<array.length; i++) {
            double preis = warenKorb.get(iterator.next());
```

```
            gesamtPreis = gesamtPreis + preis;
            out.println("<li>" +  array[i]+ "</li>");
         }
         out.println("</ul>");
         out.printf("<h3>Der Gesamtpreis Ihrer Ware beträgt: ");
// Um das Ergebnis mit nur zwei Nachkommastellen anzuzeigen,
// benutzen wir die printf()-Methode, die ein Formatter-Objekt
// nutzt, um Ausgaben zu formatieren
         out.printf("% .2f", gesamtPreis);
         out.printf("<h3>");
// Button für die Rückkehr zum Buchkatalog
         out.println("<p><center>" + "<input type=\"submit\" "
                     + "value=\"Zurück zum Buchkatalog\">" +
                       "</center></p></form>");
      }
      out.println("</body></html>");
   }
}
```

Die JSP-Seite JSPfuerBuchKatalog.jsp

```
<!DOCTYPE HTML PUBLIC "-//W3C//DTD HTML 4.01 Transitional//EN">

<!-- Die core-Taglib von JSTL besitzt das Präfix c; damit ihre
Tags ausgeführt werden, muss diese in die JSP-Seiten mit Hilfe
einer taglib-Direktive eingebunden werden -->
<%@ taglib uri="http://java.sun.com/jsp/jstl/core" prefix="c" %>

<%-- JSP-Aktion setzt eine JavaBean im Page-Scope --%>
<jsp:useBean id="buecher" class="paket4.BuchMap"
scope="page"/>

<%-- Eine HTML-Seite, die zur Anzeige des Buchkatalogs dient,
generieren --%>
<html>
<!-- Farbe für Hintergrund und Schrift setzen -->
   <body bgcolor="white">
   <head>
      <title>Session-Tracking bei einem Bucheinkauf</title>
      <meta http-equiv=Content-Type content="text/html">
   </head>
   <h3>Session-Tracking bei einem Bucheinkauf</h3>
<!-- URL-Rewriting in einer JSP, die Session-ID wird am Ende
der relativen URL angehängt -->
   <c:url value="/BuchBestellungmitJSPBuchKatalog"
     var = "encodeURL" />
<!-- Definition von Eingabefeldern -->
<!-- Auf einzelne Map-Einträge zugreifen, mit den
Eigenschaften key und value die Namen und Werte der Schlüssel-
Wert-Paare aus der map-Eigenschaft der JavaBean mit der
```

```
id="buecher" anzeigen -->
   <c:forEach var='parameter1' items='${buecher.map}'>
     <c:forEach var='parameter2' items='${parameter1.value}'>
<%-- Beim Abschicken des Formulars wird die im action-Attribut
angegebene JSP-Seite ausgeführt --%>
         <form type=POST action="${encodeURL}">
           <input name="BuchAutor" value="${parameter1.key}"
            size="35" ><br/>
          <input name="BuchName"
            value="${parameter2.key}" size="50">
          <input name="BuchPreis"
            value="${parameter2.value}" size="5"><br/>
<!-- Einen Button für das Formular definieren -->
           <p><center>
              <input type=submit value="In den Warenkorb" >
           </center></p>
         </form>
      </c:forEach>
   </c:forEach>
</body></html>
```

Programmausgaben

- Mit Cookies

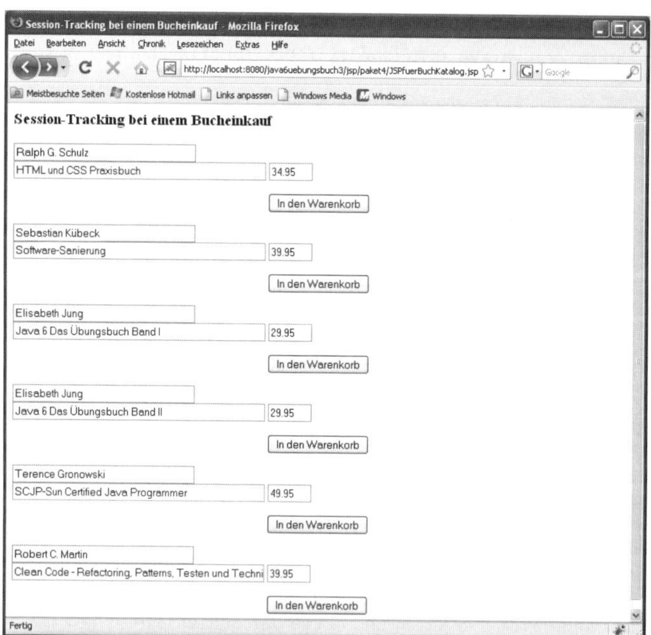

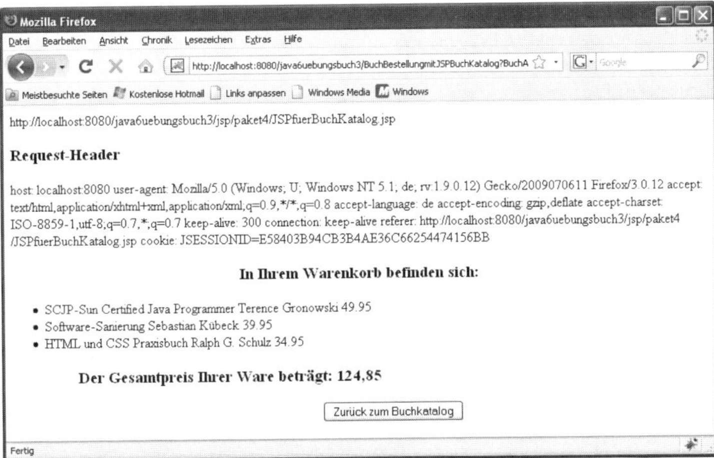

- Mit URL-Rewriting

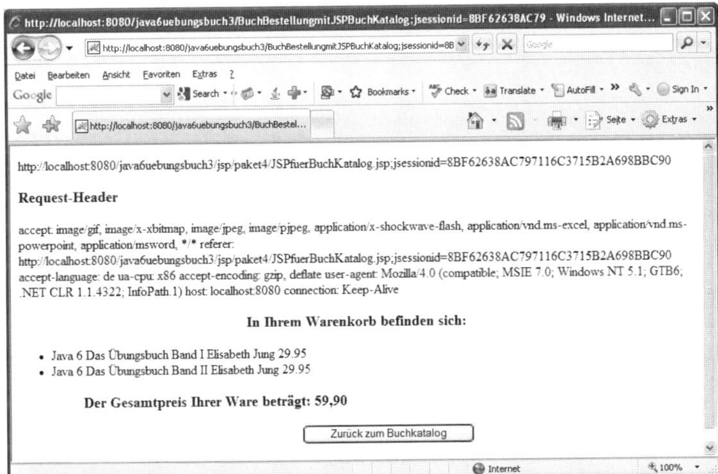

Lösung 2.47

Die Klasse BuecherKorb

```
package paket4;

import java.text.DecimalFormat;
import java.util.*;
```

```
public class BuecherKorb {
   private String gesamtPreis;
   private Map<String,Double> korb;
// Konstruktordefinition
   public BuecherKorb() {
// Einen leeren Warenkorb erzeugen
      korb = new HashMap<String,Double>();
   }
// Zugriffsmethoden
   public Map<String,Double> getKorb() {
      return korb;
   }
// Weil ein Bücherkorb als Instanz der parametrisierten Klasse
// HashMap<String,Double> erzeugt wird, wird ein Iterator über
// die Menge aller Schüssel gelegt und eine Referenz vom Typ
// Array auf diese mit der Methode toArray() zurückgegeben, die
// es ermöglicht, auf alle Schlüsselwerte auch einzeln für die
// Anzeige der Bücher zuzugreifen
   public Object[] getBuecher() {
      Map<String,Double> warenKorb = this.getKorb();
      Set<String> buecher = warenKorb.keySet();
      Iterator<String> iterator = buecher.iterator();
      Object[] array = buecher.toArray();
      return array;
   }
// Methode zum Berechnen des Gesamtpreises der Bücher, die sich
// im Bücherkorb befinden
   public String getGesamtPreis() {
      double gesamtpreis = 0;
      Map<String,Double> warenKorb = this.getKorb();
      Set<String> buecher = warenKorb.keySet();
// Mit einem Iterator auf den zu einem Buch zugehörigen Preis
// zugreifen
      Iterator<String> iterator = buecher.iterator();
      Object[] array = buecher.toArray();
      for(int i= 0; i<array.length;i++) {
         double preis = warenKorb.get(iterator.next());
         gesamtpreis = gesamtpreis + preis;
      }
      DecimalFormat format = new DecimalFormat("0.00");
      gesamtPreis = format.format(gesamtpreis);
      return gesamtPreis;
   }
// Methode zum Ablegen von Büchern in den Bücherkorb
   public void addBuch(String buch, double preis) {
      korb.put(buch, preis);
   /* try {
// Um die Parallelität von Abläufen beim Aufruf des Servlets von
// mehreren Clients bzw. vom selben Client, der mehrere Browserfenster
```

```
// Browserfenster im selben Internet Explorer gleichzeitig öffnet,
// verfolgen zu können, lassen wir den gerade aktuellen Thread
// für 4 Sekunden pausieren
        Thread.sleep(4*1000);
      }
      catch(Exception e) {
        e.printStackTrace();
      } */
      return;
   }
}
```

Die Klasse BuchBestellung

```
package paket4;

import java.io.*;
import javax.servlet.*;
import javax.servlet.http.*;
public class BuchBestellung extends HttpServlet {
// Die doGet()-Methode überschreiben
   public void doGet(HttpServletRequest request,
                HttpServletResponse response)
                    throws ServletException, IOException {
// Lokale Referenz vom Typ der Klasse BuecherKorb
      BuecherKorb korb;
      String buchName = request.getParameter("BuchName");
      String buchAutor = request.getParameter("BuchAutor");
      String buchPreis = request.getParameter("BuchPreis");
// Eine Session für den Client eröffnen, falls im Vorhinein noch
// keine geöffnet wurde
      HttpSession httpSession = request.getSession(true);
// Die Parallelität von Thread-Abläufen beim Zugriff auf Session-
// Attribute synchronisieren
      synchronized(httpSession) {
        korb = (paket4.BuecherKorb)httpSession.
          getAttribute("BuecherKorb");
// Für jeden neuen Besucher der Webseite wird ein eigener
// Bücherkorb angelegt, ist ein Besucher schon mal dagewesen, wird
// sein alter Bücherkorb benutzt;
        if(korb == null) {
          korb = new BuecherKorb();
// dies geschieht über das Setzen eines Attributs mit dem Namen
// "BuecherKorb" für die Session des Benutzers
          httpSession.setAttribute("BuecherKorb", korb);
        }
// Für das auf der Webseite des Buchkatalogs ausgewählte Buch
// werden Name, Autor und Preis aus der Parameterliste der http-
// Anfrage entnommen
```

```
        String buch = buchName + " " + buchAutor + " "
          + buchPreis;
// und dieses Buch mit seiner Preisangabe in den Bücherkorb gelegt
        korb.addBuch(buch, Double.parseDouble(buchPreis));
      }
// Eine Instanz der Klasse RequestDispatcher für das Weiterleiten
// der Anfrage an die JSP-Seite BuchBestellung.jsp erzeugen, mit der
// der Inhalt des Bücherkorbs und der Gesamtpreis aller darin
// abgelegten Büchern angezeigt wird
      RequestDispatcher requestDispatcher =
       getServletContext().
         getRequestDispatcher(response.encodeURL(
           "/jsp/paket4/BuchBestellung.jsp"));
// und diese an die JSP-Seite weitergeben
      requestDispatcher.forward(request, response);
   }
}
```

Die JSP-Seite BuchKatalog.jsp

```
<!DOCTYPE HTML PUBLIC "-//W3C//DTD HTML 4.01 Transitional//EN">

<!-- Die core-Taglib von JSTL besitzt das Präfix c; damit ihre
Tags ausgeführt werden, muss diese in die JSP-Seiten mit Hilfe
einer taglib-Direktive eingebunden werden -->
<%@ taglib uri="http://java.sun.com/jsp/jstl/core" prefix="c" %>

<%-- JSP-Aktion setzt eine JavaBean im Session-Scope --%>
<jsp:useBean id="buecher" class="paket4.BuchMap"
scope="session"/>

<%-- Eine HTML-Seite, die zur Anzeige des Buchkatalogs dient,
generieren --%>
<html>
<!-- Farbe für Hintergrund und Schrift setzen -->
      <head>
      <title>Session-Tracking bei einem Bucheinkauf</title>
      <meta http-equiv=Content-Type content="text/html">
   </head>
   <body bgcolor="white">
   <h3>Session-Tracking bei einem Bucheinkauf</h3>
<!-- URL-Rewriting in einer JSP, die Session-ID wird am Ende
der relativen URL angehängt -->
   <c:url value="/BuchBestellungNeu" var = "encodeURL" />
<!-- Definition von Eingabefeldern -->
<!-- Auf einzelne Map-Einträge zugreifen, mit den
Eigenschaften key und value die Namen und Werte aller Schlüssel-
Wert-Paare anzeigen -->
   <c:forEach var='parameter1' items='${buecher.map}'>
```

```
      <c:forEach var='parameter2' items='${parameter1.value}'>
 <%-- Beim Abschicken des Formulars wird die im action-Attribut
angegebene JSP-Seite ausgeführt --%>
        <form type=POST "${encodeURL}">
          <input name="BuchAutor"
            value="${parameter1.key}"size="20"><br/>
          <input name="BuchName" value="${parameter2.key}"
            size="35">
          <input name="BuchPreis"
            value="${parameter2.value}"size="5"><br/>
<!-- Einen Button für das Formular definieren -->
          <p><center>
            <input type=submit value="In den Bücherkorb" >
          </center></p>
        </form>
     </c:forEach>
   </c:forEach>
</body></html>
```

Die JSP-Seite BuchBestellung.jsp

```
<!DOCTYPE HTML PUBLIC "-//W3C//DTD HTML 4.01 Transitional//EN">

<!-- Die core-Taglib von JSTL besitzt das Präfix c; damit ihre
Tags ausgeführt werden, muss diese in die JSP-Seiten mit Hilfe
einer taglib-Direktive eingebunden werden -->
<%@ taglib uri="http://java.sun.com/jsp/jstl/core" prefix="c" %>

<%-- JSP-Aktion setzt eine JavaBean im Session-Scope mit
dem gleichen Namen wie der des vom Servlet gesetzten Attributs
vom Typ BuecherKorb --%>
<jsp:useBean id="BuecherKorb" class="paket4.BuecherKorb"
scope="session"/>
<!-- URL-Rewriting in einer JSP, die Session-ID wird am Ende
der relativen URL angehängt -->
   <c:url value="jsp/paket4/BuchKatalog.jsp"
     var = "encodeURL" />
<%-- Eine HTML-Seite, die zur Anzeige des Buchkatalogs dient,
generieren --%>
<html>
   <body>
      <form type=POST action="${encodeURL}">
<!-- Die Bücher im Listen-Format im HTML-Dokument anzeigen -->
<h3>In Ihrem Bücherkorb befinden sich:</h3>
      <ul>
         <c:forEach var='value' items='${BuecherKorb.buecher}'>
            <li>
               <c:out value='${value}'/>
            </li>
```

```
        </c:forEach>
      </ul>
  <h3>Der Gesamtpreis Ihrer Ware beträgt:</h3>
      <c:out value="${BuecherKorb.gesamtPreis}  "/>
  <!-- Einen Button für das Formular definieren -->
      <p><center>
        <input type=submit value="Zurück zum Buchkatalog" >
      </center></p>
    </form></body>
  </html>
```

Programmausgaben

- Mit Cookies

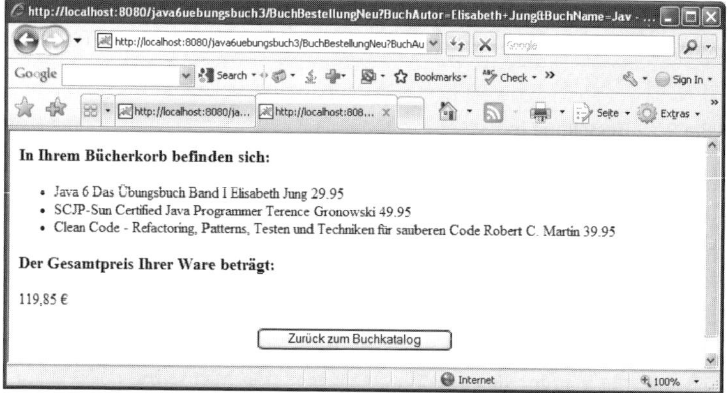

- Mit URL-Rewriting

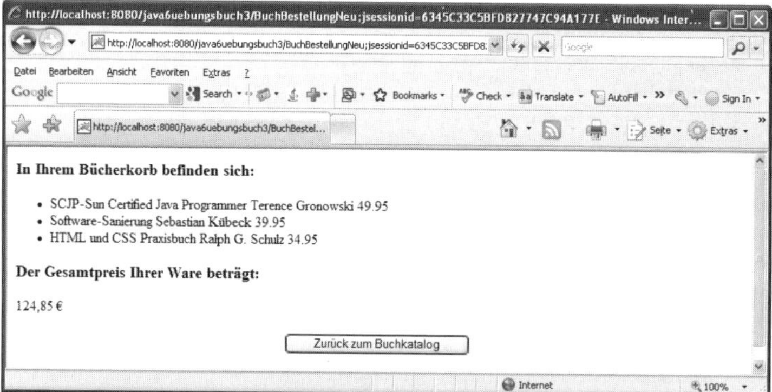

JDBC

3.1 Relationale Datenbanksysteme

Mit JDBC (Java Database Connectivity) können in Java relationale Datenbanksysteme wie MySQL, Oracle, Informix, DB2, Access etc. eingebunden werden. Den Beispielen aus diesem Buch wird die Datenbank MySQL zugrunde gelegt, die im Internet kostenlos zu erhalten ist und mit Tomcat einwandfrei benutzt werden kann, nachdem der zugehörige JDBC-Treiber dafür installiert wurde.

Die Grundlage von relationalen Datenbanksystemen basiert auf Tabellen, die Spalten und Zeilen beinhalten. Die Zeilen einer Tabelle werden auch als Tabellenelemente bezeichnet und definieren die Datensätze einer Datenbank. Spalten, die auch Attribute genannt werden, besitzen einen Namen und entsprechen einem Eintrag in der Tabelle. Die Implementierung selbst wird durch Datenbanktreiber bereitgestellt, die den Zugriff auf die darin enthaltenen Daten gewährleisten. Die JDBC-API von Java bietet eine einheitliche Programmierschnittstelle für alle Datenbanksysteme, so dass die Zugriffsmethoden, um Verbindungen zu den unterschiedlichen Datenbanken aufzubauen, Abfragen zu formulieren und Datensätze einzufügen, abzuändern oder zu löschen, für alle die gleichen bleiben. Gleichzeitig können mit der API Datenbanken und Tabellen erstellt, abgeändert und gelöscht werden.

Zum Erfassen, Abfragen und Manipulieren von Daten in einer relationalen Datenbank wird die Sprache SQL (Structured Query Language) eingesetzt. Sie beinhaltet mehrere Befehle, die so formuliert sind, dass aus ihrer sprachlichen Bedeutung die damit abgedeckte Funktion einfach zu erkennen ist. Die wichtigsten SQL-Befehle, die vom Datenbanksystem MySQL unterstützt werden und in den nachfolgenden Beispielen zum Einsatz kommen, können in drei größere Gruppen aufgeteilt werden:

- Zum Erzeugen bzw. Löschen einer Datenbank können die Befehle `create database datenbankname` bzw. `drop database datenbankname` verwendet werden. `show`-Befehle verhelfen zum Anzeigen aller erstellten Datenbanken, der Tabellen einer Datenbank oder der Spalten einer Tabelle.
- Mit den Befehlen `create table tabellenname (spaltenname1, spaltenname1typ, spaltenname2, spaltenname2typ, ...)`, `drop table tabellenname` und `rename table tabellenname1 to tabellenname2` werden Tabellen angelegt, gelöscht und umbenannt.

- Zum Einfügen, Löschen und Abrufen von Sätzen aus Datenbanktabellen stehen `insert`-, `delete`- und `select`-Befehle zur Verfügung, die mehrere Klauseln zur Auswahl von Datenbanksätzen definieren können. Die konkrete Syntax dazu können Sie in verschiedenen Lehrbüchern zu Java und SQL nachschlagen. Wir werden im Nachfolgenden die wichtigsten davon in verschiedenen Beispielen einsetzen und dabei näher erläutern.

3.2 Installation von MySQL

Die Version 5.1 von MySQL ist für Windows als `.zip`-Datei (`mysql-5.1.41-win32.zip`) unter `http://dev.mysql.com/downloads/mysql/5.1.html` verfügbar. Durch das Entpacken dieser Datei kann MySQL in einem von Ihnen vorgegebenen Verzeichnis (standardmäßig ist dies das Verzeichnis `C:\mysql`) installiert werden.

Nach der Installation kann das Datenbanksystem auf Kommandozeilen-Ebene im Verzeichnis `C:\mysql\bin`, worin sich das ausführbare Datenbankprogramm befindet, mit `mysqld` direkt gestartet werden und mit `mysqldadmin -u root shutdown` auch wieder beendet werden.

Beim ersten Starten von MySQL werden die Datenbanken mit den Namen `mysql` und `test` angelegt. In der Datenbank `mysql` können mehrere Benutzer mit zugehörigen Passwörtern angelegt werden, die vom System abgespeichert werden.

Um auf diese Datenbanken zuzugreifen bzw. neue Datenbanken und Tabellen zu erstellen, muss noch der für das Datenbanksystem spezifische JDBC-Treiber installiert werden. Der aktuelle Treiber liegt auf `http://dev.mysql.com/downloads/connector/j/5.1.html` unter dem Namen `MySQLConnector/J` bereit. Nach dem Entpacken der darin enthaltenen `.zip`-Datei muss das JAR-Archiv mit dem Namen `mysql-connector-java-5.1.7-bin.jar` in das Root-Verzeichnis Ihrer Tomcat-Installation oder in das eigene Verzeichnis `java6uebungsbuch3\WEB-INF\lib` innerhalb des webapps-Verzeichnisses kopiert werden.

Dieser Treiber ist ein so genannter Typ-4-JDBC-Treiber. Diese Bezeichnung sagt aus, dass der Treiber komplett in Java geschrieben ist und direkt mit dem DBMS-(Database-Management-System-)Server kommuniziert.

Die MySQL-Datenbank besitzt selbst keine grafische Benutzeroberfläche. Dem Benutzer stehen jedoch mehrere grafische Tools zur Verfügung, die die Arbeit mit MySQL erleichtern können.

3.3 Die JDBC-API

Auf einem relationalen Datenbanksystem kann mit SQL-Befehlen operiert werden. Um dies aus JSP-Seiten, Java-Servlets oder JavaBeans zu gewährleisten, brauchen wir eine API, die aus mehreren Klassen- und Interface-Definitionen besteht. Die JDBC-API hat die aktuelle Version 4 und wird mit den Paketen `java.sql` und `javax.sql` mit der JDK der Version 6 von Java zur Verfügung gestellt.

Der Basiscode für einen Datenbankzugriff über JDBC besteht aus mehreren aufeinanderfolgenden Schritten:

- Das Laden des Treibers und die Anbindung an die Datenbank erfolgen mit den Anweisungen: `java.lang.Class.forName("com.mysql.jdbc.Driver")` und `java.sql.Connection connection = java.sql.DriverManager.getConnection("jdbc:mysql://localhost/test", "root","manager")`, wobei `"com.mysql.jdbc.Driver"` den Treiber-Namen bezeichnet, `"jdbc:mysql://localhost/test"` die URL, über die die Datenbank referenziert wird, `"root"` einen Benutzernamen und `"manager"` das dazugehörige Passwort.
- Das Erzeugen einer Instanz vom Typ des Interface `Statement`, das eine Anweisung identifiziert und die Methoden `executeQuery()` und `executeUpdate()` zur Verfügung stellt, mit denen SQL-Befehle ausgeführt werden können: `Statement statement = connection.createStatement()`
- Der Zugriff auf die Datensätze der Datenbank durch den Aufruf der vorgestellten Methoden, in denen die SQL-Befehle als Strings übergeben werden: `String sql = "insert into benutzerdaten values('Anna Singer', 'Student')"`, `int anzahl = statement.executeUpdate(sql)`, `String abfrage = "select * from benutzerdaten"`, `ResultSet ergebnis = statement.executeQuery(abfrage)`, `String sql = "show databases"`, `ResultSet ergebnis = statement.executeQuery(sql)` etc. Die Methode `executeQuery()` gibt eine Instanz vom Typ des Interface `ResultSet` zurück, in der die Ergebnisse von Abfragen gespeichert sind, und `executeUpdate()` einen `int`-Wert, der gleich 0 ist, falls keine Änderung in der Datenbank durchgeführt wurde, bzw. die Anzahl von geänderten Sätzen bezeichnet. Der einfachste Weg, auf die Spalten der Abfrageergebnisse vom Typ `ResultSet` zuzugreifen, besteht darin, einen internen Cursor zu benutzen, der für das Durchlaufen von Einträgen zur Verfügung gestellt wird: `while(ergebnis.next()) { out.println(ergebnis.getString(1)) }`.
- Verbindungen zu einer Datenbank brauchen nicht immer explizit beendet zu werden, weil diese im Zuge der Garbage-Collection-Technik automatisch geschlossen werden. Sollte eine Verbindung explizit geschlossen werden, kann die `close()`-Methode am entsprechenden `Connection`-Objekt aufgerufen werden. Da der Aufwand zum Eröffnen einer Datenbankverbindung nicht zu vernachlässigen ist, ist die Möglichkeit der Nutzung von bestehenden Verbindungen sehr wichtig.

Auf weitere Details werden wir näher in den nachfolgenden Beispielen aus diesem Kapitel und in den Beispielen aus Kapitel 4 eingehen.

Aufgabe 3.1

Eine Datenbank erzeugen

Schreiben Sie eine JSP-Seite mit dem Namen `WebbesucherDBErstellen.jsp`, die in einem JSP-Scriptlet den JDBC-Treiber lädt und eine Verbindung zur Datenbank `test` aufbaut. Es soll eine neue Datenbank mit dem Namen `webbesucher` erzeugt werden. Übergeben Sie dazu den SQL-String `"create database webbesucher"` im Aufruf der Methode `executeUpdate()`, die an einer vorher erzeugten `Statement`-Instanz aufgerufen wird. Auf die gleiche Art und Weise soll mit der Seite `WebapplikationenDBErstellen.jsp` eine zweite Datenbank mit dem Namen `webapplikationen` erstellt werden.

Hinweise für die Programmierung:

Das Laden des Treibers und der Verbindungsaufbau zur Datenbank können so erfolgen, wie in der theoretischen Einführung zu diesem Unterkapitel beschrieben.

Achten Sie darauf, dass Anweisungen, die den Treiber laden bzw. einen Zugriff auf Datenbanken beinhalten, in einen try/catch-Block eingeschlossen werden müssen. Wird der Treiber nicht gefunden, wird eine Ausnahme vom Typ `ClassNotFoundException` geworfen. Sollte die Methode `getConnection()` fehlschlagen, wird eine SQLException geworfen, wie auch für den Fall, dass ein fehlerhafter SQL-Befehl im Aufruf der Methoden `executeUpdate()` oder `executeQuery()` angegeben wird. Diese Exceptions müssen abgefangen werden.

Zum Auffinden der Java-Standard-Klassen und -Interfaces muss das Paket `java.sql` importiert werden. Sie können dazu in JSP-Seiten die page-Direktive: `<%@ page import="java.sql.*" %>` benutzen.

Der Übersicht halber legen wir alle JSP-Seiten in einem neuen Unterverzeichnis `paket5` von `java6uebungsbuch3/jsp` ab und alle Java-Klassen aus diesem Kapitel im ebenfalls neu angelegten Unterverzeichnis `java6uebungsbuch3/WEB-INF/classes/paket5`.

JSP-Seiten: `WebbesucherDBErstellen.jsp`,
`WebapplikationenDBErstellen.jsp`

Programmaufrufe: Im Webbrowser durch Eingabe des Namens der JSP-Seiten
`http://localhost:8080/java6uebungsbuch3/jsp/paket5/WebbesucherDBErstellen.jsp`
`http://localhost:8080/java6uebungsbuch3/jsp/paket5/WebapplikationenDBErstellen.jsp`

Aufgabe 3.2 ☆

Tabellen in einer Datenbank anlegen

Mit den JSP-Seiten `SatzTabelleErstellen.jsp`, `UniformulardatenTabelleErstellen.jsp`, `BenutzerloginTabelleErstellen.jsp` und `SatzTabelleinBenutzerdatenUmbenennen.jsp` sollen in der Datenbank `webbesucher` drei Tabellen `satz`, `benutzerlogin` und `uniformulardaten` angelegt werden und danach eine der Tabellen umbenannt werden.

Übergeben Sie dazu im Aufruf der Methode `executeUpdate()` die SQL-Strings: `"create table satz(name varchar(20), beruf varchar(10))"`, `"create table benutzerlogin(name varchar(20), passwort varchar(20))"` und `"create table uniformulardaten(name varchar(20), vorname varchar(20), adresse varchar(30), geburtsdatum varchar(20), abiturnote varchar(20), abitur varchar(20))"`, um in den ersten beiden Tabellen je zwei und in der zweiten sechs Spalten einzufügen.

Weil der Name `satz` für eine Tabelle ungeeignet ist, soll dieser in `benutzerdaten` umbenannt werden. Dazu steht der SQL-Befehl: `rename table satz to benutzerdaten` zur Verfügung.

Hinweise für die Programmierung:

Für das Anlegen der Tabellen reicht selbstverständlich eine JSP-Seite aus, in der die SQL-Strings nacheinander zugewiesen werden und im Aufruf der Methode `executeUpdate()` übergeben werden.

JSP-Seiten: `SatzTabelleErstellen.jsp`
`BenutzerloginTabelleErstellen.jsp`
`UniformulardatenTabelleErstellen.jsp`
`SatzTabelleinBenutzerdatenUmbenennen.jsp`

Programmaufrufe: Im Webbrowser durch Eingabe des Namens der JSP-Seiten
`http://localhost:8080/java6uebungsbuch3/jsp/paket5/SatzTabelleErstellen.jsp`
`http://localhost:8080/java6uebungsbuch3/jsp/paket5/BenutzerloginTabelleErstellen.jsp`
`http://localhost:8080/java6uebungsbuch3/jsp/paket5/UniformulardatenTabelleErstellen.jsp`
`http://localhost:8080/java6uebungsbuch3/jsp/paket5/SatzTabelleinBenutzerdatenUmbenennen.jsp`

Aufgabe 3.3

Datenbanksätze einfügen und abfragen

Wie bereits erwähnt, erfolgt das Einfügen von Sätzen in Tabellen mit dem SQL-Befehl `insert` und für das Abfragen von Sätzen steht der Befehl `select` zur Verfügung.

Fügen Sie in der JSP-Seite `WebbesucherDBSaetzeEinfuegen.jsp` mehrere Sätze mit einem Benutzernamen und einem der Tätigkeitsfelder »Student«, »Schüler« und »Lehrer« in der Tabelle `benutzerdaten` der Datenbank `webbesucher` ein, indem Sie im `insert`-Befehl den Tabellennamen angeben und mit seiner `values`-Klausel Werte für beide Spalten der Tabelle definieren: `insert into benutzerdaten values('Anna Singer', 'Student')`. Mit dem SQL-Befehl: `select * from benutzerdaten` können alle Sätze der Tabelle abgerufen werden. Zeigen Sie die Einträge der `ResultSet`-Instanz, die beim Aufruf der Methode `executeQuery()` zurückgegeben wird, im Tabellenformat im Browser an.

Hinweise für die Programmierung:

Auf die Ergebnismenge der Abfrage kann mit dem Befehl `next()` der Schnittstelle `ResultSet` zugegriffen werden. Mit der Methode `getString()`, in der die `int`-Werte 1, 2 etc. übergeben werden, kann wiederum auf einzelne Spalten der Ergebnismenge zugegriffen werden.

JSP-Seiten: `WebbesucherDBSaetzeEinfuegen.jsp`

Programmaufrufe: Im Webbrowser durch Eingabe des Namens der JSP-Seite
`http://localhost:8080/java6uebungsbuch3/jsp/paket5/`
`WebbesucherDBSaetzeEinfuegen.jsp`

Aufgabe 3.4

Die show-Befehle von SQL

Übergeben Sie die SQL-Befehle: `show databases`, `show tables from webbesucher` und `show columns from benutzerdaten` als String im Aufruf der `executeQuery()`-Methode, um alle erstellten Datenbanken, die Tabellen der Datenbank `webbesucher` und die Spalten dieser Tabellen im Browser anzuzeigen. Die dazu erstellte JSP-Seite soll den Namen `SQLShowBefehle.jsp` tragen.

JSP-Seiten: `SQLShowBefehle.jsp`

Programmaufrufe: Im Webbrowser durch Eingabe des Namens der JSP-Seite
`http://localhost:8080/java6uebungsbuch3/jsp/paket5/`
`SQLShowBefehle.jsp`

Aufgabe 3.5

☆☆

Datenbankzugriff aus einem Servlet

Wie in Kapitel 1 beschrieben wurde, werden Servlets oft benutzt, um programmtechnisch eine weitere Ebene in der Kommunikation zwischen Client und Server zu schaffen. So kann z.B. der Zugriff auf Datenbanksysteme in einem Servlet abgewickelt werden.

Definieren Sie die Klasse `ServletmitDBZugriff`, die die Java-Standard-Klasse `HttpServlet` erweitert und deren `init()`- und `doGet()`-Methoden überschreibt.

In der `init()`-Methode soll eine Verbindung zur Datenbank `webbesucher` aufgebaut werden, die sich alle Webbesucher, die das Servlet aufrufen, teilen.

In der `doGet()`-Methode soll in einem ersten Schritt das gleiche Formular wie in Aufgabe 1.14 für das Erfassen von Personaldaten beim Einschreiben an einer Hochschule angezeigt werden. Die damit erfassten Daten sollen in der Tabelle `uniformulardaten` der Datenbank gespeichert werden. Lesen Sie wie auch in Aufgabe 1.14 mit der Methode `getParameter()` die im Formular eingegebenen Daten ein und geben Sie diese als Werte im `insert`-Befehl an.

Hinweise für die Programmierung:

Die Syntax für den `insert`-Befehl richtet sich an der Definition der Tabelle `uniformulardaten` aus der Aufgabe 3.3 auf Seite 470. Achten Sie darauf, dass die einzelnen Werte wie folgt in der `values`-Klausel angegeben werden müssen: `insert into uniformulardaten values('"+name+"', '"+vorname+"', '"+adresse+"', '"+geburtsdatum+"','"+abiturnote+"','"+abitur+"')`.

Für den Verbindungsaufbau zum Datenbanksystem werden des Öfteren Initialisierungsparameter eingesetzt, die in der Datei `web.xml` für das Servlet konfiguriert sind. Dann ist keine Änderung im Programmcode erforderlich, falls die Datenbank-Parameter sich ändern sollten. Die Werte von Initialisierungsparametern können mit der Methode `getInitParameter()` der Klasse `ServletConfig` eingelesen werden und im Aufruf der Methoden `forName()` und `getConnection()` übergeben werden.

```
<init-param>
   <param-name>DBTreiber</param-name>
   <param-value>com.mysql.jdbc.Driver</param-value>
</init-param>
<init-param>
   <param-name>DBUrl</param-name>
   <param-value>jdbc:mysql://localhost/webbesucher</param-value>
</init-param>
<init-param>
   <param-name>DBUser</param-name>
   <param-value>root</param-value>
```

```
</init-param>
<init-param>
  <param-name>DBPasswort</param-name>
  <param-value>manager</param-value>
</init-param>
```

Java-Dateien: `ServletmitDBZugriff.java`

Programmaufrufe: Im Webbrowser durch Eingabe des logischen Servletnamens `http://localhost:8080/java6uebungsbuch3/ServletmitDBZugriff`

Aufgabe 3.6

Wiederholungsaufgabe

Mit dieser Aufgabe soll die Vorlage für ein weiteres Servlet erstellt werden, das ermöglicht, dass die gleichen Daten wie in Aufgabe 3.5 auf Seite 471 von einer Verwaltungsperson über die direkte Eingabe von SQL-Befehlen erfasst werden können. Gleichzeitig soll eine Art von Datenbankadministration damit gewährleistet werden, so dass mit anderen SQL-Statements wie `select` und `delete` Datensätze gelöscht und Listen von eingeschriebenen Kandidaten nach unterschiedlichen Kriterien erstellt werden können.

Die Servlet-Klasse `ServletmitDBAdministration` soll einen beliebigen SQL-Befehl entgegennehmen und entscheiden, ob es sich um `insert`, `select` oder `delete` handelt. Danach soll diese die Methoden `executeUpdate()` und `executeQuery()` aufrufen, um einen neuen Satz in die DB einzufügen, einen vorhandenen zu löschen oder eine Datenbankabfrage zu starten, und die entsprechende Aktion durch eine Meldung im Browser (und ggf. die Anzeige aller abgerufenen Sätze) dem Client bekannt geben.

Diesmal soll der SQL-Befehl beim Servlet-Aufruf in der Adresszeile des Browsers mit angegeben werden. Sie können aber auch wie in Aufgabe 3.5 auf Seite 471 ein Formular für die Eingabe erstellen.

Die Verbindung mit dem Datenbanksystem soll, wie auch in der vorigen Aufgabe, in der `init()`-Methode der Servlet-Klasse abgewickelt werden.

Hinweise zur Programmausführung:

Beachten Sie auch diesmal, dass Parameterwerte in der Adresszeile eines Browsers durch ein ?-Zeichen getrennt an den URL-String angefügt werden und Leerzeichen durch das +-Zeichen gekennzeichnet werden müssen, wie zum Beispiel:

```
http://localhost:8080/java6uebungsbuch3/ServletmitDBAdministration?
sqlstatement=select%20*%20from+uniformulardaten
http://localhost:8080/java6uebungsbuch3/ServletmitDBAdministration?
sqlstatement=insert+into+uniformulardaten+values+
```

```
('Bachmann','Daniel','Am+Weißen+Stein 100','12.04.1987','3.0',
'Wirtschaftsgymnasium')
http://localhost:8080/java6uebungsbuch3/ServletmitDBAdministration?
sqlstatement=delete+from+uniformulardaten+where+name='Kraft'
```

Java-Dateien: `ServletmitDBAdministration.java`

Programmaufrufe: Im Webbrowser durch Eingabe des logischen Servletnamens
`http://localhost:8080/java6uebungsbuch3/ServletmitDBAdministration?sqlstatement=select%20*%20from+uniformulardaten`

Aufgabe 3.7

Datenbankzugriff aus einer JavaBean

Mit dieser Aufgabe soll der Zugriff auf eine Datenbank in eine JavaBean verlagert werden.

Ändern Sie dazu die JavaBean-Klasse `WebBesucher` aus Aufgabe 2.9 in die Klasse `WebBesuchermitDBZugriff`ab, so dass diese die Eigenschaften `name` und `beruf` definiert.

Bauen Sie in der Methode `getBeruf()` eine Verbindung zur Datenbank `webbesucher` auf und ermitteln Sie aus dieser Datenbank den Beruf des Benutzers, dessen Name in der Eigenschaft `name` der JavaBean gespeichert ist. Das Ergebnis dieser Abfrage soll wiederum in der Eigenschaft `beruf` derselben JavaBean abgespeichert werden, um aus einer JSP-Seite `JSPmitJavaBeanundDBZugriff.jsp` darauf zugreifen zu können.

In der JSP-Seite wird die JavaBean mit der JSP-Aktion `useBean` als Attribut im Page-Scope gesetzt. Mit `setProperty` sollen für die Eigenschaft `name` Werte wie »Andreas Mueller« und »Anna Singer«, die in der Datenbank in der Tabelle `benutzerdaten` abgespeichert sind, nacheinander gesetzt werden. Mit einer auf `setProperty` folgenden `getProperty`-Aktion soll der einem Namen zugeordnete Beruf ermittelt werden und im Browser angezeigt werden.

Java-Dateien: `WebBesuchermitDBZugriff.java`

JSP-Seiten: `JSPmitJavaBeanundDBZugriff.jsp`

Programmaufrufe: Im Webbrowser durch Eingabe des Namens der JSP-Seite
`http://localhost:8080/java6uebungsbuch3/jsp/paket5/JSPmitJavaBeanundDBZugriff.jsp`

Aufgabe 3.8

☆☆

Wiederholungsaufgabe

Wie bereits mit Aufgabe 3.7 auf Seite 473 demonstriert wurde, ist es durchaus sinnvoll, Datenbankzugriffe in eine JavaBean auszulagern, weil dadurch eine Scripting-freie JSP erstellt werden kann, indem mit set/getProperty-Aktionen auf Eigenschaften der JavaBean zugegriffen wird.

Mit dieser Aufgabe soll gezeigt werden, dass eine Aufteilung der Funktionalitäten zum Aufbau einer Verbindung zu einer Datenbank bzw. zur Durchführung von Änderungen oder Abfragen in unterschiedliche JavaBeans sich auch als nützlich erweist. Ein Grund dafür ist, dass diese JavaBeans in mehrere Seiten eingebunden werden können und damit Datenredundanz beim Programmieren vermieden werden kann.

Definieren Sie drei JavaBean-Klassen für Verbindungsaufbau, Datenbankänderungen und Datenbankabfragen mit den Namen `JavaBeanfuerDBVerbindung`, `JavaBeanfuerDBAbfrage` und `JavaBeanfuerDBUpdate`.

Die Klasse `JavaBeanfuerDBVerbindung` definiert die Eigenschaften `connection` und `statement` mit den Methoden `isConnection()` und `getStatement()`. Die Methode `isConnection()` gibt einen `boolean`-Wert (weshalb für diese die Bezeichnung mit »is« gewählt wurde) zurück und schließt in einen try/catch-Block die üblichen Methoden zum Verbindungsaufbau ein.

In der Klasse `JavaBeanfuerDBUpdate` werden die Methoden `setStatement()`, `setSql()` und `getAnzahl()` definiert. Mit den Methoden `setStatement()` und `setSql()` werden Werte für die von diesen Methoden definierten Eigenschaften `sql` und `statement` gesetzt und die Methode `getAnzahl()` ruft die Methode `statement.executeUpdate(sql)` auf. Der von der Methode `executeUpdate()` zurückgegebene `int`-Wert wird auch von der Methode `getAnzahl()` an eine aufrufende Methode zurückgegeben.

Die Klasse `JavaBeanfuerDBAbfrage` definiert zusätzlich zu den Eigenschaften `sql` und `statement` zwei weitere mit den Namen `ergebnis` und `query`. Die `query`-Eigenschaft wird mit einer Methode `isQuery()` spezifiziert, die den Methodenaufruf `ResultSet ergebnis = statement.executeQuery(sql)` beinhaltet.

Zum Testen von JavaBeans vom Typ dieser Klassen wird eine JSP-Seite `JSPmit-JavaBeansfuerDBZugriff.jsp` erstellt, die mit der `useBean`-Aktion diese als Attribute unter der Verwendung der IDs »verbindung«, »update« und »abfrage« im Page-Scope setzt.

In einem JSP-Scriptlet werden die Getter- und Setter-Methoden der JavaBeans aufgerufen. Ist der Return-Wert der Methode `isConnection()` der JavaBean vom Typ `JavaBeanfuerDBVerbindung` gleich `true`, wird der Wert der Eigenschaft `statement` dieser JavaBean ermittelt und dieser zusammen mit einem gewünschten

SQL-String als Wert für die Eigenschaften `statement` und `sql` der JavaBean vom Typ `JavaBeanfuerDBAbfrage` bzw. `JavaBeanfuerDBUpdate` gesetzt. Durch den Aufruf der Methoden `getAnzahl()` und `isQuery()` in der ersten JavaBean-Klasse bzw. `getAnzahl()` in der zweiten kann das Einfügen, Löschen und Abrufen von Datenbanksätzen angestoßen werden.

Java-Dateien: `JavaBeanfuerDBVerbindung.java`, `JavaBeanfuerDBUpdate.java`, `JavaBeanfuerDBAbfrage.java`

JSP-Seiten: `JSPmitJavaBeansfuerDBZugriff.jsp`

Programmaufrufe: Im Webbrowser durch Eingabe des Namens der JSP-Seite `http://localhost:8080/java6uebungsbuch3/jsp/paket5/JSPmitJavaBeansfuerDBZugriff.jsp`

Aufgabe 3.9

Wiederholungsaufgabe

Ändern Sie die JSP-Seite `JSPmitJavaBeansfuerDBZugriff.jsp` in eine Scripting-freie Seite `JSPmitJavaBeansfuerDBZugriffundJSTL.jsp` um, indem Sie den Aufruf der Setter- und Getter-Methoden der JavaBeans mit Hilfe von JSP-Aktionen und EL-Ausdrücken realisieren.

Definieren Sie in der Klasse `JavaBeanfuerDBAbfrage` eine zusätzliche Getter-Methode `getString()`, die dem Anzeigen aller abgerufenen Datenbanksätze in der JSP-Seite dienen soll.

Hinweise für die Programmierung:

Um das Ergebnis der Datenbankabfrage im gleichen Tabellenformat wie mit Aufgabe 3.7 auf Seite 473 anzuzeigen, kann z.B. ein String aufgebaut werden, der HTML-Tags für die Formatierung der Ausgabe enthält:

```
while(ergebnis.next()) {
   String s1 = ergebnis.getString(1);
   String s2 = ergebnis.getString(2);
   s = s + "<tr><td>" + s1 + "</td><td>" + s2
          + "</td></tr>";
}.
```

Achten Sie darauf, dass für den Fall, dass die HTML-Tags ausgewertet werden sollen, im `<c:out>`-Tag das Attribut `escapeXml="false"` gesetzt werden muss.

Java-Dateien: `JavaBeanfuerDBVerbindung.java`, `JavaBeanfuerDBUpdate.java`, `JavaBeanfuerDBAbfrage.java`

JSP-Seiten: `JSPmitJavaBeansfuerDBZugriffundJSTL.jsp`

Programmaufrufe: Im Webbrowser durch Eingabe des Namens der JSP-Seite
`http://localhost:8080/java6uebungsbuch3/jsp/paket5/JSPmitJavaBeansfuerDBZugriffundJSTL.jsp`

3.4 Die sql-Bibliothek von JSTL

Wie die `core`-Taglib ist auch die `sql`-Taglib Bestandteil von JSTL. Damit kann auf eine einfache Art und Weise der Zugriff auf Datenbanksysteme vorgenommen werden.

Die `sql`-Bibliothek stellt dem Programmierer ein einfaches Tag zur Verfügung, über das ein Datenbanktreiber geladen und die Verbindung zu einer Datenbank aufgebaut werden kann:

```
<sql:setDataSource driver="com.mysql.jdbc.Driver" url="jdbc:mysql://
localhost/webbesucher" user="root" password="manager" var="db"/>
```

Mit weiteren vordefinierten Tags aus der Bibliothek kann eine neue Datenbank mit ihren Tabellen erzeugt werden und der Zugriff auf Datenbanksätze erfolgen, wobei die SQL-Befehle in gewohnter Syntax im Body des Tags angegeben werden.

Mit `<sql:update>` können Datenbanken und Tabellen erstellt oder gelöscht werden, aber auch gleichzeitig das Einfügen und Löschen von Datensätzen in Tabellen vorgenommen werden:

```
<sql:update dataSource="${db}">
   create table if not exists autoren (
     autoren_ID int auto_increment unique, name varchar(50),
       primary key (autoren_ID))
</sql:update>
```

Das Tag `<sql:query>` dient zur Datenbankabfrage:

```
<sql:query var="saetze" dataSource="${db}">
   select * from autoren
</sql:query>.
```

Auf weitere Details in den Tag-Aufrufen werden wir wie gewohnt in den folgenden Beispielen hinweisen.

Möchten Sie Ihre Kenntnisse über die SQL und die JSTL erweitern bzw. nach der Bedeutung von Klauseln in SQL-Befehlen und Attributen von JSTL-Tags nachschlagen, empfehlen wir, weitere Bücher zu diesen Themen zu konsultieren.

Aufgabe 3.10

Datenbankzugriffe mit JSTL

Als einfaches Beispiel für den Einsatz der JSTL-Bibliothek `sql` soll die JSP-Seite `WebbesucherDBZugriffmitJSTL.jsp` erstellt werden, in der eine Verbindung zur Datenbank `webbesucher` aufgebaut wird und eine Tabelle, die als Spalten die Spalten der Tabelle `benutzerdaten` der Datenbank definiert, im Browser angezeigt wird.

Zusätzlich zu der bis jetzt in Beispielen benutzten `core`-Taglib aus der JSTL muss in einer `taglib`-Direktive, die die Zuordnung von Tag-Dateien ohne einen TLD ermöglichen, auch die `sql`-Taglib der JSTL für die JSP-Seite zugewiesen werden.

Um den Treiber zu laden und eine Verbindung zur Datenbank aufzubauen, kann auf den Tag-Aufruf: `<sql:setDataSource driver="com.mysql.jdbc.Driver" url="jdbc:mysql://localhost/webbesucher" user="root" password="manager" var="db"/>` zurückgegriffen werden.

Das Starten der Datenbankabfrage kann mit dem Tag `<sql:query>`, in dessen Body der SQL-Befehl angegeben werden muss, stattfinden: `<sql:query var="saetze" dataSource="${db}"> select * from benutzerdaten </sql:query>`, wobei im `var`-Attribut der Name der Programmvariablen, über die auf die Tabelleneinträge weiter zugegriffen werden kann, hier `saetze`, festgelegt wird.

Die Sätze der Tabelle können über den EL-Ausdruck `${saetze.rows}` ermittelt werden. Benutzen Sie das `<c:forEach>`-Tag, um diese im Browser im Tabellenformat anzuzeigen, indem Sie im `items`-Attribut über den EL-Ausdruck `${saetze.rows}` iterieren.

JSP-Seiten: `WebbesucherDBZugriffmitJSTL.jsp`

Programmaufrufe: Im Webbrowser durch Eingabe des Namens der JSP-Seite
`http://localhost:8080/java6uebungsbuch3/jsp/paket5/WebbesucherDBZugriffmitJSTL.jsp`

Aufgabe 3.11

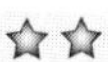

Wiederholungsaufgabe

Wie teilweise mit der vorigen Aufgabe schon gezeigt wurde, kann durch die Verwendung von Tags aus der `sql`-Taglib für den Zugriff auf Datenbanken auf JavaBeans verzichtet werden.

Erzeugen Sie in der JSP-Seite `BuchkatalogDBZugriffmitJSTL.jsp` mit Hilfe von `sql`-Tags eine neue Datenbank mit dem Namen `buchkatalog`, in der zwei Tabellen mit den Namen `autoren` und `titel` angelegt werden. Darin sollen dieselben

Autoren und Buchtitel abgespeichert werden, die in der Klasse BuchMap (Aufgabe 1.30 und Aufgabe 2.46) in Map-Instanzen hinterlegt wurden, so dass bei einem Zugriff über beide Tabellen die einem Autor zugehörigen Bücher ermittelt und im Browser angezeigt werden können.

Bauen Sie dazu zunächst eine Verbindung zur Datenbank webbesucher auf, um die Datenbank buchkatalog zu erstellen, und gleich im Anschluss eine Verbindung zur neuen Datenbank, um die Tabellen anzulegen. Die Tabelle autoren soll die Spalte »autoren_ID« als primären Schlüssel definieren und eine Spalte »name«. In der Tabelle titel soll eine Spalte »titel_ID« angelegt werden und die weiteren Spalten »bezeichnung«, »preis« und »autoren_ID«.

Die SQL-Befehle `create table if not exists autoren(autoren_ID int auto_increment unique, name varchar(50), primary key (autoren_ID))` und `create table if not exists titel(titel_ID int auto_increment unique, bezeichnung varchar(50), preis double, autoren_ID int, primary key (titel_ID))` können zum Anlegen der Tabellen aufgerufen werden.

Mit einem SQL-Befehl mit der Syntax:

```
<sql:update dataSource="${db}">
  insert into autoren(autoren_ID,name)
    values(1,'Elisabeth Jung'),(2,'Robert C. Martin'),
     (3,'Ralph G. Schulz'),
       (4,'Sebastian Kübeck'),
         (5,'Terence Gronowski')
</sql:update>
```

können entsprechend der Tabellendefinition die Datensätze in die Tabelle autoren eingefügt werden. Konstruieren Sie einen ähnlichen Befehl für das Einfügen von Sätzen in die Tabelle titel.

Ermitteln Sie die Sätze aus den beiden Tabellen und zeigen Sie diese in gleicher Art und Weise wie in der vorigen Aufgabe im Browser an.

Mit der Datenbankabfrage `select name, bezeichnung, preis from autoren, titel where autoren.autoren_ID=titel.autoren_ID and titel.autoren_ID=1` kann eine Verknüpfung von Einträgen aus beiden Tabellen beim Abruf von Sätzen erfolgen, so dass jedem Autor aus der ersten Tabelle seine Bücher aus der zweiten Tabelle zugeordnet werden. Zeigen Sie die bei dieser tabellenübergreifenden Datenbankabfrage erzielten Ergebnisse ebenfalls im Tabellenformat im Browser an.

JSP-Seiten: BuchkatalogDBZugriffmitJSTL.jsp

Programmaufrufe: Im Webbrowser durch Eingabe des Namens der JSP-Seite
http://localhost:8080/java6uebungsbuch3/jsp/paket5/
BuchkatalogDBZugriffmitJSTL.jsp

Aufgabe 3.12

Ein Buchverkaufs-Shop mit Servlets, JSP und JDBC

Im Abschluss zu den Ausführungen zu JDBC soll Aufgabe 2.47 für eine Buchbestellung im Internet mit den in diesem Kapitel gewonnenen Erkenntnissen erweitert werden. Dabei soll beim Aufbau des Buchkatalogs anstelle der Benutzung von `Map`-Instanzen auf die Datenbank `buchkatalog` zugegriffen werden.

Ändern Sie (zum Wiederholen von Zugriffsmöglichkeiten auf Datenbanken mit der `sql`-Taglib von JSTL) die JSP-Seite `BuchKatalog.jsp` aus Aufgabe 2.47 in `BuchKatalogmitDB.jsp` ab, indem Sie wie in der vorigen Aufgabe in der neuen Seite mit Hilfe von `sql`-Tags eine Verbindung zur Datenbank `buchkatalog` aufbauen und die erforderliche Abfrage zum Ermitteln der Werte für das Setzen von Formularfeldern durchführen: `select name, bezeichnung, preis from autoren, titel where autoren.autoren_ID=titel.autoren_ID`.

Benutzen Sie das `<c:forEach>`-Tag, um über die Sätze der Ergebnismenge zu iterieren und EL-Ausdrücke für die Wertezuweisung von Eingabefeldern.

Die Durchführung von Bestellungen soll nach wie vor über das Servlet `BuchBestellung` und die JSP-Seite `BuchBestellung.jsp` abgewickelt werden.

Hinweise für die Programmierung:

Richten Sie sich beim Aufbau des Formulars zur Anzeige des Buchkatalogs (im Zuweisen von Werten für Eingabefelder) nach dem Lösungsvorschlag zu dieser Aufgabe.

Java-Dateien: `BuecherKorb.java`, `BuchBestellung.java`

JSP-Seiten: `BuchBestellung.jsp`, `BuchKatalogmitDB.jsp`

Programmaufrufe: Im Webbrowser durch Eingabe des Namens der JSP-Seite
`http://localhost:8080/java6uebungsbuch3/jsp/paket5/BuchKatalogmitDB.jsp`

Aufgabe 3.13

Wiederholungsaufgabe

Die Lösung aus der vorigen Aufgabe ist eine einfache Lösung, aber mit Sicherheit nicht die ideale Lösung, weil Datenbankzugriffe im Sinne der vorgegebenen MVC-2-Architektur für Webapplikationen auch aus JSP-Seiten ausgelagert werden sollten. Ändern Sie dahingehend die Seite `BuchkatalogmitDB.jsp` in eine neue Seite `BuchKatalogmitDBundJavaBeans.jsp` ab, die zum Zugriff auf die Datenbank `buchkatalog` JavaBeans vom Typ der Klassen `JavaBeanfuerDBVerbindung` und `JavaBeanfuerDBAbfrage` aus Aufgabe 3.8 auf Seite 474 und Aufgabe 3.9 auf

Seite 475 einsetzt. Setzen Sie diese nach dem Beispiel der JSP-Seite JSPmitJavaBeansfuerDBZugriffundJSTL.jsp aus Aufgabe 3.9 auf Seite 475 mit der useBean-Aktion als Attribute im Page-Mode für die neue JSP-Seite und setzen Sie ebenfalls wie in dieser Aufgabe mit setProperty alle Eigenschaften für die JavaBean vom Typ JavaBeanfuerDBVerbindung.

Dem Schema aus der JSP-Seite BuchkatalogmitDB.jsp folgend, soll eine um die Spalte titel_ID erweiterte Abfrage an die Datenbank buchkatalog gerichtet werden. Die damit erzielten Ergebnisse sollen als Werte für die Eingabefelder desselben Formulars aus dieser Aufgabe, das um ein Textfeld mit dem Namen »BuchID« erweitert wird, zugewiesen werden.

Um gezielt auf die einzelnen Einträge der ResultSet-Instanz zuzugreifen, soll die JavaBean-Klasse JavaBeanfuerDBAbfrage um eine Methode getArray() erweitert werden, die eine neue Eigenschaft array vom Typ String[][] definiert. Speichern Sie in der zugehörigen Zugriffsmethode getArray() die Ergebnisse der Suchfrage als einzelne Elemente in dem zweidimensionalen Array ab.

Mit dieser Aufgabe soll auch die gesamte Funktionalität aus dem Servlet vom Typ der Klasse BuchBestellung in JSP-Seiten ausgelagert werden.

Dafür wird in der Datenbank buchkatalog eine neue Tabelle bestellungen mit den Spalten session_ID und buch_ID angelegt. Schreiben Sie dazu eine kleine JSP-Seite BuchkatalogTabelleBestellungen.jsp, in der mit dem JSTL-Tag <sql:update> die Tabelle kreiert wird, falls sie noch nicht existiert, und mit <sql:query> immer wieder nach den Einträgen in der Tabelle nachgesehen werden kann.

Die neue JavaBean BuecherKorbmitDBZugriff definiert die Setter- und Getter-Methoden setSession() und getResult(), mit deren Hilfe anhand einer vorgegebenen Session-ID die Bestellungen eines bestimmten Benutzers aus der Datenbank ausgelesen werden können. Dafür wird nach einem Verbindungsaufbau zur Datenbank die Session-ID des Benutzers ermittelt, die in der Eigenschaft session der JavaBean gespeichert ist. In der Tabelle bestellungen soll danach gesucht werden. Durchlaufen Sie das Ergebnis der Abfrage, um die Buch-ID zu ermitteln und mit dieser eine neue Abfrage zum Auffinden von Autor, Titel und Preis aus den Tabellen autoren und titel zu starten.

Durchlaufen Sie das Ergebnis der zweiten Abfrage, um auf die zurückgelieferten Werte für Autor, Titel und Preis mit der Methode getString() der ResultSet-Instanz zuzugreifen, und berechnen Sie dabei den Gesamtpreis für alle im Bücherkorb enthaltenen Bücher.

Fügen Sie die für die Anzeige der Bücher im Listenformat nötigen HTML-Anweisungen als String zusammen und weisen Sie diesen der result-Eigenschaft dieser JavaBean zu.

In der JSP-Seite BuchBestellungmitDBundJavaBeans.jsp wird in einem Scriptlet der im Buchkatalogformular übergebene Wert für die BuchID über den Aufruf der Methode getParam() am impliziten request-Objekt ermittelt. Die Session-ID des angemeldeten Benutzers erhalten Sie mit der Methode getId(), die am impliziten session-Objekt aufgerufen werden kann (in JSP-Seiten wird automatisch eine Session-ID vergeben). Nachdem eine Verbindung zur Datenbank buchkatalog aufgebaut wurde, wozu Sie auf die JavaBean vom Typ der Klasse JavaBeanfuerDBVerbindung zurückgreifen können, sollen beide Werte in der Tabelle bestellungen der Datenbank gespeichert werden. Weil der SQL-Befehl: insert into bestellungen values('"+sessionID+"','"+buchID+"') wegen der Schreibweise nicht im value-Attribut der JSP-Aktion setProperty direkt angegeben werden kann, rufen wir die Methoden der JavaBean JavaBeanmitDBUpdate direkt auf.

Erzeugen Sie eine Instanz der Klasse RequestDispatcher für das Weiterleiten der Anfrage an die JSP-Seite BesucherListenmitDBundJavaBeans.jsp, mit der ein virtueller Bücherkorb für einen bestimmten Benutzer mit allen Einträgen aus der Tabelle bestellungen, die seiner Session-ID entsprechen, erstellt wird und dessen Inhalt (mit Angabe von Titel, Autor und Preis für jedes einzelne Buch) sowie der Gesamtpreis aller darin abgelegten Bücher angezeigt wird.

Dazu setzt die JSP-Seite BesucherListenmitDBundJavaBeans.jsp mit der JSP-Aktion useBean eine JavaBean vom Typ der Klasse BuecherKorbmitDBZugriff.

In einem JSP-Scriptlet wird die aktuelle Session-ID als Wert für die Eigenschaft session der JavaBean gesetzt und der Wert der Eigenschaft result gelesen. Diese generiert eine HTML-Seite, die alle Einträge aus dem Bücherkorb eines Benutzers samt Gesamtpreis anzeigt.

Diese Seite soll auch einen Hyperlink für die Rückkehr zum Buchkatalog bereitstellen, um weitere Bestellungen zu ermöglichen.

Hinweise für die Programmierung:

Die neue Methode getArray() der Klasse JavaBeanfuerDBAbfrage ist genereller als die in Aufgabe 3.9 auf Seite 475 hinzugefügte Methode getString() und kann selbstverständlich diese ersetzen. Dann muss aber die Ergebnisanzeige im Browser für Aufgabe 3.9 auf Seite 475 komplett in die JSP-Seite verlagert werden.

Der virtuelle Bücherkorb kann auch als Map- oder Hashtable-Instanz im Speicher abgelegt werden und dieser wiederum als Attribut im Session-Scope gesetzt werden. Über einen lesenden Zugriff auf das Attribut kann ein so erstellter Bücherkorb von weiteren JSP-Seiten zu einem späteren Zeitpunkt zum Durchführen von Aufträgen (z.B. für Zahlungsanforderungen an Kunden) eingesetzt werden.

Mit diesen JavaBean-Klassen wurde wiederum bewiesen, dass auch Eigenschaften von einem Typ verschieden von String oder einem primitiven Datentyp mit der setProperty-Aktion gesetzt werden können, indem die dazugehörigen Setter-Methoden mit dem Attributwert »property = *« der JSP-Aktion angesteuert werden. Diese Zuweisung dient also nicht nur dazu, die Werte von Formularfeldern in JavaBean-Eigenschaften zu übertragen. Andererseits kann mit <jsp:setProperty

name="abfrage" property="statement" value ='${verbindung.statement} '/> auch ein einzelner Eigenschaftswert verschieden von String oder einem primitiven Datentyp, hier vom Typ der Klasse Statement, gesetzt werden, indem auf die EL zurückgegriffen wird. Wichtig ist, dass im value-Attribut der zugewiesene Wert als String angegeben wird (siehe auch Aufgabe 2.16).

Bereiten Sie auch in dieser Aufgabe (nach dem Beispiel der Aufgabe 2.46) alle URLs für ein URL-Rewriting vor, für den Fall, dass der Browser keine Cookies unterstützt.

Java-Dateien: BuecherKorbmitDBZugriff.java,
JavaBeanfuerDBVerbindung.java,
JavaBeanfuerDBUpdate.java
JavaBeanfuerDBAbfrage.java

JSP-Seiten:
BuchBestellungmitDBundJavaBeans.jsp,
BuchkatalogmitDBundJavaBeans.jsp,
BesucherListenmitDBundJavaBeans.jsp,
BuchkatalogTabelleBestellungen.jsp

Programmaufrufe: Im Webbrowser durch Eingabe des Namens der JSP-Seite
http://localhost:8080/java6uebungsbuch3/jsp/paket5/
BuchKatalogmitDBundJavaBeans.jsp
http://localhost:8080/java6uebungsbuch3/jsp/paket5/
BuchkatalogTabelleBestellungen.jsp

3.5 Anwendungslogik und Anwendungsobjekte

Noch genauer betrachtet, sollten JavaBeans in der MVC-Architektur die aus der Objektorientierung bekannten »business objects«, auf Deutsch Geschäftsobjekte innerhalb der »business logic«, die Geschäftslogik, die auch Anwendungslogik genannt wird, repräsentieren. Der Begriff »business logic«, der in der Java-Literatur oft in der Beschreibung der MVC-Architektur von Webapplikationen benutzt wird, ist ein abstrakter Begriff aus der Softwaretechnik, der eine »Abgrenzung der durch die Aufgabenstellung selbst motivierten Logik eines Softwaresystems von der technischen Implementierung zum Ziel hat«.

Laut Definition werden Geschäftsobjekte benutzt, um Objekte der »geschäftlichen Welt innerhalb von Informationssystemen zu repräsentieren, und diese enthalten nicht nur Daten, sondern auch deren Verarbeitungslogik«.

In diesem Sinne, um die Daten eines Modells von der Anwendungslogik noch genauer zu trennen, soll der direkte Zugriff auf die Daten eines Datenbanksystems nicht von den Methoden solcher Objekte durchgeführt werden, sondern von eigenständigen Java-Klassen, die als Zugriffsmodule für das Datenbanksystem dienen und die aus Tabellen eingelesenen Spaltenwerte als Eigenschaften für die JavaBean-Objekte setzen.

Aufgabe 3.14

☆☆☆

DB-Zugriffsmodule

Die in Kapitel 4 zu erstellenden Webapplikationen werden eine Wiederholung aller vorausgegangenen Begriffe und Erläuterungen darstellen. Im Hinblick darauf sollen mit dieser Aufgabe drei JavaBean-Klassen `JavaBeanAutor`, `JavaBeanTitel` und `JavaBeanBuch` erstellt werden, die gleichartige Eigenschaften mit den Spaltennamen der Datenbanktabellen `autoren` und `titel` definieren und über drei weitere Java-Klassen `AutorDBZugriff`, `TitelDBZugriff` und `BuchDBZugriff`, die Zugriffe auf die Datenbanktabellen ermöglichen, versorgt werden. In der JavaBean vom Typ der Klasse `JavaBeanBuch` sollen für den mit Aufgabe 3.11 auf Seite 477 durchgeführten tabellenübergreifenden Zugriff die Eigenschaften `titelID`, `bezeichnung`, `autor`, `preis` und `autorenID` definiert werden.

Die Datenbankzugriffsmodule definieren die Klassenmethoden `selectAutoren()`, `selectTitel()` und `selectBuecher()`, in denen eine Verbindung zur Datenbank `buchkatalog` aufgebaut wird und die entsprechenden SQL-Befehle `"select * from autoren"` und `"select * from titel"` und `"select name, bezeichnung, preis, titel_ID"` über den Aufruf der Methode `executeQuery()` durchgeführt werden.

In jeder dieser Java-Klassen soll je eine Liste von Anwendungsobjekten vom generischen Typ der JavaBean-Klassen: `ArrayList<JavaBeanAutor>`, `ArrayList <JavaBeanTitel>` und `ArrayList<JavaBeanBuch>` erzeugt werden, in deren Elemente die Abfragcergebnisse über den Aufruf der Methoden der JavaBean-Klassen hinterlegt werden.

Definieren Sie eine Servlet-Klasse `ServletmitDBZugriffundJavaBeans`, die die Klassenmethoden der Datenbankzugriffsmodule nacheinander aufruft, um Listen von Anwendungsobjekten (JavaBean-Objekte) zu erzeugen, deren Instanzfelder (Eigenschaften der JavaBeans) die in den DB-Tabellen gespeicherten Werte zugewiesen bekommen.

Im Servlet soll eine HTML-Seite generiert werden, die an den Browser gesendet wird. Darin sollen nach dem Beispiel der JSP-Seite `BuchkatalogDBZugriffmitJSTL.jsp` aus Aufgabe 3.11 auf Seite 477 alle so gesetzten JavaBean-Eigenschaften angezeigt werden.

Hinweise für die Programmierung:

Im Lösungsvorschlag zu dieser Aufgabe wird auch die vollständige `web.xml`-Datei der Webapplikation `java6uebungsbuch3` angegeben.

Java-Dateien: `JavaBeanAutor.java`, `JavaBeanBuch.java`, `JavaBeanTitel.java`, `AutorDBZugriff.java`, `BuchDBZugriff.java`, `TitelDBZugriff.java`, `ServletmitDBZugriffundJavaBeans.java`

Programmaufrufe: Im Webbrowser durch Eingabe des gemappten Servletnamens `http://localhost:8080/java6uebungsbuch3/ServletmitDBZugriffundJavaBeans`

3.6 Lösungen

Lösung 3.1

Die JSP-Seite WebbesucherDBErstellen.jsp

```
<!DOCTYPE HTML PUBLIC "-//W3C//DTD HTML 4.01 Transitional//EN">

<jsp:directive.page contentType="text/html"/>
<%@ page import="java.sql.*" %>

<html>
<head><title> JSP mit Datenbankzugriff </title></head>
<body>
<%-- JSP-Scriptlet lädt den Treiber, baut eine Verbindung zur
Datenbank test auf und erzeugt eine neue DB mit dem Namen
webbesucher --%>
<%
  try {
    Class.forName("com.mysql.jdbc.Driver");
    Connection connection = DriverManager.getConnection(
      "jdbc:mysql://localhost/test", "root","manager");
    Statement statement = connection.createStatement();
    String sql = "create database webbesucher";
    statment.executeUpdate(sql);
    out.println("Es wurde eine leere Datenbank "
        + "webbesucher erzeugt");
  }
  catch(ClassNotFoundException e1) {
    out.println("Der DB-Treiber wurde nicht gefunden");
    out.println(e1);
  }
  catch(SQLException e2) {
    out.println("Die Datenbank konnte nicht erzeugt werden");
    out.println(e2);
  }
%>
</body></html>
```

Die JSP-Seite WebapplikationenDBErstellen.jsp

```
<!DOCTYPE HTML PUBLIC "-//W3C//DTD HTML 4.01 Transitional//EN">

<jsp:directive.page contentType="text/html"/>
<%@ page import="java.sql.*" %>

<html>
<head><title> JSP mit Datenbankzugriff </title></head>
<body>
<%-- JSP-Scriptlet lädt den Treiber, baut eine Verbindung zum DB-Treiber
auf und erzeugt eine neue DB mit dem Namen webapplikationen --%>
<%
  try {
    Class.forName("com.mysql.jdbc.Driver");
    Connection connection = DriverManager.getConnection(
      "jdbc:mysql://localhost/test", "root","manager");
    Statement statement = connection.createStatement();
    String sql = "create database webapplikationen";
    statment.executeUpdate(sql);
    out.println("Es wurde eine leere Datenbank "
        + "webbesucher erzeugt");
  }
  catch(ClassNotFoundException e1) {
    out.println("Der DB-Treiber wurde nicht gefunden");
    out.println(e1);
  }
  catch(SQLException e2) {
    out.println("Die Datenbank konnte nicht erzeugt werden");
    out.println(e2);
  }
%>
</body></html>
```

Programmausgaben

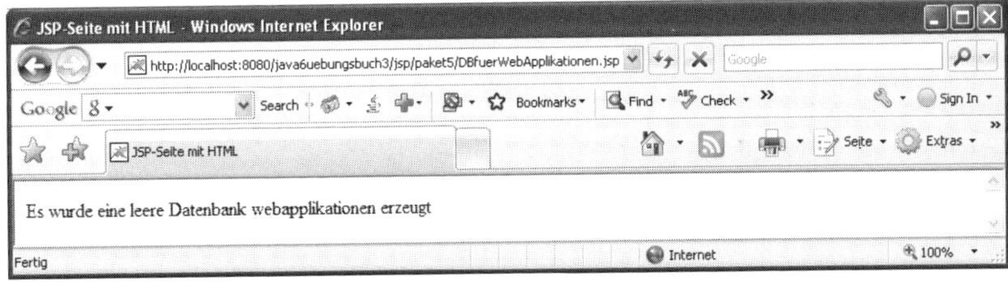

Lösung 3.2

Die JSP-Seite SatzTabelleErstellen.jsp

```
<!DOCTYPE HTML PUBLIC "-//W3C//DTD HTML 4.01 Transitional//EN">

<jsp:directive.page contentType="text/html"/>
<%@ page import="java.sql.*" %>

<html>
<head><title> JSP-Seite mit HTML </title></head>
<body>
<%-- JSP-Scriptlet lädt den JDBC-Treiber, baut eine Verbindung zur
Datenbank webbesucher auf und erstellt eine Tabelle satz für diese
DB --%>
<%
  try {
    Class.forName("com.mysql.jdbc.Driver").newInstance();
    Connection connection=DriverManager.getConnection(
      "jdbc:mysql://localhost/webbesucher", "root","manager");
    String sql = "create table satz(name varchar(20), "
      + "beruf varchar(10))";
    statement.executeUpdate(sql);
      out.println("Die Tabelle satz wurde aufgebaut");
  }
  catch(ClassNotFoundException e1) {
    out.println("Der DB-Treiber wurde nicht gefunden");
    out.println(e1);
  }
  catch(SQLException e2) {
    out.println("Fehlerhafter SQL-Befehl");
    out.println(e2);
  }
%>
</body></html>
```

Die JSP-Seite BenutzerloginTabelleErstellen.jsp

```
<!DOCTYPE HTML PUBLIC "-//W3C//DTD HTML 4.01 Transitional//EN">

<jsp:directive.page contentType="text/html"/>
<%@ page import="java.sql.*" %>

<html>
<head><title> JSP-Seite mit HTML</title></head>
<body>
<%-- JSP-Scriptlet lädt den JDBC-Treiber, baut eine Verbindung zur
Datenbank webbesucher auf und erstellt eine Tabelle benutzerlogin für
die DB mit dem Namen webbesucher --%>
```

```
<%
  try {
    Class.forName("com.mysql.jdbc.Driver");
    Connection connection = DriverManager.getConnection(
      "jdbc:mysql://localhost/webbesucher", "root","manager");
    Statement statement = connection.createStatement();
    String sql = "create table benutzerlogin(name varchar(20), "
     + "passwort varchar(20))";
    statement.executeUpdate(sql);
    out.println("Es wurde die Tabelle benutzerlogin "
      + "erstellt");
  }
  catch(ClassNotFoundException e1) {
       out.println("Der DB-Treiber wurde nicht gefunden");
       out.println(e1);
  }
  catch(SQLException e2) {
    out.println("Fehlerhafter SQL-Befehl");
    out.println(e2);
  }
%>
</body></html>
```

Die JSP-Seite UniformulardatenTabelleErstellen.jsp

```
<!DOCTYPE HTML PUBLIC "-//W3C//DTD HTML 4.01 Transitional//EN">

<jsp:directive.page contentType="text/html"/>
<%@ page import="java.sql.*" %>

<html>
<head><title> JSP-Seite mit HTML</title></head>
<body>

<%-- JSP-Scriptlet lädt den JDBC-Treiber, baut eine Verbindung zur
Datenbank webbesucher auf und erstellt eine Tabelle
uniformulardaten für die DB mit dem Namen webbesucher --%>
<%
  try {
    Class.forName("com.mysql.jdbc.Driver");
    Connection connection = DriverManager.getConnection(
      "jdbc:mysql://localhost/webbesucher", "root","manager");
    Statement statement = connection.createStatement();
    String sql = "create table satz(name varchar(20), "
        + "beruf varchar(10))";
    statement.executeUpdate(sql);
    sql = "create table uniformulardaten(
      name varchar(20), vorname varchar(20), "
        + "adresse varchar(30), geburtsdatum varchar(20), "
```

```
        + "abiturnote varchar(20), abitur varchar(20))";
    statement.executeUpdate(sql);
    out.println("Es wurde die Tabelle uniformulardaten "
      + "erstellt");
  }
  catch(ClassNotFoundException e1) {
      out.println("Der DB-Treiber wurde nicht gefunden");
      out.println(e1);
  }
  catch(SQLException e2) {
    out.println("Fehlerhafter SQL-Befehl");
    out.println(e2);
  }
%>
</body></html>
```

Die JSP-Seite SatzTabelleinBenutzerdatenUmbenennen.jsp

```
<!DOCTYPE HTML PUBLIC "-//W3C//DTD HTML 4.01 Transitional//EN">

<jsp:directive.page contentType="text/html"/>
<%@ page import="java.sql.*" %>

<html>
<head><title> JSP-Seite mit HTML</title></head>
<body>
<%-- JSP-Scriptlet lädt den JDBC-Treiber, baut eine Verbindung zur
Datenbank webbesucher auf und nennt die Tabelle satz aus der DB
webbesucher in benutzerdaten um --%>
<%
  try {
    Class.forName("com.mysql.jdbc.Driver").newInstance();
    Connection connection=DriverManager.getConnection(
      "jdbc:mysql://localhost/webbesucher", "root","manager");
    Statement statement= connection.createStatement();
    String sql="rename table satz to benutzerdaten";
    statement.executeUpdate(sql);
    out.println("Die Tabelle satz wurde in benutzerdaten "
      + "umbenannt ");
  }
  catch(ClassNotFoundException e1) {
    out.println("Der DB-Treiber wurde nicht gefunden");
    out.println(e1);
  }
  catch(SQLException e2) {
    out.println("Fehlerhafter SQL-Befehl");
    out.println(e2);
  }
%>
</body></html>
```

Programmausgaben

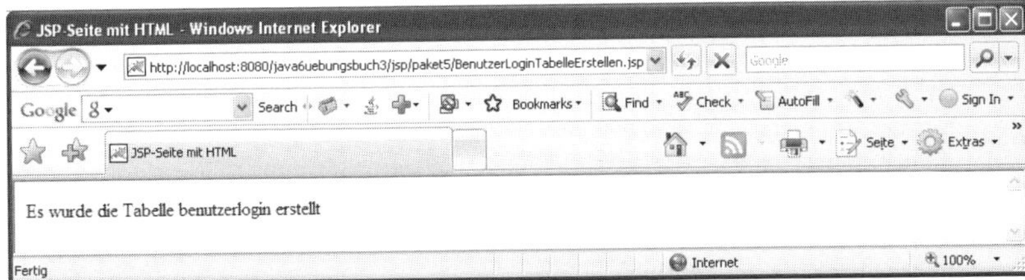

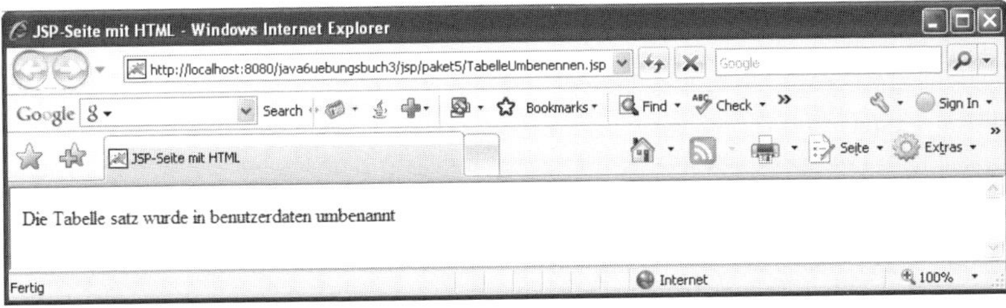

Lösung 3.3

Die JSP-Seite WebbesucherDBSaetzeEinfuegen.jsp

```
<!DOCTYPE HTML PUBLIC "-//W3C//DTD HTML 4.01 Transitional//EN">

<jsp:directive.page contentType="text/html"/>
<%@ page import="java.sql.*" %>

<html>
<head><title> JSP-Seite mit HTML</title></head>
<body>

<%-- JSP-Scriptlet lädt den JDBC-Treiber, baut eine Verbindung zur
Datenbank webbesucher auf, fügt neue Sätze in die Tabelle
benutzerdaten der DB webbesucher ein, ruft alle in der Tabelle
enthaltenen Sätze ab und zeigt diese im Browser an --%>
<%
  try {
    Class.forName("com.mysql.jdbc.Driver");
    Connection connection = DriverManager.getConnection(
      "jdbc:mysql://localhost/webbesucher", "root","manager");
    Statement statement= connection.createStatement();
    String sql = "insert into benutzerdaten values("
      + "'Helmut Kopp', 'Schüler')";
    statement.executeUpdate(sql);
    sql = "insert into benutzerdaten values('Johann Waltrich', "
```

```
        + "'Lehrer')";
      statement.executeUpdate(sql);
      sql = "insert into benutzerdaten values('Anna Singer', "
        + "'Student')";
      statement.executeUpdate(sql);
      String abfrage = "select * from benutzerdaten";
      ResultSet ergebnis = statement.executeQuery(abfrage);
      out.println("<br><table border='2'><tr>");
      out.println("<th>Benutzername</th>");
      out.println("<th>Beruf</th></tr>");
// sollen alle damit ausgewählten Sätze angezeigt werden
      while(ergebnis.next()) {
        out.println("<tr><td>");
        out.println(ergebnis.getString(1));
        out.println("</td><td>");
        out.println(ergebnis.getString(2));
        out.println("</td></tr>");
      }
            out.println("</table>");
    }
    catch(ClassNotFoundException e1) {
      out.println("Der DB-Treiber wurde nicht gefunden");
      out.println(e1);
    }
    catch(SQLException e2) {
      out.println("Fehlerhafter SQL-Befehl");
      out.println(e2);
    }
%>
</body></html>
```

Programmausgaben

Lösung 3.4

Die JSP-Seite SQLShowBefehle.jsp

```
<!DOCTYPE HTML PUBLIC "-//W3C//DTD HTML 4.01 Transitional//EN">

<jsp:directive.page contentType="text/html"/>
<%@ page import="java.sql.*" %>

<html>
<head><title> JSP mit Datenbankzugriff </title></head>
<body bgcolor="#AABBCC">
<font size = 4 color="#CC0000">

<%-- JSP-Scriptlet lädt den JDBC-Treiber, baut eine Verbindung zur
Datenbank webbesucher auf und zeigt alle erstellten Datenbanken,
die Tabellen der DB mit dem Namen webbesucher und die Spalten
dieser Tabellen im Browser an --%>
<%
  try {
    Class.forName("com.mysql.jdbc.Driver");
    Connection connection = DriverManager.getConnection(
      "jdbc:mysql://localhost/webbesucher", "root","manager");
    Statement statement = connection.createStatement();
    String sql = "show databases";
    ResultSet ergebnis = statement.executeQuery(sql);
    out.println("<h3> Die Datenbanknamen sind: </h3>");
    while(ergebnis.next()) {
      out.println(ergebnis.getString(1));
      out.println("<br />");
    }
    sql = "show tables from webbesucher";
    ergebnis = statement.executeQuery(sql);
    out.println("<h3> Die Tabellen der Datenbank -webbesucher- "
      + "sind: </h3>");
    while(ergebnis.next()) {
      out.println(ergebnis.getString(1));
      out.println("<br />");
    }
    out.println("<h3> Die Spalten der Tabelle -benutzerdaten- "
      + "sind: </h3>");
    sql = "show columns from benutzerdaten";
    ergebnis = statement.executeQuery(sql);
    while(ergebnis.next()) {
      out.println(ergebnis.getString(1));
      out.println("<br />");
    }
  }
  catch(ClassNotFoundException e1) {
```

```
        out.println("Der DB-Treiber wurde nicht gefunden");
        out.println(e1);
    }
    catch(SQLException e2) {
        out.println("Die Datenbank konnte nicht erzeugt werden");
        out.println(e2);
    }
%>
</font></body></html>
```

Programmausgaben

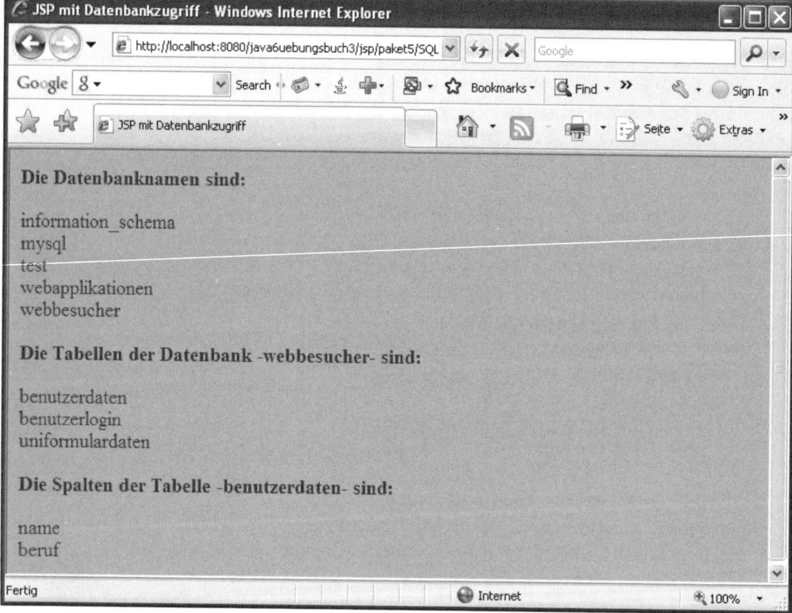

Lösung 3.5

Die Klasse ServletmitDBZugriff

```
package paket5;

import java.io.*;
import javax.servlet.*;
import javax.servlet.http.*;
import java.sql.*;
public class ServletmitDBZugriff extends HttpServlet {
    private Connection connection;
```

```
// Die init()-Methode überschreiben
  public void init() throws ServletException {
    try {
// Eine einzige Datenbankverbindung, die sich alle Webbesucher teilen,
// die das Servlet aufrufen; der Verbindungsaufbau kann
// sowohl direkt wie auch mit Hilfe von
// Initialisierungsparametern, die in der Datei web.xml für das
// Servlet definiert wurden, aufgebaut werden
      /* Class.forName("com.mysql.jdbc.Driver");
        connection = DriverManager.
          getConnection("jdbc:mysql://localhost/webbesucher",
            "root","manager"); */
// Die Werte von Initialisierungsparametern für das Servlet
// einlesen
        ServletConfig config = getServletConfig();
        String dbTreiber = config.getInitParameter("DBTreiber");
        String dbUrl = config.getInitParameter("DBUrl");
        String dbUser = config.getInitParameter("DBUser");
        String dbPasswort =
          config.getInitParameter("DBPasswort");
        Class.forName(dbTreiber);
        connection = DriverManager.
          getConnection(dbUrl, dbUser, dbPasswort);
      }
      catch(ClassNotFoundException e1) {
        System.out.println("Der DB-Treiber wurde nicht "
          + "gefunden");
        System.out.println(e1);
      }
      catch(SQLException e2) {
        System.out.println("Die Verbindung zur Datenbank konnte "
          + "nicht aufgebaut werden");
        System.out.println(e2);
      }
  }
// Die doGet()-Methode überschreiben
  public void doGet(HttpServletRequest request,
                    HttpServletResponse response)
                       throws IOException, ServletException {
// Einen PrintWriter-Stream für das Senden der Antwort an den
// Client ermitteln
      PrintWriter out = response.getWriter();
      String title = "Datenbankzugriff aus einem Servlet";
// Die Namen der Eingabefelder aus Formularen werden als Parameter
// in einer Client-Anfrage übergeben, ihre Werte können mit der
// Methode getParameter() einzeln eingelesen werden
      String name = request.getParameter("Name");
      String vorname = request.getParameter("Vorname");
      String adresse = request.getParameter("Adresse");
```

```
      String geburtsdatum = request.getParameter("Geburtsdatum");
      String abiturnote = request.getParameter("Abiturnote");
      String abitur = request.getParameter("Abitur");
      response.setContentType("text/html");
// Eine HTML-Seite, die an den Browser gesendet wird, generieren
      out.println("<html>");
      out.println("<head>");
      out.println("<title>" + title + "</title>");
      out.println("</head>");
      out.println("<body bgcolor=\"white\">");
      out.println("<h3>" + title + "</h3>");
// Zweiter Servlet-Aufruf nach dem Absenden des Formulars; der
// Rückgabewert der Methode getParameter() ist ein String, wenn
// der Parameter existiert, aber keinen Wert hat, wird ein leerer
// String zurückgeliefert, und wenn kein Parameter vorhanden ist,
// null
      if((name != null) && (vorname != null) && (adresse != null)
        && (geburtsdatum != null) && (abiturnote != null)
         && (abitur != null)) {
// Die im Formular eingegebenen Daten sollen in eine Datenbank
// geschrieben werden
         try {
            Statement statement= connection.createStatement();
            String sql="insert into uniformulardaten values("
              +"'"+name+"','"+vorname+"','"+adresse+"',"
             +"'"+geburtsdatum+"','"+abiturnote+"','"+abitur+"')";
            statement.executeUpdate(sql);
              out.println("Vielen Dank für Ihre Anmeldung");
         }
         catch(SQLException e) {
            out.println("Fehlerhafter SQL-Befehl");
            out.println(e);
         }
      }
// Erster Servlet-Aufruf; es wird ein Formular mit mehreren
// Textfeldern, einem RadioButton und einem Button für das
// Absenden erzeugt; nach dem Abschicken des Formulars soll
// dasselbe Servlet nochmals aufgerufen werden
      else {
         out.println("<h3> Bitte alle Felder korrekt ausfüllen "
           + "und das Formular erst danach abschicken: </h3>");
// Weil dasselbe Servlet noch mal aufgerufen wird, kann das
// action-Attribut im <form>-Tag wegbleiben
         out.println("<form method=\"get\">");
// Definition der Eingabefelder
         out.println("<br> Nachname:");
         out.println("<input name=\"Name\">");
         out.println("<br> Vorname:");
         out.println("<input name=\"Vorname\">");
```

```
        out.println("<br> Adresse:");
        out.println("<input name=\"Adresse\">");
        out.println("<br> Geburtsdatum:");
        out.println("<input name=\"Geburtsdatum\">");
        out.println("<br> Abiturnote:");
        out.println("<input name=\"Abiturnote\">");
        out.println("<br>Gymnasium");
        out.println("<input type = \"radio\" name = \"Abitur\"
        value=\"Gymnasium\">");
        out.println("Oberstufen-Gymnasium");
        out.println("<input type = \"radio\" name = \"Abitur\"
        value=\"Oberstufen-Gymnasium\">");
        out.println("Wirtschaftsgymnasium");
        out.println("<input type = \"radio\" name = \"Abitur\"
        value=\"Wirtschaftsgymnasium\">");
// Definition eines Buttons
        out.println("<center>");
        out.println("<input type=\"submit\" value=\"Formular senden\">");
        out.println("</center>");
        out.println("</form");
        out.println("</body></html>");
      }
   }
}
```

Programmausgaben

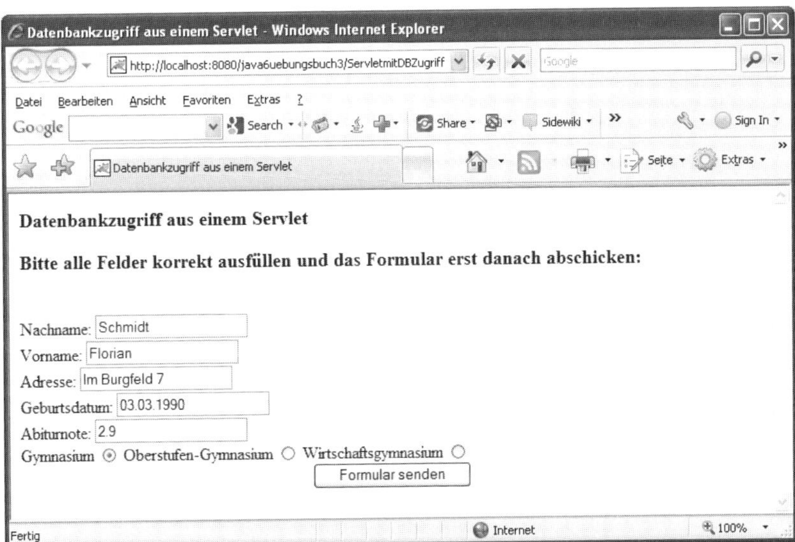

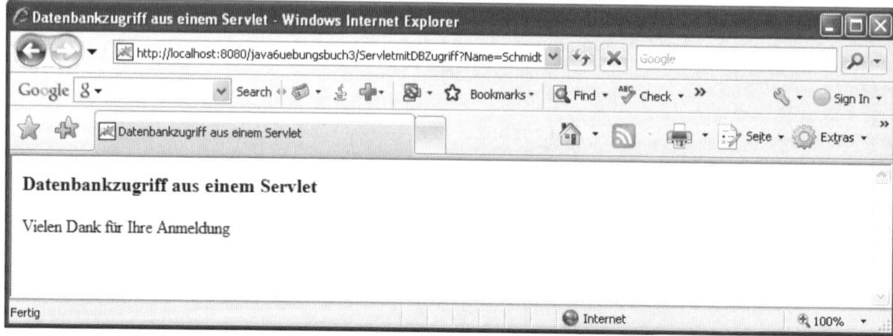

Lösung 3.6

Die Klasse ServletmitDBAdministration

```
package paket5;

import java.io.*;
import javax.servlet.*;
import javax.servlet.http.*;
import java.sql.*;
public class ServletmitDBAdministration extends HttpServlet {
   private Connection connection;
// Die init()-Methode überschreiben
   public void init() throws ServletException {
      try {
// Die Werte von Initialisierungsparametern für das Servlet
// einlesen und eine Datenbankverbindung aufbauen, die sich alle
// Webbesucher teilen, die das Servlet aufrufen
         ServletConfig config = getServletConfig();
         String dbTreiber = config.getInitParameter("DBTreiber");
         String dbUrl = config.getInitParameter("DBUrl");
         String dbUser = config.getInitParameter("DBUser");
         String dbPasswort =
           config.getInitParameter("DBPasswort");
         Class.forName(dbTreiber);
         connection = DriverManager.
            getConnection(dbUrl, dbUser, dbPasswort);
// Auch korrekt ist der nachfolgende Verbindungsaufbau
      /* Class.forName("com.mysql.jdbc.Driver");
         connection = DriverManager.
            getConnection("jdbc:mysql://localhost/webbesucher",
              "root","manager"); */
      }
      catch(ClassNotFoundException e1) {
         System.out.println("Der DB-Treiber wurde nicht "
          + "gefunden");
```

```
        System.out.println(e1);
    }
    catch(SQLException e2) {
        System.out.println("Die Verbindung konnte nicht "
          + "aufgebaut werden");
        System.out.println(e2);
    }
  }
// Die doGet()-Methode überschreiben
  public void doGet(HttpServletRequest request,
                    HttpServletResponse response)
                       throws IOException, ServletException {
// Einen PrintWriter-Stream für das Senden der Antwort an den
// Client ermitteln
    PrintWriter out = response.getWriter();
    String title = "Datenbankzugriff aus einem Servlet";
// Den in der Client-Anfrage als Parameter übergebenen SQL-Befehl
// ermitteln
    String sqlStatement = request.getParameter("sqlstatement");
// Eine HTML-Seite, die an den Browser gesendet wird, generieren
    out.println("<html>");
    out.println("<head>");
    out.println("<title>" + title + "</title>");
    out.println("</head>");
    out.println("<body bgcolor=\"white\">");
    out.println("<h3>" + title + "</h3>");
// Wurde kein SQL-Befehl im Servlet-Aufruf angegeben,
    if(sqlStatement == null) {
// eine Meldung im Browser anzeigen
      out.println("<h3>Es wurde kein SQL-Befehl im "
        + "Servlet-Aufruf angegeben </h3>");
    }
// Ansonsten
    else {
// SQL-Befehl anzeigen und
      out.println("<h3>" + sqlStatement + "</h3>");
// den Befehlsnamen ermitteln
      String[] array = sqlStatement.split(" ");
// Der SQL-Befehl wird ausgeführt
      try {
        Statement statement= connection.createStatement();
// Ist es eine Datenbank-Abfrage,
        if(array[0].equals("select")) {
          ResultSet ergebnis = statement.executeQuery(
            sqlStatement);
          out.println("<br><table border='2'><tr>");
          out.println("<th>Name</th>");
          out.println("<th>Vorname</th>");
          out.println("<th>Adresse</th>");
```

```
            out.println("<th>Geburtsdatum</th>");
            out.println("<th>Abiturnote</th>");
            out.println("<th>Schulabschluss</th></tr>");
// sollen alle damit ausgewählten Sätze angezeigt werden
            while(ergebnis.next()) {
              out.println("<tr><td>");
              out.println(ergebnis.getString(1));
              out.println("</td><td>");
              out.println(ergebnis.getString(2));
              out.println("</td><td>");
              out.println(ergebnis.getString(3));
              out.println("</td><td>");
              out.println(ergebnis.getString(4));
              out.println("</td><td>");
              out.println(ergebnis.getString(5));
              out.println("</td><td>");
              out.println(ergebnis.getString(6));
              out.println("</td></tr>");
            }
            out.println("</table>");
// Ist es ein insert bzw. delete, wird die Methode executeUpdate()
// aufgerufen, um einen neuen Satz in die DB einzufügen bzw. einen
// vorhandenen zu löschen; die entsprechende Aktion wird durch
// eine Meldung im Browser dem Client bekanntgegeben
          }
          else if(array[0].equals("insert")) {
            out.println("In die Datenbank wurde ein neuer Satz"
              +" eingefügt");
            statement.executeUpdate(sqlStatement);
          }
          else if(array[0].equals("delete")) {
            out.println("In der Datenbank wurde ein Satz "
              +" gelöscht");
            statement.executeUpdate(sqlStatement);
          }
          else
           out.println("Erweitern Sie das Programm für andere "
            + "SQL-Befehle");
        }
        catch(SQLException e) {
          out.println("Fehlerhafter SQL-Befehl");
          out.println(e);
        }
      }
    }
}
```

Programmausgaben

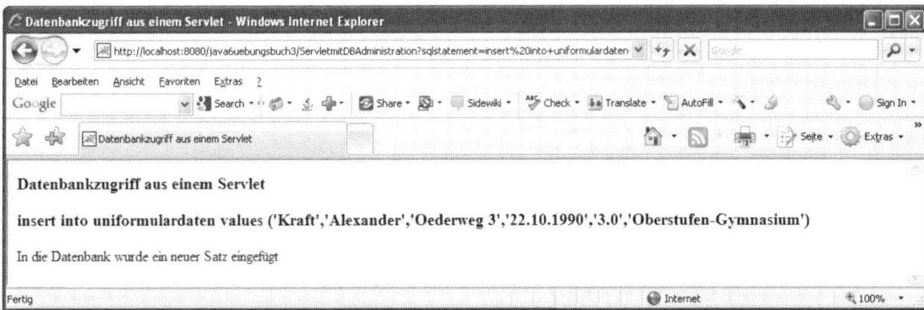

Datenbankzugriff aus einem Servlet

insert into uniformulardaten values ('Kraft','Alexander','Oederweg 3','22.10.1990','3.0','Oberstufen-Gymnasium')

In die Datenbank wurde ein neuer Satz eingefügt

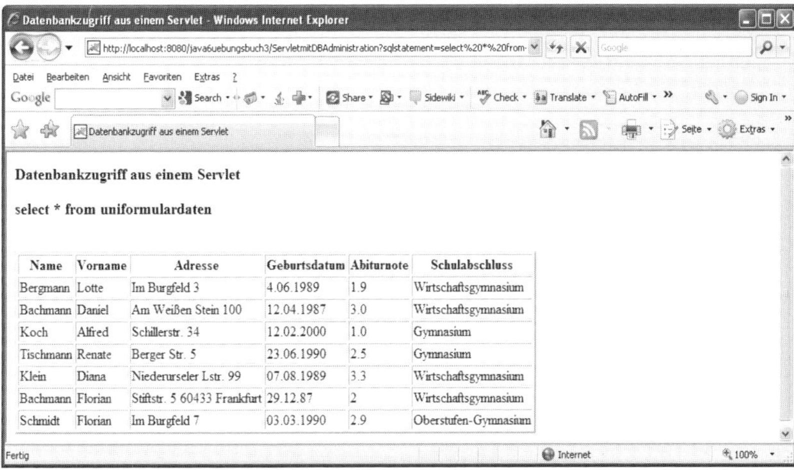

Datenbankzugriff aus einem Servlet

select * from uniformulardaten

Name	Vorname	Adresse	Geburtsdatum	Abiturnote	Schulabschluss
Bergmann	Lotte	Im Burgfeld 3	4.06.1989	1.9	Wirtschaftsgymnasium
Bachmann	Daniel	Am Weißen Stein 100	12.04.1987	3.0	Wirtschaftsgymnasium
Koch	Alfred	Schillerstr. 34	12.02.2000	1.0	Gymnasium
Tischmann	Renate	Berger Str. 5	23.06.1990	2.5	Gymnasium
Klein	Diana	Niederurseler Lstr. 99	07.08.1989	3.3	Wirtschaftsgymnasium
Bachmann	Florian	Stiftstr. 5 60433 Frankfurt	29.12.87	2	Wirtschaftsgymnasium
Schmidt	Florian	Im Burgfeld 7	03.03.1990	2.9	Oberstufen-Gymnasium

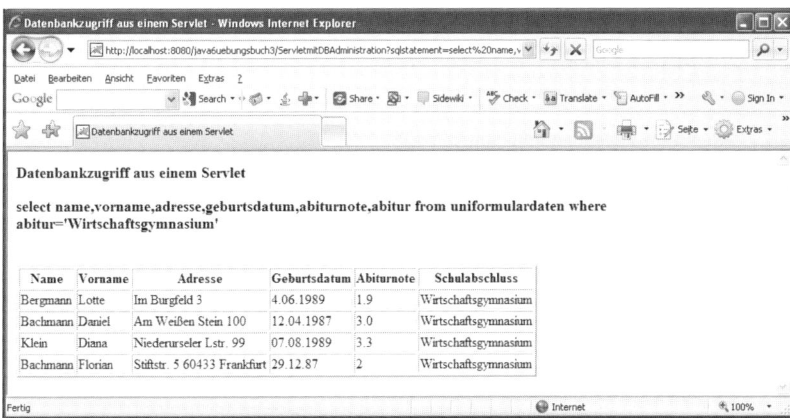

Datenbankzugriff aus einem Servlet

select name,vorname,adresse,geburtsdatum,abiturnote,abitur from uniformulardaten where abitur='Wirtschaftsgymnasium'

Name	Vorname	Adresse	Geburtsdatum	Abiturnote	Schulabschluss
Bergmann	Lotte	Im Burgfeld 3	4.06.1989	1.9	Wirtschaftsgymnasium
Bachmann	Daniel	Am Weißen Stein 100	12.04.1987	3.0	Wirtschaftsgymnasium
Klein	Diana	Niederurseler Lstr. 99	07.08.1989	3.3	Wirtschaftsgymnasium
Bachmann	Florian	Stiftstr. 5 60433 Frankfurt	29.12.87	2	Wirtschaftsgymnasium

Lösung 3.7

Die Klasse WebBesuchermitDBZugriff

```
package paket5;

import java.sql.*;
public class WebBesuchermitDBZugriff {
  private String beruf;
  private String name;
// Konstruktordefinition
  public WebBesuchermitDBZugriff() {
  }
// Setter- und Getter-Methoden definieren die Eigenschaften
// "name" und "beruf" für die JavaBean
  public void setBeruf(String s) {
    beruf = s;
  }
  public String getBeruf() {
    try {
// Eine Datenbankverbindung aufbauen und
      Class.forName("com.mysql.jdbc.Driver");
      Connection connection = DriverManager.getConnection(
       "jdbc:mysql://localhost/webbesucher", "root","manager");
      Statement statement = connection.createStatement();
// nach dem Beruf des Benutzers, dessen Name in der Eigenschaft
// name der JavaBean gespeichert ist, in der DB suchen
      String abfrage = "select beruf from benutzerdaten "
       +"where name = '"+name+"'";
      ResultSet ergebnis = statement.executeQuery(abfrage);
      while(ergebnis.next()) {
// Das Ergebnis der Suche in der Eigenschaft beruf speichern und
       //  setBeruf(ergebnis.getString(1));
// Ist besser
        beruf = ergebnis.getString(1);
      }
    }
    catch(ClassNotFoundException e1) {
      System.out.println("Der DB-Treiber wurde nicht "
        + "gefunden");
      System.out.println(e1);
    }
    catch(SQLException e2) {
      System.out.println("Fehlerhafter SQL-Befehl");
      System.out.println(e2);
    }
// zurückgeben
    return beruf;
  }
```

```
    public void setName(String s) {
       name = s;
    }
    public String getName() {
       return name;
    }
}
```

Die JSP-Seite JSPmitJavaBeanundDBZugriff.jsp

```
<!DOCTYPE HTML PUBLIC "-//W3C//DTD HTML 4.01 Transitional//EN">

<%-- JSP-Aktion setzt eine JavaBean --%>
<jsp:useBean id="besucher"
class="paket5.WebBesuchermitDBZugriff"/>
<html>
<body bgcolor="#AABBCC">
<font size = 4 color="#001111">

<%-- Die JSP-Aktionen setProperty/getProperty anstelle von
Getter- und Setter-Methoden aufrufen --%>
<jsp:setProperty name="besucher" property="name"
value="Andreas Mueller"/>
<center>
<h3>
Der Webbesucher
<jsp:getProperty name="besucher" property="name"/>
ist
<jsp:getProperty name="besucher" property="beruf"/>

<jsp:setProperty name="besucher" property="name"
value="Anna Singer"/>
<br></br>
Die Webbesucherin
<jsp:getProperty name="besucher" property="name"/>
 ist
<jsp:getProperty name="besucher" property="beruf"/> in
</h3></center>
</body>
</html>
```

Programmausgaben

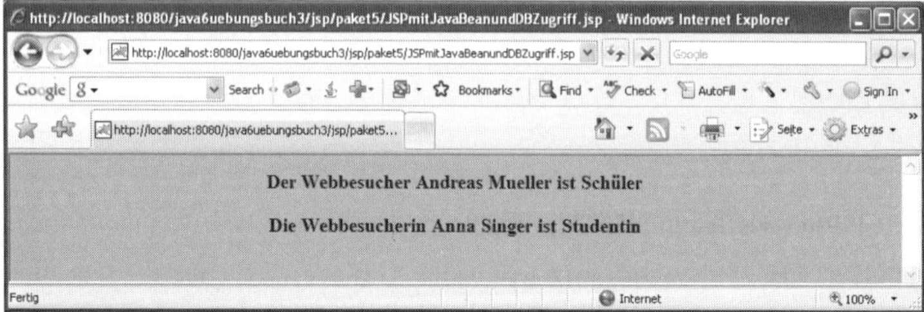

Lösung 3.8

Die Klasse JavaBeanfuerDBVerbindung

```
package paket5;

import java.sql.*;
public class JavaBeanfuerDBVerbindung {
   private boolean connection;
   private Statement statement;
// Konstruktordefinition
   public JavaBeanfuerDBVerbindung() {
   }
// Methode für die Eigenschaftsdefinition
   public boolean isConnection() {
      try {
         Class.forName("com.mysql.jdbc.Driver");
         Connection connect = DriverManager.getConnection(
          "jdbc:mysql://localhost/webbesucher", "root","manager");
         statement = connect.createStatement();
         connection = true;
      }
      catch(ClassNotFoundException e1) {
         System.out.println("Der DB-Treiber wurde nicht "
           + "gefunden");
         System.out.println(e1);
      }
      catch(SQLException e2) {
         System.out.println("Die Verbindung konnte nicht "
             + "aufgebaut werden");
         System.out.println(e2);
      }
      return connection;
   }
   public Statement getStatement() {
      return statement;
   }
}
```

Die Klasse JavaBeanfuerDBUpdate

```
package paket5;

import java.sql.*;
public class JavaBeanfuerDBUpdate {
   private Statement statement;
   private String sql;
   private int anzahl;
// Konstruktordefinition
   public JavaBeanfuerDBUpdate() {
   }
// Die Eigenschaften für die JavaBean definieren
   public void setStatement(Statement statement) {
      this.statement = statement;
   }
   public void setSql(String sql) {
      this.sql = sql;
   }
   public int getAnzahl() {
      try {
         anzahl = statement.executeUpdate(sql);
      }
      catch(SQLException e) {
         System.out.println("Fehlerhafter SQL-Befehl");
         System.out.println(e);
      }
      return anzahl;
   }
}
```

Die Klasse JavaBeanfuerDBAbfrage

```
package paket5;

import java.sql.*;
public class JavaBeanfuerDBAbfrage {
   private Statement statement;
   private String sql;
   private ResultSet ergebnis;
   private boolean query;
// Konstruktordefinition
   public JavaBeanfuerDBAbfrage() {
   }
// Die Eigenschaften für die JavaBean definieren
   public void setStatement(Statement statement) {
      this.statement = statement;
   }
   public void setSql(String sql) {
      this.sql = sql;
```

```
   }
   public boolean isQuery() {
      try {
         ergebnis = statement.executeQuery(sql);
         query = true;
      }
      catch(SQLException e) {
         System.out.println("Fehlerhafter SQL-Befehl");
         System.out.println(e);
         query = false;
      }
      return query;
   }
   public ResultSet getErgebnis() {
      return ergebnis;
   }
}
```

Die JSP-Seite JSPmitJavaBeansfuerDBZugriff.jsp

```
<!DOCTYPE HTML PUBLIC "-//W3C//DTD HTML 4.01 Transitional//EN">

<%-- JSP-Aktion zum Setzen von JavaBeans --%>
<jsp:useBean id="verbindung"
  class="paket5.JavaBeanfuerDBVerbindung"/>
<jsp:useBean id="abfrage" class="paket5.JavaBeanfuerDBAbfrage"/>
<jsp:useBean id="update" class="paket5.JavaBeanfuerDBUpdate"/>
<%@ page import="java.sql.*" %>

<html>
<body bgcolor="#AABBCC">
<font size = 4 color="#001111">
<%-- JSP-Scriptlet lädt den DB-Treiber und baut eine Verbindung
zur Datenbank webbesucher auf, fügt neue Sätze in die Tabelle
benutzerdaten der DB ein und ruft alle in der Tabelle enthaltenen
Sätze ab, um diese im Browser anzuzeigen --%>
<%
// War der Verbindungsaufbau zur Datenbank erfolgreich,
   if(verbindung.isConnection()) {
// wird der Wert der Eigenschaft statement der JavaBean mit der
// id = "verbindung" gelesen,
      Statement statement = verbindung.getStatement();
// ein insert- bzw. delete-Befehl als String aufgebaut,
      String sql = "insert into benutzerdaten values("
        + "'Maria Stern', 'Lehrer')";
// und diese als Werte für die Eigenschaften statement und sql
// der JavaBean mit der id = "update" gesetzt
      update.setStatement(statement);
      update.setSql(sql);
```

```
// Den Wert der Eigenschaft anzahl der JavaBean mit der
// id="update" lesen
    out.println("<h3> Es wurde " + update.getAnzahl()
     + " Datensatz eingefügt </h3>");
    sql = "delete from benutzerdaten "
      + "where name = 'Johann Waltrich'";
    update.setStatement(statement);
    update.setSql(sql);
    out.println("<h3> Es wurde " + update.getAnzahl()
     + " Datensatz gelöscht </h3>");
// Einen select-Befehl als String aufbauen und
    sql = "select * from benutzerdaten";
// die Eigenschaften statement und sql für die JavaBean mit der
// id = "abfrage" setzen
    abfrage.setStatement(statement);
    abfrage.setSql(sql);
// War die durchgeführte Abfrage auf der Datenbank erfolgreich?
    if(abfrage.isQuery()) {
      out.println("<h3> In der Tabelle benutzerdaten der "
        + "Datenbank webbesucher sind folgende Sätze "
          + "enthalten: </h3>");
      ResultSet ergebnis = abfrage.getErgebnis();
      out.println("<br><table border='2'><tr>");
      out.println("<th>Benutzername</th>");
      out.println("<th>Beruf</th></tr>");
// Alle damit ausgewählten Sätze im Browser anzeigen
      while(ergebnis.next()) {
        out.println("<tr><td>");
        out.println(ergebnis.getString(1));
        out.println("</td><td>");
        out.println(ergebnis.getString(2));
        out.println("</td></tr>");
      }
      out.println("</table>");
    }
    else {
       out.println("Fehlerhafte Datenbankabfrage");
    }
  }
  else {
    out.println("Fehlerhafter Verbindungsaufbau");
  }
%>
</font></body>
</html>
```

Programmausgaben

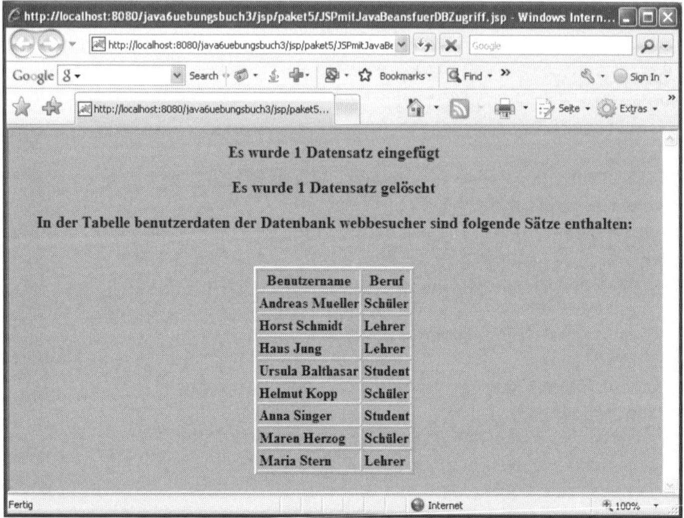

Lösung 3.9

Die Klasse JavaBeanfuerDBAbfrage

```
package paket5;

import java.sql.*;
import java.util.*;
public class JavaBeanfuerDBAbfrage {
   private Statement statement;
   private String sql;
   private ResultSet ergebnis;
   private boolean query;
   private String s;
// Konstruktordefinition
   public JavaBeanfuerDBAbfrage() {
   }
// Die Eigenschaften für die JavaBean definieren
   public void setStatement(Statement statement) {
      this.statement = statement;
   }
   public void setSql(String sql) {
      this.sql = sql;
   }
   public boolean isQuery() {
      try {
```

```
            ergebnis = statement.executeQuery(sql);
            query = true;
        }
        catch(SQLException e) {
            System.out.println("Fehlerhafter SQL-Befehl");
            System.out.println(e);
            query = false;
        }
        return query;
    }
    public ResultSet getErgebnis() {
        return ergebnis;
    }
// Getter-Methode zum Anzeigen der abgerufenen Datenbanksätze
    public String getString() {
        s = "";
        try {
            while(ergebnis.next()) {
                String s1 = ergebnis.getString(1);
                String s2 = ergebnis.getString(2);
                s = s + "<tr><td>" + s1 + "</td><td>" + s2
                  + "</td></tr>";
            }
        }
        catch(SQLException e) {
            System.out.println("Fehlerhafter SQL-Befehl");
            System.out.println(e);
        }
        return s;
    }
}
```

Die JSP-Seite JSPmitJavaBeansfuerDBZugriffundJSTL.jsp

```
<!DOCTYPE HTML PUBLIC "-//W3C//DTD HTML 4.01 Transitional//EN">

<!-- taglib-Direktiven, die die Zuordnung von Tag-Dateien
ohne einen TLD ermöglichen-->

<%@ taglib uri="http://java.sun.com/jsp/jstl/core" prefix="c" %>
<%@ taglib uri="http://java.sun.com/jsp/jstl/sql" prefix="sql" %>

<%-- JSP-Aktionen setzen die JavaBeans als Attribute im Page-
Scope --%>
<jsp:useBean id="verbindung"
  class="paket5.JavaBeanfuerDBVerbindung" />
<jsp:useBean id="abfrage" class="paket5.JavaBeanfuerDBAbfrage" />
<jsp:useBean id="update" class="paket5.JavaBeanfuerDBUpdate"/>
```

```
<%-- JSP-Aktion setzt alle Eigenschaftswerte für die JavaBean mit
der id="verbindung", das heißt, alle Setter-Methoden dieser
JavaBean werden aufgerufen --%>
<jsp:setProperty name="verbindung" property="*"/>

<%-- page-Direktive importiert das Paket java.sql --%>
<%@ page import="java.sql.*" %>

<html>
<body bgcolor="#AABBCC">
<font size = 4 color="#001111">

<%-- Ist der Wert der JavaBean-Eigenschaft connection gleich
true, war der Verbindungsaufbau zur Datenbank erfolgreich --%>
  <c:if test="${verbindung.connection==true}">

<%-- Werte für die Eigenschaften statement und sql
der JavaBean mit der id = "update" setzen --%>
    <jsp:setProperty name="update" property="statement"
      value ='${verbindung.statement}' />
    <jsp:setProperty name="update" property="sql"
     value="insert into benutzerdaten values('Maren Herzog',
       'Schüler')" />

<%-- Ausgaben im Browser erzeugen --%>
    <c:out value="<center>" escapeXml="false"/>
    <c:out value="<h3>Es wurde " escapeXml="false"/>
<%-- Den Wert der Eigenschaft anzahl der JavaBean mit der
id="update" lesen und im Browser anzeigen --%>
    <c:out value="${update.anzahl}" />
    <c:out value=" Datensatz eingefügt </h3>"
      escapeXml="false" />

<%-- Werte für die Eigenschaften statement und sql der JavaBean
mit der id = "update" setzen --%>
    <jsp:setProperty name="update" property="statement"
      value ='${verbindung.statement}' />
    <jsp:setProperty name="update" property="sql"
      value="delete from benutzerdaten where name =
       'Daniel Wolf'" />
<%-- Ausgaben im Browser erzeugen --%>
    <c:out value="<h3>Es wurde " escapeXml="false"/>
<%-- Den Wert der Eigenschaft anzahl der JavaBean mit der
id="update" lesen und im Browser anzeigen --%>
    <c:out value="${update.anzahl}" />
    <c:out value=" Datensatz gelöscht </h3>"
      escapeXml="false"/>

<%-- Werte für die Eigenschaften statement und sql der JavaBean
```

```
mit der id = "abfrage" setzen --%>
    <jsp:setProperty name="abfrage" property="statement"
      value ='${verbindung.statement}' />
    <jsp:setProperty name="abfrage" property="sql"
      value="select * from benutzerdaten" />

<%-- Ist der Wert der JavaBean-Eigenschaft query gleich
true, war das Abrufen von Sätzen aus der Datenbank erfolgreich,
--%>
    <c:if test="${abfrage.query==true}">
<%-- und das Ergebnis wird im Tabellenformat im Browser angezeigt
--%>
      <c:out value="<h3> In der Tabelle benutzerdaten der
        Datenbank webbesucher sind folgende Sätze enthalten:
          </h3>" escapeXml="false"/>
      <table border='2'><tr>
      <th>Name</th><th>Beruf</th></tr>
      <tr><td>
<%-- Den Wert der Eigenschaft string der JavaBean mit der
id="abfrage" lesen und im Browser anzeigen --%>
      <c:out value="${abfrage.string}" escapeXml="false"/>
      <table>
    </c:if>
  </c:if>
</font>
</body></html>
```

Programmausgaben

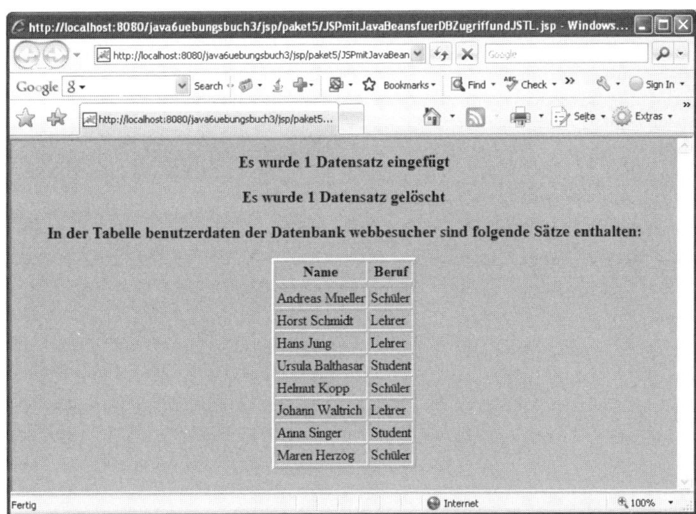

Lösung 3.10

Die JSP-Seite WebbesucherDBZugriffmitJSTL.jsp

```
<!DOCTYPE HTML PUBLIC "-//W3C//DTD HTML 4.01 Transitional//EN">

<!-- taglib-Direktiven, die die Zuordnung von Tag-Dateien
ohne einen TLD ermöglichen-->

<%@ taglib uri="http://java.sun.com/jsp/jstl/core" prefix="c" %>
<%@ taglib uri="http://java.sun.com/jsp/jstl/sql" prefix="sql" %>

<%-- JSP-Aktion und JSP-Direktive für das Setzen des Content-Types
und Importieren des Pakets java.sql --%>
<jsp:directive.page contentType="text/html"/>
<%@ page import="java.sql.*" %>

<html>
<head><title> Datenbankzugriff mit JSTL </title></head>
<body>

<%-- Den Treiber laden und eine Verbindung zur Datenbank
webbesucher aufbauen --%>
<sql:setDataSource driver="com.mysql.jdbc.Driver"
  url="jdbc:mysql://localhost/webbesucher" user="root"
    password="manager" var="db"/>
<%-- Eine Abfrage aufbauen und starten --%>
<sql:query var="saetze" dataSource="${db}">
   select * from benutzerdaten
</sql:query>
<%-- Die in der Tabelle enthaltenen Datenbanksätze ermitteln
und eine HTML-Tabelle, die als Spalten die Spalten der Tabelle
benutzerdaten der Datenbank enthält, im Browser anzeigen --%>
<center>
<table border='2'>
<tr><th>Name</th><th>Beruf</th></tr>
<c:forEach var="satz" items="${saetze.rows}">
   <tr><td><c:out value="${satz.name}"/></td>
   <td><c:out value="${satz.beruf}"/></td></tr>
</c:forEach>
</table>
</center>
</body></html>
```

Programmausgaben

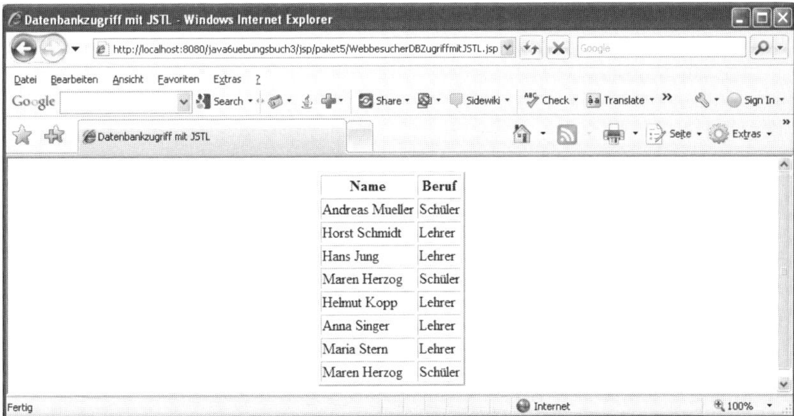

Name	Beruf
Andreas Mueller	Schüler
Horst Schmidt	Lehrer
Hans Jung	Lehrer
Maren Herzog	Schüler
Helmut Kopp	Lehrer
Anna Singer	Lehrer
Maria Stern	Lehrer
Maren Herzog	Schüler

Lösung 3.11

Die JSP-Seite BuchkatalogDBZugriffmitJSTL.jsp

```
<!DOCTYPE HTML PUBLIC "-//W3C//DTD HTML 4.01 Transitional//EN">

<!-- taglib-Direktiven, die die Zuordnung von Tag-Dateien
ohne einen TLD ermöglichen -->
<%@ taglib uri="http://java.sun.com/jsp/jstl/core" prefix="c" %>
<%@ taglib uri="http://java.sun.com/jsp/jstl/sql" prefix="sql" %>

<%-- JSP-Aktion und JSP-Direktive für das Setzen des Content-Types
und Importieren des Pakets java.sql --%>
<jsp:directive.page contentType="text/html"/>
<%@ page import="java.sql.*" %>
<html>
<head><title> Datenbankzugriff mit JSTL </title></head>
<body>

<%-- Den Treiber laden und eine Verbindung zur Datenbank
webbesucher aufbauen --%>
<sql:setDataSource driver="com.mysql.jdbc.Driver"
  url="jdbc:mysql://localhost/webbesucher" user="root"
    password="manager" var="db"/>
<%-- Eine neue Datenbank, falls keine mit dem gleichen Namen
schon existiert, erzeugen --%>
<sql:update dataSource="${db}">
  create database if not exists buchkatalog
</sql:update>
```

```
<%-- Eine Verbindung zur neuen Datenbank buchkatalog
aufbauen --%>
<sql:setDataSource driver="com.mysql.jdbc.Driver"
 url="jdbc:mysql://localhost/buchkatalog" user="root"
   password="manager" var="db"/>

<%-- Zu Testzwecken die vorhandenen Tabellen löschen
<sql:update dataSource="${db}">
  drop table autoren
</sql:update>

<sql:update dataSource="${db}">
  drop table titel
</sql:update> --%>

<%-- Die Tabellen autoren und titel, falls diese noch nicht
existieren, anlegen --%>
<sql:update dataSource="${db}">
  create table if not exists autoren (
    autoren_ID int auto_increment unique, name varchar(50),
      primary key (autoren_ID))
</sql:update>
<sql:update dataSource="${db}">
  create table if not exists titel (
   titel_ID int auto_increment unique, bezeichnung varchar(75),
    preis double, autoren_ID int, primary key (titel_ID))
</sql:update>

<%-- Datensätze in die Tabellen einfügen --%>
<sql:update dataSource="${db}">
  insert into autoren(autoren_ID,name)
    values(1,'Elisabeth Jung'),(2,'Robert C. Martin'),
     (3,'Ralph G. Schulz'),
       (4,'Sebastian Kübeck'),
         (5,'Terence Gronowski')
</sql:update>

<sql:update dataSource="${db}">
  insert into titel(titel_ID, bezeichnung, preis, autoren_ID)
    values(1,'Java 6 Das Übungsbuch Band I', 29.95, 1),
     (2,'Java 6 Das Übungsbuch Band II', 29.95, 1),
     (3,'Clean Code - Refactoring, Patterns, Testen und Techniken für
     sauberen Code', 39.95, 2),
     (4,'HTML und CSS Praxisbuch', 34.95, 3),
     (5,'Software-Sanierung', 39.95, 4),
     (6,'SCJP Sun Certified Java Programmer', 49.95, 5)
</sql:update>

<%-- Die in den Tabellen enthaltenen Datenbanksätze ermitteln
```

```
und eine HTML-Tabelle, die als Spalten die Spalten
der Tabellen autoren und titel der Datenbank buchkatalog enthält,
im Browser anzeigen --%>
<center>
<c:out value="<h2> Die Tabelle autoren </h2>" escapeXml="false"/>
<sql:query var="saetze" dataSource="${db}">
  select * from autoren
</sql:query>

<table border='2'>

<tr><th>Autoren_ID</th><th>Name</th></tr>
<c:forEach var="satz" items="${saetze.rows}">
  <tr><td><c:out value="${satz.autoren_ID}"/></td>
  <td><c:out value="${satz.name}"/></td></tr>
</c:forEach>
</table>
<br></br>
<c:out value="<h2> Die Tabelle titel </h2>" escapeXml="false"/>
<sql:query var="saetze" dataSource="${db}">
  select * from titel
</sql:query>

<table border='2'>

<tr><th>Titel_ID</th><th>Name</th><th>Preis</th><th>Autoren_ID</th></tr>
<c:forEach var="satz" items="${saetze.rows}">
  <tr><td><c:out value="${satz.titel_ID}"/></td>
  <td><c:out value="${satz.bezeichnung}"/></td>
  <td><c:out value="${satz.preis}"/></td>
  <td><c:out value="${satz.autoren_ID}"/></td></tr>
</c:forEach>
</table>
<br></br>
<c:out value="<h2> Tabellenübergreifende Datenbankabfragen </h2>"
 escapeXml="false"/>
<sql:query var="saetze" dataSource="${db}">
  select name, bezeichnung, preis from autoren, titel where
    autoren.autoren_ID=titel.autoren_ID and titel.autoren_ID=1
</sql:query>

<table border='2'>

<tr><th>Autor</th><th>Titel</th><th>Preis</th></tr>
<c:forEach var="satz" items="${saetze.rows}">
  <tr><td><c:out value="${satz.name}"/></td>
  <td><c:out value="${satz.bezeichnung}"/></td>
  <td><c:out value="${satz.preis}"/></td></tr>
</c:forEach>
```

```
</table>
<br></br>
<sql:query var="saetze" dataSource="${db}">
  select name, bezeichnung, preis from autoren, titel where
    autoren.autoren_ID=titel.autoren_ID and titel.autoren_ID=2
</sql:query>

<table border='2'>

<tr><th>Autor</th><th>Titel</th><th>Preis</th></tr>
<c:forEach var="satz" items="${saetze.rows}">
  <tr><td><c:out value="${satz.name}"/></td>
  <td><c:out value="${satz.bezeichnung}"/></td>
  <td><c:out value="${satz.preis}"/></td></tr>
</c:forEach>
</table>
<br></br>
<sql:query var="saetze" dataSource="${db}">
  select name, bezeichnung, preis from autoren, titel where
    autoren.autoren_ID=titel.autoren_ID and titel.autoren_ID=3
</sql:query>

<table border='2'>

<tr><th>Autor</th><th>Titel</th><th>Preis</th></tr>
<c:forEach var="satz" items="${saetze.rows}">
  <tr><td><c:out value="${satz.name}"/></td>
  <td><c:out value="${satz.bezeichnung}"/></td>
  <td><c:out value="${satz.preis}"/></td></tr>
</c:forEach>
</table>
<br></br>
<sql:query var="saetze" dataSource="${db}">
  select name, bezeichnung, preis from autoren, titel where
    autoren.autoren_ID=titel.autoren_ID and titel.autoren_ID=4
</sql:query>

<table border='2'>

<tr><th>Autor</th><th>Titel</th><th>Preis</th></tr>
<c:forEach var="satz" items="${saetze.rows}">
  <tr><td><c:out value="${satz.name}"/></td>
  <td><c:out value="${satz.bezeichnung}"/></td>
  <td><c:out value="${satz.preis}"/></td></tr>
</c:forEach>
</table>
<br></br>
<sql:query var="saetze" dataSource="${db}">
```

```
  select name, bezeichnung, preis from autoren, titel where
    autoren.autoren_ID=titel.autoren_ID and titel.autoren_ID=5
</sql:query>

<table border='2'>

<tr><th>Autor</th><th>Titel</th><th>Preis</th></tr>
<c:forEach var="satz" items="${saetze.rows}">
  <tr><td><c:out value="${satz.name}"/></td>
  <td><c:out value="${satz.bezeichnung}"/></td>
  <td><c:out value="${satz.preis}"/></td></tr>
</c:forEach>
</table>
<br></br>
</center>
</body></html>
```

Programmausgaben

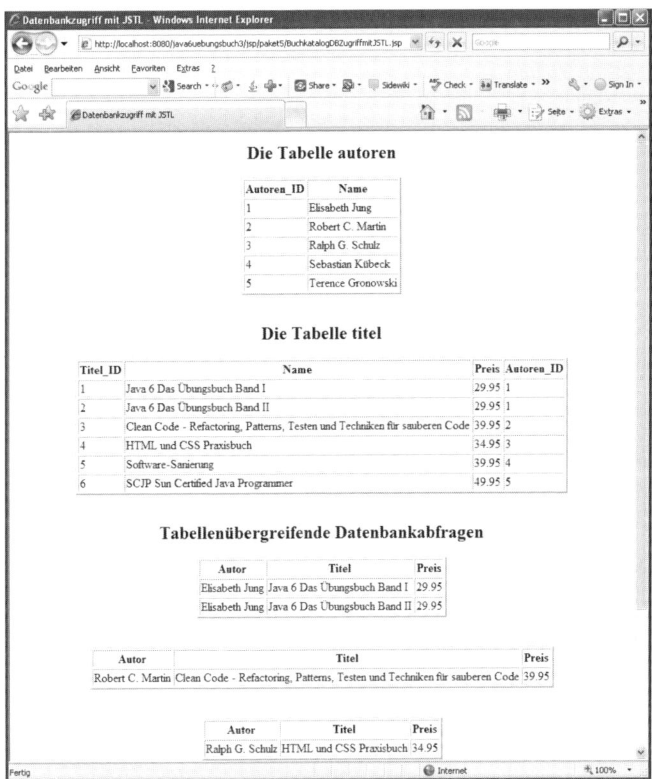

Die Tabelle autoren

Autoren_ID	Name
1	Elisabeth Jung
2	Robert C. Martin
3	Ralph G. Schulz
4	Sebastian Kübeck
5	Terence Gronowski

Die Tabelle titel

Titel_ID	Name	Preis	Autoren_ID
1	Java 6 Das Übungsbuch Band I	29.95	1
2	Java 6 Das Übungsbuch Band II	29.95	1
3	Clean Code - Refactoring, Patterns, Testen und Techniken für sauberen Code	39.95	2
4	HTML und CSS Praxisbuch	34.95	3
5	Software-Sanierung	39.95	4
6	SCJP Sun Certified Java Programmer	49.95	5

Tabellenübergreifende Datenbankabfragen

Autor	Titel	Preis
Elisabeth Jung	Java 6 Das Übungsbuch Band I	29.95
Elisabeth Jung	Java 6 Das Übungsbuch Band II	29.95

Autor	Titel	Preis
Robert C. Martin	Clean Code - Refactoring, Patterns, Testen und Techniken für sauberen Code	39.95

Autor	Titel	Preis
Ralph G. Schulz	HTML und CSS Praxisbuch	34.95

Lösung 3.12

Die JSP-Seite BuchKatalogmitDB.jsp

```
<!DOCTYPE HTML PUBLIC "-//W3C//DTD HTML 4.01 Transitional//EN">

<%-- taglib-Direktiven, die die Zuordnung von Tag-Dateien
ohne einen TLD ermöglichen --%>
<%@ taglib uri="http://java.sun.com/jsp/jstl/core" prefix="c" %>
<%@ taglib uri="http://java.sun.com/jsp/jstl/sql" prefix="sql" %>

<%-- JSP-Aktion und JSP-Direktive für das Setzen des Content-Types
und Importieren des Pakets java.sql --%>
<jsp:directive.page contentType="text/html"/>
<%@ page import="java.sql.*" %>

<%-- Eine Verbindung zur Datenbank buchkatalog aufbauen --%>
<sql:setDataSource driver="com.mysql.jdbc.Driver"
  url="jdbc:mysql://localhost/buchkatalog" user="root"
    password="manager" var="db"/>
<!-- URL-Rewriting in einer JSP, die Session-ID wird am Ende
der relativen URL angehängt -->
   <c:url value="/BuchBestellungNeu" var = "encodeURL" />
<%-- Eine HTML-Seite, die zur Anzeige des Buchkatalogs dient,
generieren --%>
<html>
   <head>
      <title>Bucheinkauf</title>
      <meta http-equiv=Content-Type content="text/html">
   </head>
<%-- Farbe für Hintergrund setzen --%>
  <body bgcolor="white">
   <h3>Den Bucheinkauf mit Sessions absichern</h3>

<%-- Datenbanksätze abrufen --%>
   <sql:query var="saetze" dataSource="${db}">
      select name, bezeichnung, preis from autoren, titel where
     autoren.autoren_ID=titel.autoren_ID
   </sql:query>

<%-- Über die Sätze der Ergebnismenge iterieren --%>
   <c:forEach var="satz" items="${saetze.rows}">

 <%-- Beim Abschicken des Formulars wird die im action-Attribut
angegebene JSP-Seite ausgeführt --%>
         <form type=POST action="${encodeURL}" >
<%-- Definition und Wertezuweisung für die Eingabefelder
des Formulars --%>
```

```
        <input name="BuchAutor"
         value="${satz.name}" size="20"><br/>
        <input name="BuchName"  value="${satz.bezeichnung}"
         size="35">
        <input name="BuchPreis"
         value="${satz.preis}" size="5"><br/>
<%-- Einen Button für das Formular definieren --%>
        <p><center>
          <input type=submit value="In den Bücherkorb" >
        </center></p>
      </form>
  </c:forEach>
</body></html>
```

Programmausgaben

- Mit Cookies

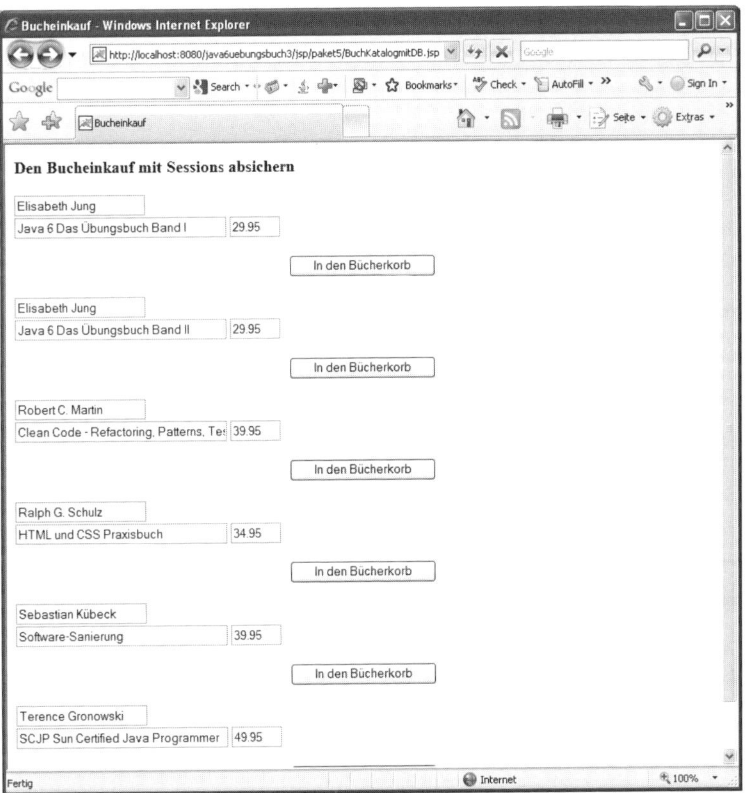

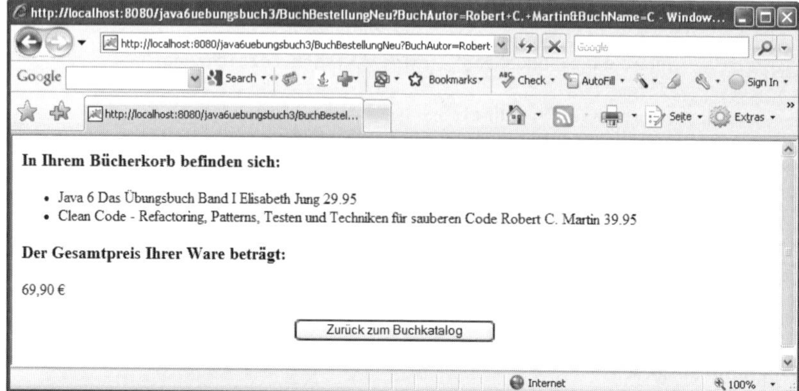

- Mit URL-Rewriting

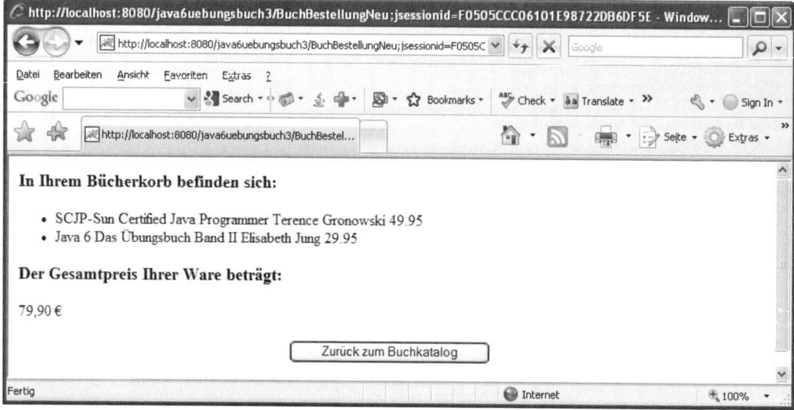

Lösung 3.13

Die Klasse JavaBeanfuerDBAbfrage

```
package paket5;

import java.sql.*;
public class JavaBeanfuerDBAbfrage {
   private Statement statement;
   private String sql;
   private ResultSet ergebnis;
   private boolean query;
```

```
  private String s;
  private String [][] array;
// Konstruktordefinition
  public JavaBeanfuerDBAbfrage() {
  }
// Die Eigenschaften für die JavaBean definieren
  public void setStatement(Statement statement) {
    this.statement = statement;
  }
  public void setSql(String sql) {
    this.sql = sql;
  }
  public boolean isQuery() {
    try {
      ergebnis = statement.executeQuery(sql);
      query = true;
    }
    catch(SQLException e) {
      System.out.println("Fehlerhafter SQL-Befehl");
      System.out.println(e);
      query = false;
    }
    return query;
  }
  public ResultSet getErgebnis() {
    return ergebnis;
  }
// Getter-Methode zum Anzeigen der abgerufenen Datenbanksätze
  public String getString() {
    s = "";
    try {
// Einzelne Datensätze aus der ResultSet-Instanz lesen; die
// Methode next() bewegt einen internen Cursor vom ersten
// Datensatz bis zum letzten (ist keiner mehr vorhanden, liefert
// sie den boolean-Wert false zurück und die Schleife wird
// abgebrochen)
      while(ergebnis.next()) {
        String s1 = ergebnis.getString(1);
        String s2 = ergebnis.getString(2);
        s = s + "<tr><td>" + s1 + "</td><td>" + s2
          + "</td></tr>";
      }
    }
    catch(SQLException e) {
      System.out.println("Fehlerhafter SQL-Befehl");
      System.out.println(e);
    }
    return s;
```

```
   }
// Weitere Getter-Methode zum Anzeigen der abgerufenen
// Datenbanksätze
   public String[][] getArray() {
      array = new String[6][3];
      int i = 0;
      try {
         while(ergebnis.next()) {
            array[i][0] = ergebnis.getString(1);
            array[i][1] = ergebnis.getString(2);
            array[i][2] = ergebnis.getString(3);
            i++;
         }
      }
      catch(SQLException e) {
         System.out.println("Fehlerhafter SQL-Befehl");
         System.out.println(e);
      }
      return array;
   }
}
```

Die Klasse BuecherKorbmitDBZugriff

```
package paket5;

import java.text.DecimalFormat;
import java.sql.*;
public class BuecherKorbmitDBZugriff {
   private String session;
   private String result;
// Konstruktordefinition
   public BuecherKorbmitDBZugriff() {
   }
// Setter- und Getter-Methoden zur Definition von Eigenschaften
// für die JavaBean
   public void setSession(String session) {
      this.session = session;
   }
   public String getResult() {
      String anzeige = "<h3>In Ihrem Bücherkorb befinden sich: "
       + "</h3>";
      double gesamtPreis = 0;
      try {
// Eine Datenbankverbindung aufbauen und
         Class.forName("com.mysql.jdbc.Driver");
         Connection connection = DriverManager.getConnection(
          "jdbc:mysql://localhost/buchkatalog", "root","manager");
         Statement statement = connection.createStatement();
```

```
// nach der SessionID des Benutzers, die in der Eigenschaft
// session der JavaBean gespeichert ist, in der Tabelle
// bestellungen der DB suchen
      String abfrage = "select buch_ID from bestellungen "
       + "where session_ID = '"+session+"'";
// Das Ergebnis der Abfrage durchlaufen, um die Buch-ID zu
// ermitteln und mit dieser eine neue Abfrage zum Auffinden von
// Autor, Titel und Preis aus den Tabellen autoren und titel zu
// starten
      ResultSet ergebnis1 = statement.executeQuery(abfrage);
      while(ergebnis1.next()) {
        int buchID = ergebnis1.getInt(1);
        statement = connection.createStatement();
        abfrage = "select bezeichnung, preis, name from "
          + "titel, autoren where titel_ID='"+buchID+"' and "
          + "titel.autoren_ID = autoren.autoren_ID";
// Das Ergebnis der zweiten Abfrage durchlaufen,
        ResultSet ergebnis2 = statement.executeQuery(abfrage);
        if(ergebnis2.next()) {
          String titel = ergebnis2.getString(1);
          String preis = ergebnis2.getString(2);
          String name = ergebnis2.getString(3);
// den Gesamtpreis für alle im Bücherkorb enthaltenen Bücher
// berechnen
          gesamtPreis = gesamtPreis +
            Double.parseDouble(preis);
// und die Anzeige der Bücher im Listenformat vorbereiten
          anzeige = anzeige + "<li>" + titel + " " +
            name + " " + preis + "</li>";
        }
      }
// Der result-Eigenschaft den String für die Anzeige zuweisen
      DecimalFormat format = new DecimalFormat("0.00");
      result = anzeige + "<h3> Der Gesamtpreis der Bücher "
        + "beträgt: </h3>" + format.format(gesamtPreis)
          + " &#8364;" + "<br></br>";
    }
    catch(ClassNotFoundException e1) {
      System.out.println("Der DB-Treiber wurde nicht "
        + "gefunden");
      System.out.println(e1);
    }
    catch(SQLException e2) {
      System.out.println("Fehlerhafter SQL-Befehl");
      System.out.println(e2);
    }
    return result;
  }
}
```

Die JSP-Seite BuchKatalogmitDBundJavaBeans.jsp

```
<!DOCTYPE HTML PUBLIC "-//W3C//DTD HTML 4.01 Transitional//EN">

<!-- taglib-Direktiven, die die Zuordnung von Tag-Dateien
ohne einen TLD ermöglichen -->
<%@ taglib uri="http://java.sun.com/jsp/jstl/core" prefix="c" %>
<%@ taglib uri="http://java.sun.com/jsp/jstl/sql" prefix="sql" %>

<%-- JSP-Aktion und JSP-Direktive für das Setzen des Content-Types
und Importieren des Pakets java.sql --%>
<jsp:directive.page contentType="text/html"/>
<%@ page import="java.sql.*" %>

<%-- JSP-Aktionen setzen die JavaBeans für Verbindungsaufbau und
Datenbankabfragen als Attribute im Page-Scope --%>
<jsp:useBean id="verbindung"
  class="paket5.JavaBeanfuerDBVerbindung" />
<jsp:useBean id="abfrage"
  class="paket5.JavaBeanfuerDBAbfrage" />

<%-- JSP-Aktion setzt alle Eigenschaftswerte für die JavaBean mit
der id="verbindung", das heißt, alle Setter-Methoden dieser
JavaBean werden aufgerufen --%>
<jsp:setProperty name="verbindung" property="*"/>

<html>
   <head>
      <title>Bucheinkauf</title>
      <meta http-equiv=Content-Type content="text/html">
   </head>
   <body>
   <h3>Den Bucheinkauf mit Sessions absichern</h3>
<!-- URL-Rewriting in einer JSP, die Session-ID wird am Ende
der relativen URL angehängt -->
   <c:url value="/jsp/paket5/BuchBestellungmitDBundJavaBeans.jsp"
     var = "encodeURL" />
<%-- Ist der Wert der JavaBean-Eigenschaft connection gleich
true, war der Verbindungsaufbau zur Datenbank erfolgreich --%>
   <c:if test="${verbindung.connection==true}">
<%-- Werte für die Eigenschaften statement und sql der JavaBean
mit der id = "abfrage" setzen --%>
      <jsp:setProperty name="abfrage" property="statement"
        value ='${verbindung.statement}' />
      <jsp:setProperty name="abfrage" property="sql"
       value="select name, bezeichnung, preis, titel_ID from
       autoren,titel where autoren.autoren_ID=titel.autoren_ID"/>
```

```
<%-- Ist der Wert der JavaBean-Eigenschaft query gleich
true, war das Abrufen von Sätzen aus der Datenbank erfolgreich
--%>
    <c:if test="${abfrage.query==true}">
<%-- Über die Sätze der Ergebnismenge iterieren --%>
      <c:forEach var="array" items="${abfrage.array}">
<%-- Beim Abschicken des Formulars wird die im action-Attribut
angegebene JSP-Seite ausgeführt --%>
        <form type=POST action="${encodeURL}">

<%-- Definition und Wertezuweisung für die Eingabefelder
des Formulars --%>
          <input type ="hidden" name="BuchID"
           value="${array[3]}" size="2">
          <input typ ="text" name="BuchAutor"
           value="${array[0]}" size="20"><br/>
          <input typ ="text" name="BuchName"
           value="${array[1]}"
           size="35">
          <input typ ="text" name="BuchPreis"
           value="${array[2]}" size="5"><br/>

<%-- Einen Button für das Formular definieren --%>
          <center>
            <input type=submit value="In den Bücherkorb" >
          </center>
        </form>
      </c:forEach>
    </c:if>
  </c:if>
</body>
</html>
```

Die JSP-Seite BuchBestellungmitDBundJavaBeans.jsp

```
<!DOCTYPE HTML PUBLIC "-//W3C//DTD HTML 4.01 Transitional//EN">

<%-- page-Direktive --%>
<%@ page import="java.sql.*" %>

<%-- JSP-Aktion setzt die JavaBeans für Verbindungsaufbau und
DB-Update als Attribute im Page-Scope --%>
<jsp:useBean id="verbindung"
  class="paket5.JavaBeanfuerDBVerbindung"/>
<jsp:useBean id="update"
  class="paket5.JavaBeanfuerDBUpdate" />
<%-- JSP-Aktion setzt alle Eigenschaftswerte für die JavaBean mit
der id="verbindung", das heißt, alle Setter-Methoden dieser JavaBean
```

```
werden aufgerufen --%>
<jsp:setProperty name="verbindung" property="*"/>

<%-- JSP-Scriptlet ermittelt den im Buchkatalog-Formular
übergebenen Wert der titel_ID aus der Tabelle titel der Datenbank
buchkatalog und die Session-ID des angemeldeten Benutzers; für
JSP-Seiten wird automatisch eine Session-ID vergeben --%>
<%
   int buchID = Integer.parseInt(request.getParameter("BuchID"));
   String sessionID = session.getId();
   if(verbindung.isConnection()) {
         String sql = "insert into bestellungen "
        + " values('"+sessionID+"','"+buchID+"')";
         update.setSql(sql);
// SQL-Befehl ausführen
         update.setStatement(verbindung.getStatement());
         update.getAnzahl();
   }
// Eine Instanz der Klasse RequestDispatcher für das Weiterleiten
// der Anfrage an die JSP BesucherListenmitDBundJavaBeans.jsp
// erzeugen, mit der der Inhalt des Bücherkorbs für einen
// bestimmten Benutzer und der Gesamtpreis aller darin abgelegten
// Bücher angezeigt wird,
   RequestDispatcher requestDispatcher =
     getServletContext().getRequestDispatcher(response.encodeUrl(
       "/jsp/paket5/BesucherListenmitDBundJavaBeans.jsp"));
// und diese an die JSP-Seite weitergeben
   requestDispatcher.forward(request, response);
%>
```

Die JSP-Seite BesucherListenmitDBundJavaBeans.jsp

```
<!DOCTYPE HTML PUBLIC "-//W3C//DTD HTML 4.01 Transitional//EN">

<%-- JSP-Aktion setzt eine JavaBean vom Typ
BuecherKorbmitDBZugriff --%>
<jsp:useBean id="buecherkorb"
   class="paket5.BuecherKorbmitDBZugriff"/>
<html>
   <head>
      <title>Bucheinkauf</title>
      <meta http-equiv=Content-Type content="text/html">
   </head>
<body>
<%-- JSP-Sriptlet setzt die aktuelle Session-ID als Wert für die
Eigenschaft session der JavaBean und liest den Wert der
Eigenschaft result, die eine HTML-Seite generiert, die alle
Einträge aus dem Bücherkorb eines Benutzers anzeigt --%>
```

```
<%
  buecherkorb.setSession(session.getId());
  String encodeURL = response.encodeURL("/java6uebungsbuch3/jsp/paket5/
  BuchKatalogmitDBundJavaBeans.jsp");
  out.println(buecherkorb.getResult());
%>
<a href="<%=encodeURL%>">Zurück zum Buchkatalog</a>
</body></html>
```

Die JSP-Seite BuchkatalogTabelleBestellungen.jsp

```
<%-- JSP-Aktion und JSP-Direktive für das Setzen des Content-Types
und Importieren des Pakets java.sql --%>
<jsp:directive.page contentType="text/html"/>
<%@ page import="java.sql.*" %>

<html>
<head><title> Datenbankzugriff mit JSTL </title></head>
<body>
<%-- Eine Verbindung zur Datenbank buchkatalog aufbauen --%>
<sql:setDataSource driver="com.mysql.jdbc.Driver"
 url="jdbc:mysql://localhost/buchkatalog" user="root"
   password="manager" var="db"/>

<%-- Die Tabelle bestellungen, falls diese noch nicht
existiert, anlegen --%>
<sql:update dataSource="${db}">
  create table if not exists bestellungen (
    session_ID varchar(255), buch_ID int)
</sql:update>

<%-- Alle Einträge aus der Tabelle bestellungen abfragen und
anzeigen --%>
<c:out value="<h2> Die Tabelle bestellungen </h2>"
  escapeXml="false"/>
<sql:query var="saetze" dataSource="${db}">
  select * from bestellungen
</sql:query>
<table border='2'>

<tr><th>Session_ID</th><th>titel_ID</th></tr>
<c:forEach var="satz" items="${saetze.rows}">
  <tr><td><c:out value="${satz.session_ID}"/></td>
  <td><c:out value="${satz.buch_ID}"/></td></tr>
</c:forEach>
</table>
<br></br>
</body></html>
```

Programmausgaben

- Mit Cookies

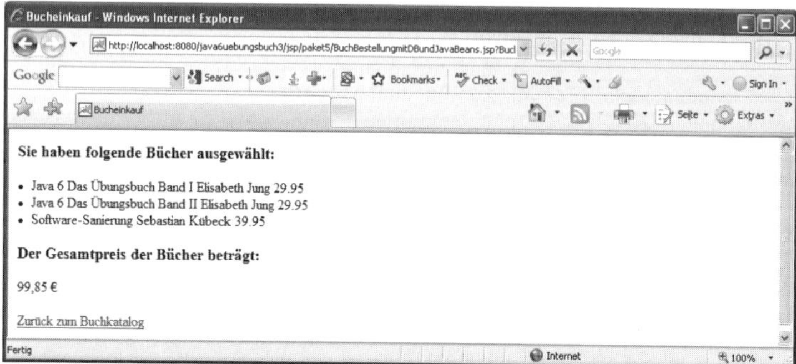

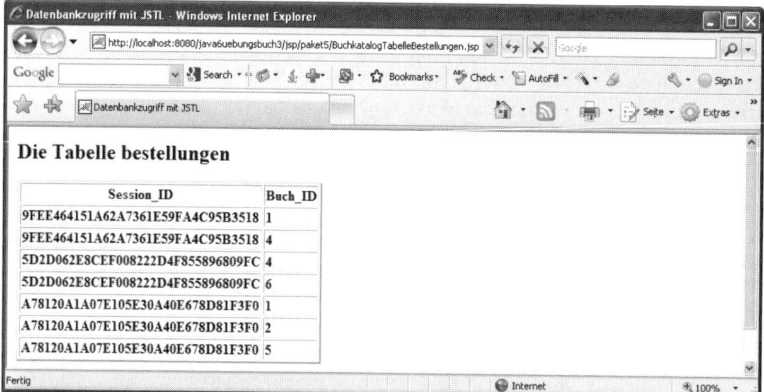
Die Tabelle bestellungen

Session_ID	Buch_ID
9FEE464151A62A7361E59FA4C95B3518	1
9FEE464151A62A7361E59FA4C95B3518	4
5D2D062E8CEF008222D4F855896809FC	4
5D2D062E8CEF008222D4F855896809FC	6
A78120A1A07E105E30A40E678D81F3F0	1
A78120A1A07E105E30A40E678D81F3F0	2
A78120A1A07E105E30A40E678D81F3F0	5

- Mit URL-Rewriting

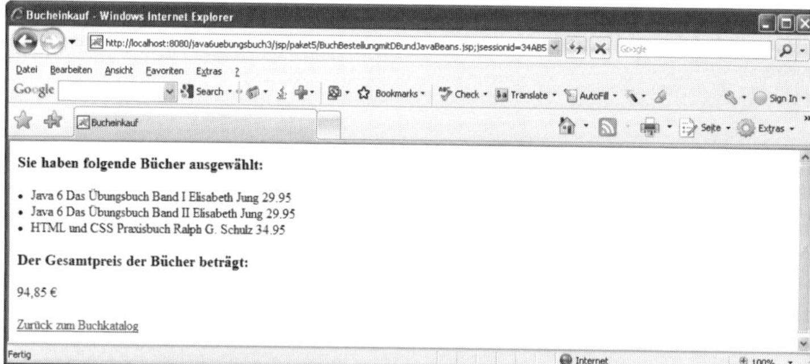

Lösung 3.14

Die Klasse JavaBeanAutor

```
package paket5;

public class JavaBeanAutor {
    private int autorenID;
    private String name;
// Konstruktordefinition
    public JavaBeanAutor() {
    }
// Setter- und Getter-Methoden definieren die Eigenschaften
// der JavaBean
    public void setName(String name) {
        this.name = name;
    }
    public String getName() {
        return name;
    }
    public void setAutorenID(int autorenID) {
        this.autorenID = autorenID;
    }
    public int getAutorenID() {
        return autorenID;
    }
}
```

Die Klasse JavaBeanTitel

```
package paket5;

public class JavaBeanTitel {
    private int titelID;
    private String bezeichnung;
    private double preis;
    private int autorenID;
// Konstruktordefinition
    public JavaBeanTitel() {
    }
// Setter- und Getter-Methoden definieren die Eigenschaften
// der JavaBean
    public void setTitelID(int titelID) {
        this.titelID = titelID;
    }
    public int getTitelID() {
        return titelID;
    }
```

```
    public void setBezeichnung(String bezeichnung) {
        this.bezeichnung = bezeichnung;
    }
    public String getBezeichnung() {
        return bezeichnung;
    }
    public void setPreis(double preis) {
        this.preis = preis;
    }
    public double getPreis() {
        return preis;
    }
    public void setAutorenID(int autorenID) {
        this.autorenID = autorenID;
    }
    public int getAutorenID() {
        return autorenID;
    }
}
```

Die Klasse JavaBeanBuch

```
package paket5;

public class JavaBeanBuch {
    private int titelID;
    private String bezeichnung;
    private String autor;
    private double preis;
    private int autorenID;
// Konstruktordefinition
    public JavaBeanBuch() {
    }
// Setter- und Getter-Methoden definieren die Eigenschaften
// der JavaBean
    public void setTitelID(int titelID) {
        this.titelID = titelID;
    }
    public int getTitelID() {
        return titelID;
    }
    public void setAutor(String autor) {
        this.autor = autor;
    }
    public String getAutor() {
        return autor;
    }
    public void setBezeichnung(String bezeichnung) {
        this.bezeichnung = bezeichnung;
```

```
   }
   public String getBezeichnung() {
      return bezeichnung;
   }
   public void setPreis(double preis) {
      this.preis = preis;
   }
   public double getPreis() {
      return preis;
   }
   public void setAutorenID(int autorenID) {
      this.autorenID = autorenID;
   }
   public int getAutorenID() {
      return autorenID;
   }
}
```

Die Klasse AutorDBZugriff

```
package paket5;

import java.sql.*;
import java.util.*;
public class AutorDBZugriff {
// Konstruktordefinition
   public AutorDBZugriff() {
   }
// Zugriffs-Methode auf die Sätze der Tabelle autoren
   public static ArrayList<JavaBeanAutor> selectAutoren() {
// Liste vom parametrisierten Typ der Klasse JavaBeanTitel
// erzeugen
      ArrayList<JavaBeanAutor> autoren =
          new ArrayList<JavaBeanAutor>();
      try {
// Eine Datenbankverbindung aufbauen, alle Sätze der Tabelle
// autoren abrufen
         Class.forName("com.mysql.jdbc.Driver");
         Connection connection = DriverManager.getConnection(
          "jdbc:mysql://localhost/buchkatalog", "root","manager");
         Statement statement = connection.createStatement();
         String sql = "select * from autoren";
         ResultSet ergebnis = statement.executeQuery(sql);
// und deren Spaltenwerte als Eigenschaftswerte für ein
// JavaBeanAutor-Objekt setzen
         while(ergebnis.next()) {
            JavaBeanAutor autor = new JavaBeanAutor();
            autor.setAutorenID(ergebnis.getInt(1));
            autor.setName(ergebnis.getString(2));
```

```
            autoren.add(autor);
         }
      }
      catch(ClassNotFoundException e1) {
         System.out.println("Der DB-Treiber wurde nicht "
           + "gefunden");
         System.out.println(e1);
      }
      catch(SQLException e2) {
         System.out.println("Fehlerhafter SQL-Befehl");
         System.out.println(e2);
      }
// Die ArrayList<JavaBeanAutor>-Instanz zurückgeben
      return autoren;
   }
}
```

Die Klasse TitelDBZugriff

```
package paket5;

import java.sql.*;
import java.util.*;
public class TitelDBZugriff {
// Konstruktordefinition
   public TitelDBZugriff() {
   }
// Zugriffs-Methode auf die Sätze der Tabelle titel
   public static ArrayList<JavaBeanTitel> selectTiteln() {
// Liste vom parametrisierten Typ der Klasse JavaBeanTitel
// erzeugen
      ArrayList<JavaBeanTitel> titeln =
          new ArrayList<JavaBeanTitel>();
      try {
// Eine Datenbankverbindung aufbauen, alle Sätze der Tabelle titel
// abrufen
         Class.forName("com.mysql.jdbc.Driver");
         Connection connection = DriverManager.getConnection(
          "jdbc:mysql://localhost/buchkatalog", "root","manager");
         Statement statement = connection.createStatement();
         String sql = "select * from titel";
         ResultSet ergebnis = statement.executeQuery(sql);
// und deren Spaltenwerte als Eigenschaftswerte für ein
// JavaBeanTitel-Objekt setzen
         while(ergebnis.next()) {
            JavaBeanTitel titel = new JavaBeanTitel();
            titel.setTitelID(ergebnis.getInt(1));
            titel.setBezeichnung(ergebnis.getString(2));
            titel.setPreis(ergebnis.getDouble(3));
```

```
            titel.setAutorenID(ergebnis.getInt(4));
            titeln.add(titel);
         }
      }
      catch(ClassNotFoundException e1) {
         System.out.println("Der DB-Treiber wurde nicht "
           + "gefunden");
         System.out.println(e1);
      }
      catch(SQLException e2) {
         System.out.println("Fehlerhafter SQL-Befehl");
         System.out.println(e2);
      }
// Die ArrayList<JavaBeanTitel>-Instanz zurückgeben
      return titeln;
   }
}
```

Die Klasse BuchDBZugriff

```
package paket5;

import java.sql.*;
import java.util.*;
public class BuchDBZugriff {
// Konstruktordefinition
   public BuchDBZugriff() {
   }
// Zugriffs-Methoden auf die Sätze der Tabellen autoren und titel
   public static ArrayList<JavaBeanBuch> selectBuecher() {
// Liste vom parametrisierten Typ der Klasse JavaBeanBuch
// erzeugen
      ArrayList<JavaBeanBuch> buecher =
          new ArrayList<JavaBeanBuch>();
      try {
// Eine Datenbankverbindung aufbauen, die Sätze der Tabelle
// autoren über die autoren_ID-Spalte mit den Sätzen der Tabelle
// titel verknüpfen
         Class.forName("com.mysql.jdbc.Driver");
         Connection connection = DriverManager.getConnection(
          "jdbc:mysql://localhost/buchkatalog", "root","manager");
         Statement statement = connection.createStatement();
         String sql = "select name, bezeichnung, preis, titel_ID "
           + "from autoren, titel where "
             + "autoren.autoren_ID=titel.autoren_ID";
         ResultSet ergebnis = statement.executeQuery(sql);
// Die abgerufenen Spaltenwerte als Eigenschaftswerte für ein
// JavaBeanBuch-Objekt setzen
         while(ergebnis.next()) {
```

```
            JavaBeanBuch buch = new JavaBeanBuch();
            buch.setAutor(ergebnis.getString(1));
            buch.setBezeichnung(ergebnis.getString(2));
            buch.setPreis(ergebnis.getDouble(3));
            buch.setTitelID(ergebnis.getInt(4));
            buecher.add(buch);
         }
      }
      catch(ClassNotFoundException e1) {
         System.out.println("Der DB-Treiber wurde nicht "
           + "gefunden");
         System.out.println(e1);
      }
      catch(SQLException e2) {
         System.out.println("Fehlerhafter SQL-Befehl");
         System.out.println(e2);
      }
// Die ArrayList<JavaBeanBuch>-Instanz zurückgeben
      return buecher;
   }
}
```

Die Klasse ServletmitDBZugriffundJavaBeans

```
package paket5;

import java.io.*;
import javax.servlet.*;
import javax.servlet.http.*;
import java.util.*;
import java.sql.*;
public class ServletmitDBZugriffundJavaBeans extends HttpServlet {
// Die doGet()-Methode überschreiben
   public void doGet(HttpServletRequest request,
                     HttpServletResponse response)
                          throws IOException, ServletException {
// Einen PrintWriter-Stream für das Senden der Antwort an den
// Client ermitteln
      PrintWriter out = response.getWriter();
      String title = "Datenbankzugriff aus einem Servlet";
// Die Klassenmethoden der Datenbankzugriffsmodule aufrufen, um
// Listen von Anwendungsobjekten (JavaBean-Objekte) zu erzeugen,
// deren Instanzfelder (Eigenschaften der JavaBeans) die in den
// DB-Tabellen gespeicherten Werte zugewiesen bekommen
      ArrayList<JavaBeanBuch> buecher =
        BuchDBZugriff.selectBuecher();
      ArrayList<JavaBeanTitel> titeln =
        TitelDBZugriff.selectTiteln();
      ArrayList<JavaBeanAutor> autoren =
        AutorDBZugriff.selectAutoren();
```

```
      response.setContentType("text/html");
// Eine HTML-Seite, die an den Browser gesendet wird, generieren
      out.println("<html>");
      out.println("<head>");
      out.println("<title>" + title + "</title>");
      out.println("</head>");
      out.println("<body bgcolor=\"white\">");
      out.println("<center>");
      out.println("<h2>" + title + "</h2>");
      out.println("<h2>Die Eigenschaften der JavaBeanAutor</h2>");
      out.println("<table border='2'>");
      out.println("<tr><th>Autoren_ID</th><th>Name</th></tr>");
// Die Eigenschaften der JavaBeans anzeigen
      for(JavaBeanAutor autor: autoren)
        out.println("<tr><td>" + autor.getAutorenID() +
          "</td><td>" + autor.getName() + "</td></tr>");
      out.println("</table>");
      out.println("<br></br>");
      out.println("<h2>Die Eigenschaften der JavaBeanTitel</h2>");
      out.println("<table border='2'>");
      out.println("<tr><th>Titel_ID</th><th>Name</th><th>Preis"
        + "</th><th>Autoren_ID</th></tr>");
      for(JavaBeanTitel titel: titeln)
        out.println("<tr><td>" + titel.getTitelID() +
          "</td><td>" + titel.getBezeichnung() + "</td><td>" +
            titel.getPreis() + "</td><td>" + titel.getAutorenID()
              + "</td></tr>");
      out.println("</table>");
      out.println("<br></br>");
      out.println("<h2>Die Eigenschaften der JavaBeanBuch</h2>");
      out.println("<table border='2'>");
      out.println("<tr><th>Autor</th><th>Titel</th><th>
        Preis</th></tr>");
      for(JavaBeanBuch buch: buecher)
        out.println("<tr><td>" + buch.getAutor() + "</td><td>" +
          buch.getBezeichnung() + "</td><td>" + buch.getPreis() +
            "</td></tr>");
      out.println("</table>");
      out.println("</center>");
      out.println("</body></html>");
  }
}
```

Die Datei web.xml (der Deployment Descriptor der Webapplikation java6uebungsbuch3)

```
<?xml version="1.0" encoding="ISO-8859-1" ?>
<web-app xmlns="http://java.sun.com/xml/ns/javaee" xmlns:xsi=
"http://www.w3.org/2001/XMLSchema-instance" xsi:schemaLocation=
"http://java.sun.com/xml/ns/javaee http://java.sun.com/xml/ns/
```

```
javaee/web-app_2_5.xsd" version="2.5">
<description>Servlet- und JSP-Beispiele</description>
<display-name>Servlet- und JSP-Beispiele</display-name>
<!--  Initialisierungsparameter für die Webapplikation
java6uebungsbuch3 (Context-Parameter)  -->
<context-param>
  <param-name>contextNachricht</param-name>
  <param-value>Nachricht von der Webapplikation</param-value>
</context-param>
<context-param>
  <param-name>contextAnzahl</param-name>
  <param-value>2</param-value>
</context-param>
<context-param>
  <param-name>statusCode</param-name>
  <param-value>404</param-value>
</context-param>
<context-param>
  <param-name>meldungsText</param-name>
  <param-value>Die angeforderte Ressource wurde nicht gefunden
  </param-value>
</context-param>
<context-param>
  <param-name>statusCode1</param-name>
  <param-value>600</param-value>
</context-param>
<context-param>
  <param-name>meldungsText1</param-name>
  <param-value>Teilen mit 0</param-value>
</context-param>

<!--  EventListener für die Webapplikation
java6uebungsbuch3 definieren -->
<listener>
  <listener-class>ServletContextListenerKlasse</listener-class>
</listener>

<!--  ErrorPages für die Webapplikation java6uebungsbuch3 setzen
 -->
<!-- Diese Fehlerseite wird aufgerufen, wenn eine ServletException
auftritt
<error-page>
  <exception-type>
   javax.servlet.ServletException
  </exception-type>
  <location>/DynamischeErrorPage</location>
</error-page> -->
```

```
<!-- Diese Fehlerseite wird aufgerufen, wenn der Statuscode der
http-Antwort gleich 404 ist -->
<error-page>
  <error-code>404</error-code>
  <location>/ErrorPage404.html</location>
</error-page>
<!--
<error-page>
  <error-code>404</error-code>
  <location>/DynamischeErrorPage</location>
</error-page>
-->
<!-- Diese Fehlerseite wird aufgerufen, wenn eine Ausnahme vom
Typ FileNotFoundException auftritt -->
<error-page>
  <exception-type>java.io.FileNotFoundException</exception-type>
  <location>/jsp/JSPErrorPage.jsp</location>
</error-page>
<!-- Diese Fehlerseite wird aufgerufen, wenn eine Ausnahme vom
Typ ArithmeticException auftritt -->
<error-page>
  <exception-type>java.lang.ArithmeticException</exception-type>
  <location>/jsp/ArithmeticExceptionErrorPage.jsp</location>
</error-page>

<!-- Alle vorher nicht spezifizierten Ausnahmen werden an diese
Fehlerseite weitergegeben -->
<!--
<error-page>
  <exception-type>java.lang.Throwable</exception-type>
  <location>/jsp/AllgemeineFehlerseite.jsp</location>
 </error-page>
-->

<!-- Die Definition von Tag-Libraries -->
<jsp-config>
  <taglib>
    <taglib-uri>ELFunktionenundTags</taglib-uri>
    <taglib-location>/WEB-INF/tlds/ELFunktionenundTags.tld
    </taglib-location>
  </taglib>
</jsp-config>

<!--  Servlet Definitionen  -->
<servlet>
  <servlet-name>HttpServletmitOutputStream</servlet-name>
  <servlet-class>HttpServletmitOutputStream</servlet-class>
</servlet>
```

```
<servlet-mapping>
  <servlet-name>HttpServletmitOutputStream</servlet-name>
  <url-pattern>/HttpServletmitOutputStream</url-pattern>
</servlet-mapping>
<servlet>
  <servlet-name>HttpServletmitZipDownload</servlet-name>
  <servlet-class>HttpServletmitZipDownload</servlet-class>
</servlet>
<servlet-mapping>
  <servlet-name>HttpServletmitZipDownload</servlet-name>
  <url-pattern>/HttpServletmitZipDownload</url-pattern>
</servlet-mapping><servlet>
  <servlet-name>ServletmitsendRedirect</servlet-name>
  <servlet-class>ServletmitsendRedirect</servlet-class>
</servlet>
<servlet-mapping>
  <servlet-name>ServletmitsendRedirect</servlet-name>
  <url-pattern>/ServletmitsendRedirect</url-pattern>
</servlet-mapping>
<servlet>
  <servlet-name>ServletDefinitioninPaketen</servlet-name>
  <servlet-class>paket1.ServletDefinitioninPaketen</servlet-class>
</servlet>
<servlet-mapping>
  <servlet-name>ServletDefinitioninPaketen</servlet-name>
  <url-pattern>/ServletDefinitioninPaketen</url-pattern>
</servlet-mapping>
<servlet>
  <servlet-name>HttpServletRequestInformationenmitdoGet</servlet-name>
  <servlet-class>HttpServletRequestInformationenmitdoGet</servlet-class>
</servlet>
<servlet-mapping>
  <servlet-name>HttpServletRequestInformationenmitdoGet</servlet-name>
  <url-pattern>/HttpServletRequestInformationenmitdoGet</url-pattern>
</servlet-mapping>
<servlet>
  <servlet-name>HttpServletRequestParameterWerte</servlet-name>
  <servlet-class>HttpServletRequestParameterWerte</servlet-class>
</servlet>
<servlet-mapping>
  <servlet-name>HttpServletRequestParameterWerte</servlet-name>
  <url-pattern>/HttpServletRequestParameterWerte</url-pattern>
</servlet-mapping>
<servlet>
  <servlet-name>ServletmitDatum</servlet-name>
  <servlet-class>ServletmitDatum</servlet-class>
</servlet>
<servlet-mapping>
  <servlet-name>ServletmitDatum</servlet-name>
```

```
    <url-pattern>/ServletmitDatum</url-pattern>
</servlet-mapping>
<servlet>
    <servlet-name>ServletmitUhrzeit</servlet-name>
    <servlet-class>ServletmitUhrzeit</servlet-class>
</servlet>
<servlet-mapping>
    <servlet-name>ServletmitUhrzeit</servlet-name>
    <url-pattern>/ServletmitUhrzeit</url-pattern>
</servlet-mapping>
<servlet>
    <servlet-name>GenericServletUnterklasse</servlet-name>
    <servlet-class>GenericServletUnterklasse</servlet-class>
</servlet>
    <servlet-mapping>
    <servlet-name>GenericServletUnterklasse</servlet-name>
    <url-pattern>/GenericServletUnterklasse</url-pattern>
</servlet-mapping>
<servlet>
    <servlet-name>HttpServletUnterklasse</servlet-name>
    <servlet-class>HttpServletUnterklasse</servlet-class>
</servlet>
<servlet-mapping>
     <servlet-name>HttpServletUnterklasse</servlet-name>
     <url-pattern>/HttpServletUnterklasse</url-pattern>
</servlet-mapping>
<servlet>
    <servlet-name>InitialisierungsParameterfuerServletundWebApp
    </servlet-name>
    <servlet-class>InitialisierungsParameterfuerServletundWebApp
    </servlet-class>
<!-- Initialisierungsparameter für das Servlet konfigurieren -->
      <init-param>
         <param-name>configNachricht</param-name>
         <param-value>Nachricht vom Servlet</param-value>
      </init-param>
      <init-param>
         <param-name>configAnzahl</param-name>
         <param-value>3</param-value>
      </init-param>
</servlet>
<servlet-mapping>
    <servlet-name>InitialisierungsParameterfuerServletundWebApp
    </servlet-name>
    <url-pattern>/InitialisierungsParameterfuerServletundWebApp
    </url-pattern>
</servlet-mapping>
<servlet>
    <servlet-name>PageContextundServletContextInstanzen</servlet-name>
```

```
   <jsp-file>/jsp/PageContextundServletContextInstanzen.jsp</jsp-file>
<!--  Initialisierungsparameter für das aus der JSP erzeugte 
Servlet konfigurieren -->
     <init-param>
        <param-name>configNachrichtJSP</param-name>
        <param-value>Nachricht von JSP</param-value>
    </init-param>
    <init-param>
        <param-name>configAnzahlJSP</param-name>
        <param-value>2</param-value>
    </init-param>
</servlet>
<servlet-mapping>
   <servlet-name>PageContextundServletContextInstanzen</servlet-name>
   <url-pattern>/jsp/PageContextundServletContextInstanzen.jsp</url-pat-
tern>
</servlet-mapping>
<servlet>
   <servlet-name>AttributefuerServletundWebApp</servlet-name>
   <servlet-class>AttributefuerServletundWebApp</servlet-class>
</servlet>
<servlet-mapping>
   <servlet-name>AttributefuerServletundWebApp</servlet-name>
   <url-pattern>/AttributefuerServletundWebApp</url-pattern>
</servlet-mapping>
<servlet>
   <servlet-name>HttpServletRequestInformationenmitdoPost</servlet-name>
   <servlet-class>HttpServletRequestInformationenmitdoPost</servlet-
class>
</servlet>
<servlet-mapping>
   <servlet-name>HttpServletRequestInformationenmitdoPost</servlet-name>
   <url-pattern>/HttpServletRequestInformationenmitdoPost</url-pattern>
</servlet-mapping>
<servlet>
   <servlet-name>ParallelitaetvonServlets</servlet-name>
   <servlet-class>ParallelitaetvonServlets</servlet-class>
</servlet>
<servlet-mapping>
   <servlet-name>ParallelitaetvonServlets</servlet-name>
   <url-pattern>/ParallelitaetvonServlets</url-pattern>
</servlet-mapping>
<servlet>
   <servlet-name>FormularDatenimServletErzeugenundLesen</servlet-name>
   <servlet-class>FormularDatenimServletErzeugenundLesen</servlet-class>
</servlet>
<servlet-mapping>
   <servlet-name>FormularDatenimServletErzeugenundLesen</servlet-name>
   <url-pattern>/FormularDatenimServletErzeugenundLesen</url-pattern>
```

```
</servlet-mapping>
<servlet>
  <servlet-name>RequestAttributeundRequestDispatching</servlet-name>
  <servlet-class>RequestAttributeundRequestDispatching</servlet-class>
</servlet>
<servlet-mapping>
  <servlet-name>RequestAttributeundRequestDispatching</servlet-name>
  <url-pattern>/RequestAttributeundRequestDispatching</url-pattern>
</servlet-mapping>
<servlet>
  <servlet-name>RequestEmpfangServlet</servlet-name>
  <servlet-class>RequestEmpfangServlet</servlet-class>
</servlet>
<servlet-mapping>
  <servlet-name>RequestEmpfangServlet</servlet-name>
  <url-pattern>/RequestEmpfangServlet</url-pattern>
</servlet-mapping>
<servlet>
  <servlet-name>AttributemitServletContextListenerSetzen</servlet-name>
  <servlet-class>AttributemitServletContextListenerSetzen
  </servlet-class>
</servlet>
<servlet-mapping>
  <servlet-name>AttributemitServletContextListenerSetzen</servlet-name>
  <url-pattern>/AttributemitServletContextListenerSetzen</url-pattern>
</servlet-mapping>
<servlet>
  <servlet-name>AttributefuerServlet1</servlet-name>
  <servlet-class>AttributefuerServlet1</servlet-class>
</servlet>
<servlet-mapping>
  <servlet-name>AttributefuerServlet1</servlet-name>
  <url-pattern>/AttributefuerServlet1</url-pattern>
</servlet-mapping>
<servlet>
  <servlet-name>AttributefuerServlet2</servlet-name>
  <servlet-class>AttributefuerServlet2</servlet-class>
</servlet>
<servlet-mapping>
  <servlet-name>AttributefuerServlet2</servlet-name>
  <url-pattern>/AttributefuerServlet2</url-pattern>
</servlet-mapping>
<servlet>
  <servlet-name>ServletPfadnamen</servlet-name>
  <servlet-class>ServletPfadnamen</servlet-class>
</servlet>
<servlet-mapping>
  <servlet-name>ServletPfadnamen</servlet-name>
  <url-pattern>/ServletPfadnamen/*</url-pattern>
```

```
</servlet-mapping>
<servlet>
   <servlet-name>DynamischeErrorPage</servlet-name>
   <servlet-class>DynamischeErrorPage</servlet-class>
</servlet>
<servlet-mapping>
   <servlet-name>DynamischeErrorPage</servlet-name>
   <url-pattern>/DynamischeErrorPage</url-pattern>
</servlet-mapping>
<servlet>
   <servlet-name>HttpResponseHeaderRefresh</servlet-name>
   <servlet-class>HttpResponseHeaderRefresh</servlet-class>
</servlet>
<servlet-mapping>
   <servlet-name>HttpResponseHeaderRefresh</servlet-name>
   <url-pattern>/HttpResponseHeaderRefresh</url-pattern>
</servlet-mapping>
<servlet>
  <servlet-name>HttpResponseHeaderRefreshmitURL</servlet-name>
  <servlet-class>HttpResponseHeaderRefreshmitURL</servlet-class>
</servlet>
<servlet-mapping>
   <servlet-name>HttpResponseHeaderRefreshmitURL</servlet-name>
   <url-pattern>/HttpResponseHeaderRefreshmitURL</url-pattern>
</servlet-mapping>
<servlet>
   <servlet-name>HttpResponseHeaderundStatusCode</servlet-name>
   <servlet-class>HttpResponseHeaderundStatusCode</servlet-class>
</servlet>
<servlet-mapping>
   <servlet-name>HttpResponseHeaderundStatusCode</servlet-name>
   <url-pattern>/HttpResponseHeaderundStatusCode</url-pattern>
</servlet-mapping>
<servlet>
   <servlet-name>ServletmitMIMEType</servlet-name>
   <servlet-class>ServletmitMIMETypeDefinitionen</servlet-class>
</servlet>
<servlet-mapping>
   <servlet-name>ServletmitMIMEType</servlet-name>
   <url-pattern>/ServletmitMIMEType</url-pattern>
</servlet-mapping>
<servlet>
   <servlet-name>ServletmitStatusCode</servlet-name>
   <servlet-class>ServletmitStatusCodeDefinitionen</servlet-class>
</servlet>
<servlet-mapping>
   <servlet-name>ServletmitStatusCode</servlet-name>
   <url-pattern>/ServletmitStatusCode</url-pattern>
</servlet-mapping>
```

```
<servlet>
  <servlet-name>ServletmitResponseHeader</servlet-name>
  <servlet-class>ServletmitResponseHeaderDefinitionen</servlet-class>
</servlet>
<servlet-mapping>
  <servlet-name>ServletmitResponseHeader</servlet-name>
  <url-pattern>/ServletmitResponseHeader</url-pattern>
</servlet-mapping>
<servlet>
  <servlet-name>HttpSessionundAttribute</servlet-name>
  <servlet-class>HttpSessionundAttribute</servlet-class>
</servlet>
<servlet-mapping>
  <servlet-name>HttpSessionundAttribute</servlet-name>
  <url-pattern>/HttpSessionundAttribute</url-pattern>
</servlet-mapping>
<servlet>
  <servlet-name>HttpSessionundCookies</servlet-name>
  <servlet-class>HttpSessionundCookies</servlet-class>
</servlet>
<servlet-mapping>
  <servlet-name>HttpSessionundCookies</servlet-name>
  <url-pattern>/HttpSessionundCookies</url-pattern>
</servlet-mapping>
<servlet>
  <servlet-name>HttpSessionundURLRewriting</servlet-name>
  <servlet-class>HttpSessionundURLRewriting</servlet-class>
</servlet>
<servlet-mapping>
  <servlet-name>HttpSessionundURLRewriting</servlet-name>
  <url-pattern>/HttpSessionundURLRewriting</url-pattern>
</servlet-mapping>
<servlet>
  <servlet-name>BuchKatalog</servlet-name>
  <servlet-class>BuchKatalog</servlet-class>
</servlet>
<servlet-mapping>
  <servlet-name>BuchKatalog</servlet-name>
  <url-pattern>/BuchKatalog</url-pattern>
</servlet-mapping>
<servlet>
  <servlet-name>BuchBestellung</servlet-name>
  <servlet-class>BuchBestellung</servlet-class>
</servlet>
<servlet-mapping>
  <servlet-name>BuchBestellung</servlet-name>
  <url-pattern>/BuchBestellung</url-pattern>
</servlet-mapping>
<servlet>
```

```
    <servlet-name>BuchKatalogServlet</servlet-name>
    <servlet-class>BuchKatalogServlet</servlet-class>
  </servlet>
  <servlet-mapping>
    <servlet-name>BuchKatalogServlet</servlet-name>
    <url-pattern>/BuchKatalogServlet</url-pattern>
  </servlet-mapping>
  <servlet>
    <servlet-name>BuchBestellungServlet</servlet-name>
    <servlet-class>BuchBestellungServlet</servlet-class>
  </servlet>
  <servlet-mapping>
    <servlet-name>BuchBestellungServlet</servlet-name>
    <url-pattern>/BuchBestellungServlet</url-pattern>
  </servlet-mapping>
  <servlet>
    <servlet-name>SuchenimWeb</servlet-name>
    <servlet-class>SuchenimWeb</servlet-class>
  </servlet>
  <servlet-mapping>
    <servlet-name>SuchenimWeb</servlet-name>
    <url-pattern>/SuchenimWeb</url-pattern>
  </servlet-mapping>
  <servlet>
    <servlet-name>CookiesSetzen</servlet-name>
    <servlet-class>CookiesSetzen</servlet-class>
  </servlet>
  <servlet-mapping>
    <servlet-name>CookiesSetzen</servlet-name>
    <url-pattern>/CookiesSetzen</url-pattern>
  </servlet-mapping>
  <servlet>
    <servlet-name>CookiesLesen</servlet-name>
    <servlet-class>CookiesLesen</servlet-class>
  </servlet>
  <servlet-mapping>
    <servlet-name>CookiesLesen</servlet-name>
    <url-pattern>/CookiesLesen</url-pattern>
  </servlet-mapping>
  <servlet>
    <servlet-name>ServletToJsp</servlet-name>
    <servlet-class>paket2.ServletBsp1</servlet-class>
  </servlet>
  <servlet-mapping>
    <servlet-name>ServletToJsp</servlet-name>
    <url-pattern>/Servlet1</url-pattern>
  </servlet-mapping>
  <servlet>
    <servlet-name>ServletToServlet1</servlet-name>
```

```
  <servlet-class>paket2.ServletBsp2</servlet-class>
</servlet>
<servlet-mapping>
  <servlet-name>ServletToServlet1</servlet-name>
  <url-pattern>/Servlet2</url-pattern>
</servlet-mapping>
<servlet>
  <servlet-name>ServletToServlet2</servlet-name>
  <servlet-class>paket2.ServletBsp3</servlet-class>
</servlet>
<servlet-mapping>
  <servlet-name>ServletToServlet2</servlet-name>
  <url-pattern>/Servlet3</url-pattern>
</servlet-mapping>
<servlet>
  <servlet-name>ServletmitBeanundJSP</servlet-name>
  <servlet-class>paket3.Servlet</servlet-class>
</servlet>
<servlet-mapping>
  <servlet-name>ServletmitBeanundJSP</servlet-name>
  <url-pattern>/ServletmitBeanundJSP</url-pattern>
</servlet-mapping>
<servlet>
  <servlet-name>ServletmitCookies</servlet-name>
  <servlet-class>paket3.CookiesundRequestAttributeSetzen</servlet-class>
</servlet>
<servlet-mapping>
  <servlet-name>ServletmitCookies</servlet-name>
  <url-pattern>/ServletmitCookies</url-pattern>
</servlet-mapping>
<servlet>
  <servlet-name>BuchBestellungNeu</servlet-name>
  <servlet-class>paket4.BuchBestellung</servlet-class>
</servlet>
<servlet-mapping>
  <servlet-name>BuchBestellungNeu</servlet-name>
  <url-pattern>/BuchBestellungNeu</url-pattern>
</servlet-mapping>
<servlet>
  <servlet-name>BuchBestellungmitJSPBuchKatalog</servlet-name>
  <servlet-class>paket4.BuchBestellungmitJSPBuchKatalog</servlet-class>
</servlet>
<servlet-mapping>
  <servlet-name>BuchBestellungmitJSPBuchKatalog</servlet-name>
  <url-pattern>/BuchBestellungmitJSPBuchKatalog</url-pattern>
</servlet-mapping>
<servlet>
<servlet-name>ServletmitDBZugriff</servlet-name>
  <servlet-class>paket5.ServletmitDBZugriff</servlet-class>
```

```
<!-- Initialisierungsparameter für das Servlet konfigurieren -->
    <init-param>
      <param-name>DBTreiber</param-name>
      <param-value>com.mysql.jdbc.Driver</param-value>
    </init-param>
    <init-param>
      <param-name>DBUrl</param-name>
      <param-value>jdbc:mysql://localhost/webbesucher</param-value>
    </init-param>
    <init-param>
      <param-name>DBUser</param-name>
      <param-value>root</param-value>
    </init-param>
    <init-param>
      <param-name>DBPasswort</param-name>
      <param-value>manager</param-value>
    </init-param>
</servlet>
<servlet-mapping>
  <servlet-name>ServletmitDBZugriff</servlet-name>
  <url-pattern>/ServletmitDBZugriff</url-pattern>
</servlet-mapping>
<servlet>
  <servlet-name>ServletmitDBAdministration</servlet-name>
  <servlet-class>paket5.ServletmitDBAdministration</servlet-class>
<!-- Initialisierungsparameter für das Servlet konfigurieren -->
    <init-param>
      <param-name>DBTreiber</param-name>
      <param-value>com.mysql.jdbc.Driver</param-value>
    </init-param>
    <init-param>
      <param-name>DBUrl</param-name>
      <param-value>jdbc:mysql://localhost/webbesucher</param-value>
    </init-param>
    <init-param>
      <param-name>DBUser</param-name>
      <param-value>root</param-value>
    </init-param>
    <init-param>
      <param-name>DBPasswort</param-name>
      <param-value>manager</param-value>
    </init-param>
</servlet>
<servlet-mapping>
  <servlet-name>ServletmitDBAdministration</servlet-name>
  <url-pattern>/ServletmitDBAdministration</url-pattern>
</servlet-mapping>
<servlet>
  <servlet-name>ServletmitDBZugriffundJavaBeans</servlet-name>
```

```
  <servlet-class>paket5.ServletmitDBZugriffundJavaBeans</servlet-class>
</servlet>
<servlet-mapping>
  <servlet-name>ServletmitDBZugriffundJavaBeans</servlet-name>
  <url-pattern>/ServletmitDBZugriffundJavaBeans</url-pattern>
</servlet-mapping>

</web-app>
```

Programmausgaben

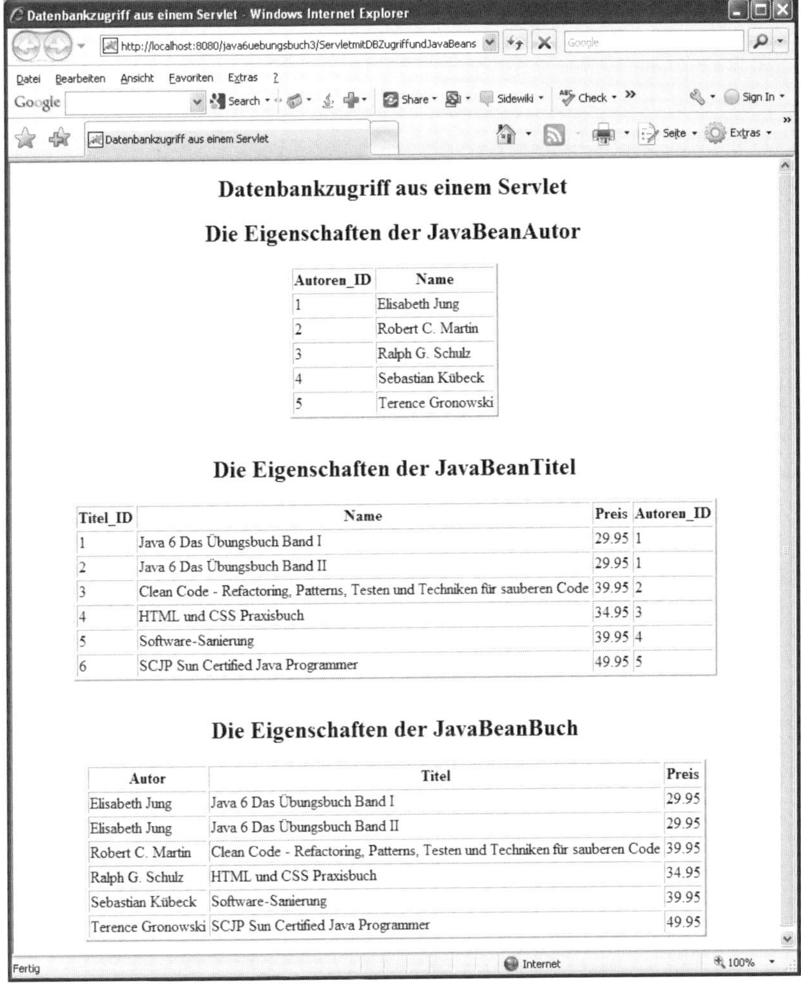

Datenbankzugriff aus einem Servlet

Die Eigenschaften der JavaBeanAutor

Autoren_ID	Name
1	Elisabeth Jung
2	Robert C. Martin
3	Ralph G. Schulz
4	Sebastian Kübeck
5	Terence Gronowski

Die Eigenschaften der JavaBeanTitel

Titel_ID	Name	Preis	Autoren_ID
1	Java 6 Das Übungsbuch Band I	29.95	1
2	Java 6 Das Übungsbuch Band II	29.95	1
3	Clean Code - Refactoring, Patterns, Testen und Techniken für sauberen Code	39.95	2
4	HTML und CSS Praxisbuch	34.95	3
5	Software-Sanierung	39.95	4
6	SCJP Sun Certified Java Programmer	49.95	5

Die Eigenschaften der JavaBeanBuch

Autor	Titel	Preis
Elisabeth Jung	Java 6 Das Übungsbuch Band I	29.95
Elisabeth Jung	Java 6 Das Übungsbuch Band II	29.95
Robert C. Martin	Clean Code - Refactoring, Patterns, Testen und Techniken für sauberen Code	39.95
Ralph G. Schulz	HTML und CSS Praxisbuch	34.95
Sebastian Kübeck	Software-Sanierung	39.95
Terence Gronowski	SCJP Sun Certified Java Programmer	49.95

Webapplikationen

4.1 Die MVC-Architektur von Webapplikationen

Nachdem die Technologie von Servlets eingeführt wurde, musste man feststellen, dass das Erstellen von HTML-Seiten mit Servlets nicht gerade einfach ist. Das Integrieren von Anwendungslogik (siehe Unterkapitel 3.5), Präsentation und Steuerung in dasselbe Servlet führte oft zu Unübersichtlichkeit, was wiederum eine Weiterentwicklung von Webapplikationen und deren Ergänzung durch neue Komponenten schwierig machte.

Als Antwort darauf und um die Arbeit für Webdesigner einfacher zu gestalten, wurden JSP-Seiten eingeführt, die reinen HTML-Code enthalten können. Mit JSP-Aktionen wurden Anwendungsobjekte (JavaBean-Objekte) eingebunden, um mit deren Eigenschaften und Methoden auf die in einem Modell hinterlegten Daten zugreifen zu können, und Scriptlets für die Integration von Java-Code benutzt. So konnten auch ohne Servlets dynamische Webseiten generiert werden und daraus entwickelte sich die so genannte MVC-1-Architektur, die beschreibt, dass Datenhaltung, Anwendungslogik und Präsentation in einer JSP-Seite anzusiedeln sind.

Nur ließ sich auch damit nach geraumer Zeit feststellen, dass diese Architektur nur für kleinere Applikationen, die eine eingeschränkte Anzahl von Anforderungen zu bearbeiten haben, ausreichend ist. JSP-Seiten wurden bei komplexer Anwendungslogik unüberschaubar, auch wenn durch die Verwendung von Expression Language (EL) und Tag-Bibliotheken (wie die JSTL) eine direkte Einbindung von Java-Code vermieden werden konnte. Das konzeptionelle Grundproblem der Vermischung von Funktionalität und Präsentation blieb weiter bestehen und es wurde nach einem neuen Konzept gesucht, das die einzelnen Komponenten klarer voneinander abgrenzt und sowohl Servlets als auch JSP-Seiten gleichermaßen einbindet.

Die so entstandene MVC-2-Architektur übergibt das Managen des gesamten Applikationsflusses an ein oder mehrere Servlets, die den Controller-Zweig einer Webapplikation bilden. Die Servlets lesen beim Starten Werte, die als Initialisierungsparameter für Anfragen und Context im DD konfiguriert wurden, vom Benutzer als Anfrageparameter im Servlet-Aufruf übergeben wurden oder vom Viewer über das Einlesen von Formulardaten in Anfrageparameter hinterlegt wurden. Sie übergeben diese Werte im Konstruktoraufruf von Anwendungsobjekten vom Typ einer JavaBean und holen sich die angeforderten Ergebnisse aus dem Modell, indem sie Methoden von Datenbankzugriffsmodulen aufrufen, um Modelldaten abzuändern und/oder auszuwerten. Die vom Modell abgeholte Antwort wird vom Servlet als Attribut für einen der Gültigkeitsbereiche (Scopes) der

Webapplikation gesetzt, um anderen Komponenten den Zugriff darauf zu vereinfachen, wie z.B. JSP-Seiten, die für die Präsentation aufgerufen werden.

Die MVC-2-Architektur hat sich schnell in der Programmierung von Web-Komponenten, wie Servlets und JavaServer Pages, durchgesetzt. Ein Modell kann von mehreren Webapplikationen gleichzeitig benutzt werden oder auch von anderen Anwendungen, die ebenfalls eine MVC-Architektur aufweisen können, wie z.B. eine grafische Benutzeroberfläche für die Verwaltung eines Datenbanksystems.

Wie in Unterkapitel 3.3 bereits erwähnt wurde, ist das Eröffnen einer Datenbankverbindung ein sehr zeitaufwendiger Prozess, der nicht ohne Auswirkung auf die Performance einer Applikation bleibt. Diesem Verhalten kann durch den Einsatz eines so genannten Datenbank-Connection-Pools entgegengewirkt werden. Die `Connection`-Objekte, die von solch einem Pool verwaltet werden, können von allen Besuchern einer Webapplikation gemeinsam benutzt werden. Wir werden in unseren Ausführungen auf solch einen Pool verzichten, wollen aber darauf hinweisen, dass in Tomcat 6 der Datenbank-Connection-Pool aus dem Apache-Jakarta-Commons-Projekt eingebaut wurde. Sollte dieser von Ihnen eingesetzt werden, kann er dazu aus dem `lib`-Verzeichnis von Tomcat, wo er mit dem Namen `tomcat-dbcp.jar` eingetragen ist, in das Verzeichnis `jre\lib\ext` des JDK kopiert werden.

Ansonsten sollten bei einem Live-Einsatz von Applikationen die Datenbankverbindungen nach jedem Datenbankzugriff explizit geschlossen werden, um Engpässe auf dem Webserver zu vermeiden. Dazu kann die `close()`-Methode des `Connection`-Interface direkt aufgerufen werden, die sofort eine Datenbankverbindung schließt und alle Ressourcen freigibt, anstatt zu warten, bis diese automatisch vom Java-Garbage-Collector geschlossen bzw. freigegeben werden (siehe Aufgabe 4.12 auf Seite 580 und Aufgabe 4.13 auf Seite 585).

Es gibt mittlerweile mehrere Web-Frameworks wie z.B. JSF (JavaServer Faces), Struts, Wicket etc., die auf der MVC-2-Architektur basieren und dem Programmierer einen großen Teil der Arbeit in der Gestaltung und Erstellung von Webapplikationen abnehmen. Wie auch die Entwicklungsumgebungen von Java sollen diese nicht Bestandteil der Übungsbücher sein, um dem Leser ohne den Einsatz von Hilfsprogrammen die Arbeit mit Servlets und JSP-Seiten und deren Einbettung in Webapplikationen näherzubringen.

4.2 Die Webapplikation chatroom

Für Webapplikationen, die keine allzu großen Sicherheitsanforderungen von der Client-Seite herstellen und deren Arbeitsvorgänge nicht allzu umfangreich sind, kann auf das MVC-1-Modell zurückgegriffen werden. Wir wollen dies anhand einer kleinen Webapplikation demonstrieren, die eine Auswahl von mehreren Chaträumen möglich macht, auch wenn für das Wechseln von einem Chatraum in einen anderen der Besucher sich zunächst abmelden und wieder neu anmelden muss. Wichtig ist uns dabei der geringe Anteil von Code-Zeilen in JSP-Seiten, der es möglich macht, über die im Aufruf übergebenen Parameterwerte den gerade aktuellen Chatraum ausfindig zu machen und so das gezielte Speichern und Abrufen von Daten in (aus) entsprechende(n) Datenbanktabellen unterstützt.

Aufgabe 4.1

Die Webapplikation chatroom mit MVC-1-Architektur

Die hiermit erstellte Webapplikation soll über eine Homepage verfügen, die mit Hilfe eines JSP-Dokuments `index.jspx` generiert wird, und die Präsentation von der Strukturierung von Texten in HTML-Seiten trennen. Erzeugen Sie dazu, analog zu den Aufgaben 2.1 und 2.2 die Stylesheet-Datei `chatroom.css` und binden Sie diese mit dem Tag `<link rel="stylesheet" href="/chatroom/css/chatroom.css" type="text/css"/>` in die JSP-Dokumente der Webapplikation ein.

Die von dieser Webapplikation benutzten Daten sollen in einer Datenbank mit dem Namen `chatroom` abgelegt werden.

Erstellen Sie für das Erzeugen der Datenbank und das Anlegen ihrer Tabellen `chatrooms`, `chat1online`, `chat2online`, `chat3online`, `chat1texte`, `chat2texte` und `chat3texte` ein JSP-Dokument (nach dem Beispiel der Aufgabe 3.13) mit dem Namen `ChatroomTabellenDefinitionen.jspx`.

In der `chatrooms`-Tabelle soll die Spalte `chatname` mit den Einträgen »chat1«, »chat2« und »chat3« für eine Auswahl von Chatrooms definiert werden.

Die `chatxonline`-Tabellen definieren die Spalten `nickname` und `benutzerprofil` und sollen von Anfang an die Testeinträge »chatxbesucher« für `nickname` und »testx« für `benutzerprofil` beinhalten (wobei x=1,2,3).

In die `chatxtexte`-Tabellen (mit einer Spalte `chattext`) werden die von den Besuchern der Chaträume eingegebenen Texte gespeichert.

Bauen Sie zuerst eine Verbindung zu einer existierenden Datenbank auf, um die Datenbank `chatroom` zu erstellen, und gleich im Anschluss eine Verbindung zur neuen Datenbank, um die Tabellen anzulegen. Mit dem JSTL-Tag `<sql:update>` können die Tabellen kreiert werden, falls diese noch nicht existieren, und mit `<sql:query>` immer wieder nach den Einträgen in den Tabellen nachgesehen werden, um die hinzugefügten Einträge zu kontrollieren.

Benutzen Sie für den Zugriff auf die Daten der DB die mit Aufgabe 3.9 definierten JavaBean-Klassen für Verbindungsaufbau, Datenbankänderungen und Datenbankabfragen mit den Namen `JavaBeanfuerDBVerbindung`, `JavaBeanfuerDBAbfrage` und `JavaBeanfuerDBUpdate` und legen Sie diese in einem Unterverzeichnis `javabeans` des Verzeichnisses `WEB-INF\classes` Ihrer Webapplikation ab.

Definieren Sie in der Klasse `JavaBeanfuerDBAbfrage` eine zusätzliche Getter-Methode `getArray2()` zum Anzeigen aller abgerufenen Datenbanksätze aus den

Tabellen chatxonline, um beide Spalteneinträge aus einem Satz der Ergebnismenge zurückgeben zu können.

Das JSP-Dokument index.jspx generiert die Überschrift »Willkommen in der Chatroom-Auswahl« und bindet mit der include-Aktion die Seite ChatRoomAuswahl.jspx ein. In dieser Seite wird ein Formular erzeugt, das eine ComboBox und zwei Formularfelder mit Hilfe von HTML-Tags wie folgt definiert: <select name="raum"><option>...</option>...</select> Dein Name: <input name ="NickName" size="30" /> und Dein Profil: <input name="Profil" size="30" />. Zum Absenden des Formulars wird ein Button mit: <input id="submit" type="submit" value="Chatroom betreten"/> dem Formular hinzugefügt.

Setzen Sie mit JSP-Aktionen die JavaBeans für Verbindungsaufbau und Datenbankabfragen mit den IDs »verbindung« und »abfrage« als Attribute im Page-Scope und gleichzeitig, wie auch in den vorangegangenen Aufgaben, alle Eigenschaftswerte für die JavaBean mit der id="verbindung", so dass dabei alle Setter-Methoden dieser JavaBean gleich am Anfang schon aufgerufen werden.

Ist der Return-Wert der Methode isConnection() der JavaBean JavaBeanfuerDBVerbindung gleich true, wird der Wert der Eigenschaft statement dieser JavaBean ermittelt und dieser zusammen mit dem SQL-String select * from chatrooms für die JavaBean mit der id="abfrage" gesetzt. Ist der Wert der JavaBean-Eigenschaft query gleich true, war das Abrufen von Sätzen aus der Datenbank erfolgreich und es kann über die Sätze der Ergebnismenge iteriert werden, um alle auswählbaren Chaträume in der ComboBox anzuzeigen. Beim Abschicken des Formulars soll das JSP-Dokument ChatFenster.jspx ausgeführt werden, das dafür im action-Attribut angegeben werden muss.

Im JSP-Dokument ChatFenster.jspx wird ein Frameset mit vier Frames erzeugt, in denen die im src-Attribut angegebenen .jspx-Dateien: ChatTextEingabe.jspx, ChatTextAnzeige.jspx, ChatBesucher.jspx und ChatLogout.jspx ausgeführt werden. Achten Sie auf das <body>-Tag, das entfallen muss, damit die Fenster im Browser angezeigt werden, und auf die Parameterübergabe im Aufruf der Seiten, die den ausgewählten Chatraum und die vom Besucher des Chatraums eingegebenen Werte für Nickname und Profil enthalten.

Wie ChatRoomAuswahl.jspx setzen auch diese JSP-Dokumente die JavaBeans für Verbindungsaufbau, Datenbankänderungen und Datenbankabfragen mit den IDs »verbindung«, »update« und »abfrage« als Attribute im Page-Scope und alle Eigenschaftswerte für die JavaBean mit der id="verbindung".

Das Dokument ChatTextEingabe.jspx setzt nach erfolgreichem Verbindungsaufbau zur Datenbank chatroom eine Variable mit dem Wert gleich dem Namen der zum ausgewählten Chatraum zugehörigen Tabelle für Online-Besucher. Alle in dieser Tabelle eingetragenen Nicknamen werden abgerufen und mit dem aktuellen Nicknamen verglichen, um das Anmelden von unterschiedlichen Chatraum-Besuchern mit gleichem Namen zu vermeiden.

Eine Variable mit dem Namen `chatroomURL` und dem Defaultwert `null` wird gesetzt, um die Rückkehr zur Chatraum-Auswahl zu gewährleisten, falls der Nickname zwecks Eindeutigkeit neu gewählt werden muss. In diesem Fall wird der Variablen `chatroomURL` die URL, die das Dokument `ChatRoomAuswahl.jspx` referenziert, für die Rückkehr zur Chatraum-Auswahl zugewiesen und diese im `href`-Attribut eines Hyperlinks eingetragen. Mit der Angabe von `target="_top"` im <a>-Tag kann das Frameset geschlossen werden.

Wurde kein gleicher Name in der zugehörigen Tabelle der Datenbank gefunden, wird der Nickname zusammen mit dem angegebenen Profil des Besuchers in der vorher ermittelten `chatxonline`-Tabelle gespeichert. Gleichzeitig wird ein Formular für die Eingabe des Chattextes erzeugt und der über die Parameterliste übergebene Name des Chatraums als Parameter an das JSP-Dokument `ChatTextSpeichern.jspx` weitergegeben, das beim Abschicken des Formulars ausgeführt wird. Das Formular definiert ein Textfeld für die Eingabe des Chattextes und ein verstecktes Feld, in dem der Nickname weitergegeben wird. Zum Abschicken des Formulars wird ein Button vom Typ `submit` mit dem Namen »Senden« definiert.

Analog zu dieser Vorgehensweise wird im JSP-Dokument `ChatTextSpeichern.jspx` eine Variable, der der Name der zugehörigen Tabelle für Chattexte des ausgewählten Chatraums als Wert zugewiesen wird, gesetzt, um darin einen Satz mit dem Chattext des Besuchers zu speichern.

Diese Seite soll dasselbe Formular wie im aufrufenden JSP-Dokument `ChatTextEingabe.jspx` nochmals anzeigen und wird beim Abschicken des Formulars erneut aufgerufen, um die Eingabe von weiteren Texten, die jedes Mal in der Datenbank hinterlegt werden, zu ermöglichen.

Alle in der einem Chatraum zugehörigen Tabelle `chatxtext` gespeicherten Texte werden mit der Seite `ChatTextAnzeigen.jspx` im Browser angezeigt. Mit Hilfe eines `<meta/>`-Tags wird das zugehörige Fenster alle zehn Sekunden aktualisiert, um einen neu eingegebenen Text aktuell im Browser anzuzeigen.

Im Dokument `ChatBesucher.jspx` wird ebenfalls mit einem `<meta/>`-Tag das zugehörige Fenster jede Minute aktualisiert, um das An- und Abmelden von Chatraum-Besuchern zu protokollieren. In gleicher Art und Weise wie in den anderen Seiten wird auch hier der Name der dem ausgewählten Chatraum zugehörigen Tabelle `chatxonline` für Online-Besucher ermittelt und alle darin eingetragenen Sätze mit dem Nicknamen und Profil von Besuchern im Browser angezeigt.

Beim ersten Aufruf der Seite `ChatLogout.jspx` wird ein Formular für die Anzeige eines Logout-Buttons definiert. Wurde der Logout-Button betätigt, soll nach einem erfolgreichen Verbindungsaufbau zur Datenbank die dem aktuellen Chatraum zugehörige `chatxonline`-Tabelle ausfindig gemacht werden und der dem Besucher entsprechende Satz darin gelöscht werden. Gleichzeitig soll dem Besucher, falls er danach einen neuen Chatraum betreten möchte, über einen Hyperlink die Rückkehr zur Chatraum-Auswahl ermöglicht werden. Dazu muss das Frameset mit der Angabe von `target="_top"` im <a>-Tag geschlossen werden.

Hinweise für die Programmierung:

Das &-Zeichen, das für die Trennung von Parametern im Aufruf von Servlets und JSP-Seiten benutzt wird, muss für JSP-Dokumente durch die XML-Entität & ersetzt werden. Es kann aber auch so nicht in der Parameterliste angegeben werden, darum werden im Lösungsvorschlag zur Aufgabe Variablen mit dem Wert der Parameterliste gesetzt und diese im Aufruf der JSP-Dokumente übergeben: <c:set value='raum=${param.raum}&nickname=${param.NickName} & profil=${param.Profil}' var="parameter"/>.

Die Datei chatroom.css aus dem Lösungsvorschlag zu dieser Aufgabe definiert für die HTML-Überschriften Farben, Ausrichtungen im Dokument und Schriftarten und ähnliche Merkmale für Hyperlinks und Formularelemente. Richten Sie sich danach bei Ihren Überlegungen zur Präsentation von HTML-Seiten.

Achten Sie darauf, dass für eine korrekte Umsetzung von Umlauten der page-Direktive aus dem XML-Vorspann von Dokumenten ein charset-Eintrag hinzugefügt werden muss: contentType="text/html; charset=ISO-8859-1".

Hinweise zur Programmausführung:

Klickt der Chatbesucher beim Verlassen des Chatraums nicht den Logout-Button an und beendet z.B. nur den Browser, wird er nicht in der chatxonline-Tabelle der Datenbank gelöscht und kann sich beim nächsten Mal nicht mehr anmelden. Spätestens bei dieser Feststellung kann der Button aber betätigt werden, oder der Besucher muss sich mit einem anderen Namen anmelden (nur bleibt die Anzeige der Besucher, die »online« sind, damit gefälscht). Auch wenn diese Vorgehensweise als unvollständig erscheint, wird sie in vielen Fällen von im Internet angebotenen Webseiten in ähnlicher Weise benutzt. Über die Definition von zusätzlichen Feldern in den Datenbanktabellen, die z.B. Zeitangaben über das Anmelden von Besuchern und das Speichern von Chattexten beinhalten, können die seit längerer Zeit angemeldeten Besucher herausgeworfen werden bzw. die Anzahl von angezeigten Chattexten auf die zuletzt eingegebenen reduziert werden. Wir wollen uns der Einfachheit halber und um den Umfang an Programmcode in den JSP-Seiten zu reduzieren, nur auf das Wesentliche konzentrieren, damit die Zusammenhänge zwischen den Funktionen einfacher nachzuvollziehen bleiben. Aus demselben Grund wurde auch in dieser ersten etwas umfangreicheren Webapplikation auf Sicherheitsvorkehrungen verzichtet. Dies wird mit den nachfolgenden Beispielen nachgeholt.

Wie beim Testen der Webapplikation festgestellt werden kann, ist es nicht sinnvoll, ohne Abmeldung sich in einen neuen Chatraum einzuloggen, auch wenn die Anwendung diese Möglichkeit bietet, weil mehrere Chaträume nicht parallel betrieben werden können. Dazu müsste jeder der Chaträume seine eigenen Fenster aufmachen, damit zwischen diesen hin und her geschaltet werden kann. Das würde aber dazu führen, dass die Anzahl der JSP-Dokumente, die ähnliche Funktionen ausüben, sich auch vervielfachen würde. Sollte Ihnen eine derartige Lösung eher zusagen, können Sie diese anhand dieses Beispiels erstellen. Die Schwierigkeiten beim Herausfinden der einem Chatraum zugehörigen Tabellen, die in dieser Aufgabe mit Parameterübergaben im Aufruf von JSP-Dokumenten realisiert werden, entfallen dann, weil jeder Chatraum seine eigenen Ressourcen selbst verwalten kann.

Java-Dateien: `JavaBeanfuerDBVerbindung.java`, `JavaBeanfuerDBUpdate.java`, `JavaBeanfuerDBAbfrage.java`

Stylesheet-Definitionsdatei: `chatroom.css`

JSP-Seiten: `index.jspx`, `ChatFenster.jspx`, `ChatRoomAuswahl.jspx`, `ChatTextEingabe.jspx`, `ChatTextAnzeige.jspx`, `ChatTextSpeichern.jspx`, `ChatBesucher.jspx`, `ChatLogout.jspx`, `ChatroomTabellenDefinitionen.jspx`

Programmaufrufe: Im Webbrowser durch Eingabe von `http://localhost:8080/chatroom/jsp/index.jspx`

4.3 Die Webapplikation ebookshop

Die Funktionalität des Webshops für Bucheinkäufe aus Aufgabe 3.13 soll weiter ausgebaut werden, indem über eine neue Funktion »Zur Kasse« das Erteilen von Kundenaufträgen und Verschicken von Rechnungen nachgestellt wird und ein Controller-Servlet zum Einsatz kommt, das den Aufruf von einzelnen JSP-Seiten koordiniert. Datenbankzugriffe sollen nach wie vor in JavaBeans ausgelagert werden. So werden Daten und Anwendungslogik im Modell (Datenbank und JavaBeans) untergebracht, die Schnittstelle zum User über JSP-Seiten realisiert (die die Viewer-Komponente bilden) und das Handling von Client-Anfragen einem Controller-Servlet überlassen. Die vom Servlet aus angesteuerten JSP-Seiten arbeiten interaktiv mit dem Datenbanksystem, indem sie auf diese Daten in Form von JavaBeans mit Hilfe von JSP-Aktionen zugreifen.

Die so aufgebaute MVC-Architektur, die in der Java-Literatur auch als MVC-1.5-Architektur bezeichnet wird, ist als Übergang von der MVC-1-Architektur zur MVC-2-Architektur in Webapplikationen zu sehen.

Aufgabe 4.2

Ein Buchverkaufs-Shop mit MVC-1.5-Architektur und Programmcode in der Standard-JSP-Syntax

Die hiermit erstellte Webapplikation soll über eine Homepage, die mit der Seite `index.jsp` generiert wird, verfügen und wie auch in Aufgabe 4.1 auf Seite 549 die Präsentation von der Strukturierung von Texten in HTML-Dokumenten trennen. Erzeugen Sie dazu analog zu dieser Aufgabe die Stylesheet-Datei `ebookshop.css` und binden Sie diese über das Tag `<link rel="stylesheet" href="/ ebookshop/css/ebookshop.css" type="text/css"/>` in alle JSP-Seiten ein.

Die Servlet-Klasse `EBookShopServlet` überschreibt die `init()`-Methode ihrer Oberklasse `HttpServlet` und liest in dieser die für das Servlet im DD konfigurierten Initialisierungsparameter, die die URLs, die auf das Servlet und die benutzten Image-Dateien verweisen, relativ zum Context der Webapplikation spezifizieren. Setzen Sie diese als Attribute für den Context-Scope mit den Namen »ContextURL« und »ImageURL«, damit alle Komponenten der Webapplikation darauf zugreifen können.

In der überschriebenen `doPost()`-Methode werden die URLs, die zeigen, wo die JSP-Seiten zu finden sind, relativ zum Context der Webapplikation spezifiziert. (Diese werden nur von hier aus aufgerufen und brauchen nicht als Attribute gesetzt zu werden.)

Zum Koordinieren des Aufrufs von JSP-Seiten soll der Request-Parameter mit dem Namen `jspparam`, der als verstecktes Feld in allen Eingabeformularen definiert wird, benutzt werden. Dessen Wert wird auch in den Hyperlinks von JSP-Seiten gesetzt, damit ihn das Servlet, das ihn mit der Methode `getParameter()` am impliziten `request`-Objekt ermittelt, auswerten kann.

Leiten Sie die vom Client an das Servlet gerichtete Anfrage mit einer `RequestDispatcher`-Instanz weiter, die vom ServletContext abgeholt werden kann.

Im `jspparam`-Parameter werden die Werte »ebookCatalog«, »ebookSelection«, »ebookShoppingCart« und »ebookCashBox« zugewiesen, hinter denen sich die Aufrufe der JSP-Seiten `EBookCatalog.jsp`, `EBookSelection.jsp`, `EBookShoppingCart.jsp` und `EBookCashBox.jsp` verbergen.

Die JSP-Seite `index.jsp` generiert die Überschrift »Willkommen im Buchverkaufs-Shop« und bindet mit der `include`-Aktion die Seiten `JSPfuerBuchKatalog.jsp`, `JSPfuerBuecherKorb.jsp` und `JSPfuerWerbung.jsp` ein. In der ersten dieser beiden Seiten wird ein Formular erzeugt, das ein verstecktes Feld definiert, in dem der Wert des Request-Parameters `jspparam` gleich »ebookCatalog« gesetzt wird. Außerdem enthält es einen Button zum Abschicken des Formulars mit der Beschriftung »Buchkatalog anzeigen«. Die zweite Seite liest in einem JSP-Scriptlet die Context-Attribute für die Webapplikation, in denen der ServletContext-Pfad und die URL zum Auffinden von Image-Dateien hinterlegt wurden, und ruft das Controller-Servlet über einen Hyperlink auf, indem der URL der `jspparam`-Parameter mit dem Wert »ebookShoppingCart« hinzugefügt wird. Zeigen Sie im Hyperlink zusätzlich zur Überschrift »Bücherkorb« eine Image-Datei wie `buecherkorb.gif` (siehe den Lösungsvorschlag zur Aufgabe) an, die einen Warenkorb darstellt. Die dritte JSP-Seite ermittelt ebenfalls die URL zum Auffinden von Image-Dateien und benutzt das `<div>`-Tag, um die für den Buchkatalog benutzten Image-Dateien für deren Anzeige im Browser einzubinden. Über einen Hyperlink soll auf die vom Verlag bereitgestellten Detailseiten zu den von Ihnen ausgewählten Büchern verzweigt werden, die in einem neuen Fenster eröffnet werden können.

Die JSP-Seite `EBookCatalog.jsp` wird durch ein geringfügiges Abändern der Seite `BuchKatalogmitDBundJavaBeans.jsp` aus Aufgabe 3.13 erstellt. Sie liest in einem Scriptlet den Wert der im Controller-Servlet gesetzten Attribute für den Context-Scope, fügt dem anzuzeigenden Formular ein verstecktes Feld hinzu, das den Wert des Request-Parameters `jspparam` gleich »ebookSelection« setzt, und als weiteres Feld die zu jedem Buch passende Image-Datei. Über einen Hyperlink soll die Rückkehr zur Homepage der Webapplikation gewährleistet werden.

Das JSP-Scriptlet der JSP-Seite `EBookSelektion.jsp` ermittelt den im Buchkatalog-Formular übergebenen Wert der `titel_ID` aus der Tabelle `titel` der Datenbank `buchkatalog` wie in der Seite `BuchBestellungmitDBundJavaBeans.jsp`. Anders als diese bestimmt sie den Wert der Session-ID über den Zugriff auf das Context-Attribut mit dem Namen »SessionID«, um die `titel_ID` als `buch_ID` zusammen mit der `session_ID` in der Tabelle `bestellungen` der Datenbank zu speichern. Der Wert des Attributs »ContextURL«, der ebenfalls in diesem Scriptlet ermittelt werden soll, dient der Rückkehr zum Controller-Servlet, um damit Verzweigungen zur Homepage, zum Buchkatalog und zum Bücherkorb vornehmen zu können.

Die JSP-Seite `EBookShoppingCart.jsp` ersetzt die Seite `BesucherListenmitDBundJavaBeans.jsp` aus Aufgabe 3.13, wobei sie im Gegensatz zu dieser die Session-ID und die ServletContext-URL wie in der Seite `EBookSelection.jsp` ermittelt. Drei Hyperlinks dienen der Verzweigung zur Homepage, zum Buchkatalog und zur Kasse.

Für die Durchführung von Kundenaufträgen und Erstellen eines Eingabeformulars für Kundendaten wird die JSP-Seite `EBookCashBox.jsp` erstellt. Diese generiert eine HTML-Seite, die zur Anzeige eines Formulars für die Eingabe der Adresse (über die Eingabefelder Name, Straße und Ort) des Kunden dienen soll. Beim Abschicken des Formulars soll dieselbe Seite nochmals aufgerufen werden. Ist der Wert der Formularfelder verschieden von `null` (das kann wie immer über die Werte von Anfrage-Parametern geprüft werden), sollen die vom Kunden bestellten Bücher und seine Adresse im Browser zusammen mit der Meldung: »Die Rechnung wird an Ihre Adresse verschickt« angezeigt werden. Die Kundenadresse soll zusammen mit der zugehörigen Session-ID und einer Auftrags-Nummer in einer neuen Datenbanktabelle `kundendaten` für eventuelle spätere Auswertungen geschrieben werden.

Die Tabelle `kundendaten` soll mit folgender Spaltendefinition: `create table if not exists kundendaten(auftrags_ID int auto_increment not null, kundenname varchar(50), strasse varchar(50), ort varchar(50), session_ID varchar(255), primary key (auftrags_ID))` mit der JSP-Seite `BuchkatalogTabellenDefinitionen.jsp`, die die Seite `BuchkatalogTabelleBestellungen.jsp` aus Aufgabe 3.13 ergänzt, in der Datenbank `buchkatalog` abgelegt werden. Erweitern Sie diese JSP-Seite auch um die Anzeige der in dieser Tabelle gespeicherten Werte.

Für den Zugriff auf die Sätze der Tabelle `kundendaten` wird eine JavaBean-Klasse `JavaBeanfuerKunden` erstellt. Diese definiert die Eigenschaften `kundenName`, `strasse`, `ort`, `session` und `kundenDaten`.

In der Methode getKundenDaten() wird eine Verbindung zur Datenbank buchkatalog aufgebaut, um einen Satz mit den in der JSP-Seite EBookCashBox.jsp gesetzten Werten für die Eigenschaften kundenName, strasse, ort und session zu speichern.

Damit derselbe Kundenauftrag nicht zweimal gespeichert wird, soll im Vorhinein eine Abfrage auf die Tabelle kundendaten erfolgen, wobei nach dem Kundennamen und der zugehörigen Session-ID gesucht wird. Ist ein solcher Satz schon vorhanden, muss dieser vor dem Einfügen eines neuen Satzes für denselben Kunden gelöscht werden.

Auch von dieser JSP-Seite aus soll eine Rückkehr zu den anderen JSP-Seiten aus dieser Aufgabe gewährleistet werden.

Zur Auswertung von Einträgen der Kundentabelle, die verschiedenen Statistiken dienen können, soll die JSP-Seite EBookOrder.jsp erstellt werden. Mit JSTL-Tags soll in dieser JSP-Seite der Datenbanktreiber geladen werden, eine Verbindung zur Datenbank buchkatalog aufgebaut werden und Tabellen-übergreifende Abfragen durchgeführt werden.

Es soll eine HTML-Tabelle mit der Überschrift Kundenname, Straße, Ort, Titel, Autor und Preis, die alle Kundenaufträge beinhaltet, im Browser angezeigt werden. Rufen Sie dazu in drei verschachtelten forEach-Schleifen alle in der Tabelle kundendaten gespeicherten Sätze nacheinander ab und ermitteln Sie für jeden einzelnen Satz die buch_ID aus der Tabelle bestellungen, die der session_ID aus dem eingelesenen Satz aus der Tabelle kundendaten entspricht. Über die buch_ID wird der zugehörige Autor und Titel aus den Tabellen autoren und titel abgerufen und danach werden alle so ermittelten Daten in einer Zeile der HTML-Tabelle angezeigt.

Hinweise für die Programmierung:

In vielen Webapplikationen wird in den Servlets die doGet()-Methode überschrieben und daraus die ebenfalls überschriebene doPost()-Methode der Oberklasse aufgerufen, weil die Länge von übertragenen Daten damit nicht eingeschränkt wird (siehe Unterkapitel 1.10). Die doGet()-Methode muss immer überschrieben werden, wenn ein Servlet über die Adresszeile des Browsers aufgerufen wird, weil diese dabei standardmäßig ausgeführt wird.

In der JSP-Seite EBookSelection.jsp kann der SQL-Befehl: insert into bestellungen values('"+sessionID+"','"+buchID+"') wegen seiner Schreibweise nicht über die setProperty-Aktion ausgeführt werden, weshalb wir dazu die Methoden der JavaBean direkt aufrufen.

Dadurch, dass die JSP-Seiten JSPfuerBuchKatalog.jsp, JSPfuerBuecherKorb.jsp und JSPfuerWerbung.jsp mit der include-Direktive in die Seite index.jsp eingebunden werden, brauchen diese die <html>- und <body>-Tags nicht mehr zu beinhalten.

Eine Sitzung für einen Client, die durch ein `HTTPSession`-Objekt repräsentiert wird, kann über den Aufruf der Methode `getSession()` an der `HttpRequest`-Instanz ermittelt werden (siehe Unterkapitel 1.7).

Hinweise zur Programmausführung:

Wie auch schon in Aufgabe 4.1 auf Seite 549 vermerkt wurde, kann über die Definition von zusätzlichen Feldern in den Datenbanktabellen, die z.B. für Zeitangaben benutzt werden, das Löschen von Einträgen, die nicht mehr aktuell sind, erfolgen, um die Kapazität der eingerichteten Tabellen nicht zu überschreiten.

Java-Dateien: `EBookShopServlet.java`, `BuecherKorbmitDBZugriff.java`, `JavaBeanfuerDBVerbindung.java`, `JavaBeanfuerDBUpdate.java`, `JavaBeanfuerDBAbfrage.java`, `JavaBeanfuerKunden.java`

Stylesheet-Definitionsdatei: `ebookshop.css`

JSP-Seiten: `index.jsp`, `JSPfuerBuchKatalog.jsp`, `JSPfuerBuecherKorb.jsp`, `EBookCatalog.jsp`, `EBookSelection.jsp`, `EBookShoppingCart.jsp`, `EBookCashBox.jsp`, `EBookOrder.jsp`, `BuchkatalogTabellenDefinitionen.jsp`

Programmaufrufe: Im Webbrowser durch Eingabe des gemappten Servletnamens
`http://localhost:8080/ebookshop/EBookShopServlet`
`http://localhost:8080/ebookshop/jsp/EBookOrder.jsp`
`http://localhost:8080/ebookshop/jsp/BuchkatalogTabellenDefinitionen.jsp`

Aufgabe 4.3

Ein Buchverkaufs-Shop mit MVC-1.5-Architektur und Programmcode in XML-Syntax

Ohne irgendetwas an Funktionalitäten und Anzeigen im Browser abzuändern, sollen alle JSP-Seiten aus der vorigen Aufgabe in gleichnamige JSP-Dokumente mit der Endung `.jspx` abgeändert werden. Ersetzen Sie dabei alle Scriptlets durch benutzerdefinierte Tags, indem Sie eigene definieren oder die in den JSTL-Bibliotheken schon vorhandenen benutzen.

Aus Testzwecken wird die Klasse `EBookShopServlet` in `EBookServlet` umbenannt.

Hinweise für die Programmierung:

Achten Sie darauf, dass der Dokumentenvorspann abgeändert werden muss, um XML-konforme Dokumente zu erzeugen, deren XHTML-Syntax von Tomcat strengstens überprüft wird (siehe Aufgabe 4.1 auf Seite 549).

Setzen Sie den Wert des im DD definierten Initialisierungsparameters, der die URL, die auf das Servlet verweist, spezifiziert, als Attribut für den Context-Scope diesmal mit den Namen »EBookContextURL«. Damit vermeiden wir Verwechslungen, weil es um die gleiche Webapplikation wie in Aufgabe 4.2 auf Seite 553 geht.

Java-Dateien: `EBookServlet.java`, `BuecherKorbmitDBZugriff.java`, `JavaBeanfuerDBVerbindung.java`, `JavaBeanfuerDBUpdate.java`, `JavaBeanfuerDBAbfrage.java`, `JavaBeanfuerKunden.java`

Stylesheet-Definitionsdatei: `ebookshop.css`

JSP-Seiten: `index.jspx`, `JSPfuerBuchKatalog.jspx`, `JSPfuerBuecherKorb.jspx`, `JSPfuerWerbung.jspx`, `EBookCatalog.jspx`, `EBookSelection.jspx`, `EBookShoppingCart.jspx`, `EBookCashBox.jspx`, `EBookOrder.jspx`

Programmaufrufe: Im Webbrowser durch Eingabe des gemappten Servletnamens
`http://localhost:8080/ebookshop/EBookServlet`
`http://localhost:8080/ebookshop/jsp/EBookOrder.jspx`
`http://localhost:8080/ebookshop/jsp/BuchkatalogTabellenDefinitionen.jspx`

4.4 Das Deployment (die Verteilung) von Webapplikationen

Jede Webapplikation besitzt ein Wurzelverzeichnis, das auch als »document root directory«, oder einfach Document-Root, bezeichnet wird und damit ist das Verzeichnis gemeint, das den Namen der Applikation trägt, wie `java6uebungsbuch3`, `chatroom` oder `ebookshop`. Ein »document root directory« muss dem Verzeichnis `webapps` von Tomcat direkt untergeordnet werden. Alle anderen Verzeichnis- und Dateinamen müssen wiederum dem Wurzelverzeichnis der Applikation untergeordnet werden, wie schon in Kapitel 1 gezeigt wurde.

Zur Wiederholung sei erwähnt, dass das Verzeichnis `WEB-INF\classes` seinerseits das Wurzelverzeichnis für alle Java-Klassendateien definiert, die nicht in JAR-Files enthalten sind, und dass dieses ein direktes Unterverzeichnis der »document root« sein muss. Wie wir nun auch schon des Öfteren vorgegangen sind, kann dieses Verzeichnis in Pakete unterteilt werden, um eine Strukturierung von Klassen nach Themengebieten zu erlangen. Darin können, müssen aber nicht, auch die entsprechenden `.java`-Dateien abgelegt werden. Zwingend ist, dass darin der Deployment Descriptor (als `web.xml`) abgelegt wird. In der Praxis dürfen aus Gründen der Sicherheit die `.java`-Dateien nicht in diesem Verzeichnis abgelegt werden.

Ebenfalls unter `WEB-INF` können Verzeichnisse wie `tlds, tags` und `lib` angelegt werden, um Taglib-Deskriptor-Dateien (mit der Erweiterung `.tlds`), Tag-Files (`.tag`) und JAR-Files für die Webapplikation reinzustellen.

`.html`-, `.jsp`- (bzw. `.jspx`-) und `.css`-Dateien können direkt im »root directory« untergebracht werden. Des Öfteren werden Letztere jedoch in weitere Unterverzeichnisse von diesem, mit den Namen `jsp` bzw. `css`, abgelegt.

Um Klassen mit Hilfe eines JAR-Files für die Webapplikation zur Verfügung zu stellen, kann dieses JAR-File im `lib`-Verzeichnis von Tomcat abgelegt werden, wo auch die Dateien `servlet-api.jar` und `jsp-api.jar` hinterlegt sind.

Für den Aufbau einer Webapplikation kann ein Web-Archiv (ein JAR-Java-Archiv mit der Endung `.war` anstelle von `.jar`) benutzt werden, das den Namen der zukünftigen Applikation trägt und alle Verzeichnisse und Dateien für diese Applikation enthält. Die `.war`-Datei muss vor dem Starten von Tomcat im Verzeichnis `webapps` abgelegt werden. Dann wird Tomcat das WAR-Archiv entpacken und mit der dazugehörigen Verzeichnisstruktur und dem Dateinamen als Wurzelverzeichnis für die neue Webapplikation unter `webapps` ablegen.

Weil alle bis zu diesem Zeitpunkt gebrachten Beispiele aus diesem Buch nacheinander erstellt wurden, wurden die dazugehörigen Dateien auch nacheinander in die immer parallel dazu beschriebenen Verzeichnisse abgelegt, was auch für das Lernen zu einer besseren Übersichtlichkeit führt. Für die neue Webapplikation `DeploySecurityFilterApp` aus diesem Unterkapitel wird im Vorhinein die Datei `DeploySecurityFilterApp.war` erstellt und damit wie beschrieben vorgegangen. Diese Vorgehensweise empfiehlt sich auch für den Live-Einsatz von Applikationen. In der Praxis werden nicht einzelne Dateien in das jeweilige Tomcat-Verzeichnis kopiert, sondern das Deployment (die Verteilung) für Webapplikationen mit Hilfe von `.war`-Dateien durchgeführt.

Wie schon in Kapitel 1 erwähnt wurde, wird beim Deployment einer Webapplikation zusätzlich zur physischen Verzeichnisstruktur eine virtuelle Verzeichnisstruktur angelegt.

Das virtuelle (logische) Verzeichnis einer Webapplikation ist verschieden vom physischen Verzeichnis, in dem die Dateien auf dem Server hinterlegt werden und das für den Client verborgen bleibt. Es wird ebenfalls dem Wurzelverzeichnis der Webapplikation untergeordnet (das in diesem Zusammenhang auch als »Context-Root« in der Java-Literatur bezeichnet wird, ein Begriff, der auch schon in den vorangegangenen Kapiteln benutzt wurde). Die darin verwendeten Verzeichnis- und Dateinamen sind dem Client bekannt und werden im DD den Verzeichnissen und Dateien aus dem physischen Verzeichnis zugeordnet. Auch wenn die gleichen Namen für Dateien und Verzeichnisse wie die aus der physischen Verzeichnisstruktur in der Abbildung von URLs auf Servlets im DD benutzt werden, wird damit eine andere zusätzliche Struktur, die logische Verzeichnisstruktur der Webapplikation aufgebaut (siehe Aufgabe 4.11 auf Seite 577 und Aufgabe 4.13 auf Seite 585).

Um einen besseren Überblick über das Zusammenspiel von Dateien aus beiden Verzeichnisstrukturen zu erlangen, wird die physische und logische Verzeichnisstruktur der Webapplikation `DeploymentSecurityFilterApp` hier angezeigt. Zum Erstellen der `JTree`-Komponenten wurden die Klassen `DeploymentSecurityFilterAppPhysischeVerzeichnisStruktur` und `DeploymentSecurityFilteAppLogischeVerzeichnisStruktur` aus Aufgabe 4.11 auf Seite 577 eingesetzt.

Die physische Verzeichnisstruktur der Webapplikation DeploymentSecurityFilterApp

- /DeploymentSecurityFilterApp
  - Frame1.html
  - Frame2.html
  - Enten.gif
  - T1.gif
  - JSPmitDatum
  - JSPmitUhrzeit
  - jsp
    - error.jsp
    - login.jsp
    - Frame1.html
    - Frame2.html
  - WEB-INF
    - classes
      - filter
        - RequestFilter.java
        - RequestFilter.class
        - ResponseFilter.java
        - ResponseFilter.class
        - RequestFiltermitHttpServletRequestWrapper.java
        - RequestFiltermitHttpServletRequestWrapper.class
        - ResponseFiltermitHttpServletResponseWrapper.java
        - ResponseFiltermitHttpServletResponseWrapper.class
        - CompressionFilter.java
        - CompressionFilter.class
        - RequestWrapper.java
        - RequestWrapper.class
        - ResponseWrapper.java
        - ResponseWrapper.class
      - servlets
        - Servlet0.java
        - Servlet0.class
        - Servlet1.java
        - Servlet1.class
        - Servlet2.java
        - Servlet2.class
        - Servlet3.java
        - Servlet3.class
        - Servlet4.java
        - Servlet4.class
        - Servlet5.java
        - Servlet5.class
        - Servlet6.java
        - Servlet6.class
        - Servlet7.java
        - Servlet7.class
    - lib
    - web.xml

Die logische Verzeichnisstruktur der Webapplikation DeploymentSecurityFilterApp

- /DeploymentSecurityFilterApp
  - URLServlet0
  - URLServlet1
  - URLServlet2
  - URLServlet3
    - dateiverzeichnis
  - URLServlet4
    - dateiverzeichnis1
      - dateiverzeichnis2
  - dateiverzeichnis1
    - URLServlet5.do
    - irgenteinname.do
  - URLServlet5.do
  - irgenteinname.htm
  - irgenteinname.js

Die logische Struktur ist nicht nur dem Client, sondern auch dem Container bekannt und wird intern beim Weiterleiten und Umleiten von Anfragen benutzt.

Immer wenn der im Aufruf einer `getRequestDispatcher()`-Methode am Anfrage-Objekt übergebene Pfadname angegeben wird, wird er relativ zur ursprünglichen Anfrage interpretiert, das heißt, der Container sucht im selben logischen Verzeichnis nach der angegebenen Datei, in dem die Anfrage gestellt wurde. Erfolgt der Aufruf dieser Methode am `ServletContext`-Objekt, muss der Pfadname mit einem /-Zeichen beginnen und der Container setzt dies in »ausgehend vom Wurzelverzeichnis der Webapplikation« um.

Für das Umleiten von http-Anfragen können in der `sendRedirect()`-Methode (wie schon mit Aufgabe 1.13 gezeigt und beschrieben wurde) auch relative URLs benutzt werden. Dabei hat der Schrägstrich am Anfang eine andere Bedeutung: »ausgehend vom Wurzelverzeichnis des Web-Containers« (in unserem Fall ist dies das Verzeichnis `C:\Programme\Apache Software Foundation\Tomcat 6.0`). Beginnt der angegebene Pfadname nicht mit einem /-Zeichen, erzeugt der Container die vollständige URL, wie auch beim Weiterleiten, relativ zur Anfrage-URL.

Mit Aufgabe 4.4 auf Seite 563 aus diesem Kapitel wird das einfache Mapping und Multimapping in der Abbildung von Servlets auf URLs demonstriert und nochmals, wie schon in mehreren Aufgaben aus den vorangegangenen Kapiteln, auf die Unterschiede zwischen dem Real-Path und Context-Path eines Servlets hingewiesen.

4.5 Einfaches Mapping und Multimapping in der Abbildung von Servlets auf URLs

Wie in Kapitel 1 beschrieben wurde, können beim Abbilden von Servlets auf URLs mehrere Arten von Mustern benutzt werden. Diese werden im Deployment Descriptor in einem zu jedem Servlet eingetragenen `<servlet-mapping>`-Tag spezifiziert. Beachten Sie parallel zu den theoretischen Ausführungen die nachfolgenden Beispiel-Klassen für Servlets.

Es sind vier Arten von Abbildungen möglich, die vom Container in der nachfolgend aufgeführten Reihenfolge interpretiert werden.

- Das so genannte »explizite Mapping«, wie z.B. `/URLServlet1`. Dieses haben wir bis zum jetzigen Zeitpunkt für alle Servlet-Beispiele eingesetzt. Es enthält keine Wildcardtypen und kann am einfachsten benutzt werden. Dazu gehören auch einfache Muster wie `/URLServlet2/` und `/URLServlet5.do` bzw. `/URLServlet7.js?JSP=Datum` oder auch `/URLServlet4/dateiverzeichnis1/dateiverzeichnis2`. Das erste /-Zeichen definiert das Wurzelverzeichnis (die Context-Root) für die virtuelle Verzeichnisstruktur innerhalb des Verzeichnisses der Webapplikation (in unserem Fall `/DeploySecurityFilterApp`), in der die Servlets eingetragen werden, um für den Container auffindbar zu sein. In diesem Fall wird auch von »Exakter Übereinstimmung« gesprochen.

- Das Dateiverzeichnis-Mapping (»directory mapping«), wie z.B. `/URL-Servlet4/*`, das mit einem /-Zeichen beginnt und mit /* endet. Es wird eingesetzt, um die virtuelle Verzeichnisstruktur zu erweitern. Es kann benutzt werden, um z.B. eine Aufgliederung von Servlets nach internen Funktionen zu erreichen. So können z.B. unter `/dbfiles/*` Servlets abgelegt werden, die auf die Daten einer Datenbank zugreifen, und unter `/multimediafiles/*` Servlets, die z.B. Image- und -Sound-Daten vom Server einlesen.
- Das Dateierweiterungs-Mapping (»extension mapping«), wie `*.htm` oder `*.js`, das mit einem *-Zeichen beginnt. Es beschreibt, dass die damit spezifizierten Servlets alle Dateien mit der angegebenen Erweiterung behandeln. So z.B. kann die Angabe von `*.js` aussagen, dass es sich um Servlets handelt, die JSP-Dateien unterstützen. Achten Sie darauf, dass Muster wie `*.html` oder `*.jsp` vom DD zwar akzeptiert werden, aber zu einer Endlosschleife beim Aufruf des Servlets führen. Aus Kompatibilitätsgründen zu früheren Versionen wird in der Java-Literatur oft die Erweiterung `.do` im logischen Servletnamen benutzt, die auf das Ausführen von Servlets hinweist.
- Das »Standard-Mapping«, mit Angabe der Context-Root der Webapplikation (mit Hilfe des /-Zeichens). Es spezifiziert das Standard-Servlet der Webapplikation, das benutzt werden soll, wenn keine anderen Übereinstimmungen mit dem im Browser angegebenen Muster auftreten.

Überlappende Suchmuster müssen im Deployment Descriptor aufeinander abgestimmt werden. Laut Servlet-API-Spezifikation dürfen sich niemals zwei Suchmuster überlappen, die dieselben Treffer haben. Wenn aber eine oder mehrere Servlet-Mappings das *-Zeichen benutzen, kann es trotzdem zu Überlappungen kommen. Um dieses Problem zu lösen, muss ein Container folgende Regeln einhalten:

- Exakte Übereinstimmungen von Pfadnamen werden immer als erste behandelt und haben Vorrang gegenüber der Angabe von irgendwelchen Suchmustern. Somit wird für den Fall, dass `/dateiverzeichnis1/dateiname` und `/dateiverzeichnis1/*` zwei `<url-pattern>`-Einträge spezifizieren, der erste Eintrag zuerst berücksichtigt, wenn die Request-URL mit `http://localhost/DeploymentSecurityFilterApp/dateiverzeichnis1/dateiname` angegeben wurde. Gleichzeitig hat die Angabe `/dateiverzeichnis1/irgendeinname.do` Vorrang gegenüber `*.do`, falls die Request-URL mit `http://localhost/DeploymentSecurityFilterApp/dateiverzeichnis1/irgendeinname.do` angegeben wurde.
- Das Dateiverzeichnis-Mapping (das in der Java-Literatur des Öfteren auch mit »Dateiverzeichnisübereinstimmung« angesprochen wird) hat Vorrang gegenüber dem Dateierweiterungs-Mapping (die so genannte »Erweiterungsübereinstimmung«). Dies bedeutet, dass im Fall von zwei `<url-pattern>`-Einträgen, `/dateiverzeichnis1/*` und `*.do` für das Auffinden einer mit `http://localhost/DeploymentSecurityFilterApp/dateiverzeichnis1/`

irgendeinname.do spezifizierten Request-URL der erste Eintrag vom Container benutzt wird.

- Beim Überlappen von Dateiverzeichnis-Mapping-Mustern hat die Angabe eines längeren Pfadnamens Vorrang. Das heißt, dass im Fall von zwei <url-pattern>-Einträgen, /dateiverzeichnis1/dateiverzeichnis2/ und /dateiverzeichnis1/*, der erste Eintrag zuerst berücksichtigt wird, falls die Request-URL mit http://localhost/DeploymentSecurityFilterApp/dateiverzeichnis1/dateiverzeichnis2/irgendeinname.do angegeben wurde.

Aufgabe 4.4

URL-Mapping-Regeln

Wie mit den Aufgaben aus Kapitel 1 gezeigt wurde, reicht es in den meisten Fällen, dass einem Servlet eine einzige URL zugeordnet wird. Möchte man aber eine erweiterte logische Verzeichnisstruktur für größere Webapplikationen dem Container und den Clients zur Verfügung stellen, muss das vorher beschriebene Multimapping mit Hilfe des Dateiverzeichnis- bzw. Dateierweiterungs-Mappings eingesetzt werden.

Definieren Sie die Servlet-Klassen Servlet0, Servlet1, Servlet2, Servlet3, Servlet4 und Servlet5, die von der Klasse HttpServlet abgeleitet werden und deren Methode doGet() überschreiben, um eine einfache Webseite für die Anzeige in einem Browser zu generieren. Dabei sollen die im DD (Datei web.xml) definierten internen Namen von Servlets, die über unterschiedliche Suchmuster zugeordneten logischen Namen für das Abbilden der Servlets auf URLs, die Klassennamen von Servlets, die im Browser für den Servlet-Aufruf angegebenen Request-URLs, wie auch der Real-Path und Context-Path der Servlets mit HTML-Anweisungen in den Output-Stream der http-Antwort geschrieben werden.

In den Servlet-Klassen Servlet6 und Servlet7 soll ein im Aufruf übergebener Parameterwert (in der Adresszeile des Browsers z.B.) über seinen Namen ermittelt werden. Ist der Wert eines Parameters frame gleich »Frame1« bzw. »Frame2«, soll die an eine Servlet6-Instanz gesendete Anfrage zu den HTML-Seiten Frame1.html bzw. Frame2.html, die mit Aufgabe 1.1 erstellt wurden, umgeleitet werden. Für ein Servlet vom Typ der Klasse Servlet7 soll im Aufruf ein Parameter mit dem Namen JSP und den Werten Datum oder Uhrzeit der URL angefügt werden, um die Anfrage an die JSP-Seiten JSPmitDatum.jsp und JSPmitUhrzeit.jsp weiterzuleiten, die gleich den JSP-Seiten aus Aufgabe 2.6 sind.

Wird kein Parameterwert oder einer verschieden von den vorher spezifizierten angegeben, soll in jedem der Servlets eine HTML-Seite generiert werden, in der der Client auf den korrekten Aufruf hingewiesen wird.

Hinweise für die Programmierung:

Alle `.java`-Dateien sollen in einem Unterverzeichnis `servlets` des Verzeichnisses `DeploySecurityFilterApp/WEB-INF/classes` abgespeichert werden, so dass die darin enthaltenen Klassendefinitionen eine Anweisung `package servlets;` beinhalten müssen.

Benutzen Sie die unter 4.6 beschriebenen Möglichkeiten von Musterdefinitionen in den `<url-pattern>`-Tags und orientieren Sie sich in deren Festlegung an den im Lösungsvorschlag vorgegebenen Einträgen für dieses Tag aus der Datei `web.xml`.

Für die Servlet-Klassen `Servlet5` und `Servlet6` wurden die logischen Namen mit den Mustern `*.htm` und `*.js` definiert, um darauf hinzuweisen, dass darin eine Anfrage an HTML- bzw. JSP-Seiten um-(bzw. weiter-)geleitet wird.

Hinweise zum Programmaufruf:

Zeigen Sie durch die Eingabe von unterschiedlichen Anfrage-URLs im Browser, dass eine Verzeichnisübereinstimmung Vorrang gegenüber einer Erweiterungsübereinstimmung hat und dass anfangs immer nach einer exakten Übereinstimmung gesucht wird, wie in der theoretischen Einführung zu diesem Kapitel beschrieben wurde.

Ein interner Name kann nur einmal im DD definiert werden. Benutzen Sie z.B. das Muster `/URLServlet3/*` (siehe den Lösungsvorschlag zur Aufgabe) für den internen Namen »Servlet4« und beobachten Sie, welche Musterwahl der Container beim Aufrufen von Servlets bei Eingaben in der Adresszeile des Browsers, wie
`http://localhost:8080/DeploymentSecurityFilterApp/URLServlet3/dateiverzeichnis`,
`http://localhost:8080/DeploymentSecurityFilterApp/URLServlet3/dateiverzeichnis/hase.do`,
`http://localhost:8080/DeploymentSecurityFilterApp/URLServlet3/katze.do`,
`http://localhost:8080/DeploymentSecurityFilterApp/URLServlet4/dateiverzeichnis/` etc. trifft.

Java-Dateien: `Servlet0.java`, `Servlet1.java`, `Servlet2.java`, `Servlet3.java`, `Servlet4.java`, `Servlet5.java`, `Servlet6.java`, `Servlet7.java`

Programmaufrufe: In einem Webbrowser durch Eingabe eines zugelassenen logischen Servletnamens wie
`http://localhost:8080/DeploymentSecurityFilterApp/`
`http://localhost:8080/DeploymentSecurityFilterApp/URLServlet0`
`http://localhost:8080/DeploymentSecurityFilterApp/URLServlet1`
`http://localhost:8080/DeploymentSecurityFilterApp/URLServlet2`
`http://localhost:8080/DeploymentSecurityFilterApp/URLServlet2/`
`http://localhost:8080/DeploymentSecurityFilterApp/URLServlet3/dateiverzeichnis`

```
http://localhost:8080/DeploymentSecurityFilterApp/URLServlet4/
http://localhost:8080/DeploymentSecurityFilterApp/URLServlet4
http://localhost:8080/DeploymentSecurityFilterApp/URLServlet4/
dateiverzeichnis1/dateiverzeichnis2
http://localhost:8080/DeploymentSecurityFilterApp/URLServlet5.do
http://localhost:8080/DeploymentSecurityFilterApp/
dateiverzeichnis1/URLServlet5.do
http://localhost:8080/DeploymentSecurityFilterApp/
dateiverzeichnis1/irgendeinname.do
http://localhost:8080/DeploymentSecurityFilterApp/
irgendeinname.htm?frame=Frame2
http://localhost:8080/DeploymentSecurityFilterApp/
irgendeinname.js?JSP=Uhrzeit
```

4.6 Sicherheitsvorkehrungen für Webapplikationen

Die Sicherheit von Webapplikationen umfasst vier wichtige Merkmale, die bei deren Erstellung mit beachtet werden müssen: Authentifizierung, Autorisierung, Vertraulichkeit und Datenintegrität.

Das Sicherheitskonzept basiert auf dem Einschränken von bestimmten Ressourcen auf der Basis von http-Methoden gegenüber von Benutzern. Dazu bietet die Java-Servlet-API deklarative Möglichkeiten im DD, so dass diese nicht fest in den Programmcode implementiert werden müssen.

Hat ein Webserver oder Container festgestellt, dass eine bestimmte Ressource gesichert wurde, stößt er als Erstes einen Authentifizierungsprozess gegenüber dem Client an, indem er ein Formular für die Eingabe von Namen und Passwort an diesen sendet. Stellt der Container fest, dass die Benutzer- und Passworteingaben korrekt sind, kann die Autorisierung erfolgen, in der geprüft wird, ob der Benutzer Zugriffsrechte für die Ressource besitzt. Die Erteilung von Zugriffsrechten erfolgt über eine Vergabe von Rollen.

Die Authentifizierungsdaten werden in einem so genannten »Realm« gespeichert, dies kann eine Datei, eine Datenbank oder auch ein anderes System sein, die eine Zuordnung zwischen Benutzernamen, Passwort und Rollen definieren. Im Tomcat ist dies die XML-Datei `tomcat-users.xml`, die wir für unsere Webapplikationen `DeploymentSecurityFilterApp` wie folgt erweitern werden:

```
<?xml version='1.0' encoding='utf-8'?>
<tomcat-users>
  <role rolename="manager"/>
  <role rolename="admin"/>
  <role rolename="besucherrolle1"/>
  <role rolename="besucherrolle2"/>
  <user username="admin" password="admin" roles="admin,manager"/>
  <user username="Lucian" password="luci"
    roles="besucherrolle1,admin"/>
```

```
  <user username="Maren" password="mare" roles="besucherrolle2"/>
</tomcat-users>
```

Diese Datei wird vom Tomcat beim Starten in den Speicher geladen.

Für das Anstoßen einer Authentifizierung müssen bestimmte Einträge im Deployment Descriptor gemacht werden, die den Namen einer HTML- oder JSP-Seite bekannt geben, die das Formular für Anmeldedaten generiert, und eine weitere Seite angeben, die bei fehlerhaften Eingaben aufgerufen werden soll. Dazu werden die XML-Tags:

```
<login-config>
  <auth-method>FORM</auth-method>
  <form-login-config>
    <form-login-page>/jsp/login.jsp</form-login-page>
    <form-error-page>/jsp/error.jsp</form-error-page>
  </form-login-config>
</login-config>
```

benutzt, falls eine Form-basierte Authentifizierung für den Zugriff eingesetzt werden soll. Diese ermöglicht es, ein eigenes Anmeldungsformular zu erzeugen, aber die Benutzerdaten werden ohne irgendeine Verschlüsselung im http-Request verschickt.

Andere Authentifizierungstypen sind BASIC, DIGEST und CLIENT-CERT, die den Standard-Dialog des angewandten Browsers für Eingabe von Name und Passwort benutzen. Diese unterscheiden sich durch den Grad der Sicherheit, mit der sie die Benutzerdaten übermitteln. Das letzte Verfahren ist das sicherste, nur müssen dann alle Clients über ein Zertifikat (PKC – Public Key Certificat) verfügen, um sich anmelden zu können.

Für die Autorisierung werden weitere Elemente in der Datei `web.xml` definiert. In den `<security-role>`-Tags:

```
<security-role>
  <role-name>besucherrolle1</role-name>
</security-role>
<security-role>
  <role-name>besucherrolle2</role-name>
</security-role>
```

werden die in der Datei `tomcat-users.xml` vergebenen Rollen auf den DD abgebildet.

Das `<security-constraint>`-Element bestimmt, welche Ressourcen und http-Methoden für diese Rollen zugelassen sind. Dieses beinhaltet zwei weitere XML-Tags. Das Tag `<web-resource-collection>` dient der Angabe von URL-Mustern mit `<url-pattern>`, womit bestimmte Ressourcen spezifiziert werden, und gibt mit `<http-method>` die http-Methoden an, die auf die durch die URL-Muster definierten Ressourcen zugelassen sind. Das `<auth-constraint>`-Tag zeigt die Rollen an, die von den angegebenen http-Methoden für eingeschränkte Ressourcen aufgerufen werden können, mit anderen Worten, welche Rollen für eine eingeschränkte Anfrage zugelassen sind.

Wird kein `<http-method>`-Element angegeben, gelten alle Methoden als eingeschränkt, was sinnvollerweise zu vermeiden ist.

Die in einem `<url-pattern>`-Element angegebenen Muster unterliegen den gleichen Regeln wie die im gleichnamigen Element für die Definition eines logischen Servletnamens definierten Einträge. Es muss mindestens ein derartiges Element vorhanden sein, mehrere davon sind zugelassen.

In einem `<security-constraint>`-Element können mehrere `<web-resource-collection>`-Elemente enthalten sein und für diese gilt dann dasselbe `<auth-constraint>`-Element. Der DD selbst kann mehrere `<security-constraint>`-Elemente beinhalten, denen über ein `<auth-constraint>`-Tag eine oder mehrere Rollen zugeordnet werden, wie zum Beispiel:

```
<security-constraint>
  <display-name>Sicherheits-Einschränkungen</display-name>
  <web-resource-collection>
    <web-resource-name>Geschützte Ressourcen</web-resource-name>
    <url-pattern>/URLServlet4/*</url-pattern>
    <http-method>GET</http-method>
  </web-resource-collection>
  <auth-constraint>
    <role-name>besucherrolle1</role-name>
  </auth-constraint>
</security-constraint>
<security-constraint>
  <display-name>Sicherheits-Einschränkungen</display-name>
  <web-resource-collection>
    <web-resource-name>Geschützte Ressourcen</web-resource-name>
    <url-pattern>/URLServlet2/</url-pattern>
    <http-method>GET</http-method>
  </web-resource-collection>
  <auth-constraint>
    <role-name>besucherrolle2</role-name>
  </auth-constraint>
</security-constraint>
```

Auch die beiden anderen Merkmale, Datenintegrität und Vertraulichkeit, die gewährleisten, dass die übertragenen Daten weder abgeändert noch eingesehen werden können, und das Sicherheitskonzept einer Webapplikation vervollständigen, können deklarativ im DD implementiert werden. Dazu dient das XML-Element `<user-data-constraint>`, das dem `<security-constraint>`-Element hinzugefügt wird. Für dieses können die Werte INTEGRAL, CONFIDENTIAL und NONE in einem `<transport-guarantee>`-Tag angegeben werden und die folgenden Bedeutungen haben:

- INTEGRAL: Es ist kein Abändern von Daten erlaubt.
- CONFIDENTIAL: Die Daten dürfen nicht eingesehen werden.
- NONE: Die Daten sind nicht geschützt.

Aufgabe 4.5

Authentifizierung und Autorisierung in Webapplikationen

Erweitern Sie die XML-Dateien `tomcat-users.xml` und `web.xml` wie oben beschrieben und erstellen Sie die erforderlichen JSP-Seiten `login.jsp` und `error.jsp` für eine FORM-basierte Authentifizierung, die es ermöglicht, ein eigenes Anmeldungsformular für die Eingabe von Benutzername und Passwort zu erzeugen.

Achten Sie darauf, dass im `action`-Attribut des `<form>`-Tags der String »j_security_check« angegeben werden muss und die Namen der Eingabefelder gleich »j_username« und »j_password« gewählt werden müssen, damit der Container den Authentifizierungsprozess anstoßen kann.

Die Fehler-Seite `error.jsp` soll den Text: »Benutzername oder Passwort wurde falsch eingegeben« im Browser anzeigen und einen Hyperlink für die Rückkehr zur Login-Seite definieren (`<a href='<%= response.encodeURL("jsp/login.jsp") %>'>`).

Ändern Sie den Authentifizierungstyp FORM nacheinander in BASIC, DIGEST und CLIENT-CERT ab, um zu sehen, wie der Authentifizierungsprozess in diesen Fällen abläuft. Beachten Sie, dass Tomcat neu gestartet werden muss, damit ein neuer Authentifizierungstyp korrekt interpretiert wird.

Hinweise für die Programmierung:

Nach dem Abändern der Datei `tomcat-users.xml` oder dem Abändern des Authentifizierungstyps im DD muss Tomcat neu gestartet werden, damit die neuen Einträge berücksichtigt werden können.

Ergänzen Sie eines der `<security-constraint>`-Elemente in der Datei `web.xml` mit dem Eintrag für Datenintegrität und Vertraulichkeit:

```
<user-data-constraint>
   <transport-guarantee>CONFIDENTIAL</transport-guarantee>
</user-data-constraint>
```

und testen Sie den Zugriff auf die mit `<url-pattern>/URLServlet2/</url-pattern>` und `<url-pattern>/URLServlet4/*</url-pattern>` eingeschränkten Ressourcen erneut. Sie werden feststellen, dass der Zugriff über die Rolle, für die die Vertraulichkeit von Daten eingerichtet wurde, verweigert wird, es sei denn, Sie benutzen die Verbindung über SSL (Secure Sockets Layer).

Für gesicherte Datenübertragungen nutzen Webserver und Container das https-Protokoll über SSL. Laut Java-Literatur sollten in diesem Fall die Einträge INTEGRAL und CONFIDENTIAL das Gleiche tun, und zwar sowohl Integrität wie auch Vertraulichkeit unterstützen.

Das Transport-Layer-Security-(TLS-)Protokoll ist der Nachfolger von SSL und wird von den neueren Browsern unterstützt. Beide Protokolle werden im Internet für eine Kommunikation zwischen Server und Client über eine gesicherte Verbindung benutzt. Die Angabe einer URL in der Adresszeile eines Browsers muss in diesem Fall mit `https` anstelle von `http` beginnen.

Für die Nutzung von SSL mit dem Tomcat muss eine entsprechende Testumgebung geschaffen werden. Dazu ist in der Datei `server.xml` aus dem `conf`-Verzeichnis von Tomcat schon der Eintrag:

```
<Connector port="8443" protocol="HTTP/1.1" SSLEnabled="true"
    maxThreads="150" scheme="https" secure="true"
    clientAuth="false" sslProtocol="TLS" />
```

vorgesehen, der auskommentiert werden muss.

Zusätzlich muss ein selbst signiertes Zertifikat für den Test erstellt werden. Dazu kann das Java-Tool `keytool` benutzt werden, das im Unterverzeichnis `jdk1.6.0\bin` Ihrer gespeicherten Java-Software hinterlegt ist und auf Kommandozeilenebene mit: `keytool -genkey -alias tomcat -keyalg RSA` aufgerufen werden kann. Damit wird eine Datei mit dem Namen `.keystore` erstellt und in Ihrem Home-Verzeichnis gespeichert.

Nach der Durchführung dieser Aktionen muss Tomcat erneut gestartet werden. Geben Sie den URL-String: `https://localhost:8443` in der Adresszeile Ihres Browsers ein, um eine so geschaffene lokale SSL-Verbindung zu testen.

JSP-Seiten: `login.jsp`, `error.jsp`

Programmaufrufe: In einem Webbrowser durch Eingabe eines zugelassenen logischen Servletnamens wie:

```
http://localhost:8080/DeploymentSecurityFilterApp/URLServlet2/
http://localhost:8080/DeploymentSecurityFilterApp/URLServlet4/
dateiverzeichnis
http://localhost:8080/DeploymentSecurityFilterApp/URLServlet4/
http://localhost:8080/DeploymentSecurityFilterApp/URLServlet4
```

4.7 Filter-Klassen

Mit der Version 2.3 der Servlet-API wurden so genannte Filter-Klassen implementiert. Filter können einer Webapplikation hinzugefügt werden, um eine http-Anfrage abzufangen und den in der entsprechenden Filter-Klasse enthaltenen Programmcode durchzuführen, bevor das Servlet oder die JSP-Seite, an die die Anfrage gerichtet wurde, ausgeführt wird. Sie können aber auch eine http-Antwort abändern, nachdem das Servlet mit seiner Arbeit fertig ist, aber bevor diese an einen Client zurückgegeben wird.

Filter-Klassen werden häufig zu Statistikzwecken eingesetzt, z.B. um alle Benutzer festzuhalten, die auf ein Servlet zugreifen, oder die Antwortzeiten des Systems bei der Kommunikation zwischen Server und Client zu protokollieren. Sie können Sicherheitsprüfungen oder Sessionvalidierung (prüfen, ob die HTTP-Session noch gültig ist) durchführen, eine empfangene Anfrage auswerten oder abändern, bevor sie diese an einen anderen Filter oder an ein Servlet weitergeben, falls diese als Anfrage-Filter eingesetzt werden. Die meisten dieser Aufgaben hängen nicht direkt mit der Anwendungslogik zusammen, sondern werden als so genannte »technische Dienste« benötigt. Statt dieselbe Funktion an mehreren Stellen (z.B. in mehreren Servlets) zu implementieren, kann sie in einem Filter gekapselt werden und falls gewünscht mit mehreren Servlets verknüpft werden.

Werden Filter als Antwort-Filter benutzt, wird damit des Öfteren eine Antwort komprimiert, um die Performance der Webapplikation zu verbessern, die Antwort zu erweitern oder eine vollständig neue Antwort zu erzeugen.

Filter können gekettet hintereinander aufgerufen werden, die Reihenfolge der Aufrufe wird im DD konfiguriert.

Ein Filter muss zunächst deklariert werden, dabei wird der Filtername festgelegt und der Pfadname der Filter-Klasse relativ zum Wurzelverzeichnis der Webapplikation angegeben:

```
<filter>
  <filter-name>BesucherFilter</filter-name>
  <filter-class>filter.BesucherFilter</filter-class>
</filter>
```

wobei `filter` ein Unterverzeichnis von `WEB-INF` bezeichnet. Im Rahmen dieser Deklaration können analog zu der für Servlets und JSP-Seiten benutzten Vorgehensweise Initialisierungsparameterwerte gesetzt werden:

```
  <init-param>
    <param-name>initParamName</param-name>
    <param-value>initParamWert</param-value>
  </init-param>
```

Der für Filter vergebene interne Name kann auf einen Servletnamen oder ein URL-Muster, die die Ressourcen definieren, die diesen Filter nutzen können, abgebildet werden:

```
<filter-mapping>
  <filter-name>BesucherFilter</filter-name>
  <servlet-name>Servlet2</servlet-name>
</filter-mapping>
<filter-mapping>
  <filter-name>PfadFilter</filter-name>
```

```
  <url-pattern>/URLServlet4/*</url-pattern>
</filter-mapping>
<filter-mapping>
  <filter-name>ResponseFilter</filter-name>
  <url-pattern>*.htm</url-pattern>
</filter-mapping>
```

Filter können nicht nur dynamischen Ressourcen wie Servlets oder JSP-Seiten, sondern auch statischen Ressourcen wie HTML-Dokumenten oder Image-Dateien zugeordnet werden. Ein URL-Pattern von /* gibt an, dass der Filter mit allen Ressourcen verknüpft ist.

Filter-Klassen implementieren das Interface `Filter` aus dem Paket `javax.servlet` und müssen somit zwangsläufig auch alle Methoden des Interface implementieren.

In der `init()`-Methode, die eine Referenz auf ein `FilterConfig`-Objekt übergeben bekommt, kann dieses Objekt für spätere Zugriffe in einem Instanzfeld der Klasse gespeichert werden. Am `FilterConfig`-Objekt können seine Methoden `getFilterName()`, `getInitParameter()`, `getInitParameterNames()` und `getServletContext()` aufgerufen werden, um auf Informationen zuzugreifen, die während der Initialisierung einer `Filter`-Instanz zur Verfügung gestellt werden.

Die Methode `doFilter()` bekommt Referenzen auf Objekte vom Typ `ServletRequest` und `ServletResponse` übergeben, die zu `HttpServletRequest`- und `HttpServletResponse`-Objekten gecastet werden können, sowie eine `FilterChain`-Referenz. In dieser Methode wird die vorgenommene Arbeit erledigt und am übergebenen `FilterChain`-Objekt die Methode `doFilter()` aufgerufen, um die `ServletRequest`- und `ServletResponse`-Instanzen an ein Servlet oder einen weiteren Filter weiterzugeben.

Auch die `destroy()`-Methode des `Filter`-Interface, die wie immer für Aufräumaufgaben vorgesehen ist, muss implementiert werden, obwohl diese meistens leer bleibt.

Ähnlich wie bei Servlets werden diese Methoden vom Container automatisch ausgeführt: Die Methode `init()` für die Durchführung von Initialisierungsarbeiten, `doFilter()` jedes Mal, wenn der Container feststellt, dass der Filter auf die aktuelle Anfrage oder Antwort angewandt werden soll, und `destroy()` für Aufräumarbeiten.

Der rekursive Aufruf von `doFilter()` (innerhalb der Methode selbst) kann vor oder nach der Ausführung des Anfrage-Servlets stattfinden. Im zweiten Fall kann man nach der Rückkehr aus der Methode auf das vom Servlet erstellte `HttpServletResponse`-Objekt zugreifen, nur ist es leider für Änderungen an diesem zu spät, da es schon an den Client geschickt wurde. Um dies zu umgehen, muss der Filter vor dem Aufruf der Methode `doFilter()` das Antwort-Objekt bearbeiten und eine Referenz auf ein neu erzeugtes Antwort-Objekt zurückgeben. Das Gleiche gilt für das an ein Servlet weitergeleitete Anfrage-Objekt, falls dieses vorher abgeändert werden sollte.

Für die Durchführung von Anpassungen an `Request`- und `Response`-Objekten (z.B. für Komprimierungsarbeiten) wurden in der Servlet-API die Hilfsklassen `ServletRequestWrapper` und `ServletResponseWrapper` und deren Unterklassen `HttpServletRequestWrapper` und `HttpServletResponseWrapper` hinzugefügt. Diese implementieren die Interfaces `ServletRequest` und `ServletResponse` bzw. `HttpServletRequest` und `HttpResponseResponse`, umhüllen die vom Container erzeugten Anfrage- und Antwort-Objekte und delegieren sie an diese Methodenaufrufe, nebenbei erledigen sie aber die vorgesehenen Aufgaben in den neuen Objekten.

Ein Request-Wrapper überschreibt normalerweise eine oder mehrere Getter- und Setter-Methoden seiner Oberklasse, um andere Werte für Parameter, Attribute oder Header zurückzuliefern.

Dagegen hat ein Response-Wrapper als Funktion, die ursprüngliche Antwort abzufangen, diese zu modifizieren oder zu komprimieren, und das Ergebnis als Antwort an den Client zu schicken. Daher überschreibt ein Response-Wrapper meistens die Methoden `getWriter()` und `getOutputStream()` seiner Oberklasse. Damit wird die ursprüngliche Antwort nicht in den Output-Stream der HTTP-Verbindung, sondern in den des Wrappers geschrieben, so dass der Filter die Daten manipulieren kann, bevor diese an den Client geschickt werden. Wenn sich das Ergebnis nach der Änderung vom ursprünglichen Ergebnis unterscheidet, muss der Content-Length-Header im Filter neu gesetzt werden.

Aufgabe 4.6 

Ein Request-Filter

Definieren Sie eine Klasse `RequestFilter`, die das Interface `Filter` implementiert und die von einem Client gesendete http-Anfrage abfängt, bevor diese an ein Servlet weitergegeben wird, das zu der mit Hilfe des Musters `/URLServlet4/*` definierten Ressourcengruppe gehört.

In der `init()`-Methode sollen Referenzen auf die `FilterConfig`- und `ServletContext`-Instanzen gespeichert werden.

Die im Aufruf der Methode `doFilter()` übergebene `ServletRequest`-Instanz wird auf eine `HttpServletRequest`-Instanz gecastet, um daran die Methoden `getRequestURI()`, `getRequestURL()`, `getServletPath()`, `getPathTranslated()` und `getRemoteUser()` aufzurufen.

Rufen Sie zusätzlich die Methoden `getFilterName()` am `FilterConfig`-Objekt auf bzw. die Methoden `getRealPath()` und `getContextPath()` am ServletContext, um die Pfadnamen des Servlets abzufragen.

Protokollieren Sie alle so ermittelten Namen in den von Tomcat zur Verfügung gestellten Log-Dateien: `stdout...` und `localhost...` (siehe Aufgabe 1.20).

Hinweise für die Programmierung:

Vergewissern Sie sich, dass die Methode getRemoteUser() den Login-Namen des Benutzers zurückgibt, falls dieser authentifiziert wurde, und null, wenn dies nicht der Fall ist. Benutzen Sie dazu in der Konfiguration des Filters im DD anstelle von <url-pattern>/URLServlet4/*</url-pattern> (ein Muster, das für die Autorisierung und Authentifizierung von Benutzer eingeschränkt wurde), die Angabe <servlet-name>Servlet1</servlet-name>, mit der der Filtername auf das Servlet mit dem internen Namen »Servlet1«, das für alle Benutzer der Webapplikation zugänglich ist, abgebildet wird.

Java-Dateien: RequestFilter.java

Programmaufrufe: In einem Webbrowser durch Eingabe des Servlets, das von diesem Filter aufgerufen wird:
http://localhost:8080/DeploymentSecurityFilterApp/URLServlet4/
http://localhost:8080/DeploymentSecurityFilterApp/URLServlet4/dateiverzeichnis1/dateiverzeichnis2
http://localhost:8080/DeploymentSecurityFilterApp/URLServlet4
http://localhost:8080/DeploymentSecurityFilterApp/URLServlet1

Aufgabe 4.7

Ein Response-Filter

Analog zur Klasse RequestFilter aus der vorigen Aufgabe soll die Klasse ResponseFilter erstellt werden, deren Instanzen erst zum Einsatz kommen, nachdem das Anfrage-Servlet ausgeführt wurde. Dies wird über den Aufruf von filterChain.doFilter() gleich am Anfang der überschriebenen Methode doFilter() veranlasst.

Setzen Sie nach dem Beispiel aus der theoretischen Einführung zu diesem Unterkapitel einen Initialisierungsparameter für diesen Filter im DD und lesen Sie dessen Wert in der Filter-Klasse.

Ermitteln Sie auch in dieser Klasse den Filternamen und zusätzlich aus der http-Anfrage die von den Methoden getAuthType() und getHeader("Accept-Encoding") zurückgelieferten Einträge und schreiben Sie diese in die Protokolldateien des Tomcat.

Am Antwort-Objekt sollen die Methoden getContentType(), getCharacterEncoding() und getLocale() aufgerufen werden, um auch deren Rückgabewerte in den Log-Dateien stdout... und localhost... zu protokollieren.

Hinweise zur Programmausführung:

Die Methode getAuthType() gibt einen Authentifizierungstyp zurück wie: BASIC_AUTH, FORM_AUTH, CLIENT_CERT_AUTH oder DIGEST_AUTH, falls eine Authentifizierung für die Anfrage eingeschaltet wurde, und ansonsten `null`. Testen Sie diese Rückgabewerte nach dem Beispiel der vorigen Aufgabe.

Java-Dateien: `ResponseFilter.java`

Programmaufrufe: In einem Webbrowser durch Eingabe des Servlets, das von diesem Filter aufgerufen wird:
`http://localhost:8080/DeploymentSecurityFilterApp/URLServlet2/`

Aufgabe 4.8

Ein Request-Wrapper

Definieren Sie eine Klasse `RequestWrapper`, die die Klasse `HttpServletRequestWrapper` erweitert und im Konstruktor den Konstruktor ihrer Oberklasse aufruft.

Überschreiben Sie darin z.B. die Methoden `getCookies()` und `getHeader()` der Oberklasse, wobei die erste der Methoden nur die gleichnamige Methode der Oberklasse mit `super.getCookies()` aufruft und deren Rückgabewert an eine aufrufende Methode zurückgibt, die zweite jedoch eine Änderung im Request-Header vornimmt. Ist der im Aufruf der Methode übergebene Header-Name = »Character-Encoding«, soll dessen Wert in den String »US-ASCII« umgesetzt werden, indem dieser String von der Methode zurückgegeben wird.

Zum Testen dieser Klasse wird die Filter-Klasse `RequestFiltermitHttpServletRequestWrapper` erstellt, deren Name im DD auf den Namen der Servlet-Klasse `Servlet3` gemappt wird.

Um zu prüfen, ob dieser Eintrag tatsächlich im Request-Header abgeändert wurde, wird in der Klasse `Servlet3` mit der Anweisung `out.println("<h3>Vom Filter gesetzter Header: " + request.getHeader("Character-Encoding")+ "</h3>")` der entsprechende Eintrag am empfangenen `HttpServletRequest`-Objekt gelesen und im Browser angezeigt.

In der Filter-Klasse wird die `ServletRequest`-Instanz auf eine `HttpServletRequest`-Instanz gecastet, das Anfrage-Objekt in einen Anfrage-Wrapper vom Typ der Klasse `RequestWrapper` eingehüllt und dessen Getter-Methoden aufgerufen, um deren Rückgabewerte in den Log-Dateien des Tomcat zu protokollieren.

Über den Aufruf von `doFilter()` am `FilterChain`-Objekt wird im Nachhinein das im DD deklarierte Servlet aufgerufen, um an dieses die abgeänderte Anfrage zu übergeben.

Hinweise für die Programmierung:

Sollten Sie beide Java-Klassen, wie im Lösungsvorschlag zu dieser Aufgabe, in dieselbe `.java`-Datei hinterlegen, so müssen Sie darauf achten, dass die Filter-Klasse, die den Namen der `.java`-Datei vorgibt, mit `public` deklariert sein muss.

Kopieren Sie die Servlet-Klasse `CookiesSetzen` aus Aufgabe 1.20 in das `WEB-INF\classes`-Verzeichnis dieser Applikation und rufen Sie (vor dem Programmaufruf aus dieser Aufgabe) ein Servlet vom Typ dieser Klasse auf, um Cookies zu setzen, damit der im Browser angezeigte Cookie-String nicht leer bleibt.

Java-Dateien: `RequestWrapper.java`, `RequestFiltermitHttpServletRequestWrapper.java`

Programmaufrufe: In einem Webbrowser durch Eingabe des Servlets, das von diesem Filter aufgerufen wird:
`http://localhost:8080/DeploymentSecurityFilterApp/URLServlet3/dateiverzeichnis`

Aufgabe 4.9

Ein Response-Wrapper

Mit den Klassen `ResponseWrapper` und `ResponseFiltermitHttpServletResponseWrapper` sollen die Pendants zu den Klassen aus der vorigen Aufgabe für einen Response-Wrapper und einen Response-Filter erstellt werden.

Die Klasse `ResponseWrapper` definiert eine globale Referenz vom Typ der Java-Standard-Klasse `CharArrayWriter`, die auf ein Objekt dieser Klasse verweist, ruft im Konstruktor den Konstruktor ihrer Oberklasse auf, überschreibt deren Methode `getWriter()` und die von der Klasse `Object` geerbte `toString()`-Methode.

Die Filter-Klasse `ResponseFiltermitHttpServletRequestWrapper`, deren Name im DD auf den Namen der Servlet-Klasse `Servlet1` (zum Beispiel) gemappt wird, castet die `ServletResponse`-Instanz auf eine `HttpServletResponse`-Instanz, hüllt das Antwort-Objekt in einen Wrapper vom Typ der Klasse `ResponseWrapper` ein, führt das im DD deklarierte Servlet aus und implementiert die Logik für das Ändern der vom Servlet zurückgelieferten Antwort.

Dazu wird die Methode `toString()` am `ResponseWrapper`-Objekt aufgerufen, die die vorher über den automatischen Aufruf der Methode `getWriter()` zurückgelieferte Antwort aus dem `CharArrayWriter`-Stream in einen String umsetzt. Rufen Sie an diesem die Methode `replace()` der Klasse `String` auf, um die HTML-Sonderzeichen »<« und »>« in ihre XML-Entitäten »<« und »>« umzusetzen. Schreiben Sie den Antwort-String vor und nach der Änderung in die Log-Dateien `stdout...` und `localhost...` von Tomcat.

Setzen Sie mit der Methode `setContentLength()` eine neue Länge für die Antwort gleich der Länge des Antwort-Strings und schreiben Sie alle Daten in den ursprünglichen Antwort-Stream über den geketteten Methodenaufruf: `response.getWriter().write(responseString)`, wobei `response` die Referenz auf das ursprünglich im Aufruf der Methode `doFilter()` übergebene `ServletResponse`-Objekt bezeichnet.

Hinweise zur Programmausführung:

Achten Sie bei der Programmausführung auf die geänderten Programmausgaben des aufgerufenen Servlets. Die verwendeten HTML-Tags werden vom Browser durch die Umsetzung der Zeichen nicht mehr als solche interpretiert.

Java-Dateien: `ResponseWrapper.java`,
`ResponseFiltermitHttpServletResponseWrapper.java`

Programmaufrufe: In einem Webbrowser durch Eingabe des Servlets, das von diesem Filter aufgerufen wird:
`http://localhost:8080/DeploymentSecurityFilterApp/URLServlet1`

Aufgabe 4.10

Ein Komprimierungs-Filter

Wie bereits erwähnt, werden Response-Filter des Öfteren für Komprimierungsarbeiten eingesetzt. Benutzen Sie dazu die Klasse `ResponseWrapper` aus der vorigen Aufgabe und erstellen Sie eine neue Filter-Klasse `CompressionFilter`.

Unterstützt der Client eine GZIP-Komprimierung (fragen Sie dazu den Wert des Request-Headers »Accept-Encoding« ab), wird analog zur Klasse `ResponseFilter` aus der vorigen Aufgabe das Antwort-Objekt in einen Wrapper vom Typ der Klasse `ResponseWrapper` eingehüllt und im Aufruf der Methode `doFilter()` übergeben.

Für das Komprimieren der Antwort wird ein `GZIPOutputStream` eingesetzt. Eine Referenz auf diesen Stream wird im Konstruktoraufruf eines `OutputStreamWriter`-Streams übergeben, der die Daten komprimiert und diese in einen Stream vom Typ `ByteArrayOutputStream` schreibt, der seinerseits im Konstruktor des Streams vom Typ `GZIPOutputStream` übergeben wird. Die Kettung von Stream-Instanzen wird eingesetzt, um die Daten der `ResponseWrapper`-Instanz für die Ausgabe vorzubereiten. Dazu wird die `ResponseWrapper`-Instanz mit Hilfe ihrer `toString()`-Methode in einen String umgesetzt und in den `OutputStreamWriter`-Stream geschrieben. Schreiben Sie diesen String auch auf den Ausgabe-Kanal, der im Tomcat mit der Datei `stdout...` verbunden ist.

Achten Sie darauf, dass der `GZIPOutputStream` unbedingt geschlossen werden muss, damit dessen Daten während der Dekomprimierung vom Browser gelesen werden können.

Setzen Sie eine neue Länge im »Content-Length«-Header für das ursprüngliche Antwort-Objekt und ermitteln Sie den Output-Stream der ursprünglichen Antwort, um auf diesen den gezippten Stream mit der Methode `writeTo()` der Klasse `ByteArrayOutputStream` zu schreiben.

Anschließend soll eine Meldung mit Angabe der Anzahl übertragener Bytes in die Log-Dateien geschrieben werden.

Unterstützt der Client die GZIP-Komprimierung nicht, soll dies über eine Meldung in denselben Dateien protokolliert werden.

Hinweise für die Programmierung:

Im Java-6-Übungsbuch Band II, Kapitel 1 können sowohl die Theorie als auch zugehörige Beispiele zum Ketten von Streams nachgeschlagen werden.

Die Methode `getWriter()` eines `ResponeWrapper`-Objekts wird automatisch aufgerufen, wenn die Antwort characterorientierte Daten enthält. Sollen byteorientierte Daten an den Browser übertragen werden, muss ein Response-Wrapper die Methode `getOutputStream()` seiner Oberklasse überschreiben, weil in diesem Fall diese Methode aufgerufen wird.

Der Name der Filter-Klasse soll im DD auf den Namen der Servlet-Klasse `Servlet5` gemappt werden.

Um zu prüfen, ob der Client tatsächlich eine GZIP-Komprimierung unterstützt, wird in der Klasse `Servlet5` mit der Methode `getHeaders("Accept-Encoding")` eine Instanz vom Raw-Typ des generischen Interface `java.util.Enumeration` mit allen Werten dieses Headers erzeugt und diese im Browser mit der Meldung »Komprimierung wird vom Client unterstützt« angezeigt.

Java-Dateien: `ResponseWrapper.java`, `CompressionFilter.java`

Programmaufrufe: In einem Webbrowser durch Eingabe des Servlets, das von diesem Filter aufgerufen wird:
`http://localhost:8080/DeploymentSecurityFilterApp/dateiverzeichnis1/URLServlet5.do`
`http://localhost:8080/DeploymentSecurityFilterApp/dateiverzeichnis1/irgendeinname.do`

Aufgabe 4.11

Document-Root vs. Context-Root für die Webapplikation DeploymentSecurityFilterApp

Zur Anzeige der physischen und logischen Verzeichnisstruktur von Webapplikationen sollen zwei Klassen `DeploymentSecurityFilterAppPhysischeVerzeichnisStruktur` und `DeploymentSecurityFilterAppLogischeVerzeichnisStruktur`, die die Klasse `JFrame` erweitern und `JTree`-Komponenten mit allen Unterverzeichnissen und Dateinamen erzeugen, erstellt werden. Diese Klassen werden in einem Unterverzeichnis `kapitel4` des in Aufgabe 1.2 angelegten Verzeichnisses `java6uebungsbuch3sourcecode` hinterlegt. Sie implementieren ein Interface mit dem Namen `WurzelKnotenBlaetter`, das Konstanten vom Typ `String` und `String[]` mit allen Verzeichnis- und Dateinamen der Webapplikation definiert.

Übergeben Sie Referenzen auf diese Konstanten im Konstruktoraufruf der Klasse `DefaultMutableTreeNode`, um die Wurzel, Knoten und Blätter von Baumstrukturen zu erzeugen.

Hinweise für die Programmierung:

Beispiele zur Definition von Klassen, die als Vorlage für `JTree`-Komponenten dienen, finden Sie im Kapitel 6 von *Java 6 Das Übungsbuch* Band I.

Java-Dateien: `WurzelKnotenBlaetter.java`,
`DeploymentSecurityFilterAppPhysischeVerzeichnisStruktur.java`,
`DeploymentSecurityFilterAppLogischeVerzeichnisStruktur.java`

Programmaufrufe:
`java DeploymentSecurityFilterAppPhysischeVerzeichnisStruktur`,
`java DeploymentSecurityFilterAppLogischeVerzeichnisStruktur`

4.8 Die Webapplikation ebookshopmvc2

Bei einem Beibehalten der Funktionalitäten und Präsentationen aus Aufgabe 4.2 auf Seite 553 und Aufgabe 4.3 auf Seite 557 soll diesmal eine Webapplikation, die alle Regeln der MVC-2-Architektur respektiert, erstellt werden. Das heißt, dass die Datenbankzugriffe aus den Methoden der JavaBean-Klassen in eigene Java-Klassen ausgelagert werden und das Abändern und Auswerten von Modelldaten von Servlets durchgeführt werden soll. Die Servlets stellen den für die Präsentation zuständigen JSP-Seiten die Anwendungsobjekte (Geschäftsobjekte) als Attributwerte zur Verfügung, so dass diese, wenn überhaupt, nur lesend auf die JavaBean-Objekte zurückgreifen, um deren Eigenschaften im Browser anzuzeigen.

Gleichzeitig sollen mit diesem Beispiel Filter-Klassen zum Einsatz kommen und für die neue Webapplikation mit dem Namen `ebookshopmvc2` im DD Sicherheitskontrollen eingebaut werden.

Bei der Erstellung der logischen Verzeichnisstruktur werden diesmal die gleichen Verzeichnisnamen `mvc2` und `servlets` wie in der auf dem Servlet abgelegten physischen Struktur benutzt, um auch diese Möglichkeit zu demonstrieren und nochmals darauf hinzuweisen, dass die logische Struktur nicht mit der physischen übereinstimmt. Die in den Tags `<servlet-class>mvc2.servlets.EBookUpdateShoppingCartServlet</servlet-class>` und `<url-pattern>/mvc2/servlets/EBookUpdateShoppingCartServlet</url-pattern>` angegebenen Verzeichnisse `mvc2` und `servlets` sind von Grund aus verschieden, auch wenn diese die gleichen Namen tragen.

Zum Erstellen der `JTree`-Komponente, die die Verzeichnisstruktur der Webapplikation `ebookshopmvc2` darstellt, werden die Klassen `EBookShopPhysischeVerzeichnisStruktur` und `EBookShopLogischeVerzeichnisStruktur` aus Aufgabe 4.14 auf Seite 587 eingesetzt:

Die physische Verzeichnisstruktur der Webapplikation ebookshopmvc2

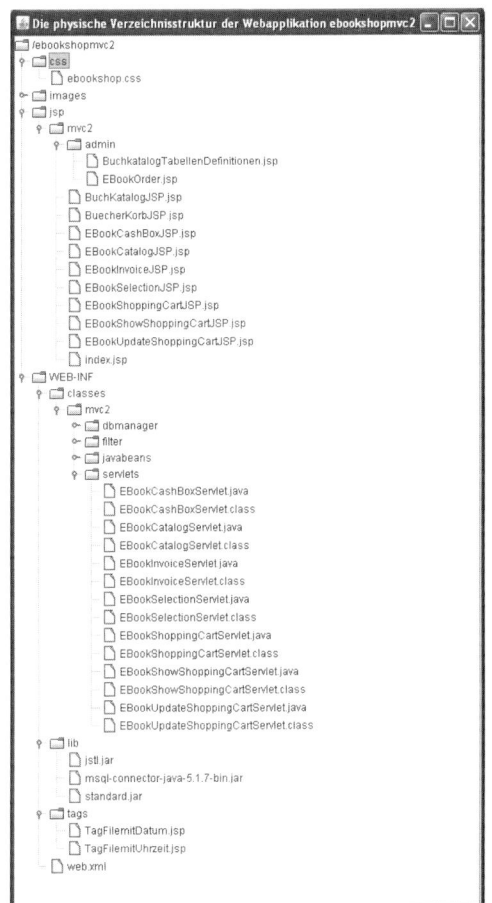

```
/ebookshopmvc2
  css
    ebookshop.css
  images
  jsp
    mvc2
      admin
        BuchkatalogTabellenDefinitionen.jsp
        EBookOrder.jsp
      BuchKatalogJSP.jsp
      BuecherKorbJSP.jsp
      EBookCashBoxJSP.jsp
      EBookCatalogJSP.jsp
      EBookInvoiceJSP.jsp
      EBookSelectionJSP.jsp
      EBookShoppingCartJSP.jsp
      EBookShowShoppingCartJSP.jsp
      EBookUpdateShoppingCartJSP.jsp
      index.jsp
  WEB-INF
    classes
      mvc2
        dbmanager
        filter
        javabeans
        servlets
          EBookCashBoxServlet.java
          EBookCashBoxServlet.class
          EBookCatalogServlet.java
          EBookCatalogServlet.class
          EBookInvoiceServlet.java
          EBookInvoiceServlet.class
          EBookSelectionServlet.java
          EBookSelectionServlet.class
          EBookShoppingCartServlet.java
          EBookShoppingCartServlet.class
          EBookShowShoppingCartServlet.java
          EBookShowShoppingCartServlet.class
          EBookUpdateShoppingCartServlet.java
          EBookUpdateShoppingCartServlet.class
    lib
      jstl.jar
      msql-connector-java-5.1.7-bin.jar
      standard.jar
    tags
      TagFilemitDatum.jsp
      TagFilemitUhrzeit.jsp
    web.xml
```

Aufgabe 4.12 ☆☆☆

Ein Buchverkaufs-Shop mit MVC-2-Architektur

Fügen Sie nach dem Beispiel von Aufgabe 4.5 auf Seite 568 zwei neue Benutzer `kunde` und `verwalter`, denen gleichnamige Rollendefinitionen zugeordnet sind, der Datei `tomcat-users.xml` hinzu. Konfigurieren Sie nach dem Beispiel derselben Aufgabe die erforderlichen Deployment-Einträge in der Datei `web.xml`, so dass der Zugriff für den Benutzer `kunde` auf die durch das Muster `/mvc2/*` definierten Ressourcen eingeschränkt wird und für den Benutzer `verwalter` auf die Ressourcen, die ein Muster `/jsp/mvc2/admin/*` bezeichnet. Die http-Methoden, die auf die durch die URL-Muster eingeschränkten Ressourcen zugelassen sind, sollen in beiden Fällen `GET` und `POST` sein.

In das Verzeichnis `\ebookshop\jsp\mvc2\admin\` (der physischen Verzeichnisstruktur) sollen die für die Auftragsabwicklung zuständigen JSP-Seiten `BuchkatalogTabellenDefinitionen.jsp` und `EBookOrder.jsp` aus Aufgabe 4.2 auf Seite 553 zum Testen kopiert werden.

Nach dem Beispiel der Aufgabe 4.6 auf Seite 572 soll eine Request-Filter-Klasse mit dem Namen `LoggingFilter` in einem neuen Unterverzeichnis `filter` von `WEB-INF/classes/mvc2` hinterlegt werden. Diese soll die Nachricht: »Vom Filter `filtername` ausgegebene Meldung: Der Server: `servername` hat am `datumsangabe` die Ressource `resourceurl` über den Webbesucher `besuchername` angefordert« bei jedem Servlet- und JSP-Seiten-Aufruf dieser Webapplikation in die Log-Datei `localhost....` schreiben. Fügen Sie die erforderlichen Einträge der Datei `web.xml` hinzu, um einen Filter vom Typ dieser Klasse korrekt zu konfigurieren.

Nach dem Beispiel der Aufgabe 3.14 soll der damit definierte Datenbank-Manager mit Hilfe von drei Java-Klassen `BestellungDBZugriff`, `BuecherKorbDBZugriff` und `KundeDBZugriff` um drei weitere Zugriffsmodule erweitert werden. Diese definieren Klassenmethoden, die Referenzen auf die Anwendungsobjekte vom Typ der JavaBean-Klassen `JavaBeanBestellung`, `JavaBeanBuecherKorb` und `JavaBeanKunde` im Aufruf übergeben bekommen und anhand deren Eigenschaften Datenbankabfragen und Änderungen durchführen. In jedem der in dieser Aufgabe eingesetzten Zugriffsmodule soll die Verbindung zur Datenbank `buchkatalog` nach dem Durchführen von Abfragen und Änderungen explizit, über den Aufruf der `close()`-Methode an dem für den Verbindungsaufbau erstellten `Connection`-Object, geschlossen werden.

Alle JavaBean-Klassen definieren Setter- und Getter-Methoden für ihre Eigenschaften. Dies sind für die Klasse `JavaBeanBestellung` die Eigenschaften `buchID und sessionID`, für die Klasse `JavaBeanBuecherKorbEintrag` die Eigenschaften `autor`, `bezeichnung` und `preis`, für die Klasse `JavaBeanBuecherKorb` die Eigenschaften `bestellung` und `gesamtPreis` und für die Klasse `JavaBeanKunde` die Eigenschaften `kundenName`, `strasse`, `ort` und `sessionID`.

Die Klasse `BestellungDBZugriff` definiert die Klassenmethode `insertBestellung()`, die eine Referenz auf ein `JavaBeanBestellung`-Objekt übergeben bekommt, dessen Eigenschaftswerte `buchID` und `sessionId` ermittelt und einen Satz mit diesen Werten in der Tabelle `bestellungen` einfügt.

Die in der Klasse `BuecherKorbDBZugriff` definierte Klassenmethode `selectBestellungen()` bekommt eine gültige Session-ID übergeben, erzeugt eine Liste vom Typ der parametrisierten Klasse `ArrayList<mvc2.javabeans.JavaBeanBuecherKorbEintrag>` und greift auf die Sätze der Tabellen `bestellungen`, `autoren` und `titel` zu, um alle einem Webbesucher zugeordneten Bestellungen (mit der übergebenen Session-ID) mit Angabe von Autor, Titel und Preis zu ermitteln und als Eigenschaften für die Anwendungsobjekte vom Typ `JavaBeanBuecherKorbEintrag` zu setzen. Die Liste aller so erzeugten Anwendungsobjekte wird als Eigenschaft einer weiteren JavaBean vom Typ der Klasse `JavaBeanBuecherKorb` gesetzt.

Berechnen Sie dabei auch den Gesamtpreis für alle so ermittelten Bücher und setzen Sie diesen als Wert für die gleichnamige Eigenschaft der `JavaBeanBuecherKorb`-Instanz.

Die Klasse `KundeDBZugriff` definiert die Klassenmethode `selectKunde()`, die eine Referenz auf ein `JavaBeanKunde`-Objekt übergeben bekommt und nach einem eventuell schon vorher gespeicherten Auftrag mit demselben Kundennamen und derselben Session-ID wie die Werte der Eigenschaften aus dem übergebenen `JavaBeanKunde`-Objekt in der Tabelle `kundendaten` sucht. Wird ein solcher Satz gefunden, gibt die Methode den Wert der Spalte `auftrags_ID` zurück und ansonsten einen Wert gleich 0.

Eine weitere Klassenmethode `deleteKunde()` bekommt in ihrem Aufruf eine so ermittelte Auftrags-ID, um den entsprechenden Satz in der Tabelle zu löschen und damit das Verschicken von mehreren Rechnungen pro Session an denselben Kunden zu unterbinden.

Die Klassenmethode `insertKunde()` fügt nach dem Beispiel der Klassenmethode `insertBestellung()` der Klasse `BestellungenDBZugriff` einen Satz mit der Adresse eines Kunden hinzu, deren Inhalt im Aufruf der Methode in einem `JavaBeanKunde`-Objekt übergeben wird.

Die JSP-Seite `index.jsp` definiert die Homepage für diese Webapplikation. Sie überschreibt die Instanz-Methode `jspInit()` zum Setzen der Context-Parameter für das aus der JSP-Seite generierte Servlet. Beim Ablauf dieser Methode stehen dem Servlet `ServletConfig`- und `ServletContext`-Objekte zur Verfügung (siehe auch Aufgabe 2.5).

Setzen Sie den Wert des im DD definierten Initialisierungsparameters, der die URL spezifiziert, die auf das Servlet verweist, als Attribut für den Context-Scope (mit den Namen »ContextURL« zum Beispiel).

Die JSP-Seite index.jsp bindet die Seiten BuchKatalogJSP.jsp, BuecherKorbJSP.jsp und WerbungJSP.jsp ein, die die gleiche Funktionalität wie die Seiten JSPBuchKatalog.jsp, JSPBuecherKorb.jsp und JSPWerbung.jsp aus Aufgabe 4.2 auf Seite 553 aufweisen.

Die Klasse EBookCatalogServlet ruft die Klassenmethode selectBuecher() des Datenbankzugriffsmoduls vom Typ der Klasse BuchDBZugriff auf, um eine Liste mit allen im Buchkatalog (Datenbanktabelle buchkatalog) angebotenen Bücher zu erzeugen, und setzt diese, falls noch nicht vorhanden, als Attribut im Session-Scope. Erzeugen Sie dazu ein Objekt vom Typ HttpSession und rufen Sie an diesem die Methode setAttribute() auf.

Definieren Sie einen URL-String für das Weiterleiten der Anfrage an die JSP-Seite EBookCatalogJSP.jsp, die die Präsentation des Buchkatalogs im Browser übernimmt, und leiten Sie die Anfrage an diese JSP-Seite weiter. Der RequestDispatcher kann vom Context des Servlets abgeholt werden.

Die JSP-Seite EBookCatalogJSP.jsp liest in einem JSP-Scriptlet den Wert der im Servlet vom Typ EBookCatalogServlet gesetzten Attribute für den Context-Scope und iteriert über die im Attribut »BuchListe« gespeicherten Listenelemente, um ein Formular mit deren Anzeige zu erzeugen.

Die Buch-ID soll nicht angezeigt werden und wird darum als verstecktes Feld angelegt. Definieren Sie in dieser Seite auch einen Hyperlink für die Rückkehr zur Homepage.

Die Klasse EBookSelectionServlet erzeugt ein Anwendungsobjekt vom Typ JavaBeanBestellung und setzt für dieses die Eigenschaften buchID und sessionID gleich dem Wert des im Request-Parameter »BuchID« übergebenen Wertes und der mit getId() am HttpSession-Objekt ermittelten Session-ID.

Eine Referenz auf diese Instanz wird im Aufruf der Klassenmethode insertBestellung() des Datenbankzugriffsmoduls vom Typ BestellungDBZugriff übergeben, um den entsprechenden Satz in die DB-Tabelle bestellungen zu schreiben.

Die vom Servlet empfangene Anfrage wird an die JSP-Seite EBookSelectionJSP.jsp weitergeleitet, die die Aufnahme einer Buchbestellung in der Tabelle bestellungen der DB bestätigt.

Die Aufnahme einer Bestellung wird in der JSP-Seite EBookSelectionJSP.jsp über die Anzeige einer Meldung im Browser bestätigt und es werden Hyperlinks für die Verzweigung zum Buchkatalog, zum Bücherkorb und zur Homepage definiert.

In der Klasse EBookShoppingCartServlet wird nach einem Attribut mit dem Namen »BuecherKorb« im Session-Scope gesucht und eine Instanz der Klasse JavaBeanBuecherKorb erzeugt, falls keines gesetzt ist.

Für diese Instanz wird die Eigenschaft bestellung gleich einer leeren Liste vom Typ der parametrisierten Klasse ArrayList<mvc2.javabeans. JavaBeanBue-

cherKorbEintrag> gesetzt, um ungewollte doppelte Einträge in einem Bücherkorb zu vermeiden, und der Bücherkorb wird mit allen für die Session-ID relevanten Bestellungen neu gefüllt.

Setzen Sie die JavaBeanBuecherKorb-Instanz als Attribut im Session-Scope und leiten Sie die Anfrage an die JSP-Seite EBookShoppingCartJSP.jsp weiter.

In dieser Seite wird mit einer forEach-Schleife über die im Attribut »BuecherKorb« gespeicherten Listenelemente iteriert, um alle Einträge des Bücherkorbs anzuzeigen und den Gesamtpreis der Ware im Browser auszugeben. Definieren Sie Hyperlinks für die Verzweigung zum Buchkatalog, zur Kasse und zur Homepage.

Die Klasse EBookCashBoxServlet ruft an der HttpSession-Instanz die Methode getAttribute() auf, um nach einem Attribut mit dem Namen »Kunde« im Session-Scope zu suchen. Ist dieser gesetzt, wird die Klassenmethode des Datenbankzugriffsmoduls vom Typ der Klasse KundeDBZugriff aufgerufen, um den entsprechenden Eintrag in der Tabelle kundendaten zu löschen, damit keine doppelten Rechnungen verschickt werden.

Die vom Servlet empfangene Anfrage wird an die JSP-Seite EBookCashBoxJSP.jsp weitergeleitet. Diese Seite erzeugt ein Formular für die Eingabe der Kundenadresse mit den Textfeldern »KundenName«, »Straße« und »Ort« und einem Button zum Abschicken. Beim Abschicken des Formulars soll das Servlet vom Typ EBookInvoiceServlet aufgerufen werden. Auch aus dieser Seite soll zurück zur Homepage, zum Buchkatalog und zum Bücherkorb über Hyperlinks verzweigt werden können.

In der EBookInvoiceServlet-Klasse wird die im Formular eingegebene Kundenadresse über den Aufruf der Methode getParameter() am HttpRequest-Objekt gelesen.

Erzeugen Sie ein Anwendungsobjekt vom Typ der Klasse JavaBeanKunde und setzen Sie dessen Eigenschaften kundenName, strasse, ort und sessionID gleich mit den im Formular eingegebenen Werten und der aktuellen Session-ID.

Fügen Sie der Tabelle kundendaten einen Satz mit diesen Daten über den Aufruf der Methode insertKunde() des Datenbankzugriffmoduls KundeDBZugriff hinzu.

Die Anfrage soll in dieser Servlet-Klasse an die JSP-Seite EBookInvoiceJSP.jsp weitergeleitet werden, die in einem JSP-Scriptlet den Wert des Context-Attributs mit den Namen »ContextURL« ermittelt, um diesen in der Bereitstellung von Hyperlinks für die Rückkehr zur Homepage, zum Buchkatalog und zum Bücherkorb zu benutzen, und den Wert des session-Attributs »Kunde«, um die Bestätigung des Versandes der Rechnung im Browser anzuzeigen.

Hinweise für die Programmierung:

Alle JSP-Seiten aus dieser Aufgabe werden in einem Unterverzeichnis mvc2 von /ebookshop/jsp/ abgelegt und alle Java-Klassen in einem Unterverzeichnis mvc2 von /ebookshop/WEB-INF/classes, das seinerseits die Unterverzeichnisse dbmanager, javabeans und servlets zum Speichern von DB-Zugriffs-Klassen, JavaBean-Klassen und Servlet-Klassen definiert. Damit soll der Umgang mit Paketen in Webapplikationen nochmals geübt werden. Achten Sie dabei auf die erforderlichen package-Anweisungen in den Java-Klassen und auf die Bekanntgabe der Servlet-Klassen im DD (Datei web.xml).

Bei einer Navigation im Browser soll kein neuer Satz in die Datenbank eingefügt werden. Setzen Sie dazu (zum Beispiel) in der JSP-Seite EBookCatalogJSP.jsp einen Zeitstempel (oder einen per Zufall generierten Wert) als Attribut im Session-Scope und übergeben Sie diesen über ein verstecktes Feld mit dem Namen »TimeStamp« im Anzeigeformular an das Servlet vom Typ EBookSelectionServlet, in dem nach dem Vergleich von Attribut- und Parameterwert nur im Gleichheitsfall der Satz in die Datenbank eingefügt wird und gleichzeitig ein neuer Zeitstempel gesetzt wird.

Die <meta>-Tags:

```
<meta http-equiv="cache-control" content="no-cache"/>
<meta http-equiv="expires" content="0"/>
<meta http-equiv="pragmas" content="no-cache"/>
```

die zum Unterdrücken des Cachings von Webseiten im Browser eingesetzt werden können, werden nicht von allen Browsern korrekt interpretiert.

Ich erinnere an dieser Stelle auch nochmals an den für das Auffinden von Java-Klassen aus allen Webapplikationen aus diesem Buch benötigten vollständigen Pfadnamen:

```
CLASSPATH=C:\Programme\Apache Software Foundation\Tomcat 6.0\lib\
jsp-api.jar;C:\Programme\Apache Software Foundation\Tomcat 6.0\lib\
servlet-api.jar;C:\Programme\Apache Software Foundation\Tomcat
6.0\webapps\ebookshopmvc2\WEB-INF\classes;C:\Programme\Apache Software
Foundation\Tomcat 6.0\webapps\ebookshop\WEB-INF\classes;C:\
Programme\Apache Software Foundation\Tomcat
6.0\webapps\java6uebungsbuch3\WEB-INF\classes;C:\Programme\Apache
Software Foundation\Tomcat 6.0\webapps\DeploymentScurityFilterApp\
WEB-INF\classes;C:\Programme\Apache Software Foundation\Tomcat
6.0\webapps\chatroom\WEB-INF\classes
```

Hinweise zum Programmablauf:

Mit den JSP-Seiten BuchkatalogTabellenDefinitionen.jsp und EBookOrder.jsp aus Aufgabe 4.2 auf Seite 553 können alle in der Datenbank während eines Tests durchgeführten Tabelleneinträge nachgeprüft werden. Diese Dateien wurden für die Webapplikation ebookshopmvc2 im Verzeichnis ebookshopmvc2/jsp/mvc2/admin/ abgelegt, um nur Webbesuchern mit Administrationsrecht den Zugriff darauf zu gewährleisten.

Java-Dateien: BuchDBZugriff.java, BuecherKorbDBZugriff.java, KundeDBZugriff.java, JavaBeanBuch.java, JavaBeanBestellung.java, JavaBeanBuecherKorb.java,

JavaBeanBuecherKorbEintrag.java, JavaBeanKunde.java, EBookCatalogServlet.java, EBookSelectionServlet.java, EBookShoppingCartServlet.java, EBookCashBoxServlet.java, EBookInvoiceServlet.java

Stylesheet-Definitionsdatei: ebookshop.css

JSP-Seiten: index.jsp, BuchKatalogJSP.jsp, BuecherKorbJSP.jsp, EBookCatalogJSP.jsp, EBookSelectionJSP.jsp, EBookShoppingCartJSP.jsp, EBookCashBox.jsp, EBookInvoiceJSP.jsp, EBookOrder.jsp, BuchkatalogTabellenDefinitionen.jsp

Programmaufrufe: Im Webbrowser durch Eingabe der Namen von JSP-Seiten
http://localhost:8080/ebookshopmvc2/jsp/mvc2/index.jsp
http://localhost:8080/ebookshopmvc2/jsp/mvc2/admin/EBookOrder.jsp
http://localhost:8080/ebookshopmvc2/jsp/mvc2/admin/BuchkatalogTabellenDefinitionen.jsp

Aufgabe 4.13

Wiederholungsaufgabe

Um zu zeigen, wie einfach einer Webapplikation, die nach der MVC-2-Architektur aufgebaut wurde, neue Funktionalitäten hinzugefügt werden können, wollen wir mit dieser Aufgabe eine Funktion für das Löschen von Büchern einbauen, die sich im Bücherkorb befinden (Bestellungen rückgängig machen).

Erweitern Sie dazu die Klasse BuchDBZugriff um eine Klassenmethode selectBuch(), die den Titel eines Buchs in einem String-Parameter übergeben bekommt, nach diesem in der Tabelle titel sucht und die dazugehörige Buch-ID aus dem Ergebnis der Anfrage ermittelt und zurückgibt.

Der Klasse BestellungDBZugriff wird die Methode deleteBestellung() hinzugefügt. Diese löscht den Satz mit der im Methodenaufruf übergebenen Buch-ID und Session-ID in der Tabelle bestellungen und gibt den Rückgabewert der Methode executeUpdate() an die aufrufende Methode zurück.

Die Servlet-Klasse EBookShoppingCartServlet wird durch zwei neue Servlet-Klassen EBookShowShoppingCartServlet und EBookUpdateShoppingCartServlet ersetzt. Dabei behält die Klasse EBookShowShoppingCart die Funktionalitäten der Klasse EBookShoppingCart und gibt die Anfrage an eine in EBookShowShoppingCartJSP.jsp abgeänderte JSP-Seite weiter.

Im Gegensatz zur Seite EBookShoppingCartJSP.jsp wird in dieser, anstelle eines HTML-Listenelements, ein Formular mit den im Attribut »BuchListe« gespeicherten Listenelementen vom generischen Typ ArrayList<JavaBeanBuecherKorbEintrag> erzeugt.

In jedem Formular werden drei Textfelder mit den Namen »BestellungAutor«, »BestellungName« und »BestellungPreis« für die Weitergabe der Werte in Anfrageparameter definiert und ein Button mit der Beschriftung »Bestellung löschen«. Beim Abschicken eines Formulars soll das Servlet vom Typ `EBookUpdateShoppingCartServlet` aufgerufen werden.

Diese Servlet-Klasse soll den im Formular ausgewählten Eintrag in der Tabelle `bestellungen` der Datenbank löschen. Dazu wird die zum Buchtitel zugehörige `Buch_ID` aus der Tabelle `titel` über den Aufruf der Methode `selectBuch()` der Klasse `BuchDBZugriff` ermittelt und die aktuelle Session-ID mit der Methode `getID()`, die an der `HttpSession`-Instanz aufgerufen wird. Beide IDs werden an die Methode `deleteBestellung()` der Klasse `BestellungDBZugriff` weitergegeben.

Die Anfrage wird vom Servlet an die JSP-Seite `EBookUpdateShoppingCartJSP.jsp` weitergegeben, um die Durchführung der Löschung im Browser zu bestätigen und dasselbe Formular mit den verbliebenen Einträgen anzuzeigen.

Um auf benutzerdefinierte Tags zurückzukommen, kopieren wir die JSP-Seite `TagFile5.jsp` in das Unterverzeichnis `/jsp/admin/` des Wurzelverzeichnisses der Webapplikation und binden diese mit einer `include`-Direktive in die JSP-Seite `EBookOrder.jsp` ein. Die von `TagFile5.jsp` aufgerufenen Tag-Dateien `TagFilemitDatum.tag` und `TagFilemitUhrzeit.tag` können in einem Unterverzeichnis `tags` von `WEB-INF` hinterlegt werden.

Hinweise für die Programmierung:

Achten Sie darauf, dass auch aus den JSP-Seiten `BuecherKorbJSP.jsp` und `EBookSelectionJSP.jsp` das Servlet vom Typ `EBookShowShoppingCart` aufgerufen werden muss.

Benutzen Sie für die korrekte Abwicklung einer Navigation im Browser ein ähnliches Verfahren, wie das aus Aufgabe 4.12 auf Seite 580 beim Einfügen von Sätzen in die Tabelle `bestellungen`, auch für das Löschen der Sätze aus dieser Tabelle.

Erstellen Sie nach dem Beispiel der Aufgabe 4.3 auf Seite 557 eine Webapplikation, in der anstelle der JSP-Seiten aus Aufgabe 4.12 auf Seite 580 und Aufgabe 4.13 auf Seite 585 JSP-Dokumente zum Einsatz kommen, die die gleichen Funktionalitäten aufweisen.

Java-Dateien: `BuchDBZugriff.java`, `BuecherKorbDBZugriff.java`, `KundeDBZugriff.java`, `JavaBeanBuch.java`, `JavaBeanBestellung.java`, `JavaBeanBuecherKorb.java`, `JavaBeanBuecherKorbEintrag.java`, `JavaBeanKunde.java`, `EBookCatalogServlet.java`, `EBookSelectionServlet.java`, `EBookShowShoppingCartServlet.java`, `EBookUpdateShoppingCartServlet.java`, `EBookCashBoxServlet.java`, `EBookInvoiceServlet.java`

Stylesheet-Definitionsdatei: `ebookshop.css`

JSP-Seiten: index.jsp, BuchKatalogJSP.jsp, BuecherKorbJSP.jsp, EBookCatalogJSP.jsp, EBookSelectionJSP.jsp, EBookShowShoppingCartJSP.jsp, EBookUpdateShoppingCartJSP.jsp, EBookCashBoxJSP.jsp, EBookInvoiceJSP.jsp, EBookOrder.jsp, BuchkatalogTabellenDefinitionen.jsp, TagFile5.jsp

Programmaufrufe: Im Webbrowser durch Eingabe der Namen von JSP-Seiten
http://localhost:8080/ebookshopmvc2/jsp/mvc2/index.jsp
http://localhost:8080/ebookshopmvc2/jsp/mvc2/admin/EBookOrder.jsp
http://localhost:8080/ebookshopmvc2/jsp/mvc2/admin/BuchkatalogTabellenDefinitionen.jsp

Aufgabe 4.14

Die Verzeichnisstruktur der Webapplikation ebookshopmvc2

Definieren Sie die Klassen EBookShopPhysischeVerzeichnisStruktur und EBookShopLogischeVerzeichnisStruktur zur Anzeige der physischen und logischen Verzeichnisstruktur der Webapplikation ebookshopmvc2 nach dem Beispiel der Klassen aus Aufgabe 4.11 auf Seite 577.

Zur Definition der Konstanten für das Erzeugen von Wurzel, Knoten und Blättern der Baumstruktur soll diesmal das Interface WurzelKnotenBlaetterfuerEBookShop dienen.

Java-Dateien: WurzelKnotenBlaetterfuerEBookShop.java, EBookShopPhysischeVerzeichnisStruktur.java, EBookShopLogischeVerzeichnisStruktur.java

Programmaufrufe:
java EBookShopPhysischeVerzeichnisStruktur
java EBookShopLogischeVerzeichnisStruktur

4.9 Lösungen

Lösung 4.1

Die Klasse JavaBeanfuerDBAbfrage

```
package javabeans;

import java.sql.*;
public class JavaBeanfuerDBAbfrage {
   private Statement statement;
   private String sql;
```

```
    private ResultSet ergebnis;
    private boolean query;
    private String s;
    private String satz;
    private String [][] array;
    private String [] array1;
    private String [] array2;
// Konstruktordefinition
    public JavaBeanfuerDBAbfrage() {
    }
// Die Eigenschaften für die JavaBean definieren
    public void setStatement(Statement statement) {
      this.statement = statement;
    }
    public void setSql(String sql) {
      this.sql = sql;
    }
    public boolean isQuery() {
      try {
        ergebnis = statement.executeQuery(sql);
        query = true;
      }
      catch(SQLException e) {
        System.out.println("Fehlerhafter SQL-Befehl");
        System.out.println(e);
        query = false;
      }
      return query;
    }
    public ResultSet getErgebnis() {
      return ergebnis;
    }
// Getter-Methoden zum Anzeigen der abgerufenen Datenbanksätze
    public String getSatz() {
      try {
// Einzelne Datensätze aus der ResultSet-Instanz lesen; die
// Methode next() bewegt einen internen Cursor vom ersten
// Datensatz bis zum letzten (ist keiner mehr vorhanden, liefert
// sie den boolean-Wert false zurück und die Schleife wird
// abgebrochen)
          while(ergebnis.next()) {
            satz = satz + ergebnis.getString(1);
            System.out.println(satz);
          }
      }
      catch(SQLException e) {
        System.out.println("Fehlerhafter SQL-Befehl");
        System.out.println(e);
      }
```

```
      return satz;
   }
   public String getString() {
      s = "";
      try {
// Einzelne Datensätze aus der ResultSet-Instanz lesen; die
// Methode next() bewegt einen internen Cursor vom ersten
// Datensatz bis zum letzten (ist keiner mehr vorhanden, liefert
// sie den boolean-Wert false zurück und die Schleife wird
// abgebrochen)
         while(ergebnis.next()) {
            String s1 = ergebnis.getString(1);
            String s2 = ergebnis.getString(2);
            s = s + "<tr><td>" + s1 + "</td><td>" + s2
              + "</td></tr>";
         }
      }
      catch(SQLException e) {
         System.out.println("Fehlerhafter SQL-Befehl");
         System.out.println(e);
      }
      return s;
   }
// Weitere Getter-Methode zum Anzeigen der abgerufenen
// Datenbanksätze
   public String[][] getArray() {
      array = new String[6][4];
      int i = 0;
      try {
         while(ergebnis.next()) {
            array[i][0] = ergebnis.getString(1);
            array[i][1] = ergebnis.getString(2);
            array[i][2] = ergebnis.getString(3);
            array[i][3] = ergebnis.getString(4);
            i++;
         }
      }
      catch(SQLException e) {
         System.out.println("Fehlerhafter SQL-Befehl");
         System.out.println(e);
      }
      return array;
   }
   public String[] getArray1() {
      array1 = new String[100];
      int i = 0;
      try {
         while(ergebnis.next()) {
            array1[i] = ergebnis.getString(1);
```

```
            System.out.println("!!="+array1[i]);
            i++;
         }
      }
      catch(SQLException e) {
         System.out.println("Fehlerhafter SQL-Befehl");
         System.out.println(e);
      }
      System.out.println(array1);
      return array1;
   }
   public String[] getArray2() {
      array2 = new String[100];
      int i = 0;
      try {
         while(ergebnis.next()) {
            array2[i] = ergebnis.getString(1)
              + "*" + ergebnis.getString(2);
            i++;
         }
      }
      catch(SQLException e) {
         System.out.println("Fehlerhafter SQL-Befehl");
         System.out.println(e);
      }
      return array2;
   }
}
```

Die Stylesheet-Datei chatroom.css

```
a.hyperlink {
   font-size: 18px;
   color: #EE0000;
   text-decoration: none;
   font-weight: normal;
}
a.hyperlink:hover {
   color: #AA5200;
}
.ueberschrift h3 {
   text-align: left;
   font-family: Times Roman;
   font-size: 26px;
   color: #AA45EE;
   text-decoration: none;
   font-weight: bolder;
   padding: 0px 0px 20px 0px;
   margin: 0px;
```

```
  border: 0px;
}
.ueberschrift h2 {
  text-align: center;
  font-family: Arial;
  font-size: 26px;
  color: #789152;
  text-decoration: none;
  font-weight: bolder;
  padding: 0px 0px 20px 0px;
  margin: 0px;
  border: 0px;
}
h3 {
  text-align: left;
  font-family: Times Roman;
  font-size: 20px;
  color: #EE0000;
  text-decoration: none;
  font-weight: bolder;
  padding: 0px 0px 20px 0px;
  margin: 0px;
  border: 0px;
}
.chatrooms {
  padding: 40px 0px 0px 0px;
  margin: 10px;
}
.chatrooms input#submit {
  font-family: Lucida Writing, Times Roman, Arial;
  font-size: 25px;
  color: #EE0000;
  padding: 10px 2px 10px 2px;
  margin: 4px 10px 4px 10px;
  text-align: middle;
}
.chatrooms input {
  font-family: Lucida Writing, Times Roman, Arial;
  font-size: 20px;
  color: #FF505050;
  padding: 10px 2px 10px 2px;
  margin: 4px 10px 4px 10px;
  text-align: middle;
}
.chatrooms select {
  font-family: Lucida Writing, Times Roman, Arial;
  font-size: 25px;
  color: #FF0000;
```

```
  padding: 10px 2px 10px 2px;
  margin: 4px 10px 4px 10px;
  text-align: middle;
}
```

Das JSP-Dokument index.jspx

```
<?xml version="1.0" encoding="ISO-8859-1"?>
<!-- JSP-Namensraum und die JSTL-core-Bibliothek deklarieren -->
<jsp:root
  xmlns:jsp="http://java.sun.com/JSP/Page"
  version="2.1" >
<jsp:directive.page
  language="java"
  contentType="text/html;charset=ISO-8859-1" />
<!-- Das output-Tag hat nichts mit der Ausgabe im Browser zu tun,
sondern erzeugt das doctype-Tag für die Dokumententypprüfung;
zusammen mit html xmlns="http://www.w3.org/1999/xhtml" ersetzen
diese Zeilen das herkömmliche html-Tag -->
<jsp:output
  doctype-root-element="html"
  doctype-public="-//W3C//DTD XHTML 1.0 Strict//EN"
  doctype-system=
   "http://www.w3.org/TR/xhtml1/DTD/xhtml1-strict.dtd" />

<html xmlns="http://www.w3.org/1999/xhtml">
<head>
  <title>Chatraum-Webseite</title>
<!-- Das <link/>-Tag definiert eine Referenz auf eine Ressource
-->
  <link rel="stylesheet"
   href="/chatroom/css/chatroom.css"
    type="text/css"/>
  </head>
<body>

<!-- Das <div>-Tag kann benutzt werden, um Styles für
Dokumententeile zu definieren; das class-Attribut kann als
Stylesheet-Selektor benutzt werden -->
<div class="ueberschrift">
  <h2>Willkommen in der Chatroom-Auswahl</h2>
</div>
<!-- JSP-Dokument einbinden -->
<jsp:include page="ChatRoomAuswahl.jspx" flush="true"/>

</body></html>
</jsp:root>
```

Das JSP-Dokument ChatRoomAuswahl.jspx

```
<?xml version="1.0" encoding="ISO-8859-1"?>
<!-- JSP-Namensraum und die JSTL-core-Bibliothek deklarieren -->
<jsp:root
  xmlns:jsp="http://java.sun.com/JSP/Page"
  xmlns:c="http://java.sun.com/jsp/jstl/core"
  version="2.1" >
<jsp:directive.page
  language="java"
  contentType="text/html;charset=ISO-8859-1" />
<!-- Das output-Tag hat nichts mit der Ausgabe im Browser zu tun,
sondern erzeugt das doctype-Tag für die Dokumententypprüfung;
zusammen mit html xmlns="http://www.w3.org/1999/xhtml" ersetzen
diese Zeilen das herkömmliche html-Tag -->
<jsp:output
  doctype-root-element="html"
  doctype-public="-//W3C//DTD XHTML 1.0 Strict//EN"
  doctype-system=
   "http://www.w3.org/TR/xhtml1/DTD/xhtml1-strict.dtd" />

<html xmlns="http://www.w3.org/1999/xhtml">
  <head>
    <title>Chatroom-Auswahl</title>
    <link rel="stylesheet"
      href="/chatroom/css/chatroom.css"
      type="text/css"/>
  </head>
<body>

<!-- JSP-Aktionen setzen die JavaBeans für Verbindungsaufbau und
Datenbankabfragen als Attribute im Page-Scope -->
  <jsp:useBean id="verbindung"
    class="javabeans.JavaBeanfuerDBVerbindung" />
  <jsp:useBean id="abfrage"
    class="javabeans.JavaBeanfuerDBAbfrage" />
<!-- JSP-Aktion setzt alle Eigenschaftswerte für die JavaBean mit
der id="verbindung", das heißt, alle Setter-Methoden dieser
JavaBean werden aufgerufen -->
  <jsp:setProperty name="verbindung" property="*"/>

<!-- Ist der Wert der JavaBean-Eigenschaft connection gleich
true, war der Verbindungsaufbau zur Datenbank erfolgreich -->
  <c:if test="${verbindung.connection==true}">
<!-- Werte für die Eigenschaften statement und sql der JavaBean
mit der id = "abfrage" setzen -->
    <jsp:setProperty name="abfrage" property="statement"
      value ='${verbindung.statement}' />
    <jsp:setProperty name="abfrage" property="sql"
```

```
      value="select * from chatrooms"/>
<!-- Ist der Wert der JavaBean-Eigenschaft query gleich
true, war das Abrufen von Sätzen aus der Datenbank erfolgreich
-->
    <c:if test="${abfrage.query==true}">
<!-- Über die Sätze der Ergebnismenge iterieren und alle
auswählbaren Chaträume anzeigen; beim Abschicken des Formulars
wird die im action-Attribut angegebene JSP-Seite ausgeführt -->
      <div class="chatrooms">
        <form action="ChatFenster.jspx">
<!-- Definition einer ComboBox -->
        <select name="raum">
        <c:forEach var="element" items="${abfrage.array1}">
          <option><c:out value="${element}"/></option>
        </c:forEach>
        </select>
<!-- Definition der Textfelder -->
        <center>
        Dein Name: <input name="NickName" size="30" />
        Dein Profil: <input name="Profil" size="30" />
        <br></br>
        <br></br>
        <br></br>
<!-- Einen Button für das Formular definieren -->
        <input id="submit" type="submit"
          value="Chatroom betreten"/>
        </center>
      </form>
     </div>
    </c:if>
  </c:if>
</body></html>
</jsp:root>
```

Das JSP-Dokument ChatFenster.jspx

```
<?xml version="1.0" encoding="ISO-8859-1"?>
<!-- JSP-Namensraum und die JSTL-core-Bibliothek deklarieren -->
<jsp:root
  xmlns:jsp="http://java.sun.com/JSP/Page"
  xmlns:c="http://java.sun.com/jsp/jstl/core"
  version="2.1" >
<jsp:directive.page
  language="java"
  contentType="text/html;charset=ISO-8859-1" />
<!-- Das output-Tag hat nichts mit der Ausgabe im Browser zu tun,
sondern erzeugt das doctype-Tag für die Dokumententypprüfung;
zusammen mit html xmlns="http://www.w3.org/1999/xhtml" ersetzen
diese Zeilen das herkömmliche html-Tag -->
```

```
<jsp:output
   doctype-root-element="html"
   doctype-public="-//W3C//DTD XHTML 1.0 Strict//EN"
   doctype-system=
    "http://www.w3.org/TR/xhtml1/DTD/xhtml1-strict.dtd" />

<html xmlns="http://www.w3.org/1999/xhtml">
   <head>
      <title>Chatroom-Besucher </title>
      <link rel="stylesheet"
        href="/chatroom/css/chatroom.css"
        type="text/css"/>
   </head>
<!-- Das &-Zeichen muss durch die XML-Entität &amp; ersetzt
werden; kann aber auch so nicht in der Parameterliste im Aufruf
der JSP-Seite angegeben werden, darum wird eine Variable mit dem
Wert der Parameterliste gesetzt und diese im Aufruf der JSP-Seite
übergeben -->
   <c:set value='raum=${param.raum}&amp;nickname=${param.
   NickName}&amp;profil=${param.Profil}' var="parameter"/>

<!-- Zwei Framesets mit vier Frames, die durch die angegebenen
.jspx-Dateien definiert werden, erstellen; das <body>-Tag muss
entfallen, ansonsten werden die Fenster im Browser nicht angezeigt
-->
<frameset rows='80%, *' cols='*, 20%'>
   <frame name='chatroom' src='ChatTextAnzeige.jspx?raum=${param.raum}'
   marginwidth='0' marginheight='0' frameborder='yes'/>
   <frame name='onlinebenutzer' src='ChatBesucher.jspx?
   raum=${param.raum}'  marginwidth='0' marginheight='0'
   frameborder='yes'/>
   <frame name='chattext' src='ChatTextEingabe.jspx?${parameter}'
   marginwidth='0' marginheight='0' frameborder='yes'/>
   <frame name='logoutbenutzer' src='ChatLogout.jspx?${parameter}'
   marginwidth='0' marginheight='0' frameborder='yes'/>
</frameset>
</html>
</jsp:root>
```

Das JSP-Dokument ChatTextEingabe.jspx

```
<?xml version="1.0" encoding="ISO-8859-1"?>
<!-- JSP-Namensraum und die JSTL-core-Bibliothek deklarieren -->
<jsp:root
   xmlns:jsp="http://java.sun.com/JSP/Page"
   xmlns:c="http://java.sun.com/jsp/jstl/core"
   version="2.1" >
<jsp:directive.page
   language="java"
   contentType="text/html;charset=ISO-8859-1" />
```

```
<!-- Das output-Tag hat nichts mit der Ausgabe im Browser zu tun,
sondern erzeugt das doctype-Tag für die Dokumententypprüfung;
zusammen mit html xmlns="http://www.w3.org/1999/xhtml" ersetzen
diese Zeilen das herkömmliche html-Tag -->
<jsp:output
  doctype-root-element="html"
  doctype-public="-//W3C//DTD XHTML 1.0 Strict//EN"
  doctype-system=
   "http://www.w3.org/TR/xhtml1/DTD/xhtml1-strict.dtd" />

<html xmlns="http://www.w3.org/1999/xhtml">
  <head>
    <title>Chatroom-Besucher </title>
    <link rel="stylesheet"
      href="/chatroom/css/chatroom.css"
      type="text/css"/>
  </head>
<body>
  <h3>Chattext eingeben:</h3>

<!-- JSP-Aktionen setzen die JavaBeans für Verbindungsaufbau,
Datenbankabfragen und Datenbankänderungen als Attribute
im Page-Scope -->
  <jsp:useBean id="verbindung"
   class="javabeans.JavaBeanfuerDBVerbindung" />
  <jsp:useBean id="update"
   class="javabeans.JavaBeanfuerDBUpdate" />
  <jsp:useBean id="abfrage"
   class="javabeans.JavaBeanfuerDBAbfrage" />
<!-- JSP-Aktion setzt alle Eigenschaftswerte für die JavaBean mit
der id="verbindung", das heißt, alle Setter-Methoden dieser
JavaBean werden aufgerufen -->
  <jsp:setProperty name="verbindung" property="*"/>

<!-- Ist der Wert der JavaBean-Eigenschaft connection gleich
true, war der Verbindungsaufbau zur Datenbank erfolgreich -->
  <c:if test="${verbindung.connection==true}">
<!-- Werte für die Eigenschaften statement und sql der JavaBean
mit der id = "abfrage" setzen -->
    <jsp:setProperty name="abfrage" property="statement"
      value ='${verbindung.statement}' />
<!-- Eine Variable mit dem Namen der dem ausgewählten Chatraum
zugehörigen Tabelle für Online-Besucher als Wert setzen -->
    <c:set value='${param.raum}online' var="chatroomonline"/>
    <jsp:setProperty name="abfrage" property="sql"
     value="select * from ${chatroomonline}"/>
<!-- Ist der Wert der JavaBean-Eigenschaft query gleich
true, war das Abrufen von Sätzen aus der Datenbank erfolgreich
-->
```

```
    <c:if test="${abfrage.query==true}">
<!-- Eine Variable mit dem Namen chatroomURL und dem Wert null
setzen, über die die Rückkehr zur Chatraum-Auswahl
gewährleistet wird, falls der Nickname, zwecks Eindeutigkeit,
neu gewählt werden muss -->
      <c:set value='null' var="chatroomURL"/>
<!-- Über die Sätze der Ergebnismenge iterieren und den gerade
ausgewählten Nicknamen mit allen für diesen Chatraum schon
angemeldeten Namen vergleichen -->
      <c:forEach var="element" items="${abfrage.array1}">
        <c:if test="${element==param.nickname}">
<!-- Der Variablen chatroomURL den erforderlichen Wert für die
Rückkehr zur Chatraum-Auswahl zuweisen -->
          <c:set value='ChatRoomAuswahl.jspx'
           var="chatroomURL"/>
<!-- Einen Hyperlink für die Rückkehr zur Chatraum-Auswahl
definieren, dazu das Frameset schließen -->
Dieser Name ist schon angemeldet, bitte
<a class="hyperlink" href="${chatroomURL}" target="_top">
<h3>zur Chatroom-Auswahl</h3></a>zurückkehren!
        </c:if>
      </c:forEach>
    </c:if>
<!-- Wurde kein gleicher Name in der zugehörigen Tabelle der DB
gefunden, wird der Nickname zusammen mit dem angegebenen Profil
des Besuchers in einer chatxonline-Tabelle gespeichert -->
    <c:if test="${chatroomURL=='null'}">
<!-- Werte für die Eigenschaften statement und sql der JavaBean
mit der id = "update" setzen -->
      <jsp:setProperty name="update" property="statement"
        value ='${verbindung.statement}' />
<!-- Der chatxonline-Tabelle einen Satz mit angegebenen Nicknamen
und Profil hinzufügen -->
      <jsp:setProperty name="update" property="sql"
        value="insert into ${chatroomonline}
         values('${param.nickname}','${param.profil}')" />
<!-- Zur Prüfung den Rückgabewert der Methode executeUpdate()
anzeigen -->
In der Tabelle ${chatroomonline} wurde <jsp:getProperty
name="update" property="anzahl" /> Satz hinzugefügt!

<!-- Ein Formular für die Eingabe des Chattextes erzeugen und den
über die Parameterliste übergebenen Namen des Chatraums als
Parameter an das JSP-Dokument ChatTextSpeichern.jspx weitergeben
-->
      <form method='post'
        action='ChatTextSpeichern.jspx?raum=${param.raum}'>
<!-- Nickname anzeigen -->
        ${param.nickname}:
```

```
<!-- und die Formular-Felder definieren -->
          <input type='text' size='100' name='ChatText'/>
<!-- Den Nicknamen als Wert eines versteckten Feldes weitergeben
-->
          <input type='hidden' name='nick' value='${param.nickname}'/>
<!-- Buttons zum Abschicken und Löschen von eingegebenen Texten
erzeugen -->
          <input type='submit' value='Senden'/>
        </form>
     </c:if>
  </c:if>

</body></html>
</jsp:root>
```

Das JSP-Dokument ChatTextSpeichern.jspx

```
<?xml version="1.0" encoding="ISO-8859-1"?>
<!-- JSP-Namensraum und die JSTL-core-Bibliothek deklarieren -->
<jsp:root
  xmlns:jsp="http://java.sun.com/JSP/Page"
  xmlns:c="http://java.sun.com/jsp/jstl/core"
  version="2.1" >
<jsp:directive.page
  language="java"
  contentType="text/html;charset=ISO-8859-1" />
<!-- Das output-Tag hat nichts mit der Ausgabe im Browser zu tun,
sondern erzeugt das doctype-Tag für die Dokumententypprüfung;
zusammen mit html xmlns="http://www.w3.org/1999/xhtml" ersetzen
diese Zeilen das herkömmliche html-Tag -->
<jsp:output
  doctype-root-element="html"
  doctype-public="-//W3C//DTD XHTML 1.0 Strict//EN"
  doctype-system=
   "http://www.w3.org/TR/xhtml1/DTD/xhtml1-strict.dtd" />

<html xmlns="http://www.w3.org/1999/xhtml">
  <head>
     <title>Chatroom-Besucher </title>
     <link rel="stylesheet"
       href="/chatroom/css/chatroom.css"
       type="text/css"/>
  </head>
<body>
  <h3>Chattext eingeben:</h3>

<!-- JSP-Aktionen setzen die JavaBeans für Verbindungsaufbau und
Datenbankabfragen als Attribute im Page-Scope -->
  <jsp:useBean id="verbindung"
```

```
    class="javabeans.JavaBeanfuerDBVerbindung" />
  <jsp:useBean id="update"
    class="javabeans.JavaBeanfuerDBUpdate" />
<!-- JSP-Aktion setzt alle Eigenschaftswerte für die JavaBean mit
der id="verbindung", das heißt, alle Setter-Methoden dieser JavaBean
werden aufgerufen -->
  <jsp:setProperty name="verbindung" property="*"/>

<!-- Ist der Wert der JavaBean-Eigenschaft connection gleich
true, war der Verbindungsaufbau zur Datenbank erfolgreich -->
  <c:if test="${verbindung.connection==true}">
<!-- Werte für die Eigenschaften statement und sql der JavaBean
mit der id = "update" setzen -->
    <jsp:setProperty name="update" property="statement"
      value ='${verbindung.statement}' />
<!-- Eine Variable mit dem Namen der dem ausgewählten Chatraum
zugehörigen Tabelle für Chattexte als Wert setzen -->
    <c:set value='${param.raum}texte' var="chatroomtext"/>
<!-- Der chatxtexte-Tabelle einen Satz mit angegebenen Nicknamen
und Chattext hinzufügen -->
    <jsp:setProperty name="update" property="sql"
     value="insert into ${chatroomtext}
       values('${param.nick}:${param.ChatText}')" />
<!-- Zur Prüfung den Rückgabewert der Methode executeUpdate()
anzeigen -->
In der Tabelle ${chatroomtext} wurde <jsp:getProperty
name="update" property="anzahl" /> Satz hinzugefügt!
  </c:if>
<!-- Das &-Zeichen muss durch die XML-Entität &amp; ersetzt
werden; kann aber auch so nicht in der Parameterliste im Aufruf
der JSP-Seite angegeben werden, darum wird eine Variable mit dem
Wert der Parameterliste gesetzt und diese im Aufruf der JSP-Seite
übergeben -->
  <c:set value='raum=${param.raum}&amp;nickname=${param.nick}'
    var="parameter"/>
<!-- Dasselbe Formular wie mit dem aufrufenden JSP-Dokument
ChatTextEingabe.jspx anzeigen und dasselbe JSP-Dokument
nochmals aufrufen, um die Eingabe von weiteren Texten, die
jedes Mal in der DB gespeichert werden, zu ermöglichen -->
  <form method='post'
    action='ChatTextSpeichern.jspx?${parameter}'>
     ${param.nick}:
     <input type='text' size='100' name='ChatText'/>
     <input type='hidden' name='nick' value='${param.nick}'/>
     <input type='submit' value='Senden'/>
  </form>

</body></html>
</jsp:root>
```

Das JSP-Dokument ChatTextAnzeige.jspx

```
<?xml version="1.0" encoding="ISO-8859-1"?>
<!-- JSP-Namensraum und die JSTL-core-Bibliothek deklarieren -->
<jsp:root
  xmlns:jsp="http://java.sun.com/JSP/Page"
  xmlns:c="http://java.sun.com/jsp/jstl/core"
  version="2.1" >
<jsp:directive.page
  language="java"
  contentType="text/html;charset=ISO-8859-1" />

<!-- Das output-Tag hat nichts mit der Ausgabe im Browser zu tun,
sondern erzeugt das doctype-Tag für die Dokumententypprüfung;
zusammen mit html xmlns="http://www.w3.org/1999/xhtml" ersetzen
diese Zeilen das herkömmliche html-Tag -->
<jsp:output
  doctype-root-element="html"
  doctype-public="-//W3C//DTD XHTML 1.0 Strict//EN"
  doctype-system=
   "http://www.w3.org/TR/xhtml1/DTD/xhtml1-strict.dtd" />

<html xmlns="http://www.w3.org/1999/xhtml">
  <head>
    <title>Chattexte</title>

<!-- Mit Hilfe eines <meta>-Tags wird das zugehörige Fenster alle
zehn Sekunden aktualisiert, um einen neu eingegebenen Text
aktuell im Browser anzuzeigen -->
  <meta http-equiv="refresh" content="10"/>
<!-- Die nachfolgenden <meta>-Tags unterdücken das Caching der
Webseite im Browser -->
<meta http-equiv="cache-control" content="no-cache"/>
<meta http-equiv="expires" content="0"/>
<meta http-equiv="pragmas" content="no-cache"/>
    <link rel="stylesheet"
      href="/chatroom/css/chatroom.css"
      type="text/css"/>
  </head>
<body>
  <h3>Die Texte des Chatraums</h3>

<!-- JSP-Aktionen setzen die JavaBeans für Verbindungsaufbau und
Datenbankabfragen als Attribute im Page-Scope -->
  <jsp:useBean id="verbindung"
    class="javabeans.JavaBeanfuerDBVerbindung" />
  <jsp:useBean id="abfrage"
    class="javabeans.JavaBeanfuerDBAbfrage" />
<!-- JSP-Aktion setzt alle Eigenschaftswerte für die JavaBean mit
```

```
der id="verbindung", das heißt, alle Setter-Methoden dieser JavaBean
werden aufgerufen -->
  <jsp:setProperty name="verbindung" property="*"/>

<!-- Ist der Wert der JavaBean-Eigenschaft connection gleich
true, war der Verbindungsaufbau zur Datenbank erfolgreich -->
  <c:if test="${verbindung.connection==true}">
<!-- Werte für die Eigenschaften statement und sql der JavaBean
mit der id = "abfrage" setzen -->
    <jsp:setProperty name="abfrage" property="statement"
      value ='${verbindung.statement}' />
<!-- Eine Variable mit dem Namen der dem ausgewählten Chatraum
zugehörigen Tabelle für Chattexte als Wert setzen -->
    <c:set value='${param.raum}texte' var="chatroomtext"/>
    <c:out value='&lt;h3&gt;${param.raum}&lt;/h3&gt;'
     escapeXml='false'/>
    <jsp:setProperty name="abfrage" property="sql"
     value="select * from ${chatroomtext}"/>
<!-- Ist der Wert der JavaBean-Eigenschaft query gleich
true, war das Abrufen von Sätzen aus der Datenbank erfolgreich
-->
    <c:if test="${abfrage.query==true}">
<!-- Über die Sätze der Ergebnismenge iterieren und diese im
Browser anzeigen -->
      <c:forEach var="element" items="${abfrage.arrayl}">
        <li><c:out value="${element}"/></li>
      </c:forEach>
    </c:if>
  </c:if>

</body></html>
</jsp:root>
```

Das JSP-Dokument ChatBesucher.jspx

```
<?xml version="1.0" encoding="ISO-8859-1"?>
<!-- JSP-Namensraum und die JSTL-core-Bibliothek deklarieren -->
<jsp:root
  xmlns:jsp="http://java.sun.com/JSP/Page"
  xmlns:c="http://java.sun.com/jsp/jstl/core"
  version="2.1" >
<jsp:directive.page
  language="java"
  contentType="text/html;charset=ISO-8859-1" />
<!-- Das output-Tag hat nichts mit der Ausgabe im Browser zu tun,
sondern erzeugt das doctype-Tag für die Dokumententypprüfung;
zusammen mit html xmlns="http://www.w3.org/1999/xhtml" ersetzen
diese Zeilen das herkömmliche html-Tag -->
<jsp:output
```

```
   doctype-root-element="html"
   doctype-public="-//W3C//DTD XHTML 1.0 Strict//EN"
   doctype-system=
    "http://www.w3.org/TR/xhtml1/DTD/xhtml1-strict.dtd" />

<html xmlns="http://www.w3.org/1999/xhtml">
   <head>
      <title>Chatroom-Besucher </title>
      <link rel="stylesheet"
       href="/chatroom/css/chatroom.css"
       type="text/css"/>
<!-- Mit Hilfe eines <meta>-Tags wird das zugehörige Fenster jede
Minute aktualisiert, um das An- und Abmelden von Chatraum-
Besuchern zu protokollieren -->
   <meta http-equiv="refresh" content="60"/>
<!-- Die nachfolgenden <meta>-Tags unterdücken das Caching der
Webseite im Browser -->
<meta http-equiv="cache-control" content="no-cache"/>
<meta http-equiv="expires" content="0"/>
<meta http-equiv="pragmas" content="no-cache"/>
   </head>
<body>
   <h3>Die Besucher des Chatraums</h3>

<!-- JSP-Aktionen setzen die JavaBeans für Verbindungsaufbau und
Datenbankabfragen als Attribute im Page-Scope -->
   <jsp:useBean id="verbindung"
    class="javabeans.JavaBeanfuerDBVerbindung" />
   <jsp:useBean id="abfrage"
    class="javabeans.JavaBeanfuerDBAbfrage" />
<!-- JSP-Aktion setzt alle Eigenschaftswerte für die JavaBean mit
der id="verbindung", das heißt, alle Setter-Methoden dieser JavaBean
werden aufgerufen -->
   <jsp:setProperty name="verbindung" property="*"/>

<!-- Ist der Wert der JavaBean-Eigenschaft connection gleich
true, war der Verbindungsaufbau zur Datenbank erfolgreich -->
   <c:if test="${verbindung.connection==true}">
<!-- Werte für die Eigenschaften statement und sql der JavaBean
mit der id = "abfrage" setzen -->
      <jsp:setProperty name="abfrage" property="statement"
        value ='${verbindung.statement}' />
<!-- Eine Variable mit dem Namen der dem ausgewählten Chatraum
zugehörige Tabelle für Online-Besucher als Wert setzen -->
      <c:set value='${param.raum}online' var="chatroomname"/>
      <c:out value='&lt;h3&gt;${param.raum}&lt;/h3&gt;'
       escapeXml='false'/>
      <jsp:setProperty name="abfrage" property="sql"
       value="select * from ${chatroomname}"/>
```

```
<!-- Ist der Wert der JavaBean-Eigenschaft query gleich
true, war das Abrufen von Sätzen aus der Datenbank erfolgreich
-->
    <c:if test="${abfrage.query==true}">
<!-- Über die Sätze der Ergebnismenge iterieren und diese im
Browser anzeigen -->
      <c:forEach var="element" items="${abfrage.array2}">
        <li><c:out value="${element}"/></li>
      </c:forEach>
    </c:if>
  </c:if>

</body></html>
</jsp:root>
```

Das JSP-Dokument ChatLogout.jspx

```
<?xml version="1.0" encoding="ISO-8859-1"?>
<!-- JSP-Namensraum und die JSTL-core-Bibliothek deklarieren -->
<jsp:root
  xmlns:jsp="http://java.sun.com/JSP/Page"
  xmlns:c="http://java.sun.com/jsp/jstl/core"
  version="2.1" >
<jsp:directive.page
  language="java"
  contentType="text/html;charset=ISO-8859-1" />
<!-- Das output-Tag hat nichts mit der Ausgabe im Browser zu tun,
sondern erzeugt das doctype-Tag für die Dokumententypprüfung;
zusammen mit html xmlns="http://www.w3.org/1999/xhtml" ersetzen
diese Zeilen das herkömmliche html-Tag -->
<jsp:output
  doctype-root-element="html"
  doctype-public="-//W3C//DTD XHTML 1.0 Strict//EN"
  doctype-system=
   "http://www.w3.org/TR/xhtml1/DTD/xhtml1-strict.dtd" />

<html xmlns="http://www.w3.org/1999/xhtml">
  <head>
    <title>Chatroom-Besucher </title>
    <link rel="stylesheet"
      href="/chatroom/css/chatroom.css"
      type="text/css"/>
  </head>

<body>
<!-- JSP-Aktionen setzen die JavaBeans für Verbindungsaufbau und
Datenbankänderungen als Attribute im Page-Scope -->
  <jsp:useBean id="verbindung"
    class="javabeans.JavaBeanfuerDBVerbindung" />
```

```
<jsp:useBean id="update"
  class="javabeans.JavaBeanfuerDBUpdate" />
<!-- JSP-Aktion setzt alle Eigenschaftswerte für die JavaBean mit
der id="verbindung", das heißt, alle Setter-Methoden dieser JavaBean
werden aufgerufen -->
  <jsp:setProperty name="verbindung" property="*"/>

<!-- Wurde der Logout-Button betätigt, eine Verbindung zur
Datenbank chatrooms aufbauen -->
<c:choose>
  <c:when test="${param.Abmelden=='Logout'}">
<!-- Ist der Wert der JavaBean-Eigenschaft connection gleich
true, war der Verbindungsaufbau zur Datenbank erfolgreich -->
    <c:if test="${verbindung.connection==true}">
<!-- Werte für die Eigenschaften statement und sql der JavaBean
mit der id = "update" setzen -->
      <jsp:setProperty name="update" property="statement"
        value ='${verbindung.statement}' />
<!-- Eine Variable mit dem Namen der dem ausgewählten Chatraum
zugehörigen Tabelle für Online-Besucher als Wert setzen -->
      <c:set value='${param.raum}online' var="chatroomonline"/>
<!-- Den zugehörigen Satz in der Datenbank löschen -->
      <jsp:setProperty name="update" property="sql"
        value="delete from ${chatroomonline} where nickname =
        '${param.nick}'" />
<!-- Die Bestätigung der Löschung anzeigen -->
In der Tabelle ${chatroomonline} wurde <jsp:getProperty
name="update" property="anzahl" /> Satz gelöscht!
<!-- Einen Hyperlink für die Rückkehr zur Chatraum-Auswahl
definieren, dazu das Frameset schließen -->
Bitte
      <c:set value='ChatRoomAuswahl.jspx' var="chatroomURL"/>
      <a class="hyperlink" href="${chatroomURL}"
        target="_top"><h3>zur Chatroomauswahl</h3></a>
zurückkehren!
    </c:if>
  </c:when>
  <c:otherwise>
<!-- Beim ersten Aufruf dieser Seite ein Formular für die Anzeige
des Logout-Buttons definieren -->
<!-- Das &-Zeichen muss durch die XML-Entität &amp; ersetzt
werden; kann aber auch so nicht in der Parameterliste im Aufruf
der JSP-Seite angegeben werden, darum wird eine Variable mit dem
Wert der Parameterliste gesetzt und diese im Aufruf der JSP-Seite
übergeben -->
  <c:set value='raum=${param.raum}&amp;nick=${param.nickname}
  &amp;profi=${param.profil}' var="parameter"/>
  <h3>Zum Abmelden bitte den Logout-Button betätigen:</h3>
```

```
    <form method='post' action='ChatLogout.jspx?${parameter}'>
      <input type='submit' name='Abmelden' value='Logout'/>
    </form>
  </c:otherwise>
</c:choose>

</body></html>
</jsp:root>
```

Das JSP-Dokument ChatroomTabellenDefinitionen.jspx

```
<?xml version="1.0" encoding="ISO-8859-1"?>
<!-- JSP-Namensraum und die JSTL-core- und -sql-Bibliotheken
deklarieren -->
<jsp:root
  xmlns:jsp="http://java.sun.com/JSP/Page"
  xmlns:c="http://java.sun.com/jsp/jstl/core"
  xmlns:sql="http://java.sun.com/jsp/jstl/sql"
  version="2.1" >
<jsp:directive.page
  language="java"
  contentType="text/html;charset=ISO-8859-1" />
<!-- Das output-Tag hat nichts mit der Ausgabe im Browser zu tun,
sondern erzeugt das doctype-Tag für die Dokumententypprüfung;
zusammen mit html xmlns="http://www.w3.org/1999/xhtml" ersetzen
diese Zeilen das herkömmliche html-Tag -->
<jsp:output
  doctype-root-element="html"
  doctype-public="-//W3C//DTD XHTML 1.0 Strict//EN"
  doctype-system=
    "http://www.w3.org/TR/xhtml1/DTD/xhtml1-strict.dtd" />

<html xmlns="http://www.w3.org/1999/xhtml">
   <head>
      <title>Tabellendefinitionen</title>
      <link rel="stylesheet"
    href="/chatroom/css/chatroom.css"
     type="text/css"/>
   </head>
<body>

<!-- Den Treiber laden und eine Verbindung zur Datenbank
chatroom aufbauen -->
<sql:setDataSource driver="com.mysql.jdbc.Driver"
  url="jdbc:mysql://localhost/chatroom" user="root"
    password="manager" var="db"/>

<!-- Die Tabellen chatrooms, chatxonline und chatxtexte löschen
```

```
<sql:update dataSource="${db}">
  drop table chatrooms
</sql:update>

<sql:update dataSource="${db}">
  drop table chat1online
</sql:update>

<sql:update dataSource="${db}">
  drop table chat2online
</sql:update>

<sql:update dataSource="${db}">
  drop table chat3online
</sql:update>

<sql:update dataSource="${db}">
  drop table chat1texte
</sql:update>

<sql:update dataSource="${db}">
  drop table chat2texte
</sql:update>

<sql:update dataSource="${db}">
  drop table chat3texte
</sql:update>
-->

<!-- Die Tabellen anlegen, falls diese noch nicht existieren -->
<sql:update dataSource="${db}">
  create table if not exists chatrooms(chatname varchar(50))
</sql:update>

<!-- Die Tabellen chatxonline und chatxtexte anlegen, falls diese
noch nicht existieren -->
<sql:update dataSource="${db}">
  create table if not exists chat1online(nickname varchar (50),
    benutzerprofil varchar (50))
</sql:update>
<sql:update dataSource="${db}">
  create table if not exists chat2online(nickname varchar (50),
   benutzerprofil varchar (50))
</sql:update>
<sql:update dataSource="${db}">
  create table if not exists chat3online(nickname varchar (50),
   benutzerprofil varchar (50))
</sql:update>
```

```
<sql:update dataSource="${db}">
  create table if not exists chat1texte(chat1text varchar(255))
</sql:update>
<sql:update dataSource="${db}">
  create table if not exists chat2texte(chat2text varchar(255))
</sql:update>
<sql:update dataSource="${db}">
  create table if not exists chat3texte(chat3text varchar(255))
</sql:update>

<!-- In die chatxonline-Tabellen Testeinträge für Besucher
der Chatrooms einfügen -->
<sql:update dataSource="${db}">
  insert into chat1online values('chat1besucher','test1')
</sql:update>
<sql:update dataSource="${db}">
  insert into chat2online values('chat2besucher','test2')
</sql:update>
<sql:update dataSource="${db}">
  insert into chat3online values('chat3besucher','test3')
</sql:update>

<!-- In die chatrooms-Tabelle die Einträge für die Auswahl der
Chatrooms einfügen

<sql:update dataSource="${db}">
  insert into chatrooms values('chat1')
</sql:update>
<sql:update dataSource="${db}">
  insert into chatrooms values('chat2')
</sql:update>
<sql:update dataSource="${db}">
  insert into chatrooms values('chat3')
</sql:update>
-->

<!-- Alle Einträge aus der Tabelle chatrooms abfragen und
anzeigen -->
<h3><c:out value="Die Tabelle chatrooms " /></h3>
<sql:query var="saetze" dataSource="${db}">
  select * from chatrooms
</sql:query>
<table border='2'>

<tr><th>Chatroom</th></tr>
<c:forEach var="satz" items="${saetze.rows}">
  <tr><td><c:out value="${satz.chatname}"/></td></tr>
</c:forEach>
</table>
```

```
<!-- Alle Einträge aus der Tabelle chat1online abfragen und
anzeigen -->
<h3><c:out value="Die Tabelle chat1online " /></h3>
<sql:query var="saetze" dataSource="${db}">
  select * from chat1online
</sql:query>
<table border='2'>

<tr><th>nickname</th><th>besucherprofil</th></tr>
<c:forEach var="satz" items="${saetze.rows}">
  <tr><td><c:out value="${satz.nickname}"/></td>
  <td><c:out value="${satz.benutzerprofil}"/></td></tr>
</c:forEach>
</table>

<!-- Alle Einträge aus der Tabelle chat2online abfragen und
anzeigen -->
<h3><c:out value="Die Tabelle chat2online " /></h3>
<sql:query var="saetze" dataSource="${db}">
  select * from chat2online
</sql:query>
<table border='2'>
<tr><th>nickname</th><th>besucherprofil</th></tr>
<c:forEach var="satz" items="${saetze.rows}">
  <tr><td><c:out value="${satz.nickname}"/></td>
  <td><c:out value="${satz.benutzerprofil}"/></td></tr>
</c:forEach>
</table>
<!-- Alle Einträge aus der Tabelle chat3login abfragen und
anzeigen -->
<h3><c:out value="Die Tabelle chat3online " /></h3>
<sql:query var="saetze" dataSource="${db}">
  select * from chat3online
</sql:query>
<table border='2'>
<tr><th>nickname</th><th>besucherprofil</th></tr>
<c:forEach var="satz" items="${saetze.rows}">
  <tr><td><c:out value="${satz.nickname}"/></td>
  <td><c:out value="${satz.benutzerprofil}"/></td></tr>
</c:forEach>

</table>

<!-- Alle Einträge aus der Tabelle chat1texte abfragen und
anzeigen -->
<h3><c:out value="Die Tabelle chat1texte " /></h3>
<sql:query var="saetze" dataSource="${db}">
  select * from chat1texte
```

```
</sql:query>
<table border='2'>

<tr><th>Chattext</th></tr>
<c:forEach var="satz" items="${saetze.rows}">
  <tr><td><c:out value="${satz.chat1text}"/></td></tr>
</c:forEach>
</table>

<!-- Alle Einträge aus der Tabelle chat2texte abfragen und
anzeigen -->
<h3><c:out value="Die Tabelle chat2texte " /></h3>
<sql:query var="saetze" dataSource="${db}">
  select * from chat2texte
</sql:query>
<table border='2'>
<tr><th>Chattext</th></tr>
<c:forEach var="satz" items="${saetze.rows}">
  <tr><td><c:out value="${satz.chat2text}"/></td></tr>
</c:forEach>
</table>

<!-- Alle Einträge aus der Tabelle chat3texte abfragen und
anzeigen -->
<h3><c:out value="Die Tabelle chat3texte " /></h3>
<sql:query var="saetze" dataSource="${db}">
  select * from chat3texte
</sql:query>
<table border='2'>

<tr><th>Chattext</th></tr>
<c:forEach var="satz" items="${saetze.rows}">
  <tr><td><c:out value="${satz.chat3text}"/></td></tr>
</c:forEach>
</table>

</body></html>
</jsp:root>
```

Die Datei web.xml (der Deployment Descriptor der Webapplikation chatroom)

```
<?xml version="1.0" encoding="ISO-8859-1" ?>
<web-app xmlns="http://java.sun.com/xml/ns/javaee" xmlns:xsi=
"http://www.w3.org/2001/XMLSchema-instance" xsi:schemaLocation=
"http://java.sun.com/xml/ns/javaee http://java.sun.com/xml/ns/
javaee/web-app_2_5.xsd" version="2.5">

<description>Die Webapplikation chatroom</description>
<display-name>Die Webapplikation chatroom</display-name>
```

```
<!--  Die Webapplikation beinhaltet keine Servlet-Konfigurationen
-->
</web-app>
```

Programmausgaben

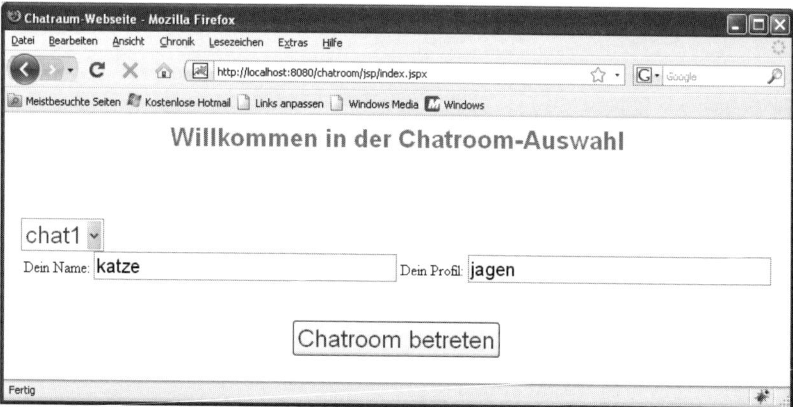

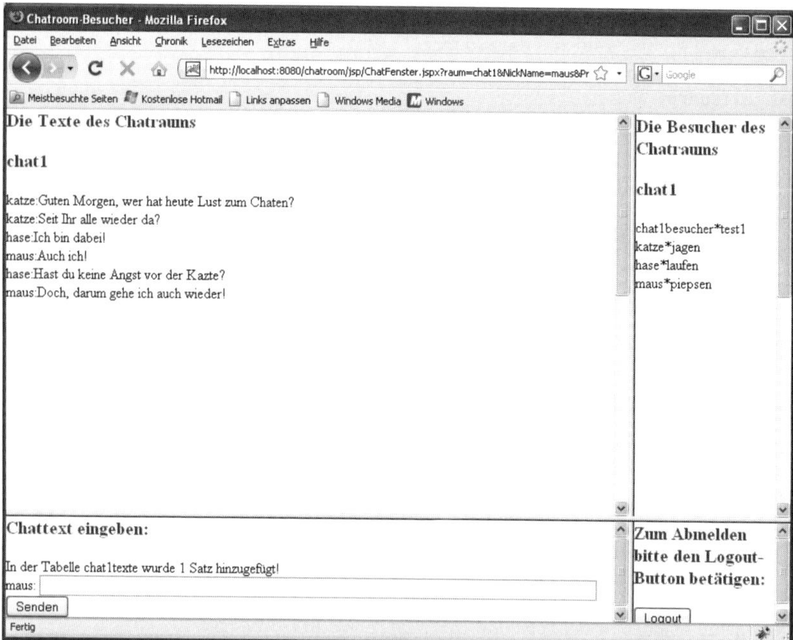

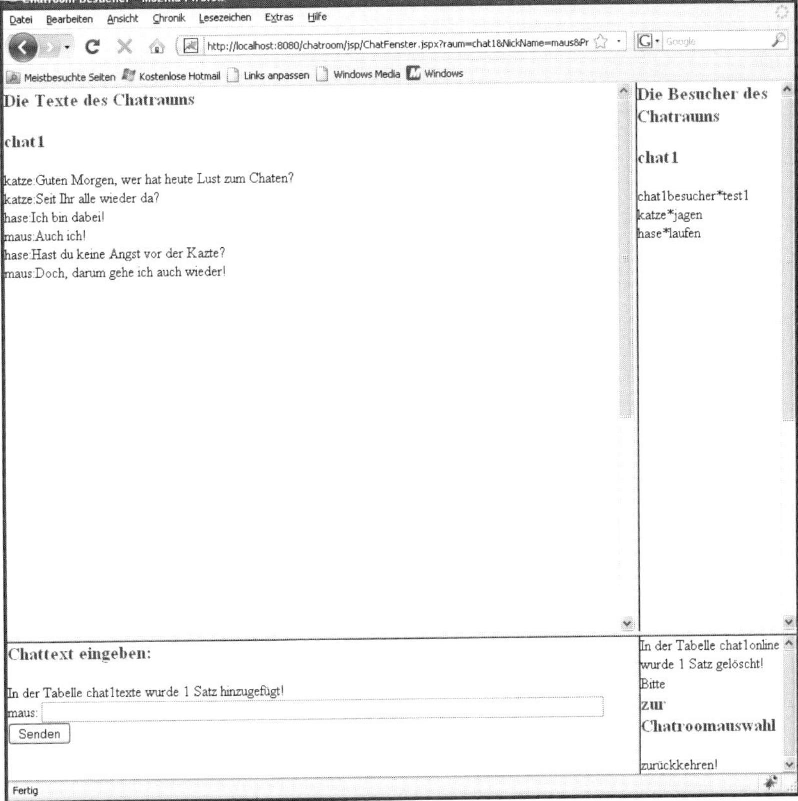
Datei Bearbeiten Ansicht Chronik Lesezeichen Extras Hilfe
http://localhost:8080/chatroom/jsp/ChatFenster.jspx?raum=chat1&NickName=maus&Pr
Meistbesuchte Seiten Kostenlose Hotmail Links anpassen Windows Media Windows
Die Texte des Chatraums
chat1
katze:Guten Morgen, wer hat heute Lust zum Chaten?
katze:Seit Ihr alle wieder da?
hase:Ich bin dabei!
maus:Auch ich!
hase:Hast du keine Angst vor der Kazte?
maus:Doch, darum gehe ich auch wieder!
Die Besucher des Chatraums
chat1
chat1besucher*test1
katze*jagen
hase*laufen
Chattext eingeben:
In der Tabelle chat1texte wurde 1 Satz hinzugefügt!
maus:
Senden
In der Tabelle chat1online wurde 1 Satz gelöscht!
Bitte
zur Chatroomauswahl
zurückkehren!
Fertig

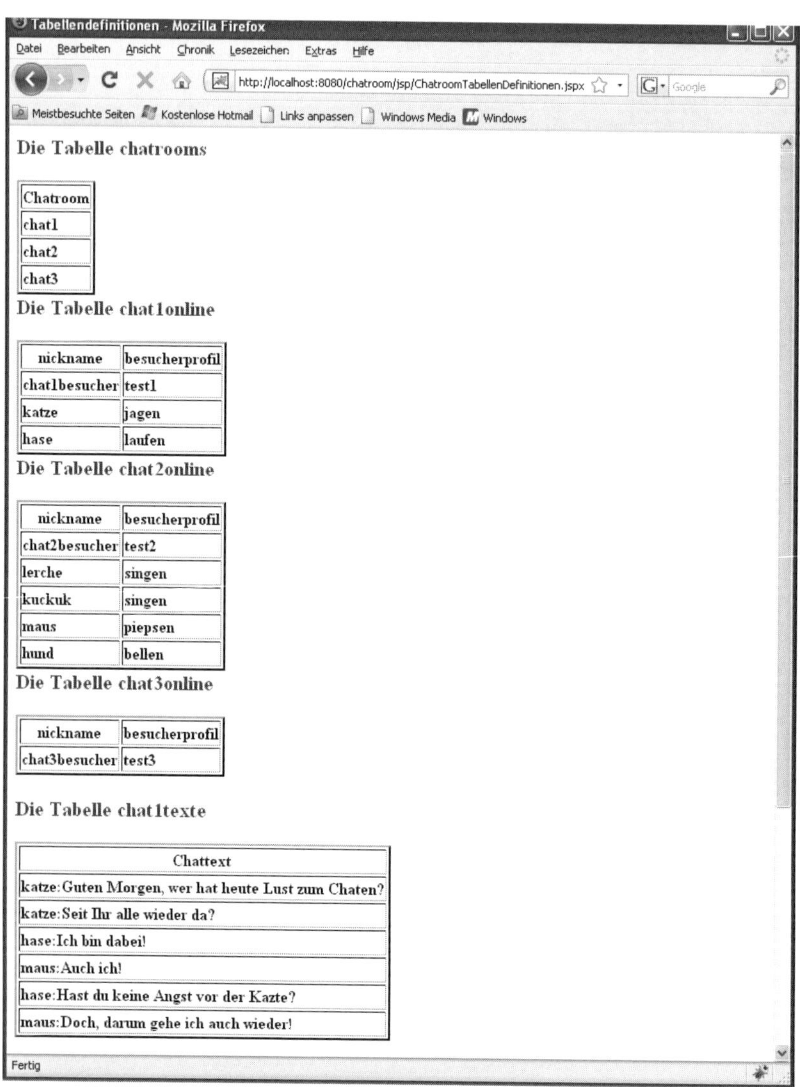

Die Tabelle chatrooms

Chatroom
chat1
chat2
chat3

Die Tabelle chat1online

nickname	besucherprofil
chat1besucher	test1
katze	jagen
hase	laufen

Die Tabelle chat2online

nickname	besucherprofil
chat2besucher	test2
lerche	singen
kuckuk	singen
maus	piepsen
hund	bellen

Die Tabelle chat3online

nickname	besucherprofil
chat3besucher	test3

Die Tabelle chat1texte

Chattext
katze:Guten Morgen, wer hat heute Lust zum Chaten?
katze:Seit Ihr alle wieder da?
hase:Ich bin dabei!
maus:Auch ich!
hase:Hast du keine Angst vor der Kazte?
maus:Doch, darum gehe ich auch wieder!

Lösung 4.2

Die Klasse JavaBeanfuerKunden

```
package javabeans;

import java.sql.*;
public class JavaBeanfuerKunden {
   private String kundenName;
   private String strasse;
   private String ort;
   private String session;
   private String kundenDaten;
// Konstruktordefinition
   public JavaBeanfuerKunden() {
   }
// Setter- und Getter-Methoden definieren die Eigenschaften
// der JavaBean
   public void setKundenName(String kundenName) {
      this.kundenName = kundenName;
   }
   public String getKundenName() {
      return kundenName;
   }
   public void setStrasse(String strasse) {
      this.strasse = strasse;
   }
   public String getStrasse() {
      return strasse;
   }
   public void setOrt(String ort) {
      this.ort = ort;
   }
   public String getOrt() {
      return ort;
   }
   public void setSession(String session) {
      this.session = session;
   }
   public String getSession() {
      return session;
   }
   public String getKundenDaten() {
      try {
// Eine Datenbankverbindung aufbauen und nach einem eventuell
// schon vorher gespeicherten Auftrag mit demselben Kundennamen
// und derselben Session-ID suchen, um das Verschicken von
// mehreren Rechnungen pro Session an denselben Kunden zu
// unterbinden
```

```
        Class.forName("com.mysql.jdbc.Driver");
        Connection connection = DriverManager.getConnection(
         "jdbc:mysql://localhost/buchkatalog", "root","manager");
        Statement statement = connection.createStatement();
        String sql = "select auftrags_ID from kundendaten where "
          + "kundenName='"+kundenName+"' and "
           +" session_ID='"+session+"'";
        ResultSet ergebnis = statement.executeQuery(sql);
        int auftragsID = 0;
        if(ergebnis.next()) {
          auftragsID = ergebnis.getInt(1);
          System.out.println("AuftragsID="+auftragsID);
// Alten Auftrag löschen
          sql = "delete from kundendaten where "
            + "auftrags_ID='"+auftragsID+"' ";
// SQL-Befehl ausführen
          statement.executeUpdate(sql);
        }
// Neuen Auftrag der Tabelle hinzufügen
        sql = "insert into kundendaten values"
+"(0, '"+kundenName+"', '"+strasse+"', '"+ort+"', '"+session+"')";
// SQL-Befehl ausführen
        statement.executeUpdate(sql);
      }
      catch(ClassNotFoundException e1) {
        System.out.println("Der DB-Treiber wurde nicht "
          + "gefunden");
        System.out.println(e1);
      }
      catch(SQLException e2) {
        System.out.println("Fehlerhafter SQL-Befehl");
        System.out.println(e2);
      }
      return "";
  }
}
```

Die Klasse EBookShopServlet

```
import java.io.IOException;
import javax.servlet.*;
import javax.servlet.http.*;
public class EBookShopServlet extends HttpServlet
                                    implements Servlet {
// Die init()-Methode überschreiben
  public void init() throws ServletException {
    ServletConfig config = getServletConfig();
    ServletContext context = getServletContext();
// Die für das Servlet im DD definierten Initialisierungparameter,
```

```
// die die URLs, wo Servlet und Image-Dateien zu finden sind,
// relativ zum Context (Wurzel) der Webapplikation spezifizieren,
// lesen und als Attribute für den Context-Scope setzen, damit
// alle Komponenten der Webapplikation darauf zugreifen können
    context.setAttribute("ContextURL",
      config.getInitParameter("ContextURL"));
    context.setAttribute("ImageURL",
      config.getInitParameter("ImageURL"));
  }
// Die doGet()-Methode überschreiben
  protected void doGet(HttpServletRequest request,
                       HttpServletResponse response)
                  throws ServletException, IOException {
// und darin die doPost()-Methode aufrufen
    doPost(request, response);
  }
// Die doPost()-Methode überschreiben
  protected void doPost(HttpServletRequest request,
                        HttpServletResponse response)
                  throws ServletException, IOException {
// Die Session-ID der Session, die durch den Aufruf der
// Methode getSession() zurückgeliefert wird, ermitteln und
// ebenfalls als Attribut für den Context-Scope setzen, um den
// Status des Dialogs mit einem Client für die gesamte Sitzung
// über alle Anfragen hinaus zu erhalten
    getServletContext().setAttribute("SessionID",
                        request.getSession().getId());
// Die URLs, wo die JSP-Seiten zu finden sind, relativ zum Context
// (Wurzel) der Webapplikation spezifizieren, diese werden nur
// von hier aus aufgerufen und brauchen somit nicht als Attribute
// gesetzt zu werden
    String context = "/jsp/";
    String url = context + "index.jsp";
// Den Wert des Request-Parameters jspparam, über den der
// Aufruf von JSP-Seiten koordiniert wird, lesen
    String jspparam = request.getParameter("jspparam");
    if(jspparam != null) {
      if(jspparam.equals("ebookCatalog"))
        url = context + "EBookCatalog.jsp";
      else if(jspparam.equals("ebookSelection"))
        url = context + "EBookSelection.jsp";
      else if(jspparam.equals("ebookShoppingCart"))
        url = context + "EBookShoppingCart.jsp";
      else if(jspparam.equals("ebookCashBox"))
        url = context + "EBookCashBox.jsp";
    }
// Die Anfrage an die entsprechende JSP-Seite weiterleiten;
// der RequestDispatcher kann vom Context der Anfrage abgeholt
// werden
```

```
        RequestDispatcher requestDispatcher =
          getServletContext().getRequestDispatcher(url);
            requestDispatcher.forward(request, response);
    }
}
```

Die Stylesheet-Datei ebookshop.css

```
a.hyperlink {
   font-size: 18px;
   color: #EE0000;
   text-decoration: none;
   font-weight: normal;
}
a.hyperlink:hover {
   color: #AA5200;
}
.buecherkorb {
   border: 0px;
   float: right;
   padding: 0px 10px 10px 0px;
   margin: 0px;
}
.buecherkorb a:visited {
   text-color: #C0AAFF;
}
.buecherkorb p {
   display: inline;
   vertical-align: middle;
}
.buecherkorb img {
   padding: 0px;
   margin: 0px;
   vertical-align: middle;
}
.buchkatalog {
   padding: 40px 0px 0px 0px;
   margin: 10px;
}
.buchkatalog input#submit {
   font-family: Lucida Writing, Times Roman, Arial;
   font-size: 18px;
   color: #EE0000;
   padding: 10px 2px 10px 2px;
   margin: 4px 10px 4px 10px;
   text-align: middle;
}
.ueberschrift {
   float: left;
```

```
  width: 500px;
  border: 0px;
  padding: 0px;
  overflow: hidden;
}
.ueberschrift h2 {
  text-align: left;
  font-family: Arial;
  font-size: 26px;
  color: #789152;
  text-decoration: none;
  font-weight: bolder;
  padding: 0px 0px 0px 0px;
  margin: 0px;
  border: 0px;
}
.textWerbung {
  text-align: left;
  font-family: Arial;
  font-size: 18px;
  color: #669966;
  text-decoration: none;
  font-weight: bolder;
  padding: 0px 0px 20px 0px;
  margin: 0px;
  border: 0px;
}
.imageAdd {
  float:left;
  border: 1px;
}
```

Die JSP-Seite index.jsp

```
<!DOCTYPE HTML PUBLIC "-//W3C//DTD HTML 4.01 Transitional//EN">

<html><head>
  <meta http-equiv="Content-Type"
    content="text/html"/>
  <title>Homepage</title>
<%-- Das <link/>-Tag definiert eine Referenz auf eine Ressource
--%>
  <link rel="stylesheet"
    href="/ebookshop/css/ebookshop.css" type="text/css"/>
  </head>
<body>
<%-- Das <div>-Tag kann benutzt werden, um Styles für
Dokumententeile zu definieren; das class-Attribut kann als
Stylesheet-Selektor benutzt werden --%>
```

```
<div class="ueberschrift">
   <h2>Willkommen im Buchverkaufs-Shop</h2>
</div>
<%-- JSP-Seiten einbinden, diese brauchen die <html>- und <body>-
Tags nicht mehr zu beinhalten --%>
<jsp:include page="JSPfuerBuchKatalog.jsp" flush="true"/>
<jsp:include page="JSPfuerBuecherKorb.jsp" flush="true"/>
<jsp:include page="JSPfuerWerbung.jsp" flush="true"/>

</body></html>
```

Die JSP-Seite JSPfuerBuchKatalog.jsp

```
<!DOCTYPE HTML PUBLIC "-//W3C//DTD HTML 4.01 Transitional//EN">

<%-- Das <div>-Tag kann benutzt werden, um Styles für
Dokumententeile zu definieren; das class-Attribut kann als
Stylesheet-Selektor benutzt werden --%>
<div class="buchkatalog">
   <form>
<%-- Über ein verstecktes Feld wird der Wert für den jspparam-
Anfrageparameter gesetzt, der vom Servlet für die Steuerung von
JSP-Seiten benutzt wird --%>
      <input type="hidden" name="jspparam" value="ebookCatalog"/>
      <input id="submit" type="submit"
        value="Buchkatalog anzeigen"/>
   </form>
</div>
```

Die JSP-Seite JSPfuerBuecherKorb.jsp

```
<!DOCTYPE HTML PUBLIC "-//W3C//DTD HTML 4.01 Transitional//EN">

<%-- JSP-Scriptlet liest die Context-Attribute für die
Webapplikation, in denen der ServletContext-Pfad und die URL zum
Auffinden der Image-Datei hinterlegt wurden --%>
<%
   String context = (String)application.
     getAttribute("ContextURL");
   String imageURL = (String)application.
     getAttribute("ImageURL");
%>

<%-- Das <div>-Tag kann benutzt werden, um Styles für
Dokumententeile zu definieren; das class-Attribut kann als
Stylesheet-Selektor benutzt werden --%>
<div class="buecherkorb">
<%-- Das Controller-Servlet EBookShopServlet über einen Hyperlink
aufrufen und im Aufruf einen Parameter mit dem Namen jspparam,
```

```
dessen Wert den Namen der vom Servlet aufzurufenden JSP-Seite
in sich verbirgt, angeben --%>
  <a class="hyperlink"
    href="<%=context%>?jspparam=ebookShoppingCart">
      <h3>Bücherkorb</h3>
  <img src="<%=imageURL%>/buecherkorb.gif" /></a>
</div>
```

Die JSP-Seite JSPfuerWerbung.jsp

```
<!DOCTYPE HTML PUBLIC "-//W3C//DTD HTML 4.01 Transitional//EN">

<%-- JSP-Scriptlet liest das Context-Attribut für die
Webapplikation, in dem die URL zum Auffinden der Image-Datei
hinterlegt wurde --%>
<%
  String imageURL = (String)application.
    getAttribute("ImageURL");
%>

<%-- Das <div>-Tag kann benutzt werden, um Styles für
Dokumententeile zu definieren; das class-Attribut kann als
Stylesheet-Selektor benutzt werden --%>

<div>
<p class="textWerbung">Zu den Detailseiten der Bücher</p>
<div class="imageAdd">
<%-- Die für den Buchkatalog benutzten Image-Dateien werden
auch hier eingebunden; über einen Hyperlink kann auf die von
mitp bereitgestellte Detailseite zu einem Buch verzweigt werden,
die in einem neuen Fenster eröffnet wird --%>
  <a href="http://www.it-fachportal.de/1780" target="new">
  <img src="<%=imageURL%>/1.jpeg" /></a>
</div>
<div class="imageAdd">
  <a href="http://www.it-fachportal.de/5956" target="new">
  <img src="<%=imageURL%>/2.jpeg" /></a>
</div>
<div class="imageAdd">
  <a href="http://www.it-fachportal.de/5548" target="new">
  <img src="<%=imageURL%>/3.jpeg" /></a>
</div>

<div class="imageAdd">
  <a  href="http://www.it-fachportal.de/1775" target="new">
  <img src="<%=imageURL%>/4.jpeg" /></a>
</div>
<div class="imageAdd">
  <a href="http://www.it-fachportal.de/5072" target="new">
```

```
    <img src="<%=imageURL%>/5.jpeg" /></a>
</div>
<div class="imageAdd">
    <a  href="http://www.it-fachportal.de/5963" target="new">
    <img src="<%=imageURL%>/6.jpeg" /></a>
</div>

</div>
```

Die JSP-Seite EBookCatalog.jsp

```
<!DOCTYPE HTML PUBLIC "-//W3C//DTD HTML 4.01 Transitional//EN">

<!-- taglib-Direktive, die die Zuordnung von Tag-Dateien
ohne einen TLD ermöglicht -->
<%@ taglib uri="http://java.sun.com/jsp/jstl/core" prefix="c" %>

<%-- JSP-Aktionen setzen die JavaBeans für Verbindungsaufbau und
Datenbankabfragen als Attribute im Page-Scope --%>
<jsp:useBean id="verbindung"
  class="javabeans.JavaBeanfuerDBVerbindung" />
<jsp:useBean id="abfrage"
  class="javabeans.JavaBeanfuerDBAbfrage" />

<%-- JSP-Aktion setzt alle Eigenschaftswerte für die JavaBean mit
der id="verbindung", das heißt, alle Setter-Methoden dieser
JavaBean werden aufgerufen --%>
<jsp:setProperty name="verbindung" property="*"/>

<html>
<head>
    <meta http-equiv="Content-Type"
      content="text/html" />
    <link rel="stylesheet"
      href="/ebookshop/css/ebookshop.css" type="text/css"/>
    <title>Buchkatalog</title>
    </head>
<body>
    <h3>Buchkatalog anzeigen</h3>

<%-- JSP-Scriptlet liest den Wert der im Controller-Servlet
EBookShopServlet gesetzten Attribute für den Context-Scope --%>
<%
    String context = (String)application.
      getAttribute("ContextURL");
    String image = (String)application.
      getAttribute("ImageURL");
%>
```

```
<%-- Ist der Wert der JavaBean-Eigenschaft connection gleich
true, war der Verbindungsaufbau zur Datenbank erfolgreich --%>
  <c:if test="${verbindung.connection==true}">
<%-- Werte für die Eigenschaften statement und sql der JavaBean
mit der id = "abfrage" setzen --%>
     <jsp:setProperty name="abfrage" property="statement"
       value ='${verbindung.statement}' />
     <jsp:setProperty name="abfrage" property="sql"
      value="select name, bezeichnung, preis, titel_ID from
      autoren,titel where autoren.autoren_ID=titel.autoren_ID"/>

<%-- Ist der Wert der JavaBean-Eigenschaft query gleich
true, war das Abrufen von Sätzen aus der Datenbank erfolgreich
--%>
    <c:if test="${abfrage.query==true}">
<%-- Über die Sätze der Ergebnismenge iterieren --%>
      <c:forEach var="array" items="${abfrage.array}">
<%-- Über ein verstecktes Feld wird der Wert für den jspparam-Anfrage-
parameter gesetzt, der vom Servlet für die Steuerung von JSP-Seiten
benutzt wird --%>
        <form>
          <input type="hidden" name="jspparam"
           value="ebookSelection"/>
<%-- Definition und Wertezuweisung für die Eingabefelder
des Formulars, die BuchID soll nicht angezeigt werden --%>
          <img src = "${ImageURL}${array[3]}.jpeg" />
          <input type ="hidden" name="BuchID"
           value="${array[3]}" size="2">
          <input type="text" name="BuchAutor"
           value="${array[0]}" size="20"><br/>
          <input type="text" name="BuchName"
           value="${array[1]}"
           size="35">
          <input type="text" name="BuchPreis"
           value="${array[2]}" size="5"><br/>
<%-- Einen Button für das Formular definieren --%>
          <center>
            <input type=submit value="In den Bücherkorb" >
          </center>
        </form>
      </c:forEach>
    </c:if>
  </c:if>
<%-- Hyperlink für die Rückkehr zum Controller-Servlet --%>
<a class="link" href="<%=context%>?jspparam=null">
  <h3>Zur Homepage<h3></a>

</body></html>
```

Die JSP-Seite EBookSelection.jsp

```
<!DOCTYPE HTML PUBLIC "-//W3C//DTD HTML 4.01 Transitional//EN">

<%-- JSP-Aktionen setzen die JavaBeans für Verbindungsaufbau und
Datenbank-Update als Attribute im Page-Scope --%>
<jsp:useBean id="verbindung"
  class="javabeans.JavaBeanfuerDBVerbindung" />
<jsp:useBean id="update"
  class="javabeans.JavaBeanfuerDBUpdate" />
<%-- JSP-Aktion setzt alle Eigenschaftswerte für die JavaBean mit
der id="verbindung", das heißt, alle Setter-Methoden dieser JavaBean
werden aufgerufen --%>
<jsp:setProperty name="verbindung" property="*"/>

<html>
<head>
   <meta http-equiv="Content-Type" content="text/html" />
   <title>Buchbestellung</title>
   <link rel="stylesheet"
     href="/ebookshop/css/ebookshop.css" type="text/css"/>
</head>
<body>
   <h3>Ihre Bestellung wurde aufgenommen</h3>

<%-- JSP-Scriptlet ermittelt den im Buchkatalog-Formular
übergebenen Wert der titel_ID aus der Tabelle titel der Datenbank
buchkatalog und den Wert der Context-Attribute mit den Namen
"ContextURL" und "SessionID", um die titel_ID als buch_ID mit der
zugehörigen session_ID in der Tabelle bestellungen der Datenbank
zu speichern --%>
<%
   String context = (String)application.
     getAttribute("ContextURL");
   int buchID = Integer.parseInt(request.getParameter("BuchID"));
   String sessionID = (String)application.
     getAttribute("SessionID");
// Ist der Wert der JavaBean-Eigenschaft connection gleich
// true, war der Verbindungsaufbau zur Datenbank erfolgreich
   if(verbindung.isConnection()) {
         String sql = "insert into bestellungen "
        + " values('"+sessionID+"','"+buchID+"')";
         update.setSql(sql);
// SQL-Befehl über den Aufruf der Methode getStatement() der
// JavaBean ausführen
         update.setStatement(verbindung.getStatement());
         update.getAnzahl();
   }
%>
```

```
<%-- Hyperlinks für die Rückkehr zum Controller-Servlet --%>
<a class="link" href="<%=context%>?jspparam=ebookCatalog">
  <h3>Zum Buchkatalog</h3></a>
<a class="link" href="<%=context%>?jspparam=null">
  <h3>Zur Homepage</h3></a>
<a class="link" href="<%=context%>?jspparam=ebookShoppingCart">
  <h3>Zum Bücherkorb</h3></a>

</body></html>
```

Die JSP-Seite EBookShoppingCart.jsp

```
<!DOCTYPE HTML PUBLIC "-//W3C//DTD HTML 4.01 Transitional//EN">

<%-- JSP-Aktion setzt eine JavaBean vom Typ
BuecherKorbmitDBZugriff --%>
<jsp:useBean id="buecherkorb"
  class="javabeans.BuecherKorbmitDBZugriff" />

<html>
<head>
  <meta http-equiv="Content-Type" content="text/html" />
  <title>Bucheinkauf</title>
  <link rel="stylesheet"
    href="/ebookshop/css/ebookshop.css" type="text/css"/>
</head>
<body>

<%-- JSP-Scriptlet setzt die aktuelle Session-ID als Wert für die
Eigenschaft session der JavaBean buecherkorb und liest den Wert
der Eigenschaft result, die eine HTML-Seite generiert, die alle
Einträge aus dem Bücherkorb eines Benutzers anzeigt --%>
<%
  String context = (String)application.
    getAttribute("ContextURL");
  String sessionID = (String)application.
    getAttribute("SessionID");
  buecherkorb.setSession(sessionID);
  out.println(buecherkorb.getResult());
%>

<%-- Hyperlinks für die Rückkehr zum Controller-Servlet --%>
<a class="link" href="<%=context%>?jspparam=ebookCatalog">
  <h3>Zum Buchkatalog</h3></a>
<a class="link" href="<%=context%>?jspparam=ebookCashBox">
  <h3>Zur Kasse</h3></a>
<a class="link" href="<%=context%>?jspparam=null">
  <h3>Zur Homepage</h3></a>

</body></html>
```

Die JSP-Seite EBookCashBox.jsp

```
<!DOCTYPE HTML PUBLIC "-//W3C//DTD HTML 4.01 Transitional//EN">

<%-- JSP-Aktionen setzen JavaBeans als Attribute im Page-Scope
--%>
<jsp:useBean id="kunden"
  class="javabeans.JavaBeanfuerKunden"  />
<jsp:useBean id="buecherkorb"
   class="javabeans.BuecherKorbmitDBZugriff" />

<html>
   <head>
      <meta http-equiv="Content-Type" content="text/html" />
      <title>Auftragserteilung</title>
      <link rel="stylesheet"
        href="/ebookshop/css/ebookshop.css"
          type="text/css"/>
    </head>
    <body>

<%-- JSP-Scriptlet ermittelt den Wert des Context-Attributs mit
dem Namen "ContextURL" und liest die Anfrage-Parameterwerte, die
vom Benutzer in den Feldern des Formulars eingegeben wurden --%>
<%
   String context = (String)application.
     getAttribute("ContextURL");
   String name = request.getParameter("Name");
   String strasse = request.getParameter("Strasse");
   String ort = request.getParameter("Ort");
/* Ist der Wert der Formularfelder verschieden von null, die
vom Kunden bestellten Bücher und seine Adresse anzeigen; die
Kundendaten zusammen mit der zugehörigen Session-ID und einer
Auftrags-Nummer in die Datenbanktabelle kunden für eventuelle
spätere Auswertungen schreiben */
   if(name != null) {
      buecherkorb.setSession(session.getId());
      out.println(buecherkorb.getResult());
      kunden.setKundenName(name);
      kunden.setStrasse(strasse);
      kunden.setOrt(ort);
      kunden.setSession(session.getId());
      kunden.getKundenDaten();
      out.println("<h3>Die Rechnung wird an Ihre Adresse "
        + "verschickt:</h3>");
      out.println("<h4>" + name + "</h4>");
      out.println("<h4>" + strasse + "</h4>");
      out.println("<h4>" + ort + "</h4>");
   }
```

```
// Andernfalls eine HTML-Seite, die zur Anzeige des Formulars
// für die Eingabe der Adresse des Kunden dient, generieren
  else {
   out.println("<h3>Adresse für die Lieferung eingeben</h3>");
%>
     <form>
<%-- Über ein verstecktes Feld wird der Wert für den jspparam-
Anfrageparameter gesetzt, der vom Servlet für die Steuerung von
JSP-Seiten benutzt wird --%>
       <input type="hidden" name="jspparam"
        value="ebookCashBox"/>
     Name:
       <input type="Text" name="Name" ><br>
     Straße:
       <input type="Text" name="Strasse"><br>
     Ort:
       <input type="Text" name="Ort"><br>
     <br></br>
       <input type="SUBMIT" name="Daten senden">
     </form>
<%-- Hyperlinks für die Rückkehr zum Controller-Servlet --%>
<a class="link" href="<%=context%>?jspparam=ebookCatalog">
  <h3>Zum Buchkatalog</h3></a>
<a class="link" href="<%=context%>?jspparam=null">
  <h3>Zur Homepage<h3></a>
<a class="link" href="<%=context%>?jspparam=ebookShoppingCart">
  <h3>Zum Bücherkorb</h3></a>
<%-- den else-Block aus dem Scriptlet abschließen --%>
<%
  }
%>
</body></html>
```

Die JSP-Seite EBookOrder.jsp

```
<!DOCTYPE HTML PUBLIC "-//W3C//DTD HTML 4.01 Transitional//EN">

<!-- taglib-Direktiven, die die Zuordnung von Tag-Dateien
ohne einen TLD ermöglichen -->
<%@ taglib uri="http://java.sun.com/jsp/jstl/core" prefix="c" %>
<%@ taglib uri="http://java.sun.com/jsp/jstl/sql" prefix="sql" %>

<html>
<head>
  <meta http-equiv="Content-Type" content="text/html" />
  <title>Aufträge</title>
  <link rel="stylesheet"
   href="/ebookshop/css/ebookshop.css" type="text/css"/>
  </head>
```

```
<body>

<%-- Den Treiber laden und eine Verbindung zur Datenbank
buchkatalog aufbauen --%>
<sql:setDataSource driver="com.mysql.jdbc.Driver"
  url="jdbc:mysql://localhost/buchkatalog" user="root"
    password="manager" var="db"/>
<c:out value="<h2> Alle Kundenaufträge anzeigen </h2>"
  escapeXml="false"/>
<%-- Alle in der Tabelle kundendaten gespeicherten Sätze
abrufen --%>
<sql:query var="saetze" dataSource="${db}">
  select * from kundendaten
</sql:query>
<%-- Eine HTML-Tabelle mit der Überschrift Kundenname, Straße,
Ort, Titel, Autor und Preis aufbauen --%>
<table border='2'>
<tr>
<th>Kundenname</th><th>Straße</th><th>Ort</th><th>Titel
  </th><th>Autor</th><th>Preis</th></tr>
<%-- Auf die Sätze der Tabelle kundendaten nacheinander zugreifen;
die buch_ID aus der Tabelle bestellungen, die der session_ID
aus dem eingelesenen Satz der Tabelle kundendaten entspricht,
ermitteln; über diese den zugehörigen Autor und Titel aus den
Tabellen autoren und titel abrufen und alle Daten im
Tabellenformat anzeigen --%>
<c:forEach var="satz1" items="${saetze.rows}">
  <sql:query var="saetze" dataSource="${db}">
     select buch_ID from bestellungen where
       session_ID='${satz1.session_ID}'
  </sql:query>
  <c:forEach var="satz2" items="${saetze.rows}">
    <sql:query var="saetze" dataSource="${db}">
      select bezeichnung, preis, name from titel,
        autoren where autoren.autoren_ID=titel.autoren_ID and
          titel_ID='${satz2.buch_ID}'
    </sql:query>
    <c:forEach var="satz3" items="${saetze.rows}">
      <tr><td><c:out value="${satz1.kundenname}"/></td>
      <td><c:out value="${satz1.strasse}"/></td>
      <td><c:out value="${satz1.ort}"/></td>
      <td><c:out value="${satz3.bezeichnung}"/></td>
      <td><c:out value="${satz3.name}"/></td>
      <td><c:out value="${satz3.preis}"/></td></tr>
    </c:forEach>
  </c:forEach>
</c:forEach>
</table>
```

```
</body></html>
```

Die JSP-Seite BuchkatalogTabellenDefinitionen.jsp

```
<!DOCTYPE HTML PUBLIC "-//W3C//DTD HTML 4.01 Transitional//EN">

<!-- taglib-Direktiven, die die Zuordnung von Tag-Dateien
ohne einen TLD ermöglichen -->
<%@ taglib uri="http://java.sun.com/jsp/jstl/core" prefix="c" %>
<%@ taglib uri="http://java.sun.com/jsp/jstl/sql" prefix="sql" %>

<html>
<head>
  <meta http-equiv="Content-Type"
    content="text/html" />
  <link rel="stylesheet"
    href="/ebookshop/css/ebookshop.css" type="text/css"/>
  <title>Tabellendefinitionen</title>
  </head>
<body>

<%-- Eine Verbindung zur Datenbank buchkatalog aufbauen --%>
<sql:setDataSource driver="com.mysql.jdbc.Driver"
 url="jdbc:mysql://localhost/buchkatalog" user="root"
   password="manager" var="db"/>
<%-- Aus Testzwecken die vorhandenen Tabellen löschen
<sql:update dataSource="${db}">
  drop table if exists bestellungen
</sql:update>

<sql:update dataSource="${db}">
  drop table if exists kundendaten
</sql:update>
--%>

<%-- Die Tabelle bestellungen, falls diese noch nicht
existiert, anlegen --%>
<sql:update dataSource="${db}">
  create table if not exists bestellungen (
    session_ID varchar(255), buch_ID int)
</sql:update>

<%-- Die Tabelle kundendaten, falls diese noch nicht
existiert, anlegen --%>
<sql:update dataSource="${db}">
  create table if not exists kundendaten (
    auftrags_ID int auto_increment not null,
      kundenname varchar(50), strasse varchar(50),
```

```
        ort varchar(50), session_ID varchar(255),
          primary key (auftrags_ID))
</sql:update>

<%-- Alle Einträge aus der Tabelle bestellungen abfragen und
anzeigen --%>
<c:out value="<h2> Die Tabelle bestellungen </h2>"
  escapeXml="false"/>
<sql:query var="saetze" dataSource="${db}">
   select * from bestellungen
</sql:query>
<table border='2'>
<tr>
<th>Session_ID</th><th>Buch_ID</th></tr>
<c:forEach var="satz" items="${saetze.rows}">
   <tr><td><c:out value="${satz.session_ID}"/></td>
   <td><c:out value="${satz.buch_ID}"/></td></tr>
</c:forEach>
</table>
<%-- Alle Einträge aus der Tabelle kundendaten abfragen und
anzeigen --%>
<c:out value="<h2> Die Tabelle kundendaten </h2>"
  escapeXml="false"/>
<sql:query var="saetze" dataSource="${db}">
   select * from kundendaten
</sql:query>
<table border='2'>
<tr>
<th>Auftrags_ID</th><th>Kundenname</th><th>Straße</th><th>
  Ort</th><th>Session_ID</th></tr>
<c:forEach var="satz" items="${saetze.rows}">
   <tr><td><c:out value="${satz.auftrags_ID}"/></td>
   <td><c:out value="${satz.kundenname}"/></td>
   <td><c:out value="${satz.strasse}"/></td>
   <td><c:out value="${satz.ort}"/></td>
   <td><c:out value="${satz.session_ID}"/></td></tr>
</c:forEach>
</table>

</body></html>
```

Die Datei web.xml (der Deployment Descriptor der Webapplikation ebookshop)

```
<?xml version="1.0" encoding="ISO-8859-1" ?>
<web-app xmlns="http://java.sun.com/xml/ns/javaee" xmlns:xsi=
"http://www.w3.org/2001/XMLSchema-instance" xsi:schemaLocation=
"http://java.sun.com/xml/ns/javaee http://java.sun.com/xml/ns/
javaee/web-app_2_5.xsd" version="2.5">

<description>Die Webapplikation ebookshop</description>
<display-name>Die Webapplikation ebookshop</display-name>

  <servlet>
    <servlet-name>EBookShopServlet</servlet-name>
    <servlet-class>EBookShopServlet</servlet-class>
    <init-param>
      <param-name>ContextURL</param-name>
      <param-value>/ebookshop/EBookShopServlet</param-value>
    </init-param>
    <init-param>
      <param-name>ImageURL</param-name>
      <param-value>/ebookshop/images/</param-value>
    </init-param>
  </servlet>
  <servlet-mapping>
    <servlet-name>EBookShopServlet</servlet-name>
    <url-pattern>/EBookShopServlet</url-pattern>
  </servlet-mapping>
  <servlet>
    <servlet-name>EBookServlet</servlet-name>
    <servlet-class>EBookServlet</servlet-class>
    <init-param>
      <param-name>ContextURL</param-name>
      <param-value>/EBookServlet</param-value>
    </init-param>
    <init-param>
      <param-name>ImageURL</param-name>
      <param-value>/ebookshop/images/</param-value>
    </init-param>
  </servlet>
  <servlet-mapping>
    <servlet-name>EBookServlet</servlet-name>
    <url-pattern>/EBookServlet</url-pattern>
  </servlet-mapping>

</web-app>
```

Programmausgaben

Homepage - Windows Internet Explorer
http://localhost:8080/ebookshop/EBookShopServlet
Datei Bearbeiten Ansicht Favoriten Extras ?
Homepage
Willkommen im Buchverkaufs-Shop
Buchkatalog anzeigen
Zu den Detailseiten der Bücher
Bücherkorb
Internet
100%

http://www.it-fachportal.de/1775
Shop - Bücher Detail - IT-Fachportal.de
Business
Datenbanken
Elektronik
Freizeit
Grafik
Hardware
Internet
IT-Business
IT-Sicherheit
IT-Zertifizierung
Musik
Netzwerke
Programmierung
Unternehmens-kommunikation
Webprogrammierung
HTML und CSS Praxisbuch
Einführung in strukturiertes Webdesign
von Ralph G. Schulz
1. Auflage 2008, Paperback
496 Seiten, Format 17,0 x 24,0
mit CD-ROM
ISBN 978-3-8266-1775-1
€ 34,95
In den Warenkorb
Kein Webauftritt ist heutzutage ohne Grundkenntnisse von HTML und CSS realisierbar. Insbesondere, wenn Sie standardkonforme, barrierefreie und stabile Webseiten erstellen wollen, müssen Sie sich nicht nur mit HTML, sondern auch intensiv mit CSS beschäftigen. Alle fortgeschrittenen Webtechnologien lassen sich nur erlernen und umsetzen, wenn man ein solides Grundwissen besitzt und die Zusammenhänge erkennen kann. Nur so lassen sich Webseiten erstellen, die trotz größtmöglicher Komplexität gut zugänglich, benutzbar und zukunftstauglich sind.
Dieses Buch richtet sich an Einsteiger, die wirklich am Anfang beginnen wollen. Ralph G. Schulz liefert Ihnen die Grundlagen und das notwendige Hintergrundwissen für den Einsatz von HTML und CSS. Neben dieser gründlichen Einführung bietet das Buch auch einen umfangreichen Praxisteil, in dem der Autor Sie Schritt für Schritt in den logischen Aufbau einer einfachen Webseite einführt, von der semantischen Strukturierung bis hin zur Erstellung komplexer Seiten.
So beginnt der Autor zunächst mit einem einfachen Muster-Layout, das nach und nach weiter ausgebaut und verbessert wird, um das gewünschte Ergebnis zu erreichen.
Er zeigt Ihnen, was zu beachten ist, wo Fehlerquellen liegen könnten und wann der Einsatz welcher Funktionen sinnvoll ist. Dies erklärt er an einem durchgängigen Beispiel, um Ihnen die einzelnen Möglichkeiten und Varianten in der konkreten Praxis aufzuzeigen. Sie können das Gelernte sofort an vorbereiteten Beispielen einsetzen und ausprobieren. Dabei weist er auch auf mögliche Fehlinterpretationen verschiedener Browser hin und zeigt hierfür entsprechende Lösungsmöglichkeiten auf. Eine Referenz der HTML- und CSS-Eigenschaften rundet dieses Buch ab, so dass es zusätzlich als Nachschlagewerk einsetzbar ist.
Die Buch-CD bietet zusätzliches Übungsmaterial und vertiefte Beispiele, die das im Buch Erläuterte anschaulich demonstrieren.
Mit diesem Buch gibt Ihnen der Autor seine geballte Erfahrung an die Hand und lässt Sie daran teilhaben. Sie erhalten einerseits den Grundwortschatz für den Einsatz von HTML und CSS und andererseits lernen Sie, von Anfang an und Schritt für Schritt planvoll und strukturiert an den Aufbau eines Webauftritts heranzugehen. So werden Sie bald in der Lage sein, HTML und CSS professionell für Ihre eigene Webpräsenz einsetzen und anwenden zu können.
Aus dem Inhalt:
HTML-Grundlagen
Trennung von Struktur und Layout
CSS-Grundlagen
Aufbau einer Webpräsenz: von der ersten Seite bis zum vollständigen Webauftritt
Ein Muster-Layout erstellen
Layout-Variationen
Fertig
Internet
100%

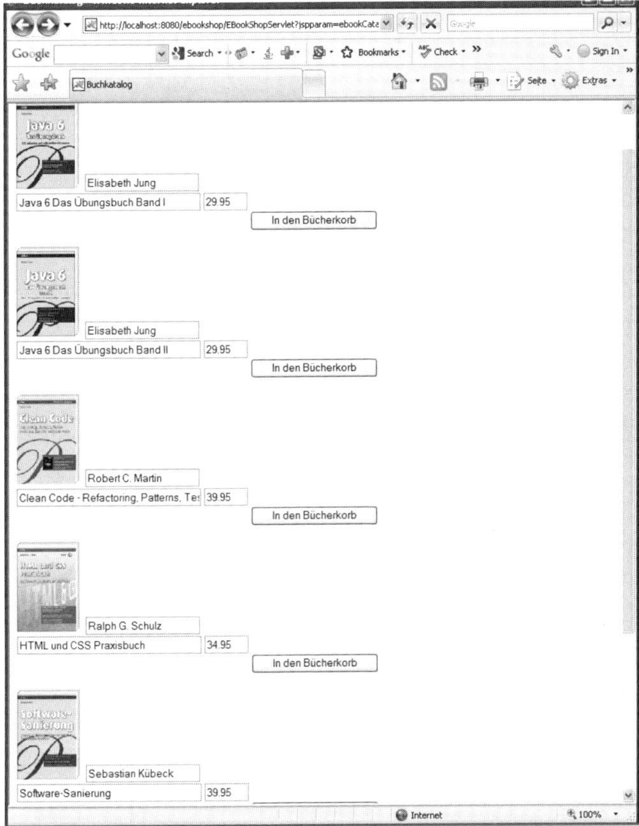
http://localhost:8080/ebookshop/EBookShopServlet?jspparam=ebookCata
Buchkatalog
Elisabeth Jung
Java 6 Das Übungsbuch Band I
29.95
In den Bücherkorb
Elisabeth Jung
Java 6 Das Übungsbuch Band II
29.95
In den Bücherkorb
Robert C. Martin
Clean Code - Refactoring, Patterns, Tes
39.95
In den Bücherkorb
Ralph G. Schulz
HTML und CSS Praxisbuch
34.95
In den Bücherkorb
Sebastian Kübeck
Software-Sanierung
39.95
Internet
100%

http://localhost:8080/ebookshop/EBookShopServlet?jspparam=ebookSelection&BuchI
Buchbestellung
Ihre Bestellung wurde aufgenommen
Zum Buchkatalog
Zur Homepage
Zum Bücherkorb
http://localhost:8080/ebookshop/EBookShopServlet?jspparam=null
Internet
100%

Bucheinkauf - Windows Internet Explorer
http://localhost:8080/ebookshop/EBookShopServlet?jspparam=ebookShoppingCart
Sie haben folgende Bücher ausgewählt:
Java 6 Das Übungsbuch Band I Elisabeth Jung 29.95
Clean Code - Refactoring, Patterns, Testen und Techniken für sauberen Code Robert C. Martin 39.95
SCJP Sun Certified Java Programmer Terence Gronowski 49.95
Der Gesamtpreis der Bücher beträgt:
119,85 €
Zum Buchkatalog
Zur Kasse
Zur Homepage
Internet
100%

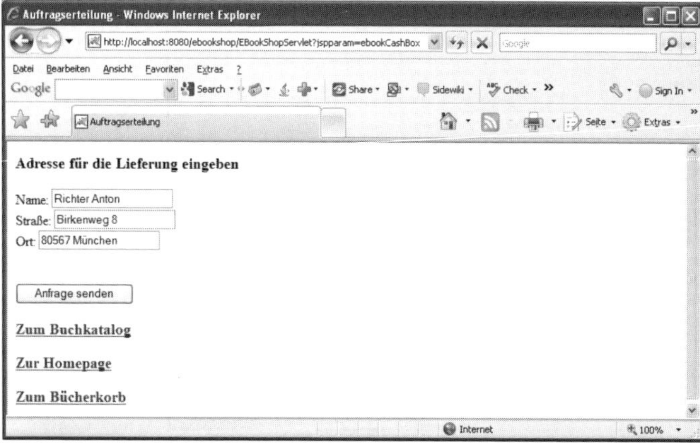
Auftragserteilung - Windows Internet Explorer
http://localhost:8080/ebookshop/EBookShopServlet?jspparam=ebookCashBox
Datei Bearbeiten Ansicht Favoriten Extras ?
Adresse für die Lieferung eingeben
Name: Richter Anton
Straße: Birkenweg 8
Ort: 80567 München
Anfrage senden
Zum Buchkatalog
Zur Homepage
Zum Bücherkorb
Internet
100%

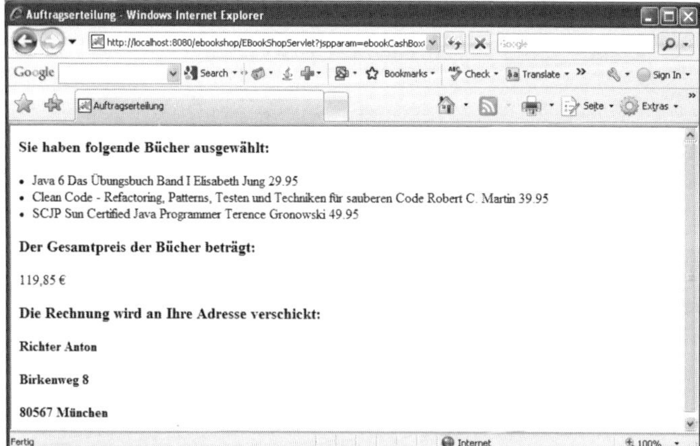
Auftragserteilung - Windows Internet Explorer
http://localhost:8080/ebookshop/EBookShopServlet?jspparam=ebookCashBox
Sie haben folgende Bücher ausgewählt:
Java 6 Das Übungsbuch Band I Elisabeth Jung 29.95
Clean Code - Refactoring, Patterns, Testen und Techniken für sauberen Code Robert C. Martin 39.95
SCJP Sun Certified Java Programmer Terence Gronowski 49.95
Der Gesamtpreis der Bücher beträgt:
119,85 €
Die Rechnung wird an Ihre Adresse verschickt:
Richter Anton
Birkenweg 8
80567 München
Fertig
Internet
100%

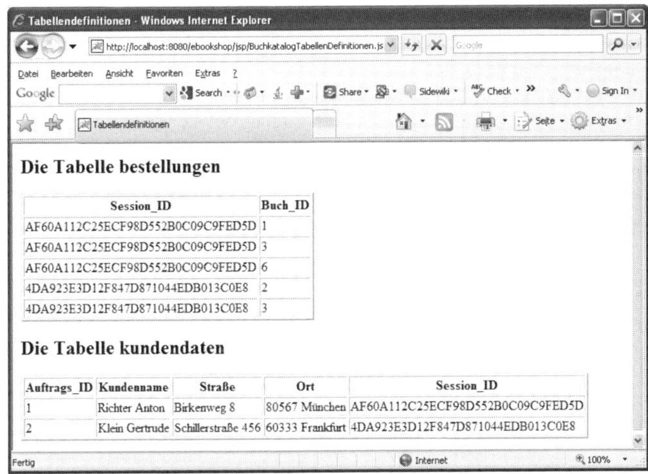

Die Tabelle bestellungen

Session_ID	Buch_ID
AF60A112C25ECF98D552B0C09C9FED5D	1
AF60A112C25ECF98D552B0C09C9FED5D	3
AF60A112C25ECF98D552B0C09C9FED5D	6
4DA923E3D12F847D871044EDB013C0E8	2
4DA923E3D12F847D871044EDB013C0E8	3

Die Tabelle kundendaten

Auftrags_ID	Kundenname	Straße	Ort	Session_ID
1	Richter Anton	Birkenweg 8	80567 München	AF60A112C25ECF98D552B0C09C9FED5D
2	Klein Gertrude	Schillerstraße 456	60333 Frankfurt	4DA923E3D12F847D871044EDB013C0E8

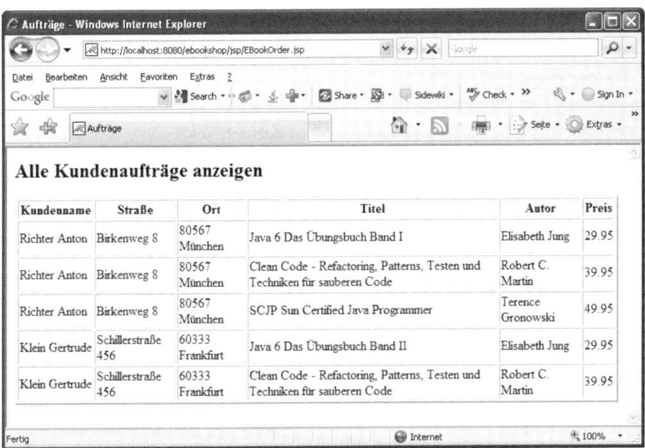

Alle Kundenaufträge anzeigen

Kundenname	Straße	Ort	Titel	Autor	Preis
Richter Anton	Birkenweg 8	80567 München	Java 6 Das Übungsbuch Band I	Elisabeth Jung	29.95
Richter Anton	Birkenweg 8	80567 München	Clean Code - Refactoring, Patterns, Testen und Techniken für sauberen Code	Robert C. Martin	39.95
Richter Anton	Birkenweg 8	80567 München	SCJP Sun Certified Java Programmer	Terence Gronowski	49.95
Klein Gertrude	Schillerstraße 456	60333 Frankfurt	Java 6 Das Übungsbuch Band II	Elisabeth Jung	29.95
Klein Gertrude	Schillerstraße 456	60333 Frankfurt	Clean Code - Refactoring, Patterns, Testen und Techniken für sauberen Code	Robert C. Martin	39.95

Lösung 4.3

Die Klasse EBookServlet

```
import java.io.IOException;
import javax.servlet.*;
import javax.servlet.http.*;
public class EBookServlet extends HttpServlet implements Servlet {
// Die init()-Methode überschreiben
  public void init() throws ServletException {
    ServletConfig config = getServletConfig();
    ServletContext context = getServletContext();
```

```
// Die für das Servlet im DD definierten Initialisierungparameter,
// die die URLs, wo Servlet und Image-Dateien zu finden sind,
// relativ zum Context (Wurzel) der Webapplikation spezifizieren,
// lesen und als Attribute für den Context-Scope setzen, damit
// alle Komponenten der Webapplikation darauf zugreifen können
      context.setAttribute("EBookContextURL",
        config.getInitParameter("ContextURL"));
      context.setAttribute("ImageURL",
        config.getInitParameter("ImageURL"));

   }
// Die doGet()-Methode überschreiben
   protected void doGet(HttpServletRequest request,
                              HttpServletResponse response)
                        throws ServletException, IOException {
// und darin die doPost()-Methode aufrufen
      doPost(request, response);
   }
// Die doPost()-Methode überschreiben
   protected void doPost(HttpServletRequest request,
                              HttpServletResponse response)
                        throws ServletException, IOException {
// Die Session-ID der Session, die durch den Aufruf der
// Methode getSession() zurückgeliefert wird, ermitteln und
// ebenfalls als Attribut für den Context-Scope setzen, um den
// Status des Dialogs mit einem Client für die gesamte Sitzung
// über alle Anfragen hinaus zu erhalten
      getServletContext().setAttribute("SessionID",
        request.getSession().getId());
      String context = "/jsp/";
      String url = context + "index.jspx";
// Den Wert des Request-Parameters jspparam, über den der
// Aufruf von JSP-Seiten koordiniert wird, lesen
      String jspparam = request.getParameter("jspparam");
      if (jspparam != null) {
         if (jspparam.equals("ebookCatalog"))
            url = context + "EBookCatalog.jspx";
         else if (jspparam.equals("ebookSelection"))
            url = context + "EBookSelection.jspx";
         else if (jspparam.equals("ebookShoppingCart"))
            url = context + "EBookShoppingCart.jspx";
         else if (jspparam.equals("ebookCashBox"))
            url = context + "EBookCashBox.jspx";
      }
// Die Anfrage an die entsprechende JSP-Seite weiterleiten;
// der RequestDispatcher kann vom Context der Anfrage abgeholt
// werden
      RequestDispatcher requestDispatcher =
        getServletContext().getRequestDispatcher(url);
```

```
        requestDispatcher.forward(request, response);
    }
}
```

Das JSP-Dokument index.jspx

```
<?xml version="1.0" encoding="ISO-8859-1"?>
<!-- JSP-Namensraum und die JSTL-core-Bibliothek deklarieren -->
<jsp:root
  xmlns:jsp="http://java.sun.com/JSP/Page"
  version="2.1" >
<jsp:directive.page
  language="java"
  contentType="text/html" />
<!-- Das output-Tag hat nichts mit der Ausgabe im Browser zu tun,
sondern erzeugt das doctype-Tag für die Dokumententypprüfung;
zusammen mit html xmlns="http://www.w3.org/1999/xhtml" ersetzen
diese Zeilen das herkömmliche html-Tag -->
<jsp:output
  doctype-root-element="html"
  doctype-public="-//W3C//DTD XHTML 1.0 Strict//EN"
  doctype-system=
   "http://www.w3.org/TR/xhtml1/DTD/xhtml1-strict.dtd" />

<html xmlns="http://www.w3.org/1999/xhtml">
<head>
  <title>Buchverkaufs-Shop</title>
<!-- Das <link/>-Tag definiert eine Referenz auf eine Ressource
-->
  <link rel="stylesheet"
    href="/ebookshop/css/ebookshop.css"
     type="text/css"/>
  </head>
<body>

<!-- Das <div>-Tag kann benutzt werden, um Styles für
Dokumententeile zu definieren; das class-Attribut kann als
Stylesheet-Selektor benutzt werden -->
<div class="ueberschrift">
   <h2>Willkommen im Buchverkaufs-Shop</h2>
</div>
<!-- JSP-Seiten einbinden -->
<jsp:include page="JSPfuerBuchKatalog.jspx" flush="true"/>
<jsp:include page="JSPfuerBuecherKorb.jspx" flush="true"/>
<jsp:include page="JSPfuerWerbung.jsp" flush="true"/>

</body></html>
</jsp:root>
```

Das JSP-Dokument JSPfuerBuchKatalog.jspx

```
<?xml version="1.0" encoding="ISO-8859-1"?>
<!-- JSP-Namensraum und die JSTL-core-Bibliothek deklarieren -->
<jsp:root
   xmlns:jsp="http://java.sun.com/JSP/Page"
   version="2.1" >
<jsp:directive.page
   language="java"
   contentType="text/html" />
<!-- Das output-Tag hat nichts mit der Ausgabe im Browser zu tun,
sondern erzeugt das doctype-Tag für die Dokumententypprüfung;
das html-Tag darf nicht wiederholt werden, weil diese Seite
eingebunden wird -->
<jsp:output
    doctype-root-element="html"
    doctype-public="-//W3C//DTD XHTML 1.0 Strict//EN"
    doctype-system=
     "http://www.w3.org/TR/xhtml1/DTD/xhtml1-strict.dtd" />

<!-- Das <div>-Tag kann benutzt werden, um Styles für
Dokumententeile zu definieren; das class-Attribut kann als
Stylesheet-Selektor benutzt werden -->
<div class="buchkatalog">
      <form>
<!-- Über ein verstecktes Feld wird der Wert für den jspparam-
Anfrageparameter gesetzt, der vom Servlet für die Steuerung von
JSP-Seiten benutzt wird -->
         <input type="hidden" name="jspparam"
          value="ebookCatalog"/>
         <input id="submit" type="submit"
          value="Buchkatalog anzeigen"/>
      </form>
</div>

</jsp:root>
```

Das JSP-Dokument JSPfuerBuecherKorb.jspx

```
<?xml version="1.0" encoding="ISO-8859-1"?>
<!-- JSP-Namensraum und die JSTL-core-Bibliothek deklarieren -->
<jsp:root
   xmlns:jsp="http://java.sun.com/JSP/Page"
   xmlns:c="http://java.sun.com/jsp/jstl/core"
   version="2.1" >
<jsp:directive.page
  language="java"
  contentType="text/html" />
<!-- Das output-Tag hat nichts mit der Ausgabe im Browser zu tun,
```

```
sondern erzeugt das doctype-Tag für die Dokumententypprüfung;
das html-Tag darf nicht wiederholt werden, weil diese Seite
eingebunden wird -->
<jsp:output
   doctype-root-element="html"
   doctype-public="-//W3C//DTD XHTML 1.0 Strict//EN"
   doctype-system=
    "http://www.w3.org/TR/xhtml1/DTD/xhtml1-strict.dtd" />

<!-- Das <div>-Tag kann benutzt werden, um Styles für
Dokumententeile zu definieren; das class-Attribut kann als
Stylesheet-Selektor benutzt werden -->
<div class="buecherkorb">
<!-- Hyperlink für die Rückkehr zum Controller-Servlet -->
<c:url value="${EBookContextURL}" var="linkURL">
<c:param name="jspparam" value="ebookShoppingCart"/>
</c:url>
<a class="hyperlink" href="${linkURL}"><h3>Bücherkorb</h3>
<img src="${ImageURL}/buecherkorb.gif" border="0"/>
</a>
</div>

</jsp:root>
```

Das JSP-Dokument JSPfuerWerbung.jspx

```
<?xml version="1.0" encoding="ISO-8859-1"?>
<!-- JSP-Namensraum und die JSTL-core-Bibliothek deklarieren -->
<jsp:root
  xmlns:jsp="http://java.sun.com/JSP/Page"
  xmlns:c="http://java.sun.com/jsp/jstl/core"
  version="2.1" >
<jsp:directive.page
 language="java"
 contentType="text/html" />
<!-- Das output-Tag hat nichts mit der Ausgabe im Browser zu tun,
sondern erzeugt das doctype-Tag für die Dokumententypprüfung;
das html-Tag darf nicht wiederholt werden, weil diese Seite
eingebunden wird -->
<jsp:output
   doctype-root-element="html"
   doctype-public="-//W3C//DTD XHTML 1.0 Strict//EN"
   doctype-system=
    "http://www.w3.org/TR/xhtml1/DTD/xhtml1-strict.dtd" />

<%-- Das <div>-Tag kann benutzt werden, um Styles für
Dokumententeile zu definieren; das class-Attribut kann als
Stylesheet-Selektor benutzt werden --%>
<div>
```

```
<p class="textWerbung">Zu den Detailseiten der Bücher</p>
<div class="imageAdd">
<%-- Die für den Buchkatalog benutzten Image-Dateien werden
auch hier eingebunden; über einen Hyperlink kann auf die von
mitp bereitgestellte Detailseite zu einem Buch verzweigt werden,
die in einem neuen Fenster eröffnet wird --%>
  <a href="http://www.it-fachportal.de/1780" target="new">
  <img src="<%=imageURL%>/1.jpeg" /></a>
</div>
<div class="imageAdd">
  <a href="http://www.it-fachportal.de/5956" target="new">
  <img src="<%=imageURL%>/2.jpeg" /></a>
</div>
<div class="imageAdd">
  <a href="http://www.it-fachportal.de/5548" target="new">
  <img src="<%=imageURL%>/3.jpeg" /></a>
</div>

<div class="imageAdd">
  <a  href="http://www.it-fachportal.de/1775" target="new">
  <img src="<%=imageURL%>/4.jpeg" /></a>
</div>
<div class="imageAdd">
  <a href="http://www.it-fachportal.de/5072" target="new">
  <img src="<%=imageURL%>/5.jpeg" /></a>
</div>
<div class="imageAdd">
  <a  href="http://www.it-fachportal.de/5963" target="new">
  <img src="<%=imageURL%>/6.jpeg" /></a>
</div>
```

Das JSP-Dokument EBookCatalog.jspx

```
<?xml version="1.0" encoding="ISO-8859-1"?>
<!-- JSP-Namensraum und die JSTL-core-Bibliothek deklarieren -->
<jsp:root
  xmlns:jsp="http://java.sun.com/JSP/Page"
  xmlns:c="http://java.sun.com/jsp/jstl/core"
  version="2.1" >
<jsp:directive.page
  language="java"
  contentType="text/html" />
<!-- Das output-Tag hat nichts mit der Ausgabe im Browser zu tun,
sondern erzeugt das doctype-Tag für die Dokumententypprüfung;
zusammen mit html xmlns="http://www.w3.org/1999/xhtml" ersetzen
diese Zeilen das herkömmliche html-Tag -->
<jsp:output
  doctype-root-element="html"
  doctype-public="-//W3C//DTD XHTML 1.0 Strict//EN"
```

```
   doctype-system=
    "http://www.w3.org/TR/xhtml11/DTD/xhtml11-strict.dtd" />

<html xmlns="http://www.w3.org/1999/xhtml">
   <head>
      <title>Buchkatalog</title>
      <link rel="stylesheet"
       href="/ebookshop/css/ebookshop.css"
         type="text/css"/>
   </head>
   <h3>Buchkatalog anzeigen</h3>
<body>

<!-- JSP-Aktionen setzen die JavaBeans für Verbindungsaufbau und
Datenbankabfragen als Attribute im Page-Scope -->
<jsp:useBean id="verbindung"
 class="javabeans.JavaBeanfuerDBVerbindung" />
<jsp:useBean id="abfrage"
 class="javabeans.JavaBeanfuerDBAbfrage" />
<!-- JSP-Aktion setzt alle Eigenschaftswerte für die JavaBean mit
der id="verbindung", das heißt, alle Setter-Methoden dieser
JavaBean werden aufgerufen -->
<jsp:setProperty name="verbindung" property="*"/>

<!-- Ist der Wert der JavaBean-Eigenschaft connection gleich
true, war der Verbindungsaufbau zur Datenbank erfolgreich -->
   <c:if test="${verbindung.connection==true}">
<!-- Werte für die Eigenschaften statement und sql der JavaBean
mit der id = "abfrage" setzen -->
      <jsp:setProperty name="abfrage" property="statement"
         value ='${verbindung.statement}' />
      <jsp:setProperty name="abfrage" property="sql"
       value="select name, bezeichnung, preis, titel_ID from
       autoren,titel where autoren.autoren_ID=titel.autoren_ID"/>
<!-- Ist der Wert der JavaBean-Eigenschaft query gleich
true, war das Abrufen von Sätzen aus der Datenbank erfolgreich
-->
      <c:if test="${abfrage.query==true}">
<!-- Über die Sätze der Ergebnismenge iterieren -->
         <c:forEach var="array" items="${abfrage.array}">
<!-- Über ein verstecktes Feld wird der Wert für den jspparam-
Anfrageparameter gesetzt, der vom Servlet für die Steuerung von
JSP-Seiten benutzt wird -->
            <form>
<!-- Definition und Wertezuweisung für die Eingabefelder
des Formulars, die BuchID soll nicht angezeigt werden -->
            <img src = "${ImageURL}${array[3]}.jpeg" />
            <input type="hidden" name="jspparam"
             value="ebookSelection"/>
```

```
            <input type ="hidden" name="BuchID"
             value="${array[3]}" size="2"/>
            <input type="text" name="BuchAutor"
             value="${array[0]}" size="20"/><br/>
            <input type="text" name="BuchName"
             value="${array[1]}"
             size="35"/>
            <input type="text" name="BuchPreis"
             value="${array[2]}" size="5"/><br/>
            <center>
<!-- Einen Button für das Formular definieren -->
              <input id="submit" type="submit"
               value="In den Bücherkorb"/>
            </center>
          </form>
        </c:forEach>
      </c:if>
    </c:if>
<!-- Hyperlink für die Rückkehr zum Controller-Servlet -->
<c:url value="${EBookContextURL}" var="linkURL">
   <c:param name="jspparam" value="null"/>
</c:url>
<a class="hyperlink" href="${linkURL}"><h3>Zur Homepage</h3></a>

</body></html>
</jsp:root>
```

Das JSP-Dokument EBookSelection.jspx

```
<?xml version="1.0" encoding="ISO-8859-1"?>
<!-- JSP-Namensraum und die JSTL-core-Bibliothek deklarieren -->
<jsp:root
  xmlns:jsp="http://java.sun.com/JSP/Page"
  xmlns:c="http://java.sun.com/jsp/jstl/core"
  version="2.1" >
<jsp:directive.page
  language="java"
  contentType="text/html" />
<!-- Das output-Tag hat nichts mit der Ausgabe im Browser zu tun,
sondern erzeugt das doctype-Tag für die Dokumententypprüfung;
zusammen mit html xmlns="http://www.w3.org/1999/xhtml" ersetzen
diese Zeilen das herkömmliche html-Tag -->
<jsp:output
  doctype-root-element="html"
  doctype-public="-//W3C//DTD XHTML 1.0 Strict//EN"
  doctype-system=
   "http://www.w3.org/TR/xhtml1/DTD/xhtml1-strict.dtd" />

<html xmlns="http://www.w3.org/1999/xhtml">
```

```
  <head>
    <title>Buchbestellung</title>
    <link rel="stylesheet"
      href="/ebookshop/css/ebookshop.css"
        type="text/css"/>
  </head>
  <h3>Ihre Bestellung wurde aufgenommen</h3>
<body>

<!-- JSP-Aktionen setzen die JavaBeans für Verbindungsaufbau und
Datenbank-Update als Attribute im Page-Scope -->
<jsp:useBean id="verbindung"
 class="javabeans.JavaBeanfuerDBVerbindung" />
<jsp:useBean id="update"
 class="javabeans.JavaBeanfuerDBUpdate" />
<!-- JSP-Aktion setzt alle Eigenschaftswerte für die JavaBean mit
der id="verbindung", das heißt, alle Setter-Methoden dieser JavaBean
werden aufgerufen -->
<jsp:setProperty name="verbindung" property="*"/>

<!-- Ist der Wert der JavaBean-Eigenschaft connection gleich
true, war der Verbindungsaufbau zur Datenbank erfolgreich -->
  <c:if test="${verbindung.connection==true}">
<!-- Werte für die Eigenschaften statement und sql der JavaBean
mit der id = "update" setzen, -->
    <jsp:setProperty name="update" property="statement"
      value ='${verbindung.statement}' />
    <jsp:setProperty name="update" property="sql"
     value="insert into bestellungen values('${SessionID}',
     '${param.BuchID}')"/>
<!-- um einen Satz in die Datenbank einzufügen -->
    <h4><c:out value="In der Tabelle bestellungen der Datenbank
     buchkatalog wurde " />
    <jsp:getProperty name="update" property="anzahl" />
    <c:out value=" Satz eingefuegt" /></h4>
   </c:if>
<!-- Hyperlinks für die Rückkehr zum Controller-Servlet -->

<c:url value="${EBookContextURL}" var="linkURL">
  <c:param name="jspparam" value="ebookCatalog"/>
</c:url>
<a class="hyperlink" href="${linkURL}"><h3>Zum Buchkatalog</h3>
</a>
<c:url value="${EBookContextURL}" var="linkURL">
  <c:param name="jspparam" value="ebookShoppingCart"/>
</c:url>
<a class="hyperlink" href="${linkURL}"><h3>Zum Bücherkorb</h3>
</a>
<c:url value="${EBookContextURL}" var="linkURL">
```

```
   <c:param name="jspparam" value="null"/>
</c:url>
<a class="hyperlink" href="${linkURL}"><h3>Zur Homepage</h3></a>

</body></html>
</jsp:root>
```

Das JSP-Dokument EBookShoppingCart.jspx

```
<?xml version="1.0" encoding="ISO-8859-1"?>
<jsp:root
  xmlns:jsp="http://java.sun.com/JSP/Page"
  xmlns:c="http://java.sun.com/jsp/jstl/core"
  xmlns:sql="http://java.sun.com/jsp/jstl/sql"
  version="2.1"
  >
<jsp:directive.page
  language="java"
  contentType="text/html" />
<jsp:output
  doctype-root-element="html"
  doctype-public="-//W3C//DTD XHTML 1.0 Strict//EN"
  doctype-system=
    "http://www.w3.org/TR/xhtml1/DTD/xhtml1-strict.dtd" />

<html xmlns="http://www.w3.org/1999/xhtml">
   <head>
      <title>Bucheinkauf</title>
      <link rel="stylesheet"
        href="/ebookshop/css/ebookshop.css" type="text/css"/>
   </head>
<body>

<!-- JSP-Aktion setzt eine JavaBean vom Typ
BuecherKorbmitDBZugriff -->
<jsp:useBean id="buecherkorb"
   class="javabeans.BuecherKorbmitDBZugriff" />
<!-- JSP-Aktion setzt die Eigenschaft session der JavaBean vom Typ
BuecherKorbmitDBZugriff -->
<jsp:setProperty name="buecherkorb"
  property="session" value="${SessionID}"/>
<!-- und liest deren result-Eigenschaft, um alle der Session-ID
zugehörigen Sätze aus der Tabelle bestellungen im Browser
anzuzeigen -->
<jsp:getProperty name="buecherkorb" property="result" />

<!-- Hyperlinks für die Rückkehr zum Controller-Servlet -->
<c:url value="${EBookContextURL}" var="linkURL">
    <c:param name="jspparam" value="ebookCatalog"/>
```

```
</c:url>
<a class="hyperlink" href="${linkURL}"><h3>
Zum Buchkatalog</h3></a>

<c:url value="${EBookContextURL}" var="linkURL">
  <c:param name="jspparam" value="ebookCashBox"/>
</c:url>
<a class="hyperlink" href="${linkURL}"><h3>Zur Kasse</h3></a>

<c:url value="${EBookContextURL}" var="linkURL">
  <c:param name="jspparam" value="null"/>
</c:url>
<a class="hyperlink" href="${linkURL}"><h3>Zur Homepage</h3></a>

</body></html>
</jsp:root>
```

Das JSP-Dokument EBookCashBox.jspx

```
<?xml version="1.0" encoding="ISO-8859-1"?>
<!-- JSP-Namensraum und die JSTL-core-Bibliothek deklarieren -->
<jsp:root
  xmlns:jsp="http://java.sun.com/JSP/Page"
  xmlns:c="http://java.sun.com/jsp/jstl/core"
  version="2.1" >
<jsp:directive.page
  language="java"
  contentType="text/html;charset=ISO-8859-1" />
<!-- Das output-Tag hat nichts mit der Ausgabe im Browser zu tun,
sondern erzeugt das doctype-Tag für die Dokumententypprüfung;
zusammen mit html xmlns="http://www.w3.org/1999/xhtml" ersetzen
diese Zeilen das herkömmliche html-Tag -->
<jsp:output
  doctype-root-element="html"
  doctype-public="-//W3C//DTD XHTML 1.0 Strict//EN"
  doctype-system=
    "http://www.w3.org/TR/xhtml1/DTD/xhtml1-strict.dtd" />

<html xmlns="http://www.w3.org/1999/xhtml">
  <head>
    <title>Auftragserteilung</title>
    <link rel="stylesheet"
      href="/ebookshop/css/ebookshop.css"
        type="text/css"/>
  </head>
<body>
<!-- JSP-Aktionen setzen JavaBeans als Attribute im Page-Scope
-->
<jsp:useBean id="kunden"
```

```
  class="javabeans.JavaBeanfuerKunden"  />
<jsp:useBean id="buecherkorb"
   class="javabeans.BuecherKorbmitDBZugriff" />
<!-- Das JSTL-Tag zum Auswählen -->
<c:choose>
<!-- Ist der Wert der Formularfelder verschieden von null, die
vom Kunden bestellten Bücher und seine Adresse anzeigen; die
Kundendaten zusammen mit der zugehörigen Session-ID und einer
Auftrags-Nummer in die Datenbanktabelle kunden für eventuelle
spätere Auswertungen schreiben -->
   <c:when test="${param.Name != null}">
      <jsp:setProperty name="buecherkorb" property="session"
         value="${SessionID}"/>
      <jsp:getProperty name="buecherkorb" property="result" />
      <jsp:setProperty name="kunden" property="session"
         value="${SessionID}"/>
      <jsp:setProperty name="kunden" property="kundenName"
         value="${param.Name}"/>
      <jsp:setProperty name="kunden" property="strasse"
         value="${param.Straße}"/>
      <jsp:setProperty name="kunden" property="ort"
         value="${param.Ort}"/>
      <jsp:getProperty name="kunden" property="kundenDaten" />
      <h3><c:out
      value="Die neue Rechnung wird an Ihre Adresse verschickt" />
      </h3>
      <h4><c:out value="Name: " />
      <c:out value="${param.Name}" /></h4>
      <h4><c:out value="Straße: " />
      <c:out value="${param.Strasse}" /></h4>
      <h4><c:out value="Ort: " />
      <c:out value="${param.Ort}" /></h4>
   </c:when>
<!-- Andernfalls eine HTML-Seite, die zur Anzeige des Formulars
für die Eingabe der Adresse des Kunden dient, generieren -->
   <c:otherwise>
      <h3><c:out
           value="Eine Adresse für die Lieferung eingeben" />
      </h3>
      <form>
<!-- Über ein verstecktes Feld wird der Wert für den jspparam-
Anfrageparameter gesetzt, der vom Servlet für die Steuerung von
JSP-Seiten benutzt wird -->
         <input type="hidden" name="jspparam"
           value="ebookCashBox"/>
         Name:
         <input type="Text" name="Name" /><br></br>
         Straße:
         <input type="Text" name="Strasse"/><br></br>
```

```
        Ort:
        <input type="Text" name="Ort"/><br></br>
        <br></br>
        <input type="SUBMIT" name="Daten senden"/>
      </form>
   </c:otherwise>
</c:choose>
<!-- Hyperlinks für die Rückkehr zum Controller-Servlet -->
<c:url value="/EBookServlet" var="linkURL">
   <c:param name="jspparam" value="ebookCatalog"/>
</c:url>
<a class="hyperlink" href="${linkURL}"><h3>Zum Buchkatalog</h3>
</a>
<c:url value="${EBookContextURL}" var="linkURL">
   <c:param name="jspparam" value="ebookShoppingCart"/>
</c:url>
<a class="hyperlink" href="${linkURL}"><h3>Zum Bücherkorb</h3></a>
<c:url value="${EBookContextURL}" var="linkURL">
   <c:param name="jspparam" value="null"/>
</c:url>
<a class="hyperlink" href="${linkURL}"><h3>Zur Homepage</h3></a>

</body></html>
</jsp:root>
```

Das JSP-Dokument EBookOrder.jspx

```
<?xml version="1.0" encoding="ISO-8859-1"?>
<!-- JSP-Namensraum und die JSTL-core- und -sql-Bibliotheken
deklarieren -->
<jsp:root
   xmlns:jsp="http://java.sun.com/JSP/Page"
   xmlns:c="http://java.sun.com/jsp/jstl/core"
   xmlns:sql="http://java.sun.com/jsp/jstl/sql"
   version="2.1" >
<jsp:directive.page
   language="java"
   contentType="text/html" />
<!-- Das output-Tag hat nichts mit der Ausgabe im Browser zu tun,
sondern erzeugt das doctype-Tag für die Dokumententypprüfung;
zusammen mit html xmlns="http://www.w3.org/1999/xhtml" ersetzen
diese Zeilen das herkömmliche html-Tag -->
<jsp:output
   doctype-root-element="html"
   doctype-public="-//W3C//DTD XHTML 1.0 Strict//EN"
   doctype-system=
    "http://www.w3.org/TR/xhtml1/DTD/xhtml1-strict.dtd" />

<html xmlns="http://www.w3.org/1999/xhtml">
```

```
  <head>
    <title>Auftragsauswertung</title>
    <link rel="stylesheet"
     href="/ebookshop/css/ebookshop.css"
      type="text/css"/>
  </head>
<body>
  <h3>Auftragsliste</h3>
<!-- Den Treiber laden und eine Verbindung zur Datenbank
buchkatalog aufbauen -->
<sql:setDataSource driver="com.mysql.jdbc.Driver"
  url="jdbc:mysql://localhost/buchkatalog" user="root"
   password="manager" var="db"/>
<!-- Alle in der Tabelle kundendaten gespeicherten Sätze
abrufen -->
<sql:query var="saetze" dataSource="${db}">
  select * from kundendaten
</sql:query>
<!-- Eine HTML-Tabelle mit der Überschrift Kundenname, Straße,
Ort, Titel, Autor und Preis aufbauen -->
<table border='2'>
<tr><th>Kundenname</th><th>Straße</th><th>Ort</th><th>Titel
</th><th>Autor</th><th>Preis</th></tr>
<!-- Auf die Sätze der Tabelle kundendaten nacheinander zugreifen;
die buch_ID aus der Tabelle bestellungen, die der session_ID
aus dem eingelesenen Satz der Tabelle kundendaten entspricht,
ermitteln; über diese den zugehörigen Autor und Titel aus den
Tabellen autoren und titel abrufen und alle Daten im
Tabellenformat anzeigen -->
<c:forEach var="satz1" items="${saetze.rows}">
  <sql:query var="saetze" dataSource="${db}">
    select buch_ID from bestellungen
      where session_ID='${satz1.session_ID}'
  </sql:query>
  <c:forEach var="satz2" items="${saetze.rows}">
    <sql:query var="saetze" dataSource="${db}">
        select bezeichnung, preis, name from titel, autoren
          where autoren.autoren_ID=titel.autoren_ID and
            titel_ID='${satz2.buch_ID}'
    </sql:query>
     <c:forEach var="satz3" items="${saetze.rows}">
         <tr><td><c:out value="${satz1.kundenname}"/></td>
         <td><c:out value="${satz1.strasse}"/></td>
         <td><c:out value="${satz1.ort}"/></td>
         <td><c:out value="${satz3.bezeichnung}"/></td>
         <td><c:out value="${satz3.name}"/></td>
         <td><c:out value="${satz3.preis}"/></td></tr>
     </c:forEach>
   </c:forEach>
```

```
</c:forEach>
</table>
</body></html>
</jsp:root>
```

Das JSP-Dokument BuchkatalogTabellenDefinitionen.jspx

```
<?xml version="1.0" encoding="ISO-8859-1"?>
<!-- JSP-Namensraum und die JSTL-core- und -sql-Bibliotheken
deklarieren -->
<jsp:root
  xmlns:jsp="http://java.sun.com/JSP/Page"
  xmlns:c="http://java.sun.com/jsp/jstl/core"
  xmlns:sql="http://java.sun.com/jsp/jstl/sql"
  version="2.1" >
<jsp:directive.page
  language="java"
  contentType="text/html" />
<!-- Das output-Tag hat nichts mit der Ausgabe im Browser zu tun,
sondern erzeugt das doctype-Tag für die Dokumententypprüfung;
zusammen mit html xmlns="http://www.w3.org/1999/xhtml" ersetzen
diese Zeilen das herkömmliche html-Tag -->
<jsp:output
  doctype-root-element="html"
  doctype-public="-//W3C//DTD XHTML 1.0 Strict//EN"
  doctype-system=
    "http://www.w3.org/TR/xhtml1/DTD/xhtml1-strict.dtd" />

<html xmlns="http://www.w3.org/1999/xhtml">
   <head>
      <title>Tabellendefinitionen</title>
      <link rel="stylesheet"
        href="/ebookshop/css/ebookshop.css"
          type="text/css"/>
   </head>
<body>
<!-- Den Treiber laden und eine Verbindung zur Datenbank
buchkatalog aufbauen -->
<sql:setDataSource driver="com.mysql.jdbc.Driver"
  url="jdbc:mysql://localhost/buchkatalog" user="root"
    password="manager" var="db"/>

<!-- Die Tabellen bestellungen und kundendaten anlegen, falls
diese noch nicht existieren -->
<sql:update dataSource="${db}">
   create table if not exists bestellungen (
     session_ID varchar(255), buch_ID int)
</sql:update>
<sql:update dataSource="${db}">
```

```
  create table if not exists kundendaten (
    auftrags_ID int auto_increment not null,
      kundenname varchar(50), strasse varchar(50),
        ort varchar(50), session_ID varchar(255),
          primary key (auftrags_ID))
</sql:update>

<!-- Alle Einträge aus der Tabelle bestellungen abfragen und
anzeigen -->
<h3><c:out value="Die Tabelle bestellungen " /></h3>
<sql:query var="saetze" dataSource="${db}">
  select * from bestellungen
</sql:query>
<table border='2'>
<tr>
<th>Session_ID</th><th>Buch_ID</th></tr>
<c:forEach var="satz" items="${saetze.rows}">
  <tr><td><c:out value="${satz.session_ID}"/></td>
  <td><c:out value="${satz.buch_ID}"/></td></tr>
</c:forEach>
</table>

<!-- Alle Einträge aus der Tabelle kundendaten abfragen und
anzeigen -->
<h3><c:out value="Die Tabelle kundendaten" /></h3>
<sql:query var="saetze" dataSource="${db}">
  select * from kundendaten
</sql:query>
<table border='2'>
<tr>
<th>Auftrags_ID</th><th>Kundenname</th><th>Straße</th></tr>
<th>Ort</th><th>Session_ID</th>
<c:forEach var="satz" items="${saetze.rows}">
  <tr><td><c:out value="${satz.auftrags_ID}"/></td>
  <td><c:out value="${satz.kundenname}"/></td>
  <td><c:out value="${satz.strasse}"/></td>
  <td><c:out value="${satz.ort}"/></td>
  <td><c:out value="${satz.session_ID}"/></td></tr>
</c:forEach>
</table>
</body></html>
</jsp:root>
```

Programmausgaben

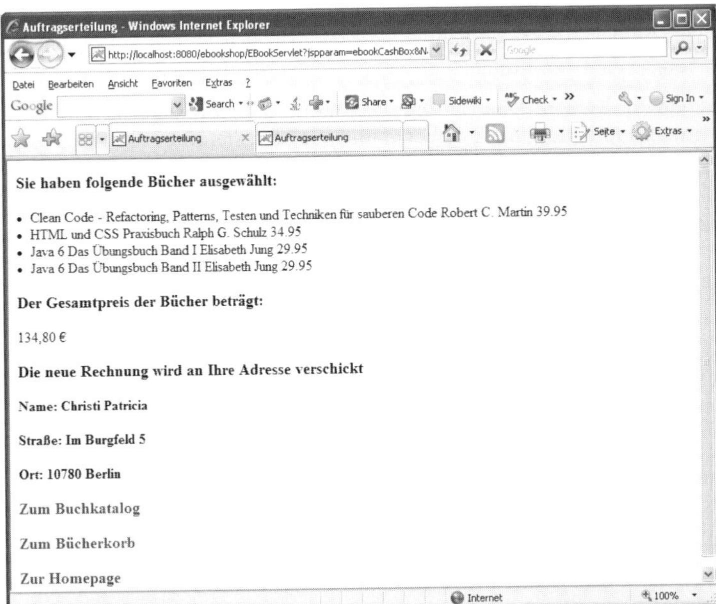

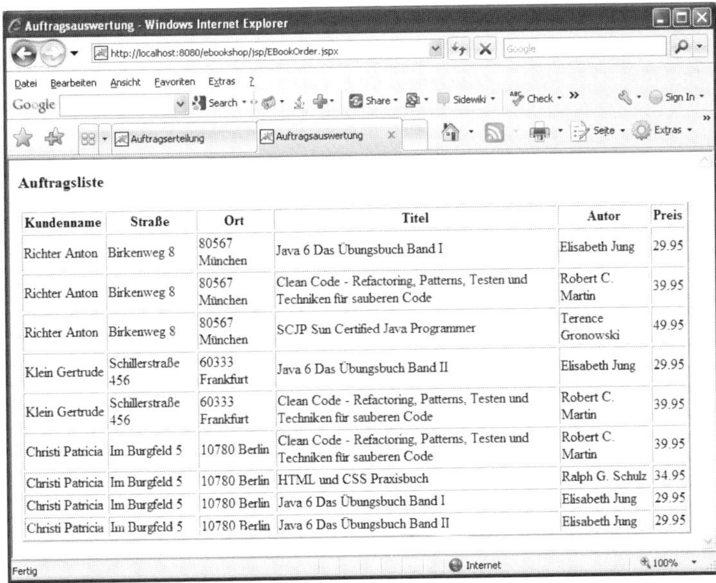

Kundenname	Straße	Ort	Titel	Autor	Preis
Richter Anton	Birkenweg 8	80567 München	Java 6 Das Übungsbuch Band I	Elisabeth Jung	29.95
Richter Anton	Birkenweg 8	80567 München	Clean Code - Refactoring, Patterns, Testen und Techniken für sauberen Code	Robert C. Martin	39.95
Richter Anton	Birkenweg 8	80567 München	SCJP Sun Certified Java Programmer	Terence Gronowski	49.95
Klein Gertrude	Schillerstraße 456	60333 Frankfurt	Java 6 Das Übungsbuch Band II	Elisabeth Jung	29.95
Klein Gertrude	Schillerstraße 456	60333 Frankfurt	Clean Code - Refactoring, Patterns, Testen und Techniken für sauberen Code	Robert C. Martin	39.95
Christi Patricia	Im Burgfeld 5	10780 Berlin	Clean Code - Refactoring, Patterns, Testen und Techniken für sauberen Code	Robert C. Martin	39.95
Christi Patricia	Im Burgfeld 5	10780 Berlin	HTML und CSS Praxisbuch	Ralph G. Schulz	34.95
Christi Patricia	Im Burgfeld 5	10780 Berlin	Java 6 Das Übungsbuch Band I	Elisabeth Jung	29.95
Christi Patricia	Im Burgfeld 5	10780 Berlin	Java 6 Das Übungsbuch Band II	Elisabeth Jung	29.95

Hinweise zu den Programmausgaben

Bestellungen, die gemacht wurden, ohne dass die Kasse betreten wurde, sind zwar in der Tabelle `bestellungen` vorhanden, stehen aber nicht in der Auftragstabelle `kundendaten`, so dass den Kunden dafür keine Rechnung zugeteilt wird.

Wird von einem Kunden eine zweite Rechnung während derselben Session gestellt, wird die erste rückgängig gemacht und alle bestellten Bücher in die zweite Rechnung aufgenommen.

Lösung 4.4

Die Klasse Servlet0

```
package servlets;

import java.io.*;
import javax.servlet.*;
import javax.servlet.http.*;
public class Servlet0 extends HttpServlet {
// Die doGet()-Methode überschreiben
   public void doGet(HttpServletRequest request,
                 HttpServletResponse response)
                  throws IOException, ServletException {
// http-Anfragen und -Antworten werden in Instanzen vom Typ
// HttpServletRequest und HttpServletResponse gekapselt;
// Einträge aus der http-Anfrage ermitteln
      String uri = request.getRequestURI();
      StringBuffer url = request.getRequestURL();
      String logischerName = request.getServletPath();
      String pfadname1 = request.getPathTranslated();
// Den ServletContext ermitteln und an diesem die Pfadnamen des
// Servlets abfragen
      String pfadname2 = getServletContext().getRealPath("/");
      String pfadname3 = getServletContext().getContextPath();
// Den PrintWriter-Stream des HttpServletResponse-Objekts
// ermitteln
      PrintWriter out = response.getWriter();
// Den Content-Type für die Antwort setzen
      response.setContentType("text/html");
// Aufbau einer statischen Webseite
      out.println("<html>");
      out.println("<head>");
      out.println("<title>Definition eines Java-Servlets"
        + "</title>");
      out.println("</head>");
      out.println("<body>");
      out.println("<h2>Standard-Mapping beim Abbilden von "
        + " Servlets auf URLs</h2>");
```

```
// Der interne Servletname ist ein frei gewählter Name
    out.println("<h3>Interner Servletname: Servlet0"
      + "</h3>");
// Als Klassenname muss der vollständige Pfadname der Klassendatei
// angegeben werden
    out.println("<h3>Klassenname des Servlets: "
      + "servlets.Servlet0</h3>");
// Im DD (Datei web.xml) definiertes Muster "/", das das
// Standard-Servlet einer Webapplikation spezifiziert, das
// aufgerufen werden soll, wenn keine anderen Übereinstimmungen
// mit dem angegebenen Muster auftreten
    out.println("<h3>Standard-Mapping mit dem Muster: /</h3>");
    out.println("<h3>Logischer Servletname: "
      + logischerName + "</h3>");
// Die im Browser eingegebene Request-URL und die Servlet-
// Pfadnamen in die Antwort schreiben
    out.println("<h3>URL: " + url + "</h3>");
    out.println("<h3>URI: " + uri + "</h3>");
    out.println("<h3>Path-Translated: " + pfadname1 + "</h3>");
    out.println("<h3>Real-Path: " + pfadname2 + "</h3>");
    out.println("<h3>Context-Path: " + pfadname3 + "</h3>");
    out.println("</body>");
    out.println("</html>");
  }
}
```

Die Klasse Servlet1

```
package servlets;

import java.io.*;
import javax.servlet.*;
import javax.servlet.http.*;
public class Servlet1 extends HttpServlet {
// Die doGet()-Methode überschreiben
  public void doGet(HttpServletRequest request,
                HttpServletResponse response)
                  throws IOException, ServletException {
// http-Anfragen und -Antworten werden in Instanzen vom Typ
// HttpServletRequest und HttpServletResponse gekapselt;
// Einträge aus der http-Anfrage ermitteln
    String uri = request.getRequestURI();
    StringBuffer url = request.getRequestURL();
    String logischerName = request.getServletPath();
    String pfadname1 = request.getPathTranslated();
// Den ServletContext ermitteln und an diesem die Pfadnamen des
// Servlets abfragen
    String pfadname2 = getServletContext().getRealPath("/");
    String pfadname3 = getServletContext().getContextPath();
```

```
// Den PrintWriter-Stream des HttpServletResponse-Objekts
// ermitteln
      PrintWriter out = response.getWriter();
// Den Content-Type für die Antwort setzen
      response.setContentType("text/html");
// Aufbau einer statischen Webseite
      out.println("<html>");
      out.println("<head>");
      out.println("<title>Definition eines Java-Servlets"
        + "</title>");
      out.println("</head>");
      out.println("<body>");
      out.println("<h2>Einfaches Mapping beim Abbilden von "
        + "Servlets auf URLs</h2>");
// Der interne Servletname ist ein frei gewählter Name
      out.println("<h3>Interner Servletname: Servlet1"
        + "</h3>");
// Als Klassenname muss der vollständige Pfadname der Klassendatei
// angegeben werden
      out.println("<h3>Klassenname des Servlets: "
        + "servlets.Servlet1</h3>");
// Im DD (Datei web.xml) definierter logischer Name für dieses
// Servlet; damit kann dieses Servlet über die Request-URL:
// http://localhost/DeploymentSecurityFilterApp/URLServlet1
// ausgeführt werden
      out.println("<h3>Explizites Mapping mit "
        + "/UrlServlet1</h3>");
      out.println("<h3>Logischer Servletname: "
        + logischerName + "</h3>");
// Die im Browser eingegebene Request-URL und die Servlet-
// Pfadnamen in die Antwort schreiben
      out.println("<h3>URL: " + url + "</h3>");
      out.println("<h3>URI: " + uri + "</h3>");
      out.println("<h3>Path-Translated: " + pfadname1 + "</h3>");
      out.println("<h3>Real-Path: " + pfadname2 + "</h3>");
      out.println("<h3>Context-Path: " + pfadname3 + "</h3>");
      out.println("</body>");
      out.println("</html>");
  }
}
```

Die Klasse Servlet2

```
package servlets;

import java.io.*;
import javax.servlet.*;
import javax.servlet.http.*;
public class Servlet2 extends HttpServlet {
```

```
// Die doGet()-Methode überschreiben
   public void doGet(HttpServletRequest request,
                     HttpServletResponse response)
                       throws IOException, ServletException {
// http-Anfragen und -Antworten werden in Instanzen vom Typ
// HttpServletRequest und HttpServletResponse gekapselt;
// Einträge aus der http-Anfrage ermitteln
      String uri = request.getRequestURI();
      StringBuffer url = request.getRequestURL();
      String logischerName = request.getServletPath();
      String pfadname1 = request.getPathTranslated();
// Den ServletContext ermitteln und an diesem die Pfadnamen des
// Servlets abfragen
      String pfadname2 = getServletContext().getRealPath("/");
      String pfadname3 = getServletContext().getContextPath();
// Den PrintWriter-Stream des HttpServletResponse-Objekts
// ermitteln
      PrintWriter out = response.getWriter();
// Den Content-Type für die Antwort setzen
      response.setContentType("text/html");
// Aufbau einer statischen Webseite
      out.println("<html>");
      out.println("<head>");
      out.println("<title>Definition eines Java-Servlets"
        + "</title>");
      out.println("</head>");
      out.println("<body>");
      out.println("<h2>Einfaches Mapping beim Abbilden von "
        + "Servlets auf URLs</h2>");
// Der interne Servletname ist ein frei gewählter Name
      out.println("<h3>Interner Servletname: Servlet2"
        + "</h3>");
// Als Klassenname muss der vollständige Pfadname der Klassendatei
// angegeben werden
      out.println("<h3>Klassenname des Servlets: "
        + "servlets.Servlet2</h3>");
// Im DD (Datei web.xml) definierter logischer Name für dieses
// Servlet; damit kann das Servlet über die URL:
// http://localhost/DeploymentSecurityFilterApp/URLServlet2/
// aufgerufen werden
      out.println("<h3>Explizites Mapping mit dem einfachen "
        + "Muster: /UrlServlet2/</h3>");
      out.println("<h3>Logischer Servletname: "
        + logischerName + "</h3>");
// Die im Browser eingegebene Request-URL und die Servlet-
// Pfadnamen in die Antwort schreiben
      out.println("<h3>URL: " + url + "</h3>");
      out.println("<h3>URI: " + uri + "</h3>");
      out.println("<h3>Path-Translated: " + pfadname1 + "</h3>");
```

```
      out.println("<h3>Real-Path: " + pfadname2 + "</h3>");
      out.println("<h3>Context-Path: " + pfadname3 + "</h3>");
      out.println("</body>");
      out.println("</html>");
   }
}
```

Die Klasse Servlet3

```
package servlets;

import java.io.*;
import javax.servlet.*;
import javax.servlet.http.*;
public class Servlet3 extends HttpServlet {
// Die doGet()-Methode überschreiben
   public void doGet(HttpServletRequest request,
                  HttpServletResponse response)
                   throws IOException, ServletException {
// http-Anfragen und -Antworten werden in Instanzen vom Typ
// HttpServletRequest und HttpServletResponse gekapselt;
// Einträge aus der http-Anfrage ermitteln
      String uri = request.getRequestURI();
      StringBuffer url = request.getRequestURL();
      String logischerName = request.getServletPath();
      String pfadname1 = request.getPathTranslated();
// Den ServletContext ermitteln und an diesem die Pfadnamen des
// Servlets abfragen
      String pfadname2 = getServletContext().getRealPath("/");
      String pfadname3 = getServletContext().getContextPath();
// Den PrintWriter-Stream des HttpServletResponse-Objekts
// ermitteln
      PrintWriter out = response.getWriter();
// Den Content-Type für die Antwort setzen
      response.setContentType("text/html");
// Aufbau einer statischen Webseite
      out.println("<html>");
      out.println("<head>");
      out.println("<title>Definition eines Java-Servlets"
        + "</title>");
      out.println("</head>");
      out.println("<body>");
      out.println("<h2>Einfaches Mapping beim Abbilden von "
        + "Servlets auf URLs</h2>");
// Der interne Servletname ist ein frei gewählter Name
      out.println("<h3>Interner Servletname: Servlet3"
        + "</h3>");
// Als Klassenname muss der vollständige Pfadname der Klassendatei
// angegeben werden
```

```
        out.println("<h3>Klassenname des Servlets: "
          + "servlets.Servlet3</h3>");
// Im DD (Datei web.xml) definierter logischer Name für dieses
// Servlet; damit kann das Servlet über die Request-URL:
// http://localhost/DeploymentSecurityFilterApp/URLServlet3/
// dateiverzeichnis ausgeführt werden
        out.println("<h3>Explizites Mapping mit:"
          + " /UrlServlet3/dateiverzeichnis</h3>");
        out.println("<h3>Logischer Servletname: "
          + logischerName + "</h3>");
// Die im Browser eingegebene Request-URL und die Servlet-
// Pfadnamen in die Antwort schreiben
        out.println("<h3>URL: " + url + "</h3>");
        out.println("<h3>URI: " + uri + "</h3>");
        out.println("<h3>Path-Translated: " + pfadname1 + "</h3>");
        out.println("<h3>Real-Path: " + pfadname2 + "</h3>");
        out.println("<h3>Context-Path: " + pfadname3 + "</h3>");
        out.println("</body>");
        out.println("</html>");
    }
}
```

Die Klasse Servlet4

```
package servlets;

import java.io.*;
import javax.servlet.*;
import javax.servlet.http.*;
public class Servlet4 extends HttpServlet {
// Die doGet()-Methode überschreiben
   public void doGet(HttpServletRequest request,
                  HttpServletResponse response)
                    throws IOException, ServletException {
// http-Anfragen und -Antworten werden in Instanzen vom Typ
// HttpServletRequest und HttpServletResponse gekapselt;
// Einträge aus der http-Anfrage ermitteln
        String uri = request.getRequestURI();
        StringBuffer url = request.getRequestURL();
        String logischerName = request.getServletPath();
        String pfadname1 = request.getPathTranslated();
// Den ServletContext ermitteln und an diesem die Pfadnamen des
// Servlets abfragen
        String pfadname2 = getServletContext().getRealPath("/");
        String pfadname3 = getServletContext().getContextPath();
// Den PrintWriter-Stream des HttpServletResponse-Objekts
// ermitteln
        PrintWriter out = response.getWriter();
// Den Content-Type für die Antwort setzen
```

```
        response.setContentType("text/html");
// Aufbau einer statischen Webseite
        out.println("<html>");
        out.println("<head>");
        out.println("<title>Definition eines Java-Servlets"
          + "</title>");
        out.println("</head>");
        out.println("<body>");
        out.println("<h2>Multimapping beim Abbilden von "
          + "Servlets auf URLs</h2>");
// Der interne Servletname ist ein frei gewählter Name
        out.println("<h3>Interner Servletname: Servlet4"
          + "</h3>");
// Als Klassenname muss der vollständige Pfadname der Klassendatei
// angegeben werden
        out.println("<h3>Klassenname des Servlets: "
          + "servlets.Servlet4</h3>");
// Im DD (Datei web.xml) definiertes Muster für die Suche nach
// diesem Servlet; damit kann das Servlet z.B. über die URLs:
// http://localhost/DeploymentSecurityFilterApp/URLServlet4/
// dateiverzeichnis1/dateiverzeichnis2
// http://localhost/DeploymentSecurityFilterApp/URLServlet4/
// http://localhost/DeploymentSecurityFilterApp/URLServlet4
// http://localhost/DeploymentSecurityFilterApp/URLServlet4/
// URLServlet5.do ausgeführt werden
        out.println("<h3>Dateiverzeichnis-Mapping mit dem Muster:"
          + " /UrlServlet4/*</h3>");
        out.println("<h3>Logischer Servletname: "
          + logischerName + "</h3>");
// Die im Browser eingegebene Request-URL und die Servlet-
// Pfadnamen in die Antwort schreiben
        out.println("<h3>URL: " + url + "</h3>");
        out.println("<h3>URI: " + uri + "</h3>");
        out.println("<h3>Path-Translated: " + pfadname1 + "</h3>");
        out.println("<h3>Real-Path: " + pfadname2 + "</h3>");
        out.println("<h3>Context-Path: " + pfadname3 + "</h3>");
        out.println("</body>");
        out.println("</html>");
    }
}
```

Die Klasse Servlet5

```
package servlets;

import java.io.*;
import javax.servlet.*;
import javax.servlet.http.*;
public class Servlet5 extends HttpServlet {
```

```
// Die doGet()-Methode überschreiben
  public void doGet(HttpServletRequest request,
                    HttpServletResponse response)
                      throws IOException, ServletException {
// http-Anfragen und -Antworten werden in Instanzen vom Typ
// HttpServletRequest und HttpServletResponse gekapselt;
// Einträge aus der http-Anfrage ermitteln
     String uri = request.getRequestURI();
     StringBuffer url = request.getRequestURL();
     String logischerName = request.getServletPath();
     String pfadname1 = request.getPathTranslated();
// Den ServletContext ermitteln und an diesem die Pfadnamen des
// Servlets abfragen
     String pfadname2 = getServletContext().getRealPath("/");
     String pfadname3 = getServletContext().getContextPath();
// Den PrintWriter-Stream des HttpServletResponse-Objekts
// ermitteln
     PrintWriter out = response.getWriter();
// Den Content-Type für die Antwort setzen
     response.setContentType("text/html");
// Aufbau einer statischen Webseite
     out.println("<html>");
     out.println("<head>");
     out.println("<title>Definition eines Java-Servlets"
       + "</title>");
     out.println("</head>");
     out.println("<body>");
     out.println("<h2>Multimapping beim Abbilden von "
       + "Servlets auf URLs</h2>");
// Im DD (Datei web.xml) definierter interner Name für dieses
// Servlet
     out.println("<h3>Interner Servletname: Servlet5"
       + "</h3>");
// Als Klassenname muss der vollständige Pfadname der Klassendatei
// angegeben werden
     out.println("<h3>Klassenname des Servlets: "
       + "servlets.Servlet5</h3>");
// Im DD (Datei web.xml) definiertes Muster für die Suche nach
// diesem Servlet; damit kann das Servlet z.B. über die URLs:
// http://localhost/DeploymentSecurityFilterApp/
// dateiverzeichnis1/dateiverzeichnis2/URLServlet5.do
// http://localhost/DeploymentSecurityFilterApp/
// dateiverzeichnis1/URLServlet5.do
// http://localhost/DeploymentSecurityFilterApp/irgendeinname.do
// ausgeführt werden
     out.println("<h3>Dateierweiterungs-Mapping mit dem Muster:"
       + " *.do</h3>");
     out.println("<h3>Logischer Servletname: "
       + logischerName + "</h3>");
```

```
// Die im Browser eingegebene Request-URL und die Servlet-
// Pfadnamen in die Antwort schreiben
      out.println("<h3>URL: " + url + "</h3>");
      out.println("<h3>URI: " + uri + "</h3>");
      out.println("<h3>Path-Translated: " + pfadname1 + "</h3>");
      out.println("<h3>Real-Path: " + pfadname2 + "</h3>");
      out.println("<h3>Context-Path: " + pfadname3 + "</h3>");
      out.println("</body>");
      out.println("</html>");
   }
}
```

Die Klasse Servlet6

```
package servlets;

import java.io.*;
import javax.servlet.*;
import javax.servlet.http.*;
public class Servlet6 extends HttpServlet {
// Die doGet()-Methode überschreiben
   public void doGet(HttpServletRequest request,
                  HttpServletResponse response)
                    throws IOException, ServletException {
// http-Anfragen und -Antworten werden in Instanzen vom Typ
// HttpServletRequest und HttpServletResponse gekapselt;
// den Parameterwert der http-Anfrage ermitteln
      String url;
      RequestDispatcher requestDispatcher;
      String frame = request.getParameter("frame");
      if(!frame.isEmpty()) {
         if(frame.equals("Frame1"))
            url = "/Frame1.html";
         else
            url = "/Frame2.html";
         requestDispatcher = getServletContext().
           getRequestDispatcher(url);
         requestDispatcher.forward(request, response);
      }
      else {
// Den PrintWriter-Stream des HttpServletResponse-Objekts
// ermitteln
         PrintWriter out = response.getWriter();
// Den Content-Type für die Antwort setzen
         response.setContentType("text/html");
// Aufbau einer statischen Webseite
         out.println("<html>");
         out.println("<body>");
         out.println("<h3>Das Servlet mit: http://localhost:8080/"
```

```
            + "DeploymentSecurityFilterApp/URLServlet6/"
            + "irgendeinname.htm?frame=Frame1"
            + " bzw. ?frame=Frame2 aufrufen</h3>");
          out.println("</body>");
          out.println("</html>");
      }
    }
}
```

Die Klasse Servlet7

```
package servlets;

import java.io.*;
import javax.servlet.*;
import javax.servlet.http.*;
public class Servlet7 extends HttpServlet {
// Die doGet()-Methode überschreiben
  public void doGet(HttpServletRequest request,
                   HttpServletResponse response)
                    throws IOException, ServletException {
// http-Anfragen und -Antworten werden in Instanzen vom Typ
// HttpServletRequest und HttpServletResponse gekapselt;
// den Parameterwert der http-Anfrage ermitteln
      String url ="";
      RequestDispatcher requestDispatcher;
      String jsp = request.getParameter("JSP");
      if(!jsp.isEmpty()) {
        if(jsp.equals("Datum"))
          url = "/DeploymentSecurityFilterApp/jsp/JSPmitDatum.jsp";
        else
          url = "/DeploymentSecurityFilterApp/JSPmitUhrzeit.jsp";
       /* requestDispatcher = getServletContext().
          getRequestDispatcher(url);
        requestDispatcher.forward(request, response); */
          response.sendRedirect(url);
      }
      else {
// Den PrintWriter-Stream des HttpServletResponse-Objekts
// ermitteln
        PrintWriter out = response.getWriter();
// Den Content-Type für die Antwort setzen
        response.setContentType("text/html");
// Aufbau einer statischen Webseite
        out.println("<html>");
        out.println("<body>");
        out.println("<h3>Das Servlet mit:http://localhost:8080/"
          + "DeploymentSecurityFilterApp/URLServlet7/"
          + "irgendeinname.js?jsp=Datum"
```

```
            + " bzw. ?jsp=Uhrzeit aufrufen</h3>");
        out.println("</body>");
        out.println("</html>");
    }
  }
}
```

Die JSP-Seite JSPmitDatum.jsp

```
<%-- JSP-Direktive setzt den Content-Type --%>
<%@ page contentType="text/html" %>

<%-- JSP-Direktive importiert Pakete --%>
<%@ page import="java.util.*" %>

<%-- JSP-Scriptlet ermittelt das aktuelle Tagesdatum
und zeigt dieses im Browser an --%>

<%
// Das Tagesdatum über den Aufruf der get()-Methoden der Klasse
// GregorianCalendar ermitteln
   GregorianCalendar calendar = new GregorianCalendar();
   String datum = calendar.get(Calendar.DAY_OF_MONTH) + " "
        + (1 + calendar.get(Calendar.MONTH)) + " " + calendar.get(
          Calendar.YEAR);
   out.println("Heute ist der: " + datum);
%>
```

Die JSP-Seite JSPmitUhrzeit.jsp

```
<%-- JSP-Direktive setzt den Content-Type --%>
<%@ page contentType="text/html" %>

<%-- JSP-Direktive importiert Pakete --%>
<%@ page import="java.util.*" %>

<%-- JSP-Scriptlet ermittelt die gerade aktuelle Uhrzeit
und zeigt diese im Browser an --%>
<%
// Die aktuelle Uhrzeit über den Aufruf der Methoden der
// Klasse GregorianCalendar ermitteln
   GregorianCalendar calendar1 = new GregorianCalendar();
   String uhrzeit = calendar1.get(Calendar.HOUR) + " "
        + calendar1.get(Calendar.MINUTE) + " " + calendar1.get(
          Calendar.SECOND);
   out.println("Es ist gerade: " + uhrzeit + " Uhr");
%>
```

Programmausgaben

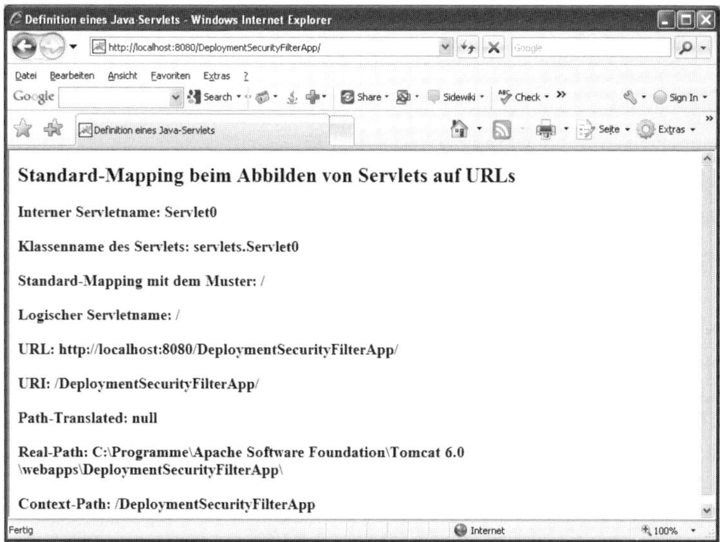

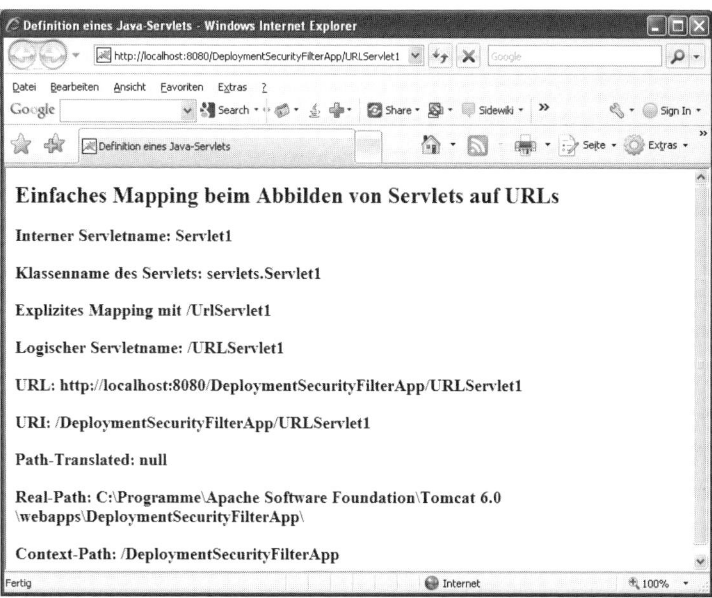

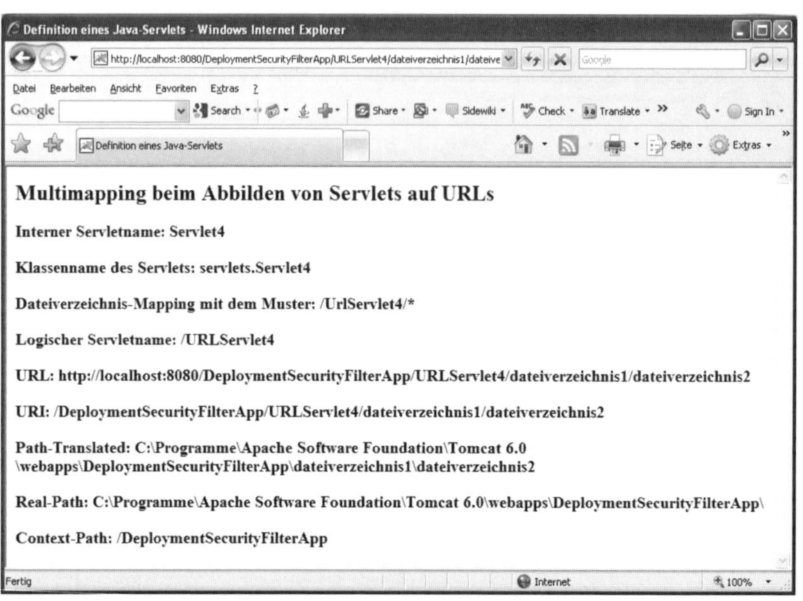
Definition eines Java-Servlets - Windows Internet Explorer
http://localhost:8080/DeploymentSecurityFilterApp/URLServlet4/dateiverzeichnis1/dateive
Multimapping beim Abbilden von Servlets auf URLs
Interner Servletname: Servlet4
Klassenname des Servlets: servlets.Servlet4
Dateiverzeichnis-Mapping mit dem Muster: /UrlServlet4/*
Logischer Servletname: /URLServlet4
URL: http://localhost:8080/DeploymentSecurityFilterApp/URLServlet4/dateiverzeichnis1/dateiverzeichnis2
URI: /DeploymentSecurityFilterApp/URLServlet4/dateiverzeichnis1/dateiverzeichnis2
Path-Translated: C:\Programme\Apache Software Foundation\Tomcat 6.0 \webapps\DeploymentSecurityFilterApp\dateiverzeichnis1\dateiverzeichnis2
Real-Path: C:\Programme\Apache Software Foundation\Tomcat 6.0\webapps\DeploymentSecurityFilterApp\
Context-Path: /DeploymentSecurityFilterApp

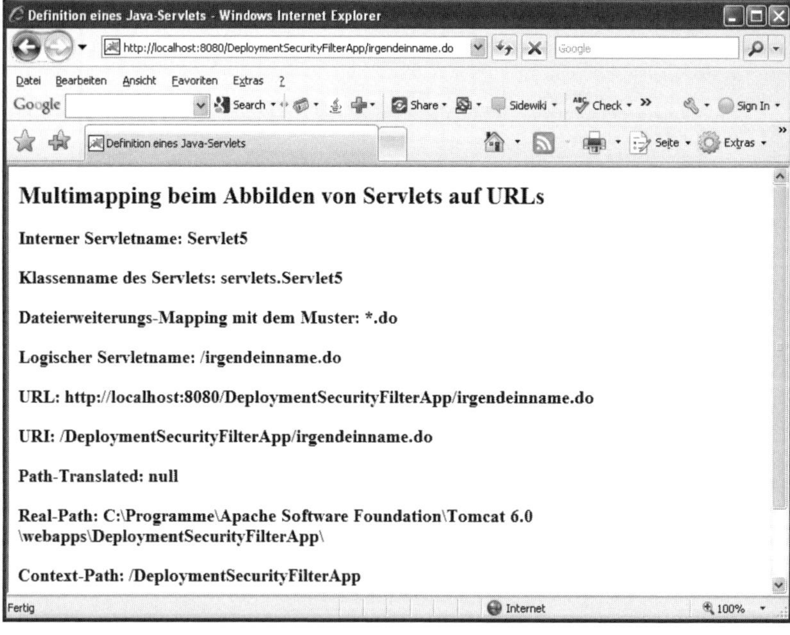
Definition eines Java-Servlets - Windows Internet Explorer
http://localhost:8080/DeploymentSecurityFilterApp/irgendeinname.do
Multimapping beim Abbilden von Servlets auf URLs
Interner Servletname: Servlet5
Klassenname des Servlets: servlets.Servlet5
Dateierweiterungs-Mapping mit dem Muster: *.do
Logischer Servletname: /irgendeinname.do
URL: http://localhost:8080/DeploymentSecurityFilterApp/irgendeinname.do
URI: /DeploymentSecurityFilterApp/irgendeinname.do
Path-Translated: null
Real-Path: C:\Programme\Apache Software Foundation\Tomcat 6.0 \webapps\DeploymentSecurityFilterApp\
Context-Path: /DeploymentSecurityFilterApp

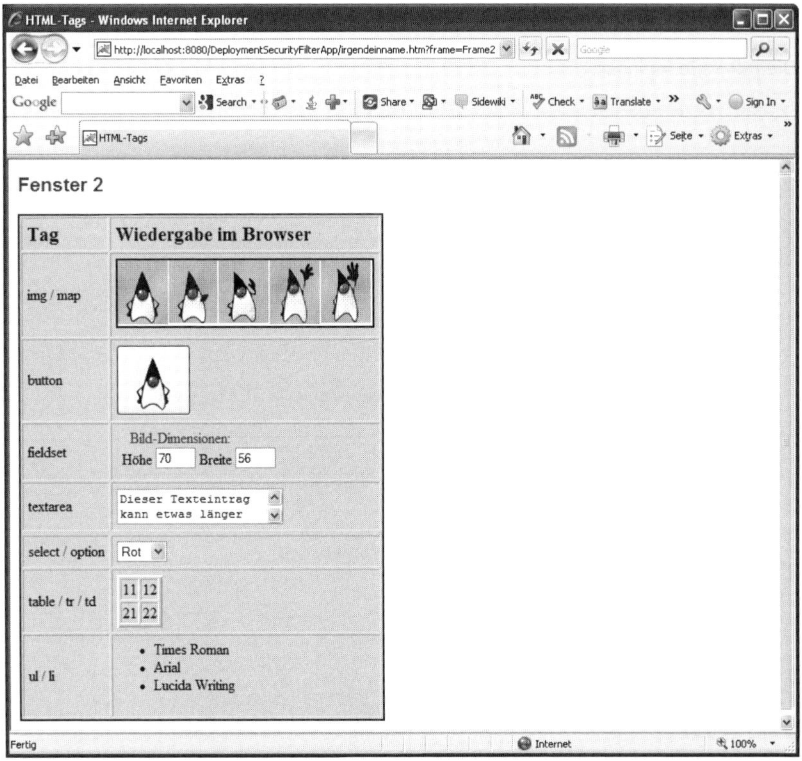

HTML-Tags - Windows Internet Explorer
http://localhost:8080/DeploymentSecurityFilterApp/irgendeinname.htm?frame=Frame2
Datei Bearbeiten Ansicht Favoriten Extras ?
HTML-Tags
Fenster 2
Tag
Wiedergabe im Browser
img / map
button
fieldset
Bild-Dimensionen:
Höhe 70 Breite 56
textarea
Dieser Texteintrag
kann etwas länger
select / option
Rot
table / tr / td
11 12
21 22
ul / li
Times Roman
Arial
Lucida Writing
Fertig
Internet
100%

http://localhost:8080/DeploymentSecurityFilterApp/jsp/JSPmitDatum.jsp - Windows Internet Explorer
http://localhost:8080/DeploymentSecurityFilterApp/jsp/JSPmitDatum.jsp
Datei Bearbeiten Ansicht Favoriten Extras ?
Heute ist der: 10 10 2009
Fertig
Internet
100%

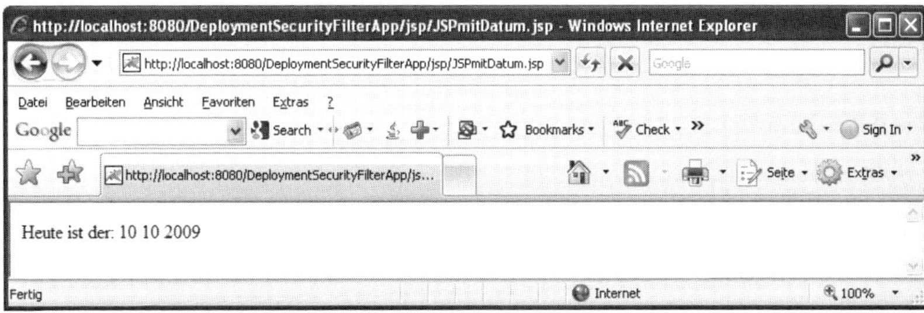

Lösung 4.5

Die JSP-Seite login.jsp

```
<!DOCTYPE HTML PUBLIC "-//W3C//DTD HTML 4.01 Transitional//EN">

<html><head>
  <meta http-equiv="Content-Type" content="text/html" />
  <title>Benutzer-Login</title>
  </head>
  <body bgcolor="pink">
  <form method="POST"
    action='<%= response.encodeURL("j_security_check") %>' >
     <table border="0" cellspacing="5">
        <tr>
          <th align="right">Benutzername:</th>
          <td align="left"><input type="text"
            name="j_username"></td>
        </tr>
        <tr>
          <th align="right">Passwort:</th>
          <td align="left"><input type="password"
            name="j_password"></td>
        </tr>
        <tr>
        <td align="right"><input type="submit"
          value="Login"></td>
        <td align="left"><input type="reset"></td>
        </tr>
     </table>
  </form>
  </body>
</html>
```

Die JSP-Seite error.jsp

```
<!DOCTYPE HTML PUBLIC "-//W3C//DTD HTML 4.01 Transitional//EN">

<html><head>
  <title>Error-Page für Benutzer-Login</title>
</head>
<body bgcolor="pink">
  Benutzername oder Passwort wurde falsch eingegeben
  <a href='<%= response.encodeURL("jsp/login.jsp") %>'>
  Eingabe wiederholen</a>
</body>
</html>
```

Programmausgaben

- Mit dem Authentifizierungstyp FORM

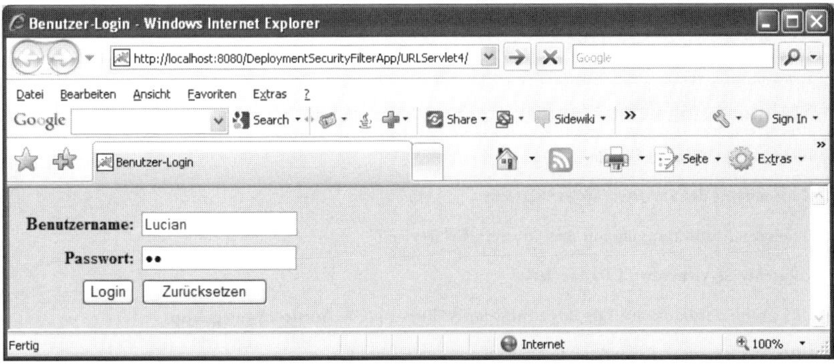

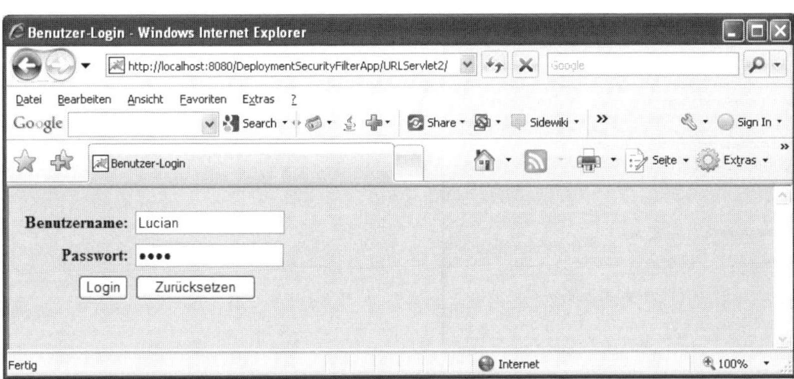

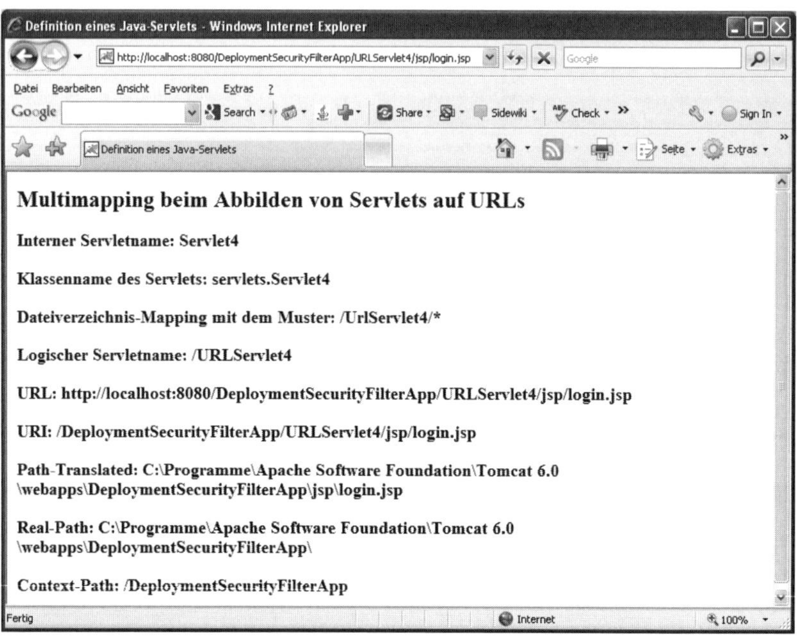

- Mit dem Authentifizierungstyp BASIC

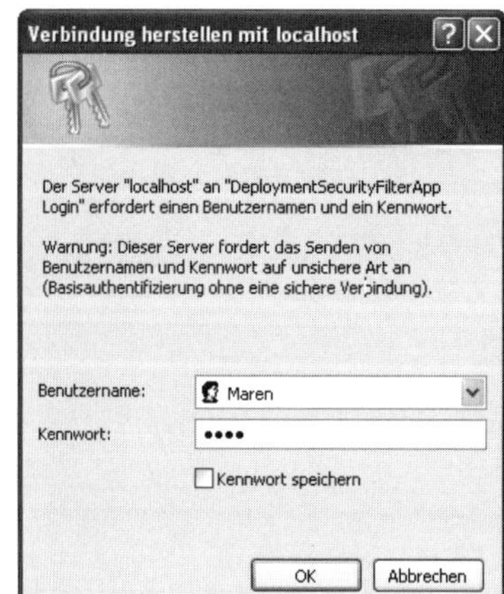

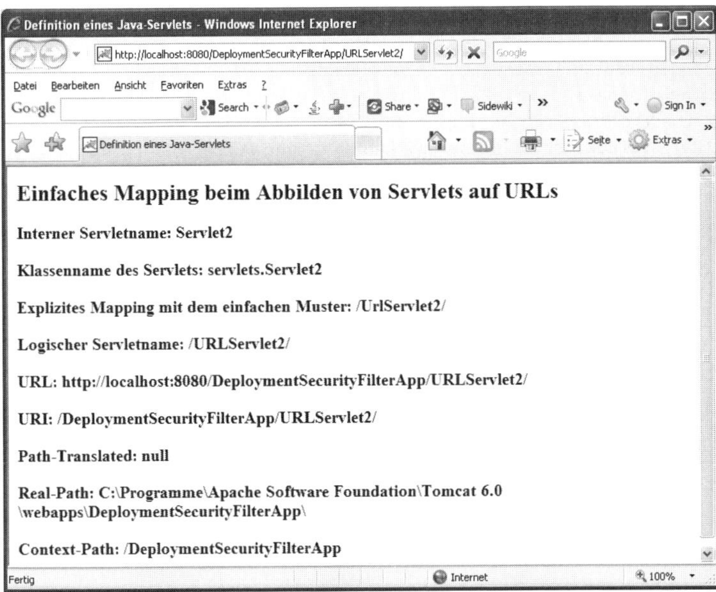

Lösung 4.6

Die Klasse RequestFilter

```
package filter;

import java.io.*;
import javax.servlet.*;
import javax.servlet.http.*;
public class RequestFilter implements Filter {
  private FilterConfig filterConfig;
  private ServletContext servletContext;
// Die init()-Methode überschreiben
  public void init(FilterConfig filterConfig)
                              throws ServletException {
    this.filterConfig = filterConfig;
    this.servletContext = filterConfig.getServletContext();
  }
// Die doFilter()-Methode überschreiben
  public void doFilter(ServletRequest request,
    ServletResponse response, FilterChain filterChain)
                throws IOException, ServletException {
// Die ServletRequest-Instanz auf eine HttpServletRequest-Instanz
// casten
    HttpServletRequest httpRequest =
      (HttpServletRequest)request;
```

```
// Einträge aus der http-Anfrage ermitteln
      String uri = httpRequest.getRequestURI();
      StringBuffer url = httpRequest.getRequestURL();
      String pfadname1 = httpRequest.getPathTranslated();
// Die Methode getRemoteUser() gibt den Login-Namen des
// Benutzers zurück, falls dieser authentifiziert wurde, und null,
// wenn dies nicht der Fall ist
      String besucherName = httpRequest.getRemoteUser();
// Den Filternamen ermitteln
      String filterName = filterConfig.getFilterName();
// Filter- und Benutzernamen in den Log-Dateien stdout... und
// localhost... protokollieren
      servletContext.log("Filtername: " + filterName);
      System.out.println("Filtername: " + filterName);
      servletContext.log("Besuchername: " + besucherName);
      System.out.println("Besuchername: " + besucherName);
// Am ServletContext die Pfadnamen des Servlets abfragen
      String pfadname2 = servletContext.getRealPath("/");
      String pfadname3 = servletContext.getContextPath();
// Alle Pfadnamen in den Log-Dateien stdout... und localhost...
// protokollieren
      servletContext.log("URL: " + url);
      servletContext.log("URI: " + uri);
      servletContext.log("Path-Translated: " + pfadname1);
      servletContext.log("Real-Path: " + pfadname2);
      servletContext.log("Context-Path: " + pfadname3);
// Den nächsten Filter oder ein Servlet aufrufen
      filterChain.doFilter(request, response);
   }
// Die destroy()-Methode überschreiben
   public void destroy() {
   }
}
```

Programmausgaben

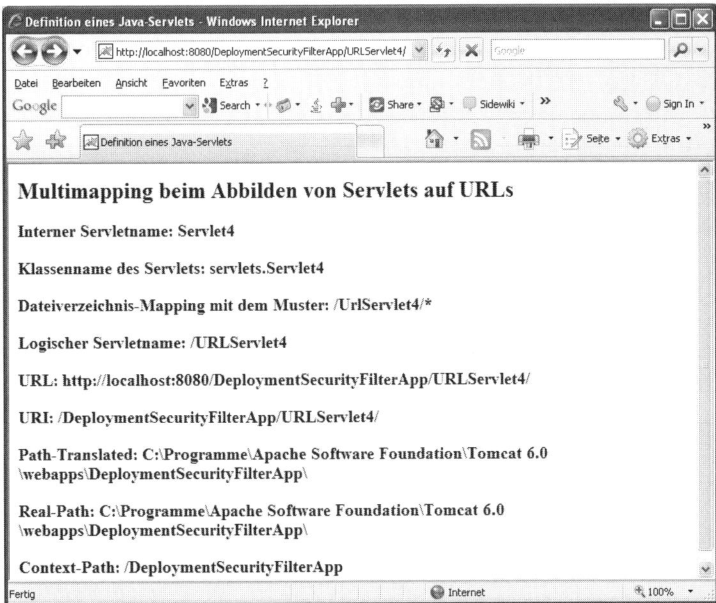

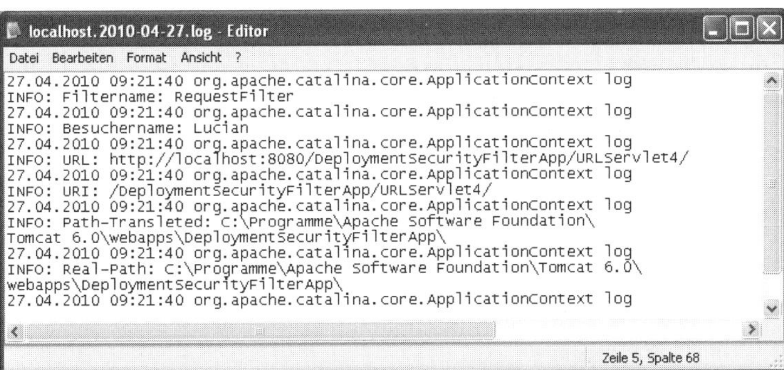

Lösung 4.7

Die Klasse ResponseFilter

```
package filter;

import java.io.*;
import javax.servlet.*;
import javax.servlet.http.*;
public class ResponseFilter implements Filter {
   private FilterConfig filterConfig;
   private ServletContext servletContext;
// Die init()-Methode überschreiben
   public void init(FilterConfig filterConfig)
                               throws ServletException {
      this.filterConfig = filterConfig;
      this.servletContext = filterConfig.getServletContext();
   }
// Die doFilter()-Methode überschreiben
   public void doFilter(ServletRequest request,
      ServletResponse response, FilterChain filterChain)
                 throws IOException, ServletException {
// Die ServletRequest- und ServletResponse-Instanz auf eine
// HttpServletRequest-Instanz und HttpServletResponse-Instanz
// casten
      HttpServletRequest httpRequest =
        (HttpServletRequest)request;
      HttpServletResponse httpResponse =
        (HttpServletResponse)response;
// Ein Filter vom Typ dieser Klasse wird eingesetzt, nachdem das
// Anfrage-Servlet ausgeführt wurde, was mit dem nachfolgenden
// Aufruf veranlasst wird
      filterChain.doFilter(request, response);
// Den Wert eines im DD mit dieser Filter-Klasse gesetzten
// Initialisierungsparameter lesen
      String initParam = filterConfig.
        getInitParameter("initParam");
// Den Filternamen und Einträge aus der http-Anfrage und
// http-Antwort ermitteln
      String filterName = filterConfig.getFilterName();
// Die Methode getAuthType() gibt den Authentifizierungstyp
// BASIC_AUTH, FORM_AUTH, CLIENT_CERT_AUTH, DIGEST_AUTH zurück, falls
// eine Authentifizierung für die Anfrage eingeschaltet wurde, und
// ansonsten null
      String authType = httpRequest.getAuthType();
      String acceptEncoding = httpRequest.
        getHeader("Accept-Encoding");
      String contentType = httpResponse.getContentType();
      String characterEncoding = httpResponse.getCharacterEncoding();
      String locale = httpResponse.getLocale().toString();
```

```
// und diese in die Log-Dateien stdout... und
// localhost... schreiben
      servletContext.
        log("Initialisierungparameter: " + initParam);
      System.out.println("Initialisierungparameter: "
        + initParam);
      servletContext.log("Filtername: " + filterName);
      System.out.println("Filtername: " + filterName);
      servletContext.log("Content-Typ: " + contentType);
      System.out.println("Content-Typ:" + contentType);
      servletContext.log("Authentifizierungs-Typ: " + authType);
      System.out.println("Authentifizierungs-Typ: " + authType);
      servletContext.log("Accept-Encoding: " + acceptEncoding);
      System.out.println("Accept-Encoding: " + acceptEncoding);
      servletContext.log("Character-Encoding: " +
        characterEncoding);
      System.out.println("Character-Encoding:" +
        characterEncoding);
      servletContext.log("Locale: " + locale);
      System.out.println("locale:" + locale);

   }
// Die destroy()-Methode überschreiben
   public void destroy() {
   }
}
```

Programmausgaben

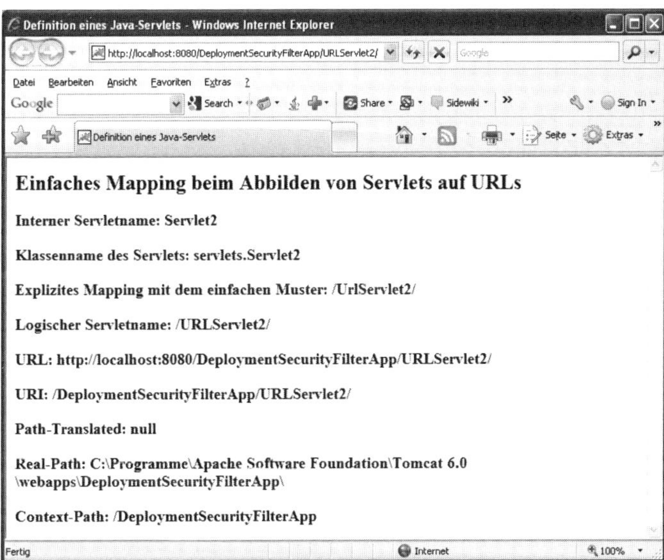

localhost.2010-04-27.log - Editor

Datei Bearbeiten Format Ansicht ?

```
27.04.2010 09:35:37 org.apache.catalina.core.ApplicationContext log
INFO: Initialisierungparameter: initParamWert
27.04.2010 09:35:37 org.apache.catalina.core.ApplicationContext log
INFO: Filtername: ResponseFilter
27.04.2010 09:35:37 org.apache.catalina.core.ApplicationContext log
INFO: Content-Typ: text/html
27.04.2010 09:35:37 org.apache.catalina.core.ApplicationContext log
INFO: Authentifizierungs-Typ: FORM
27.04.2010 09:35:37 org.apache.catalina.core.ApplicationContext log
INFO: Accept-Encoding: gzip, deflate
27.04.2010 09:35:37 org.apache.catalina.core.ApplicationContext log
INFO: Character-Encoding: ISO-8859-1
27.04.2010 09:35:37 org.apache.catalina.core.ApplicationContext log
INFO: Locale: de_DE
```

Zeile 11, Spalte 68

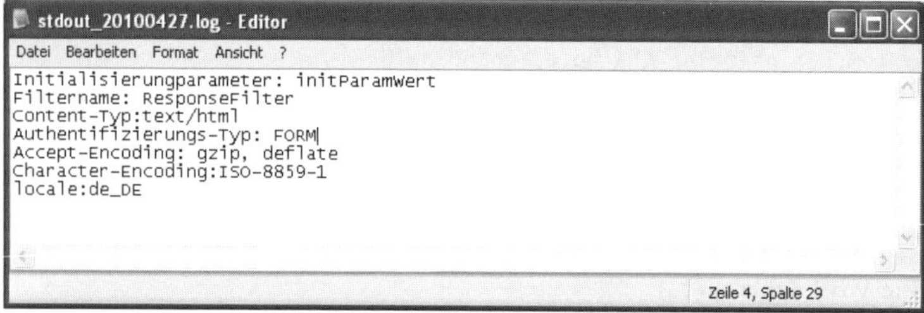

stdout_20100427.log - Editor

Datei Bearbeiten Format Ansicht ?

```
Initialisierungparameter: initParamWert
Filtername: ResponseFilter
Content-Typ:text/html
Authentifizierungs-Typ: FORM
Accept-Encoding: gzip, deflate
Character-Encoding:ISO-8859-1
locale:de_DE
```

Zeile 4, Spalte 29

Lösung 4.8

Die Klasse RequestFiltermitHttpServletRequestWrapper

```
package filter;

import java.io.*;
import javax.servlet.*;
import javax.servlet.http.*;
public class RequestFiltermitHttpServletRequestWrapper
                                        implements Filter {
  private FilterConfig filterConfig;
  private ServletContext servletContext;
// Die init()-Methode überschreiben
  public void init(FilterConfig filterConfig)
                              throws ServletException {
    this.filterConfig = filterConfig;
    this.servletContext = filterConfig.getServletContext();
  }
  public void doFilter(ServletRequest request,
    ServletResponse response, FilterChain filterChain)
                        throws IOException, ServletException {
```

```
// Die ServletRequest-Instanz auf eine HttpServletRequest-Instanz
// casten
    HttpServletRequest httpRequest =
      (HttpServletRequest)request;
// Das Anfrage-Objekt in einen Anfrage-Wrapper einhüllen,
    RequestWrapper wrapper = new RequestWrapper(httpRequest);
// dessen Getter-Methoden aufrufen und deren Rückgabewerte in den
// Log-Dateien von Tomcat protokollieren
    servletContext.log(wrapper.getHeader("Character-Encoding"));
    System.out.println(wrapper.getHeader("Character-Encoding"));
    Cookie[] cookies = wrapper.getCookies();
    String cookieString = "";
    for(Cookie cookie : cookies)
      cookieString = cookieString + cookie.getName() + "="
        + cookie.getValue() + " ";
    servletContext.log("Cookies: " + cookieString);
    System.out.println("Cookies: " + cookieString);
// Den nächsten Filter oder ein Servlet aufrufen
    filterChain.doFilter(wrapper, response);
  }
// Die destroy()-Methode überschreiben
  public void destroy() {
  }
}
```

Die Klasse RequestWrapper (ist als externe Klasse in derselben .java-Datei definiert)

```
class RequestWrapper extends HttpServletRequestWrapper {
// Konstruktordefinition
  public RequestWrapper(HttpServletRequest request) {
    super(request);
  }
// Ein Request-Wrapper überschreibt normalerweise Getter- und
// Setter-Methoden seiner Oberklasse, um dieselben Werte oder
// andere Werte als die Oberklasse zurückzuliefern
  public Cookie[] getCookies() {
    return super.getCookies();
  }
  public String getHeader(String name) {
    if(name.equals("Character-Encoding"))
      return "US-ASCII";
    else
      return super.getHeader(name);
  }
}
```

Programmausgaben

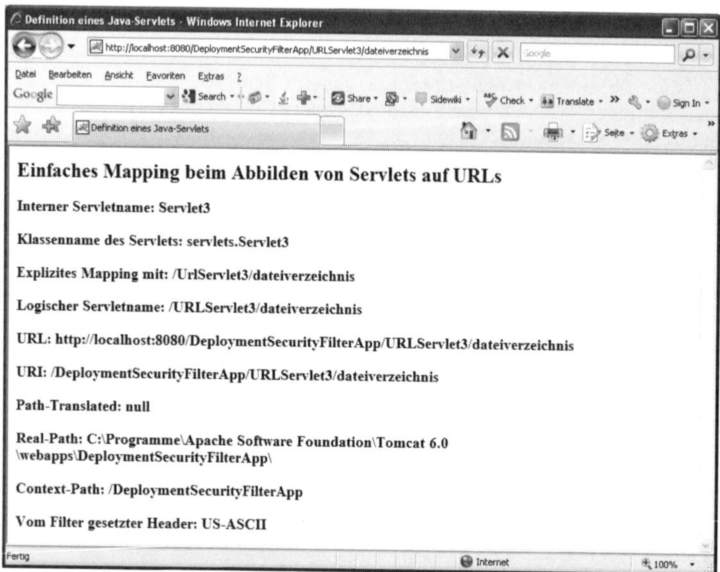

Definition eines Java-Servlets - Windows Internet Explorer
http://localhost:8080/DeploymentSecurityFilterApp/URLServlet3/dateiverzeichnis
Einfaches Mapping beim Abbilden von Servlets auf URLs
Interner Servletname: Servlet3
Klassenname des Servlets: servlets.Servlet3
Explizites Mapping mit: /UrlServlet3/dateiverzeichnis
Logischer Servletname: /URLServlet3/dateiverzeichnis
URL: http://localhost:8080/DeploymentSecurityFilterApp/URLServlet3/dateiverzeichnis
URI: /DeploymentSecurityFilterApp/URLServlet3/dateiverzeichnis
Path-Translated: null
Real-Path: C:\Programme\Apache Software Foundation\Tomcat 6.0 \webapps\DeploymentSecurityFilterApp\
Context-Path: /DeploymentSecurityFilterApp
Vom Filter gesetzter Header: US-ASCII

Lösung 4.9

Die Klasse ResponseFiltermitHttpServletResponseWrapper

```
package filter;

import java.io.*;
import javax.servlet.*;
import javax.servlet.http.*;
public class ResponseFiltermitHttpServletResponseWrapper
                                         implements Filter {
   private FilterConfig filterConfig;
   private ServletContext servletContext;
// Die init()-Methode überschreiben
   public void init(FilterConfig filterConfig)
```

```
                          throws ServletException {
      this.filterConfig = filterConfig;
      this.servletContext = filterConfig.getServletContext();
   }
   public void doFilter(ServletRequest request,
      ServletResponse response, FilterChain filterChain)
                       throws IOException, ServletException {
// Die ServletResponse-Instanz auf eine HttpServletResponse-
// Instanz casten
      HttpServletResponse httpResponse =
        (HttpServletResponse)response;
// Das Antwort-Objekt in einen Replace-Wrapper einhüllen
      ResponseWrapper wrapper = new ResponseWrapper(httpResponse);
// Den nächsten Filter oder ein Servlet ausführen
      filterChain.doFilter(request, wrapper);
// und im Nachhinein die Logik für das Ändern der Antwort
// implementieren
      String responseString = wrapper.toString();
// Die in einen String umgesetzte Ausgabe vor und nach dem
// Austausch eines Substrings in die Log-Dateien stdout... und
// localhost... schreiben
      servletContext.log("String vor der Änderung:" +
        responseString);
      System.out.println("String vor der Änderung:"
        + responseString);
      responseString = responseString.replace("<", "&lt;");
      responseString = responseString.replace(">", "&gt;");
      servletContext.log("String nach der Änderung:"
        + responseString);
      System.out.println("String nach der Änderung:"
        + responseString);
// Eine neue Länge für die Antwort setzen
      response.setContentLength(responseString.length());
// Die Daten in den ursprünglichen Antwort-Stream schreiben
      response.getWriter().write(responseString);
   }
// Die destroy()-Methode überschreiben
   public void destroy() {
   }
}
```

Die Klasse ResponseWrapper (ist als externe Klasse in derselben .java-Datei definiert)

```
class ResponseWrapper extends HttpServletResponseWrapper {
   private CharArrayWriter writer = new CharArrayWriter();
// Konstruktordefinition
   public ResponseWrapper(HttpServletResponse response) {
      super(response);
   }
```

```
// Die getWriter()-Methode der Oberklasse überschreiben
   public PrintWriter getWriter() throws java.io.IOException {
      return new PrintWriter(writer);
   }
// Die von der Klasse Object geerbte toString()-Methode
// überschreiben
   public String toString() {
      return writer.toString();
   }
}
```

Programmausgaben

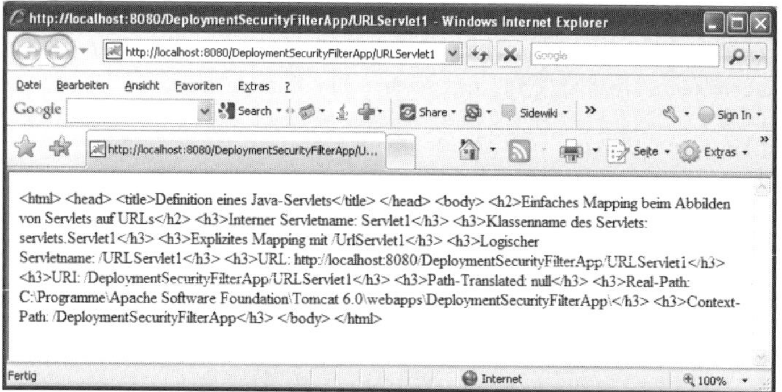

localhost.2010-04-27.log - Editor

```
27.04.2010 10:00:55 org.apache.catalina.core.ApplicationContext log
INFO: String vor der Änderung:<html>
<head>
<title>Definition eines Java-Servlets</title>
</head>
<body>
<h2>Einfaches Mapping beim Abbilden von Servlets auf URLs</h2>
<h3>Interner Servletname: Servlet1</h3>
<h3>Klassenname des Servlets: servlets.Servlet1</h3>
<h3>Explizites Mapping mit /UrlServlet1</h3>
<h3>Logischer Servletname: /URLServlet1</h3>
<h3>URL: http://localhost:8080/DeploymentSecurityFilterApp/URLServlet1</h3>
<h3>URI: /DeploymentSecurityFilterApp/URLServlet1</h3>
<h3>Path-Translated: null</h3>
<h3>Real-Path: C:\Programme\Apache Software Foundation\Tomcat 6.0\webapps\Deploym
<h3>Context-Path: /DeploymentSecurityFilterApp</h3>
</body>
</html>

27.04.2010 10:00:55 org.apache.catalina.core.ApplicationContext log
INFO: String nach der Änderung:&lt;html&gt;
&lt;head&gt;
&lt;title&gt;Definition eines Java-Servlets&lt;/title&gt;
&lt;/head&gt;
&lt;body&gt;
&lt;h2&gt;Einfaches Mapping beim Abbilden von Servlets auf URLs&lt;/h2&gt;
&lt;h3&gt;Interner Servletname: Servlet1&lt;/h3&gt;
&lt;h3&gt;Klassenname des Servlets: servlets.Servlet1&lt;/h3&gt;
&lt;h3&gt;Explizites Mapping mit /UrlServlet1&lt;/h3&gt;
&lt;h3&gt;Logischer Servletname: /URLServlet1&lt;/h3&gt;
&lt;h3&gt;URL: http://localhost:8080/DeploymentSecurityFilterApp/URLServlet1&lt;/
&lt;h3&gt;URI: /DeploymentSecurityFilterApp/URLServlet1&lt;/h3&gt;
&lt;h3&gt;Path-Translated: null&lt;/h3&gt;
&lt;h3&gt;Real-Path: C:\Programme\Apache Software Foundation\Tomcat 6.0\webapps\D
&lt;h3&gt;Context-Path: /DeploymentSecurityFilterApp&lt;/h3&gt;
&lt;/body&gt;
&lt;/html&gt;
```

Zeile 22, Spalte 13

Lösung 4.10

Die Klasse CompressionFilter

```
package filter;

import java.io.*;
import javax.servlet.*;
import javax.servlet.http.*;
import java.util.zip.GZIPOutputStream;
public class CompressionFilter implements Filter {
  private FilterConfig filterConfig;
  private ServletContext servletContext;
// Die init()-Methode überschreiben
  public void init(FilterConfig filterConfig)
                             throws ServletException {
    this.filterConfig = filterConfig;
    this.servletContext = filterConfig.getServletContext();
  }
// Die doFilter()-Methode überschreiben
  public void doFilter(ServletRequest request,
    ServletResponse response, FilterChain filterChain)
                  throws IOException, ServletException {
// Die ServletRequest- und ServletResponse-Instanz auf eine
// HttpServletRequest-Instanz und HttpServletResponse-Instanz
// casten
    HttpServletRequest httpRequest =
      (HttpServletRequest)request;
    HttpServletResponse httpResponse =
      (HttpServletResponse)response;
// Unterstützt der Client eine GZIP-Komprimierung,
    String acceptEncoding = httpRequest.
      getHeader("Accept-Encoding");
    if(acceptEncoding.indexOf("gzip") != -1) {
      httpResponse.setHeader("Content-Encoding", "gzip");
// wird das Antwort-Objekt in einen Komprimierungs-Wrapper
// eingehüllt
      ResponseWrapper responseWrapper = new
        ResponseWrapper(httpResponse);
// Dieser Filter wird eingesetzt, nachdem das Anfrage-Servlet
// ausgeführt wurde
      filterChain.doFilter(request, responseWrapper);
// Streams für das Komprimieren der Antwort ketten; es wird ein
// OutputStreamWriter-Stream erzeugt, der die Daten komprimiert
// und diese in einen Stream vom Typ ByteArrayOutputStream
// schreibt
      ByteArrayOutputStream byteOut =
        new ByteArrayOutputStream();
      GZIPOutputStream zipOut = new GZIPOutputStream(byteOut);
      OutputStreamWriter charOut =
```

```
            new OutputStreamWriter(zipOut);
// Die vom Komprimierungs-Wrapper umhüllte Antwort in einen String
// umsetzen; diesen sowohl auf den Ausgabe-Kanal als auch in den
// OutputStreamWriter-Stream schreiben
         System.out.println("String:" +
           responseWrapper.toString());
         charOut.write(responseWrapper.toString());
// Der GZIPOutput-Stream muss geschlossen werden
         charOut.close();
// Eine neue Länge für die Antwort setzen
         byte[] bytes = byteOut.toByteArray();
         httpResponse.addHeader("Content-Length",
           Integer.toString(bytes.length));
// Den Output-Stream der ursprünglichen Antwort ermitteln und auf
// diesen den gezippten Stream, mit Hilfe der Methode writeTo() der
// Klasse ByteArrayOutputStream, schreiben
        OutputStream out = response.getOutputStream();
        byteOut.writeTo(out);
// Eine Meldung in die Log-Dateien schreiben
        servletContext.log(filterConfig.getFilterName() +
          " Komprimierung beendet, es wurden " +
           Integer.toString(bytes.length) + " Bytes übertragen");
        System.out.println(filterConfig.getFilterName() +
          " Komprimierung beendet, es wurden " +
           Integer.toString(bytes.length) + " Bytes übertragen");
      }
      else {
        servletContext.log(filterConfig.getFilterName() +
          " hat keine Kommprimierung durchgeführt");
        System.out.println(filterConfig.getFilterName() +
          " hat keine Kommprimierung durchgeführt");
        filterChain.doFilter(httpRequest, httpResponse);
      }
   }
// Die destroy()-Methode überschreiben
   public void destroy() {
   }
}
```

Die Datei web.xml (der Deployment Descriptor der Webapplikation DeploymentSecurityFilterApp)

```
<?xml version="1.0" encoding="ISO-8859-1" ?>
<web-app xmlns="http://java.sun.com/xml/ns/javaee" xmlns:xsi=
"http://www.w3.org/2001/XMLSchema-instance" xsi:schemaLocation=
"http://java.sun.com/xml/ns/javaee http://java.sun.com/xml/ns/
javaee/web-app_2_5.xsd" version="2.5">
```

```
<description> Die Webapplikation DeploymentSecurityFilterApp
</description>
<display-name> Die Webapplikation DeploymentSecurityFilterApp
</display-name>

<!-- Filter-Definitionen -->
  <filter>
    <filter-name>RequestFilter</filter-name>
    <filter-class>filter.RequestFilter</filter-class>
  </filter>
  <filter>
    <filter-name>ResponseFilter</filter-name>
    <filter-class>filter.ResponseFilter</filter-class>
      <init-param>
        <param-name>initParam</param-name>
        <param-value>initParamWert</param-value>
      </init-param>
  </filter>
  <filter>
    <filter-name>RequestFiltermitHttpServletRequestWrapper
    </filter-name>
    <filter-class>filter.RequestFiltermitHttpServletRequestWrapper
    </filter-class>
  </filter>
  <filter>
    <filter-name>ResponseFiltermitHttpServletResponseWrapper
    </filter-name>
    <filter-class>filter.ResponseFiltermitHttpServletResponseWrapper
    </filter-class>
  </filter>
  <filter>
    <filter-name>CompressionFilter</filter-name>
    <filter-class>filter.CompressionFilter</filter-class>
  </filter>

<!-- Die Filter auf Servlets abbilden -->

  <filter-mapping>
    <filter-name>RequestFilter</filter-name>
    <url-pattern>/URLServlet4/*</url-pattern>
  </filter-mapping>
  <filter-mapping>
    <filter-name>ResponseFilter</filter-name>
    <servlet-name>Servlet2</servlet-name>
  </filter-mapping>
  <filter-mapping>
    <filter-name>RequestFiltermitHttpServletRequestWrapper
    </filter-name>
    <servlet-name>Servlet3</servlet-name>
```

```
  </filter-mapping>
  <filter-mapping>
    <filter-name>ResponseFiltermitHttpServletResponseWrapper
    </filter-name>
    <servlet-name>Servlet1</servlet-name>
  </filter-mapping>
  <filter-mapping>
    <filter-name>CompressionFilter</filter-name>
<!-- auch korrekt wäre
    <servlet-name>Servlet5</servlet-name>
-->
    <url-pattern>*.do</url-pattern>
  </filter-mapping>

<!--  Servlet-Definitionen  -->

  <servlet>
    <servlet-name>CookiesSetzen</servlet-name>
    <servlet-class>filter.CookiesSetzen</servlet-class>
  </servlet>
  <servlet-mapping>
    <servlet-name>CookiesSetzen</servlet-name>
    <url-pattern>/CookiesSetzen</url-pattern>
  </servlet-mapping>
  <servlet>
    <servlet-name>CookiesLesen</servlet-name>
    <servlet-class>filter.CookiesLesen</servlet-class>
  </servlet>
  <servlet-mapping>
    <servlet-name>CookiesLesen</servlet-name>
    <url-pattern>/CookiesLesen</url-pattern>
  </servlet-mapping>

<!-- Das Standard-Servlet der Webapplikation, das benutzt werden
 soll, wenn keine anderen Übereinstimmungen auftreten -->
  <servlet>
    <servlet-name>Servlet0</servlet-name>
    <servlet-class>servlets.Servlet0</servlet-class>
  </servlet>
  <servlet-mapping>
    <servlet-name>Servlet0</servlet-name>
    <url-pattern>/</url-pattern>
  </servlet-mapping>
  <servlet>
    <servlet-name>Servlet1</servlet-name>
    <servlet-class>servlets.Servlet1</servlet-class>
  </servlet>
  <servlet-mapping>
```

```
    <servlet-name>Servlet1</servlet-name>
    <url-pattern>/URLServlet1</url-pattern>
  </servlet-mapping>

  <servlet>
    <servlet-name>Servlet2</servlet-name>
    <servlet-class>servlets.Servlet2</servlet-class>
  </servlet>
  <servlet-mapping>
    <servlet-name>Servlet2</servlet-name>
    <url-pattern>/URLServlet2/</url-pattern>
  </servlet-mapping>
  <servlet>
    <servlet-name>Servlet3</servlet-name>
    <servlet-class>servlets.Servlet3</servlet-class>
  </servlet>
  <servlet-mapping>
    <servlet-name>Servlet3</servlet-name>
    <url-pattern>/URLServlet3/dateiverzeichnis</url-pattern>
  </servlet-mapping>
  <servlet>
    <servlet-name>Servlet4</servlet-name>
    <servlet-class>servlets.Servlet4</servlet-class>
  </servlet>
  <servlet-mapping>
    <servlet-name>Servlet4</servlet-name>
    <url-pattern>/URLServlet4/*</url-pattern>
  </servlet-mapping>
  <servlet>
    <servlet-name>Servlet5</servlet-name>
    <servlet-class>servlets.Servlet5</servlet-class>
  </servlet>
  <servlet-mapping>
    <servlet-name>Servlet5</servlet-name>
    <url-pattern>*.do</url-pattern>
  </servlet-mapping>
  <servlet>
    <servlet-name>Servlet6</servlet-name>
    <servlet-class>servlets.Servlet6</servlet-class>
  </servlet>
  <servlet-mapping>
    <servlet-name>Servlet6</servlet-name>
    <url-pattern>*.htm</url-pattern>
  </servlet-mapping>
  <servlet>
    <servlet-name>Servlet7</servlet-name>
    <servlet-class>servlets.Servlet7</servlet-class>
  </servlet>
```

```
    <servlet-mapping>
        <servlet-name>Servlet7</servlet-name>
        <url-pattern>*.js</url-pattern>
    </servlet-mapping>

  <!-- Sicherheits-Rollendefinitionen für diese Webapplikation -->

    <security-role>
      <role-name>besucherrolle1</role-name>
    </security-role>
    <security-role>
      <role-name>besucherrolle2</role-name>
    </security-role>

<!-- Sicherheits-Bestimmungen für diese Webapplikation -->

    <security-constraint>
      <display-name>Sicherheits-Einschränkungen</display-name>
      <web-resource-collection>
        <web-resource-name>Geschützte Ressourcen
        </web-resource-name>
<!-- Definition der eingeschränkten URLs, für die eine Authentifizierung
von Benutzern erforderlich ist -->
        <url-pattern>/URLServlet4/*</url-pattern>
<!-- Die http-Methoden, die auf die durch die URL-Muster
definierten Ressourcen zugelassen sind -->
        <http-method>GET</http-method>
      </web-resource-collection>
<!-- Authentifizierung für die in der Datei webusers.xml
angegebenen Rollendefinitionen -->
      <auth-constraint>
<!-- Die Liste der Rollen, die auf die angegebenen Bereiche
eingeschränkt sind -->
        <role-name>besucherrolle1</role-name>
      </auth-constraint>
    </security-constraint>
<!-- Ein zweiter Sicherheits-Eintrag -->
    <security-constraint>
      <display-name>Sicherheits-Einschränkungen</display-name>
      <web-resource-collection>
        <web-resource-name>Geschützte Ressourcen
        </web-resource-name>
<!-- Definition der eingeschränkten URLs (relativ zum Context
der Applikation), für die eine Authentifizierung von Benutzern
erforderlich ist -->
        <url-pattern>/URLServlet2/</url-pattern>
<!-- Die http-Methoden, die auf die durch die URL-Muster
definierten Ressourcen zugelassen sind -->
```

```
        <http-method>GET</http-method>
      </web-resource-collection>

<!-- Authentifizierung für die in der Datei webusers.xml
angegebenen Rollendefinitionen -->

      <auth-constraint>
<!-- Die Liste der Rollen, die auf die angegebenen Bereiche
eingeschränkt sind -->
        <role-name>besucherrolle2</role-name>
      </auth-constraint>
<!-- Datenintegrität und Vertraulichkeit implementieren
      <user-data-constraint>
        <transport-guarantee>CONFIDENTIAL</transport-guarantee>
      </user-data-constraint>
-->
    </security-constraint>

<!-- Eine Form-basierte Authentifizierung für den Zugriff nutzen
-->

    <login-config>
      <auth-method>FORM</auth-method>
      <form-login-config>
      <form-login-page>/jsp/login.jsp</form-login-page>
      <form-error-page>/jsp/error.jsp</form-error-page>
      </form-login-config>
    </login-config>

<!-- Eine BASIC-Authentifizierung für den Zugriff nutzen

    <login-config>
      <auth-method>BASIC</auth-method>
      <realm-name> DeploymentSecurityFilterApp Login </realm-name>
    </login-config>
-->
  </web-app>
```

Programmausgaben

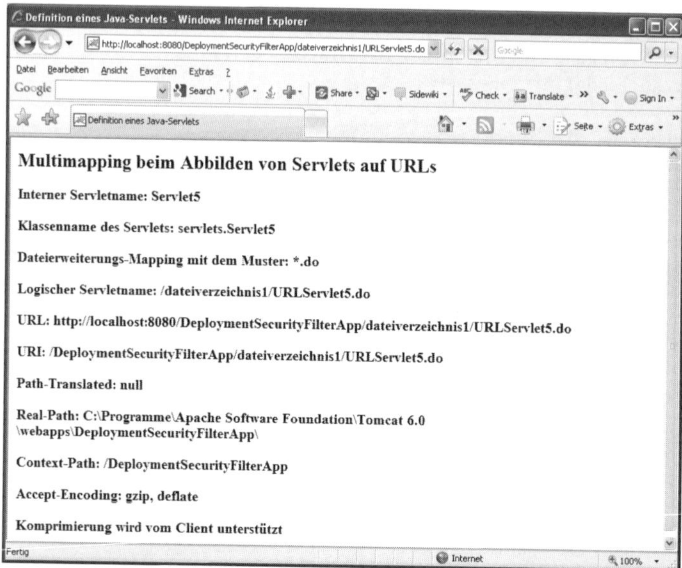

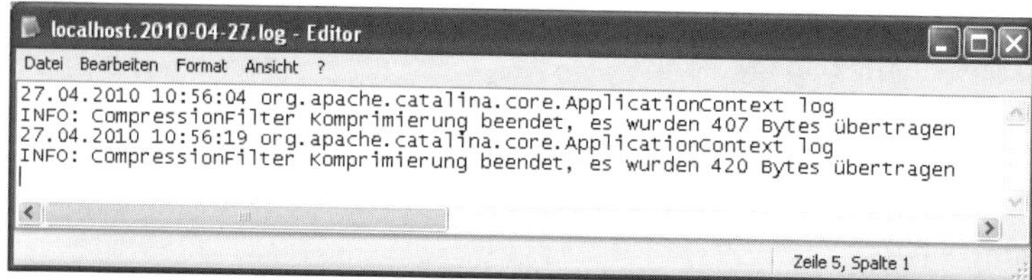

Lösung 4.11

Die Klasse DeploymentSecurityFilterAppPhysischeVerzeichnisStruktur

```
import javax.swing.tree.*;
import javax.swing.*;
public class
  DeploymentSecurityFilterAppPhysischeVerzeichnisStruktur
            extends JFrame implements WurzelKnotenBlaetter {
// Globale Referenzen vom Typ JTree und DefaultMutableTreeNode
   private JTree tree;
   private DefaultMutableTreeNode documentRoot, verz2, verz4;
   private DefaultMutableTreeNode verz1[] =
     new DefaultMutableTreeNode[6];
   private DefaultMutableTreeNode verz3[] =
```

```
    new DefaultMutableTreeNode[4];
  private DefaultMutableTreeNode verz5[] =
    new DefaultMutableTreeNode[3];
  private DefaultMutableTreeNode verz7[] =
    new DefaultMutableTreeNode[2];
  private DefaultMutableTreeNode verz8[] =
    new DefaultMutableTreeNode[14];
  private DefaultMutableTreeNode verz9[] =
    new DefaultMutableTreeNode[16];
  private DefaultMutableTreeNode verz10[] =
    new DefaultMutableTreeNode[3];
// Konstruktordefinition
  public
   DeploymentSecurityFilterAppPhysischeVerzeichnisStruktur() {
    super("Die physische Verzeichnisstruktur der Webapplikation"
      + " DeploymentSecurityFilterApp");
    setBounds(20,20,200,200);
    setDefaultCloseOperation(JFrame.EXIT_ON_CLOSE);
// Wurzel, Knoten und Blätter der Baumstruktur erstellen
    documentRoot = new DefaultMutableTreeNode(
      "/DeploymentSecurityFilterApp");
    for(int i=0; i<6; i++) {
      verz1[i] = new DefaultMutableTreeNode(array0[i]);
      documentRoot.add(verz1[i]);
    }
    verz2 = new DefaultMutableTreeNode(array[0]);
    for(int i=0; i<4; i++) {
      verz3[i] = new DefaultMutableTreeNode(array1[i]);
      verz2.add(verz3[i]);
    }
    documentRoot.add(verz2);
    verz4 = new DefaultMutableTreeNode(array[1]);
    for(int i=0; i<3; i++) {
      verz5[i] = new DefaultMutableTreeNode(array2[i]);
      verz4.add(verz5[i]);
    }
    for(int i=0; i<2; i++) {
     verz7[i] = new DefaultMutableTreeNode(array22[i]);
     verz5[0].add(verz7[i]);
    }
    for(int i=0; i<14; i++) {
      verz8[i] = new DefaultMutableTreeNode(array221[i]);
      verz7[0].add(verz8[i]);
    }
    for(int i=0; i<16; i++) {
      verz9[i] = new DefaultMutableTreeNode(array222[i]);
      verz7[1].add(verz9[i]);
    }
    for(int i=0; i<3; i++) {
```

```
      verz10[i] = new DefaultMutableTreeNode(array23[i]);
      verz5[1].add(verz10[i]);
    }
    documentRoot.add(verz4);
// Baumstruktur erzeugen und zu einer ScrollPane hinzufügen
    tree = new JTree(documentRoot);
    JScrollPane jsPane = new JScrollPane(tree);
    getContentPane().add(jsPane);
    setVisible(true);
  }
// Objekt der Klasse erzeugen
  public static void main(String[] args) {
    DeploymentSecurityFilterAppPhysischeVerzeichnisStruktur
     frame = new
      DeploymentSecurityFilterAppPhysischeVerzeichnisStruktur();
  }
}
```

Die Klasse DeploymentSecurityFilterAppLogischeVerzeichnisStruktur

```
import javax.swing.tree.*;
import javax.swing.*;
public
  class DeploymentSecurityFilterAppLogischeVerzeichnisStruktur
           extends JFrame implements WurzelKnotenBlaetter {
// Globale Referenzen vom Typ JTree und DefaultMutableTreeNode
  private JTree tree;
  private DefaultMutableTreeNode documentRoot, verz11, verz12,
   verz13, verz14, verz15, verz16, verz17, verz18, verz19,
    verz20, verz21;
// Konstruktordefinition
  public DeploymentSecurityFilterAppLogischeVerzeichnisStruktur()
   {
    super("Die logische Verzeichnisstruktur der Webapplikation "
     + "DeploymentSecurityFilterApp");
    setBounds(20,20,200,200);
    setDefaultCloseOperation(JFrame.EXIT_ON_CLOSE);
// Wurzel, Knoten und Blätter der Baumstruktur erstellen
    documentRoot = new DefaultMutableTreeNode(
      "/DeploymentSecurityFilterApp");
    verz11 = new DefaultMutableTreeNode(string1);
    verz12 = new DefaultMutableTreeNode(string2);
    verz13 = new DefaultMutableTreeNode(string3);
    verz14 = new DefaultMutableTreeNode(string4);
    verz15 = new DefaultMutableTreeNode(string5);
    documentRoot.add(verz11);
    documentRoot.add(verz12);
    documentRoot.add(verz13);
    verz14.add(verz15);
```

```
        documentRoot.add(verz14);
        verz16 = new DefaultMutableTreeNode(string6);
        verz17 = new DefaultMutableTreeNode(string7);
        verz18 = new DefaultMutableTreeNode(string8);
        verz17.add(verz18);
        verz16.add(verz17);
        documentRoot.add(verz16);
        verz18 = new DefaultMutableTreeNode(string7);
        verz18.add(new DefaultMutableTreeNode(string9));
        verz18.add(new DefaultMutableTreeNode(string10));
        documentRoot.add(verz18);
        verz19 = new DefaultMutableTreeNode(string9);
        verz20 = new DefaultMutableTreeNode(string11);
        verz21 = new DefaultMutableTreeNode(string12);
        documentRoot.add(verz19);
        documentRoot.add(verz20);
        documentRoot.add(verz21);
// Baumstruktur erzeugen und zu einer ScrollPane hinzufügen
        tree = new JTree(documentRoot);
        JScrollPane jsPane = new JScrollPane(tree);
        getContentPane().add(jsPane);
        setVisible(true);
    }
// Objekt der Klasse erzeugen
    public static void main(String[] args) {
        DeploymentSecurityFilterAppLogischeVerzeichnisStruktur
         frame = new
          DeploymentSecurityFilterAppLogischeVerzeichnisStruktur();
    }
}
```

Das Interface WurzelKnotenBlaetter

```
public interface WurzelKnotenBlaetter {
// Konstantendefinitionen
    final static String array[] = {"jsp", "WEB-INF"};
    final static String array0[] = {"Frame1.html",
      "Frame2.html", "Enten.gif", "T1.gif", "JSPmitDatum",
      "JSPmitUhrzeit"};
    final static String array1[] = {"error.jsp",
      "login.jsp", "Frame1.html", "Frame2.html"};
    final static String array2[] = {"classes", "lib",
      "web.xml"};
    final static String array22[] = {"filter",
      "servlets"};
    final static String array221[] = {"RequestFilter.java",
      "RequestFilter.class", "ResponseFilter.java",
      "ResponseFilter.class",
      "RequestFiltermitHttpServletRequestWrapper.java",
```

```
    "RequestFiltermitHttpServletRequestWrapper.class",
    "ResponseFiltermitHttpServletResponseWrapper.java",
    "ResponseFiltermitHttpServletResponseWrapper.class",
    "CompressionFilter.java", "CompressionFilter.class",
    "RequestWrapper.java", "RequestWrapper.class",
    "ResponseWrapper.java", "ResponseWrapper.class"};
  final static String array222[] = {"Servlet0.java",
    "Servlet0.class", "Servlet1.java", "Servlet1.class",
    "Servlet2.java", "Servlet2.class", "Servlet3.java",
    "Servlet3.class", "Servlet4.java", "Servlet4.class",
    "Servlet5.java", "Servlet5.class", "Servlet6.java",
    "Servlet6.class", "Servlet7.java", "Servlet7.class"};
  final static String array23[] = {"jstl.jar",
    "msql-connector-java-5.1.7-bin.jar", "standard.jar"};
  final static String string1 = "URLServlet0";
  final static String string2 = "URLServlet1";
  final static String string3 = "URLServlet2";
  final static String string4 = "URLServlet3";
  final static String string5 = "dateiverzeichnis";
  final static String string6 = "URLServlet4";
  final static String string7 = "dateiverzeichnis1";
  final static String string8 = "dateiverzeichnis2";
  final static String string9 = "URLServlet5.do";
  final static String string10 = "irgendeinname.do";
  final static String string11 = "irgendeinname.htm";
  final static String string12 = "irgendeinname.js";
}
```

Programmausgaben

Siehe die Screenshots aus Unterkapitel 4.4 auf Seite 558

Lösung 4.12

Die Klasse LoggingFilter

```
package mvc2.filter;

import java.io.*;
import java.util.*;
import javax.servlet.*;
import javax.servlet.http.*;
public class LoggingFilter implements Filter {
  private FilterConfig filterConfig;
  private ServletContext servletContext;
// Die init()-Methode überschreiben
  public void init(FilterConfig filterConfig)
                          throws ServletException {
    this.filterConfig = filterConfig;
```

```
      this.servletContext = filterConfig.getServletContext();
   }
// Die doFilter()-Methode überschreiben
   public void doFilter(ServletRequest request,
      ServletResponse response, FilterChain filterChain)
                  throws IOException, ServletException {
// Die ServletRequest-Instanz auf eine HttpServletRequest-Instanz
// casten
      HttpServletRequest httpRequest =
        (HttpServletRequest)request;
// Einträge aus der http-Anfrage ermitteln
      StringBuffer url = httpRequest.getRequestURL();
      String serverName = httpRequest.getServerName();
      String hostName = httpRequest.getRemoteHost();
// Die Methode getRemoteUser() gibt den Login-Namen des
// Benutzers zurück, falls dieser authentifiziert wurde, und null, wenn
// dies nicht der Fall ist
      String besucherName = httpRequest.getRemoteUser();
// Den Filternamen ermitteln
      String filterName = filterConfig.getFilterName();
// Eine Meldung bei jedem Servlet- bzw. JSP-Seiten-Aufruf dieser
// Webapplikation in die Log-Datei schreiben
      servletContext.log("Vom Filter " + filterName
        + " ausgegebene Meldung: Der Server: " + serverName
          + " mit der IP-Adresse: " + hostName +
            " hat am " + new Date() + " die Ressource " + url
              + " über den Web-Besucher " + besucherName
                + " angefordert");
// Den nächsten Filter oder ein Servlet aufrufen
      filterChain.doFilter(request, response);
   }
// Die destroy()-Methode überschreiben
   public void destroy() {
   }
}
```

Die Klasse JavaBeanBuch

```
package mvc2.javabeans;

public class JavaBeanBuch {
   private int titelID;
   private String bezeichnung;
   private String autor;
   private double preis;
   private int autorenID;
// Konstruktordefinition
   public JavaBeanBuch() {
   }
```

```
// Setter- und Getter-Methoden definieren die Eigenschaften
// der JavaBean
   public void setTitelID(int titelID) {
      this.titelID = titelID;
   }
   public int getTitelID() {
      return titelID;
   }
   public void setAutor(String autor) {
      this.autor = autor;
   }
   public String getAutor() {
      return autor;
   }
   public void setBezeichnung(String bezeichnung) {
      this.bezeichnung = bezeichnung;
   }
   public String getBezeichnung() {
      return bezeichnung;
   }
   public void setPreis(double preis) {
      this.preis = preis;
   }
   public double getPreis() {
      return preis;
   }
   public void setAutorenID(int autorenID) {
      this.autorenID = autorenID;
   }
   public int getAutorenID() {
      return autorenID;
   }
}
```

Die Klasse JavaBeanBestellung

```
package mvc2.javabeans;

public class JavaBeanBestellung {
   private String sessionID;
   private int buchID;
// Konstruktordefinition
   public JavaBeanBestellung() {
   }
// Setter- und Getter-Methoden definieren die Eigenschaften
// der JavaBean
   public void setBuchID(int buchID) {
      this.buchID = buchID;
   }
```

```
    public int getBuchID() {
        return buchID;
    }
    public void setSessionID(String sessionID) {
        this.sessionID = sessionID;
    }
    public String getSessionID() {
        return sessionID;
    }
}
```

Die Klasse JavaBeanBuecherKorbEintrag

```
package mvc2.javabeans;

public class JavaBeanBuecherKorbEintrag {
    private String bezeichnung;
    private String autor;
    private String preis;
// Konstruktordefinition
    public JavaBeanBuecherKorbEintrag() {
    }
// Setter- und Getter-Methoden definieren die Eigenschaften
// der JavaBean
    public void setAutor(String autor) {
        this.autor = autor;
    }
    public String getAutor() {
        return autor;
    }
    public void setBezeichnung(String bezeichnung) {
        this.bezeichnung = bezeichnung;
    }
    public String getBezeichnung() {
        return bezeichnung;
    }
    public void setPreis(String preis) {
        this.preis = preis;
    }
    public String getPreis() {
        return preis;
    }
}
```

Die Klasse JavaBeanBuecherKorb

```
package mvc2.javabeans;

import java.util.*;
```

```
public class JavaBeanBuecherKorb {
   private ArrayList<JavaBeanBuecherKorbEintrag> bestellung;
   private String gesamtPreis;
// Konstruktordefinition
   public JavaBeanBuecherKorb() {
   }
// Setter- und Getter-Methoden definieren die Eigenschaften
// der JavaBean
   public void setBestellung(ArrayList<JavaBeanBuecherKorbEintrag>
                                              bestellung) {
      this.bestellung = bestellung;
   }
   public ArrayList<JavaBeanBuecherKorbEintrag> getBestellung() {
      return bestellung;
   }
   public void setGesamtPreis(String gesamtPreis) {
      this.gesamtPreis = gesamtPreis;
   }
   public String getGesamtPreis() {
      return gesamtPreis;
   }
}
```

Die Klasse JavaBeanKunde

```
package mvc2.javabeans;

public class JavaBeanKunde {
   private String kundenName;
   private String strasse;
   private String ort;
   private String sessionID;
// Konstruktordefinition
   public JavaBeanKunde() {
   }
// Setter- und Getter-Methoden definieren die Eigenschaften
// der JavaBean
   public void setKundenName(String kundenName) {
      this.kundenName = kundenName;
   }
   public String getKundenName() {
      return kundenName;
   }
   public void setStrasse(String strasse) {
      this.strasse = strasse;
   }
   public String getStrasse() {
      return strasse;
   }
```

```
    public void setOrt(String ort) {
        this.ort = ort;
    }
    public String getOrt() {
        return ort;
    }
    public void setSessionID(String sessionID) {
        this.sessionID = sessionID;
    }
    public String getSessionID() {
        return sessionID;
    }
}
```

Die Klasse BuchDBZugriff

```
package mvc2.dbmanager;

import java.sql.*;
import java.util.*;
public class BuchDBZugriff {
// Konstruktordefinition
    public BuchDBZugriff() {
    }
// Zugriffs-Methoden auf die Sätze der Tabellen autoren und titel
    public static ArrayList<mvc2.javabeans.JavaBeanBuch>
selectBuecher() {
// Liste vom parametrisierten Typ der Klasse JavaBeanBuch
// erzeugen
        ArrayList<mvc2.javabeans.JavaBeanBuch> buecher =
            new ArrayList<mvc2.javabeans.JavaBeanBuch>();
        try {
// Eine Datenbankverbindung aufbauen, die Sätze der Tabelle
// autoren über die Spalte autoren_ID mit den Sätzen der Tabelle
// titel verknüpfen
            Class.forName("com.mysql.jdbc.Driver");
            Connection connection = DriverManager.getConnection(
             "jdbc:mysql://localhost/buchkatalog", "root","manager");
            Statement statement = connection.createStatement();
            String sql = "select name, bezeichnung, preis, titel_ID "
              + "from autoren, titel where "
                + "autoren.autoren_ID=titel.autoren_ID";
            ResultSet ergebnis = statement.executeQuery(sql);
// Die abgerufenen Spaltenwerte als Eigenschaftswerte für ein
// JavaBeanBuch-Objekt setzen
            while(ergebnis.next()) {
                mvc2.javabeans.JavaBeanBuch buch =
                  new mvc2.javabeans.JavaBeanBuch();
                buch.setAutor(ergebnis.getString(1));
```

```
            buch.setBezeichnung(ergebnis.getString(2));
            buch.setPreis(ergebnis.getDouble(3));
            buch.setTitelID(ergebnis.getInt(4));
// Das JavaBeanBuch-Objekt der Liste hinzufügen
            buecher.add(buch);
          }
// Die Verbindung zur Datenbank schließen
          connection.close();
        }
        catch(ClassNotFoundException e1) {
          System.out.println("Der DB-Treiber wurde nicht "
            + "gefunden");
          System.out.println(e1);
        }
        catch(SQLException e2) {
          System.out.println("Fehlerhafter SQL-Befehl");
          System.out.println(e2);
        }
// Die ArrayList<JavaBeanBuch>-Instanz zurückgeben
        return buecher;
    }
}
```

Die Klasse BestellungDBZugriff

```
package mvc2.dbmanager;

import java.sql.*;
public class BestellungDBZugriff {
// Konstruktordefinition
  public BestellungDBZugriff() {
  }
// Zugriffs-Methoden für die Sätze der Tabelle bestellungen
// definieren
  public static int insertBestellung(
            mvc2.javabeans.JavaBeanBestellung bestellung) {
      int anzahl = 0;
      try {
// Eine Datenbankverbindung aufbauen
          Class.forName("com.mysql.jdbc.Driver");
          Connection connection = DriverManager.getConnection(
           "jdbc:mysql://localhost/buchkatalog", "root","manager");
          Statement statement = connection.createStatement();
// und einen Satz der Tabelle bestellungen hinzufügen
          int buchID = bestellung.getBuchID();
          String sessionID = bestellung.getSessionID();
// SQL-String definieren
          String sql = "insert into bestellungen "
         + " values('"+sessionID+"','"+buchID+"')";
```

```
// SQL-Befehl ausführen
        anzahl = statement.executeUpdate(sql);
// Die Verbindung zur Datenbank schließen
         connection.close();
      }
      catch(ClassNotFoundException e1) {
         System.out.println("Der DB-Treiber wurde nicht "
           + "gefunden");
         System.out.println(e1);
      }
      catch(SQLException e2) {
         System.out.println("Fehlerhafter SQL-Befehl");
         System.out.println(e2);
      }
// Den Rückgabewert der Methode executeUpdate() an die aufrufende
// Methode zurückgeben
      return anzahl;
   }
}
```

Die Klasse BuecherKorbDBZugriff

```
package mvc2.dbmanager;

import java.text.DecimalFormat;
import java.sql.*;
import java.util.*;
public class BuecherKorbDBZugriff {
// Konstruktordefinition
   public BuecherKorbDBZugriff() {
   }
// Zugriffs-Methode auf die Sätze der Tabellen bestellungen,
// autoren und titel, um alle einem Webbesucher zugeordneten
// Bestellungen (mit derselben Session-ID) mit Angabe von
// Autor, Titel und Preis zu ermitteln und als Eigenschaften für
// Anwendungssobjekte vom Typ JavaBeanBuecherKorbEintrag zu
// speichern; die Liste aller so erzeugten Anwendungsobjekte wird
// als Eigenschaft einer weiteren JavaBean vom Typ der Klasse
// JavaBeanBuecherKorb gesetzt
   public static mvc2.javabeans.JavaBeanBuecherKorb
                   selectBestellungen(String sessionID) {
// Instanz vom Typ der Klasse JavaBeanBuecherKorbEintrag erzeugen
      mvc2.javabeans.JavaBeanBuecherKorb buecherKorb =
          new mvc2.javabeans.JavaBeanBuecherKorb();
// Liste vom parametrisierten Typ der Klasse
// JavaBeanBuecherKorbEintrag erzeugen
      ArrayList<mvc2.javabeans.JavaBeanBuecherKorbEintrag>
        buchBestellung = new ArrayList<mvc2.javabeans.
          JavaBeanBuecherKorbEintrag>();
```

```
        try {
            double gesamtPreis = 0;
// Eine Datenbankverbindung aufbauen und
            Class.forName("com.mysql.jdbc.Driver");
            Connection connection = DriverManager.getConnection(
             "jdbc:mysql://localhost/buchkatalog", "root","manager");
            Statement statement = connection.createStatement();
// nach der SessionID des Benutzers, die in der Eigenschaft
// sessionID der JavaBean gespeichert ist, in der Tabelle
// bestellungen der DB suchen
            String abfrage = "select buch_ID from bestellungen "
             + "where session_ID = '"+sessionID+"'";
// Das Ergebnis der Abfrage durchlaufen, um die Buch-ID zu
// ermitteln und mit dieser eine neue Abfrage zum Auffinden von
// Autor, Titel und Preis aus den Tabellen autoren und titel zu
// starten
            ResultSet ergebnis1 = statement.executeQuery(abfrage);
            while(ergebnis1.next()) {
              int buchID = ergebnis1.getInt(1);
              statement = connection.createStatement();
              abfrage = "select bezeichnung, preis, name from "
                + "titel, autoren where titel_ID='"+buchID+"' and "
                + "titel.autoren_ID = autoren.autoren_ID";
// Das Ergebnis der zweiten Abfrage durchlaufen,
              ResultSet ergebnis2 = statement.executeQuery(abfrage);
              if(ergebnis2.next()) {
                String titel = ergebnis2.getString(1);
                String preis = ergebnis2.getString(2);
                String name = ergebnis2.getString(3);
// den Gesamtpreis für alle im Bücherkorb enthaltenen Bücher
// berechnen
                gesamtPreis = gesamtPreis +
                 Double.parseDouble(preis);
// Einen Eintrag für den Bücherkorb erzeugen
                mvc2.javabeans.JavaBeanBuecherKorbEintrag eintrag
                 = new mvc2.javabeans.JavaBeanBuecherKorbEintrag();
                eintrag.setAutor(name);
                eintrag.setBezeichnung(titel);
                eintrag.setPreis(preis);
                buchBestellung.add(eintrag);
              }
            }
// Die Liste aller Einträge und den Gesamtpreis als Eigenschaften
// für das Anwendungsobjekt vom Typ JavaBeanBuecherkorb setzen
            buecherKorb.setBestellung(buchBestellung);
            DecimalFormat format = new DecimalFormat("0.00");
            buecherKorb.setGesamtPreis(format.format(gesamtPreis)
             + " &#8364;");
```

```
// Die Verbindung zur Datenbank schließen
        connection.close();
      }
      catch(ClassNotFoundException e1) {
        System.out.println("Der DB-Treiber wurde nicht "
          + "gefunden");
        System.out.println(e1);
      }
      catch(SQLException e2) {
        System.out.println("Fehlerhafter SQL-Befehl");
        System.out.println(e2);
      }
// Die ArrayList<JavaBeanBuecherKorb>-Instanz zurückgeben
      return buecherKorb;
    }
}
```

Die Klasse KundeDBZugriff

```
package mvc2.dbmanager;

import java.sql.*;
public class KundeDBZugriff {
// Konstruktordefinition
    public KundeDBZugriff() {
    }
// Zugriffs-Methoden für die Sätze der Tabelle kundendaten
// definieren
    public static int selectKunde(
                         mvc2.javabeans.JavaBeanKunde kunde) {
      int auftragsID = 0;
      try {
// Eine Datenbankverbindung aufbauen und nach einem eventuell
// schon vorher gespeicherten Auftrag mit demselben Kundennamen
// und derselben Session-ID suchen, um das Verschicken von
// mehreren Rechnungen pro Session an denselben Kunden zu
// unterbinden
        Class.forName("com.mysql.jdbc.Driver");
        Connection connection = DriverManager.getConnection(
         "jdbc:mysql://localhost/buchkatalog", "root","manager");
        Statement statement = connection.createStatement();
        String name = kunde.getKundenName();
        String sessionID = kunde.getSessionID();
        System.out.println("Session-ID DBZUgriff: " + sessionID);
        String sql = "select auftrags_ID from kundendaten where "
         +"kundenName='"+name+"' and session_ID='"+sessionID+"'";
        ResultSet ergebnis = statement.executeQuery(sql);
// Wurde ein solcher Satz gefunden (es kann nur einer sein, weil
// ein zweiter immer gelöscht wird), dessen Auftrags-ID ermitteln
```

```
        if(ergebnis.next()) {
          auftragsID = ergebnis.getInt(1);
        }
// Die Verbindung zur Datenbank schließen
        connection.close();
      }
      catch(ClassNotFoundException e1) {
        System.out.println("Der DB-Treiber wurde nicht "
          + "gefunden");
        System.out.println(e1);
      }
      catch(SQLException e2) {
        System.out.println("Fehlerhafter SQL-Befehl");
        System.out.println(e2);
      }
// und an die aufrufende Methode zurückgeben
      return auftragsID;
  }
   public static int deleteKunde(int auftragsID) {
      int anzahl = 0;
      try {
// Eine Datenbankverbindung aufbauen und den Kundensatz mit der
// im Methodenaufruf übergebenen Auftrags-ID löschen
        Class.forName("com.mysql.jdbc.Driver");
        Connection connection = DriverManager.getConnection(
         "jdbc:mysql://localhost/buchkatalog", "root","manager");
        Statement statement = connection.createStatement();
// SQL-String definieren
        String sql = "delete from kundendaten where "
          + "auftrags_ID='"+auftragsID+"'";
// SQL-Befehl ausführen
        anzahl = statement.executeUpdate(sql);
// Die Verbindung zur Datenbank schließen
        connection.close();
      }
      catch(ClassNotFoundException e1) {
        System.out.println("Der DB-Treiber wurde nicht "
          + "gefunden");
        System.out.println(e1);
      }
      catch(SQLException e2) {
        System.out.println("Fehlerhafter SQL-Befehl");
        System.out.println(e2);
      }
// Den Rückgabewert der Methode executeUpdate() an die aufrufende
// Methode zurückgeben
      return anzahl;
  }
```

```
  public static int insertKunde(
                          mvc2.javabeans.JavaBeanKunde kunde) {
     int anzahl = 0;
     try {
// Eine Datenbankverbindung aufbauen und einen Satz hinzufügen
        Class.forName("com.mysql.jdbc.Driver");
        Connection connection = DriverManager.getConnection(
         "jdbc:mysql://localhost/buchkatalog", "root","manager");
        Statement statement = connection.createStatement();
        String sessionID = kunde.getSessionID();
        String ort = kunde.getOrt();
        String strasse = kunde.getStrasse();
        String name = kunde.getKundenName();
// SQL-String definieren
        String sql = "insert into kundendaten values"
+"(0, '"+name+"', '"+strasse+"', '"+ort+"', '"+sessionID+"')";
// SQL-Befehl ausführen
        anzahl = statement.executeUpdate(sql);
// Die Verbindung zur Datenbank schließen
        connection.close();
     }
     catch(ClassNotFoundException e1) {
        System.out.println("Der DB-Treiber wurde nicht "
          + "gefunden");
        System.out.println(e1);
     }
     catch(SQLException e2) {
        System.out.println("Fehlerhafter SQL-Befehl");
        System.out.println(e2);
     }
// Den Rückgabewert der Methode executeUpdate()an die aufrufende
// Methode zurückgeben
     return anzahl;
  }
}
```

Die Klasse EBookCatalogServlet

```
package mvc2.servlets;

import javax.servlet.*;
import javax.servlet.http.*;
import java.util.*;

import java.io.*;
public class EBookCatalogServlet extends HttpServlet {
// Die doGet()-Methode überschreiben
  public void doGet(HttpServletRequest request,
               HttpServletResponse response)
```

```
                        throws IOException, ServletException {
// und darin die doPost()-Methode aufrufen, weil doGet()
// standardmäßig aufgerufen wird
    doPost(request, response);
  }
// Die doPost()-Methode überschreiben
  protected void doPost(HttpServletRequest request,
                        HttpServletResponse response)
                        throws ServletException, IOException {
// URL-String für das Weiterleiten der Anfrage an eine JSP-Seite
// EBookCatalogJSP.jsp, die die Präsentation des Buchkatalogs
// übernimmt, erzeugen
    String url = "/jsp/mvc2/EBookCatalogJSP.jsp";
// HttpSession-Instanz erzeugen
    HttpSession session = request.getSession();
// Die Klassenmethode des Datenbankzugriffsmoduls BuchDBZugriff
// aufrufen, um eine Liste mit allen im Buchkatalog angebotenen
// Büchern zu erzeugen, und diese als Attribut im Session-Scope
// setzen, falls noch nicht vorhanden
    if(session.getAttribute("BuchListe") == null) {
      ArrayList<mvc2.javabeans.JavaBeanBuch> buchListe =
        mvc2.dbmanager.BuchDBZugriff.selectBuecher();
      session.setAttribute("BuchListe", buchListe);
    }
// Die Anfrage an die entsprechende JSP-Seite weiterleiten;
// der RequestDispatcher kann vom Context des Servlets abgeholt
// werden
    RequestDispatcher requestDispatcher =
      getServletContext().getRequestDispatcher(url);
        requestDispatcher.forward(request, response);
  }
}
```

Die Klasse EBookSelectionServlet

```
package mvc2.servlets;

import java.io.*;
import javax.servlet.*;
import javax.servlet.http.*;
public class EBookSelectionServlet extends HttpServlet {
// Die doGet()-Methode überschreiben
  public void doGet(HttpServletRequest request,
                    HttpServletResponse response)
                        throws IOException, ServletException {
// und darin die doPost()-Methode aufrufen, weil doGet()
// standardmäßig aufgerufen wird
    doPost(request, response);
  }
```

```
// Die doPost()-Methode überschreiben
  protected void doPost(HttpServletRequest request,
                        HttpServletResponse response)
                        throws ServletException, IOException {
  int anzahl;
// URL-String für das Weiterleiten der Anfrage an die JSP-Seite
// EBookSelectionJSP.jsp, die die Aufnahme einer Buchbestellung
// in der Tabelle bestellungen der DB bestätigt, erzeugen
    String url = "/jsp/mvc2/EBookSelectionJSP.jsp";
// HttpSession-Instanz erzeugen
    HttpSession session = request.getSession();
// Ein Anwendungsobjekt vom Typ JavaBeanBestellung erzeugen und
// für dieses die Eigenschaften buchID und sessionID setzen
    mvc2.javabeans.JavaBeanBestellung bestellung =
      new mvc2.javabeans.JavaBeanBestellung();
    bestellung.setBuchID(Integer.
      parseInt(request.getParameter("BuchID")));
    bestellung.setSessionID(session.getId());
// Bei einer Navigation im Browser soll kein neuer Satz in die
// Datenbank eingefügt werden
    if(session.getAttribute("Timestamp").toString().
      equals(request.getParameter("TimeStamp"))) {
// Eine Referenz auf das Anwendungsobjekt im Aufruf der
// Klassenmethode des Datenbankzugriffsmoduls BestellungDBZugriff
// übergeben, um den entsprechenden Satz in die DB-Tabelle zu
// schreiben
      anzahl = mvc2.dbmanager.BestellungDBZugriff.
        insertBestellung(bestellung);
// Neuen Zeitstempel erzeugen und als Attribut im Session-Scope
// setzen
      long timeStamp = System.currentTimeMillis() / 1000;
      session.setAttribute("Timestamp", timeStamp);
    }
// Die Anfrage an die JSP-Seite EBookSelectionJSP.jsp
// weiterleiten; der RequestDispatcher kann vom Context des
// Servlets abgeholt werden
    RequestDispatcher requestDispatcher =
      getServletContext().getRequestDispatcher(url);
        requestDispatcher.forward(request, response);
  }
}
```

Die Klasse EBookShoppingCartServlet

```
package mvc2.servlets;

import java.io.*;
import javax.servlet.*;
import javax.servlet.http.*;
```

```
import java.util.*;
import java.sql.*;
public class EBookShoppingCartServlet extends HttpServlet {
// Die doGet()-Methode überschreiben
  public void doGet(HttpServletRequest request,
                    HttpServletResponse response)
                        throws IOException, ServletException {
// und darin die doPost()-Methode aufrufen, weil doGet()
// standardmäßig aufgerufen wird
    doPost(request, response);
  }
// Die doPost()-Methode überschreiben
  protected void doPost(HttpServletRequest request,
                            HttpServletResponse response)
                        throws ServletException, IOException {
// URL-String für das Weiterleiten der Anfrage an eine JSP-Seite
// erzeugen
    String url = "/jsp/mvc2/EBookShoppingCartJSP.jsp";
// HttpSession-Instanz erzeugen
    HttpSession session = request.getSession();
// Nach einem Attribut mit dem Namen "BuecherKorb" im Session-
// Scope suchen;
    mvc2.javabeans.JavaBeanBuecherKorb buecherKorb =
 (mvc2.javabeans.JavaBeanBuecherKorb)session.
      getAttribute("BuecherKorb");
// ist keines gesetzt, eine Instanz der Klasse JavaBeanBuecherKorb
// erzeugen
    if(buecherKorb == null) {
      buecherKorb = new mvc2.javabeans.JavaBeanBuecherKorb();
    }
// Alle vorhandenen Einträge im Bücherkorb löschen, um doppelte
// Einträge zu vermeiden und den Bücherkorb mit allen
// Bestellungen neu füllen
    buecherKorb.setBestellung(new ArrayList<mvc2.javabeans.
     JavaBeanBuecherKorbEintrag>());
    buecherKorb = mvc2.dbmanager.BuecherKorbDBZugriff.
     selectBestellungen(session.getId());
// Die JavaBeanBuecherKorb-Instanz als Attribut im Session-Scope
// setzen
    session.setAttribute("BuecherKorb", buecherKorb);
// Die Anfrage an die JSP-Seite EBookShoppingCartJSP.jsp
// weiterleiten; der RequestDispatcher kann vom Context des
// Servlets abgeholt werden
    RequestDispatcher requestDispatcher =
     getServletContext().getRequestDispatcher(url);
      requestDispatcher.forward(request, response);
  }
}
```

Die Klasse EBookCashBoxServlet

```
package mvc2.servlets;

import java.io.*;
import javax.servlet.*;
import javax.servlet.http.*;
public class EBookCashBoxServlet extends HttpServlet {
// Die doGet()-Methode überschreiben
  public void doGet(HttpServletRequest request,
                    HttpServletResponse response)
                       throws IOException, ServletException {
// und darin die doPost()-Methode aufrufen, weil doGet()
// standardmäßig aufgerufen wird
    doPost(request, response);
  }
// Die doPost()-Methode überschreiben
  protected void doPost(HttpServletRequest request,
                           HttpServletResponse response)
                        throws ServletException, IOException {
// URL-String für das Weiterleiten der Anfrage an eine JSP-Seite
// erzeugen
    String url = "/jsp/mvc2/EBookCashBoxJSP.jsp";
// HttpSession-Instanz erzeugen
    HttpSession session = request.getSession();
// und nach einem Attribut mit dem Namen "Kunde" im Session-Scope
// suchen
    mvc2.javabeans.JavaBeanKunde kunde =
    (mvc2.javabeans.JavaBeanKunde)session.getAttribute("Kunde");
    if(kunde != null) {
// Ist dieser gesetzt, die Klassenmethode des
// Datenbankzugriffmoduls KundeDBZugriff aufrufen, um den
// entsprechenden Eintrag in der Tabelle kundendaten zu löschen,
// damit keine doppelte Rechnungen verschickt werden
      int auftragsID = mvc2.dbmanager.KundeDBZugriff.
        selectKunde(kunde);
      mvc2.dbmanager.KundeDBZugriff.deleteKunde(auftragsID);
    }
// Die Anfrage an die JSP-Seite EBookCashBoxJSP.jsp weiterleiten;
// der RequestDispatcher kann vom Context des Servlets abgeholt
// werden
    RequestDispatcher requestDispatcher =
     getServletContext().getRequestDispatcher(url);
      requestDispatcher.forward(request, response);
  }
}
```

Die Klasse EBookInvoiceServlet

```
package mvc2.servlets;

import java.io.*;
import javax.servlet.*;
import javax.servlet.http.*;
public class EBookInvoiceServlet extends HttpServlet {
// Die doGet()-Methode überschreiben
  public void doGet(HttpServletRequest request,
                    HttpServletResponse response)
                        throws IOException, ServletException {
// und darin die doPost()-Methode aufrufen, weil doGet()
// standardmäßig aufgerufen wird
    doPost(request, response);
  }
// Die doPost()-Methode überschreiben
  protected void doPost(HttpServletRequest request,
                            HttpServletResponse response)
                        throws ServletException, IOException {
    int anzahl;
// URL-String für das Weiterleiten der Anfrage an die JSP-Seite
// EBookInvoiceJSP.jsp erzeugen
    String url = "/jsp/mvc2/EBookInvoiceJSP.jsp";
// HttpSession-Instanz erzeugen
    HttpSession session = request.getSession();
// Die im Formular eingegebene Kundenadresse lesen
    String name = request.getParameter("Name");
    String strasse = request.getParameter("Strasse");
    String ort = request.getParameter("Ort");
// Ein Anwendungsobjekt vom Typ der Klasse JavaBeanKunde erzeugen,
// dessen Eigenschaften kundenName, strasse, ort und sessionID
// setzen und dieses als Attribut im Session-Scope definieren
    mvc2.javabeans.JavaBeanKunde kunde = new mvc2.javabeans.
      JavaBeanKunde();
    kunde.setKundenName(name);
    kunde.setStrasse(strasse);
    kunde.setOrt(ort);
    kunde.setSessionID(session.getId());
    session.setAttribute("Kunde", kunde);
// Einen Satz mit diesen Daten über den Aufruf der Methode
// insertKunde() des Datanbankzugriffmoduls KundeDBZugriff in die
// Tabelle kundendaten schreiben
    anzahl = mvc2.dbmanager.KundeDBZugriff.insertKunde(kunde);
// Das Einfügen des Satzes in der Log-Datei stdout...
// protokollieren
    System.out.println("Es wurde" + anzahl +
      " Satz in die Tabelle kundendaten geschrieben");
// Die Anfrage an die Seite EBookInvoiceJSP.jsp weiterleiten;
```

```
// der RequestDispatcher kann vom Context des Servlets abgeholt
// werden
      RequestDispatcher requestDispatcher =
        getServletContext().getRequestDispatcher(url);
          requestDispatcher.forward(request, response);
   }
}
```

Die JSP-Seite index.jsp

```
<!DOCTYPE HTML PUBLIC "-//W3C//DTD HTML 4.01 Transitional//EN">

<html><head>
   <meta http-equiv="Content-Type"
     content="text/html; charset=ISO-8859-1" />
   <title>Homepage</title>
<%-- Das <link/>-Tag definiert eine Referenz auf eine Ressource
--%>
   <link rel="stylesheet"
     href="/ebookshop/css/ebookshop.css" type="text/css"/>
   </head>
<body>
<%-- Das <div>-Tag kann benutzt werden, um Styles für
Dokumententeile zu definieren; das class-Attribut kann als
Stylesheet-Selektor benutzt werden --%>
<div class="ueberschrift">
   <h2>Willkommen im Buchverkaufs-Shop</h2>

</div>
<%!
// Die Instanz-Methode jspInit() zum Setzen von Context-Parametern
// für das aus der JSP-Seite generierte Servlet überschreiben
   public void jspInit() {
// Beim Ablauf dieser Methode stehen dem Servlet ServletConfig-
// und ServletContext-Objekte zur Verfügung
      ServletConfig config = getServletConfig();
      ServletContext context = getServletContext();
// Die für das Servlet im DD definierten Initialisierungparameter,
// die die URLs, wo Servlets und Image-Dateien der Webapplikation
// zu finden sind, relativ zum Context (Wurzel) der
// Webapplikation spezifizieren, werden gelesen und als Attribute
// für den Context-Scope gesetzt, damit alle Komponenten der
// Webapplikation
// darauf zugreifen können
      context.setAttribute("ContextURL",
        config.getInitParameter("ContextURL"));
      context.setAttribute("ImageURL",
        config.getInitParameter("ImageURL"));
   }
```

```
%>
<%-- JSP-Seiten einbinden, diese brauchen die <html>- und <body>-
Tags nicht mehr zu beinhalten --%>
<jsp:include page="BuchKatalogJSP.jsp" flush="true"/>
<jsp:include page="BuecherKorbJSP.jsp" flush="true"/>
<jsp:include page="WerbungJSP.jsp" flush="true"/>
</body></html>
```

Die JSP-Seite BuchKatalogJSP.jsp

```
<!DOCTYPE HTML PUBLIC "-//W3C//DTD HTML 4.01 Transitional//EN">

<%-- JSP-Scriptlet liest den Wert des in der JSP-Seite index.jsp
gesetzten Attributs für den Context-Scope --%>
<%
   String context = (String)application.
     getAttribute("ContextURL");

%>
<%-- Das <div>-Tag kann benutzt werden, um Styles für
Dokumententeile zu definieren; das class-Attribut kann als
Stylesheet-Selektor benutzt werden --%>
<div class="buchkatalog">
   <form action="<%=context%>/EBookCatalogServlet">
      <input id="submit" type="submit"
        value="Buchkatalog anzeigen"/>
   </form>
</div>
```

Die JSP-Seite BuecherKorbJSP.jsp

```
<!DOCTYPE HTML PUBLIC "-//W3C//DTD HTML 4.01 Transitional//EN">

<%-- JSP-Scriptlet liest die Context-Attribute für die
Webapplikation, in denen der ServletContext-Pfad und die URL zum
Auffinden der Image-Datei hinterlegt wurden --%>
<%
   String context = (String)application.
     getAttribute("ContextURL");
   System.out.println("Context="+context);
   String imageURL = (String)application.
     getAttribute("ImageURL");
%>

<%-- Das <div>-Tag kann benutzt werden, um Styles für
Dokumententeile zu definieren; das class-Attribut kann als
Stylesheet-Selektor benutzt werden --%>
<div class="buecherkorb">
<%-- Das Controller-Servlet EBookShopServlet über einen Hyperlink
```

```
aufrufen und im Aufruf einen Parameter mit dem Namen jspparam,
dessen Wert den Namen der vom Servlet aufzurufenden JSP-Seite
in sich verbirgt, angeben --%>
   <a class="hyperlink"
     href="<%=context%>/EBookShoppingCartServlet">
       <h3>Bücherkorb</h3>
   <img src="<%=imageURL%>/buecherkorb.gif" /></a>
</div>
```

Die JSP-Seite WerbungJSP.jsp

```
<!DOCTYPE HTML PUBLIC "-//W3C//DTD HTML 4.01 Transitional//EN">

<%-- JSP-Scriptlet liest das Context-Attribut für die
Webapplikation, in dem die URL zum Auffinden der Image-Datei
hinterlegt wurde --%>
<%
   String imageURL = (String)application.
     getAttribute("ImageURL");
%>

<%-- Das <div>-Tag kann benutzt werden, um Styles für
Dokumententeile zu definieren; das class-Attribut kann als
Stylesheet-Selektor benutzt werden --%>
<div>
<p class="textWerbung">Zu den Detailseiten der Bücher</p>
<div class="imageAdd">
<%-- Die für den Buchkatalog benutzten Image-Dateien werden
auch hier eingebunden; über einen Hyperlink kann auf die von
mitp bereitgestellte Detailseite zu einem Buch verzweigt werden,
die in einem neuen Fenster eröffnet wird --%>
   <a href="http://www.it-fachportal.de/1780" target="new">
   <img src="<%=imageURL%>/1.jpeg" /></a>
</div>
<div class="imageAdd">
   <a href="http://www.it-fachportal.de/5956" target="new">
   <img src="<%=imageURL%>/2.jpeg" /></a>
</div>
<div class="imageAdd">
   <a href="http://www.it-fachportal.de/5548" target="new">
   <img src="<%=imageURL%>/3.jpeg" /></a>
</div>

<div class="imageAdd">
   <a href="http://www.it-fachportal.de/1775" target="new">
   <img src="<%=imageURL%>/4.jpeg" /></a>
</div>
<div class="imageAdd">
   <a href="http://www.it-fachportal.de/5072" target="new">
```

```
    <img src="<%=imageURL%>/5.jpeg" /></a>
</div>
<div class="imageAdd">
    <a  href="http://www.it-fachportal.de/5963" target="new">
    <img src="<%=imageURL%>/6.jpeg" /></a>
</div>

</div>
```

Die JSP-Seite EBookCatalogJSP.jsp

```
<!DOCTYPE HTML PUBLIC "-//W3C//DTD HTML 4.01 Transitional//EN">

<!-- taglib-Direktive -->
<%@ taglib uri="http://java.sun.com/jsp/jstl/core" prefix="c" %>

<html>
<head>
    <meta http-equiv="Content-Type"
      content="text/html; charset=ISO-8859-1" />
    <meta http-equiv="cache-control" content="no-cache"/>
    <meta http-equiv="expires" content="0"/>
    <meta http-equiv="pragmas" content="no-cache"/>
    <link rel="stylesheet"
      href="/ebookshop/css/ebookshop.css" type="text/css"/>
    <title>Buchkatalog</title>
</head>
<body>
    <h3>Buchkatalog anzeigen</h3>
<%-- JSP-Scriptlet liest den Wert der in der JSP-Seite index.jsp
gesetzten Attribute für den Context-Scope --%>
<%
    String context = (String)application.
      getAttribute("ContextURL");
    String image = (String)application.
      getAttribute("ImageURL");
// Zeitstempel erzeugen und als Attribut im Session-Scope
// setzen, der bei einer Navigation im Browser abgefragt werden
// kann, damit in diesem Fall kein Satz für Bestellungen in der
// Datenbank eingefügt oder gelöscht wird
    request.getSession().setAttribute("Timestamp",
       System.currentTimeMillis() / 1000);
%>
<%-- Über die im Attribut BuchListe gespeicherten Listenelemente
iterieren --%>
        <c:forEach var="buch" items="${BuchListe}">
<%-- und ein Formular für deren Anzeige erzeugen --%>
          <form action=<%=context%>/EBookSelectionServlet>
<%-- Definition und Wertezuweisung für die Eingabefelder
```

```
des Formulars, die BuchID soll nicht angezeigt werden, --%>
            <img src = "${ImageURL}${buch.titelID}.jpeg" />
<%-- darum wird der Wert der BuchID Über ein verstecktes Feld
übergeben --%>
            <input type ="hidden" name="BuchID"
             value="${buch.titelID}" size="2">
<%-- Auch der gesetzte Zeitstempel wird über ein verstecktes Feld
übergeben --%>
            <input type ="hidden" name="TimeStamp"
             value="${Timestamp}">
            <input type="text" name="BuchAutor"
             value="${buch.autor}" size="20" ><br/>
            <input type="text" name="BuchName"
             value="${buch.bezeichnung}"
             size="35">
            <input type="text" name="BuchPreis"
             value="${buch.preis}" size="5"><br/>
<%-- Einen Button für das Abschicken des Formulars definieren --%>
            <center>
              <input type=submit value="In den Bücherkorb" >
            </center>
          </form>
        </c:forEach>
<%-- Hyperlink für die Rückkehr zur Homepage --%>
<a class="link" href="/ebookshop/jsp/mvc2/index.jsp">
   <h3>Zur Homepage<h3></a>

</body></html>
```

Die JSP-Seite EBookSelectionJSP.jsp

```
<!DOCTYPE HTML PUBLIC "-//W3C//DTD HTML 4.01 Transitional//EN">

<html>
<head>
   <meta http-equiv="Content-Type" content="text/html;
     charset=ISO-8859-1" />
   <meta http-equiv="cache-control" content="no-cache"/>
   <meta http-equiv="expires" content="0"/>
   <meta http-equiv="pragmas" content="no-cache"/>
   <title>Buchbestellung</title>
   <link rel="stylesheet"
     href="/ebookshop/css/ebookshop.css" type="text/css"/>
</head>
<body>
   <h3>Ihre Bestellung wurde aufgenommen</h3>

<%-- JSP-Scriptlet ermittelt den Wert des Context-Attributs mit
dem Namen "ContextURL", um diesen in der Bereitstellung von
```

```
Hyperlinks zu benutzen --%>
<%
   String context = (String)application.
     getAttribute("ContextURL");
%>
<%-- Hyperlinks für die Verzweigung zum Buchkatalog, zum
Bücherkorb und zur Homepage --%>
<a class="link" href="<%=context%>/EBookCatalogServlet">
  <h3>Zum Buchkatalog</h3></a>
<a class="link" href="<%=context%>/EBookShoppingCartServlet">
   <h3>Zum Bücherkorb</h3></a>
<%-- Hyperlink für die Rückkehr zur Homepage --%>
<a class="link" href="/ebookshop/jsp/mvc2/index.jsp">
   <h3>Zur Homepage<h3></a>

</body></html>
```

Die JSP-Seite EBookShoppingCartJSP.jsp

```
<!DOCTYPE HTML PUBLIC "-//W3C//DTD HTML 4.01 Transitional//EN">

<!-- taglib-Direktive -->
<%@ taglib uri="http://java.sun.com/jsp/jstl/core" prefix="c" %>

<html>
<head>
   <meta http-equiv="Content-Type"
     content="text/html; charset=ISO-8859-1" />
   <meta http-equiv="cache-control" content="no-cache"/>
   <meta http-equiv="expires" content="0"/>
   <meta http-equiv="pragmas" content="no-cache"/>
   <link rel="stylesheet"
     href="/ebookshop/css/ebookshop.css" type="text/css"/>
   <title>Bücherkorb</title>
</head>
<body>
   <h3>Die von Ihnen ausgewählten Bücher sind:</h3>
<%-- JSP-Scriptlet ermittelt den Wert des Context-Attributs mit
dem Namen "ContextURL", um diesen in der Bereitstellung von
Hyperlinks zu benutzen --%>
<%
   String context = (String)application.
     getAttribute("ContextURL");
%>
<%-- Über die im Attribut BuecherKorb gespeicherten Listenelemente
iterieren --%>
   <c:forEach var="eintrag" items="${BuecherKorb.bestellung}">
     <li> ${eintrag.autor} ${eintrag.bezeichnung} ${eintrag.preis}
     </li>
```

```
  </c:forEach>
<br></br>
Der Gesamtpreis Ihrer Ware beträgt:
${BuecherKorb.gesamtPreis}
<br></br>
<%-- Hyperlinks für die Verzweigung zum Buchkatalog, zur Kasse
und zur Homepage --%>
<a class="link" href="<%=context%>/EBookCatalogServlet">
  <h3>Zum Buchkatalog</h3></a>
<a class="link" href="<%=context%>/EBookCashBoxServlet">
  <h3>Zur Kasse </h3></a>
<%-- Hyperlink für die Rückkehr zur Homepage --%>
<a class="link" href="/ebookshop/jsp/mvc2/index.jsp">
  <h3>Zur Homepage<h3></a>

</body></html>
```

Die JSP-Seite EBookCashBoxJSP.jsp

```
<!DOCTYPE HTML PUBLIC "-//W3C//DTD HTML 4.01 Transitional//EN">

<!-- taglib-Direktive -->
<%@ taglib uri="http://java.sun.com/jsp/jstl/core" prefix="c" %>

<html>
<head>
  <meta http-equiv="Content-Type"
    content="text/html; charset=ISO-8859-1" />
  <meta http-equiv="cache-control" content="no-cache"/>
  <meta http-equiv="expires" content="0"/>
  <meta http-equiv="pragmas" content="no-cache"/>
  <link rel="stylesheet"
    href="/ebookshop/css/ebookshop.css" type="text/css"/>
  <title>Auftragserteilung</title>
</head>
<body>
  <h3>Adresse für die Lieferung eingeben</h3>
<%-- JSP-Scriptlet ermittelt den Wert des Context-Attributs mit
dem Namen "ContextURL", um diesen in der Bereitstellung von
Hyperlinks zu benutzen --%>
<%
  String context = (String)application.
    getAttribute("ContextURL");
%>
<%-- Ein Formular für die Eingabe der Kundenadresse erstellen --%>
  <form action=<%=context%>/EBookInvoiceServlet>
    Name:
    <input type="Text" name="Name" ><br>
    Straße:
```

```
    <input type="Text" name="Straße"><br>
    Ort:
    <input type="Text" name="Ort"><br>
    <br></br>
    <input type="SUBMIT" name="Daten senden">
  </form>

<%-- Hyperlinks für die Verzweigung zum Buchkatalog, zum
Bücherkorb und zur Homepage --%>
<a class="link" href="<%=context%>/EBookCatalogServlet">
  <h3>Zum Buchkatalog</h3></a>
<a class="link" href="<%=context%>/EBookShoppingCartServlet">
  <h3>Zum Bücherkorb</h3></a>
<%-- Hyperlink für die Rückkehr zur Homepage --%>
<a class="link" href="/ebookshop/jsp/mvc2/index.jsp">
  <h3>Zur Homepage<h3></a>

</body></html>
```

Die JSP-Seite EBookInvoiceJSP.jsp

```
<!DOCTYPE HTML PUBLIC "-//W3C//DTD HTML 4.01 Transitional//EN">

<html>
<head>
  <meta http-equiv="Content-Type" content="text/html;
    charset=ISO-8859-1" />
  <meta http-equiv="cache-control" content="no-cache"/>
  <meta http-equiv="expires" content="0"/>
  <meta http-equiv="pragmas" content="no-cache"/>
  <title>Buchbestellung</title>
  <link rel="stylesheet"
    href="/ebookshop/css/ebookshop.css" type="text/css"/>
</head>
<body>

<%-- JSP-Scriptlet ermittelt den Wert des Context-Attributs mit
dem Namen "ContextURL", um diesen in der Bereitstellung von
Hyperlinks zu benutzen, und den Wert des session-Attributs
"Kunde", um die Bestätigung des Versandes der Rechnung im Browser
anzuzeigen --%>
<%
  String context = (String)application.
    getAttribute("ContextURL");
   mvc2.javabeans.JavaBeanKunde kunde =
    (mvc2.javabeans.JavaBeanKunde)session.getAttribute("Kunde");
%>
<h3>Ihre Rechnung wurde an die Adresse:
<br></br>
```

```
${Kunde.kundenName}
<br></br>
${Kunde.strasse}
<br></br>
${Kunde.ort}
<br></br>
verschickt!
</h3>

<%-- Hyperlinks für die Verzweigung zum Buchkatalog, zum
Bücherkorb und zur Homepage --%>
<a class="link" href="<%=context%>/EBookCatalogServlet">
  <h3>Zum Buchkatalog</h3></a>
<a class="link" href="<%=context%>/EBookShoppingCartServlet">
   <h3>Zum Bücherkorb</h3></a>
<%-- Hyperlink für die Rückkehr zur Homepage --%>
<a class="link" href="/ebookshop/jsp/mvc2/index.jsp">
   <h3>Zur Homepage<h3></a>

</body></html>
```

Die Datei web.xml (der Deployment Descriptor der Webapplikation ebookshopmvc2)

```
<?xml version="1.0" encoding="ISO-8859-1" ?>
<web-app xmlns="http://java.sun.com/xml/ns/javaee" xmlns:xsi=
"http://www.w3.org/2001/XMLSchema-instance" xsi:schemaLocation=
"http://java.sun.com/xml/ns/javaee http://java.sun.com/xml/ns/
javaee/web-app_2_5.xsd" version="2.5">

<description>Die Webapplikation ebookshopmvc2</description>
<display-name>Die Webapplikation ebookshopmvc2</display-name>

<!--  Filter-Definitionen  -->
   <filter>
      <filter-name>LoggingFilter</filter-name>
      <filter-class>mvc2.filter.LoggingFilter</filter-class>
   </filter>

<!-- Die Filter auf Servlets abbilden -->
   <filter-mapping>
<!-- Der Filter wird mit allen Ressourcen der Webapplikation
(sowohl Servlets, als auch JSP-Seiten) verknüpft -->
      <filter-name>LoggingFilter</filter-name>
      <url-pattern>/*</url-pattern>
   </filter-mapping>

<!--  Servlet-Definitionen  -->
   <servlet>
      <servlet-name>EBookCatalogServlet</servlet-name>
```

```
    <servlet-class>mvc2.servlets.EBookCatalogServlet</servlet-class>
  </servlet>
  <servlet-mapping>
    <servlet-name>EBookCatalogServlet</servlet-name>
    <url-pattern>/mvc2/servlets/EBookCatalogServlet</url-pattern>
  </servlet-mapping>
  <servlet>
    <servlet-name>EBookSelectionServlet</servlet-name>
    <servlet-class>mvc2.servlets.EBookSelectionServlet</servlet-class>
  </servlet>
  <servlet-mapping>
    <servlet-name>EBookSelectionServlet</servlet-name>
    <url-pattern>/mvc2/servlets/EBookSelectionServlet</url-pattern>
  </servlet-mapping>
  <servlet>
    <servlet-name>EBookShoppingCartServlet</servlet-name>
    <servlet-class>mvc2.servlets.EBookShoppingCartServlet
    </servlet-class>
  </servlet>
  <servlet-mapping>
    <servlet-name>EBookShoppingCartServlet</servlet-name>
    <url-pattern>/mvc2/servlets/EBookShoppingCartServlet</url-pattern>
  </servlet-mapping>
  <servlet>
    <servlet-name>EBookShowShoppingCartServlet</servlet-name>
    <servlet-class>mvc2.servlets.EBookShowShoppingCartServlet
    </servlet-class>
  </servlet>
  <servlet-mapping>
    <servlet-name>EBookShowShoppingCartServlet</servlet-name>
    <url-pattern>/mvc2/servlets/EBookShowShoppingCartServlet
    </url-pattern>
  </servlet-mapping>
  <servlet>
    <servlet-name>EBookUpdateShoppingCartServlet</servlet-name>
    <servlet-class>mvc2.servlets.EBookUpdateShoppingCartServlet
    </servlet-class>
  </servlet>
  <servlet-mapping>
    <servlet-name>EBookUpdateShoppingCartServlet</servlet-name>
    <url-pattern>/mvc2/servlets/EBookUpdateShoppingCartServlet
    </url-pattern>
  </servlet-mapping>
  <servlet>
    <servlet-name>EBookCashBoxServlet</servlet-name>
    <servlet-class>mvc2.servlets.EBookCashBoxServlet</servlet-class>
  </servlet>
  <servlet-mapping>
    <servlet-name>EBookCashBoxServlet</servlet-name>
```

```
      <url-pattern>/mvc2/servlets/EBookCashBoxServlet</url-pattern>
   </servlet-mapping>
   <servlet>
      <servlet-name>EBookInvoiceServlet</servlet-name>
      <servlet-class>mvc2.servlets.EBookInvoiceServlet</servlet-class>
   </servlet>
   <servlet-mapping>
      <servlet-name>EBookInvoiceServlet</servlet-name>
      <url-pattern>/mvc2/servlets/EBookInvoiceServlet</url-pattern>
   </servlet-mapping>
<!-- Initialisierungsparameter für das aus der JSP-Seite erzeugte
Servlet setzen -->
   <servlet>
      <servlet-name>index</servlet-name>
      <jsp-file>/jsp/mvc2/index.jsp</jsp-file>
         <init-param>
            <param-name>ContextURL</param-name>
            <param-value>/ebookshopmvc2/mvc2/servlets</param-value>
         </init-param>
         <init-param>
            <param-name>ImageURL</param-name>
            <param-value>/ebookshopmvc2/images/</param-value>
         </init-param>
   </servlet>
   <servlet-mapping>
      <servlet-name>index</servlet-name>
      <url-pattern>/jsp/mvc2/index.jsp</url-pattern>
   </servlet-mapping>

<!-- Sicherheits-Rollendefinitionen für diese Webapplikation -->
   <security-role>
      <role-name>kunde</role-name>
   </security-role>
   <security-role>
      <role-name>verwalter</role-name>
   </security-role>
<!-- Sicherheits-Bestimmungen für diese Webapplikation -->
   <security-constraint>
      <display-name>Sicherheits-Einschränkungen</display-name>
      <web-resource-collection>
         <web-resource-name>Geschützte Ressourcen
         </web-resource-name>
<!-- Definition der eingeschränkten URLs, für die eine Authentifizierung
von Benutzern erforderlich ist -->
         <url-pattern>/jsp/mvc2/admin/*</url-pattern>
<!-- Die http-Methoden, die auf die durch die URL-Muster
definierten Ressourcen zugelassen sind -->
         <http-method>GET</http-method>
         <http-method>POST</http-method>
```

```
      </web-resource-collection>
<!-- Authentifizierung für die in der Datei webusers.xml
angegebenen Rollendefinitionen -->
      <auth-constraint>
<!-- Die Liste der Rollen, die auf die angegebenen Bereiche
eingeschränkt sind -->
         <role-name>verwalter</role-name>
      </auth-constraint>
   </security-constraint>
<!-- Ein zweiter Sicherheits-Eintrag -->
   <security-constraint>
      <display-name>Sicherheits-Einschränkungen</display-name>
      <web-resource-collection>
         <web-resource-name>Geschützte Ressourcen
         </web-resource-name>
<!-- Definition der eingeschränkten URLs, für die eine
Authentifizierung von Benutzern erforderlich ist -->
         <url-pattern>/mvc2/*</url-pattern>
         <url-pattern>/images</url-pattern>
<!-- Die http-Methoden, die auf die durch die URL-Muster
definierten Ressourcen zugelassen sind -->
         <http-method>GET</http-method>
         <http-method>POST</http-method>
      </web-resource-collection>
<!-- Authentifizierung für die in der Datei webusers.xml
angegebenen Rollendefinitionen -->
      <auth-constraint>
<!-- Die Liste der Rollen, die auf die angegebenen Bereiche
eingeschränkt sind -->
         <role-name>kunde</role-name>
      </auth-constraint>
   </security-constraint>

<!-- Eine BASIC-Authentifizierung für den Zugriff nutzen -->

   <login-config>
      <auth-method>BASIC</auth-method>
      <realm-name> EBookShop Login </realm-name>
   </login-config>

</web-app>
```

Programmausgaben

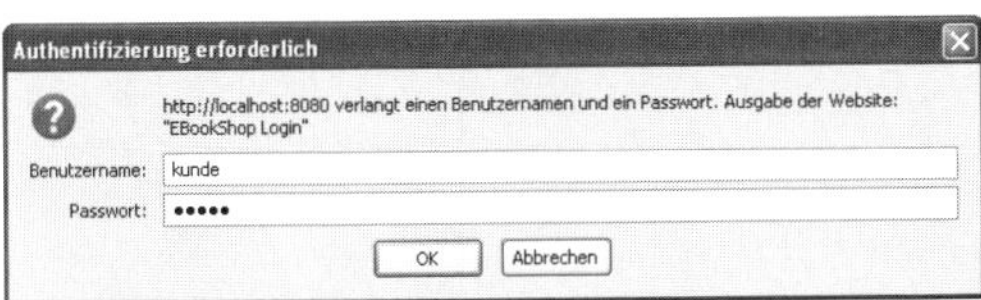

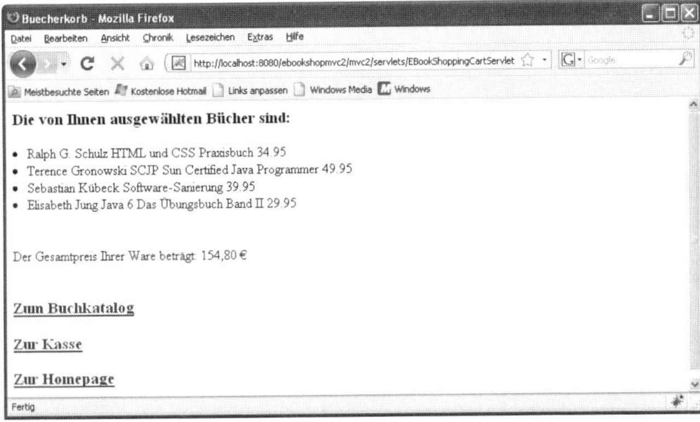

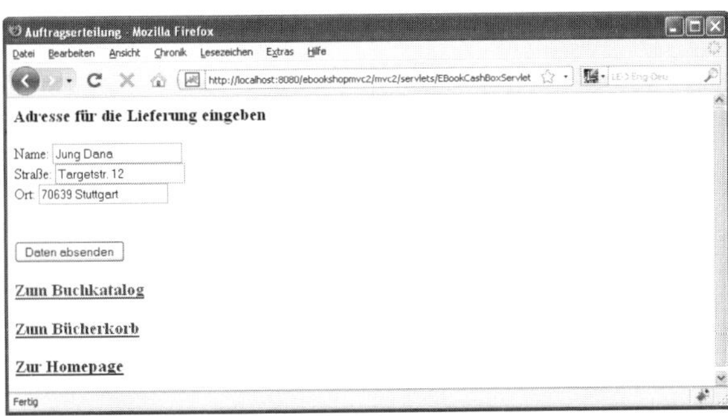

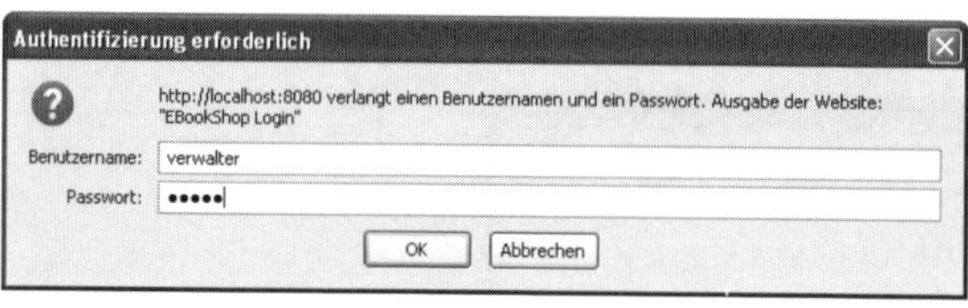

Die Tabelle bestellungen

Session_ID	Buch_ID
AF60A112C25ECF98D552B0C09C9FED5D	1
AF60A112C25ECF98D552B0C09C9FED5D	3
AF60A112C25ECF98D552B0C09C9FED5D	6
4DA923E3D12F847D871044EDB013C0E8	2
4DA923E3D12F847D871044EDB013C0E8	3
AC68C72AE9309CB4A186FC00454EAD5A	3
AC68C72AE9309CB4A186FC00454EAD5A	4
AC68C72AE9309CB4A186FC00454EAD5A	1
AC68C72AE9309CB4A186FC00454EAD5A	2
D55703E90ABD2B7ABC0129780B3FC175	4
D55703E90ABD2B7ABC0129780B3FC175	6
D55703E90ABD2B7ABC0129780B3FC175	5
D55703E90ABD2B7ABC0129780B3FC175	2
7991055E8A96AECFBF3FCEE132DDCE26	4
7991055E8A96AECFBF3FCEE132DDCE26	6
7991055E8A96AECFBF3FCEE132DDCE26	5
7991055E8A96AECFBF3FCEE132DDCE26	2

Die Tabelle kundendaten

Auftrags_ID	Kundenname	Straße	Ort	Session_ID
1	Richter Anton	Birkenweg 8	80567 München	AF60A112C25ECF98D552B0C09C9FED5D
2	Klein Gertrude	Schillerstraße 456	60333 Frankfurt	4DA923E3D12F847D871044EDB013C0E8
4	Christi Patricia	Im Burgfeld 5	10780 Berlin	AC68C72AE9309CB4A186FC00454EAD5A
6	Jung Dana	Targetstr. 12	70639 Stuttgart	7991055E8A96AECFBF3FCEE132DDCE26

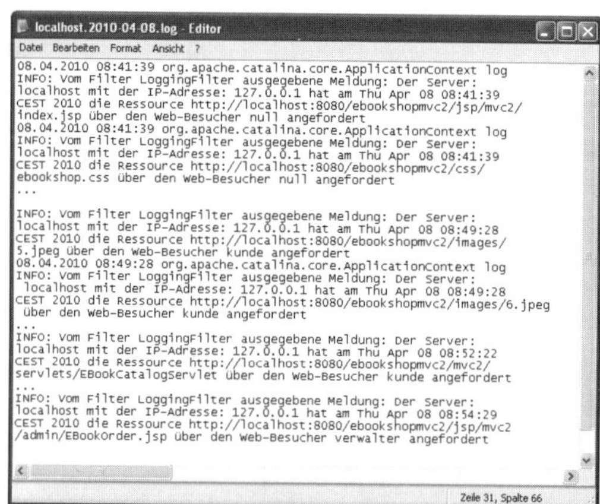


```
08.04.2010 08:41:39 org.apache.catalina.core.ApplicationContext log
INFO: Vom Filter LoggingFilter ausgegebene Meldung: Der Server:
localhost mit der IP-Adresse: 127.0.0.1 hat am Thu Apr 08 08:41:39
CEST 2010 die Ressource http://localhost:8080/ebookshopmvc2/jsp/mvc2/
index.jsp über den Web-Besucher null angefordert
08.04.2010 08:41:39 org.apache.catalina.core.ApplicationContext log
INFO: Vom Filter LoggingFilter ausgegebene Meldung: Der Server:
localhost mit der IP-Adresse: 127.0.0.1 hat am Thu Apr 08 08:41:39
CEST 2010 die Ressource http://localhost:8080/ebookshopmvc2/css/
ebookshop.css über den Web-Besucher null angefordert
...

INFO: Vom Filter LoggingFilter ausgegebene Meldung: Der Server:
localhost mit der IP-Adresse: 127.0.0.1 hat am Thu Apr 08 08:49:28
CEST 2010 die Ressource http://localhost:8080/ebookshopmvc2/images/
5.jpeg über den Web-Besucher kunde angefordert
08.04.2010 08:49:28 org.apache.catalina.core.ApplicationContext log
INFO: Vom Filter LoggingFilter ausgegebene Meldung: Der Server:
 localhost mit der IP-Adresse: 127.0.0.1 hat am Thu Apr 08 08:49:28
CEST 2010 die Ressource http://localhost:8080/ebookshopmvc2/images/6.jpeg
 über den Web-Besucher kunde angefordert
...
INFO: Vom Filter LoggingFilter ausgegebene Meldung: Der Server:
localhost mit der IP-Adresse: 127.0.0.1 hat am Thu Apr 08 08:52:22
CEST 2010 die Ressource http://localhost:8080/ebookshopmvc2/mvc2/
servlets/EBookCatalogServlet über den Web-Besucher kunde angefordert
...
INFO: Vom Filter LoggingFilter ausgegebene Meldung: Der Server:
localhost mit der IP-Adresse: 127.0.0.1 hat am Thu Apr 08 08:54:29
CEST 2010 die Ressource http://localhost:8080/ebookshopmvc2/jsp/mvc2
/admin/EBookOrder.jsp über den Web-Besucher verwalter angefordert
```

Hinweise zu den Programmausgaben

Die von Kunden eingegebenen Daten werden in denselben Tabellen der Datenbank buchkatalog gespeichert wie auch die aus der Webapplikation ebookshop.

Wie auch für die anderen Funktionen der Webapplikation sei an dieser Stelle nochmals darauf hingewiesen, dass eine andere Anwendungslogik durchaus denkbar ist, aber sowohl Änderungen im Aufbau der Datenbanktabellen als auch des Zugriffes auf diese und in der Definition von JavaBean-Klassen für Anwendungsobjekte mit sich bringt.

Lösung 4.13

Die Klasse BuchDBZugriff

```
package mvc2.dbmanager;

import java.sql.*;
import java.util.*;
public class BuchDBZugriff {
// Konstruktordefinition
   public BuchDBZugriff() {
   }
// Zugriffs-Methoden auf die Sätze der Tabellen autoren und titel
   public static ArrayList<mvc2.javabeans.JavaBeanBuch>
                                            selectBuecher() {
// Liste vom parametrisierten Typ der Klasse JavaBeanBuch
// erzeugen
      ArrayList<mvc2.javabeans.JavaBeanBuch> buecher =
          new ArrayList<mvc2.javabeans.JavaBeanBuch>();
      try {
// Eine Datenbankverbindung aufbauen, die Sätze der Tabelle
// autoren über die Spalte autoren_ID mit den Sätzen der Tabelle
// titel verknüpfen
         Class.forName("com.mysql.jdbc.Driver");
         Connection connection = DriverManager.getConnection(
          "jdbc:mysql://localhost/buchkatalog", "root","manager");
         Statement statement = connection.createStatement();
         String sql = "select name, bezeichnung, preis, titel_ID "
           + "from autoren, titel where "
             + "autoren.autoren_ID=titel.autoren_ID";
         ResultSet ergebnis = statement.executeQuery(sql);
// Die abgerufenen Spaltenwerte als Eigenschaftswerte für ein
// JavaBeanBuch-Objekt setzen
         while(ergebnis.next()) {
            mvc2.javabeans.JavaBeanBuch buch =
              new mvc2.javabeans.JavaBeanBuch();
            buch.setAutor(ergebnis.getString(1));
            buch.setBezeichnung(ergebnis.getString(2));
            buch.setPreis(ergebnis.getDouble(3));
```

```
            buch.setTitelID(ergebnis.getInt(4));
// Das JavaBeanBuch-Objekt der Liste hinzufügen
            buecher.add(buch);
         }
      }
      catch(ClassNotFoundException e1) {
         System.out.println("Der DB-Treiber wurde nicht "
           + "gefunden");
         System.out.println(e1);
      }
      catch(SQLException e2) {
         System.out.println("Fehlerhafter SQL-Befehl");
         System.out.println(e2);
      }
// Die ArrayList<JavaBeanBuch>-Instanz zurückgeben
      return buecher;
   }
   public static int selectBuch(String name) {
      int buchID = 0;
      try {
// Eine Datenbankverbindung aufbauen, nach dem im Methodenaufruf
// übergebenen Buchtitel in der Tabelle titel suchen
         Class.forName("com.mysql.jdbc.Driver");
         Connection connection = DriverManager.getConnection(
          "jdbc:mysql://localhost/buchkatalog", "root","manager");
         Statement statement = connection.createStatement();
         String sql = "select titel_ID from titel where "
           + "bezeichnung =  '"+name+"'";
         ResultSet ergebnis = statement.executeQuery(sql);
// Die dazugehörige Buch-ID aus dem Ergebnis der Anfrage ermitteln
         if(ergebnis.next()) {
            buchID = ergebnis.getInt(1);
         }
// Die Verbindung zur Datenbank schließen
         connection.close();
      }
      catch(ClassNotFoundException e1) {
         System.out.println("Der DB-Treiber wurde nicht "
           + "gefunden");
         System.out.println(e1);
      }
      catch(SQLException e2) {
         System.out.println("Fehlerhafter SQL-Befehl");
         System.out.println(e2);
      }
// Die Buch-ID zurückgeben
      return buchID;
   }
}
```

Die Klasse BestellungDBZugriff

```
package mvc2.dbmanager;

import java.sql.*;
import java.util.*;
public class BestellungDBZugriff {
// Konstruktordefinition
  public BestellungDBZugriff() {
  }
// Zugriffs-Methoden für die Sätze der Tabelle bestellungen
// definieren
  public static int insertBestellung(
               mvc2.javabeans.JavaBeanBestellung bestellung) {
     int anzahl = 0;
     try {
// Eine Datenbankverbindung aufbauen
        Class.forName("com.mysql.jdbc.Driver");
        Connection connection = DriverManager.getConnection(
         "jdbc:mysql://localhost/buchkatalog", "root","manager");
        Statement statement = connection.createStatement();
// und einen Satz der Tabelle bestellungen hinzufügen
        int buchID = bestellung.getBuchID();
        String sessionID = bestellung.getSessionID();
// SQL-String definieren
        String sql = "insert into bestellungen "
         + " values('"+sessionID+"','"+buchID+"')";
// SQL-Befehl ausführen
       anzahl = statement.executeUpdate(sql);
// Das Einfügen des Satzes in der Log-Datei stdout...
// protokollieren
        System.out.println("Es wurde " + anzahl +
         " Satz in die Tabelle bestellungen geschrieben");
     }
     catch(ClassNotFoundException e1) {
        System.out.println("Der DB-Treiber wurde nicht "
          + "gefunden");
        System.out.println(e1);
     }
     catch(SQLException e2) {
        System.out.println("Fehlerhafter SQL-Befehl");
        System.out.println(e2);
     }
// Den Rückgabewert der Methode executeUpdate() an die aufrufende
// Methode zurückgeben
      return anzahl;
   }
   public static int deleteBestellung(int buchID, String
                                    sessionID) {
```

```
      int anzahl = 0;
      try {
// Eine Datenbankverbindung aufbauen und
        Class.forName("com.mysql.jdbc.Driver");
        Connection connection = DriverManager.getConnection(
         "jdbc:mysql://localhost/buchkatalog", "root","manager");
        Statement statement = connection.createStatement();
// den Satz mit den im Methodenaufruf übergebenen Werten in der
// Tabelle bestellungen der DB löschen
        String sql = "delete from bestellungen where "
         + "buch_ID = '"+buchID+"' and session_ID ='"+sessionID+"'
         limit 1";
// SQL-Befehl ausführen
        anzahl = statement.executeUpdate(sql);
// Die Anzahl der gelöschten Sätze in der Log-Datei std_out.
// protokollieren
        System.out.println("In der Tabelle bestellungen wurde "
          + anzahl + " Satz gelöscht");
      }
      catch(ClassNotFoundException e1) {
        System.out.println("Der DB-Treiber wurde nicht "
          + "gefunden");
        System.out.println(e1);
      }
      catch(SQLException e2) {
        System.out.println("Fehlerhafter SQL-Befehl");
        System.out.println(e2);
      }
// Den Rückgabewert der Methode executeUpdate() an die aufrufende
// Methode zurückgeben
      return anzahl;
   }
}
```

Das Klasse EBookShowShoppingCartServlet

```
package mvc2.servlets;

import java.io.*;
import javax.servlet.*;
import javax.servlet.http.*;
import java.util.*;
import java.sql.*;
public class EBookShowShoppingCartServlet extends HttpServlet {
// Die doGet()-Methode überschreiben
   public void doGet(HttpServletRequest request,
                     HttpServletResponse response)
                        throws IOException, ServletException {
```

```
// und darin die doPost()-Methode aufrufen, weil doGet()
// standardmäßig aufgerufen wird
      doPost(request, response);
   }
// Die doPost()-Methode überschreiben
   protected void doPost(HttpServletRequest request,
                         HttpServletResponse response)
                    throws ServletException, IOException {
// URL-String für das Weiterleiten der Anfrage an eine JSP-Seite
// erzeugen
      String url = "/jsp/mvc2/EBookShowShoppingCartJSP.jsp";
// HttpSession-Instanz erzeugen
      HttpSession session = request.getSession();
// Nach einem Attribut mit dem Namen "BuecherKorb" im Session-
// Scope suchen;
      mvc2.javabeans.JavaBeanBuecherKorb buecherKorb =
       (mvc2.javabeans.JavaBeanBuecherKorb)session.
         getAttribute("BuecherKorb");
// ist keines gesetzt, eine Instanz der Klasse JavaBeanBuecherKorb
// erzeugen
      if(buecherKorb == null) {
         buecherKorb = new mvc2.javabeans.JavaBeanBuecherKorb();
      }
// Alle vorhandenen Einträge löschen, um doppelte Einträge zu
// vermeiden, und den Bücherkorb mit allen Bestellungen neu füllen
      buecherKorb.setBestellung(new ArrayList<mvc2.javabeans.
        JavaBeanBuecherKorbEintrag>());
      buecherKorb = mvc2.dbmanager.BuecherKorbDBZugriff.
        selectBestellungen(session.getId());
// Die JavaBeanBuecherKorb-Instanz als Attribut im Session-Scope
// setzen
      session.setAttribute("BuecherKorb", buecherKorb);
// Die Anfrage an die JSP-Seite EBookShowShoppingCartJSP.jsp
// weiterleiten; der RequestDispatcher kann vom Context des
// Servlets abgeholt werden
      RequestDispatcher requestDispatcher =
        getServletContext().getRequestDispatcher(url);
          requestDispatcher.forward(request, response);
   }
}
```

Das Klasse EBookUpdateShoppingCartServlet

```
package mvc2.servlets;

import java.io.*;
import javax.servlet.*;
import javax.servlet.http.*;
```

```
public class EBookUpdateShoppingCartServlet extends HttpServlet {
// Die doGet()-Methode überschreiben
  public void doGet(HttpServletRequest request,
                  HttpServletResponse response)
                      throws IOException, ServletException {
// und darin die doPost()-Methode aufrufen, weil doGet()
// standardmäßig aufgerufen wird
    doPost(request, response);
  }
// Die doPost()-Methode überschreiben
  protected void doPost(HttpServletRequest request,
                              HttpServletResponse response)
                      throws ServletException, IOException {
// URL-String für das Weiterleiten der Anfrage an eine JSP-Seite
// erzeugen
    String url = "/jsp/mvc2/EBookUpdateShoppingCartJSP.jsp";
// HttpSession-Instanz erzeugen
    HttpSession session = request.getSession();
    String name = request.getParameter("BestellungName");
// Den im Formular ausgewählten Eintrag in der DB löschen; dazu
// die zum Buchtitel zugehörige Buch-ID aus der Tabelle titel
// und die aktuelle Session-ID ermitteln
    int buchID = mvc2.dbmanager.BuchDBZugriff.
      selectBuch(name);
    String sessionID = session.getId();
// und diese im Aufruf der Methode deleteBestellung() übergeben,
// um den zugehörigen Satz in der Tabelle bestellungen zu
// löschen.
// Bei einer Navigation im Browser soll kein neuer Satz in die
// Datenbank eingefügt werden
    if(session.getAttribute("Timestamp1").toString().
      equals(request.getParameter("TimeStamp1"))) {
       mvc2.dbmanager.BestellungDBZugriff.
       deleteBestellung(buchID, sessionID);
// Neuen Zeitstempel erzeugen und als Attribut im Session-Scope
// setzen
       long timeStamp = System.currentTimeMillis()/1000;
       session.setAttribute("Timestamp1", timeStamp);
    }
// Die Anfrage an die JSP-Seite EBookUpdateShoppingCartJSP.jsp
// weiterleiten; der RequestDispatcher kann vom Context des
// Servlets abgeholt werden
    RequestDispatcher requestDispatcher =
      getServletContext().getRequestDispatcher(url);
        requestDispatcher.forward(request, response);
  }
}
```

Die JSP-Seite EBookShowShoppingCartJSP.jsp

```
<!DOCTYPE HTML PUBLIC "-//W3C//DTD HTML 4.01 Transitional//EN">

<!-- taglib-Direktive -->
<%@ taglib uri="http://java.sun.com/jsp/jstl/core" prefix="c" %>

<html>
<head>
  <meta http-equiv="Content-Type"
    content="text/html; charset=ISO-8859-1" />
  <meta http-equiv="cache-control" content="no-cache"/>
  <meta http-equiv="expires" content="0"/>
  <meta http-equiv="pragmas" content="no-cache"/>
  <link rel="stylesheet"
    href="/ebookshop/css/ebookshop.css" type="text/css"/>
  <title>Bücherkorb</title>
</head>
<body>
  <h3>Die von Ihnen ausgewählten Bücher sind:</h3>
<%-- JSP-Scriptlet ermittelt den Wert des Context-Attributs mit
dem Namen "ContextURL", um diesen in der Bereitstellung von
Hyperlinks zu benutzen --%>
<%
  String context = (String)application.
    getAttribute("ContextURL");
// Zeitstempel erzeugen und als Attribut im Session-Scope
// setzen, das bei einer Navigation im Browser abgefragt werden
// kann, damit in diesem Fall kein Satz für Bestellungen in der
// Datenbank eingefügt oder gelöscht wird
  request.getSession().setAttribute("Timestamp1",
    System.currentTimeMillis()/1000);
%>
<%-- Über die im Attribut BuchListe gespeicherten Listenelemente
iterieren --%>
  <c:forEach var="eintrag" items="${BuecherKorb.bestellung}">
<%-- und ein Formular für deren Anzeige erzeugen --%>
    <form action=<%=context%>/EBookUpdateShoppingCartServlet>
<%-- Der gesetzte Zeitstempel wird über ein verstecktes Feld
übergeben --%>
      <input type ="hidden" name="TimeStamp1"
        value="${Timestamp1}">
      <input type="text" name="BestellungAutor"
        value="${eintrag.autor}" size="35"><br/>
      <input type="text" name="BestellungName"
        value="${eintrag.bezeichnung}" size="50">
      <input type="text" name="BestellungPreis"
        value="${eintrag.preis}" size="5"><br/>
```

```
<%-- Einen Button für das Abschicken des Formulars definieren --%>
        <center>
          <input type=submit value="Bestellung löschen" >
        </center>
      </form>
   </c:forEach>
<br></br>
Der Gesamtpreis Ihrer Ware beträgt:
${BuecherKorb.gesamtPreis}
<br></br>
<%-- Hyperlinks für die Verzweigung zum Buchkatalog, Bücherkorb
und Homepage --%>
<a class="link" href="<%=context%>/EBookCatalogServlet">
  <h3>Zum Buchkatalog</h3></a>
<a class="link" href="<%=context%>/EBookCashBoxServlet">
   <h3>Zur Kasse </h3></a>
<%-- Hyperlink für die Rückkehr zur Homepage --%>
<a class="link" href="/ebookshop/jsp/mvc2/index.jsp">
   <h3>Zur Homepage<h3></a>

</body></html>
```

Die JSP-Seite EBookUpdateShoppingCartJSP.jsp

```
<!DOCTYPE HTML PUBLIC "-//W3C//DTD HTML 4.01 Transitional//EN">

<html>
<head>
   <meta http-equiv="Content-Type" content="text/html;
     charset=ISO-8859-1" />
   <meta http-equiv="cache-control" content="no-cache"/>
   <meta http-equiv="expires" content="0"/>
   <meta http-equiv="pragmas" content="no-cache"/>
   <title>Buchbestellung</title>
   <link rel="stylesheet"
     href="/ebookshop/css/ebookshop.css" type="text/css"/>
</head>
<body>
   <h3>Ihre Bestellung wurde gelöscht</h3>

<%-- JSP-Scriptlet ermittelt den Wert des Context-Attributs mit
dem Namen "ContextURL", um diesen in der Bereitstellung von
Hyperlinks zu benutzen --%>
<%
   String context = (String)application.
     getAttribute("ContextURL");
%>
<%-- Hyperlinks für die Verzweigung zum Buchkatalog, Bücherkorb
und Homepage --%>
```

```
<a class="link" href="<%=context%>/EBookCatalogServlet">
  <h3>Zum Buchkatalog</h3></a>
<a class="link" href="<%=context%>/EBookShowShoppingCartServlet">
   <h3>Zum Bücherkorb</h3></a>
<%-- Hyperlink für die Rückkehr zur Homepage --%>
<a class="link" href="/ebookshop/jsp/mvc2/index.jsp">
   <h3>Zur Homepage<h3></a>

</body></html>
```

Die JSP-Seite EBookOrder.jsp

```
<!DOCTYPE HTML PUBLIC "-//W3C//DTD HTML 4.01 Transitional//EN">

<!-- taglib-Direktiven, die die Zuordnung von Tag-Dateien
ohne einen TLD ermöglichen -->
<%@ taglib uri="http://java.sun.com/jsp/jstl/core" prefix="c" %>
<%@ taglib uri="http://java.sun.com/jsp/jstl/sql" prefix="sql" %>
<%@ include file="TagFile5.jsp" %>
<html>
<head>
  <meta http-equiv="Content-Type" content="text/html" />
  <title>Aufträge</title>
  <link rel="stylesheet"
    href="/ebookshop/css/ebookshop.css" type="text/css"/>
  </head>
<body>

<%-- Den Treiber laden und eine Verbindung zur Datenbank
buchkatalog aufbauen --%>
<sql:setDataSource driver="com.mysql.jdbc.Driver"
   url="jdbc:mysql://localhost/buchkatalog" user="root"
     password="manager" var="db"/>
<c:out value="<h2> Alle Kundenaufträge anzeigen </h2>"
  escapeXml="false"/>
<%-- Alle in der Tabelle kundendaten gespeicherten Sätze
abrufen --%>
<sql:query var="saetze" dataSource="${db}">
   select * from kundendaten
</sql:query>
<%-- Eine HTML-Tabelle mit der Überschrift Kundenname, Straße,
Ort, Titel, Autor und Preis aufbauen --%>
<table border='2'>
<tr>
<th>Kundenname</th><th>Straße</th><th>Ort</th><th>Titel
  </th><th>Autor</th><th>Preis</th></tr>
<%-- Auf die Sätze der Tabelle kundendaten nacheinander zugreifen;
die buch_ID aus der Tabelle bestellungen, die der session_ID
aus dem eingelesenen Satz der Tabelle kundendaten entspricht,
```

```
ermitteln; über diese den zugehörigen Autor und Titel aus den
Tabellen autoren und titel abrufen und alle Daten im
Tabellenformat anzeigen --%>
<c:forEach var="satz1" items="${saetze.rows}">
   <sql:query var="saetze" dataSource="${db}">
      select buch_ID from bestellungen where
        session_ID='${satz1.session_ID}'
   </sql:query>
   <c:forEach var="satz2" items="${saetze.rows}">
      <sql:query var="saetze" dataSource="${db}">
        select bezeichnung, preis, name from titel,
          autoren where autoren.autoren_ID=titel.autoren_ID and
            titel_ID='${satz2.buch_ID}'
      </sql:query>
      <c:forEach var="satz3" items="${saetze.rows}">
        <tr><td><c:out value="${satz1.kundenname}"/></td>
        <td><c:out value="${satz1.strasse}"/></td>
        <td><c:out value="${satz1.ort}"/></td>
        <td><c:out value="${satz3.bezeichnung}"/></td>
        <td><c:out value="${satz3.name}"/></td>
        <td><c:out value="${satz3.preis}"/></td></tr>
      </c:forEach>
   </c:forEach>
</c:forEach>
</table>

</body></html>
```

Die JSP-Seite TagFile5.jsp

```
<!DOCTYPE HTML PUBLIC "-//W3C//DTD HTML 4.01 Transitional//EN">

<!-- taglib-Direktive, die die Zuordnung von Tag-Dateien
ohne einen TLD ermöglicht -->
<%@ taglib prefix="tagf" tagdir="/WEB-INF/tags" %>
<html>
   <body>
      <h3>Datum und Uhrzeit mit Hilfe eines Tag-Files ermitteln
      </h3>

<!-- Zuweisung von Attributwerten im Tag-Aufruf -->
      <tagf:TagFilemitDatum text = "Aktuelles Tagesdatum: ">
<!-- Der Zugriff auf die Tag-Variable erfolgt im Body des Tags -->
         ${datum}
      </tagf:TagFilemitDatum>
      <br/>
      <tagf:TagFilemitUhrzeit text = "Aktuelle Uhrzeit: ">
         ${uhrzeit}
      </tagf:TagFilemitUhrzeit>
```

```
  </body>
</html>
```

Die Tag-Datei TagFilemitDatum.tag

```
<%-- tag-Direktive importiert Pakete --%>
<%@ tag import="java.util.*" %>
<%-- variable-Direktive vergibt Variablenname --%>
<%@ variable name-given="datum" %>
<%-- attribute-Direktive --%>
<%@ attribute name="text" required="true" %>
<%-- JSP-Scriptlet ermittelt das aktuelle Tagesdatum und setzt
die Tag-Variable als Attribut für das implizite jspContext-Objekt
im APPLICATION_SCOPE, so dass diese für alle Komponenten der
Webapplikation Gültigkeit hat --%>
<%
// Das Tagesdatum über den Aufruf der get()-Methoden der Klasse
// GregorianCalendar ermitteln
  GregorianCalendar calendar = new GregorianCalendar();
    String datum = calendar.get(Calendar.DAY_OF_MONTH) + " "
      + (calendar.get(Calendar.MONTH) + 1) + " "
        + calendar.get(Calendar.YEAR);
  jspContext.setAttribute("datum", datum,
      PageContext.APPLICATION_SCOPE);
%>
<!-- Zugriff auf das Tag-Attribut -->
${text}
<!-- Den Body des Tags ausgeben -->
<jsp:doBody/>
```

Die Tag-Datei TagFilemitUhrzeit.tag

```
<%-- tag-Direktive importiert Pakete --%>
<%@ tag import="java.util.*" %>
<%-- tag-Direktive vergibt Variablenname --%>
<%@ variable name-given="uhrzeit" %>
<%-- attribute-Direktive --%>
<%@ attribute name="text" required="true" %>
<%-- JSP-Scriptlet ermittelt die aktuelle Uhrzeit und setzt
die Tag-Variable als Attribut für das implizite jspContext-Objekt
im APPLICATION_SCOPE, so dass diese für alle Komponenten der
Webapplikation Gültigkeit hat --%>
<%
// Die aktuelle Uhrzeit über den Aufruf der Methoden der
// Klasse GregorianCalendar ermitteln
  GregorianCalendar calendar1 = new GregorianCalendar();
  String uhrzeit = calendar1.get(Calendar.HOUR) + " "
      + calendar1.get(Calendar.MINUTE) + " " + calendar1.get(
        Calendar.SECOND);
```

```
    jspContext.setAttribute("uhrzeit", uhrzeit,
      PageContext.APPLICATION_SCOPE);
%>
<!-- Zugriff auf das Tag-Attribut -->
${text}
<!-- Den Body des Tags ausgeben -->
<jsp:doBody/>
```

Programmausgaben

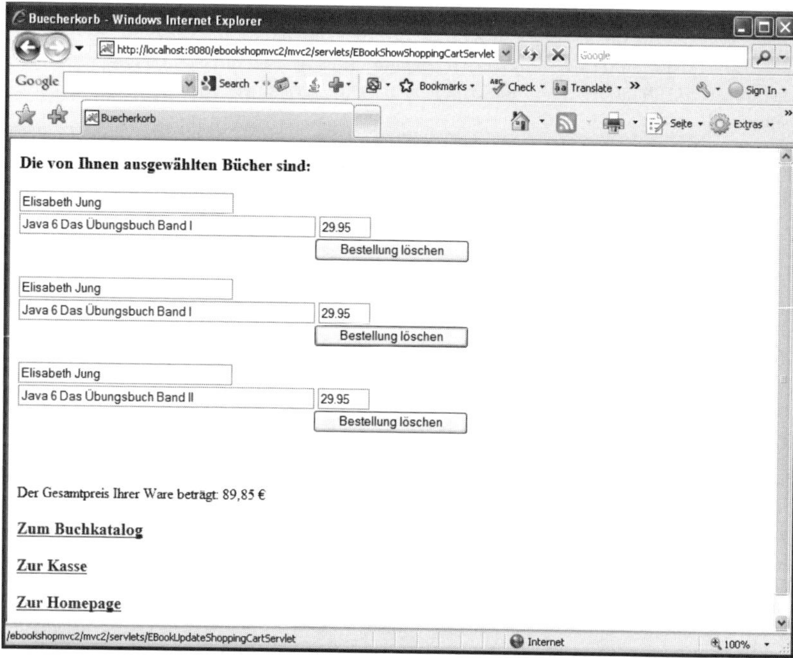

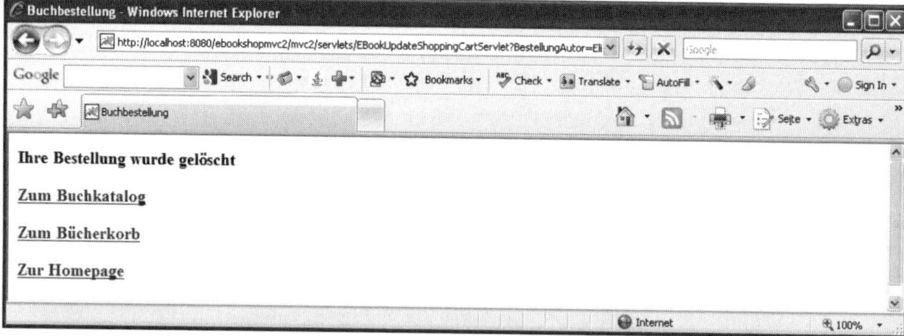

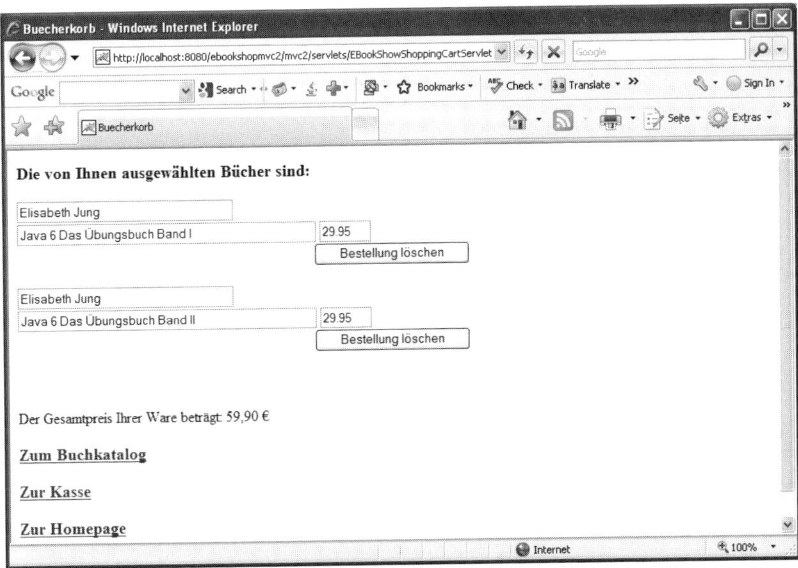
Buecherkorb - Windows Internet Explorer
http://localhost:8080/ebookshopmvc2/mvc2/servlets/EBookShowShoppingCartServlet
Die von Ihnen ausgewählten Bücher sind:
Elisabeth Jung
Java 6 Das Übungsbuch Band I
29.95
Bestellung löschen
Elisabeth Jung
Java 6 Das Übungsbuch Band II
29.95
Bestellung löschen
Der Gesamtpreis Ihrer Ware beträgt: 59,90 €
Zum Buchkatalog
Zur Kasse
Zur Homepage

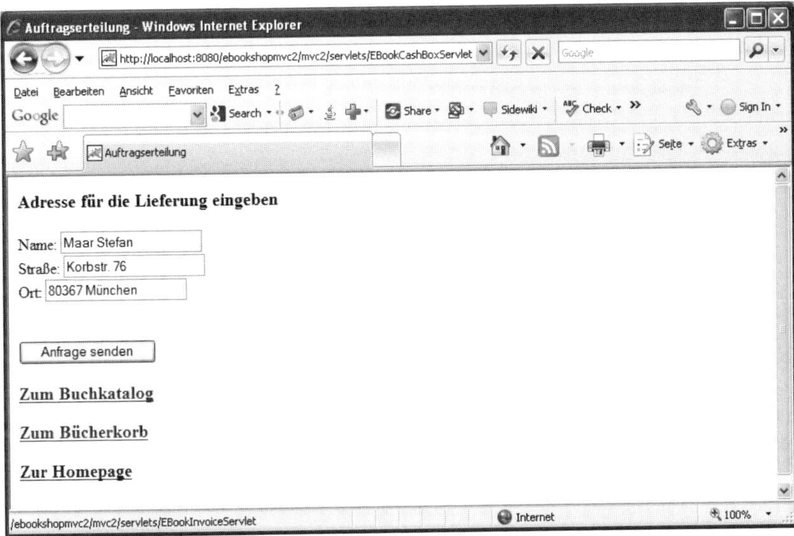
Auftragserteilung - Windows Internet Explorer
http://localhost:8080/ebookshopmvc2/mvc2/servlets/EBookCashBoxServlet
Adresse für die Lieferung eingeben
Name: Maar Stefan
Straße: Korbstr. 76
Ort: 80367 München
Anfrage senden
Zum Buchkatalog
Zum Bücherkorb
Zur Homepage
/ebookshopmvc2/mvc2/servlets/EBookInvoiceServlet

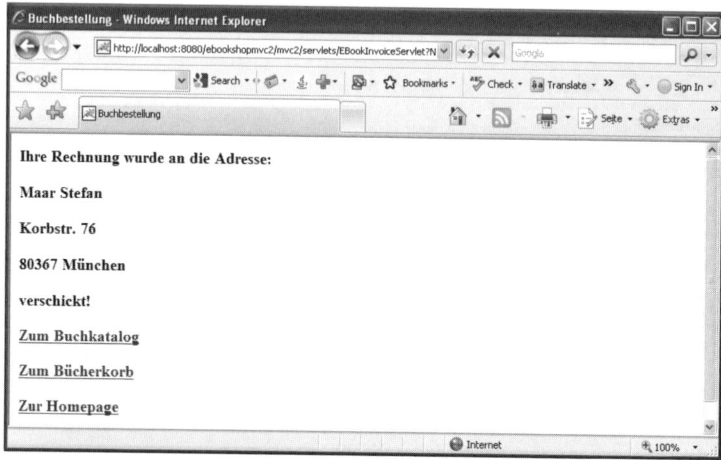

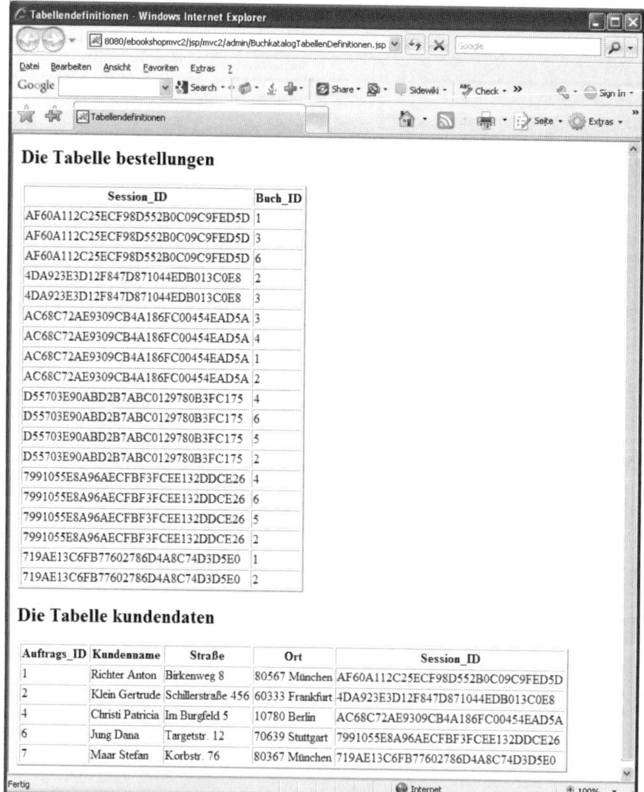

Tabellendefinitionen - Windows Internet Explorer

8080/ebookshopmvc2/jsp/mvc2/admin/BuchkatalogTabellenDefinitionen.jsp

Die Tabelle bestellungen

Session_ID	Buch_ID
AF60A112C25ECF98D552B0C09C9FED5D	1
AF60A112C25ECF98D552B0C09C9FED5D	3
AF60A112C25ECF98D552B0C09C9FED5D	6
4DA923E3D12F847D871044EDB013C0E8	2
4DA923E3D12F847D871044EDB013C0E8	3
AC68C72AE9309CB4A186FC00454EAD5A	3
AC68C72AE9309CB4A186FC00454EAD5A	4
AC68C72AE9309CB4A186FC00454EAD5A	1
AC68C72AE9309CB4A186FC00454EAD5A	2
D55703E90ABD2B7ABC0129780B3FC175	4
D55703E90ABD2B7ABC0129780B3FC175	6
D55703E90ABD2B7ABC0129780B3FC175	5
D55703E90ABD2B7ABC0129780B3FC175	2
7991055E8A96AECFBF3FCEE132DDCE26	4
7991055E8A96AECFBF3FCEE132DDCE26	6
7991055E8A96AECFBF3FCEE132DDCE26	5
7991055E8A96AECFBF3FCEE132DDCE26	2
719AE13C6FB77602786D4A8C74D3D5E0	1
719AE13C6FB77602786D4A8C74D3D5E0	2

Die Tabelle kundendaten

Auftrags_ID	Kundenname	Straße	Ort	Session_ID
1	Richter Anton	Birkenweg 8	80567 München	AF60A112C25ECF98D552B0C09C9FED5D
2	Klein Gertrude	Schillerstraße 456	60333 Frankfurt	4DA923E3D12F847D871044EDB013C0E8
4	Christi Patricia	Im Burgfeld 5	10780 Berlin	AC68C72AE9309CB4A186FC00454EAD5A
6	Jung Dana	Targetstr. 12	70639 Stuttgart	7991055E8A96AECFBF3FCEE132DDCE26
7	Maar Stefan	Korbstr. 76	80367 München	719AE13C6FB77602786D4A8C74D3D5E0

Fertig

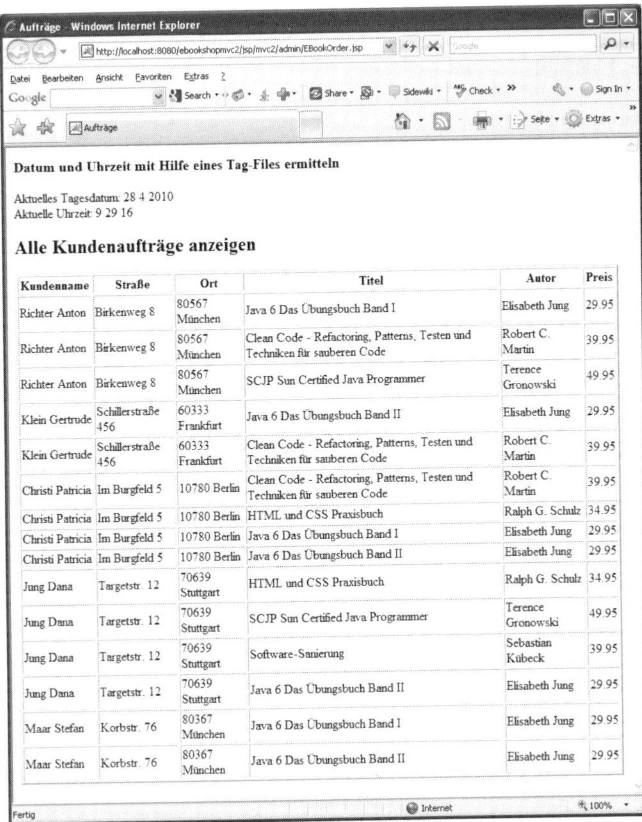

Datum und Uhrzeit mit Hilfe eines Tag-Files ermitteln

Aktuelles Tagesdatum: 28 4 2010
Aktuelle Uhrzeit: 9 29 16

Alle Kundenaufträge anzeigen

Kundenname	Straße	Ort	Titel	Autor	Preis
Richter Anton	Birkenweg 8	80567 München	Java 6 Das Übungsbuch Band I	Elisabeth Jung	29.95
Richter Anton	Birkenweg 8	80567 München	Clean Code - Refactoring, Patterns, Testen und Techniken für sauberen Code	Robert C. Martin	39.95
Richter Anton	Birkenweg 8	80567 München	SCJP Sun Certified Java Programmer	Terence Gronowski	49.95
Klein Gertrude	Schillerstraße 456	60333 Frankfurt	Java 6 Das Übungsbuch Band II	Elisabeth Jung	29.95
Klein Gertrude	Schillerstraße 456	60333 Frankfurt	Clean Code - Refactoring, Patterns, Testen und Techniken für sauberen Code	Robert C. Martin	39.95
Christi Patricia	Im Burgfeld 5	10780 Berlin	Clean Code - Refactoring, Patterns, Testen und Techniken für sauberen Code	Robert C. Martin	39.95
Christi Patricia	Im Burgfeld 5	10780 Berlin	HTML und CSS Praxisbuch	Ralph G. Schulz	34.95
Christi Patricia	Im Burgfeld 5	10780 Berlin	Java 6 Das Übungsbuch Band I	Elisabeth Jung	29.95
Christi Patricia	Im Burgfeld 5	10780 Berlin	Java 6 Das Übungsbuch Band II	Elisabeth Jung	29.95
Jung Dana	Targetstr. 12	70639 Stuttgart	HTML und CSS Praxisbuch	Ralph G. Schulz	34.95
Jung Dana	Targetstr. 12	70639 Stuttgart	SCJP Sun Certified Java Programmer	Terence Gronowski	49.95
Jung Dana	Targetstr. 12	70639 Stuttgart	Software-Sanierung	Sebastian Kübeck	39.95
Jung Dana	Targetstr. 12	70639 Stuttgart	Java 6 Das Übungsbuch Band II	Elisabeth Jung	29.95
Maar Stefan	Korbstr. 76	80367 München	Java 6 Das Übungsbuch Band I	Elisabeth Jung	29.95
Maar Stefan	Korbstr. 76	80367 München	Java 6 Das Übungsbuch Band II	Elisabeth Jung	29.95

Hinweise zu den Programmausgaben

Dadurch, dass mehrfache Bestellungen desselben Buches zugelassen werden, wurde kein Feld für die Angabe der Anzahl von Bestellungen in den Formularen vorgesehen. Sie können Ihre Webapplikation dahingehend abändern und um andere sinvolle Funktionen erweitern.

Lösung 4.14

Die Klasse EBookShopPhysischeVerzeichnisStruktur

```
import javax.swing.tree.*;
import javax.swing.*;
import java.util.*;
public class EBookShopPhysischeVerzeichnisStruktur extends JFrame
                implements WurzelKnotenBlaetterfuerEBookShop {
```

```
// Globale Referenzen vom Typ JTree und DefaultMutableTreeNode
   private JTree tree;
   private DefaultMutableTreeNode documentRoot, verz1, verz2,
     verz3, verz5, verz6, verz9, verz11;
   private DefaultMutableTreeNode verz4[] =
     new DefaultMutableTreeNode[7];
   private DefaultMutableTreeNode verz7[] =
     new DefaultMutableTreeNode[11];
   private DefaultMutableTreeNode verz8[] =
     new DefaultMutableTreeNode[2];
   private DefaultMutableTreeNode verz10[] =
     new DefaultMutableTreeNode[4];
   private DefaultMutableTreeNode verz12[] =
     new DefaultMutableTreeNode[4];
   private DefaultMutableTreeNode verz13[] =
     new DefaultMutableTreeNode[8];
   private DefaultMutableTreeNode verz14[] =
     new DefaultMutableTreeNode[2];
   private DefaultMutableTreeNode verz15[] =
     new DefaultMutableTreeNode[10];
   private DefaultMutableTreeNode verz16[] =
     new DefaultMutableTreeNode[14];
   private DefaultMutableTreeNode verz17[] =
     new DefaultMutableTreeNode[3];
   private DefaultMutableTreeNode verz18[] =
     new DefaultMutableTreeNode[2];
// Konstruktordefinition
   public EBookShopPhysischeVerzeichnisStruktur() {
      super("Die physische Verzeichnisstruktur der Webapplikation"
        +" ebookshopmvc2");
      setBounds(20,20,200,200);
      setDefaultCloseOperation(JFrame.EXIT_ON_CLOSE);
// Wurzel, Knoten und Blätter der Baumstruktur erstellen
      documentRoot = new DefaultMutableTreeNode("/ebookshopmvc2");
      verz1 = new DefaultMutableTreeNode(array[0]);
      verz2 = new DefaultMutableTreeNode(array1[0]);
      verz1.add(verz2);
      documentRoot.add(verz1);
      verz3 = new DefaultMutableTreeNode(array[1]);
      for(int i=0; i<7; i++) {
         verz4[i] = new DefaultMutableTreeNode(array2[i]);
         verz3.add(verz4[i]);
      }
      documentRoot.add(verz3);
      verz5 = new DefaultMutableTreeNode(array[2]);
      verz6 = new DefaultMutableTreeNode(array3[0]);
      verz5.add(verz6);
      for(int i=0; i<11; i++) {
         verz7[i] = new DefaultMutableTreeNode(array31[i]);
```

```
        verz6.add(verz7[i]);
      }
      for(int i=0; i<2; i++) {
        verz8[i] = new DefaultMutableTreeNode(array311[i]);
        verz7[0].add(verz8[i]);
      }
      documentRoot.add(verz5);
      verz9 = new DefaultMutableTreeNode(array[3]);
      for(int i=0; i<4; i++) {
        verz10[i] = new DefaultMutableTreeNode(array4[i]);
        verz9.add(verz10[i]);
      }
      verz11 = new DefaultMutableTreeNode(array41[0]);
      verz10[0].add(verz11);
      for(int i=0; i<4; i++) {
       verz12[i] = new DefaultMutableTreeNode(array42[i]);
       verz11.add(verz12[i]);
      }
      for(int i=0; i<3; i++) {
       verz17[i] = new DefaultMutableTreeNode(array43[i]);
       verz10[1].add(verz17[i]);
      }
      for(int i=0; i<2; i++) {
       verz18[i] = new DefaultMutableTreeNode(array44[i]);
       verz10[2].add(verz18[i]);
      }
      for(int i=0; i<8; i++) {
        verz13[i] = new DefaultMutableTreeNode(array421[i]);
        verz12[0].add(verz13[i]);
      }
      for(int i=0; i<2; i++) {
        verz14[i] = new DefaultMutableTreeNode(array422[i]);
        verz12[1].add(verz14[i]);
      }
      for(int i=0; i<10; i++) {
        verz15[i] = new DefaultMutableTreeNode(array423[i]);
        verz12[2].add(verz15[i]);
      }
      for(int i=0; i<14; i++) {
        verz16[i] = new DefaultMutableTreeNode(array424[i]);
        verz12[3].add(verz16[i]);
      }
      documentRoot.add(verz9);
// Baumstruktur erzeugen und zu einer ScrollPane hinzufügen
      tree = new JTree(documentRoot);
      JScrollPane jsPane = new JScrollPane(tree);
      getContentPane().add(jsPane);
      setVisible(true);
  }
```

```
// Objekt der Klasse erzeugen
   public static void main(String[] args) {
      EBookShopPhysischeVerzeichnisStruktur frame =
         new EBookShopPhysischeVerzeichnisStruktur();
   }
}
```

Die Klasse EBookShopLogischeVerzeichnisStruktur

```
import javax.swing.tree.*;
import javax.swing.*;
public class EBookShopLogischeVerzeichnisStruktur extends JFrame
            implements WurzelKnotenBlaetterfuerEBookShop {
// Globale Referenzen vom Typ JTree und DefaultMutableTreeNode
   private JTree tree;
   private DefaultMutableTreeNode documentRoot, verz18, verz19;
   private DefaultMutableTreeNode verz20[] =
     new DefaultMutableTreeNode[7];
// Konstruktordefinition
   public EBookShopLogischeVerzeichnisStruktur() {
      super("Die logische Verzeichnisstruktur der Webapplikation"
        +" ebookshopmvc2");
      setBounds(20,20,200,200);
      setDefaultCloseOperation(JFrame.EXIT_ON_CLOSE);
// Wurzel, Knoten und Blätter der Baumstruktur erstellen
      documentRoot = new DefaultMutableTreeNode("/ebookshopmvc2");
      verz18 = new DefaultMutableTreeNode(string1);
      verz19 = new DefaultMutableTreeNode(string2);
      for(int i=0; i<7; i++) {
         verz20[i] = new DefaultMutableTreeNode(array5[i]);
         verz19.add(verz20[i]);
      }
      verz18.add(verz19);
      documentRoot.add(verz18);
// Baumstruktur erzeugen und zu einer ScrollPane hinzufügen
      tree = new JTree(documentRoot);
      JScrollPane jsPane = new JScrollPane(tree);
      getContentPane().add(jsPane);
      setVisible(true);
   }
// Objekt der Klasse erzeugen
   public static void main(String[] args) {
      EBookShopLogischeVerzeichnisStruktur frame =
         new EBookShopLogischeVerzeichnisStruktur();
   }
}
```

Das Interface WurzelKnotenBlaetterfuerEBookShop

```
public interface WurzelKnotenBlaetterfuerEBookShop {
// Konstantendefinitionen
  final static String array[] = {"css", "images",
    "jsp", "WEB-INF"};
  final static String array1[] = {"ebookshop.css"};
  final static String array2[] = {"1.jpeg","2.jpeg","3.jpeg",
    "4.jpeg","5.jpeg","6.jpeg","buecherkorb.gif"};
  final static String array3[] = {"mvc2"};
  final static String array31[] = {"admin", "BuchKatalogJSP.jsp",
    "BuecherKorbJSP.jsp", "EBookCashBoxJSP.jsp",
    "EBookCatalogJSP.jsp","EBookInvoiceJSP.jsp",
    "EBookSelectionJSP.jsp", "EBookShoppingCartJSP.jsp",
    "EBookShowShoppingCartJSP.jsp",
    "EBookUpdateShoppingCartJSP.jsp", "index.jsp"};
  final static String array311[] =
    {"BuchkatalogTabellenDefinitionen.jsp", "EBookOrder.jsp",
      "TagFile5.jsp"};
  final static String array4[] = {"classes", "lib", "tags",
    "web.xml"};
  final static String array41[] = {"mvc2"};
  final static String array42[] = {"dbmanager", "filter",
    "javabeans", "servlets"};
  final static String array421[] = {"BestellungDBZugriff.java",
    "BestellungDBZugriff.class", "BuchDBZugriff.java",
    "BuchDBZugriff.class", "BuecherKorbDBZugriff.java",
    "BuecherKorbDBZugriff.class", "KundeDBZugriff.java",
    "KundeDBZugriff.class"};
  final static String array422[] = {"LoggingFilter.java",
    "LoggingFilter.class"};
  final static String array423[] = {"JavaBeanBestellung.java",
    "JavaBeanBestellung.class", "JavaBeanBuch.java",
    "JavaBeanBuch.class", "JavaBeanBuecherKorb.java",
    "JavaBeanBuecherKorb.class",
    "JavaBeanBuecherKorbEintrag.java",
    "JavaBeanBuecherKorbEintrag.class", "JavaBeanKunde.java",
    "JavaBeanKunde.class"};
  final static String array424[] = {"EBookCashBoxServlet.java",
    "EBookCashBoxServlet.class", "EBookCatalogServlet.java",
    "EBookCatalogServlet.class", "EBookInvoiceServlet.java",
    "EBookInvoiceServlet.class", "EBookSelectionServlet.java",
    "EBookSelectionServlet.class",
    "EBookShoppingCartServlet.java",
    "EBookShoppingCartServlet.class",
    "EBookShowShoppingCartServlet.java",
    "EBookShowShoppingCartServlet.class",
    "EBookUpdateShoppingCartServlet.java",
    "EBookUpdateShoppingCartServlet.class"};
  final static String array43[] = {"jstl.jar",
```

```
    "msql-connector-java-5.1.7-bin.jar", "standard.jar"};
  final static String array44[] = {"TagFilemitDatum.jsp",
    "TagFilemitUhrzeit.jsp"};
  final static String string1 = "mvc2";
  final static String string2 = "servlets";
  final static String array5 [] = {"EBookCashBoxServlet",
    "EBookCatalogServlet", "EBookInvoiceServlet",
    "EBookSelectionServlet", "EBookShoppingCartServlet",
    "EBookShowShoppingCartServlet",
    "EBookUpdateShoppingCartServlet"};
}
```

Programmausgaben

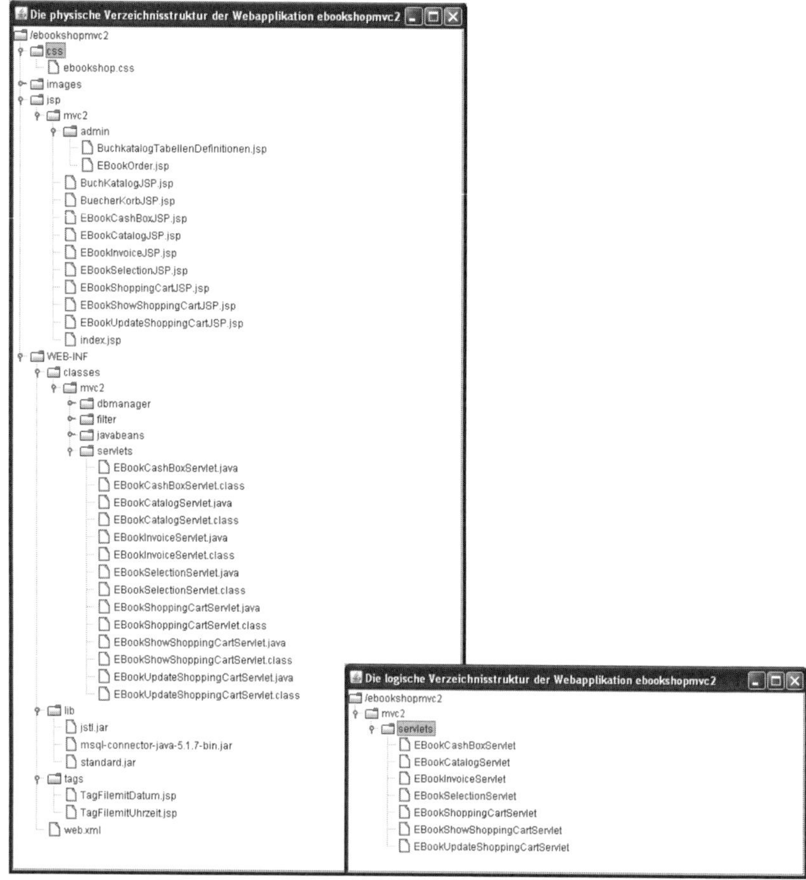

Stichwortverzeichnis

G

H

K

T

Elisabeth Jung

Java 6

Das Übungsbuch
Band II

Über 160 Aufgaben mit vollständigen Lösungen

- Trainieren Sie Ihre Java-Kenntnisse
- Learning by Doing anhand praktischer Übungen
- Mit vollständigen und kommentierten Lösungen

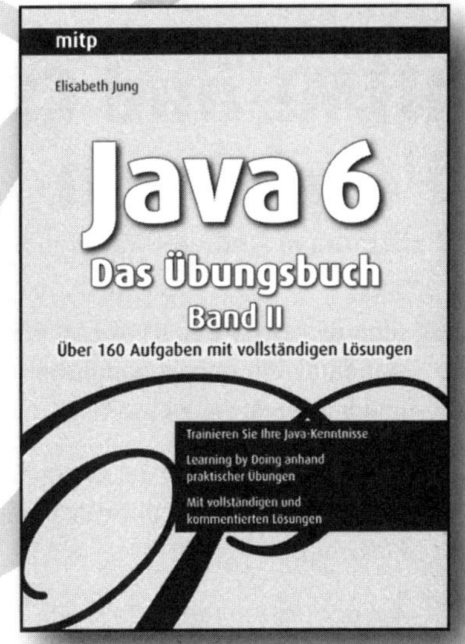

Dieses Buch ist kein Lehrbuch, sondern ein reines Übungsbuch und wendet sich an Leser, die ihre Java-Kenntnisse anhand zahlreicher praktischer Übungen durch »Learning by Doing« vertiefen und festigen möchten. Es ist ideal, um sich auf Prüfungen vorzubereiten oder das Programmieren mit Java praxisnah zu üben.

Jedes Kapitel enthält zunächst eine kompakte Zusammenfassung des Stoffes, der in den Übungsaufgaben dieses Kapitels verwendet wird. Anschließend haben Sie die Möglichkeit, zwischen Aufgaben in drei verschiedenen Schwierigkeitsstufen – von einfach bis anspruchsvoll – zu wählen. Anhand dieser Aufgaben können Sie Ihr Wissen praktisch testen und vertiefen. Am Ende des Kapitels finden Sie vollständige und kommentierte Musterlösungen.

Es werden folgende Themen abgedeckt: Dateien und Streams, Multithreading, Java-Applets, Multimedia für Applets und Applikationen, Threads und Animation, Java-Applets und Webbrowser, Netzwerkprogrammierung.

Nach dem Durcharbeiten des Buches verfügen Sie über fundierte Programmierkenntnisse und einen umfangreichen Fundus an Beispielcode.

Dieses Buch ist Band II zu dem Titel Java 6 – Das Übungsbuch. Der erste Band behandelt die Themen OOP mit Java, GUI-Programmierung mit AWT und Swing, innere Klassen, Generics, Exceptions und Neuerungen in Java 6.

Probekapitel und Infos erhalten Sie unter: **www.mitp.de**

ISBN 978-3-8266-5956-0

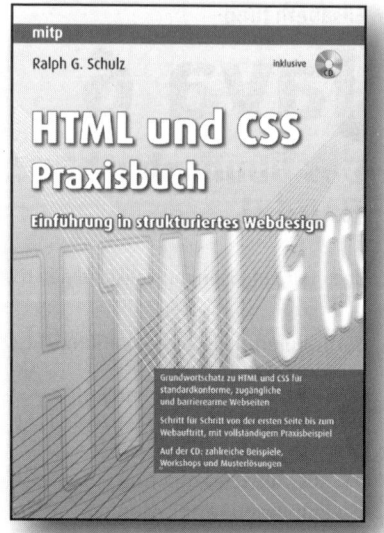